정책기조의 탐구

– 정책아이디어로서의 정책패러다임

박정택

A STUDY OF PUBLIC POLICY PARADIGM

Policy Paradigm as Policy Idea

박영사

머리말

언제 어디서나 공동체가 당면한 중요한 문제에 대처하기 위하여 사람들은 어떤 해결지침(정책)으로서의 아이디어를 고민하고 궁구해 왔다. 그런데 이제 토마스 쿤이나 피터 홀 같은 학자들의 연구 덕분에, '패러다임' 차원의 '기본 아이디어'가 중요하다는 사실이 널리 수용되고 있다. 그런 '패러다임 인식론'에 토대를 둔 '패러다임 정책관'(政策觀)에 의하면, 정책과 정책이론의 이해와 실천에 있어서 가장 중요한 것이 다름 아닌 '정책의 패러다임', 곧 '정책기조'(policy paradigm)라는 자연스러운 결론에 이르게 된다(이에서 보듯이 실질적으로 정책기조, 정책패러다임, 정책아이디어는 거의 동일한 의미를 표현하는 용어들로 사용된다).

실제로 정책기조는 가장 기본이 되는 인식의 틀, 곧 '구체적인 개별 정책을 지배하고 지도하는 인식의 기본 틀과 방향'이 되고 있다. 그래서 정책기조에 대하여 우리 학계와는 다르게 구미(歐美)에서는 'PPP(public policy paradigm, 또는 PP, policy paradigm)이론'이나 '아이디어(또는 정책아이디어)학설'이란 이름으로 널리 연구되고 있다. 그들의 연구 중 대표적으로 Andrew Gamble과 Peter Taylor-Gooby의 다음 주장(요약 편집)을 보면 이를 쉽게 이해할 수 있다.

"'패러다임 측면에서 사고하는 것'(thinking in terms of paradigms)은 문제의 원인과 성격을 이해하고 그 해결책을 탐색·선택·집행하는 데 결정적인 영향을 주기 때문에, 정책행위자들과 정책연구자들에게 꼭 필요한 자세이다. 패러다임 접근법은 정책결정자들에게 일단의 잠재적 결과들에 대하여 예의 주시하게 하고, 지배적인 정통 가정들(the assumptions of the ruling orthodoxy) 안에서만 갇혀 생각하고 행동하기보다는, 특정 맥락에서 실현가능한 다른 이해방식과 대안들인 '다른 관점의 패러다임'에도 눈을 돌리게 한다. 그래서 문제와 해결책에 대하여 더 광범위하고, 더 심층적으로 생각하고 행동할 수 있도록 고취시켜 준다. 여기에 사회과학자들도 당해 분야에서 가능한 대안적 접근방법(패러다임)을 개발해 제시함으로써, 경쟁 대안들을 통하여 그 분야의 일련의 현상들이 어떻게 존재하고 움직이는 가에 대하여 더 넓고 깊은 이해를 제공해 준다. 그리고 참여자들의 행위 유형 등을 풍성하게 분석하며, 서로 다른 노정(路程, pathways)과 전망을 제시해 주게 된다. 그리하여 현안 문제를 더 넓고 더 깊게, 더 유연하고 더 탄력적인 관점에서, 각각의 맥락에 적실한 해결책으로 적절하게 대처하는 데 기여하게 된다."(본문 44쪽과 그 각주 101번 참조)

이와 같이 이 책은 바로 정책에 관심을 갖는 학자, 학생이나 실무자가 새롭게 이해하고 적용해야 할 중요한 영역이 '정책기조'임을 제기한다. 그렇게 그에 관한 폭넓고 심층적인 탐구의 이론서이자 실무 지침서인 것이다. 다른 많은 분야의 학문과 그 관련 정책의 발전에 도움을 주기 위하여, 중요한 사회과학의 하나로 발전하고 있는 정책학의 핵심 주제가 '정책기조'임을 제기한 것이기도 하다. 구체적으로 '정책기조'에 관하여 세계 학계의 최신 이론을 소개·반영하면서 일반이론 체계를 수립하고, 실무에도 적용할 수 있는 실천적인 운용의 이론체계도 정립하며, 정책리더십 중 가장 중요한 정책기조리더십에 관한 이론도 제시하는 등 정책 기조에 대하여 종합적으로 탐구하고 있다. 가급적 실제 사례를 곁들여 가며, 전문 학자는 물론 학생들과 현직 공직자, 공공부문 종사자들이 읽고 적용할 수 있도록 노력해 보았다. 독자들은 이 책의 연속 시리즈로서 기획된 <정책철학의 새로운 접근>이란 책을 함께 읽으면 많은 도움을 얻을 수 있을 것이다.

이 책을 내놓으면서 나는 일찍부터 정책학과 정책기조논리에 큰 관심을 갖게 해 주신 은사이신 허범 교수님께 감사의 인사를 드린다. 또 원고를 읽고 유익한 조언을 해 주신 강근복 교수님께도 감사드린다. 그리고 아내 임희숙, 아들 박용국, 딸 박영신과 사위 홍성두의 끊임없는 지지와 지원, 기쁨을 주는 손주 홍요한 덕분에 이만한 집필을 해 낼 수 있었음에 고맙기 그지없는 마음을 전한다. 끝으로 이 모든 것을 인도해 오신 하나님께 모든 감사를 올린다.

2018. 5. 31.

저자 씀

차 례

제1부 정책기조에 관한 기본 이론

제 2 부 정책기조에 관한 실제 운용 이론

제 3 부 정책기조리더십

제1부

정책기조에 관한 기본 이론

'정책기조'(政策基調)라는 용어가 분야를 가리지 않고 널리 실무계, 언론계, 학계 등에서 많이 사용되고 있다. 그 정책기조는 사람에 따라 '정책패러다임'이라고도 일컬어진다. 또 학술적으로 정책기조는 특별히 '정책아이디어'의 하나로 분류되지만, '가장 중요한 정책아이디어'에 속하기 때문에 사실상 정책아이디어가 정책기조와 동일시되어 논의된다. 결국 '정책패러다임'과 '정책아이디어'와 동일시되거나 대표되는 용어와 개념이 '정책기조'라고 할 수 있다.

　'정책기조가 과연 무엇인가'에 관한 이론적 연구는 이제 매우 활발한 양상을 보여주고 있다. 정책기조는 정책철학인식론에서 매우 중요한 '패러다임 정책관'의 핵심 개념이 되었다(그 자세한 것은 저자의 <정책철학의 새로운 접근> 책을 참조하기 바람). 그러나 그것은 구미(歐美) 학계의 동향일 뿐, 우리나라에서는 그와 매우 다르게 그 연구는 아주 빈약하다. 그런데 사실 활발하다는 구미 학계에서도 이론적 연구의 관심은 -주제의 범위에서나 연구자의 분포에서나- 일부에 치우쳐 있고, 실무에 활용할 수 있는 연구는 매우 제한적이다. 한 마디로 정책기조에 관한 연구는 턱없이 부족하다. 이에 제1부에서는 구미 학계의 최신 연구 결과를 반영하면서, '정책기조'에 관하여 학술적인 기본 이론으로 삼을 만한 내용을 중심으로 개념적 정의를 비롯하여 개념적 특성, 이론의 대두 배경, 구조와 유형, 기능, 구성인자, 변동의 영향요인과 변동이론, 인식론적 근거 등 '정책기조 자체'에 관하여 논의하고자 한다.

제 1 장

정책기조의 개념 정의와
공약불가능성 논쟁

어떤 사람의 행동을 이해하고 예측하며 대응하는 데에는 그런 행동을 한 배경에 자리 잡고 있는 그의 '생각'을 아는 것이 중요하다. 특히 하나하나의 행동뿐만 아니라, 일련의 여러 가지 행동을 하는 배경에 있는 그의 '생각의 틀'을 아는 것이 중요하다. 이는 인지심리학의 발달로 인하여 과학적으로도 증명되고 있는 사실로, 이제는 하나의 상식에 속한다. 과연 한 기업인의 '경영에 관한 생각의 틀'은 그 기업의 운명에도 결정적인 영향을 미친다. '삼성' 이건희 회장이 1993년 '마누라와 자식만 빼고 다 바꾸자'라며 '질 중심'의 '신(新) 경영'을 선포하여 오늘날과 같은 세계적 기업으로 이끈 것이 그 예이다. 마찬가지로 공공정책에 있어서도 정책책임자나 정책결정자 등 정책행위자의 '생각의 틀'이 중요하다. 이해하기 쉽게 국가정책의 예를 들면, 조선 초 세종대왕의 '우리 고유 문자가 필요하다는 생각의 틀'은 '한글'이란 우수한 문자를 창제해 우리 민족에게 영원한 선물을 안겨 주었다. 서독 브란트 수상의 '동독 등 동방과의 화해 접근이라는 생각의 틀'(동방정책, Ostpolitik)은 역사적인 독일 통일을 이뤄내게 해 주었다.[1]

이처럼 사람과 공동체를 이해하고 운용하는 데 아주 중요한 요소가 사람의 '생각의 틀'(인식의 기본 틀, 논리 또는 아이디어)이다. 이를 우리말로는 '기조'(또는 '기조논리')라 부르고, 영어로는 'paradigm'이라고 한다. 정책에 관한 것인 경우, 그것은 '정책기조'이고 'policy paradigm'이 되겠다. 앞에서 경영정책에 관한 생각의 틀은 '경영정책기조'가 되고, 공공정책에 관한 생각의 틀은 '공공정책기조', 줄여서 간단히 '정책기조'가 되는 셈이다. 결국 '좋은 정책'을 위해 가장 중요한 요소 중 하나가 먼저, (미시적인 점진적 개량 차원을 포함해) 거시적인 패러다임 차원의 정책변동까지도 설명해 줄 수 있는 정책에 관한 일정한 관점, 곧 '패러다임 정책관'을 갖추는 일이다. 그런 다음, 정책의 역사와 구조 속에서 '메타인지'로서

---

1) 이상의 내용은 저자의 이 책 시리즈인 <정책철학의 새로운 접근>에 자세히 나와 있으므로 참조 바란다.

작동하는 '정책 참여자의 생각·인식의 틀로서의 패러다임'이라는 '정책기조'를 정확하게 알고, 이를 실무에 적절하게 적용하는 역량이다.

이에 이 책은 정책기조에 관한 이론적·실무적인 측면을 폭넓고 깊이 있게 다루면서, 정책학의 한 분과로서 정책기조의 일반이론체계를 수립하고, 다양한 분야의 실질 정책분야에 종사하는 정책행위자들에게 실무적 지침을 제공하게 될 것이다.[2] 그런 중요한 논의를 시작하면서 먼저 논쟁의 여지가 많은 정책기조의 개념 정의부터 다룰 필요가 있다. 그런데 독자들이 그 논의 자체를 이해하며 앞으로 나아가기 위하여 이 책이 제시하는 정책기조의 개념 정의를 먼저 알고 시작하는 것이 바람직하겠다. 그런 의미에서 우선 '정책기조'는 '정책을 지배하는 인식의 기본 틀과 방향'이라고 정의할 수 있겠다. 그런데 구미(歐美)의 'policy paradigm'과 우리말의 '정책기조'가 과연 그렇게 동일한 개념인지, 동일하다면 그것은 구체적으로 어떤 의미, 의의와 특성을 갖는 개념인지, 다른 더 좋은 용어와 개념은 없는지, 과학철학의 패러다임과는 어떤 차이가 있는지 등과 관련하여 의문과 논쟁이 있으므로 우선 그것을 구체적·심층적으로 논의하며 명확하게 정리하지 않으면 안 된다.

제 1 절   정책기조와 policy paradigm 개념의 예비적 고찰

1. 우리말 '정책기조' 또는 '정책패러다임'의 용례와 의미

우리나라에서 '정책기조'라는 용어가 어떤 기원으로 언제부터 사용되었는가

---

2) 이하 '정책기조'라는 용어와 개념은 '정책패러다임'과 '정책아이디어'를 포괄해 대표하는 용어와 개념으로 사용한다. '정책아이디어'는 흔히 정부나 지자체에서 공모하는 것과 같은 개별적인 단순한 아이디어를 말하기보다는 ―그 기준이 다소 모호하기는 하지만― 일단의 정책들을 포괄·지도해 줄 만하게 논리적으로 잘 체계화된 패러다임 차원의 기본 아이디어를 말하므로 이에 유의할 필요가 있다. 그것은 곧 '정책패러다임'이란 아이디어라고 본다. 엄밀한 의미로 그런 아이디어도 '정책기조'라기보다는 '정책기조논리'에 해당한다. 그렇지만 정책아이디어는 당초 1993년 '정책기조이론'을 제시한 피터 홀(Peter Hall)의 논문에서와 같이, 거의 정책기조(policy paradigm)와 동일시될 정도로 그 대표격이 되고 있으므로 그렇게 이해할 필요가 있는데, 앞으로 논의한다(홀은 정책기조와 아울러, 정책아이디어학설의 개척자로 여겨지고 있음).

는 정확하게 파악하기 어렵지만, 오래 전부터 일반적이거나 학술적인 용어로서 이미 사용되고 있었다.3) 그리하여 이제 '정책기조'라는 용어는 널리 실무계나 언론계 등에서 아주 많이 사용되고 있다. 그 용어가 들어간 언론의 기사와 논평이 일상적으로 나오고 있다.4) 또 최근 학술정보를 검색해 보면 알 수 있듯이, 국가 전반의 정책기조인 '국정기조'와 다양한 실질분야의 '정책기조'를 중심으로 수행한 학술 연구는 매우 많아서 '정책기조'라는 용어가 학술적으로 이미 대중화되었음을 알게 해 준다.5) 그리고 대통령직 인수위 관련법에도 규정돼 있는 바와 같이,

3) 1950년대 자료로서 1953년 '신교육운동', 1955년 한국산업은행에서 발간한 '한국산업경제10년사', 1957년 사상계 잡지에 실린 '미국외교정책의 기조와 전개'(신기석) 등에서 그 용어를 발견할 수 있다. 그리고 1960년대에는 더 광범위하게 사용되고 있는 문헌들을 찾아볼 수 있다. 예컨대, 1960-70년대 당시 대통령의 연두교서와 각 정당의 정강 정책의 연설문에 '정책기조'라는 용어가 사용돼, 그런 용어가 들어간 제목의 연설문집과 정당에서 발간된 연설문집이나 홍보물에 등장하고 있다. 또 '세계경제론'(1962), '각국의 외자도입법'(1965), '국방경제론'(1966) 등의 서적에서 '정책기조'라는 용어가 검색된다. 그리고 중소기업은행의 정책연구물 '동남아세아 각국의 중소기업육성책'(1962), 농협의 '한국농정20년사'(1965), 한국노총의 '1965 사업보고'(1965), 한국경제인협회의 '전환 경제의 기조와 정책방향'(1966) 등의 발간물에도 '정책기조'라는 용어가 검색된다. 또 1966년 브라운 주한 미국대사가 서울대를 방문하여 미 외교정책기조를 피력했다는 서울대학교의 교지(校紙) '대학신문' 기사에서나, 한국일보사의 '경제교실 Ⅳ'(1968)의 책자 안에서 언급한 것과 같이, 언론에서도 널리 사용되었기 때문에 '신문어'(新聞語)를 모아놓은 사전에도 나오는 것은 당연하다. 그런데 '정책기조'라는 용어의 성격상 이를 즐겨 쓸 수 있는 정치인의 저서나 홍보물 등에서 찾아볼 수 있는 점이 흥미롭다. 김영삼, "공화당의 정책기조연설을 비판한다," 국회평론 1.1, 1963, 143-145; 이용남, "민정당의 정책기조연설을 비판한다," 국회평론 1.1, 1963, 138-142; 박순천, "민주당 정책기조연설문", 思想界. 13,3, 1965, 110-120; 서민호, 우리 당의 정책기조, 1970; 박병배, 국가유지론서설, 아세아평화문제연구회, 1970; 대중경제연구소, 김대중씨의 대중경제, 범우사, 1971; 박준규, "일본외교정책의 기조: 한일회담 이대로 조인돼도 좋은가," 신동아 10, 1965(6월호), 86-97. 한편, 1894년 청일전쟁 관련 일본 문헌에도 등장하듯이, '정책기조'는 일본에서도 오래 전부터 사용하고 있는 용어인데, 우리나라에 전래된 여부는 알 수 없다. 防衛研修所, 米國 對外政策の基調, 1962. 그리고 중국 문헌에서는 그 용어를 찾기 어려웠다.

4) 검색 당일(2017.4.4.10:20) 기준으로 다른 유사 용어나 띄어쓰기를 제외하고, 오로지 '정책기조'라는 단어로 인터넷 포털 네이버 기사 검색 결과 총 133,357건이 검색되었고, 24시간 내 게재된 기사는 총 23건이 검색될 정도이다(https://search.naver.com). 김종범, 치안정책기조 변동의 맥락과 양상, 충남대 대학원 박사학위논문, 2017, 1 인용.

5) 2010년 이후로만 검색해도, 이유현·권기헌, "국제사회의 재난정책 패러다임에 관한 연구," 한국정책학회보, 26(4), 2017, 255-290; 김종범(2017); 황창호, "정부의 정책기조와 정책지식 생산에 대한 연구: 노무현정부와 이명박정부의 정책연구보고서를 중심으로," 정부학연구, 20(1), 2014; 박기복, "대북정책기조 변화와 남북 애니메이션 협력사업의 상관성 연구," 만화애니메이션연구, 30, 2013; 천호성·이정희, "일본 다문화정책의 정책기조와 특징," 사회과교육, 53(3), 한국사회과교육연구학회, 2014, 15-29; 이영미, "박근혜 정부의 국정운영기조의 형성과 변화", 한국정책과학학회보, 18(1), 2014, 1-28; 최일성, "'통합정책'에서 '편입정책'으로," 정치사상연구, 19(1), 한국정치사상학회, 2013, 31-55; 최종일·김정언, "과학기술 정책기조 변화 분석

그것은 법률용어로도 정착되었다.6) 그런데 그렇게 많이 사용되는 '정책기조'는 무슨 의미일까? 그것은 1962년 토마스 쿤의 '패러다임' 용어가 나오기 전부터 독자적으로 사용되어 왔는데, 어떻게 '정책패러다임'과 동일한 뜻이라고 단정할 수 있을까? 그 의문은 '정책기조'가 전문용어이므로 일반 국어사전에 등재되지 않아서, '기조'라는 단어의 사전적 의미를 통하여 그 의미를 알 수 있다. 국립국어원의 표준국어대사전은 '기조'를 다음과 같이 정의하고 있다.

　　① 사상, 작품, 학설 따위에 일관해서 흐르는 기본적인 경향이나 방향. ②『경제』 시세나 경제 정세의 기본적 동향. ③『음악』=주조음(主調音).7)

이 중에서 ①의 정의, 곧 '사상, 작품, 학설 등에 일관해서 흐르는 기본적인 경향이나 방향'이 정책과 관련된 '기조'의 정의에 해당된다. 간단히 '기본적인 경향이나 방향'인데, 그것이 주장하거나 발표하는 사람(사상가, 작가, 학자)의 '여러 가지 사상적 주장들, 작품들, 논문들의 기저 밑바탕에 일관해서 흐르는' 주관적·

과 국가 연구개발 투자방향 연구", 디지털정책연구, 10(2), 한국디지털정책학회, 2012, 11-23; 이영범, 부동산 정책기조 변화의 영향분석: 노무현정부와 이명박정부를 중심으로, 박사학위논문, 광운대 대학원, 2011; 한승준, "프랑스 문화재정책의 기조변화와 함의", 한국정책연구, 10(2), 경인행정학회, 2010, 457-477 등이 나온다.

6) 대통령직 인수에 관한 법률 제7조에 규정된 인수위 임무(2003.2.4. 법률 제6854호 제정·시행)는 제1호 정부의 조직·기능 및 예산 현황의 파악, 제2호 새 정부의 정책기조를 설정하기 위한 준비, 제3호 대통령의 취임행사 등 관련업무의 준비, 제4호 그밖에 대통령직 인수에 필요한 사항이다. 그런데 2017.3.21. 개정으로 제4호를 제5호로 하고, 제4호 대통령당선인의 요청에 따른 국무총리 및 국무위원 후보자에 대한 검증을 신설하였다.

7) 사전은 '기조'의 정의를 더 잘 이해할 수 있도록 각 사용례를 예시한다. ①의 경우, "그의 초기 작품은 인간성 회복을 기조로 삼고 있다. 남북 회담 성사로 평화 통일의 기조가 마련되었다. 풍랑이 심한 바닷가에 버려진 폐선을 거친 터치로, 청회색 기조로 짓이겨 놓은 풍경화 앞에 선다."이다. 그런데 ③은 음악에 쓰이는 '기조'의 경우로서, '주조음(主調音)'과 같은 뜻인데(기조=주조음), 이 주조음이 '기조'의 의미를 잘 나타내 준다. 즉 주조음(keynote)은 "한 악곡 전체의 중심이 되는 가락"이라고 풀이된다. 그래서 '정책기조이론'의 선구자로 여겨지는 홀(Peter Hall)도 '정책패러다임'을 음악의 "주제의식"에 해당하는 "주제 악상"(the leitmotiv of policy)이라고 표현하였다(후술할 그의 1993 논문, 292쪽).
　　한편, '기조②의 두 번째 정의, 곧 "『경제』 시세나 경제 정세의 기본적 동향"은 '비의지적'인 점에서, '의지적'인 의미의 '기조①'의 정의와 다르다. 그 사용례로 제시된 "경기 침체로 경제의 안정 기조가 흔들리고 있다"는 데서 알 수 있듯이, 사람이 어떤 주관적인 의지·의도를 갖고 생각하고 인식하는 것이 아니라, 자연환경이나 어떤 여건의 객관적인 상황으로 생겨나는 변화의 경향이나 방향을 의미한다. 이는 경제 관련 상황을 묘사할 때 흔히 사용되므로, 의미상 확연히 구별된다.

의지적·의도적인 '생각·사고·인식'으로서의 그것을 말한다. 그래서 그것은 간단히 '인식의 기본 방향'인데, '기본적인 인식의 틀이나 인식체계'란 말과 크게 다를 바 없다.[8] 이는 '기조'라고 할 때 어떤 '기반·토대·밑바탕·축·판·기초적 틀'을 떠올리게 되는 그 말의 어감(語感)과도 잘 어울린다.[9]

그렇다면 정책과 기조의 합성어인 '정책기조'는 '정책의 근본적인 인식의 틀(체계)로서의 기본적인 인식방향' 또는 '정책의 기본적인 인식의 틀(체계)과 인식방향'이라는 뜻을 함축한 말임을 알 수 있다. 다만, 여기에서 '정책'은 독자적인 개별 정책 하나를 뜻하기보다는 ─여러 가지 사상적 주장들, 작품들, 논문들에 일관해서 흐르는 경향을 전제한 것과 같이─ '일단의 (복수)정책들에 속한 의미에서의 (하나 또는 복수의) 정책'을 의미한다.

한편, 사람들은 흔히 '정책기조' 대신 '정책패러다임'이란 용어를 사용하기도 한다. 사실 그 '패러다임'이란 용어도 이제 우리말의 일부(외래어)가 되었고, 그런 만큼 표준국어대사전은 이를 다음과 같이 정의하고 있다.

> 어떤 한 시대 사람들의 견해나 사고를 근본적으로 규정하고 있는 테두리로서의 인식의 체계. 또는 사물에 대한 이론적인 틀이나 체계.

이 정의에서 수식어를 걷어내면 그 핵심적인 부분은 '인식의 테두리, 체계 또는 틀' 혹은 '이론적 틀(체계)'이라는 의미가 남는다. 곧 '패러다임'은 당대 많은 사람들의 견해나 사고를 지배하고 지도하는(근본적으로 규정하는) 틀·판·축(테두리)의 역할(기능)을 담당하는 인식이나 이론의 체계라는 것이다. 한마디로 '인식체계' 또는 '인식의 틀'이라는 말이다. '생각의 틀' '사고의 틀(사고체계)'이라고도 할 수 있겠다. 다만, 여기에서도 이 인식체계가 개인의 것(개인 생각·사고의 틀)으

---

8) 참고로, 표준국어대사전은 '경향'을 '현상이나 사상, 행동 따위가 어떤 방향으로 기울어짐', '방향'은 '어떤 뜻이나 현상이 일정한 목표를 향하여 나아가는 쪽', 그 움직여 가는 방향을 '동향(動向)'이라고 정의하며 방향과 동의어로 규정한다. 결국 이 말들에는 기본적으로 '사고·인식' 등을 함축하고 있다고 볼 수 있다.

9) 판·틀 등에 비하여 '축'(pivot)은 덜 친숙한데, 사실은 토마스 쿤도 사용한다. Thomas S. Kuhn, The Structure of Scientific Revolutions, Chicago, IL: University of Chicago Press, 1970(2nd ed.), 34.

로 그치는 것이 아니라, 어떤 대상(사안, 사물, 현상)과 관련한 사람들 집단의 사고
체계에 영향을 미쳐 그들을 지배하고 지도할 정도로 공유(共有)하는 의미에서의
어떤 특정한 인식체계를 말한다.

이는 토마스 쿤의 패러다임 개념이 대중화되며 우리나라에서도 사용되게 된
용어인 만큼, 과학자집단(과학공동체)이 과학활동을 실천하는 데 공유하며 적용하
는 인식체계(모범적 사례, 곧 범례이자 학문적 기반)라는 과학철학적 정의를 대중적
의미로 순화하여 정의된 것임을 알 수 있다. 이제 'paradigm'이란 용어는 그것이
전래된 나라의 다른 언어, 예컨대 우리말 '패러다임'이라는 외래어로 표기되더라
도, 이제는 특별히 토마스 쿤의 용례로부터 영향을 받아 '인식의 틀이나 인식체
계'라는 실질적으로 동일한 의미를 나타내 주는 용어로 사용되고 있다. 따라서
정책과 관련하여 합성된 용어인 '정책패러다임'은 '정책을 근본적으로 규정하는
인식의 기본 틀'로 이해할 수 있겠다.

이렇게 보면, 이 '패러다임'이라는 용어는 앞에서 검토했던 '기조'(基調)라는
용어와 실질적으로 거의 같다는 결론이 나온다. 모두 다 '근본적인 인식의 틀이나
인식체계'이고, 그것은 '인식의 기본 방향'을 제시해 주는 것이라는 실질적인 의
미를 공유하고 있으므로 상호 교체해 사용할 수 있게 된다. 결국 '패러다임'과
무관하게 사용되기 시작한 '기조'이지만, 그 둘은 일반용어로서나 학술용어로서
나 언중(言衆)[10]이 표현하고자 한 의미를 거의 동일하게 나타내 주는 용어로 수렴
돼 온 것으로 정리할 수 있겠다.

2. 영어 'policy paradigm'의 용례와 의미

영어 'paradigm'도 이제는 일반용어가 되었다. 그래서 인터넷을 통하여 옥스
퍼드 영어 사전을 검색해 보면, 한 단어의 규칙·불규칙 변화(어형 변화표, 활용례)
라는 문법적 용어를 제외하고, 우리가 관심을 갖는 일반적인 용어와 과학용어로
서의 '패러다임'의 정의는 다음과 같다.[11]

---

10) 표준국어대사전에 의하면 '언중'(言衆)은 같은 언어를 사용하면서 공동생활을 하는 언어 사회
    안의 대중(大衆)을 말한다.

① 어떤 것의 전형적인 예 또는 유형, 즉 하나의 유형이나 모형(a typical example or pattern of something; a pattern or model). ② 어떤 특정 과학 주제의 이론들과 방법론의 밑바탕에 흐르는 세계관(a world view underlying the theories and methodology of a particular scientific subject).

이 영어권 영어 사전의 정의는 저자의 이 책 시리즈인 <정책철학의 새로운 접근> 책에서 과학철학의 인식론을 검토할 때 살펴본 바와 같이, 토마스 쿤의 용법에 충실한 정의이다. 즉 토마스 쿤은 1962년 <과학혁명의 구조>에서 문법적 용어를 학술적 용어로 새롭게 원용했는데 그 용법이 너무 많은 의미로 사용되었다는 비판에 응하여, 1970년 재판(再版)의 '후기'(postscript)에서 크게 두 가지의 의미로 정리한 후 이것이 학술적인 용어로 수용·정착되었다. 곧 과학연구와 관련하여 ① 훌륭한 업적으로서의 모범사례나 모델[그런 의미에서 특히 '범례'(exemplar)라고 하였음]과 그보다 더 중요하게는 ② 밑바탕의 틀을 제공해 주는 전문 분야의 학문적 기반(disciplinary matrix)이 그것이다.[12] 이와 같이 영어 'paradigm'은 일반 대중어로 널리 확산되어 그 두 가지 의미가 혼합 중화돼 있다.

그런데 쿤으로부터 비롯돼 전세계적으로 확산된 영어 사전의 'paradigm' 정의를 잘 검토해 보면, 일반 용어로서나 과학 용어로서나 모두 기본적으로 '인식의 틀(체계)'이나 '생각의 틀'(사고체계)을 전제한 정의인 것을 알 수 있다.[13] 특히 학

---

11) http://www.oxforddictionaries.com/definition/english/paradigm. 그 예시문의 하나씩만 들면 ①의 경우 '이상적인 여성'에 관한 '사회'의 패러다임('society's paradigm of the 'ideal woman')과, ②의 경우 중력법칙(만유인력법칙)의 발견은 성공적인 과학의 패러다임이 되었다(The discovery of universal gravitation became the paradigm of successful science.)가 나온다.

12) Kuhn(1970). 10, 175, 182, 208.

13) 'paradigm'의 정의 중 다른 대체어는 'pattern'과 'model'인데, 위 옥스퍼드 영어사전에는 'pattern'이 '다른 사람들이 따르는 훌륭한 예'(an excellent example for others to follow)로, 그리고 'model'이 '따르거나 모방할 모범사례'(a thing used as an example to follow or imitate)로 풀이돼 있다. 그리고 두 번째 정의에서 '세계관'(world view, Weltanschauung)은 '특정한 삶의 철학이나 세계에 관한 관념'(a particular philosophy of life or conception of the world)으로 풀이된다. 두 번째 정의에서 쿤은 matrix를 사용하는데, 이는 '틀'(mold, mould)과 혼용되는 단어이다(옥스퍼드 영어사전 참조). 이처럼 이들 영어는 모두 '생각·사고·인식' 등과 관련된다. 그런 의미에서 과학철학자 장하석은 쿤의 '패러다임'을 과학자가 과학을 실천하는 '실천체계'(system of practice)라고 이해하는데, 그것은 '실천을 위한 인식체계'의 줄임말이라고 할 수 있다. 또 저명한 과학자인 이언 해킹이 <과학혁명의 구조> 출간 50주년 기념 제4판의 서문에서 쿤의 업적을 평가하면서, '패러다임'은 다른 학자가 사용하는 다른 용어, 즉 '사고 스타일'(thought-style), 그리고 쿤의 '과학자공동체'는 '사고 집합체'(thought-collective)의 개념과 각

술적 용어로서 그 의미는 '학문적 기반으로 작용하는 인식(관념)의 틀'이다. 그래
서 그런 '생각·사고·인식의 틀(체계)'을 '세계관'이라고 정의한 것이다.[14] 그렇다
면 'policy'와 'paradigm'의 합성어인 'policy paradigm'은 간단히 '정책에 관한
인식의 틀'(그 안에는 인식의 기본 방향을 포함하고 있음)인 셈이다.

3. '정책기조'와 'policy paradigm'의 동일성

우리의 삶과 떼어놓고 생각할 수 없는 것이 '정책'이라고 하였다. 그런 만큼
우리 삶에서 어떤 정책에 대한 '근본적인 생각의 틀과 방향'의 의미를 표현하려고
하거나 '발상의 전환'이 필요하다고 주장하는 경우, 그 정책과 관련해 '기조'와
'패러다임'이란 용어도 어김없이 함께 결합돼 사용되고 있다. 그들은 맥락상 다소
진폭의 차이, 즉 때로는 좁거나, 때로는 넓은 의미로 사용되고는 있지만, 모두
'인식의 기본 틀이나 기본 인식체계와 방향'의 의미로 사용되고 있음을 알 수
있다.

"틸러슨 장관이 말을 아끼면서 가급적 도널드 트럼프 대통령과 정책기조를 맞추
려하는 반면, 매티스 장관은…기존 행정부의 정책기조를 유지하는 듯한 태도", "청
와대 긴급경제점검회의에서…'소득주도성장, 혁신성장, 공정경제라는 문재인 정부
의 3대 경제정책기조를 유지'", "미국의 새 안보 기조인 '힘을 통한 평화'(peace
through strength)의 첫 시험대가 북한이 될 가능성", "미국에선 트럼프 정부 출범으
로 자유무역주의 기조가 후퇴"[15], "트럼프의 아시아 정책은 '대(對)중국 강경 기조
유지'…등으로 요약", "정부는 저출산 대책의 패러다임을 '보육 지원'에서 '결혼

각 맞아떨어진다고 지적한 것도 참고할 수 있다. 장하석, 장하석의 과학, 철학을 만나다, 이비
에스미디어, 2014, 379-380, 390, 397-405, 414 및 Ian Hacking, "An Introductory Essay by Ian
Hacking," in Thomas Kuhn, The Structure of Scientific Revolutions, 50th Anniversary Edition(4th
ed.), The University of Chicago Press, 2012; 김명자·홍성욱(역), 과학혁명의 구조, 출간 50주년
기념 제4판, 까치글방, 2013, 27-28(주석 29) 참조.

14) 그런 의미에서 쿤의 <과학혁명의 구조> 제10장의 제목이 '세계관의 변화로서의 혁
명'(Revolutions as Changes of World View)인 것을 이해할 수 있다.

15) 이상 각각 한겨레, 2017.2.22., "'말 아끼는' 틸러슨 국무, '거침없는' 매티스 국방"; 한겨레,
2018.5.31., "문 대통령 '복지확대' 하루만에…김동연 '혁신성장이 중요'"; 조선일보, 2017.2.14.,
"北, 쥐도 새도 모르게 核 쏠 수 있다"; 조선일보, 2017.2.16., "최근 수출 증가세, 경기회복엔
역부족."

지원'으로 바꾸기로", "오바마 정부는 '힘의 재균형(rebalance)'이라는 정책기조 아래", "서울시는 국내 최초로 건설된…아현고가도로를 철거하기로…도시개발 패러다임의 변화를 의미…과거 교통정책이 성장과 건설 위주였다면 이제 사람을 우선시하는 방향으로 변화", "중국이 내수 중심 및 질적 고도화로 패러다임을 바꾸면서 수입 품목이 중간재, 자본재 위주에서 소비재 중심으로 변화"16), "4년 만의 국민소득 감소, 경제정책기조 전환해야", "여성발전기본법을 양성평등기본법으로 변경하는 개정안이 국회를 통과…1995년 '여성발전기본법' 제정 이후 19년 만의 패러다임 전환", "공공공사 입찰제도가 저가 가격 경쟁이라는 패러다임에서 벗어나야", "판결에서 조정으로 패러다임을 바꾸지 않으면 대한민국 사법의 미래는 없다", "경제민주화와 복지 공약에서 후퇴해 정책기조에 혼선을 초래"17), "문재인 정부가 내세운 외교정책기조인 '동북아 플러스 책임공동체'는 한반도와 동북아를 넘어 주변지역의 평화번영 환경 조성을 위한 중장기 비전", "집어넣는 교육에서 꺼내는 교육으로, 듣는 교육에서 말하는 교육으로, 질문이 없는 교육에서 질문을 발굴하는 교육으로, 우리의 교육은 바뀌어야…교육 패러다임 자체가 바뀌어야", "사교육 경감 및 공교육 정상화 대책에…발상의 전환을 하는 것이 필요…'정책 한계' 현상은 심화", "박근혜 대통령의…국회 연설은…대북 봉쇄정책(containment policy)의 결정판으로 대북정책 패러다임을 대전환하겠다는 뜻…그동안 유지하던…대북정책기조를 폐기", "폐기물 정책의 기조는 경제와 국민 생활에 불편을 초래하는 감량을 위한 규제는 줄이고 재활용을 잘하자는 것."18)

이와 같이 '패러다임' 용어가 정책과 관련되어 사용된 경우를 검토해 보면, 그것은 '기조'와 하등 다를 바 없는 뜻으로 사용되고 있음을 재확인할 수 있다. 우리나라 대통령부터 그런 뜻으로 교차 사용하고 있고, 그 외 다른 경우의 용례도 마찬가지이다.

---

16) 이상 각각 조선일보, 2017.1.12., "윤곽 드러나는 트럼프식 아시아 회귀전략"; 동아일보, 2014.6.25., "저출산대책, 보육에서 결혼지원으로 바꾼다" 제하의 기사; 동아일보, 2015.9.23., "中서 확인한 박 대통령의 열기"; 한겨레, 2014.2.15., "르포: 46년 만에 철거되는 아현고가도로"; 경향신문, 2015.5.12., "중, 가공무역 졸업…반제품 중심 대중 수출 '새 판' 짜야."

17) 이상 각각 경향신문, 2015.9.4., 동일 제목의 사설; 동아일보, 2014.5.6., "'여성정책→양성평등정책' 19년만의 전환"; 동아일보, 2014.11.7., "공공사업 입찰 저가 경쟁…최고가치 낙찰제 도입 검토를"; 동아일보, 2014.6.24., "사법의 미래는 재판 아닌 대화 통한 조정"; 한겨레, 2013.7.20., "○○○ 경제팀보다 정책기조의 혼선이 문제다" 사설.

18) 이상 각각 황재호(외대 국제학부 교수), "문재인 정부, 국제사회에 '플러스'되는 외교 펼칠 때" 한겨레, 2018.1.11.; 한국일보, 2014.12.9., "입 닫고 적기만 해 A+…창조적 비판 사라진 대학"; 동아일보, 2014.12.19., "사교육 대책이 눈물겨운 이유"; 동아일보, 2016.2.17., "강력한 조치로 北정권 변화시킬 것"; 한겨레, 2018.4.4., "폐기물 감량 정책, MB정부가 후퇴시켰다."

새 정부 들어 처음으로 문재인 대통령이 임명한 장관들만 참석한 국무회의가 25일 오전 정부서울청사에서 열렸다.…문 대통령은 이날 모두발언에서 "정부조직이 개편되고 추경예산안이 확정되면서 새 정부가 본격적으로 출범한 셈"이라며…문 대통령은 국무회의 주요 안건으로 경제부처가 합동으로 마련한 새 정부 경제정책 방향에 대한 보고가 있는 점을 거론…"새 정부 경제정책 방향은 경제부총리가 발표하고 논의할 것"이라며 "오늘 회의에서 확정하면 우리 정부의 <u>경제 정책기조</u>가 되고, 새 정부가 우리 <u>경제의 패러다임</u>을 전면적으로 대전환한다는 선언이 될 것"이라고 말했다.…19)

"경기부양에 맞춰지다 보니 <u>정책의 패러다임 전환</u>을 통한 경제 체질 개선이 뒷전으로", "'성공 방정식은 한계에 이르렀다.'…<u>경제 운용의 패러다임</u>을 바꿔야…개발주의 시대의 <u>재정운용 기조</u>가 되살아난 느낌", "중국 지도부는 <u>경제성장 방식을 수출에서 내수로 전환</u>하기로 결정…적극적인 재정정책과 적당히 유연한 통화정책이라는 <u>정책의 기본 틀</u>을 유지하기로 확정", "<u>경제정책기조</u>를 뜻하는 '아베노믹스'가 최근 크게 흔들리고", "중국 경제와 사회 분야의 새로운 <u>정책기조</u>가 제시될 것…국가주석이 강조한 개념인 '<u>포용형 성장</u>(inclusive growth)'"20), "시진핑의 <u>정책적 기조</u>는 '온중구진(穩中求進: 안정 속 발전)'…개혁 의제의 기본 방향이 제시", "구한말 국제사회를 지배했던 약육강식의 '<u>전쟁 패러다임</u>'이 지금은 '<u>무역 패러다임</u>'으로 바뀌었다…새 패러다임 적응", "지금처럼 <u>외교안보의 큰 틀</u>을 만들어야 하는 상황에서…<u>국가안보 패러다임</u>이 바뀌어야", "<u>사회·경제발전 패러다임</u>의 전환과 이에 적합한 새로운 <u>과학기술정책기조</u>가 요구되는 시기", "성공적인 통일 준비를 위해서는…중국과 타이완이 관계개선을 위해 공감했던…<u>정책기조</u>에 주목할 필요", "<u>60-70년대는 '경제개발 패러다임</u>'…70-80년대는 '<u>민주화 패러다임</u>'…90년대 이후는 '<u>문화융성 패러다임</u>'이 주도해야…대통령이 이른바 '문화융성'의 <u>정책기조</u>를 내세우고"21)

---

19) 조선닷컴, 2017.7.25., 文 대통령이 임명한 장관들만 참석한 첫 국무회의.. "새 정부가 경제 패러다임 대전환할 것."

20) 이상 각각 한겨레, 2014.10.25., "'초이노믹스'는 벌써 추락했나"; 한겨레, 2014.10.3., "세월호와 '전화위기' 방정식", 박순빈 논설위원의 '아침햇발' 칼럼; 동아일보, 2009.12.8., "수출서 내수로… 中경제성장 기본틀 바꾼다"; 한겨레, 2016.3.14., "자맥질 경제," 박순빈 논설위원의 유레카 칼럼; 중앙일보, 2010.10.16., "중국, 양적 성장 대신 '공·정' 새 화두로."

21) 이상 각각 시사IN, "중국 3중전회는 '개혁 심화'에 밑줄 쫙", 323호(2013.11.23.), 52-53; 한겨레, 2014.3.28., '신조선책략' 쓴 최영진 교수 인터뷰 기사; 동아일보, 2016.1.28., 허문명 논설위원의 "김관진 국가안보실장이 안 보인다"; 정성철(과학기술정책연구원장), "예산만으로 안되는 R&D强國," 한국경제신문, 2007.1.12.; 문정인(연세대 정치외교학과 교수), "'세 개의 화살'이 필요한 때", 시사IN, 362호(2014.8.23.), 80; 김익두(전북대 국문과 교수·공연학), 동아일보, 2014.

우리 학계에서도 '정책패러다임'이란 용어를 많이 사용한다.[22) 또 해외 영어
사용권에서 'policy paradigm'의 사용례를 보더라도, 그것이 우리말의 '정책기조'
나 '정책패러다임'의 의미로 사용되고 있음을 분명히 확인할 수 있다.

 "(북대서양조약기구)나토 군사령관, 러시아의 대유럽 (정책)패러다임의 변화 언
 급(NATO Commander says Russia has changed paradigm in Europe)", "미국 금융제
 도가 구제금융의 패러다임과 (인과응보의 자기 책임성을 중시하는-저자 주) 책임성
 의 패러다임(paradigm of bailouts or accountability) 중 어느 쪽에 놓여져야 하는가",
 "유럽연합 관계자들이 값비싸고 논쟁이 심한 농업지원 제도에 대하여 일대 변화를
 제안…그 패러다임을 바꿔야(We have to change the paradigm)", "교육개혁…몇
 가지 다른 패러다임으로 재설계되어야(should be re-imagined as a few different
 paradigms)…관료적 효율성 모델(bureaucratic efficiency models)에서 탈피…전문
 직업적·탐구적 문화(professional and scholarly culture)를 지향", "미국 군사력의
 전개와 배치를 위한 이러한 새로운 패러다임을 설정해 시험하고 평가하며 확립하는
 과정을 밟아야…지금의 군 수뇌부는…여전히 과거의 패러다임(yesterday's paradigm)
 에 붙잡혀", "1929-1930대의 대공황…당시 통화정책패러다임(monetary-policy

 11.3., "'문화융성'을 이끌 리더가 보이지 않는다."
22) 2010년 이후로만 검색해 보면, 양재진, "박정희 시해, 새로운 기회의 창, 그리고 경제정책의 대
 전환: 정치리더십 변동과 정책패러다임의 변화," 현대사회와 행정, 24(1), 국정관리학회, 2014,
 169-188; 이진숙·이슬기, "젠더관점에서 본 보육정책 패러다임의 변화 연구," 젠더와 문화,
 6(2), 계명대 여성학연구소, 2013, 85-123; 정천구, "박근혜정부 통일정책의 새로운 패러다임,"
 통일전략, 13(2), 한국통일전략학회, 2013, 41-74; 이종열, "산림행정 패러다임의 역사적 변천과
 정에 대한 평가," 한국정책연구, 13(3), 경인행정학회, 2013, 261-279; 송다영, "통합적 가족정책
 으로의 패러다임 전환을 위한 과제," 비판사회정책, 39, 비판과 대안을 위한 사회복지학회,
 2013, 145-189; 이수연, "한국여성정책의 패러다임 논의," 한국정책분석평가학회 학술대회발표
 논문집, 12, 2013, 1-17; 장만희·황호원, "ICAO 국제항공안전정책 패러다임의 변화 분석과 우
 리나라 신국제항공안전정책 검토," 한국항공우주정책·법학회지, 28(1), 2013, 73-96; 양영석·
 양수희·황보윤, "'질 좋은 청년창업' 창출을 위한 정부의 청년창업육성정책 패러다임 이행방
 안에 관한 연구," 벤처창업연구, 7(3), 한국벤처창업학회, 2012, 167-179; 김미경, "대외경제정책
 과 한국사회의 갈등: 선호, 정책패러다임, 그리고 국내정치연합의 형성," 한국정치학회보,
 45(5), 2011, 147-173; 김수욱, 중국 엘리트체육정책 변동에 관한 연구: 정책패러다임 분석을 중
 심으로, 서울대 대학원 박사학위논문, 2010; 김영미·양재식, "장애아동을 위한 체육 정책 패러
 다임," 한국스포츠사회학회지, 23(2), 2010. 41-60이 있다. 행정학으로는 목진휴·강근복·오철
 호·최영훈·홍형득·김희경·박영원, "한국의 정책연구 지향에 관한 실증분석-Lasswell의 정책
 패러다임을 중심으로," 한국정책학회보, 14(3), 2005, 131-155; 이성우, "정책분석의 패러다임과
 연구방법에 대한 메타적 접근," 한국정책분석평가학회보, 14(3), 2004, 1-22; 이인희, "생산적
 복지정책의 이념적 영역과 패러다임에 관한 연구," 한국사회와 행정연구, 11(2), 서울행정학회,
 2000, 53-69; 김형렬, "효과적인 정책분석을 위한 총합적 패러다임의 탐색적 연구: 간연계적 패
 러다임(Intertextual Paradigm)을 중심으로," 한국정책논집, 2, 2002, 1-15 등이 있다.

paradigm)…옳았다고 하는 데 의견의 일치"[23], "미국의 마약과의 전쟁 전략…패러다임을 전환해야(shifting the paradigm)…공중보건에, 그리고 예방에 더 초점을 맞춰야…현 접근방법(범죄 문제로 처벌 지향-저자 주)은 너무 돈이 많이 들고, 반생산적(counterproductive)…마약중독을 보건 문제(health problem)로 보는…담대한 정책 변화(some bold policy changes)"[24], "IMF정책패러다임"(IMF policy paradigm).[25]

또 외국 학계에서도 문헌 검색을 해 보면 알 수 있듯이 에너지, 교육, 사회복지, 보건, 화폐, 식품, 정부간 관계, 마케팅, 군사외교, 농업, 인권, 마약통제, 금융, 식량, 지역개발, 형사정책 등 다양한 실질정책 분야의 연구 논문들에서 'policy paradigm'이란 학술 용어가 자연과학 분야를 넘어 학문 전반에서 채택되어 활발하게 연구되는 중심 개념으로 사용돼, 이미 대중화되었음을 나타내주고 있다. 거기에다 실상 '정책기조'인데 다소 다른 표현을 하고 있는 다음과 같은 경우까지를 합해서 보면, '정책기조 자체'(policy paradigm in itself)에 대한 본격적인 연구의 필요성과 당위성은 충분하다고 하겠다.

"새롭게 판을 짠다는 각오로 정부는 인구정책을 원점에서 재검토해야", "경제정책운용 방향…5년간 그 뼈대 역할을 하기 때문", "완전히 새로운 틀로 접근하는 패러다임의 전환이 필요", "학교 교육의 근본을 바꾸는 일"[26], "경제정책의 큰 줄기", "발상의 전환이 필요", "다문화주의(multiculturalism)가 아닌 상호문화주의

---

23) 이상 각각 The New York Times, Jun. 5, 2014, 1:47; The New York Times, May 19, 2014, "Bankrupt Housing Policy"(A version of this op-ed appears in print on May 20, 2014, on page A23 of the New York edition); The New York Times, October 12, 2011, "E.U. Proposes Major Changes to Farm Supports"; The Washington Post, December 27, 2013, "The Invisibility of Teachers"; Douglas A. Macgregor, "Building a True 21st Century U.S. Military," Time, May 29, 2012, 1쪽; R.A, "Seeing outside the Paradigm", The Economist, Oct. 30th, 2013.

24) David Sheff, "Make the Next Drug Czar a Doctor", Time, Aug. 26, 2013, 39쪽. 부제는 '마약통제 사령탑의 퇴진으로 실패한 마약과의 전쟁의 성격을 변화시킬 기회를 확보한 오바마 대통령' 임. 마약통제정책의 중요한 기조 중 하나로 보건문제로 보는 치료(treatment)냐, 비행 일탈로 보아 처벌하는 수감(incarceration)이냐의 논쟁이다.

25) Wilfred L. David, The IMF Policy Paradigm: The Macroeconomics of Stabilization, Structural Adjustment, and Economic Development, New York: Praeger, 1985.

26) 이상 각각 조영태(서울대 보건대학원 교수), "低출산·고령화 대책, 원점서 다시 시작해야," 조선일보, 2015.3.23.; 동아일보, 2013.4.6., "경제성장률 목표 달성보다 폐기 넘치는 정부를 바란다"; 한겨레, "위기의 한국경제, 돌파구 찾아라, 새해기획 ④패러다임 바꿔야 산다," 2016.1.8.; 전성은(전 거창고 교장), "진보 교육감들이 해야 할 일," 시사IN, 384호(2015.1.24.), 80.

(interculturalism)로 나아가야…새로운 패러다임 모색…'상호문화주의'로 바꿔나가야", "'큰 사고(big head)'를"²⁷⁾, "기존 성장 패러다임에 대한 반성의 연장선…기존 관점을 뛰어넘어", "'일반고 살리기' 정책의 일환으로…자기주도 학습 능력을 키워주는 쪽으로 바꿔야", "국민과 기업을 다시 뛰게 만들 수 있는 혁명적인 정책을", "수출·대기업 중심의 성장 방식이 한계에 달해 새로운 경제패러다임이 필요…경제 전체의 구조적인 틀을 바꾸는 과제", "방향이 잘못된 전 정권의 정책"²⁸⁾, "저성장·저물가·저금리가 고착화되고 있는 '3저(低) 시대'에 맞춰 경제정책의 패러다임을 근본적으로 바꿔야…경제정책에 대한 시각을 전반적으로 바꿔야…판 자체를 뒤집는 구조개혁", "청년 고용대책…보다 근본적인 접근", "정부는 큰 그림 그리고", "큰 그림을 그린 뒤 원칙을 기지고 끈기있게 문제를 풀어가야", "한국의 농지개혁도…'위대한 사회'와 같은 일대 구상과 개혁이 필요한 때"²⁹⁾, "엑스포를 유치함으로써 한국의 정책기조(the policy paradigm in Korea)를 바꾸고 싶고"³⁰⁾, "큰 비전을 세우고 정책의 기조(基調)를 잡는 것…큰 줄기를 잡는 것"³¹⁾, "신자유주의란 이름으로 맹위를 떨치던 시장자유주의가 독일 의회에서 완전히 퇴출…사민당은 공공영역의 확장을 통해 시장의 부작용을 선제적으로 최소화하는 '사회민주적 시장경제'를 지향".³²⁾

---

27) 이상 각각 이종화(고려대 교수, 경제학), "'근혜노믹스' 새로 시작하자," 중앙일보, 2015.1.9.; 최연혁(스웨덴 쇠데르테른대 정치학과 교수), "국민행복정치가 꽃피려면", 동아일보, 2013.3.16.; 한겨레, 2011.5.31., "자국문화 강요 '다문화'는 실패한 정책"; 매일경제, 2013.3.20., "참여·토론 문화·軍생활, 이스라엘 교육의 3요소."

28) 이상 각각 한겨레, 2014.12.10., "주요 국제기구 잇따라 '증세·복지확대 필요하다'"; 조선일보, 2014.10.6.,"부산에 일반高 학생 위한 진로·진학센터 12곳 설치"; 조선일보, 2014.11.21., "경제팀, 부동산에만 매달려서야 景氣 살아나겠나" 사설; 김종수(논설위원), "'따로 따로'가 아닌 '따로 또 같이'", 중앙일보, 2014.12.31.;중앙일보, 2008.1.10., "인수위는 제 역할을 하고 있나" 사설.

29) 이상 각각 동아일보, 2014.12.22., "장기불황 견뎌낼 경제체력 갖춰야"; 매일경제, 2015.3.5., "이기권 고용장관의 뼈아픈 自省"; 조선일보, 2015.6.1., 자본수출시대 <4·끝> 원칙·실행방안 '5大제언'; 오태규(한겨레 논설위원실장), "근조! '박근혜 외교'", 한겨레, 2017.1.12.; 남재희(언론인), "실패한 존슨의 '위대한 사회'의 교훈", 한겨레, 2015.1.16. 기고문.

30) The New York Times, Monday, September 17, 2007, "South Korea ready to embrace green issues". 우리 정부는 유치에 성공하여, 2012년 5월부터 3개월간 '살아있는 바다, 숨쉬는 연안'(The Living Ocean and Coast)이란 주제어와 '풍부한 자원 보전과 미래지향적 활동'이란 부제어로 여수 세계박람회를 성공리에 개최하였다.

31) 조선일보, 2008.1.21., "인수위, 줄기와 잎사귀는 구분할 줄 알아야" 사설. 참고로 잎사귀가 아닌 '근간'을 '기조'로 번역한 실례도 있다. 동아일보, 2014.2.15., "아베노믹스는 구시대적, 日, 한국에게 경제 배워라" 기사는 미국 월스트리트저널의 'Korea's Lesson for Japan'의 제목의 기사 내 "a central plank"(of Abe's agenda for Japan)을 '정책기조'로 번역해 "엔화 약세가 수출 경쟁력에 매우 중요하다고 보는 아베 총리의 정책기조와 대비된다"라고 게재하였다.

32) 김누리(중앙대, 독어독문학과 교수), "독일 의회에서 퇴출당한 시장자유주의", 한겨레, 2013. 11.11.

정책기조(policy paradigm)의 개념 정의 관련 논의

지금까지 '정책기조' '정책패러다임' 'policy paradigm'이란 용어가 일반인이든 정책실무자이든 학자이든 우리 언중(言衆)에 의해 쿤의 패러다임이란 개념의 영향을 받아 어떤 정책과 관련된 문제·사안 등에 대한 사고(생각, 인식)를 할 때, 그것을 '근본적으로 일관해서 규정해 주는, 어떤 인식의 틀과 방향'을 말하는 실질적인 동의어나 대체어로 여겨져 사용돼 온 수렴 경향을 몇몇 용례의 문맥과 자료를 통해서 확인할 수 있었다. 즉 정책기조(policy paradigm)는 '정책을 근본적으로 규정하는 인식의 틀' 혹은 '정책에 일관해서 흐르는 기본적인 경향이나 방향으로서의 근본적인 인식의 틀(인식체계)'을 함축하는 의미로 수렴돼 왔음을 알 수 있었다. 그런 수렴 경향을 바탕으로 우리는 그들 용어를 구태여 서로 차별해야 할 무슨 큰 근거나 이유나 실익(實益)이 없으므로 그렇게 전제하고 사용해도 큰 무리가 없다고 할 수 있겠다. 그런 만큼 이제 '정책기조'(정책패러다임, policy paradigm)에 대하여 전체적인 이론체계를 정립하는 데 필수적인 학술적 전문용어로서의 엄격한 개념 정의를 시도하고자 한다.

1. 정책기조의 정의와 관련해 나온 서양 학자들의 논의

인문사회과학 분야에서 정책에 큰 관심을 가진 서양 학자들이 '아이디어' 변수로서의 '정책기조'에 관한 이론을 정립하는 과정에서, 그들은 '정책기조'라는 용어와 개념을 스스로 어떻게 이해하고 사용하는가, 즉 정의하는가에 대하여 자신의 견해를 밝혔다. 일반적으로 서양 학계에서는 '정책기조이론' 연구의 획기적인 출발점을 세운 개척자로 미국 하버드대 정치학 교수 피터 홀(Peter Hall)을 든다. 그는 영국 거시경제정책 변동의 경험적 사례를 분석한 후, 정책변동의 요인·과정·의의 등을 일반화한 '정책기조의 변동'(policy paradigm change)의 논문을 발표함으로써(1993년), 정책기조이론의 선구자로 자리매김 되고 있고, 그의 'policy paradigm'에 관한 정의, 곧 '정책에 관한 해석적 틀'(interpretive framework) 등 그의 이론은 핵심 인용문이 되고 있다.[33] 홀은 정책기조를 다음과 같이 설명하고 정의하였다.

> 정책결정자들은 습관적으로 정책의 목표와 목표 달성의 수단뿐만 아니라, 다루게 돼 있는 당해 문제의 바로 그 성격까지도 구체화해 주는 일단의 아이디어와 표준의 틀 속에서 일한다. 게슈탈트처럼 이 틀은 그들의 일과 관련된 정책결정자들의 의사소통을 매개해 주는 바로 그 용어 속에 이미 내재하고 있는 셈이다. 그리고 이 틀은 그 대부분이 당연한 것으로 받아들여지고, 전체적으로는 꼼꼼히 따져보는 의문의 대상이 되지 않는다는, 정확히 바로 그 이유 때문에 그 영향력이 크다. 나는 바로 이러한 해석적 틀을 정책기조라고 부르기로 하겠다.[34]

그런데 사실 'paradigm'은 물론이고, 정책과 관련해 그 패러다임에 관심을 가진 다양한 분야의 학자들은 'policy paradigm'이란 용어와 개념을 사용해 이론 정립을 시도하고 있었다. 그것은 정치학자 홀의 획기적인 논문이 발표된 1993년과 동일한 해에 아일랜드 코크대 교육학자 오설리번이 '정책기조'를 "정책과정을 지배하는 틀"(frameworks that govern the policy process)이라고 정의하면서,[35] 그것을 아일랜드 교육체제와 교육정책에 관한 분석도구로 사용하며 이론 정립을 시도하고 있는 논문을 교육사상 저널에 발표한 사실로도 알 수 있다. 그는 쿤의 '패러다

---

33) 이제 정책기조를 연구하는 학자들은 본문과 같은 언급 없이 홀에서 출발하는 것을 당연시하는데, 특별히 '연구의 출발점과 핵심 인용문'이란 언급은 Paul Cairney and Christopher M. Weible, "Comparing and Contrasting Peter Hall's Paradigms and Ideas with the Advocacy Coalition Framework," John Hogan and Michael Howlett(eds.), Policy Paradigm in Theory and Practice, Palgrave Macmillan, 2015, 84-85 참조.

34) Peter A. Hall, "Policy Paradigms, Social Learning and the State: The Case of Economic Policy-making in Britain," Comparative Politics, 25(3), 1993, 279 원문. "Policymakers customarily work within a framework of ideas and standards that specifies not only the goals of policy and the kind of instruments that can be used to attain them, but also the very nature of the problems they are meant to be addressing. Like a Gestalt, this framework is embedded in the very terminology through which policymakers communicate about their work, and it is influential precisely because so much of it is taken for granted and unamenable to scrutiny as a whole. I am going to call this interpretive framework a policy paradigm."

35) Denis O'Sullivan, "The Concept of Policy Paradigm: Elaboration and Illumination," The Journal of Educational Thought, 27(3), 1993, 251, 247. 그는 '개인발달'(personal development)에서 '인적자본'(human capital)으로 교육패러다임이 전환된 사례를 분석한다.

임' 개념이 교육학 분야에서 이미 잘 알려졌고, 일상적으로 서술에 사용되고 있는 장점이 있는데, 이제 더 정교하게 다듬는 일만 남았다고 지적하고 있을 정도이다.

이처럼 여러 분야에서 정책기조를 연구하는 학자들은 나름대로 정책기조를 정의하는데, 그것은 그 뿌리를 쿤에 두고 있는 만큼 표현만 다를 뿐 거의 비슷하다. 그리고 그들은 모두 이론 정립에 참여하면서 다른 표현으로 그 정의를 내놓고 부연 설명하는데,36) 이는 일견 혼란스럽게 하는 것 같지만 사실은 정책기조를 더 깊이 이해하는 데 도움을 준다. 따라서 다음에서 서양 학자들의 좀 복잡한 정의들에 대하여 ① 거의 공통적인 개념 정의를 중심으로 살펴보고, ② 그 부연 설명으로 제시된, 그 개념에 내포돼 있는 주요 논리나 내용과 기능, 그리고 그 은유적 성격을 나타내 표현하고 있는 또 다른 정의들을 예시해 보기로 하겠다.

먼저 ① 쿤에 뿌리를 두고(홀도 그 영향을 받고, 또 홀로부터 영향을 받아서 나온), 거의 공통적인 정책기조 개념의 정의를 중심으로 살펴보기로 하겠다. 이는 구체적인 실질 분야의 정책 하나하나를 지도하거나 지배하는 역할·기능을 수행하는 '인식의 틀' 개념을 충실하게 대변하는 정의이다. 홀의 '해석적 틀' '정책을 지도하는 판(틀)'(the template guiding policy) '개념적 틀'(a conceptual framework)이란 정의가 대표적이다(위 오설리번 같은 경우에는 해당되지 않지만, 이는 일부 학자에게는 그 출발점 역할의 정의이다). 다음은 이 같은 사실을 지적하는 언급이다.37)

> 이 정의를 중요시한 후속 연구자들은 홀이 정책영역에서 대처해야 할 문제, 정책의 목표, 그리고 그 달성을 위한 적절한 정책수단 등 정책기조의 구성요소(constituent elements)에 대한 정책공동체의 합의된 신념(consensual beliefs)으로 그것을 정의한다고 설명하기도 한다.38)

이제 그와 거의 동일한 의미로 정의한 것을 예시해 보면 다음과 같다.

---

36) 홀도 '정책에 관한 해석적 틀'을 프리즘(the prism), 정책노선(lines of policy) 또는 정책담론의 기초적/전반적 조건(underlying/overall terms of policy discourse)이라고도 한다. Hall(1993), 279, 284, 292 등.

37) Hall(1993), 279, 284.

38) Hall(1993), 279. 이는 Grace Skogstad & Vivien A. Schmidt, "Introduction," G. Skogstad(ed., 2011), Policy Paradigms, Transnationalism, and Domestic Politics, Univ. of Toronto Press, 2011, 6의 해설임.

정책과정을 지배하는 틀인데 무엇보다도 언어적, 규범적, 인지적 차원을 구현하는 틀(frameworks embodying linguistic, normative, and epistemic dimensions, among others, that govern the policy process)[39], 부문별 정책결정을 지도하는 해석적 틀(the interpretive frameworks that guide sectoral policy-making), 개념적 기반(the conceptual underpinnings)[40], 정책담론의 전체 틀(the whole framework of policy discourse)[41], 사회문제의 정의, 사회적인 것의 분류 및 사회적 행동의 평가를 지도해 주는 밑바탕의 인식적 틀(the underlying epistemic frameworks that guide the definition of social problems, the classification of social kinds, and the evaluation of social behaviors)[42], 지적인 틀(intellectual framework)[43], 정신적 지도(mental maps)라는 인지적·규범적 틀[44], 밑바탕의 근거 이유(underpinning rationale)[45], 주된 토대(major underpinning)[46], 정책결정의 인지적·규범적 판(cognitive and normative templates)[47], 정책결정자의 문제해결을 지도하는 어떤 공유된 현실 모델(a shared model of reality that guides policymakers' problem-solving activities)[48] 등이 그 예이다.

다음으로 ② 그 부연 설명으로 제시된, 그 개념에 내포돼 있는 주요 논리나 내용과 기능, 그리고 그 은유적 성격을 나타내 표현하고 있는 또 다른 정의(또는

---

39) O'Sullivan(1993), 246.

40) Skogstad & Schmidt(2011), 17.

41) Andrew Gamble, "Economic Futures," Peter Taylor-Gooby(ed.), New Paradigms in Public Policy, Oxford Univ. Press, 2013, 18(참고로 이 책은, 정부 차원에서 영국 학술원 정책연구소(The British Academy Policy Centre)가 영국 정책아이디어 틀의 미래 방향을 모색하기 위하여 동 저서명의 프로젝트를 시작해 두 차례 보고서를 발간했는데, 학술원 회원이기도 한 인용 저자가 그 보고서를 편집한 책이다).

42) Clark A. Miller, "Democratization, International Knowledge Institutions, and Global Governance," Governance, 20(2), 2007, 331.

43) Stoker & Taylor-Gooby(2013), 239.

44) Marcus Carson, Tom R. Burns and Dolores Calvo, "Theoretical Framework and Models for Conducting the EU Research on Paradigms and Paradigm Transformations," Carson, Burns & Calvo(eds., 2009), 141.

45) O'Sullivan(1993), 263.

46) Anne Power, "The 'Big Society' and Concentrated Neighbourhood Problems," Peter Taylor-Gooby(ed.), 2013, 192.

47) Skogstad & Schmidt(2011), 14. 여기서 '인지적'은 서술적(기술적, descriptive)과 동일한 의미이다.

48) Marcus Carson, Tom R. Burns and Dolores Calvo, "Introduction," Carson, Burns & Calvo(eds.), Paradigms in Public Policy, Frankfurt am Main: Peter Lang, 2009, 18.

그와 유사한 표현)들을 소개해 보면 다음과 같다.

하나의 포괄적 아이디어의 집합(an overarching set of ideas)과 정책의 중심 사상(또는 음악의 주악상, the Leitmotiv of policy)[49], 논리를 포괄하는 핵심 아이디어(the core idea that encapsulates certain logics)[50], 공공쟁점을 개념화하고 분석하며 다루는 아이디어의 복합체(complexes of ideas)[51], 전체 정책공동체에 의해 널리 공유된 아이디어[52], 정책으로 하여금 특정 경로로 따라가도록 밀어주고, 일단 경로에 들어서면 그것을 강화시켜주는 프레임(the frame that propels policy down a particular path and reinforces it once on that path)[53], 핵심 가정(core assumptions)[54], 정책을 지배하는 기본 원리(the basic principles governing public policies)[55], 지도원리(guiding principles)와 기저 가정(underlying assumptions)[56], 조직원리(organizing principles)[57], 근본적인 지도원리(fundamental guiding principles)[58], 제도설계의 청사진(a blueprint for institutional design)[59], 정책을 지도하는 핵심적 또는 헌법적(구성적, EU의 경우 헌장적) 원리(core or constitutional principles that guide policy)이고, 그 재형성(reconfiguration)이 정책기조의 전환(shift)임[60], 핵심 가정과 우선순위의 복합체(the complex of core assumptions and priorities),[61] 특정 분야의 담론에서 (헌장, 조약이나 협정의) 서문이나 (헌법의) 전문에 들어갈 내용(the stuff of the preamble)[62], 정책아이

---

49) Hall(1993), 291.

50) Power(2013), 194.

51) Carson, Burns & Calvo(2009), 378.

52) Frank Baumgartner, "Ideas and Policy Change," Governance, 26(2), 2013, 251.

53) Erik Bleich, "Integrating Ideas into Policy-Making Analysis: Frames and Race Policies in Britain and France," Comparative Political Studies, 35, 2002, 1063.

54) Carson, Burns & Calvo(eds., 2009), Introduction, 24.

55) William D. Coleman, G. Skogstad & Michael Atkinson, "Paradigm Shifts and Policy Networks: Cumulative Change in Agriculture," Journal of Public Policy, 16(3), 1996; Carson, Burns & Calvo(eds., 2009), 114 재인용.

56) Marcus Carson, Tom R. Burns, and Dolores Calvo(eds.), Paradigms in Public Policy, Frankfurt: Peter Lang, 2009, 360.

57) Carson, Burns & Calvo(eds., 2009), Introduction, 26.

58) Carson(2009), 202.

59) Carson, Burns & Calvo(2009), 142.

60) Carson, Burns & Calvo(2009), 359.

61) Carson, Burns & Calvo(2009), 392.

62) O'Sullivan(1993), 263.

디어가 내재화돼 있고, 그 안에서 구체적 정책들이 형성되고 집행되는 정책기조 (policy paradigms within which policy ideas are embedded and on the basis of which policies are framed, articulated, and implemented)[63]이고, 정책기조는 공적 쟁점과 문제 가 틀 지어지고, 패러다임의 지지자들이 그 주변에서 모여 의견을 조율하는 일종 의 근대적 토템(a type of modern totem)을 제공해 줄 수 있는 개념적 구조(a conceptual structure)로서의 기능을 수행함[64], 중심적인 정책결정자들에 의해 공유 되고, 비공식적·공식적 규칙과 규정에 반영돼 있는 일련의 신념과 아이디어(a series of beliefs and ideas, shared by key policy makers and reflected in informal and formal rules and regulations)[65] 등이 그 예이다. 이를 다음과 같이 정리하기도 한다.

> 정책기조는 정책결정에 관련된 쟁점, 문제, 이익, 목표, 교정 방책들을 뚜렷하게 다른, 때로는 공약불가능한 방식으로 개념화해서 분석하게 해 주는 강력한 인지 적·규범적 개념이다. 그것은 일반적으로 일관된 가정과 원리의 복합체, 단순화된 은유, 그리고 해석적이고 설명적인 담론을 포함하는 것이 특징이다. 그것은 그 추종 자들이 그것을 통해 사물이 어떠해야 하고 세계가 어떻게 작동하는가를 그려보고, 또 그것으로 사회문제라고 여겨지는 쟁점들을 정의하는 하나의 공유된 개념적 틀(a shared conceptual framework)을 의미한다.[66]

이상과 같이 다양한 표현들로 정책기조를 정의하는데, 중요한 것은 '정책에 관한 중요한 인식의 틀'이란 사실이다. "명칭을 뭐라고 하든 중요한 것은 어떤 일정한 정책영역에서 정책결과(policy outcomes)는 통상 정치적으로 실현가능하고 실용적이며, 바람직한 정책들에 관한 당시의 주도적인 아이디어들(dominant ideas) 과 일치할 것이라는 점"[67]을 함축하고 있는 것이다. 그것도 '갈림길에 선 정책'[68]

---

63) Carson, Burns & Calvo(eds., 2009), Preface, 5.
64) Carson, Burns & Calvo(eds., 2009), Preface, 6.
65) Svein S. Andersen, "The Emergence of an EU Energy Policy Paradigm," Carson, Burns & Calvo(eds., 2009), 261-262. 그는 정책기조의 정의와 특성을 특징짓는 govern, based on, rest on, underly, underpin 등의 단어를 많이 사용한다.
66) Carson, Burns & Calvo(eds., 2009), Introduction, 17.
67) Skogstad & Schmidt(2011), 7. 참고로 2004년에 나온 Akira Iida의 책(Paradigm Theory and Policymaking: Reconfiguring the Future, North Clarendon, Vermont: Tuttle Publishing)은 정책학에 서 논의하며 사용되는 패러다임 개념에 대하여 완전히 무지한 상태에서 저술된 것이 분명하

에 대하여 '선택할 길(진로)'을 정해 주는 '기본 틀과 방향 역할의 패러다임'이
바로 '정책기조'임을 이해할 필요가 있다.

2. 정책기조의 개념 정의와 관련한 국내 논의

한편, 우리나라에서 그동안에 나온 '정책기조'에 대한 개념적 정의에 대하여
검토해 보기로 하겠다. 1970년대 초 미국 유학을 마치고 귀국해 처음으로 우리
학계와 실무계에 '정책학'을 소개한 허범(許範) 교수는 초기부터 '정책기조논리'
라는 중요한 용어와 개념을 제시하고 사용하였다. 그는 우리나라 교과서에 처음
으로 정책형성과정의 일반적인 전개를 "정책기조논리의 구성 → 정책의제의 편
성 → 정책발안 → 지도정책의 형성 → 정책대안의 개발 → 정책의 채택 등의
순서에 따라서 진행"하는 것으로 기술하고, 다음과 같이 '정책기조논리'를 설명하
였다.69)

다고 한다(Carson, Burns & Calvo, 2009, 409 주석 1번). 또 공공정책 분야의 밖에서, 특히 브라
질과 이탈리아의 일단의 연구자들은 '쿤 식의 개념이 아닌 방식으로'(in a non-Kuhnian way) 패
러다임 개념을 발전시켜 적용하고 있다. 즉 기업조직 및 포드/테일러 생산체계를 새로운 형태
의 기업조직으로 변혁시키는 것과 관련해서 사용한다. 즉 1980년대부터 쿤의 '과학적 패러다
임 개념'을 넘어서서 패러다임 용어를 사용한 연구가 Giovanni Dosi(1982, 1984), Leda
Gitahy(2000), Carlota Perez(1983, 1985), Hubert Schmitz(1989) 등을 포함한 국제적 그룹에 의해
수행돼 왔다. 그들은 기업 생산을 관리하고 규제하는 데 적용되는 기술적, 경영적, 조직적 아
이디어와 실제를 개념화하기 위하여 기술경제적 패러다임(the techno-economic paradigm) 개념
을 발전시켰다. 그들은 무엇보다도 구 포드주의/테일러주의(the old Fordist/Taylorist) 패러다임
과는 중대하게 다른 신포드주의(Neo-fordism) 기업조직이란, 새 패러다임의 확산과 정립을 서
술하고 분석하는 데 관심을 기울이고 있다. 그들의 패러다임 구조, 방법, 경영기법과 관련 실
제는 주로 일본식 모델로부터 도출돼 -예컨대 브라질- 상황에 맞게 고쳐지고 개념화되었다.
그리고 그들은 규범, 행동양식, 그리고 실제가 어떤 경우에 어떻게 -변혁되지는 않았을지라도-
고쳐졌는가를 관찰하고 분석하였다. Carson, Burns & Calvo(2009), 17(주석 4), 409(주석 2번)에
서 재인용.
68) 이 표현은 Peter Taylor-Gooby, "Introduction: Public Policy at a Crossroads," Peter Taylor-
Gooby(ed., 2013), 1.
69) 허범, "공공정책의 형성과 집행," 행정학개론, 허범 외(공저), 대영문화사, 1988, 89. 그 외에도
허범, "기본정책의 형성과 운용," 고급관리자과정교재, 중앙공무원교육원, 1981; 허범, "정책형
성의 기획과 조정," 고위정책관리자교재, 중앙공무원교육원, 1993; 허범, "국가목표의 체계화와
운용," 고위정책관리자교재, 중앙공무원교육원, 1993; 허범, "문민정부의 개혁기조와 정책방
향," 한국정책학회보, 통권 제2호, 1993, 9-26 참조. 특히 허범 교수의 '정책기조'의 개념과 '기
조정책'의 '정책형성 기능체계' 내에서의 위치와 성격 등에 관한 설명은 허범(1993a), 19-25(주
석 포함) 및 허범, "대통령선거 정책공약의 설계를 위한 개념의 틀과 지도지침," 한국정책학보,

정책기조논리는 어떤 정책에 대하여 최고관리자의 차원에서 구상하고 적용하는 가장 궁극적인 판단의 근거 또는 기조철학이다. 그것은 가치판단의 기준이 되는 규범논리와 현실판단의 기준이 되는 상황논리의 통합에 의하여 구성된다. 그러므로 정책기조논리는 그것에 입각하여 형성되는 정책의 방향, 내용, 성격, 그리고 과정 등을 규정하는 가장 근원적인 유전자로서 작용한다. 만약 정책기조논리가 뚜렷하지 못하면 결과하는 정책의 주제의식이 박약하고 일관성이 흔들린다.

역시 우리나라 초창기 정책학자인 정정길 교수는 역대 대통령의 경제정책 관리를 비교 분석하면서 '정책기조'의 개념적 정의 없이 경제 분야의 정책기조인 '경제정책기조'를 중심으로 역대 대통령의 경제정책관리를 평가·논의하였다.[70]
이상과 같이 정책기조에 대한 학술적인 관심의 씨는 뿌려졌는데, 그 개념적 정의를 비롯한 '정책기조 그 자체에 관한 기본적인 연구'의 싹은 아직 나지 않고 있었다. 그렇지만 이미 일상어가 될 정도로 대중화된 '패러다임'이란 용어와 개념에 의지하여 외교·군사·재정금융통화·교육과학·보건의료·문화예술 등 각 정책분야의 실질정책과 관련된 '정책패러다임'(정책기조)의 내용에 관한 연구 성과는 점차 증가하고 있었다. 특히 허범 교수의 주도에 의하여 1992년 '한국정책학회'가 창설되면서 정책기조에 관한 정책학적 관심은 새로운 전기를 맞이하게 되었다. 즉 당시 김영삼 대통령 당선자가 문민정부를 표방하며 정부 인수를 준비하는 시기에 맞춰 한국정책학회보 창간호에는 기획논문으로서 각 분야별 정책기조에 관한 총 4편의 주제 발표 논문들이 게재되었다. 새 정부에서 국정 전반에 필요한 국정기조나 해당 실질 정책분야에 필요한 해당 정책기조가 본격적으로 논의된 것이었다. 그리고 허범 초대 회장이 이끄는 학회는 "새 정부의 정책기조와 개혁방안"이란 주제로 1993년 2월에는 학술토론회도 개최하고, 허범 회장의 정책기조 논의의 중요성을 강조한 <문민정부의 개혁기조와 정책방향> 논문을 비롯하여 발표논문들이 특집(문민정부의 정책혁신과 제도개혁)으로 학회보에 게재(1993, 통권 2호)되었다.
이로써 '정책기조'가 정책학의 중심 주제가 되었다. 그 후 2008년 한국정책

1997, 27-29 참조.
70) 정정길, "바람직한 대통령의 정책관리: 경제정책을 중심으로," 한국행정학보 27(1), 1993, 4.

학회의 학술발표대회에서는 계절별 대회 때마다 당시 출범한 '이명박 정부의 정책기조'에 관하여 집중적으로 조명하는 기획세션을 진행함으로써, 여러 분야의 정책기조에 관한 총 8편의 연구논문이 발표돼 정책기조에 관한 학문적 논의를 더 풍성하게 하는 계기를 만들었다. 그렇게 우리 학계는 '정책기조'나 '정책패러다임'의 제목 아래 각종 다양한 분야에서 다양한 학술적 논의를 전개해 왔다. 또 사실상 그런 개념에 의해 다양한 실질정책 분야를 다룬 주제의 논문도 계속 발표되고 있다. 그런데 그런 논문들에서 '정책기조(정책패러다임) 그 자체'에 대한 개념 정의를 비롯한 이론적 논의는 생략된 특징을 보여준 점에서는 공통적이었다.

이에 정책기조에 관심을 가진 저자는 그 기본적인 연구가 전체적으로 너무 부족함을 인식하고 그 일반이론을 구축하는 연구를 계속해 왔다. 그리고 그 연구의 결과로서 첫 논문을 발표한 이래 그것을 수정 보완하며 발전시킨 논문을 몇 편 발표하였다.[71] 더 나아가 정책기조라는 열쇳말(key word)을 토대로 그 적용 논문도 발표하였다.[72] 이렇게 발표한 논문들에서 저자가 허범 교수의 '정책기조 논리' 및 '정책기조'에 관한 논의를 토대로, 일상적으로나 학술적인 실제 관용적 의미를 종합하여 제시하였던 정책기조의 개념 정의와 이를 더 구체적으로 부연 설명하면서 그 이해를 돕고자 제시한 정의는 다음과 같았다.

> 정책의 방향, 내용, 성격, 과정 등을 규정해 주는 사고 정향, 이념, 철학, 사상 등 정책의 기초적·전제적 논리로서의 기본적 준거 가치.[73]
> 정책기조는 구체적 특정 정책의 전제적 판단 기준 또는 근거로서 정책의 방향, 내용과 과정 등을 규정하는 일정한 기본적 가치 또는 논리를 말한다. 정책기조가

---

71) 저자는 허범 교수께서 이끄는 정책연구 모임의 일원으로 1987년부터 정책학 교과서 발간을 추진하며 정책기조이론에 관심을 가지고 연구하던 중 지연되자(강근복 공저, 정책학, 2016 서문 참조) 먼저 다음 논문들을 발표하게 되었다. 박정택, "정책기조의 정책학적 의의와 개념적 구조," 대전대 사회과학논문집, 14(2), 1995, 71-86; "정책기조의 개념적 특성과 주요 구성인자," 대전대 사회과학논문집 15(1), 1996, 39-51; "정책기조에 관한 탐색적 연구," 행정논총, 38(2), 서울대 행정대학원, 2000, 1-33; "정책기조의 변동과정에 관한 모델과 그 평가," 대전대 사회과학논문집 20(1), 2001, 1-18; "정책기조의 이론과 정책기조 형성의 기획관리," 한국정책학회 동계학술발표논문집, 2004, 223-262.
72) 박정택, "국제정책의 유형과 국제정책기조," 대전대 사회과학논문집 16(2), 1997, 91-121; "대통령직 인수와 정책기조의 형성: 문민정부 이후 대통령직 인수 사례의 분석을 중심으로," 한국정책학회보 16(4), 2007, 1-28.
73) 대표적으로 박정택(1995), 79; 박정택(2000), 12; 박정택(2007a), 6 참조.

실제 사용되고 있는 전후 맥락으로 보거나 정책과정에서 기능하고 있는 본질적 특성을 살펴보면, 정책기조라는 개념 또는 용어는 대체로 다음과 같은 의미를 함축하는 것으로 사용되고 있음을 알 수 있다. 즉 현실의 구체적인 정책에 있어서 그 방향, 내용, 과정 등 정책의 제반 측면을 규정하는, 그리하여 특정 정책에 관한 한 근원적인 유전자의 역할을 하는 기본적인 인식의 틀 또는 기초적 논리의 의미이다.[74)

그런데 이 정의는 '정책기조'를 구성해 주는 원천 구성논리인 '정책기조논리'에 더 초점을 맞추고 있는 정의였다. 즉 정책기조가 현실의 구체적인 특정 정책들을 규정하고 지배하며 지도하는 기초적·전제적인 성격의 여러 가지 기본 논리, 예컨대 사상, 이념, 철학, 원리원칙, 가치 등의 논리로서의 측면에 초점을 맞추면서 그것들을 예시한 것이었다.

제 3 절 정책기조 개념의 정의, 비교 우위 및 적용

그러면 정책기조의 정의와 관련된 국내외 논의를 살펴보았으므로 이를 바탕으로 이 책에서 사용할 학술적 목적의 정책기조 개념의 일반적 정의, 다른 유사 용어보다 비교 우위에 있는 유리한 점, 그리고 개념 정의를 실제로 적용하는 문제를 차례로 검토해 보기로 하겠다.

1. 일반적 정의

그동안 국내외의 논의가 다양한 표현으로 전개되었지만, 결국 정책기조는 레이너(J. Rayner)의 말처럼 어떤 쟁점을 문제로 드러내 정책 관심(policy attention)을 받게 하거나 받게 하지 않을 뿐만 아니라, 문제 해결에 성공할 것 같은 정책수단까지도 제안해 주는 하나의 '보는 방식'(a way of seeing)이고,[75) '정책과 관련된

---

74) 대표적으로 박정택(1995), 78-79 및 박정택(2000), 10 참조.

어떤 인식의 기본 틀과 방향'이라는 의미를 띠고 있음을 알 수 있다. 그러므로 이제 이 책에서 일반적으로 논의하면서 적용할 학술적 목적의 '정책기조'(정책패러다임, policy paradigm) 개념을 다음과 같이 간명하게 정의하고자 한다.76)

<u>정책을 지배하는 인식의 기본 틀과 방향.</u>

이 개념 정의를 구성하는 세 부분을 나눠서 간단히 설명하기로 하겠다.

첫째, 위 정의에서 '정책'은 기본 정책의 단위가 '일단의 구체적인 특정 정책들에 속한 정책들 중 하나로서의 정책'이다. 이는 특정 정책기조가 규정해서 지배하며 지도하는 일련의 정책집단, 정책군(政策群), 정책묶음(정책패키지), 정책가족 중에 속한 하나의 정책을 말하는 것이다.77) 이를 다르게 표현하면, 어떤 정책기조와 그것이 거느리는 한 무리의 구체적 정책들이 유전자적 동일성 또는 친화성으로 긴밀하게 연결된 경우의 어떤 정책만을 의미한다. 그런 어떤 연관성도 없이 독립하여 존재하는 어떤 정책은 해당되지 않는다. 그리하여 정책기조는 그 아래 소속 정책집단 내 각 개별 정책의 내용과 과정 등 그 정책의 전부나 일부를 규정하고 지배하고 지도하는 '상위'에 위치한 것을 함축한다. 그런 의미에서 예컨대, 서독의 동방정책이나 대원군의 쇄국정책처럼 그런 상위의 논리·틀·방향이면서도 정책이라고 지칭되는 정책의 경우, 그것은 엄밀한 의미에서 '상위정책'으로서의 '기조정책'이지, 여기서 말하는 하위의 구체적인 의미에서의 '정책'에 속하지 않는다. 그런 기조논리를 갖는 위치의 정책은 기본적으로 '메타정책'(metapolicy)이기 때문이다(그러나 중간 단계에 있는 정책은 그 수직적 구조 속에서 그 하위 정책에서

---

75) Jeremy Rayner, "Is There a Fourth Institutionalism? Ideas, Institutions and the Explanation of Policy Change," Hogan and Howlett(eds. 2015), 65.

76) 재정리한 이 개념 정의는 저자도 공저자로 참여한 다음 정책학 책 중 '제5장 정책기조의 형성과 관리'에 반영하였다. 강근복·김재관·박근후·박정택, 정책학, 대영문화사, 2016, 90. 아울러 원래 영어 패러다임이나 정책패러다임의 개념 안에는 '틀'이 그 핵심으로 자리 잡고 있는데, 거기에 '방향'의 의미도 포함돼 있음이 명확하므로(영어 어감에 민감한 서양 학자들의 논의에서도 그것을 분명하게 확인할 수 있음) 그런 점과 현실 용례를 모두 감안하여 저자는 정책기조의 정의 안에 '틀과 방향'을 모두 포함시켰다.

77) 이는 우리가 영문법을 공부할 때 익혔던 '대표 단수'라는 개념이다. 그래서 이런 경우, 영어로도 "정책을 지도하는 틀(판)"을 "the template (which is 생략-저자 주) guiding 'policy'"나 "정책의 방향"(the direction of 'policy')과 같이 'policy'를 대표 단수로 쓴다. Hall(1993), 284, 291 참조.

볼 경우에는 '기조정책'이면서 동시에 그 상위 정책기조에서 볼 경우에는 '구체적 정책'일 수 있는 이중적 지위를 지니고 있음은 '정책의 수직적 구조'를 설명할 때 후술함).

둘째, 위 정의에서 '지배하는'은 '방향, 목적, 목표, 수단 등 정책내용과 정책의 형성, 집행, 평가 등 정책과정을 규정해서 그것들을 지배하며 지도하는'을 요약해 말한다. 결국 정책기조가 그 논리로서 정책내용과 정책과정의 전부나 일부를 유전자적 동일성 또는 친화성으로 포괄해서 거느리는 것을 일컫는다.

셋째, 위 정의에서 '인식의 기본 틀과 방향'은 '정책행위자(집단)의 인식의 기본 틀과 방향'을 말한다. 곧 정책체제 내 정책행위자 개인이나 집단이 앞에 말한 정책과 관련된 사항을 인식하는 데 있어서 그 인식을 기본적으로 제어하는 틀과 방향을 의미한다. 정책과 관련해 정책행위자의 인식의 기본적인 체계를 잡아주는 틀이고, 인식의 기본을 가리켜주는 방향이라는 것이다.

이러한 정의의 정책기조는 개념적으로 다음과 같은 본질적인 특성(정책기조의 개념적 특성)을 갖는 것으로 요약해 볼 수 있다. 즉 정책기조는 ① 개별 정책(들)이 뿌리 같이 단단히 터 잡고 있어야 할 틀·판·축·토대·기초와 같은 기본 기반성, ② 개별 정책(들)이 적어도 한 차원 이상으로 높이 추구할 목적·목표와 같이 그 나아갈 이상적인 방향을 가리켜주는 기본 방향성, ③ 일단의 정책들을 유전자적 동일성이나 친화성으로 지배하고 지도하는 유전자적 포괄 지배성, 그리고 ④ 논리적으로 기호로써 간명하게 표현될 수 있는 기호성(記號性)의 특성을 모두 갖고 있다고 할 수 있다. 이를 각각 ① 정책의 기본 기반성(基盤性), ② 정책의 기본 방향성, ③ 정책의 유전자적 포괄 지배성, 그리고 ④ 간명한 논리적 기호성(記號性)이라고 부르기로 한다. 이에 대해서는 제2장에서 구체적으로 설명할 것이다.[78]

2. policy paradigm 개념의 비교 우위성 논의

정책기조이론의 정립에 참여한 학자들 중 일부는 그동안 'policy paradigm'과 거의 유사하게 사용되거나 오히려 그보다 더 나을 수 있는 용어들을 제시하기

---

78) 저자의 기존 발표 논문들에서 정책기조의 개념적 특성으로 제시된 것들을 전면 수정한 데 대한 설명은 제2장에서 후술한다.

도 하였다. 그런 논의 과정에서 학자들은 'policy paradigm' 용어가 더 유리하거나 불리한 점을 제시하게 되고, 그런 논의 결과로 이제는 학자들 사이에 그래도 'policy paradigm'이 더 낫다는 데 거의 합의에 이르고 있다.[79] 그런데 사실 '사회과학에서 패러다임 개념의 유용성'(the conceptual utility of social scientific paradigms)에 대한 의문은 다음과 같이 '문제의 선택 및 해결수단의 결여' 측면에서 쿤이 제기하였다. 그리고 사회과학 학자들 가운데 일부도 쿤을 따라 자연과학의 그것과는 같을 수 없다고 패러다임 개념에 부정적이거나 유보적인 견해를 밝히고 있다.

> 자연과학자는 급하게 해결해야 할 이유 때문에 문제(problems)를 선택(choose)할 필요가 없고, 해결에 이용할 도구(tools)를 고려할 필요도 없다. 이런 측면에서 자연과학자와 많은 사회과학자 간 대조와 시사점이 나온다. 자연과학자는 거의 그렇지 않은데, 사회과학자는 하나의 해결책을 내놓을 수 있게 된 사회적 중요성(의의) 측면에서 연구 문제를 선택한 데 대하여…그 입장을 밝혀야 하는 경향이 있다.… (Kuhn, 1970: 164) 특히 현대 사회과학의 발달과 관련해…(학문의-저자 주) 성숙을 향한 이행(transition to maturity)의 성질에 대해서는 더 충분한 논의가 필요하다.… 성숙을 향한 이행의…변화가 있고 난 후에야 비로소 (일정한 패러다임 내-저자 주) 정상적인 퍼즐풀이의 연구(normal puzzle-solving research)가 가능해진다(Kuhn, 1970: 178-179).

> 사회과학자들의 관심은 –(자연과학에서처럼-저자 주) 과학만에 의해 문제가 내생적으로 촉발되기보다는– 사회에서 발생한 문제에 의해 외생적으로 촉발되기 때문에 '패러다임적 과학'(paradigmatic science)이 사회과학에서의 변동을 설명했다는 데 대하여 쿤 자신은 의문을 제기하였다.…위기마저도 외관상 '객관적인' 물질적 조건보다는 관련 행위자들의 주관적인 지각작용을 포함하기 때문에 사회적으로 구성된다.…그래서 두 번의 오일쇼크 사태라는 외부적 위기에 대응해 발생한, 신케인즈주의에서 통화주의에로의 패러다임 전환에서도 영국은 1979년, 프랑스는 1983년, 스웨덴은 1990년대 초인데, 독일은 그 어느 나라보다 이른 1974년에 일어날

---

79) 예컨대 포터는 패러다임을 충분한 자율성이나 자기 준거성(sufficient autonomy and self-referentiality)을 가지고 정책·기업·과학의 실천(practice)에 영향을 미치는 여러 아이디어의 큰 묶음 형태(large package)로 존재하는 특징을 지닌 아이디어의 집합(a set of ideas that have three features)이라고 정의하면서, 여전히 패러다임 관념에 대한 논쟁이 있지만 중요한 정책사례들에서 위 일반적인 아이디어의 특징들이 분명히 존재한다는 데 대해서 널리 수용하고 있다고 말한다. Tony Porter, "Transnational Policy Paradigm Change and Conflict in the Harmonization of Vehicle Safety and Accounting Standards," G. Skogstad(ed., 2011), 64.

정도로 나라마다 전환 시기가 달랐다.[80)

정확히 사회과학에서 다루는 문제는 '관찰'(observed)되기보다는 '해석' (interpreted)되므로 내생적(endogenous)으로보다는 외생적(exogenous)으로 창조되고, 또 해결할 마땅한 도구(tools)도 없는 상태로 정의되기 마련이다. 이처럼 사회과학이란 학문은 흔히 큰 부분에서 사회문제를 해결할 수단이 결여된 가운데, 너무 많이 경쟁하는 인과적 해석들(causal interpretations) 하나하나의 인과적 언명들(causal stories)을 패러다임으로 불러줄 수 없게 되는 특징을 보인다. 그런 의미에서 대부분의 사회과학은 패러다임(paradigmatic) 단계보다는 패러다임 이전(pre-paradigmatic) 단계에 있다고 하겠다.[81)

그런 배경에서 먼저 그동안 학문세계에서 쿤의 'paradigm'과 유사한 개념의 용어로서 제시된 것을 보면 상당히 다양한 분야의 다양한 용어가 등장하였다. 과학철학자들로는 라카토쉬의 '연구계획'(research program), 헤스(Hesse)의 '연결망'(networks), 콰인(Quine)의 '신념망'(webs of belief)이 제시된 것이 대표적인 예이다. 또 인문사회학자들로는 성인교육과 평생교육의 전환학습(transformative learning) 이론을 주장하며 제시된 교육학자 메지로우(Mezirow)의 '관점'(perspectives)이 있다. 또한 철학자 푸코(Foucault)의 '인식틀'(세계관, epistemes), 사회학자 부르드외Bourdieu)의 '장'(habitus, 영어의 field)의 용어들은 그 대표적인 예이다.[82)

또 어떤 학자는 정책기조가 정책담론의 전체 틀이고, 정책상의 주된 쟁점을 틀 짓는 아이디어(ideas which frame major issues in policy)라고 한다. 또 현실에서 그와 유사하게 사용되는 용어들로서 정책입장(policy stance 또는 position), 정책의 주 노선(main policy line), 지배적 정통성을 갖는 정책가정(policy assumption of the ruling orthodoxy), 정책모형(policy model), 정책시나리오(policy scenario), 정책에 관한

---

80) Vivien A. Schmidt, "Ideas and Discourse in Transformational Political Economic Change in Europe," G. Skogstad(ed.), Policy Paradigms, Transnationalism, and Domestic Politics, Univ. of Toronto Press, 2011, 40.

81) Matt Wilder, "What is a Policy Paradigm? Overcoming Epistemological Hurdles in Cross-Disciplinary Conceptual Adaptation," Hogan and Howlett(eds., 2015), 35(주석 6번).

82) B. Fay, Critical Social Science, Oxford: Blackwell, 1987; O'Sullivan(1993), 251 재인용. 프랑스 정책학자 지퉁도 미셸 푸코가 사용한 프랑스어 'episteme'(인식틀)와 'dispositif'(틀)를 제안한다. Philippe Zittoun, "From Policy Paradigm to Policy Statement: A New Way to Grasp the Role of Knowledge in the Policymaking Process," Hogan and Howlett(eds., 2015), 127-129.

주류적 합의(mainstream consensus on policy), 정책접근방법(policy approach) 등을 예시하기도 한다.[83] 또한 어떤 이는 정책과 관련된 비전(vision), 관점(perspective), 렌즈(lens), 포괄적 틀(catch-all framework), 궤도(trajectory), 판(template), 지침(guidance) 등을 예시한다.[84] 또한 문화, 이데올로기, 신념체계, 프레임 또는 종합 프레임(master frame, Benford and Snow, 2000; Fligstein, 2001; Hobson, 2003 등), 담론 등도 있다고 한다.[85] 그런가 하면 정책레짐(policy regimes)과의 유사성과 차이점을 들기도 한다.[86] 그리고 다음과 같이 프레임(frame)이나 준거기준(frame of reference)도 등장한다.

> 정책기조는 아이디어와 신념에 대하여 그 경계를 정해주는 정책결정상 중요한 주제이다. 그것은 '무엇이 사실로서 중요하고 어떤 주장이 압박해 들어오고 적실하게 여겨지는가'를 결정하기 위한 암묵적인 '신념, 지각(perceptions), 감식(appreciations)의 틀이나 구조'[87]이다. 또 '정책영역 내 행위자에게 방향을 알려주는 일련의 인지적이고 도덕적인 지도의 집합'(a set of cognitive and moral maps that orients an actor)[88]이기도 하다. 그런데 후자의 개념과 관련하여 흔히 'frame'과

---

83) Gamble(2013), 13-38. 그는 이들 용어들을 사용하면서 주로 시장 주도(market-led) 대 국가 주도(state-led) 경제정책기조를 설명하고, 1930년대 강력했던 중상주의(mercantilist), 보호무역주의(protectionist), 민족주의(nationalist), 고립주의(isolationist) 등의 영국경제정책기조 논쟁의 유형도 있는데 이들은 현재 중심이 아닌 주변부에 머물고 있으나 영국 정치에 내재화(embedded)돼 있기 때문에 상황 조건에 따라서는 언제든지 다시 등장해 영향력을 미칠 수 있다고 한다(34쪽).
84) Gerry Stoker, "Building a New Politics?" Taylor-Gooby(ed., 2013), 215, 232.
85) Carson, Burns & Calvo(eds., 2009), Introduction, 16.
86) 정책레짐과 정책기조의 구별은 모호한 편이다. 통상 레짐은 정책행위자의 공유된 아이디어의 틀일 뿐만 아니라, 아이디어가 내재화되는 구조적 장치(structural arrangements through which ideas are embedded)를 의미한다. 그래서 공유된 아이디어의 틀이라는 정책레짐의 구성 부분으로서는 정책기조와 유사하다. 그러나 정책결정이 이루어지는 규칙과 권력관계의 구조라는 구조적 장치 부분, 즉 정책기조가 제도화되는 조직구조 측면에 대해서는 견해가 엇갈려서 그에 대해 패러다임 자체의 구성요소에 속한다고 보는 학자와 그렇지 않다고 하는 학자로 나뉜다. 스콕스태드와 슈미트는 정책영역의 아이디어적 측면, 제도적 측면, 그리고 물리적 측면을 분석적으로 나눠 고찰해 보게 하는 유익 때문에 상호 구별하는 쪽을 지지한다. Skogstad & Schmidt(2011), 8.
87) Donald A. Schön & Martin Rein, Frame Reflection: Toward the Resolution of Intractable Policy Controversies, NY: Basic Books, 1994, 23.
88) Bleich(2002), 1063. 그는 이 프레임이 행위자들에게 문제를 규명하고, 그들의 이익과 목표를 구체화해 우선순위를 매겨주며, 효과적이고 적절한 정책들에 대한 인과적이고 규범적인 판단을 내릴 수 있도록 방향을 지시해서 정책으로 하여금 어떤 특정 경로로 가도록 밀어주고, 일단

거의 동일한 의미로 사용하는 것인데, 그 경우 'frame'을 더 선호하기도 한다. 그런 가 하면 프랑스 학자들은 '준거기준'(frame of reference)이란 뜻의 *'référentiel'*을 사용해 '사회와 부문의 바람직한 목표, 인과관계의 알고리즘이나 이론들, 그리고 이미지에 대한 공유된 가치와 규범을 수반하는 공통된 지적인 틀'(a common intellectual framework)이라고도 한다.[89]

이처럼 다양한 용어로 'paradigm'을 대신할 수 있다는 주장이 나왔다. 그럼에 도 불구하고 이제 'paradigm'이 그 모든 것들보다 더 낫고, 그리하여 정책과 관련 해서도 'policy paradigm'(정책기조)이 다른 것들보다 더 나은 용어라는 데 대하여 이제 정책기조이론가들 사이에 거의 합의에 이르고 있다. 다음을 보자.

> 패러다임은 세계를 바라보는 정책결정자들의 프리즘(prism)이고, 어떤 것이 문제 이고 해결책인가를 규명해 주는 도구가 되므로, 패러다임이 세계를 바라보는 정책 행위자들의 관점에 '강력한' 영향(powerful impact)을 미치는 것은 분명하다.[90]
> 정책기조 개념은 그동안 정치적·행정적 과정에 개입되는 아이디어, 제도, 그리 고 조직화된 행위자들 사이의 상호작용을 분석하고 이해하는 데 유용한 도구로 등장하였다. 특히 정책아이디어가 그 안에 자리 잡고 있고 그래서 정책들이 수립되 는 기반(basis)으로서, 정책기조에 대하여 탐구하고 이론화하는 일은 흥미롭고 유용 한 접근방법임이 증명되었다. 정책기조는 특정 행위자 공동체에 공유돼 문제해결을 촉진시켜주는 하나의 인지 모형(a cognitive model)이다. 즉 행위자들로 하여금 사안 과 그 원인을 해석하는 것을 도와주고, 관련 문제와 해결책을 규명하고 정의하게 해 주며, 성패를 측정하는 데 필요한 기준을 제시해 주는 하나의 개념적 틀(a conceptual framework)이다. 패러다임 개념이 자연과학이나 사회과학의 개념을 개 발하는 데 있어서 얼마나 적합한가에 대하여는 논란이 있지만, 그것은 정치와 공공 정책의 분석에 매우 적합하다는 것이 우리의 주장이다.[91]

그 경로에 들어서면 그것을 강화시키는 방식으로 행위자를 도와준다고 부연 설명한다.

89) 그 프랑스 학자들은 Jobert and Muller(1987); Jobert(1989); Muller(1995)); Surel(1995)이다. 이상 Skogstad & Schmidt(2011), 7에서 재인용.

90) Martin B. Carstensen, "Bringing Ideational Power into the Paradigm Approach," Hogan and Howlett(eds., 2015), 308.

91) Carson, Burns & Calvo(eds., 2009), Introduction, 11. 이들은 쿤의 패러다임 개념이 권력(힘)의 사 용, 내재적인 경로의존성, 심지어 '혁명'과 같은 정치적 은유를 포함한 과학담론의 설득적 측 면을 강조한 데서 근본적으로 정치적이라고 보는데, 이와 같이 정책기조는 쿤의 과학패러다임 과 여러 특징을 공유하고 있는 반면에, 상호 근본적인 차이점도 있다고 본다.

그러면 'policy paradigm'(정책기조)이 다른 용어의 개념들보다 더 나은 비교 우위를 정리해 보기로 하겠다.

① 우선 무엇보다도 영어의 'policy paradigm'이나 우리말의 '패러다임' 및 '정책기조'는 학술용어로나 일반용어로서 널리 대중화돼 정착·사용되고 있다. 그 래서 그 대중성, 편의성, 신축성, 소통 가능성 등의 측면에서 다음 지적처럼 그 어떤 다른 용어들보다 유리하다.

> 케어니 등은 존재론적으로 패러다임과 아이디어의 개념이 너무 확장되고 허술하 게 정의돼(overly stretched and poorly defined) 서술적인 측면에서 아이디어와 패러 다임이 무엇이고, 아이디어와 패러다임의 정의는 서로 어떤 관계이며, 설명적인 측면에서는 패러다임적 정책변동이 무엇이고, 무엇이 그 원인이며, 그것이 어느 기간 동안 일어나는가에 관한 질문에 거의 답변이 안 되고 있다고 본다. 그렇게 존재론적으로 모호하다. 그런데도 아이디어와 패러다임 개념이 인기 있는 것은 서술적으로 무엇이고, 규범적으로 무엇이어야 하는가(what is and what ought to be)에 관한 상상력을 붙잡아줄 정도로 충분히 신축적인 개념으로서의 그 직관적 매력(intuitive appeal)에서 비롯되고 있다고 그는 주장한다.[92]

② 이미 'paradigm'의 특성과 본질에 관한 쿤 이래 그동안의 수많은 논의와 연구 성과를 그 응용 분야인 'policy paradigm'에 관한 논의에서도 거의 그대로 이어받아 활용할 수 있다. 그리하면 단숨에 '정책기조'에 관한 이론의 풍성함과 쟁점을 확보하고 발전을 도모하게 된다. 물론 그 대신 그런 손쉬운 편승에 따 른 -그동안 '패러다임'과 관련돼 제기돼 왔던- 수많은 논쟁에 끌려들어가는 불리 함은 불가피한 일이다.

수많은 논란을 불러일으킨 '공약불가능성'(incommensurability)이 그 한 예인 데, 그 논의의 풍성함은 다음 절에서 간단히 소개한다. 또 변동에 유리한 조건을 창출하는 모순적 상황, 즉 어떤 패러다임에 의해 지도되는 구체적 정책들의 성공 이나 실패의 부산물이라고 할 수 있는 '이변'(anomalies)의 논의도 정책 논의를 풍 성하게 해 준다. 그로부터 어떤 틈(cracks)으로 인해 예상하지 못한 문제들을 초래

---

92) Cairney and Weible(2015), 83-84.

하는 정책기조의 불완전성(incompleteness)을 찾아낼 수도 있다.93)

③ '정책기조' 개념은 정책의 목표, 수단 및 정책문제 등 정책이 결정되는 수준에서 정책기조의 개념이 실제로 작동하는 정책의 구성요소(components)와 논리적 구조 등을 규명하고 분석하기에 용이하게 해 줌으로써,94) '정책 연구'에 새로운 지평을 열어준다. 그것은 홀이 신제도주의 학파에서 제기된 안정과 변화(stability and change)의 퍼즐을 해결하기 위하여 패러다임 개념에 있어서 쿤을 느슨하게 원용해, 이후 정책 연구에 하나의 지침을 제공한 데서 비롯되었다. 즉 "정책의 목표와 그 달성에 사용될 수단뿐만 아니라, 대처할 문제의 바로 그 성격까지도 구체화시켜주는 아이디어와 표준의 틀"95)로 정의하고, 정책기조가 영향을 미치게 되는 정책의 구성요소와 논리적 구조를 명확하게 제시하였다.

④ 정책기조 개념은 하나의 패러다임 내에서와 패러다임과 그 패러다임이 들어가 내재하고 있는 제도들 사이의 격차와 모순(gaps and contradictions)을 찾아내 분석할 수 있게 해 주는 등 '제도 연구'의 이론적 지평을 넓혀준다. 그래서 정책기조는 제도와 관련된 행위자, 제도적 배열, 문화적 이해 사이의 복잡한 관계에 있어서 경로의존성과 변동과정을 잘 설명해 준다. 또한 정책기조 개념은 서로 다른 집단들이 존재함을 말해 준다. 예컨대 정책창도연합은 아주 다른 패러다임을 주창하는 그룹들로 구성되면서도 -문제정의, 선호하는 시정 방법, 특정 유형의 전문성의 선호 등을 공유하는 것과 같이- 공통으로 공유하는 특정 패러다임 요소에 합의하여 상호 결집할 수도 있다. 그와 대조적으로 하나의 정책기조를 개발하고 옹호하는 사람들로 인식공동체가 형성되기도 한다. 즉 '패러다임 인식공동체'(paradigm-epistemic communities, Campbell, 2002: 30)는 일련의 규범적인 신념, 인과적 모델, 경험적 타당성에 관한 생각, 공통의 정책혁신을 공유하는 관련 지식의 권위를 지닌 전문가 네트워크로 구성된다.96)

⑤ 정책기조 개념은 정책학 등 사회과학에 '아이디어 학문'(ideational scholarship)

---

93) Carson, Burns & Calvo(eds., 2009), Introduction, 26.
94) Carson, Burns & Calvo(eds., 2009), Introduction, 16.
95) Hall(1993), 279.
96) Carson, Burns & Calvo(eds., 2009), Introduction, 26.

이라는 새 물결의 발판을 마련해 주게 되었다. 정책결정과 같은 정치적 행동에 있어서 아이디어는 정책연구자들에게 합리적 계산이나 물질적 이익의 동기를 탐구하는 데 근본적인 도전 과제를 제시해 주고 있다.[97] 정책기조는 아이디어와 인지과정과 관련된 다른 중요한 개념들과 관련해서도 유용하다. 예컨대 패러다임은 '프레임'과 관련해 그 틀짓기(framing)의 과정과 틀 생산의 기반이 됨이 밝혀졌고, 또 흔히 '이데올로기'는 그와 관련된 지적·정치적 부담을 주는데 정책기조는 그로부터 자유롭게 해 준다.[98]

⑥ 정책기조 개념은 통상적인 정치(쿤 식으로 말하면, '정상'정치) 이상의 정치현상에 초점을 맞추게 해 주면서 '정치와 정책의 관계 연구'에 새로운 지평을 열어 준다. 홀이 1993년 논문 발표 당시만 해도 정책결정의 정치학(politics of policy-making)에 관심을 가진 학자들은 정책결정에 관한 정치적 경쟁에 집중하여 정당정치나 국가-사회 관계에 초점을 맞췄다. 거기에서는 정부 내 힘의 균형이 정책결정의 요인이라고 보았다. 그런데 정책기조 개념의 등장으로 패러다임의 구축(the construction of paradigms)이 특별한 선호의 결정을 내리는 데 특별한 발언권을 확보하는 효율적인 방법이 되고 있음을 인식하게 되었다. 또 정책기조 개념은 정책과정에서 정치인과 전문가의 역할을 구분할 수 있게 해 주었다. 전통적인 관료정치이론은 정치적 경쟁을 정책분야의 전문지식을 지닌 전문가와 넓은 이념적 견해와 특수이익을 대변하는 정치인 사이의 경쟁으로 보았다. 그런데 정책기조 개념으로 정책전문가 공동체 내에서의 권력게임(정치적 경쟁)에도 관심을 기울일 수 있게 되었다[99]

결국 정책기조의 개념은 직관적이고(intuitive) 간단하며(simple) 강력해서(powerful) 정책 문헌을 넘어서서 널리 인정을 받는 옹호할 가치가 있는 지위를 얻었다. 그래서 버리기보다는 패러다임 변동의 역동성을 세밀한 부분까지 이해하기 위한 추가적인 노력이 더 필요하다. 이를 위한 새 방향으로서 정책기조의 신축성과 유연성(flexibility and malleability)을 더 강조할 뿐만 아니라, 전략적이고 창조

---

97) Daniel Béland and R. Cox, "Introduction to Special Issue: The Politics of Policy Paradigms," Governance, 26(2), 2013, 193-195.

98) Carson, Burns & Calvo(eds., 2009), Introduction, 26.

99) Béland & Cox(2013), 193-195.

적인 행위자(strategic and creative agency)를 인정하는 것이 중요하다.[100] 이를 종합
해 다음과 같이 결론을 맺을 수 있다.

　　당면한 많은 난제에 대처하기 위하여 당해 공동체의 사람들은 언제 어디서나
어떤 해결책으로서의 아이디어를 고민하고 궁구해 왔다. 그런 아이디어들 중에서도
기본적·체계적·논리적으로 잘 정리된 일단의 인식의 기본 틀과 방향이 '패러다임'
이라고 할 수 있다. 그래서 정책행위자들과 정책연구자들은 이 패러다임 접근법에
많은 관심을 가질 수밖에 없다. 특히 이 '패러다임 측면에서 사고하는 것'(thinking
in terms of paradigms)은 문제의 원인과 성격을 이해하고 그 해결책을 탐색·선택
·집행하는 데 결정적인 영향을 주기 때문에, 정책행위자들과 정책연구자들에게
꼭 필요한 자세이다. 패러다임 접근법은 정책결정자들에게 일단의 잠재적 결과들에
대하여 예의 주시하게 하고, 지배적인 정통 가정들(the assumptions of the ruling
orthodoxy) 안에서만 갇혀 생각하고 행동하기보다는 특정 맥락에서 실현가능한 다
른 이해방식과 대안들인 '다른 관점의 패러다임'에도 눈을 돌리게 한다. 그래서
문제와 해결책에 대하여 더 광범위하고 더 심층적으로 생각하고 행동할 수 있도록
고취시켜 준다. 여기에 사회과학자들도 당해 분야에서 가능한 대안적 접근방법(패
러다임)을 개발해 제시함으로써, 경쟁 대안들을 통하여 그 분야의 일련의 현상들이
어떻게 존재하고 움직이는가에 대하여 더 넓고 깊은 이해를 제공해 준다. 그리고
참여자들의 행위 유형 등을 풍성하게 분석하게 해 주고 서로 다른 노정(路程,
pathways)과 전망을 제시해 주게 된다. 그리하여 현안 문제를 더 넓고 더 깊게,
더 유연하고 더 탄력적인 관점에서 각각의 맥락에 적실한 해결책으로 적절하게
대처하는 데 기여하게 된다.[101]

---

100) Carstensen(2015), 314.
101) Gamble(2013), 34-35 및 Taylor-Gooby(2013), 10-12 참조 요약함. 인용문 끝 부분의 예를 들면,
　　 이주민이 증가로 '다문화주의'가 많이 언급되는데, 이는 통합(integration)의 패러다임으로서
　　 동화(assimilation), 개인적 통합(individualist integration), 사해동포주의(cosmopolitanism), 다문화
　　 주의(multicuturalism) 등과 같은 여러 접근방법의 하나이다. 그 경우 이주민정책의 본질을 이
　　 해하고 접근해야 된다고 본다면 어느 하나를 지향할 수도 있지만, 언어는 동화, 노동시장 편
　　 입은 개인적 통합, 유권자 대표성은 다문화주의를 선호할 수 있다고 한다. Tariq Modood,
　　 "Citizenship in a Diverse and Multicultural Society," Taylor-Gooby(ed., 2013), 103-137.

제 4 절	공약불가능성 논쟁과 정책기조 개념의 실제적 적용

　다른 용어의 개념보다 더 유리한 것이 '정책기조'라는 개념임을 살펴보았다. 그런데 정책기조라고 다 똑같은 것은 아니고, 현실에서 존재하는 각종 각양 정책기조 중에는 그 정의가 엄격하게 적용되는 것이 있는가 하면 느슨하게 적용되는 정책기조도 있다. 즉 질, 범위, 기간 또는 정도(강도) 등 그 특성 측면에서 정책기조 사이에 다소간 차이가 있을 수밖에 없다. 또 논란의 여지가 있는 표현이지만 완성도 측면에서 어떤 정책기조는 충분하게 다듬어진(fully elaborated) 것인 반면에, 어떤 정책기조는 좀 느슨하게 짜여진(more loosely webbed)것일 수도 있다.[102] 또 일부에서 정책기조라고 하는데 사실 그런 특성을 거의 갖추지 못해 정책기조라고 부르는 것이 적절하지 않은 것도 있을 수 있다. 그리고 정책기조라고 규정하는 것도 객관적으로도 그렇지만 주관적으로도 관점에 따라 다를 수 있겠다. 더구나 공개 발표된 것과 실제 실행되는 것 사이, 즉 수사적 정책기조와 실제 운용되는 기조 사이에 격차(gaps between the statements and the practices, between the rhetorical policy paradigm and the operative paradigm)도 있을 수 있다.[103]

　이러한 문제는 정책기조의 정의와 관련된 '개념적 특성'(the conceptual features)을 좀 더 면밀하게 검토함으로써 밝혀질 수 있다. 그리고 그것은 먼저 패러다임이

---

102) Skogstad & Schmidt(2011), 6. 이 점에서 홀도 '모든 정책 분야가 경제정책기조와 같은 정도로 정교하고 힘 있는(elaborate or forceful) 정책기조를 갖고 있을 것으로 볼 필요는 물론 없다. 무기통제, 환경규제, 에너지정책 등 고도로 전문기술적인 쟁점에 그와 관련된 전문화된 지식체계를 지니고 있는 분야일수록 그런 정책기조를 갖고 있을 가능성이 높다. 그러나 현대 정부는 그 관할 범위가 점점 확대되고 있는 데 따라 점점 더 그런 종류의 정책결정에 관여하고 있다. 사실상 모든 정책 분야의 정책결정이 일단의 아이디어 집합, 곧 정책기조의 맥락 안에서 이루어져, 어떤 것에 더 정당성과 어떤 특정 정책노선에 더 특권을 차별적으로 부여한다'고 지적한다. 또 그는 정책기조를 다양하게 표현하면서 "그렇다면 어떤 경우에만 충분히 정교하게 다듬어진 정책기조(a fully elaborated policy paradigm)라고 말하는 것이 적절하다고 할 것이다. 그리고 다른 경우에는 정책의 방향에 영향을 미치는 아이디어망(the web of ideas)이 더 느슨하고 더 자주 변할 것이다. 그러나 그런 경우에까지도 우리는 일련의 포괄적 아이디어 집합(an overarching set of ideas)이 정책에 미치는 영향(impact)을 통째로 경시해서는 안 된다"고 주장한다. Hall(1993), 291-292.

103) Carson, Burns & Calvo(2009), 159.

란 특성, 그것도 그 핵심에 해당하면서 특별히 논란이 많은 '공약불가능성' (incommensurability)이란 개념적 특성과 밀접한 관련이 있는 문제이다.104) 그렇다면 이 공약불가능성의 특성을 편의상 '구성적 특성'(the constituent features of policy paradigms)105)이라고 이름 붙여 따로 떼어내 논의할 필요가 있다. 그런 후 그에 영향을 받는 실제 적용 문제 중 개념 정의와 관련해서는 다음 항에서, 또 나머지 개념적 특성에 대해서는 다음 장에서, 그리고 정책기조의 변동이론과 관련해서는 제7장에서 검토하기로 하겠다.106)

1. 패러다임의 공약불가능성 논쟁: 정책기조의 구성적 특성

정책기조가 일정 정책영역에서 문제, 목표, 수단 등 정책행위자의 정책과정을 지배(govern)하거나 지도(guide)해 주는 인식의 틀(포괄적인 아이디어)이라는 데 대해서는 대체로 합의가 이루어진 상태이다. 그러나 합의는 거기에서 끝나고 정

---

104) 공약불가능성(公約不可能性, incommensurability)은 원래 수학에서 두 숫자 간에는 공동의 약수가 (분수를 허용하더라도) 없다는 뜻의 개념으로서 유리수인 1과 무리수인 $\sqrt{2}$ 의 관계를 예로 들 수 있다. 이 용어는 '통약(通約)불가능성', '비통약성' 등으로도 번역돼 왔는데, 이해가 어려운 이유로 장하석 교수는 비정합성(非整合性)이라고 번역하기도 한다. 이상 장하석(2014), 129 참조. 그런데 정책과 관련해 더 쉬운 다른 용어를 생각해 볼 수도 있으나, 이는 패러다임과 관련해 이미 확립된 용어이므로 어렵지만 그대로 사용할 필요가 있다고 판단해 사용한다. 한편 수학에서 무리수와 유리수가 공통된 척도가 없다는 의미에서 공약 불가능하지만, 비교가 불가능하지는 않다고도 한다. $\sqrt{2}$ 는 분명히 1보다는 크고 2보다는 작기 때문이다. 마찬가지로 두 패러다임 간 의사소통도 불가능한 것은 아니라고 한 의견은 이상욱(한양대 교수, 과학철학), 한겨레, 2006.2.24., "유부초밥 두부와 된장찌개 두부 '패러다임' 달라 다른맛" 기사 참조. 이언 해킹도 "다른 이론을 지지하는 사람들 사이에 용이한 소통에 한계가 있다는 것은 그들이 기술적인(technical) 결과를 비교할 수 없다는 것을 의미하지는 않는다." 고 말한다. 그의 '서론' 42쪽. 일반용어로는 철학의 '전동차 문제'(Trolley problem)라는 가상실험의 윤리 논쟁에서 "사람의 생명은 비교불가능성"(incommensurability of human lives)과 같이 '비교불가능성'이라고도 번역할 수 있다.

105) Grace Skogstad, "Conclusion," Skogstad(ed., 2011), 239. 그런데 구성적 특성은 논자마다 다를 수 있는데, 대뇨(Daigneault)는 ① 현실의 본질, 사회정의와 국가의 적절한 역할에 관한 아이디어 ② 공공개입을 요하는 문제에 관한 생각 ③ 추구할 정책목적과 목표에 관한 아이디어 ④ 목적 달성을 위한 적절한 정책수단에 관한 아이디어들을 근본적·구성적인 차원들이라고 본다. Pierre-Marc Daigneault, "Can You Recognize a Paradigm When You See One? Defining and Measuring Paradigm Shift," Hogan and Howlett(eds., 2015), 50-51.

106) 이하 공약불가능성과 관련된 본문 중 많은 부분은 Carstensen(2015), 298-301을 참조함. 그리고 이하 내용은 상당히 어려운 편이므로 전문학자의 경우 꼼꼼하게 읽어야 하지만, 일반인의 경우에는 대강의 뜻을 파악하는 정도로 읽으면 좋을 것 같다.

책기조의 개념을 정의하고 그것을 올바로 이해하는 데 있어서, 그 개념의 핵심적
인 구성적 특성인 '공약불가능성'의 여부와 정도 등에 관하여 논쟁이 일어났다.
정책기조의 유연성(malleability), 탄력성(resilience), 변이성(mutability)[107] 등이 어느
범위와 정도로 인정돼야 할 것인가의 논쟁이다. 이를 정리해 보면, 정책기조의
개념 정의 속에 포함된 ① 내적 순수성과 비순수성(또는 내적 일관성과 이질성)의
정도, ② 정책기조 상호 간의 배타성과 양립 가능성(또는 절대적 배타성과 상대적
배타성)의 정도, 그리고 ③ 정책기조 인식의 객관성과 주관성의 인정 여부에 관한
논제로 정리할 수 있다. 그리고 여기서 ①과 ②는 밀접하게 서로 연관돼 있고
③과도 연결돼 있는 논제이다.

그러니까 쿤이 사회과학에는 잘 맞지 않을 것 같다고 한 패러다임이론에 대
하여 홀은 쿤의 주요 논점을 정책기조이론에 그대로 적용하였다. 쿤의 '공약불가
능성 논제' '이변의 중요성' '정상과학과 패러다임 전환의 구분' 등이 그것이다.
그중 가장 논란이 많고 중요한 것이 공약불가능성 논제(incommensurability thesis)
이다.[108] 홀은 그의 연구사례인 거시경제정책 분야에서 -케인즈주의나 통화주의
중- 하나의 일관된 정책기조만 존재하고 그런 정책기조도 각 패러다임마다 고유
한 세계관을 취하므로 패러다임 간에는 공약불가능하다며 패러다임의 ① 내적
순수성(internal purity)과 ② 상호 배타성(mutual exclusivity) 양 쪽 모두에 대하여 강
한 입장을 취하였다. 즉 그의 연구사례인 '경제가 어떻게 움직이는가'에 대하여
'근본적으로 다른'(fundamentally different) 패러다임이 존재하고, 각 패러다임은 그
나름대로 '내적으로 일관된다'고 보았던 것이다.

이에서 알 수 있듯이 정책기조의 ① 내적 순수성(internal purity)과 비순수성,
또는 내적 일관성(internal coherence)과 이질성의 정도란 정책을 지배하는 인식의

---

107) Skogstad(2011), "Conclusion," 239; Skogstad & Schmidt(2011), 10-11.
108) '공약불가능성'은 앞에서 설명했는데, 간단히 경쟁 패러다임들 상호 간에는 서로 공유할 수도
    없고 서로 합리적인 비교평가나 소통이 불가능하다는 의미의 전문 용어라고 규정하였다. 이
    를 '소통불가능성' '양립불가능성'(incompatibility) '비교불가능성' '비정합성' 등으로 이해하기
    도 하지만, 엄밀한 의미에서는 쿤의 원래 의도의 일부분만을 의미하는 한계가 있다. '양립불
    가능성'만 해도 그것은 공약불가능성의 한 부분(내적 일관성은 제외하고 상호 배타성 여부)
    만을 일컫게 되는데, 그렇다면 '배타적 일관성'이라고 번역할 수도 있겠으나 결국 이미 확립
    된 전문용어 그대로 사용하는 것이 여러 가지 측면에서 불가피하게 필요하다고 하였다.

기본 틀이 하나의 순수한 사상·이념·이론 등의 논리(정책기조논리)에 근거해 구성된 -내부 논리적으로 일관되게 동질적인- 패러다임인가, 아니면 서로 이질적인 논리가 혼합된 패러다임의 정책기조인가의 정도를 따지는 문제이다.[109] 그리고 ② 상호 배타성(mutual exclusivity)과 양립 가능성, 또는 절대적 배타성과 상대적 배타성의 정도란 상호 경쟁하는 패러다임이 서로 절대적으로 배타적인가(서로 근본적으로 다른가), 아니면 상대적으로 배타적인가, 혹은 양립 가능한가 등의 정도에 관한 논쟁이다. 이 상호 배타성은 일정 정책영역에서 하나의 패러다임이 지배(dominate)할 가능성이 있는가 없는가의 여부와, 하나의 패러다임이 헤게모니를 장악하고 있지만 다른 경쟁적 패러다임과 상호 긴장 관계로 존재할 수 있는가 등의 문제와도 연결돼 있다.

그렇다면 쿤 이론을 따르는 홀 및 그 동조자들은 경직되고 순수하며 절대적으로 배타적인 강한 공약불가능성의 관점을 보여 준 셈이다. 홀은 각 패러다임의 장점은 비교나 테스트를 통해 결정될 수도 없고, 경쟁적인 아이디어 부분(요소)들을 들어 그 장점을 설득하는 것도 불가능하다고 보았던 것이다(강한 공약불가능성).[110] 이를 '경성(딱딱한, 단단한, hard, 또는 강한 strong) 패러다임 관점'이라고 부를 수 있을 것이다. 이는 자연히 정책기조 개념의 실제적 적용 범위에 있어서 좁은 범위로 제한된 좁은 의미(협의)의 정책기조이론으로 연결되게 된다.

그러나 이런 홀의 패러다임 이해를 비판한 다른 학자들은 경쟁하는 패러다임이 복수로 공존한다거나,[111] 하나의 지배적 패러다임이 존재한다고 보는 그 자체가 논쟁의 여지가 있다거나,[112] 사바티어 등의 창도연합이론과 같이 아예 경쟁하는 소수집단의 신념체제가 복수로 존재한다는 사실을 주장하고 나섰다.[113] 홀에 반기를 든 첫 비판자로 알려진 수렐(Y. Surel)은 우선 무엇보다도 사회(과학)에서의 패러다임에 대하여 그 가능성도 없는 합의를 구할 것이 아니라고 비판하였다.

---

109) 사회복지 분야의 예로 '복지 의존성'(welfare dependency)을 정책문제로 정의하고서도 관대하고 무조건적인 현금 지급의 정책수단을 선호하는 아이디어 사이에는 분명히 비일관성이 존재한다고 본다. Daigneault(2015), 50-51.

110) Carstensen(2015), 308.

111) Schmidt(2002), 220-225.

112) Jobert(1992), 221.

113) Sabatier & Jenkins-Smith(1993).

자연(과학)과 똑같이 통일되고 동질적인 사회적 영역(a unifying and homogenizing social sphere)으로 볼 것이 아니라는 것이다. 그보다 사회(과학)는 사회적 교환과 불일치의 지형으로 특징지어진 제한된 갈등의 공간(a bounded space for conflict)으로 이해하는 것이 가장 적절하다고 주장하였다. 따라서 어떤 공동체 사회의 지배적인 패러다임이 존재한다고 해서 그것이 '결코 배타적인 것은 아니다'는, 즉 공약불가능하지 않다는 점을 주장하였다.114) 이는 홀의 논문을 재검토한 올리버와 팸버튼의 논지와도 대체로 일치한다.

> 홀의 연구 사례를 10여 년 후 재연구한 그들은 당시 영국 정부가 케인즈이론에서 통화주의에로 패러다임을 전환한 것이 홀이 말하는 바 공약불가능성을 보이기보다는, 많은 부분에서 제도적·권위주의적 저항 때문에 실제로는 새 패러다임의 목표를 '일부' 적응(partial adaptation)시킨, 혹은 새로운 아이디어가 기존 정책기조에 편입되는 식으로 '전반적이라고 말하기에는 부족한(less than wholesale) 전환'이었다고 주장한다. 또 그들은 새로운 기조적 틀의 제도화를 둘러싸고 아이디어 협상(ideational bargaining)과 정치적·행정적 전투가 벌어지는 가운데, 담론 전투의 실패에도 불구하고 현존 패러다임의 일부나 대부분이 유지되는 것이지, 아예 패러다임 대체(paradigm replacement)가 일어나지는 않는다고 주장하였다. 또 논리적으로 서로 상충하는 패러다임 간 패러다임의 합성(paradigmatic synthesis)이나 정책아이디어의 조합(a mix of policy ideas)이 일어난다고도 주장하였다. 그리고 새 정책목표의 부분적 수용과 거부는 흔히 있는 일이어서 심지어 매우 이론 지향적이고 아이디어 지향적인 거시경제정책 분야에서도 하나 이상의 패러다임이 중첩(overlap)돼 공존한다(coexist)고 주장하였다. 이는 패러다임 대체(paradigm replacement)가 절대적(absolute)일 필요는 없다는 것을 의미한다. 그 증거로 1930년대 재무성의 신고전파 경제이론 틀에 케인즈이론 측 수단이 부분적으로 편입돼 통합된 사례와, 1960년대와 1970년대 말 기간에 패러다임 전환은 없었지만 새로운 하위 단위 아이디어들이 기존 정책 틀에 편입되면서 현저한 진화(a marked evolution)를 이루어낸 사례를 든다.115)

---

114) Y. Surel, "The Role of Cognitive and Normative Frames in Policy-Making," Journal of European Public Policy, 7(4), 2000, 499, 502.

115) M. J. Oliver & H. Pemberton, "Learning and Change in 20th-Century British Economic Policy," Governance, 17(3), 2004, 415-441, 특히 436.

또 다른 학자들은 정책수단(2차적)의 변동이 근본적인 정책목표(3차적)를 미묘하게 재조정시켜 정책기조의 '일부 전복'(partial overthrow)을 유발한다는 주장도 제기하였다. 또한 초기 경합하는 패러다임들이 나중에 하나의 주도적 패러다임으로 '응축'(coalesced)되거나, 두 개의 제도화된 패러다임 간 긴장 끝에 하나로 '합성'되기도 한다고 본다. 그리고 패러다임 간 상호 차용(inter-paradigmatic borrowing)이 있다거나, 기존 패러다임의 신뢰를 유지하거나 복원시켜주는 패러다임 확장(paradigm stretching)이 있다거나, 반복된 패러다임 확장으로도 안 돼 패러다임 와해(paradigm unravelling)가 있고, 그로 말미암아 마침내 새로운 패러다임 전환(paradigm shifting)이 있다고도 본다.[116]

요컨대 영국 사례의 재검토 분석은 아주 전문적이고 이론적으로 정교한 경제정책기조 분야에서마저도 강한 공약불가능성의 논제는 지탱되지 않으며, 패러다임들은 흔히 종합돼 결합될 수 있다(joined in synthesis)는 분명한 신호를 보여준다고 주장되었다. 이는 다른 학자들이 주장하는 논지와도 유사하다. 즉 사회과학과 사회에서는 -새로운 사태가 새로운 설명을 요구하는 때 부활하게끔 일단 동면중인 아이디어로 이루어진- 다른 소수파(야당) 프로그램(강령)이 대기하고 있기 때문에 보통 단 하나의 독보적인 패러다임이 존재한다는 것은 드물다는 것이다. 그러니까 일정 시점의 특정 정책영역에는 자신들의 특정 이상, 가치, 이익, 목표를 실현하기 위해서 서로 경쟁하는 행위자 집단들이 견지하는 복수의 정책기조가 존재할 수 있다고 한다.[117] 또 정책기조가 서로 다른 아이디어를 지닌 행위자들 간 타협뿐만 아니라 갈등의 산물이기 때문에 쿤이 말하는 만큼 그렇게 일관되지(순수하지) 않다는 주장이 나온다.[118]

공약불가능성 논제에 관한 이런 느슨하게 완화된(loosening) 관점은 패러다임이 유연하고 내적으로 일관되지(순수하지) 않고 다소 이질적이며 서로 양립 가능

---

116) 패러다임의 확장, 와해와 전환의 사례는 과학적 인종주의, 제국주의, 강한 민족주의에 기반을 둔 미국·캐나다의 '차별과 배제의 전전(戰前) 이민정책기조'가 전후(戰後)에 파시즘과 나치 잔혹성으로 인한 과학적 인종주의의 불신, 세계적인 인권 규범과 탈식민주의의 등장에 의하여 도전을 받고 마침내 '포용적 정책기조'로 뒤집힌 사례를 들 수 있다고 한다. Triadafilopoulos (2011), 147-170.
117) Carson, Burns & Calvo(2009), 393.
118) Schmidt(2011), 42.

해서 상대적으로만 배타적이라는 약한(부드러운, 유연한, soft) 공약불가능성의 관점을 보여 준 셈이다. 이를 앞의 '경성(hard, 또는 강한 strong) 패러다임 관점'과 대비하여 '연성(soft) 패러다임 관점'이라고도 부를 수 있다. 이는 자연히 정책기조 개념을 실제로 적용하는 범위에 있어서 넓은 범위로 개방된, 넓은 의미(광의)의 패러다임이론으로 연결된다.

그렇지만 그들 중에도 '순수한(pure) 경성 정책기조'라는 관념이 어느 정도 강하게 거부돼야 하는가에 관하여는 정책기조이론가들 사이에 견해의 차이가 있다. 극단적으로 슈미트는 공약불가능성 논제를 완전히 버려야 한다고 주장한다. 그에 비하여 대뇨(Daigneault)는 느슨한 완화(loosening)를 주장한다. 대뇨는 반대편 패러다임의 요소들을 이해할 수도 있고, 흔히 아이디어들은 다른 정책기조와 정책들과 동시에 양립할 수 있다고 인정한다. 그러면서도 그는 패러다임이라고 할 때는 그 패러다임의 아이디어들 사이에 고도의 내적 일관성은 유지돼야 한다고 주장한다. 패러다임 모든 차원의 아이디어 내용이 양립가능하고 논리적으로 일관성이 있지 않으면, 패러다임이 존재한다고 할 수 없고 단지 느슨한 아이디어들의 집합에 불과할 뿐이라고 주장하는 것이다. 다른 많은 학자들도 이런 주장을 편다.[119]

그러면 여기서 우리는 이런 의문을 갖게 된다. 어떤 패러다임이 논리적으로 일관되는지 여부를 어떻게 결정할 수 있을까? 그리고 그것이 실제로 정책과정에서 중요한 것인가?[120] 여기에 세 번째 ③ 정책기조 인식의 객관성과 주관성의 인정 여부에 관한 논제가 등장한다. 이는 앞에서 본 패러다임의 내적 일관성(내적 순수성) 여부나 상호 배타성(양립 가능성) 여부 등이 정책행위자들의 주관적 생각과는 독립해서 정해져 있는 것(객관성)이라거나, 아니면 정책행위자들이 어떻게 받아들이고 생각하는가의 인식의 문제이고, 그것이 전체 정책공동체에 공유되고 있는가(주관성)의 여부라는 논제인 셈이다. 이에 대하여 카스텐슨은 주관성의 관점에서 정치적이고 역사적인 접근방법을 제안한다. 즉 패러다임의 일관성은 정책행

---

119) Jobert(1989); Sabatier and Jenkins-Smith(1993); Surel(2000); Princen & 't Hart(2014); Carstensen (2015) 등.
120) 이상 Carstensen(2015), 298-299.

위자들이 그렇게 생각하는가의 -그 패러다임의 문제해결능력을 강하게 주장할 수 있는가의- 여부와 정치공동체의 문화 속에 그 패러다임이 역사적인 기반을 갖추고 내재화됨(embeddedness), 곧 기존 확립된 가치관과 공명하는 것(resonance) 여하에 달려있다고 본다. 이는 윌더가 '패러다임의 공약불가능성은 상대적'이라고 한 주장과 같다. 논리적 일관성과 객관적인 공약불가능성이 아니라, 정책행위자들이 패러다임을 일관된다고 여기는가의 생각 여부가 중요하다는 것이다.

그런데 공약불가능성의 생각은 정책행위자의 숙의(熟議)와 전략적 틀짓기(프레이밍) 과정에서 변할 수 있다. 그리고 정책의제 단계에서부터 집행 단계에 이르는 과정에서도 대안적 패러다임 간 공약불가능성이 점차 침식돼 가다보면 흔히 패러다임의 순수성도 훼손되기 마련이다. 이런 정책행위자의 동조화(coupling) 현상과 같은 주장을 하는 노선이 바로 홀이 간과했다고 비판받는 '패러다임과 아이디어 정치학'(politics of paradigms and ideas)에서 강조하는 점이다. 정책학자의 관점에서는 논리적으로 일관되지 않게 보이지만, 중요한 것은 패러다임이 일관된다고 생각하는 정책행위자들의 인식과 그것이 전체 정책공동체에 공유되고 있는가의 여부라는 것이다.[121] 즉 '상호주관성'이 중요하다는 셈이다.

정책기조의 발안은 개인적일 수 있지만, 그것이 패러다임의 지위(paradigmatic status)를 획득하고 제도화되기 위해서는 해당 공동체 구성원들에게 널리 공유되어야 한다. 최소한 일정한 정책공동체 내 상당히 중요한 수의 행위자들 간에는 공유(shared by a significant number of actors)되어야 한다. 물론 그 정확한 문턱(a precise threshold)을 정하기란 어려울 수 있다. 요컨대 패러다임은 그저 개인적이거나 사적인(personal or private) 아이디어들에 그치지 아니하려면 상호주관적인 아이디어들(intersubjective ideas)로 제도화되는 행위자들 간 공유가 중요하다.[122] 그래서 홀도 정책기조를 '당연하게 여겨지고 대체로 꼼꼼하게 의심의 대상이 되지는 않는' '해석적 틀'이라고 정의하였다.[123]

이제 정책기조가 이질적 성격(heterogenous nature) 또는 복합구조(composit

---

121) Baumgartner(2013), 251.
122) Daigneault(2015), 50-51.
123) Hall(1993), 279.

structure)로 구성돼 있다는 데 대해서는 많은 정책기조이론가들이 어느 정도 공감하고 있다. 그렇지만 정책기조가 흔히 갈등적 아이디어의 요소들(conflicting ideational elements)을 포함하고 있고 그래서 일관성이나 배타성이 완화돼 간다는 주장에도 그것을 '체제(system) 수준'에서 보는가, 아니면 '하위체제(subsystem) 수준'에서 보는 바와 같이 다소 견해 차이가 존재한다. 또 이질적이고 갈등적 요소를 절충할 수 있는 모호하고 다의적인 의미, 곧 정책기조의 유연성·탄력성·변이성 등에 대한 중요한 정치적 힘(political strength)에 주목할 필요가 있다고도 한다. 즉 정치적 대결과 정책이변 시 경쟁하는 대안 세력의 비판과 도전에 대처하여 반응하는 경우 오히려 유연한 정책기조가 상대적으로 부인이나 회피, 정책쟁점의 흡수 통합, 개념적 후퇴 대신 확장 등과 같이, 대처하는 정책이미지의 역량 측면에서도 더 유리하다고 본다.[124]

원래 정책기조의 아이디어적 순수성(내적 순수성)이 없어지는 것은 크게 두 가지 때문에 발생한다. 첫째, 정치적 타협, 연합 형성, 지배 패러다임의 방어에 필요한 점 때문이다. 둘째, 의제설정 단계로부터 패러다임의 제도화를 위한 구체적 정책들의 집행 단계로 움직여 나가기 때문이다. 그런데 그런 정책기조의 내적 순수성을 해치는 '전략적인 아이디어의 변통'(브리콜라주, strategic ideational bricolage)은 흔히 우리가 아는 것보다 이론적으로나 실제적으로 훨씬 더 널리 발생하고 있다고 한다. 그렇다면 이는 점점 더 공약불가능성 논제가 정책기조이론에서 불필요하다고 받아들여지는 것을 의미할 수도 있다.[125]

그러나 공약불가능성(패러다임 포함)을 폐기나 포기해야 한다거나 불필요하다고 주장하는 것은 어떤 차별화된 이론, 철학, 이념, 원리원칙 등(정책기조논리)도 존재할 수 없거나 존재할 필요가 없다는 극단적 주장의 오류를 범한 것으로 판단된다. 이는 다음 항에서 논의하는 내용이다.

---

124) 이는 일반적으로 내부적으로 일관되지도 않고 경쟁이 있는 패러다임이 변동에 더 취약하다고 보는 주장(Skogstad & Schmidt, 2011, 11)에 반대하는 견해이다. Mondou, Skogstad & Houle(2014, 159); Schmidt & Thatcher(2013); Schmidt(2006, 251). 이처럼 다양한 개인이나 집단의 요구에 대응해 이익을 틀 짓고 지지를 동원하며 연합을 형성하는 등 정책혁신가가 전략적으로 이용할 수 있는 정책기조의 모호한 아이디어적 성격을 '연합 자석'(coalition magnet)이라고 부른 것은 Béland & Cox(2014) 참조.

125) 이상 Carstensen(2015), 299-301.

2. 정책기조 개념의 실제적 적용: 협의(경성 의미)와 광의(연성 의미)

이상의 논의를 통하여 정책기조가 안고 있는 특별히 '공약불가능성이란 paradigm' 속성의 개념적 본질에 대하여 학자들의 견해가 분분한 것을 알 수 있었다. 한 편에서는 정책기조 개념은 내적 일관성을 지니고 오랫동안 지속하며 교체된 패러다임과는 공약불가능하다(배타적이다)고 보아야 한다는 관점을 주장한다. 이에 반대해 다른 편에서는 정책기조는 반드시 전체적으로 일관된다고는 할 수 없고(not wholly consistent) 지배력을 행사하고 있는 동안조차도 경쟁 상태에 있으며 교체된 패러다임을 포함하여 다른 패러다임들과 어느 정도 공유 부분이 있다고 보아야 한다는 관점을 주장한다. 그런데 지금까지 경험적 연구 결과는 그 양쪽 모두를 긍정해 주는 증거를 보여준다.[126]

한편으로 정책기조 아이디어들이 상대적으로 일관돼 그 경쟁 아이디어들과 쉽게 구분되고, 근본적인 측면에서 그들과 공약불가능한 그런 정책기조도 있다. 독일의 전통적인 가족정책은 결혼한 이성 부부와 그 자녀들로 구성된 핵가족을 보호하고 권장하는 데 비하여, 그 대안 기조는 인권의 측면에서 동성 부부를 포함한 다른 가족 형태를 인정하는, 전혀 다른 것이 그 예이다. 캐나다와 미국의 이민 정책기조는 2차 세계대전 직후까지 인종 간 계층과 백인 우월성의 관념에 근거한 소위 과학적·규범적 아이디어의 뒷받침을 받고 이민을 차별해 받아들였던 데 비하여, 그 대안 기조는 그 출발점으로서 인종을 무시하고 인간의 평등성을 견지하고 있다. 또 1990년대 후반까지 캐나다의 '난민 보호' 정책기조는 난민 보호를 우선시해 난민 신청자에게 캐나다 시민에 준하는 기회를 제공한 데 비하여, 그 후 교체된 '안보통제'의 정책기조는 난민에 대한 기회 제공보다 국가안보와 공공 안녕을 우선시하면서 점차로 난민에 대하여 보호가 필요한 존재로 보기보다는 위협 요소로 보는 관점으로 바뀌었다.[127]

그러나 다른 한편으로는 어떤 정책기조들은 서로 상충하는 아이디어들을 내포하고 있고 최소한 다른 패러다임들과 부분적으로 상호 공약가능함을 보여준다.

---

126) Skogstad(2011), "Conclusion," 239.
127) Skogstad(2011), 239.

유럽의 사회적·경제적 정책기조들이 그 예이다. 또 신·구 패러다임들이 공통 요소들을 공유할 수 있고 그 요소들이 새 패러다임 안에서 독특한 방식으로 재조립될 수 있음을 보여준다. 미국과 유럽연합의 서로 다른 기준을 대체한 세계회계기준(global accounting standard) 패러다임이 미국과 유럽연합의 기준을 통합시킨 것이 그 예이다. 물론 자동차안전기준의 예에서처럼 물리적 여건의 차이로 미국과 유럽의 기준을 하나로 통합시키는 것을 가로막는, 정책기조들의 공약가능성에도 한계(limits)가 있다.128) 또 이전 패러다임 아이디어들을 포함하는 대체 패러다임의 예로서 1990년대 유럽연합의 GMO위험규제 패러다임을 들 수 있다. 즉 21세기 초 재구성된 패러다임에서도 GMO위험이 과학적으로 확정될 수 있고, 소비자의 알 권리가 있다는 식으로 새로운 아이디어들이 추가된 것이 발견되기는 하지만, 그 이전까지 '독특한 위험 요인을 가진 새로운 실체'로 보던 GMO에 대한 관점이 그대로 지속되고 있다.129)

이상의 논의를 균형 있게 종합해 보건대 공약불가능성 논제는 반드시 종합적으로 정리될 필요가 있음을 알 수 있다. 정책기조에 관한 이론의 전개나 실무적 적용에 있어서 명확하게 이해하지 않으면 안 되는 논제이기 때문이다. 이를 위하여 먼저 필요한 것은 '공약불가능성'에 관한 존재론적 전제(ontological premise)와 인식론적 유연성(epistemological flexibility)이다. 즉 그것은 있거나 없는 이분법적 속성으로 볼 것이 아니라, 얼마나 있고, 얼마나 강하거나 약한가의, 선형적(linear)·연속적(continuous)인 존재론적 지위를 전제하고 그렇게 유연하게 인식해야 한다는 것이다. 그래서 이를 나타내주는 개념적 도구가 '공약불가능성의 연속선'(continuum)이라는 개념이다. 왼쪽 끝에 0이란 수치로 표현할 수 있는 '공약불가능성 전혀 없음(제로)'이 위치하고, 오른쪽 끝에 10이란 수치로 표현할 수 있는 '더 이상 강할 수 없는 공약불가능성'이 위치하는 수평 직선을 긋고, 현실의 어떤 정책기조가 그 직선의 어느 선상에 위치한다고 인식하는 방식이다.

---

128) Porter(2011), 64; Skogstad(2011), 239-240 재인용.
129) Skogstad(2011), 239-240.

공약불가능성의 연속선

0		10
공약불가능성 없음		극단적 공약불가능성

← 약한(연성) 공약불가능성　　　강한(경성) 공약불가능성 →

여기서 왼쪽으로 갈수록 '약한(연성) 패러다임'이고, 오른쪽으로 갈수록 '강한(경성) 패러다임'의 속성을 나타내 준다. 이런 연속선을 바탕으로 지금까지 정책기조가 안고 있는 공약불가능성의 구성적 특성에 관한 학자들의 견해를 균형 있게 종합 정리해 보자.

먼저 쿤과 홀은 오른쪽 끝에 가까운 강한 경성의 공약불가능성을 주장하는데, 그에 동조해 정책기조의 원래 'paradigm' 속성의 개념적 본질을 그대로 유지하고자 하는 순수파는 이 견해를 주장하는 자들이다. 그래서 이 오른쪽으로 갈수록 패러다임의 내적 일관성, 상호 배타성은 강해진다. 현실에서 이런 관점이 타당할 경우도 있다. 천동설과 지동설이나 국제환경NGO인 그린피스의 자연환경보존론이 그 예라고 볼 수 있다.

그런데 많은 사례 연구의 실증 분석들은 쿤과 홀 식의 순수성을 유지할 수만은 없게 만들었다. 실제 사례 분석의 결과, 현대의 정책기조는 새 패러다임이 기존 패러다임 위에 쌓아올려진(layered) 형태의 '정책 혼혈'(policy hybrid)에 다름 아니라고 한 주장이 그 예이다.130) 그 경우 그런 '합성적'(synthetic) 패러다임 안의 패러다임 층위들(layers) 간 발생할 수 있는 긴장은 패러다임 개념의 핵심 가정인 절대적 배타성과 내적 일관성에 의문을 제기하게 된다. 즉 서로 양립 불가능한(공약불가능한) 세계관이 존재한다는 가정과 그 인과론적 해석에 따라 내적 순수성의 패러다임이 존재한다는 가정에 의문을 제기한 것이다.131) 다음 예를 보자.

---

130) Daniel Béland, "Ideas and Institutional Change in Social Security: Conversion, Layering, and Policy Drift," Social Science Quarterly, 28(1), 2007, 20-38.

131) Adrian Kay, "Tense Layering and Synthetic Policy Paradigms: The Politics of Health Insurance in Australia," Australian Journal of Political Science, 42(4), 2007, 579-591. 이상은 Wilder(2015), 20 재인용. 다른 분야의 예를 들면 클래식 음악과 대중음악은 서로 전혀 다른 음악 장르라고 여겨져 오다가 20세기 말 이후 그 둘 -더 넓게는 원래 미국 음반산업과 인기차트에서 비주류

지난 7월 25일 문재인 정부의 '경제정책 방향'이 발표됐다. 부제가 '경제패러다임의 전환'인데…정부는 현재의 경제 상황을 '저성장·고착화·양극화 심화'의 '구조적·복합적 위기 상황'으로 파악했다. 답은 "경제성장을 수요 측면에서는 일자리 중심·소득주도 성장, 공급 측면에서는 혁신성장의 쌍끌이 방식으로 전환"하여 "분배·성장이 선순환을 이루는 사람 중심 지속성장 경제(를) 구현"하는 것이다.…굳이 경제이론으로 말하자면, 이번 발표는 수요 측면에서는 확실히 포스트케인즈주의(소득주도 성장)이고, 공급 측면에서는 절반 정도 네오슘페터주의(혁신성장의 일부)이다.…아낌없는 박수를 보낸다. 서로 부딪칠 게 틀림없는 기조들을 소득주도 성장 중심으로 부드럽게 결합했기 때문이다.…(과거) 참여정부의 정책기조는 이렇게 뚜렷하지 않았고…첫발을 잘 내디뎠지만 실제로 정책의 수행은 또 다른 가시밭길을 걷는 일이다.…132)

이와 같이 다양한 합성적 패러다임의 사례가 많이 쏟아져 나왔다. 그런데 지금까지 연구의 결과는 -더 연구가 이루어져야 하겠지만- 공약불가능성의 패러다임 개념과 정책기조 변동 과정의 본질 및 그 변동의 추동 요인들(nature and drivers)을 이해하는 데 있어서 중요한 함의를 갖는다. 즉 이들은 쿤과 홀 식의 '강한 경성의 공약불가능성'의 패러다임이론을 손상시키고 수정하게 하여, '약한 연성의 공약불가능성'의 패러다임 관점을 더 타당하다고 지지하게 하는 함의이다. 그리고 정책기조의 변동이 홀이 처음 추정하는 식보다 훨씬 덜 갑작스럽고 전방위적(sudden and all-encompassing)인 대신, 훨씬 더 점진적이고 -해석 여하에 따라 다르게 보이는 의미의- 해석적이며 (논란이 많다는 의미에서) 담론 집약적인 활동(gradual, hermeneutic and discourse-intensive activity)이라는 중요한 함의이다.

이에 따라 어떤 정책이 바람직한가에 관한 잘 정리되고 분명하게 구별된(well-articulated and clear demarcated) 정책아이디어를 갖춘 통일되고 일치단결된 정책연합 행위자들(unified and united coalitions of actors)이 도전이나 이변이 있더라도 그들 신념상의 타협을 꺼려하며(공약불가능성) 정책실험에 나선다는 시나리오는 현실에서 더 이상 타당하지 않다고 본다. 현실에서는 거기에 도전하고 저항하는 다양한

흑인 취향의 음악(가수)과 백인 취향의 주류 음악(가수) 등 흑백인종- 사이를 교차(횡단)하는 의미의 '크로스오버'(crossover) 음악이 생겨난 것에 비유할 수 있다.
132) 정태인(칼폴라니사회경제연구소 소장), "일단은 '만세', 하지만 '기우'," 시사IN, 516호(2017.8. 5.), 80.

거부 현상들(multiple vetoes)이 존재하고, 정책중개인들(policy brokers)이 정책 타협
(절충, policy compromise)에 나서는 정책 중개(policy brokerage)가 있다. 그 결과 정책
아이디어로서의 패러다임상의 순수성(paradigmatic purity)을 약화시키는 타협이 등
장하고, 정책아이디어도 딱딱하게 굳어있지(calcified) 않는다는 것이다.[133) 이는
결국 '강한 패러다임' 개념과 '공약불가능성 개념의 순수성', 그리고 '정책기조
변동이론'을 이모저모로 훼손하는 증거가 되고 있다. 그것들은 쿤에서 시작돼 홀
에서 꽃이 피며 유능한 학자들로 하여금 '종잡을 수 없는(elusive) 패러다임과 아이
디어의 의미'를 명확하게 하는 데 영감을 주고 동기부여를 해 주었지만 말이
다.[134)

　이에 다른 학문분야에서와 같이 패러다임 개념이 지니는 원래의 개념적 경직
성을 완화(the softening of the conceptual rigidity)하는 문제가 대두하였다. 그리하여
정책학자들은 대체로 본래 의미의 '공약불가능성'이란 개념을 고집하지 않고, 정
책과 행정의 실제 관찰 가능한 현상들에 더 잘 들어맞는 더 완화된(softer) 의미로
조정된 패러다임 개념(conceptual reorientation of the softened image)을 적용하고 있는
경향을 보인다.[135) 이것이 '약한 패러다임' 또는 '연성 패러다임' 개념의 대두와
광범위한 지지의 배경이다.

　그렇게 엄격한 '강한 공약불가능성 개념'보다는 대부분의 경우 연속선상 '약
한 공약불가능성 개념' 쪽에 더 가까운 데 위치한 패러다임 개념으로 이해하는
관점을 채택·지지하게 되면, 이론적으로 가장 중요한 결과는 이것일 것이다. 정
책변동의 과정을 '혁명적인 측면에서'(in revolutionary terms)보다는 '진화적인 측면

133) Wilder and Howlett(2015), 110-111; R. Lejano & C. Leong, "A Hermeneutic Approach to Explaining and Understanding Public Controversies," Journal of Public Administration Research and Theory, 22(4), 2012, 793-814.
134) Cairney and Weible(2015), 83-84.
135) '공약불가능성 논제'를 버렸는데도 그 결별의 인정을 회피하고 있는 일부 학계의 분위기를 지적하면서 결국 패러다임 개념이 유용하지만 인식론적 관점에서 자연과학의 그것과 완전히 동일시해서는 안 되고 느슨하게 '더 부드러운 정책기조의 개념화로 전환'(the shift toward a softer conceptualization of policy paradigms)할 필요가 있다고 한 주장은 Wilder(2015), 20-21, 25 이하; Wilder and Howlett(2015), 112 참조. 이와 관련 공약불가능성의 연속선 개념에 따라 원래 엄격한 강한(경성) 공약불가능성의 패러다임 개념만을 고집하는 것을 버렸다고(결별했다고) 보아야 더 타당하다는 것이 저자의 입장이다.

에서'(in evolutionary terms) 인식해야 한다는 점이다.136) 그러면 쿤의 논점을 완전히 버리지 않고 어느 정도 유지하면서도137) 실제로는 혁명적일 정도의 큰 변동이 잘 일어나지 않고, 앞에 지적한 다양한 현상들을 수용할 수 있게 된다. 예컨대 점진적 변화의 오랜 누적으로 큰 변동이 일어나거나, 서로 이질적인 패러다임 간 각종 복합·혼성·조정이 일어나거나, 무늬만 개혁이 되거나, 일부만 개혁되거나, 정책혁명이 좌절되는 사례들을 수용할 수 있다. 무엇보다도 '정책패러다임 같은 중요 아이디어의 변동'은 인간의 속성상 그렇게 쉽게 받아들여지지 않는다는 엄연한 사실과도 잘 들어맞는다.138)

그동안 학계의 논란 가운데 패러다임 개념을 폐기하자거나 그에 대체할 다른 개념을 제안하는 경우도 없지는 않았다. 그렇지만 사람들은 이제 학문적으로나, 정책실무계에서나, 혹은 대중적으로나, 자연스럽게 강한 공약불가능성의 '딱딱한'(hard) 패러다임 개념만을 주장하지 않는다. 그 대신 약한 공약불가능성의 느슨

---

136) 본문에서 "그렇게…되면"은 원래 "엄격한 공약불가능성 개념을 포기하게 되면"의 표현 (Wilder, 2015, 33)을 저자가 수정한 것임. 현실의 정책기조는 강한 공약불가능성의 포기보다는(어떤 경우는 그에 합당한 경우도 있을 수 있음) 연속선상에서 어떤 위치, 아마도 약한 공약불가능성에 가까운 어떤 위치에 자리잡는 경우로 이해해야 하는 경우가 많을 것이다(이와 관련해 제7장 정책기조 변동이론에서 구체적으로 논의함). 흔히 서로 충돌하는 원리와 가치들 같은 상호 경쟁하는 세계관을 지닌 사람들조차도 서로 그 차이점을 인정해 토론하고 있다. 그렇기 때문에 서로 다른 연구전통하에서 수행된 과학연구는 누적(cumulative)되지 않는다거나, 그 연구를 상호 이해할 수 없다는 쿤 식의 강한(strong) 공약불가능성 논제는 이제 방어하기 어렵고 따라서 어떤 경우든 공약불가능성이 쿤 식의 'paradigm shift'를 정의하는 특징은 아니라고 한 과학철학자 버드의 주장은 A. Bird, "The Structure of Scientific Revolutions and Its Significance: An Essay Review of the Fifties Anniversary Edition," The British Journal for the Philosophy of Science, 63(4), 2012, 12 참조. Daigneault(2015), 44에서 재인용.
137) 쿤의 공약불가능성 개념의 '강한'(hard) 첫 번째 의미와 그 후 나중에 시간이 지나면서 그가 발전시킨 '더 약하고, 더 부드러운'(softer and gentler) 의미 사이에는 중대한 차이가 있다고 한다. 그가 처음에는 하나의 패러다임(one paradigm)이 다른 패러다임 안에서는(from within another) 파악되고 이해될 수 없다고 주장하고자 하는 듯 보였는데, 시간이 지나면서 두 패러다임들은 동일한 조건에서(in the same terms) 상호 이해될 수 없다는, 즉 한 이론은 그 본질적인 요소의 상실 없이(without the loss of essential elements) 다른 이론으로 번역될 수 없다는 것을 의미하는 것으로 그의 견해를 수정했다고 한다. Carson, Burns & Calvo(2009), 391-392, 특히 392 주석 4; Thomas S. Kuhn, "Commensurability, Compatibility, Communicability," The Road since Structure, James Conant and John Haugeland(eds.), University of Chicago Press, 2000, 33-57.
138) 이에 관하여는 과학철학 인식론의 논쟁이나 정책학 문헌에서도 충분히 확인되나 기타 Stephen Toulmin, Human Understanding, Princeton, NJ: Princeton Univ. Press, 1972; Wilder(2015), 33 및 저자의 <정책철학의 새로운 접근> 책 참조.

하고 '부드러운'(soft) 패러다임 개념을 중심으로, 그것도 연속선상의 어떤 위치에서 각 구체적 패러다임마다 적절한 패러다임(기조) 개념을 -아무데나 함부로 사용하지 않고, 필요한 부분과 맥락과 단위(수준)에서- 충분히 분별해 사용하고 있다. 그렇게 '패러다임'은 꼭 필요한 개념으로 자리 잡았다.[139] 따라서 이제 '평상적'(쿤의 정상적) 정책활동은 -완전히 일관된 의미가 아닌(저자 주)- '다소간의 일관된'(more or less coherent) 의미의 해석적 틀(정책기조)에 의해 인도되는 데 대하여 학자들의 의견일치가 있다고 본다.[140] 그래서 원래 쿤 식의 패러다임인 '경성 패러다임'이 제기하는 '도전과 장애물' 앞에 멈춰서버리지 않고, 그것을 극복하여 좀 더 부드럽고 유연하며 융통성 있는 '연성 패러다임' 개념이 제공하는 '기회와 디딤돌'을 유용하게 활용하는 길로 나아가야 한다는 데 대체로 합의할 수 있을 것이라고 본다.[141]

그러나 저자는 한 걸음 더 나아가 위 주장들이 '공약불가능성의 연속선' 또는 '패러다임 개념의 연속선'이라는 개념에 의하여 수정되거나 균형 있게 종합돼야 한다고 본다. 즉 공약불가능성을 포함한 패러다임 개념은 이분법적으로 볼 것이 아니다. 따라서 강한(경성) 공약불가능성의 강한(경성) 패러다임 개념만을 고집하는 '협의'(좁은 의미)의 정책기조 개념을 채택하지 않는다. 이는 강한 내적 일관성을 지니고 있는 아이디어로서 일정 기간 당연시돼 전체적으로는 꼼꼼히 따져보는 의문의 대상이 되지 않고, 또 교체한 패러다임과는 공약불가능하다고 본 홀의 패러다임 개념화만을 고집스럽게 단독으로 따르지 않는다는 점을 의미할 뿐이다. 그 대신에 그런 강한(경성) 공약불가능성 또는 패러다임 개념도 인정하되, 그것을 일부분으로 포함해야 한다. 그와 동시에 약한(연성) 공약불가능성 또는 패러다임 개념도 인정하여 그 경우에 이르기까지 전체를 아우르는 '광의'(넓은 의미)의 정책기조 개념을 이론적으로나 실무적으로 채택·적용한다. 그렇더라도 공약불가능성이 제로(0)인 극단적인 경우는 더 이상 그것을 패러다임이라고 볼 여지도

---

139) 정책, 제도, 권력의 개념이 그렇듯이 인문사회과학에서는 특별히 일치된 개념의 정의와 특성에 관한 합의는 존재하기 어렵다. 개념의 폐기에도 불구하고 그 개념이 나타내주는 현상은 존재하기 마련이므로 흔히 그에 대신해 제안된 개념들은 또 다른 논쟁을 예고한다. 그렇더라도 'policy paradigm'은 객관적으로 구체화해 일관되게 분석이나 측정에 이용할 만큼 필요충분하게 규정하는, 즉 학문적 전문용어로 말하면 '조작화'(operationalization)의 어려움과 관련한 논란을 안고 있다는 정도의 이해는 필요하다[피터 홀의 1·2·3차적 정책변동관과 3차적 변동의 패러다임 연계, 곧 변수의 분할(disaggregation)도 그런 조작화의 한 방법이다].

140) Skogstad & Schmidt(2011), 6.

141) Wilder(2015), 33.

없으므로 타당한 가정이 아니고 비현실적이어서[142] 광의 개념 안에 수용하지 아
니한다.

    큰 공헌에도 불구하고 홀의 정책기조 개념은 구체화가 덜 된(과소구체화된,
underspecified) 약점을 드러냈다. 그래서 홀을 뒤따른 후속 연구들은 홀의 틀을
정교하게 조정(미세조정, fine-tuning)해 주는 데 기여하였다. 그중에서 가장 중요한
진전은 '평상적'(normal) 정책결정과 '급격한'(radical) 정책결정 사이의 2분법
(dichotomy)에 의문을 제기한 점이다. 많은 학자들은 홀이 원래 이론적 틀에서 허용
한 것보다도 ① 패러다임 내 변동(within-paradigm change)이 더 중요하고(또는 중
요하거나) ② 패러다임 전환이 더 점진적인 형태로 일어날 수 있다는 점을 발견하였
다. 더 나아가 '공약불가능성'과 일부 학자들의 '상대적 공약가능성'(relative
commensurability)의 입장과는 대조적으로 서로 다른 정책패러다임들이 '서로 충분
히 양립하는'(fully compatible) 것을 발견하였다. 그리고 홀이 패러다임 개념의 구성
적 차원(constitutive dimensions)과(또는) 근본적 속성(fundamental attributes)을 구
체적으로 제시하지 않았는데, 정책변동과 정책기조에 있어서 그런 차원들을 구체적
으로 논의한 연구들이 나오게 되었다.[143]

    한편 정책기조 인식의 '객관성과 주관성의 논제'는 '상호주관성'의 변증법적
통합 개념이 말해 주듯이 둘 다 인정된다. 그렇지만 그것도 실제 현실의 구체적인

---

142) 최소한의 약한 공약불가능성이 전제된다고 한 Daigneault의 주장(2015, 50-51)이나, 카슨 등이
사회의 본질에 대한 서로 다른 기저 가정에서 나온 경쟁 패러다임이라고 하는 것은 서로 완
전히 번역될 수 없는 조건(측면, in terms that are not completely translatable)으로 이해되고
평가되는 것이라고 하면서, 패러다임을 핵심 가정과 우선순위의 복합체(the complex of core
assumptions and priorities)라고 정의한다면 두 경쟁 패러다임은 서로 질적으로 다른, 곧 하나의
주제에 대한 단순한 변형이 아니라 근본적으로 서로 다른 주제로 구별되는 (적어도 최소한의
-저자 주) '공약불가능성'을 갖는다는 의미라고 설명한다. Carson, Burns & Calvo(2009),
391-392, 특히 392 주석 4.
143) Daigneault(2015), 46, 57. 그는 상대적 공약불가능성의 입장을 보인 학자로는 Princen & 't Hart
(2014), Wilder(2014)를 예시하고, 서로 다른 패러다임 간 충분히 양립하는 예는 1990년대 호
주 건강보험정책과 관련해 '보편주의에 선택주의 부가'(universalism plus choice) 방식의 '합성
적 정책기조'(synthetic policy paradigm) 형성에 관한 Kay(2007)의 연구를 든다. 또 패러다임 개
념의 구성적 차원과 근본적 속성의 구체적 논의의 예로 ① 인과에 관한 신념 ② 기대하는
정책결과 ③ 주된 정책수단과 지표 ④ 밑바탕의 아이디어를 제안한 Greener(2001, 148) 및 ①
주제와 그 지배 방법에 관한 아이디어(해석적 틀) ② 목표 ③ 수단 ④ 거버넌스 제도를 제안
한 Kern 외(2014)를 든다. 또 홀의 '과소구체성'을 '설명적 구체성의 결여'라고 설명하면서,
'미세조정'을 '수정'(revision)이라고 더 강도 높게 보는 견해는 Wilder and Howlett(2015), 110,
112 참조.

정책기조마다 그 정도가 다르게 인정돼야 할 것이다. 예컨대 어떤 정책기조는 채택 당시의 목적과 기대에 반하여 실패함으로써 명백하게 오류라고 객관적으로 인정될 수 있다. 그에 비하여 정책기조는 실패한 것처럼 '보이기'(seen) 때문, 즉 실패는 증거와 관계없이 실패로 구성되기(constructed) 때문에도 그렇게 규정되는 속성을 지니기도 한다.144) 이는 3차적 변동에 관한 경쟁은 결국 이변의 존재 자체가 아니라 그 이변의 의미(the meaning of anomalies)를 두고 벌이는 경쟁이고, 공약불가능성은 곧 '의미는 항상 논쟁의 대상'(meaning is always contestable)이라는 사실을 증명해 준다고도 보는 셈이다.145) 결국 객관적인 인식과 주관적인 인식이 동시에 작용하여 그것이 어떤 특정 정책기조를 어떤 성격의 것으로 최종 규정한다고 할 것이다. 그리하여 정책기조의 공약불가능성의 정도와 범위 등은 그것을 평가해 규정하는 측의 관점에 따라 다를 수 있음을 인정하되, 일반적으로는 다수가 어느 정도 합의할 수 있을 정도로 '상호주관성'에 의한 인식이 필요하고 바람직하다고 정리할 수 있겠다.

이를 종합한다면 우리는 광의의 정책기조 개념을 채택하면서, 현실 대부분의 정책기조는 그 연속선상 약한(연성) 공약불가능성(또는 패러다임) 개념 쪽에 더 가까운 데 위치할 것으로 이해하는 것이 타당하다고 할 것이다. 결국 패러다임에 관한 이론적 의문이 많아 문제가 있으므로 패러다임 개념을 버릴 것을 제안한 슈미트도 패러다임 전환(paradigm shift)이란 관념이 우리에게 '본능적으로 분명'(instinctively clear)하게 느껴진다고 스스로 인정한다.146) 그런 만큼 공약불가능성이나 패러다임 관념은 필요하고 유용하므로 패러다임의 속성을 잘 이해하고 활용해야 할 것이다.

결론적으로 이 책에서 저자는 정책기조의 정의를 '광의의 정책기조'(정책패러

---

144) Hay(1996). 미국 마약단속 정책기조의 실패가 그 예라고 한다. Mark Blyth, "Paradigms and Paradox: The Politics of Economic Ideas in Two Moments of Crisis," Governance, 26(2), 2013, 213 주석 1 재인용.

145) Sheri Berman, "Ideational Theorizing in the Social Sciences since 'Policy Paradigms, Social Learning, and the State'," Governance, 26(2), 2013, 211.

146) 무엇이 패러다임 전환을 구성하는지 어떻게 규정하며 누구에 의해 뿐만 아니라 어떻게, 언제, 그리고 왜 패러다임이 변동하는지를 결정할 기준에 관한 이론적 의문이 있는 만큼 문제가 있다고 본다. Schmidt(2011), 36.

다임)의 개념적 정의로 분명하게 밝히고 적용할 것이다. 그것은 과학철학자들을
비롯해 많은 정책기조이론가들도 인정하듯이 그 개념의 '유용성'이 매우 큰 현실
을 그대로 인정하고 활용하는 쪽을 선택한 정의이다.[147] 그리하여 그 개념의 '구
체적 적용성'을 살려나가면서 개별 구체적인 경우마다 그 개념의 강하거나 약한
의미를 적절히 판단할 필요가 있겠다. 앞으로 이 책에서도 구체적 분야·사안에
광의의 정책기조 개념이 적용된 수많은 증거를 보게 될 것이다. 정부의 정책기조
만 해도 크게는 중앙정부 대통령의 국가정책 전반의 기조인 '국정기조'로부터,
읍·면·동 주민자치센터 복지서비스전달체계의 기조인 '최일선 복지서비스전달
의 정책기조'에 이르기까지 수준과 분야를 가리지 않고 구체적인 세부 분야와
영역에까지 적용되고 있는 것이 오늘날의 현실이다.[148]

---

147) 초창기 정책기조이론가인 오설리번도 정책기조 개념은 정책과정의 서술, 조명, 그리고 해석
에 중요한 기여를 한다고 결론을 짓는다. O'Sullivan(1993), 269.

148) 이는 '분석수준의 문제'(the level-of-analysis issue)와 관련되는 논제이다. 즉 정치학자 케이의
말을 빌리면 정책기조의 위치가 중간/정책(meso/policy) 수준인가 아니면 거시/전체 사회적
(macro/societal) 수준인가 등으로 논쟁이 벌어지는 문제이다. Daigneault가 다른 말로 표현한 것
을 빌리면 정책기조는 소수 중요 정책행위자(a few key policy actors)의 마음에 한정돼 존재하
는가 아니면 '내부 간부진' 밖(outside the 'inner ring')의 학계, 언론계, 업계와 시민사회의 사람
들에게까지 더 크게 넓혀 공유되는 것인가의 문제이다. Daigneault는 정책공동체의 많은 사람
들이 정부가 무엇을, 어떻게, 그리고 왜 해야 하는가에 대하여 일련의 일관되게 동일한 아이디
어들을 공유하고 있다면 두 경우가 다 가능하다고 주장한다. 여기에서 한 발 더 나아가 저자
는 현실을 감안할 때 단순히 중간·거시 등만 아니라 저자의 '다원공동체주의' 공·사 관점에
따라 모든 공·사, 대·소 공동체에 모두 다 적용된다고 본다. A. Kay, "UK Monetary Policy
Change during the Financial Crisis: Paradigms, Spillovers, and Goal Co-ordination," Journal of
Public Policy, 31(2), 2011, 143-161; Daigneault(2015), 50-51; 박정택, 일상적 공공철학하기 1, 한
국학술정보(주), 2007, 29-30, 58.

제 2 장

정책기조의 개념적 특성

정책결정에 대하여 홀은 목표와 수단의 형태로 아이디어의 해석적 틀(정책기조)과 구체적인 정책 수준 사이의 상호 활발하고 지속적인 상호관계(an active and ongoing inter-relationship between the interpretive framework of ideas and levels of policy in the form of goals and instruments)를 포함하는 과정으로 이해할 수 있다고 보았다.[1] 그와 같은 구체적 정책들과의 상호관계에서 정책기조는 개념적으로 다음과 같은 본질적인 특성(정책기조의 개념적 특성)을 갖는 것으로 요약해 볼 수 있다.[2] 즉 정책기조는 ① 개별 정책(들)이 뿌리 같이 단단히 터 잡고 있어야 할 틀·판·축·토대·기초와 같은 기본 기반성, ② 개별 정책(들)이 적어도 한 차원 이상으로 높이 추구할 목적·목표와 같이 그 나아갈 이상적인 방향을 가리켜주는 기본 방향성, ③ 일단의 정책들을 유전자적 동일성이나 친화성으로 지배하고 지도하는 유전자적 포괄 지배성, 그리고 ④ 논리적으로 기호로써 간명하게 표현될 수 있는 기호성(記號性)의 특성을 모두 갖고 있다고 할 수 있다. 이를 각각 ① 정책의 기본 기반성(基盤性), ② 정책의 기본 방향성, ③ 정책의 유전자적 포괄 지배성, 그리고 ④ 간명한 논리적 기호성(記號性)이라고 부르기로 한다.[3]

---

1) 정책기조와 세 수준의 정책변동을 설명한 홀(1993; 278)을 요약한 Florian Kern, Caroline Kuzemko, & Catherine Mitchell, "How and Why do Policy Paradigms Change; and Does It Matter?" Hogan and Howlett(eds., 2015), 271.

2) 학자들은 흔히 다음과 같이 이를 포괄적으로 언급한다. "정책기조는 '중심적인 정책결정자들에 의해 공유되고 비공식적·공식적 규칙과 규정에 반영돼 있는 일련의 신념과 아이디어'로 정의되고 두 가지 중요한 요소(elements)를 지닌다. ① 규범적이고 존재론적인 요소인데 특정한 세계관(worldview)에 기반을 두고 있는(based on) 근본적인 가치들(fundamental values)을 말한다. 그리하여 이는 의미 있는 문제의 정의와 추구할 목표를 지배하게(govern) 되는 개인적이고 집합적인 정체성을 뒷받침해(underly) 준다. '무엇이 행해져야 하는가'에 관한 그런 신념이 하나의 규범적 핵심(a normative core)을 나타내 준다. ② '어떻게 행해져야 하는가'라는 본질상 인지적 요소이다. 그것은 채택될 특정한 수단뿐만 아니라 부문별 전략을 뒷받침해(underpin) 주는 일반적인 인과이론들에 기반(rest on)을 두고 있다. PPP[(공공)정책기조]는 정책 부문별로, EU국가별로, 그리고 더 넓게는 국제적 수준별로 각각 다르다." Andersen(2009), 261-262. 정책기조의 특성을 나타내는 worldview, fundamental values, normative core, govern, based on, rest on, underly, underpin 등을 사용함에 유의 바란다.

3) 저자는 그동안 기존 발표 논문들에서 정책기조의 개념적 특성으로서 원형성(유전자성), 기본

그런데 이들 개념적 특성의 정책기조가 현실 정책세계에서 구체적인 정책들에 대하여 어떤 범위에서 어떤 정도(강도)로 영향을 미치는가, 즉 정책기조가 그 산하 구체적인 정책들을 거느리는 양과 질은 구체적인 경우마다 다를 것이다. 어떤 경우에는 정책기조 개념이 안고 있는 -공약불가능성을 포함한- 패러다임의 구성적 특성이 강하고, 그렇지 않아도 강한 그 정책기조를 정책기조리더십의 지휘 아래 강하게 구체적 정책들에 적용하는 경우를 생각할 수 있다. 그 경우 그 정책기조의 기본 기반성, 기본 방향성, 유전자적 포괄 지배성 등 개념적 특성은 이데올로기적 지위의 헤게모니적 힘을 발휘하면서[4] 매우 강하게 나타나는 상황을 연출할 것이다. 그 반대로 약한 정책기조의 구성적 특성에 약한 정책기조리더십하에 약하게 구체적 정책들에 적용하면, 그 경우 그 정책기조의 개념적 특성은 상대적으로 약하게 나타날 것이다.

가치성, 전제적·당위적 보편 명제성, 사회계약성 등을 제시(1996년 논문, 4-7)하거나 유전자성, 기본 가치성, 전제적·당위적 명제성, 공약성 등으로 다소 수정 제시(2001년 논문)하였으나, 본문과 같이 최종적으로 종류와 내용 모두 전면 수정한다. 또한 '지속성' '연속성'이나 '일관성'을 거론할 수도 있지만, 그것들은 개념적 특성이라기보다는 정책기조를 '운용'하는 데 수반되는 일반적 특성으로 보는 것이 좋겠다. 좋은 정책기조가 아닌 경우, 오히려 빨리 전환되어야 할 경우도 있는 만큼(쇄국정책기조의 예) 그 반대의 특성인 신축성이나 유동성도 생각해 볼 수 있는 것이다.
한편 외국 학자들의 경우 명시적으로 이런 개념적 특성을 논하지 않고 간접적으로나 부분적으로 논한다. 대표적인 예로 Daigneault는 정책기조가 행위자들의 환경 해석과 행위의 의미 부여를 도와주는 의미에서 인지적(cognitive)이고, 행위자들에게 도덕적 나침판(moral compass)을 제공하고 그들 행위를 안내하는 의미에서 규범적(normative)/프로그램적(강령적, programmatic) 성질을 지니며, 정책행위자들에게 다소간에 마음을 움직이는 호소력을 발휘하고, 정치게임에서 '담론적 무기'(discursive weapons)로 기능할 수 있는 점에서 '감정적'(affective) 차원도 지닌다고 봄으로써 간접적으로 기본 기반성, 기본 방향성 및 간명한 논리적 기호성의 특성을 지적한다. 그런데 Campbell(2004)은 정책기조의 아이디어로서의 본질을 정치적 논쟁의 배후에 위치한 인지적인 것만으로 한정한다고 대부분의 정책기조이론가들과 다른 견해를 보인다. Daigneault (2015), 50-51.
또 정책공동체나 정책망 내 구성원들 간 공유를 강조하면서 '집단적 합의성'을 그 특성으로 내세우는 이도 있다. 카슨 등이 "집합적으로 산출되고 유지되는 실체(a collectively produced and maintained entity)인 하나의 PPP는 흔히 저항하는(꺼려하는, reluctance) 가운데 변화된다. 집합적 정체성과 -물질적 이익을 포함한- 이익이 거기에 밀접하게 결부돼 있기 때문이다."라고 지적한 것이 그 예이다. Carson, Burns & Calvo(2009), 146. 그러나 저자도 기존 논문에서 제시하였던 '합의성'이나 '사회계약성' '보편성'은 일반 시민 차원의 공공성이 매우 강한 정부나 정책기조가 제도화돼가면서 어느 정도 확립된 결과물을 전제한 경우에 주로 해당되다고 하겠다. 또 일반 공동체 집단에도 널리 적용돼서 집단의 지도부가 개인적인 철학으로 새롭게 추진하는 초창기에는 그런 공유의 합의성을 주장하기도 어려운 사정을 감안해야 하므로 보편적 특성으로 보기 어렵다고 하겠다(그래서 저자도 수정함).
[4] O'Sullivan(1993), 247-248.

여기에 정책기조의 개념 정의(정책을 지배하는 인식의 기본 틀과 방향)에서 '정책을 지배하는(인식의 기본 틀과 방향)' 부분의 구체적 의미가 드러난다. 사실 '지배하는'(governing)의 표현은 그 개념적 특성이 가장 강하게 나타나는 쪽을 대표하는 용어이고 많이 사용하는 편이다.[5) 저자가 이를 택한 것은 '패러다임 정책관'을 대표하는 의미와 정도를 나타내고자 한 의도 때문이다. 그에 비하여 중간 정도의 용어는 '지도하는'(guiding)인데[6) 홀을 비롯한 많은 학자들이 사용한다('지도'는 '약한 지배'로 보면 좋다는 것이 저자의 견해이다). 그리고 가장 약한 쪽을 대변하는 용어는 '지원하는'(supporting)인데[7) 상대적으로 가장 적게 사용하는 편이다. 기타 '추동하는'(driving)이나 '반영하는'(reflecting) 등을 드물게 사용하기도 한다.[8)

정책기조의 존재와 그 혁명적 변동은 그런 패러다임에 의해 영향을 받는 분야와 사람들 위주로 그 영향만큼 인식된다. 이는 외부자들(outsiders)에게 그것이 그저 평상적인 정책이나 변동으로 인식되는 것과 비교된다.[9) 그래서 다른 분야의

---

5) 그 용례를 예시하자면 '정책과정을 지배하는 틀'(frameworks that govern the policy process)(O'Sullivan, 1993, 246); '정책을 지배하는 기본 원리의 근본적인 전환'(a fundamental shift in the basic principles governing public policies)(Coleman, Skogstad & Atkinson, 1996; Carson, Burns & Calvo, 2009, 114); '캐나다 난민 정책을 지배하는 패러다임'(the paradigm governing Canadian refugee policy)(Irvine, 2011, 189); '정책 영역 전체를 관통하며 지배하는 아이디어'(Carson, Burns, and Calvo, 2009, 249) 등이 있다.

6) 예컨대 '정책을 지도하는 판'(the template guiding policy)(Hall, 1993, 284); '부문별 정책결정을 지도하는 해석적 틀'(the interpretive frameworks that guide sectoral policy-making)(Skogstad & Schmidt, 2011, 17); 정책을 지도하는 핵심적 또는 헌법적(구성적, EU의 경우 헌장적) 원리(core or constitutional principles that guide policy)이고 그 재형성(reconfiguration)이 정책기조 전환(shift)(Carson, Burns & Calvo, 2009, 359); 정책결정자의 문제해결을 지도하는 어떤 공유된 현실모델(a shared model of reality that guides policymakers' problem-solving activities)(Carson, Burns & Calvo, 2009, 18) 등이 있다.

7) '정책을 지원하는 패러다임'(the paradigm supporting a policy)(Baumgartner, 2013, 255)의 용례가 그 예이다.

8) '현 정책을 추동하는 정책기조'(paradigm that drives current policy)(Taylor-Gooby, 2013, 7); '일반적인 패러다임적 전환을 반영하는 정책들'(policies reflecting a general paradigmatic shift). Andersen(2009), 281.

9) 쿤 역시 과학혁명의 경우에도 그러하다고 지적한다. Kuhn(1970), 92-93. 심지어 캠벨은 "'큰 아이디어들'(big ideas)은 일반적으로 뒤 배경에 깊숙이(deep in the background) 머물러 있고, 앞 전경(in the foreground)에 있는 구체적인 정책들에 의해 가려져 안 보인다. 그저 구체적 정책들의 밑바탕에 있으면서(underlie) 그들을 받쳐주고 정당화시키며 합법화시켜 주다가(underpin, justify and legitimate) 예외적으로 위기 시에나 논쟁의 전면에 나타난다"고 주장한다. Campbell(2004), 93-94; Schmidt(2011), 44 재인용. 슈미트는 그 예로서 제2차 세계대전 후 독일의 경제정책기조인 '사회적 시장경제'(social market economy)를 든다.

정책운용자들이나 일반인들은 이와 같은 정책기조의 구체적인 특성을 명확하게 인지하지 못할 수도 있다. 그렇지만 어떤 특정 정책기조가 다른 대안적 정책기조 (alternative policy paradigm)나 정책기조 후보(candidate of policy paradigm)와 경쟁하거나 갈등이 벌어져 논쟁 대상이 되는 상황일수록 각 정책기조의 그런 일반적인 특성이 더 선명하게 드러나게 된다.[10] 이제 일반적으로 대표적인 -따라서 구체적인 경우마다 그 특성이 드러나는 범위나 정도에 있어서는 다를 수 있는- 정책기조의 개념적 특성을 설명하기로 하겠다.

제1절 정책의 기본 기반성

정책기조는 그 소속 개별 정책(들)이 뿌리 같이 단단히 터 잡고 있어야 할 밑바탕 또는 기본 기반(터·틀·판·축·탈·본·토대·기초)의 특성을 갖는다. 정책기조는 '정책의 밑바탕'으로서의 '정책의 본이 되는 틀(그래서 기틀)과 탈'이고 '정책이 자리 잡고 있는 터·판'이며 '정책의 중심이 되는(또는 중심을 잡아주는) 축(그래서 기축이나 주축, 基軸, 主軸)'인 것이다. 이 정책기조의 개념적 특성을 -쿤이 '학문적 기반'(disciplinary matrix)[11]이라고 부르는 데서도 시사하므로- '정책의 기본 기반성'이라고 부르기로 한다. 여기서 단순한 '기반성'이라기보다는 정책의 틀로서도 그 밑바탕에 있는 틀을 강조하기 위하여 '기본'을 덧붙여 '기본 기반성'이라고 하는 것이다.

원래 영어 'paradigm'은 앞에서 검토한 바와 같이 '모범'(example, pattern, model)이나 '주형'(鑄型, matrix, mold, mould)의 의미를 갖는다. 그래서 토마스 쿤도

---

10) 이는 토마스 쿤이 패러다임에 대하여 주장한 바와 유사하다. 전형적인 정상과학자는 그가 받은 훈련 방법 때문에 그가 속한 정확한 패러다임의 정확한 본성을 알 수 없고, 분명하게 말할 수도 없다고 한다. 그런데 경쟁적인 패러다임으로부터 위협을 받을 때, 그의 패러다임에 포함된 일반 법칙, 형이상학적이거나 방법론적인 원리를 보호하기 위해 그의 패러다임을 철저하게 해석하고 정교하게 다듬을 필요성에 직면하게 된다고 본다. 그래서 쿤도 대안적 패러다임, 패러다임 후보를 많이 언급한다.

11) 여기 'matrix'는 '틀'(기반, mold, mould)과 혼용되는 단어이다(옥스퍼드 영어사전 참조).

문법적 용어인 'paradigm'을 학술적 용어로 새롭게 원용해 대중화시키는 과정에서 그 용법을 크게 두 가지의 의미로 정리하여 이제는 그렇게 정착시켰다. 곧 훌륭한 업적으로서의 모범사례나 모델['범례'(exemplar)]과 밑바탕의 틀을 제공해 주는 전문 분야의 학문적 기반이 그것이었다. 특히 학술적 용어로서 그 의미는 '학문적 기반으로 작용하는 인식(관념)의 틀'이라고 하였다. 이 '틀·기반'의 의미를 장하석 교수는 다음과 같이 쉽게 설명한다.

> 하나의 전통이 확립되면 과학자들은 그것을 충실히 따라갑니다. 기초적인 논의와 논란은 다 접어두고, 세부적인 문제들을 자신들 패러다임의 특이한 사고방식으로 깊이 파고들기 시작합니다. 그러면서 난해하고 정밀한 전문적 지식을 쌓습니다.…가끔 혁명적인 일이 일어날 때만 빼고, 과학이 정상적으로 돌아갈 때는 이렇게 패러다임을 전제로 하고 그 기반 위에서 연구가 이루어진다는 말입니다.…모든 현상을 기존의 패러다임을 기반으로 해석해내는 것은 정상과학의 중요한 과업입니다. 예상된 것을 찾아내는 작업이나 예상치 않게 발견된 것을 틀에 끼워 맞추는 것이나 모두 퍼즐을 푸는 것과 같은 작업이고 그것이 정상과학의 본업이라고 쿤은 강조했습니다.[12]

그런 의미에서 'policy paradigm'인 '정책기조'는 예컨대 어떤 주물(鑄物)을 만들 때 쇠붙이를 녹여 붓는 바로 그 주물의 모형(거푸집, mould)인 '틀'이나 '판'(template, 鑄型)[13), 조각을 만들 때 그 '얼개'인 것과 유사한 것을 말한다. 그래서 정책기조는 '정책이 만들어져 나온 본바탕'이나, '정책을 구상하고 만들 때 그 밑그림의 바탕이 되는 본(本)'이나, '여러 가지 정책들 가운데 일단의 정책들의 근원으로 생각되는 모델'이다. 그 외에도 비슷한 표현은 많은데, 다만 개개 구체적 정책은 어디까지나 이들 틀·탈·축·터·판·본 등의 기본 얼개가 여러 가지로 다소 변형(變形)시킨 데서 만들어져 나오게 되므로 그런 상징적 비유로 이해할 필요가 있다.[14)

---

12) 장하석(2014), 37-38, 43-44에서 발췌 인용.
13) 홀(Hall)도 'template'를 사용해 설명한다. Hall(1993), 284.
14) 그런 의미에서, 우리말 '얼개'는 표준국어대사전에 '어떤 사물이나 조직의 전체를 이루는 짜임새나 구조'인데, '소설의 기본적 얼개'나 '그의 머릿속에 사건의 얼개가 어렴풋이 드러나기 시작했다'와 같이 정책기조에 따른 개별 정책의 변형을 생각하면 정책기조의 상징으로는 이 '얼

그래서 정책기조는 그 소속 정책집단의 인식상의 기본적인 틀·탈·축·터·
판·본 등의 의미를 내포하면서 그런 기능과 역할을 하는 것으로 묘사된다. 그리
고 흔히 정책기조와 관련된 표현에서 특히 그런 특성이 포함된 용어가 사용된다.
예컨대 외국 문헌에 자주 기반이나 토대에 해당하는 basis, foundation, underpinning
등이 사용되고, 정책기조를 '기반적(토대적, 정초적) 아이디어'(foundational ideas)[15]
또는 '정책결정의 인지적·규범적 판'(cognitive and normative templates)을 구성하는
정책아이디어[16]라고도 부른다. 또 메리앙(Merrien, 1997)은 복지국가의 정초(토대)
원리들(foundational principles)이라 하고,[17] 포터는 '패러다임의 기반적 전
제'(foundational assumptions of the paradigm)라 하며,[18] 혹은 인종주의, 제국주의, 식
민주의에 따른 차별과 배제의 미국·캐나다의 이민정책기조의 '바로 그 기반'(the
very foundations)이 전후 파시즘과 나치 잔혹성 등 과학적 인종주의의 불신, 세계적
인 인권 규범과 탈식민주의의 등장에 의하여 도전을 받고 마침내 뒤집혔다고 주
장되고 있다는 식으로 사용된다.[19] 또 '논의의 과학적인 뒷받침'(the scientific
underpinnings of arguments)과 '아이디어의 토대'(the grounding of the ideas)라고 하거
나[20] 패러다임에 기반을 두고 있는 신념(정책)(belief(policy) is based on a
paradigm)이라고도 일컬어진다.[21] 또 국내에서는 정책과 관련하여 탈벗음, 탈바
꿈, 판박이, 판갈이, 새 판짜기, 판세, 딴 판, 틀에 박힘, 틀에 맞춤, 틀이 잡힘,
새 틀짜기, 큰 틀, 중심 축, 주축, 본 따름, 본받음, 본보기, 본보임 등이 그 기본
기반성을 나타내 주는 표현들에 해당한다.[22]

개'라는 용어와 개념도 적합하다. 예로서 "현 정부의 경제정책 얼개를 담고 있는 3개년 계획은
내수 중심의 성장을 내걸고 있다. 수출의존도를 낮추고, 그 공백을 내수 활성화로 메우겠다는
전략이다." 한겨레, 2016.2.2., "지지대 없는 수출, 미덥잖은 내수…뾰족수가 없다."

15) Peter Taylor-Gooby(2013), 5; Gerry Stoker & Peter Taylor-Gooby, "How Social Science Can
Contribute to Public Policy: The Case for a 'Design Arm'," Taylor-Gooby(ed.), 2013, 239.
16) Skogstad & Schmidt(2011), 14.
17) Schmidt(2011), 45에서 재인용.
18) Porter(2011), 79.
19) Triadafilos Triadafilopoulos, "Normative Contexts, Domestic Institutions, and the Transformation of
Immigration Policy Paradigms in Canada and the United States," G. Skogstad(ed., 2011), 164.
20) Linda A. White, "Institutional "Stickiness" and Ideational Resistance to Paradigm Change: Canada
and Early Childhood Education and Care(ECE) Policy," G. Skogstad(ed., 2011), 221.
21) Baumgartner(2013), 250.

　각 정책기조는 한 집단의 행위자들이 공유하는 현실에 대한 일단의 특정한 근본적 가정과 신념 안에 토대를 두고(grounded) 있다. 그리하여 그것은 어떤 현상은 틀 속 그림 안에 포함되고 어떤 것은 배제되는 것을 결정하는 그들의 지각, 판단, 그리고 행동을 조직하는 준거틀(framework)을 형성한다. 그것은 또한 실제 운용과정에서 어떤 활동을 권장하고 추구하게 하고 다른 활동은 억제하고 저지하도록 어떤 행동과 조건에 가치를 부여하기 위한 기반(basis)이 된다.[23]

　5·31 교육개혁은 민주적 정당성과 국민적 열망 속에서 이루어졌기 때문에 그 바탕에는 묵시적인 '사회적 합의'가 있었다. 그래서 5·31 교육개혁이라는 '큰 판', '새 판'을 짤 수 있었다.[24]

　정책당국(제도를 형성·관리하는 관리기관, governance institutions)의 담당자들은 정책기조를 내부적으로 장착하여 그 준거가 되는 기본 인식의 틀과 방향에 따라 구체적인 실질 분야 정책들을 형성하고 집행하며 평가하게 된다. 신제도주의자들은 이 내부적으로 장착하는 것을 '내재화'(embedded)라고 부르며 중시한다.[25]

---

22) 원래 창문이나 액자의 틀, 혹은 안경테 등을 뜻하는 '프레임'(frame)이란 용어가 근래 어떤 대상을 보는 것(관점)과 관련해서 뚜렷한 경계 없이 펼쳐진 대상들 중에서 특정 장면이나 특정 대상을 하나의 독립된 실체로 골라내는 기능을 하는 용어로 '세상을 바라보는 마음의 창' '어떤 문제를 바라보는 관점' '세상을 향한 마인드 셋' '마음을 비춰보는 창' 등의 의미로 많이 쓰이고 있다. 물리학 등에서도 기준틀 또는 준거체계(frame of reference), 즉 '세상을 관찰하는 데 사용하는 특정한 관점', 특히 어떤 물체의 위치와 운동을 표현하는 좌표(x축과 y축)를 의미하고, 사회과학계, 언론계, 정계 등에서 '세상을 보는 틀'이란 의미로 특정한 방향으로 세상을 보도록 이끄는 조력자의 역할과 동시에 우리가 보는 세상을 제한하는 검열관의 역할도 하는 데 사용하고 있다고 한다. 김인철, 프레임, 21세기북스, 2007, 10-11. 이와 같이 '프레임'은 인지심리학의 중요한 주제의 하나이고 이에 관한 대중서들도 나오고 있으며 그 설명 예를 보더라도 일부 학자들이 '패러다임'과 유사하거나 더 선호하는 개념이라고 주장하는 부분이 있다. 그러나 '패러다임'은 학문적으로 훨씬 더 엄격한 논쟁을 거쳐 '전체적인 인식상의 기본 틀과 방향'이란 의미로 대중적으로도 널리 사용되기에 이른 '개념적·이론적 자원'이다. 따라서 학자들은 대체로 '프레임'에 대하여 아이디어와 인지과정에서 패러다임의 전체나 일부분으로부터 나오는 '인식의 단순한 틀·관점' 정도로 한정해 이해한다. 그래서 카슨 등이 "policy paradigm의 전체나 일부분이 어떤 frame을 구성(constitute)할 수는 있으나 그 둘은 동일한 것이 아니다. framing은 어떤 특정한 패러다임적 요소나 패러다임 전체를 준거기준으로 삼음(참조함, referencing)으로써 수행된다.…policy paradigm 개념은 framing 과정과 틀 생산의 기반이 된다"고 지적한다(그래서 굳이 말하자면 'master frame'과 유사하다고 한다). 결국 '패러다임'은 인식의 전체적·기본적 틀인 framework이고, '프레임'은 '패러다임'에서 갈라져 나온 인식의 단순한 부분적·개별적 틀인 frame이다. 이는 마치 network와 net의 관계와 동일한 이치의 개념이라고 할 수 있다. 이와 관련 Carson, Burns & Calvo(eds., 2009), Introduction, 16-17, 26 참조. 이 책에서는 '패러다임'으로부터 '프레임'이 구성되므로 '패러다임'은 구체적인 정책들을 포괄해 지배하는 '정책기조 차원'의 '인식의 기본 틀·방향'에 관하여 사용하고, '프레임'은 '구체적인 정책 차원'의 '인식 틀·관점'의 패러다임 차원보다 낮은 패러다임의 단순한 일부 속성을 표현한 의미로 사용하고자 한다.

23) Carson, Burns & Calvo(2009), 151.

24) 안병영·하연섭, 5·31 교육개혁 그리고 20년, 다산출판사, 2015, 22.

정책기조의 기본 기반성은 개별 정책들이 움직이는 터·틀·판·축이므로, 개별 정책이 기본적으로 그런 터·틀·판·축 등에서 벗어나거나 떨어져나가서는 안 된다는 어떤 '중심성, 구심성' 등을 함축하고 있는 특성이다. 한마디로 '범주(기본 기반·틀)의식'이다. 그런 만큼 이 '기본 기반성'은 그 안에 그런 '기반을 지향하고 그 기반으로 정향(定向)되어야 함', 즉 기반으로 향하는 '방향성'도 동시에 함축하고 있다. 여기에서 다음의 특성인 '방향성'도 나오게 된다. 일정한 범주(기본 기반·틀)의식 안에서 일정한 목적·목표의식(기본 방향감각)이 작동되는 것을 의미하는 것이다.

제 2 절　**정책의 기본 방향성**

본래 쿤의 '패러다임'은 과학활동의 틀이 완전히 바뀌는 '과학혁명'을 설명해 주는 개념이다. 그런데 그것은 그와 쌍벽을 이루는 또 다른 중요한 사실을 설명해 주는 개념으로도 사용되고 있다. 그것은 그의 유명한 '정상과학'(normal science)이란 과학활동을 말한다. 일단 학문적 기반으로서 하나의 패러다임이 확립되면 과학자들의 평상시 정상적인 연구는 그 패러다임을 충실하게 따라가게 된다는 의미이다. 즉 패러다임이 이제 하나의 방향타(方向舵) 구실을 한다는 것이다. 다음은 장하석 교수의 설명이다.

> 뉴튼의 가장 큰 업적은 태양계 안의 행성들이 어떻게 움직이는가를 엄청나게 정밀하게 수학적으로 풀어낸 것입니다. 그것을 보고 사람들이 '대단하다. 그럼 우리도 뉴튼 식으로 과학을 해 보자!' 했습니다. 그렇게 해서 '뉴튼 식'으로 과학을 하는 것이 '뉴튼역학 패러다임'이 되었다는 이야기죠.…쿤은 정상적인 과학연구의 목적은 기존의 패러다임을 비판하는 것이 아니라, 그 패러다임의 틀 안에서 새로운

---

25) Kern, Kuzemko, & Mitchell(2015), 271.

것을 밝혀내는 것이라고 했습니다.···패러다임을 정해놓고 따라가기 시작하면 무엇을 새로 발견할 수 있을지를 패러다임 자체가 지시해 주는 경우가 많습니다.···

퍼즐은 자기 멋대로가 아니라 규칙에 따라서 풀어야 하고, 기존의 패러다임이 그런 규칙도 마련해준다고 했습니다. 정상과학은 처음 성공해서 보여준 패러다임의 잠재력과 가능성을 실현하는 작업입니다.···그 작업은 대개 수월하지가 않고 계속 막히기도 하고 일이 꼬이기도 합니다. 그러나 정상과학자들은 끈질기게 자기들의 패러다임을 포기하지 않고 기지를 발휘해서 문제를 해결해나갑니다. 쿤은 그런 사례들을 많이 보고 나서, 정상과학 연구의 대부분은 그렇게 새 패러다임이 멋지게 벌려놓은 일의 뒤치다꺼리일 뿐이라고 했습니다.[26]

이 설명에서 보듯이 패러다임은 하나의 기반이자 전통이고 규칙이 돼, 그것이 그 패러다임을 따라가는 모든 활동의 방향을 제시하며 이끌어간다. 정책에서 '정상과학'은 저자의 이 책 시리즈인 <정책철학의 새로운 접근> 책에서 '평상정책'에 해당된다고 규정하였다. 마찬가지로 정책활동에 있어서도 정책패러다임은 그 패러다임을 따라가는 평상시 및 혁명시 모든 정책활동의 방향 역할을 하면서 평상정책과 정책혁명을 이끌어간다. 이를 간단히 '정책의 기본 방향성'이라고 부르기로 한 것이다.

정책기조는 정책목표와 밀접한 관련을 맺고 있는 규범적 방향성을 갖는다. 그래서 정책기조는 "정책영역에 관한 서술적 언명(descriptive statements about the area of policy)과 정책목표에 관한 규범적 언명(normative statements about the goals of policy)을 연결시켜 주는 아이디어의 틀을 제공"한다. 그러면서 특정 정책목표를 추구하며 달성하고자 하는 정책결정자의 "사전 가정"(prior assumptions)으로 작용한다고 한다(여기서 규범적 언명이 '기본 방향성'을 가리켜 줌).[27] 다음을 보자.

정책기조는 정책행위자들에게 도덕적 나침판(moral compass)을 제공하고, 그들 행위를 안내하는 의미에서 규범적(normative) 성격을 지니며, 정치게임에서 게임자들에게 '담론적 무기'(discursive weapons)로서의 역할을 수행할 수 있게 해 준다.[28]

---

26) 장하석(2014), 38, 42-44에서 발췌 인용.
27) Taylor-Gooby(2013), 6.
28) '담론적 무기'는 D. Béland, "Ideas, Institutions, and Policy Change," Journal of European Public Policy, 16(5), 2009, 702 참조하되, 그 재인용을 포함해 Daigneault(2015), 50-51 참조.

정책결정자가 완전히 생각을 고쳐(a complete rethink) 정책방향(policy direction)을
완전히 전환(a complete shift)하는 일종의 빅뱅(big bang)을 기조적 정책변동
(paradigmatic policy change)이라고 한다.[29] 정책기조는 정신적 지도(mental maps)
라는 인지적·규범적 틀이고[30] 정책의 방향에 영향을 미치는 아이디어망'(the web
of ideas affecting the direction of policy)이다.[31] 그리하여 패러다임 전환은 중대한
방향 재조정(significant reorientation)을 의미하고[32] 이전 패러다임에 비하여 뚜렷
하게 다른 방향으로(in a markedly different way) 정책을 지도하는 근본적인 개념적
·조직적 변화를 초래한다는 의미를 갖는다.[33]

그렇게 정책의 패러다임은 정책결정자에게 '넓은 방향감'(a broad sense of
direction)을 줄 수 있다. 그래서 현상에 접근하는 서로 다른 경쟁적 방법을 조명하
게 해 주고 서로 다른 '개혁의 진로'(reform trajectories)를 제시해 주며 어느 정도
진전이 있는가를 평가해 줄 틀(templates)을 제공해 준다. 그렇지만 그 이상, 즉
해결책을 탐색하는 데 있어서 세부적이고 적극적인 안내(guidance)를 제공해 주지
는 못한다.[34]

그러면 '정책의 기본 방향'은 무엇인가? 그것은 개별 정책이 적어도 한 차원
이상으로 높이 추구할 목적, 즉 '정책의 목적'과 연관되는 개념이다. 이를 설명하
기 위한 논리를 따라가 보자. 정책은 현실의 어떤 중요한 문제의 해결을 위한
일련의 행동지침이다. 그래서 정책결정자를 비롯한 정책담당자는 어떤 정책을 수
립하고 결정하고 집행할 때, 그 정책을 통하여 달성하고자 하는 문제해결의 상태
(일·조건·상황 등), 즉 정책의 목적과 목표를 염두에 두고 있다. 우선 개별 정책은
그것이 실현하고자 하는 자체 '목표'를 지니고 있다. 그런데 그런 개별 정책의
목표는 그 목표를 실현하고자 하는 그보다 더 높은 차원(수준, 단계)의 목적을 달성

---

29) Cairney and Weible(2015), 90-91.
30) Carson, Burns & Calvo(2009), 141.
31) Hall(1993), 291. 홀은 그의 논문에서 패러다임의 틀이나 판 외에 방향(direction)을, 그리고 방향
을 함축하고 있는 목표(goal)를 매우 자주 언급한다.
32) Schmidt(2011), 44. 영어 'significant'를 '유의미한', '의미 있는' 또는 '의미심장한'이라고 번역
할 수도 있는데, 그것은 패러다임이 전환에 버금가게 뚜렷하게 다른 방향으로 변화한 것을 표
현한 용어이므로 이하에서는 더 강한 의미를 갖는 '중대한'으로 번역하였다.
33) Carson, Burns & Calvo(2009), 377.
34) Stoker(2013), 223, 232.

하기 위한 목표이다. 즉 '목표의 목표'가 있는데 그것을 '목적'이라고 하는 논리
구조이다. 그래서 '방향'은 적어도 그런 '목표' 또는 그 위 '목적'에 맞추고 그것을
실현하기 위하여 추구하는 활동과 관련해 사용되는 용어이다.[35]

　그렇다면 '방향'에 '기본'을 덧붙인 '기본 방향'은 단순한 '방향'과는 다른
의미를 내포한다. 말하자면 '기본 방향'은 '방향'보다 최소한 '한 차원 더 높은
목적'을 추구하는 의미를 함축한다. 요컨대 '개별 정책의 상위 개념'인 정책기조
는 바로 '개별 정책의 목적보다 더 상위의 목적'을 제시하고 이끌어가는, '정책의
상위 목적'을 추구하는 개념적 특성을 나타내는 개념인 셈이다.

　그런데 정책은 그 안에 반드시 무엇인가 옳거나 좋거나 바람직한 방향으로
문제를 해결하고자 하는 어떤 '가치'를 내포하고 있다. 가치 포화적 활동인 정책
의 속성이다. 정책결정자는 그런 정책을 통하여 바람직한 가치를 선택하거나 창
안(발명)하여 구현하고자 한다. 그런데 다른 정책도 아니고 정책의 상위에 있어서
그 정책을 이끄는 정책기조는 그런 가치 중에서도 그런 '가치의 근거'가 되는
'기본적인 가치'의 실현을 추구한다. 즉 기본 방향으로서의 상위 목적에는 기본적
인 가치가 들어있다는 것이다.[36] 그런 기본적 가치는 가치의 서열구조(가치체계)
로 볼 때 구체적 정책의 가치보다 '상위에 놓여 있는 가치' 또는 '전제적(前提的)
가치'인 셈이다. 혹은 구체적 정책의 '밑바탕의 가치' '모태적(母胎的) 가치' 또는
'근원적인 뿌리의 가치'라고도 할 수 있다.

---

35) '방향', '목적'과 '목표'에 대하여 표준국어대사전에 의하면 일반적인 의미로 '방향'은 '어떤 뜻
이나 현상이 일정한 목표를 향하여 나아가는 쪽'으로, '목적'은 '실현하려고 하는 일이나 나아
가는 방향'으로, 그리고 '목표'는 '어떤 목적을 이루려고 지향하는 실제적 대상으로 삼음. 또는
그 대상. 혹은 도달해야 할 곳을 목적으로 삼음. 또는 목적으로 삼아 도달해야 할 곳'이라고
풀이돼 있다. 이처럼 목적과 목표는 거의 같은 뜻으로 사용하기도 하고 약간 다른 뜻으로 사
용하기도 한다. 거의 같은 뜻으로 사용할 경우 그 둘은 다 같이 '실현하고자 하는 일이나 상
태'를 말한다. 그리고 약간 다른 뜻으로 사용하는 경우 앞의 사전의 풀이에서도 암시돼 있듯이
(목표가 '목적을 이루려고') 그 둘은 실현하고자 하는 일이나 상태 중 좀 더 직접적·구체적
·가시적(흔히 계량적)인 것이 '목표'이고, 그 목표의 실현 과정을 통하여 달성하는 좀 더 높은
차원의(간접적·추상적·비가시적·질적) 일이나 상태를 '목적'이라고 한다. 그런데 다시 '장기
적 목표'라고 하면 목적과 거의 동의어가 되고 만다. 어떻든 현재 학계나 실무계에서 '정책목
표'는 널리 사용되지만 '정책목적'은 많이 사용되지 않는 편이다. 그만큼 다소 의미의 차이를
두고 있다는 뜻이기도 하다. 그런 배경에서 본문은 그 둘을 약간 다른 뜻으로 사용하기로 하
면서 앞에 언급한 차이 정도로 이해하고자 한다.
36) 그래서 저자의 기존 논문에서 제시한 '기본 가치성'은 후술하는 정책기조논리의 여러 구성인
자 중 '가치'만을 독립해 개념적 특성으로 제시하는 것보다는 이 기본 방향성에 포함시켰다.

그런 가치의 서열구조(가치체계)에 따라 정책기조를 이해할 수 있는 가장 좋은 예는 법체계(legal system)이다. 실제로 법은 정책의 다른 형식이고 표현이다. 법체계는 헌법-법률-명령-규칙 등의 위계구조를 취한다. 이 중에서 의회를 통과해야 성립하기 때문에 가장 많이 듣게 되는 것이 '법률'이다. 이 법률은 그보다 상위의 가치를 담고 있는 '헌법'에서 벗어나서 제정되거나 적용되어서는 안 된다. 이를 통제하는 사법적 장치로 우리나라에서는 대법원과 헌법재판소를 두고 있다. 여기서 법률이 개별 구체적인 정책이라면 헌법은 정책기조에 해당된다. 상위 목적성과 연계해서 설명하면 개별 법률의 목적은 헌법이란 그 상위의 기본법의 목적을 실현하고자 하는 것이다. 그런데 다른 일반 개별 법률들과는 다른 성격의 '기본법률'의 명칭을 지니는 법률도 있다. 그런 기본법은 그 형식은 법률이지만 다른 개별 구체적인 법률의 상위법과 같은 성격을 지니므로, 여기서 말하는 정책기조의 목적을 띤 '기조 법률'에 해당되기도 한다.

이처럼 정책기조는 그 소속 개별정책들이 나아가야 할 기본 방향을 담고 있다. 그래서 '정책기조'와 '정책방향'을 동의어로 보는 경우도 있다.[37] 그렇지만 좀 엄밀하게 말하면 정책기조는 '정책방향'과 다소 다르다. '정책방향'은 단순하게 어떤 하나의 '개별 정책의 방향'으로도 많이 사용된다. 그에 비하여 정책기조는 반드시 그 정책기조논리가 지배하고 있는 정책집단(정책가족)의 '다수 정책들이 포괄적으로 공유하며 나아갈 방향', 즉 '기본 방향'을 담고 있는 점에서 구별된다. 다음의 예를 보자.

---

37) 예컨대 조선일보, "넉달만에… MB노믹스 '불시착'"(2008.7.3.) 기사 중 "정부는…정책 방향을 '성장'에서 '안정'으로 선회했음을 공식 선언했다. 이는 '7·4·7'(매년 7%씩 성장해 10년 뒤 국민소득 4만 달러, 세계 7위 경제강국 진입)로 상징되는 'MB노믹스'(이명박 정부의 경제운용 철학)가 사실상 폐기됐음을 의미한다고 전문가들은 지적했다."; 한겨레신문, "인수위, 공약 타당성 검토 주력"(2003.1.13.) 기사 중 "노무현 대통령 당선자는…'대통령직 인수위원회에서는 구체적 정책을 하나하나 결정해나가는 과정이 아니라 전체적으로 우리나라가 가야 할 큰 방향을 결정하는 것'이라며"; 한겨레, "불안감만 키운 '경제 살리기' 시정연설"(2014.10.30.) 사설 중 "정부 경제정책의 기조와 방향이 국민에게 믿음을 주려면"; 매일경제, "'초이노믹스' 단기 부양책 한계…경제체질 개선으로 돌파구"(2014.10.31.) 기사의 소제목 "내년도 경제운용 방향, 정부 경제정책 기조 선회"; 한겨레, "심상찮은 수출 경고음"(2015.6.3.) 사설 중 "판에 박힌 수출진흥대책을 되풀이해 쏟아내기보다는 이번 기회에 새로운 산업구조 판짜기와 주력제품 개발 쪽으로 정책방향을 틀 필요가 있다" 사례 참조.

시중은행, 카드, 보험 등 금융권에서 업종을 가리지 않고 대형 금융사고와 비리가 터지면서 금융당국 책임론이 불거지고 있다.…이명박 정부 때 비즈니스 프렌들리(친기업) 정책기조 속에서 금융감독 방향이 처벌보다 자문 중심으로 바뀌었고 일선 검사역의 감독 역량도 후퇴했다는 지적도 나온다.…38)

ㅇ경제부총리의 경기 진단과 정책 처방이 몹시 혼란스럽다.…정부 경제정책 사령탑…확실히 중심을 잡지 못하고 있는 것으로 보인다. 우선 현재 경기 흐름에 대한 판단부터 오락가락한다는 느낌을 준다.…정책기조에 관한 발언도 사뭇 달라졌다.…재정 확대론에 대한 ㅇ부총리의 견해는 무게중심이 확실히 바뀐 듯하다.…일관성을 잃은 듯한 부분이 한두 군데가 아니다.…이처럼 경제정책의 중심이 흔들리는 모습을 보이면 총선 후 정책 방향에 대한 불확실성은 크게 고조될 수밖에 없다.…39)

위 사례에서 보듯이 '정책방향'이 '정책의 기본 방향'의 의미로 사용되는 경우 그것은 정책기조와 거의 동일한 의미를 갖는다. 그런데 '정책방향'은 엄밀한 의미에서는 단순히 '정책이 어떤 쪽으로 나아가는 지향성이나 운동성'만을 의미하는 개념이다. 그에 비하여 정책기조는 그런 지향성이나 운동성에 어떤 '중심성, 구심점, 기축성' 등의 '기본 기반성'의 의미를 덧붙인 개념이다. 그래서 '일정한 틀이나 범위 안에서 구심점을 갖고 일정한 쪽으로 나아가는' 의미를 함축하는 더 포괄적인 개념이므로 그 점에서도 다소 다르다고 할 수 있다. 거기에 정책기조는 다음에서 보는 '유전자적 포괄 지배성'의 특성까지 덧붙여진 개념이므로 정책방향과는 다소 다르다고 보는 이해가 필요하다.

제 3 절 정책의 유전자적 포괄 지배성

정책기조는 그 거느리는 일단의 정책들을 유전자적 동일성이나 친화성으로 지배하고 지도한다. 이를 정책기조의 '유전자적 포괄 지배성'이라고 한다. 생물의

---

38) 동아일보, 2014.4.16., "솜방망이 처벌-구멍난 감시가 금융비리 키워" 기사.
39) 매일경제, 2016.4.8., "ㅇ부총리 정책방향 여당 뜻 좇아 오락가락하나" 사설.

특성(형질)을 결정하는 유전정보는 'DNA'의 형태로 존재하는데, 유전정보가 있는 DNA의 특정 부분을 '유전자'라고 한다. 곧 유전자(gene)란 '생물체 개개의 유전 형질을 발현시키는 원인이 되는 인자'를 말하는데, '생식 세포를 통하여 어버이로 부터 자손에게 유전정보를 전달'하는 기능을 한다. 정책에도 그런 생물학적 유전 자와 같은 것, 즉 '정책유전자'(policy gene)라는 것이 있다고 비유할 수 있는데 그것이 '정책기조논리'인 셈이다. 또 한 생물체 유전자의 집합체 전체를 '유전체', 곧 '게놈'(genome)이라고 하는데, 정책에 있어서도 일종의 '정책게놈'(policy genome) 이 있다고 할 수 있겠다. 예컨대 국정기조는 그 아래 많은 분야의 정책기조들을 거느리는 정책유전체, 곧 정책게놈의 지위를 갖고 그런 역할을 수행할 것이다.

정책기조는 처음 제시되었을 때 추상적이기 마련인데 현실의 여러 조건과 상황 속에서 그리고 그 내용과 형식 등의 측면에서 더 명확하게 하위 정책들로 개별화하고 구체화하게 된다.[40] 그때 정책기조는 그 유전자적 지배를 받는 두 개 이상의 구체적 자손정책들로 이루어진 일단의 '정책가족'(policy family)을 거느 린다.[41] 말기 조선이 '청국화'(淸國化) 유전자에 머물러 쇄락해갈 당시, 일본 정부 는 다음과 같이 '서양화'(西洋化)의 유전자로 유전자를 변형시켜 변이(變異)된 유전 자로 생성된 각종 부국강병정책을 펼쳤다.

일본 황제 메이지(明治, 재위: 1867-1912)는 이른바 '메이지유신'(明治維新)을

---

40) 토마스 쿤도 그와 유사하게 다음과 같이 말한다. "과학에서 패러다임은 그대로 복제하듯 사용 될 대상인 경우는 거의 없다. 오히려 그것은 법규에 근거한 사법부의 판결처럼, 새롭거나 더 엄격한 조건 아래서 더욱 더 명료화되고 구체화되어야 하는 대상이다.…패러다임이 처음 출현 했을 때 패러다임의 범위와 정교함의 양 측면에서 얼마나 크게 제한돼 있는가를 인식해야 한 다."(a paradigm is rarely an object for replication. Instead, like an accepted judicial decision in the common law, it is an object for further articulation and specification under new or more stringent conditions.…we must recognize how very limited in both scope and precision a paradigm can be at the time of its first appearance.)라고 말한다. Kuhn(1970), 23. 이러한 정책기조를 하위 개별 정책들로 구체화하는 것을 본문 인용문에서 보는 바와 같이 구미에서는 '번역'(translation) 또 는 '해석'(interpretation, 쿤 해석적 틀)이라고도 한다. Hall(1993), 279; Carson, Burns & Calvo (2009), 380-381.

41) '여기서 '가족'이란 은유적 상징 개념인데 이를 어떤 단위·수준으로 사용하는가에 따라 의미 가 달라진다. 저자는 가족 개념을 '하나하나의 패러다임' 단위나 수준으로 사용하는 데 비하 여, <과학 혁명의 구조>에서 '가족 유사성'(family resemblance)을 언급한 토마스 쿤은 18세기 전반 프랭클린 전기학(電氣學) 패러다임이 정립되기 전 '전기'란 가족 단위나 수준에 존재하는 비슷비슷하면서도 서로 다른 이론들 정도란 뜻으로 사용하므로 다르다. Kuhn(1970), 14.

통해 서양화에 착수하였다. 그 결과는 실로 놀라운 것이었다. 일본은 신속히 유럽
제도를 모방하여 일본 사정에 알맞도록 정착시켰다. 프로이센을 모방하여 육군을
개편하고, 영국을 본 따 해군을 창설하였다. 형법(刑法)은 프랑스, 은행은 미국의
것을 각각 모방하였다. 교육제도는 유럽 각국의 것을 절충적으로 따왔다. 약 30년
사이에 일본의 봉건적인 모습은 완전히 바뀌었다. 특히 산업발전은 괄목할 만하였
다. 1914년까지 일본 상선(商船)은 세계 6위의 규모로 성장했으며, 무역량은 반세기
동안 1백배로 증가하였다.[42]

이러한 특성 때문에 학자들은 정책기조의 특징의 하나로 지배력을 든다. 이
는 정책의 형성과 집행에 있어서 강력한 규제적 힘(powerful regulatory forces)을 발
휘한다는 의미에서 '규제력'(regulatory power)이라고도 한다.

이는 곧 무엇이 의미 있는 정책문제로 정의돼야 하는지, 그것이 어떻게 관심
주제로 틀 지워져 기술되어야 하는지, 무엇이 가치 있는 자료로 고려돼야 하는지,
누가 정당한 참여자로 인정되어야 하는지, 그리고 정책과정이 어떻게 형성되고
집행되며 평가되어야 하는지 등, 그 조건, 주제, 문제, 자료, 그리고 인사에 이르는
배타적인 고려 범위가 설정돼 운용되는 '경계 유지 기능'(boundary maintenance
function) 등, 그것이 깊이 숨겨져 있는 구조 수준에서 정책과정에 대하여 통제한다
(control)는 것을 의미한다.[43]

그런데 정책기조는 엄밀한 의미에서는 종합적인 성격의 정책의 이름들, 예컨
대 '종합정책' '마스타플랜' 등과 다르다.[44] 흔히 현실에서 '종합'의 의미를 띤
그런 종류의 종합정책 속에는 어떤 형태나 명제로든 그 해당 분야의 정책기조를
제시하지 않는 경우가 거의 없기 때문에, 그런 종합정책과 정책기조를 동일하다
고 보는 경향도 있다. 그러나 엄밀한 의미에서 '종합'의 의미를 띤 정책은 그 정책
의 현실 양태로서의 범위와 규모를 말하는 반면, 정책기조는 이들 속에 내재하는
주제의식[45] 또는 음악으로 말하면 주악상(leitmotiv)[46]에 해당하기 때문에 개념적

---

42) 차하순, 서양사총론 2, 탐구당, 2000, 943.
43) O'Sullivan(1993), 247-248, 253.
44) master policy, megapolicy, grand policy 또는 master plan 등을 각각 구별하려는 경우, 큰 차이를
    분명하게 설명하기 어려우므로 정책기조와는 다르다는 점만 지적한다.
45) 허범(1988a), 89.

으로 서로 다르다.

한편 생물학자들은 생물체의 특성을 밝히기 위해 게놈을 분석한다. 그런 원리를 응용하여 정책학자도 정책기조의 정책게놈에 대하여 그 동질성(homogeneity)과 이질성(heterogeneity), 정체성(identity), 또는 정통성(orthodoxy) 등을 분석할 수 있을 것이다. 그 과정에서 어떤 정책가족의 어떤 정책유전자가 어느 정도 지배·지도하고 있는가, 복수의 정책유전자가 있다면 어떤 것이고 그 우열 등 영향관계는 어떠한가, 시간이 흐르면서 정책유전자가 어떻게 바뀌었는가, 어떻게 혼혈 유전자로 변형되었는가 등과 같은 문제가 대두할 것이다.

정책기조가 잘못되면 정책유전자의 잘못이고, 그에 의하여 형성되고 집행되며 평가되는 정책들 모두(자손정책으로 구성된 정책가족)가 잘못되게 된다. 하나의 유전자 조작과 같은 '정책유전자의 선택'이지만, 그것은 그에 의한 정책가족 모두의 기본 틀과 방향을 좌우하며 그 성패의 결정적인 요인이 된다. 정책유전자 조작이 ―무리한 비유이기는 하지만 초기 선택과 결과의 차이를 예시하는 데 중요하다는 뜻에서 사용하자면― '나비효과'(butterfly effect)와 같은 결과를 가져오는 것에 비유할 수도 있다. 나비효과의 핵심은 '초기 조건에의 민감한 의존성'이라는 수학적 법칙이다. 초기에 작은 변화가 지속적으로 증폭되면서 큰 격변을 만들어낼수 있다는 것이 그것이다.[47] 바로 그 '초기 조건'이 정책유전자인 셈이다. 그리하여 하나의 패러다임은 불가피하게 어떤 현상에는 관심을 기울이고, 또 다른 현상

---

46) Hall(1993), 292 참조.

47) 미국 수학자·기상학자인 에드워드 로렌츠(Edward N. Lorenz, 1917-2008)는 1950년대부터 기상 현상이 비선형인 사실을 관측하면서 선형적인 기상학 모델에 회의를 느끼고, 1963년 《대기과학 저널》에 〈결정론적인 비주기적 흐름〉(Deterministic Nonperiodic Flow)을 발표해 혼돈 이론의 선구자로 평가받는다. 그는 초기조건을 다양하게 변화시킨 컴퓨터 시뮬레이션의 기상모델을 관찰하던 중 초기값의 미세한 차이가 나중에 크게 발산(發散)한다는 사실, 즉 초기의 아주 미세한 변화가 전혀 무관해 보이는 다른 것에 큰 영향을 미칠 수 있다는 '민감한 초기상태 의존성'을 발견했다. 브라질에서 나비의 날갯짓이 텍사스에서 토네이도를 일으킬 수도 있다는 가설을 그는 1969년 '나비효과'라 명명하였다. 이는 처음에는 주류 학계에서 무시당했지만, 카오스 과학이론의 등장으로 세계적인 관심을 불러 일으켰고 기상과 같은 자연현상뿐만 아니라 인문사회 현상에까지 적용되고 있다. 1990년대 말 외환위기, 2008년 글로벌 경제위기, 2010년 대 중동 전체의 민주화 혁명(재스민혁명) 등과 같이 광범위하게 네트워크화하고 있는 세계에서 여러 격변 현상의 이론으로 주목받고 있다. 홍성욱, "과학전쟁: 그 배경과 논쟁점," 한양대 과학철학교육위원회(편), 과학기술의 철학적 이해, 2004, 433; Ralph D. Stacey, 카오스 경영, 최 창현(역), 한언, 1996; 최창현, "복잡성이론의 조직관리적 적용가능성 탐색," 한국행정학보, 33(4), 1999 참조.

은 가려서 덮어버리므로 '패러다임 선택성'(paradigm selectivity) 현상을 보인다.[48)
따라서 포괄 지배성에는 '포괄 배제성'까지는 아니더라도 모든 것을 포괄 지배하
는 바로 그 틀·축·판 등으로만 보는 관점의 왜곡 현상을 일으킬 위험성(한계)을
내포하고 있다.

흔히 현실에서 어떤 '○○정책'이란 이름으로 불리어지더라도 그 정책이 다
수의 하위 정책들을 지배하면서 그들의 기본 틀과 방향의 역할을 하는 정책이라
면, 그것은 정책기조로서의 지위를 갖는 '기조정책'이다. 즉 그 정책유전자에 의
하여 다수의 하위 자손정책을 거느리는 어버이정책인 것이다. 대원군의 쇄국정책
이 그 예이다. 쇄국정책은 사실은 '쇄국정책기조' 또는 '쇄국 국정기조'로서 그
기조 아래 병인양요에 대처해 프랑스의 요구를 물리치고 그 무력행사를 격퇴하였
고, 또 그 기조 아래 신미양요에 대처해 미국의 요구와 미군의 무력행사를 물리쳤
으며, 일본의 국교 재개 요청에 대하여 거부하였던 것이다. 그밖에 당시 여러 가
지 방위력 증강정책이나 천주교 탄압의 종교문화정책 등을 지배했던 것은 쇄국의
국정기조라는 정책계놈이었던 셈이다.

유전자에 의한 다수 정책의 포괄 지배성은 '정책방향'이나 '정책목표'의 개
념과 구별하게 해 주는 정책기조의 또 다른 특성이라고 하였다. 특정 '단일'의
정책과 관련하여 사용되기도 하는 정책방향이나 정책목표와는 다르게 정책기조
는 반드시 일련의 '다수 복합 정책들'을 관통하며, 유전자로서 지배하는 '포괄
지배성'의 의미를 전제하고 사용되는 개념이기 때문이다.[49) 국민의 불안이 고조
된 시기 발표된 다음 미세먼지 저감(低減) 기조의 대책은 환경부, 기획재정부, 미
래창조과학부, 산업통상자원부, 국토교통부, 기상청 등 각 소관 부처의 정책을
포괄하는 정책이었다.

---

48) Carson, Burns & Calvo(2009), 153.
49) 저자는 기 발표 논문에서 "정책방향과 정책기조는 동일시 할 수 있지만, 혼란을 피하기 위하여
   학문적 논의의 용어와 이론 형성은 '정책기조'로 통일하는 것이 좋을 것이란 편의성 기준으로
   양 개념을 사용할 것을 제안"한 바 있다. 그러나 이제 이 책에서 '정책기조'의 개념적 특성을
   정립하고 그 차별성을 제시한 바에 따라 저자의 기존 견해를 위 본문과 같이 수정한다. 기존
   견해와 관련, 박정택(2000), 주석 7 참조.

정부가 3일 관계장관 회의를 거쳐 발표한 미세먼지 관리 특별대책은 적잖이 실망스럽다. 경유 값 인상 등 핵심 내용이 빠지고…경유차 배출 기준 강화와 노후 경유차 수도권 진입 제한, 경유차 혜택 폐지, 친환경 차량 확대, 노후 화력 발전소 축소, 미세먼지 측정 개선 등으로 대부분 예상된 내용이다.…당초 환경부가 강력히 주장한 경유 값 인상과 기획재정부가 검토한 환경개선부담금 부과는 아예 빠졌다. 경유 값 인상과 맞물려 검토됐던 휘발유 값 인하 문제도 대책에 포함되지 않았다.… 해당 부처들은 3주 동안 견해를 좁히지 못한 채 갑론을박만 하며 표류했다.…석탄 화력발전 증설 계획을 축소하는 한편 태양광과 풍력 등 신재생에너지 이용 확대 정책으로의 전환이 시급하다.…미세먼지 대책은 논란만 남긴 채 사실상 원점으로 돌아갔다. 이번 정책 결정 과정에서 부처 간 혼선과 컨트롤타워 부재만 드러내 국민 불신만 커졌다.…국민의 건강과 생명을 지키는 미세먼지 문제는 국가가 사활을 걸고 해결해야 할 과제다. 정부는 이번 일을 교훈 삼아 미세먼지 대책을 원점에서 새로 짜야 한다. 종합적이고도 구체적인 계획이어야 한다.…50)

이와 같이 정책은 전체 정책체제 내에서 정책 나름대로 더 높은 차원·수준의 정책(기조정책)들과 상하 수직적(위계적·계층적·서열적)으로, 그리고 다른 정책들과 좌우 수평적으로 복합적인 연결 관계를 맺고 있다. 따라서 현실의 어떤 정책을 인식하고 분석하거나 논의하기 위해서는 그 정책이 고립 독립된 존재가 아니라 정책체제 내 수직적·수평적(종횡) 가치체계로 연결된 구조와 위상, 곧 그 정책의 전체적이고 구조적이며 심층적인 면모를 올바로 이해하는 데서 시작돼야 함을 알 수 있다(저자는 이에 대하여 이 책 시리즈의 하나인 <정책철학의 새로운 접근> 책에서 두 가지 정책사례들을 통하여 제시하였으므로 이를 참고하기 바람).

그런 의미에서 우리는 언제나 어떤 특정 '정책a'를 말할 때, 그 정책과 '관련된 정책들 b, c, d' 등에도 유의해야 마땅하지만, 특히 그 정책의 상위에서 그 정책을 지배해 '자녀정책'(子女政策, child policy)이 되게 하는 논리 또는 정책기조(논리), 곧 '정책기조A'라는 '어버이정책'(parent policy)에 주목해야 마땅하다. 이는 사람의 생각의 차원이 상하위로 위계적 차원을 형성하듯이, 또 가치관의 상하위 차원이 위계적 가치체계를 구성하듯이, 정책의 목적-수단의 차원도 복합적인 목적-수단의 연쇄체계를 이루어내는 구조를 이루고 있다는 논리이다. 이로부터 '일

50) 한국일보, 2016.6.4., "컨트롤타워 부재 속에 나온 안이한 미세먼지 대책" 사설.

군의 정책들' 곧 '동일한 기조논리에 기초한 정책군'(政策群)[51] 혹은 '정책가족'(政策家族, policy family)이 형성된다는 논리가 도출된다. 그래서 정책기조가 유전자적 포괄 지배성으로 많거나 적은 그 하위의 구체적 정책들을 거느리는 정도는 다르다. 대표적으로 직계(直系, direct line)와 방계(傍系, collateral line)는 다르다. 그들로부터 다시 갈라져 나오는 그 하위 계대(繼代)는 또 다르다. 일반적으로는 정부나 조직의 상위로 올라갈수록 정책기조의 구체적 하위 정책들을 거느리는 숫자는 늘어나고, 아래로 내려갈수록 그 숫자는 줄어든다.[52] 그리고 이런 정책기조의 세분화 과정이 더 많은 단계의 여러 갈래로 진행되면 그에 따라 파생된 하위 정책들이 원형(prototype) 정책기조로부터 점점 더 멀어지게 될 가능성도 커진다. 그리하여 급기야 파생된 정책들이 그 근거가 되는 정책기조로부터 유리돼 '정책표류'(policy drift)라는 현상도 발생할 수 있다.[53] 또 여러 분야가 중첩되는 복잡하고 난해한 문제에 대처하기 위해서는 그만큼 여러 분야를 아우르는 융복합 특성(cross-disciplinarity)의 패러다임 개발이 필요하다. 그런데 현실에서는 그런 패러다임 개발에 어려움이 따른다. 그것은 칸막이 현상 등 한 분야의 주도 패러다임의 지배력(the hold of the leading paradigm)을 완화해 융복합적 패러다임 방향으로 나아

---

51) '정책군'은 허범(1993c), 25 '정책문제군'(政策問題群)에서 원용.

52) 이를 '정책유발수'와 '정책유발율'이란 개념으로 만들어 유용하게 사용할 수 있다. 즉 '하나의 정책기조가 정립되면 그에 의하여 유발(誘發)되는 구체적인 정책들의 수'가 정책유발수이고, '다른 정책유발수와 비교한 상대적 비율'이 정책유발율이다. 대통령 정책기조(국정기조)의 정책유발수는 도지사나 군수의 그것과 비교할 수 없을 만큼 많고 정책유발율은 최고일 것이다. 일반적으로는 정책유발수와 유발율이 높을수록 더 중요한 것을 나타낸다. 그러나 과시적인 '정책봇물'은 결코 바람직하지 않다. 정권 초기 정책기조의 전환으로 어느 패러다임 쪽으로 '과도한 정책쏠림'(policy overshooting, 오버슈팅은 원래 단기충격으로 환율·주가·금리 등이 폭등·폭락하는 금융시장의 과도한 쏠림 현상을 말함) 현상이 나타날 수 있지만, 설익은 정책 봇물은 정책실패의 원인이 될 수 있다. 어떻든 정책유발의 개념은 어떤 조직의 어떤 구성원(일반 직원의 제안을 포함함)의 '정책기조에 의한 정책리더십'이나 '조직 내 영향력'(권력)을 나타내 주는 지표가 될 수 있고, 단 두 개의 정책 유발이지만(정책유발수 2) 그것도 정책기조라는 사실을 이해하는 것이 중요하다. 즉 어떤 분야, 어떤 경우든 그것이 정책유발수 2 이상의 어버이 정책이 분명하다면 그것은 정책기조의 성격으로 이해할 필요가 있다. 극단적으로 전체 5명의 농촌 분교의 분교장 교사가 '이성·감성 두 마리 토끼를 잡자'는 교육철학하에 방과 후 '고학년생의 저학년생 지도하기'와 '1인 1악기 연주하기'의 두 사업을 시작한다면 그 두 마리 토끼 잡기 교육은 이 책에서 그 분교의 정책기조로 보려는 개념이다.

53) 토마스 쿤도 최초로 수용된 패러다임이 널리 수용되고 세련되며 전문화돼 발달함에 따라 상식적인 원형(prototype)과의 거리가 점점 더 멀어지게 되는 것이 보통이라고 설명한다. Kuhn(1970), 64.

가는 것을 제한하기 때문이다.54)

제 4 절 **간명한 논리적 기호성(記號性)**

우리 인간은 우리가 경험하는 사회적 세계를 언어나 문자와 같은 의사소통의 기호로써 체계적으로 조직화하고 지식으로 구축해 나간다. 이에 따라 우리 의사소통의 기호가 발휘하는 기능과 위력은 결코 과소평가 할 수 없다. 어떤 기호는 어떤 이념·사상·이론 등 논리를 호의적으로 수용하거나 악의적으로 배제하기도 하며 강조하거나 폄하하기도 한다. 정책기조는 그 자체로서는 반드시 구체적인 행동계획을 가질 필요가 없는 '인식의 기본 틀과 방향으로서의 기본 논리'를 갖고 있다. 그런데 그 논리(logic)는 깊이 들어가 보면 매우 정치(精緻)한 구조와 설명을 통하여 비로소 온전하게 인식되고 이해될 수 있다. 그렇지만 그 틀과 방향으로서의 중요성을 강조하는 의미의 의사소통을 극대화하기 위하여 매우 간단한 하나의 짧은 문구나 단어와 같이 간명하게 표현되는 기호(記號, symbol)로서의 논리인 점에 그 특징이 있다. 정책기조는 결국 언어화(言語化)되어야 하는 것이다. 그리고 그것은 아무리 복잡하고 난해한 논리구조를 갖고 있더라도 궁극적으로는 간단명료하게 'A는 B다'라는 명제(命題, proposition)의 형식이나55) 아니면 아예 선언적 표현 등 간명한 기호(記號) 또는 은유(simplifying metaphor)56)로써 고도의 추상화된 중요한 논리를 나타낸다. 이와 같은 '기조 용어'(paradigmatic terms)는 정책기조의 '간명한 논리적 기호성'(記號性)의 특성을 잘 나타내 주게 된다.57) 다음 예를 보자.

---

54) Stoker & Taylor-Gooby(2013), 240, 246-247.

55) '명제'는 논리학에서 어떤 주장을 가진 판단 내용을 언어·기호·식(式) 등으로 나타낸 것을 말한다. 그리고 그 논리적 표현 형식은 'A는 B다'라는 형태를 취한다. '기호'는 어떠한 뜻을 나타내기 위하여 적는 부호·문자·표시 따위의 총칭이다. 그런 '기호들의 체계'를 연구하는 학문이 '기호학'(記號學, semiotics)인데, 이는 제8장 구조주의를 참조 바람.

56) Carson, Burns & Calvo(eds., 2009), Introduction, 17.

57) 흔히 이런 기본 논리는 사회적으로 공약과 같은 성격의 당위적이고 전제적(前提的)인 선언적 언명(言明)의 형태로 표현되는 경향이 있으므로 기존 저자의 논문에서는 '전제적·당위적 보편 명제성, 사회계약성'이나 '전제적·당위적 명제성, 공약성' 등의 개념적 특성을 제시하였다. 그

　　동방정책은 동독·소련·동유럽에 대한 '접근을 통한 변화'이다. 그것은 분단 냉
전 하 '적대정책'을 '관계 정상화 정책'으로 전환한 것이기도 하지만, 19세기 비스마
르크 수상 이래 전통적인 '주변국을 규정하는 팽창 정책'의 포기라는 대전환이었다.
비스마르크는 '주변국에 규정 당하느니 규정하자'의 그의 외교정책의 핵심을 '모루
가 되느니 망치가 되자'라는 말로 요약하였다.58)

　　이 간명한 논리적 기호성의 특성은 공개적인 정책기조의 경우에 확연히 드러
난다. 그렇지만 의도적으로 감추고 있거나 명시하지 않는 암묵적인 정책기조의
경우에도 −내부 의사소통 등의 목적 등으로 감춰져 있는 채로− 그 특성이 존재한다.
　　이와 같이 정책기조는 −앞으로 구성인자를 논의할 때 구체적으로 설명하겠
지만− 사상, 이념, 철학, 이론, 원리원칙, 가치 등의 인식의 기본 틀과 기본 방향이
라는 논리(정책기조논리)로 구성된다. 그래서 실제 정책기조로서의 기조 용어는 편
의상 'ㅇㅇ사상' 'ㅇㅇ주의' 'ㅇㅇ철학' 'ㅇㅇ론(이론)' 'ㅇㅇ모델' 'ㅇㅇ원칙'
'ㅇㅇ가치' 등과 같이 그 정책기조논리의 뒤에 '논리'를 간명하게 나타내주는 여
러 가지 명칭이 붙는 경우가 많다. 그런 의미에서 다음의 지적과 같이 지도자나
관리자는 자기 분야에서 창의적인 짧고 좋은 정책기조논리나 대안적 정책기조논
리를 언어 기호적으로 잘 다듬어 명료하게 제시하는(articulation) 언어소통능력을
키우고 발휘할 필요가 있다. 다음의 예를 보자.

　　…최근 텔레비전 드라마 <정도전>이 관심을 끈다. 우리 역사의 일대 전환기를

러나 명제의 형태보다 더 간명하게 축약된 한 문구나 단어의 선언도 있고, 반드시 중앙정부
차원에서만이 아니라 조직의 하부 단위에서도 제시되기도 하므로 이 책에서는 기존 특성을
모두 '간명한 논리적 기호성'으로 대체 수정하였다.
　토마스 쿤은 그의 <과학혁명의 구조> 제2판 후기에서 '패러다임' 개념의 혼란에 대한 비판
에 대하여 어떤 전문분야의 '학문적 기반'(disciplinary matrix)과 '모범적 예제'(범례, exemplar)
의 두 가지로 요약 정리하면서 학문적 기반의 구성요소의 하나로서 '기호적 일반화'(symbolic
generalization)를 제시한다. 즉 특정 과학공동체 구성원들 간 의문이나 이견 없이 활용되는 논
리적 공식, 예컨대 f=ma(뉴턴의 운동제2법칙, 힘=질량x가속도) 등 정식화된 기호적 표현이나
'작용은 반작용과 같다'와 같은 문자로 표현되는 특성을 제시하였다. 그는 과학의 힘은 그런
기호적 일반화를 더 많이 가질수록 더 증가한다고 주장한다. Kuhn(1970), 182-184 참조.
58) 동방정책의 설계 및 추진자인 에곤 바르의 증언 요약, 김누리 외, 변화를 통한 접근, 한울,
　　2006, 49-50 참조.

잘 다루고 있기 때문이다. 원(元)나라에서 명(明)나라로 교체되고 불교에서 유교(주
자학)로 바뀌는 전환기에, 그는 공전제(公田制)와 그것을 기초로 한 균전제(均田制)
의 실현이라는 토지개혁을 실시해 조선조라는 새 시대를 연다.…이 시대의 어려움
을 타개할 무언가 명제를 내놓아야 한다. 책이나 논문을 요구하는 게 아니다. 한(漢)
나라의 유방이 '약법 3장'(約法三章)을 내놓았는데, 모든 새 기운에는 그런 몇 마디
로 압축되는 명제가 있는 것이다. <정도전>도 그렇고 동학혁명도 그랬으며 3·1운
동도 그러했다.…사람이 누구인가는 둘째 문제다.…59)

이처럼 흔히 정책기조에 관여하거나 관심을 갖는 사람들은 여러 가지 대안적
논리 가운데 자신(집단)의 논리가 채택되고 실행되기 위한 경쟁을 벌인다. 그 경우
기조논리의 내용은 물론이고, 기조논리를 —물론 정당한 의미의- 포장하는 표현
도 매우 중요하다. 즉 정책기조를 매개하는 매개체로서의 표현은 아주 중요하다.

무상급식은 묘한 역설을 담고 있다. '무상'과 '급식'이 한 단어에서 맞붙어 싸운
다.…무상은 듣는 사람이 복지제도를 반대하도록 이끄는 단어다. '수혜자의 자격'을
아예 묻지 않기 때문이다.…무상급식 논란에서 보수가 즐겨 쓰는 수사법 중에 "○
○○ 회장 손자에게도 공짜 밥을 줘야 하냐?"가 있다.…'무상'이 야권의 약점이라
면, 여권의 아킬레스건은 '급식'이다.…아이를 보살피는 마음 역시 강력한 인간
본성이라는 얘기다. 그래서 급식 복지와 보육 복지는 '무상에도 불구하고' 넓은
지지 기반을 갖게 된다. 학계의 논의와 각종 여론조사 결과는 비교적 일관되게
'무상'이 복지 반대 스위치를 누르는 단어라고 지목한다.…반대로 '급식'이 부각될
수록("애들 밥그릇을 걷어차면 되나"), 줬다 뺏는다는 분노를 건드릴수록("처음부
터 주지나 말 것이지 이게 뭔가"), 우리만 불공평한 대우를 받는다는 기분이 들수록
("왜 경남에서만 돈을 내야 하나"), 급식 복지의 지지세가 커진다.…60)

정책기조와 정책기조논리가 유난히 '구호성'이나 '선언성'의 핵심적인 단어,
문구, 숫자 등과 같은 간명한 형태로 명칭, 곧 기조 용어가 정해진다. 그것은 그
핵심 내용을 설득력 있고 간명하게 전달할 필요성, 즉 정치적·행정적 상징의 수
사적 필요성 때문이다. 때로는 기조논리의 표현을 위하여 각종 비유법이 총동원

---

59) 남재희, "오늘날의 정도전은 누구인가", 시사IN, 제334호(2014.2.1-8), 96.
60) 시사IN, 396호(2015.4.18.), "무상급식에 대처하는 정치인의 자세," 19.

된다.61) 그런 과정에서 논리적 간명성과 기호적(주로 언어적) 간명성이 모두 갖춰
지고, 또 두 간명성 간 균형이 이루어져야 하는 것이 중요하다. 정책기조의 내용
(지시물, referent)을 기호화(symbolizaton)하면서 그 기호화가 정책기조의 내용을 쉽
고 빠르며 정확하게 개념 또는 의미(reference)로 연결될 수 있도록 하는 구조여야
하는 것이다. 이를 위해서는 ‘정책기조논리 → 좋은 기호화 → 정책기조의 쉽고
빠르며 정확한 개념화’를 이루어내는 구조여야 한다. 이는 논리적 간명성을 추구
하는 데 기호적 간명성을 희생하는 것도 좋지 않고, 기호적 간명성에 매혹되어
논리적 간명성의 실체인 개념화를 잃어버리면 안 된다는 뜻이다.62)

기본적으로 패러다임의 아이디어적 틀(ideational framework)이 중요하지만, 상
징과 수사법(symbols and rhetoric)의 선택도 중요하다. 그것들은 의도적인 활동인데
프레임 짜는 자(framers)가 공중의 주된 정서에 맞는 프레임이 정책제안의 지지를
끌어 모으는 데 중요한 것을 예민하게 알고 있기 때문이다.63) 홀은 정책기조가
공동체 구성원들 간 소통을 위해 그 명칭으로 사용되는 용어(terminology) 속에
내재화(embedded)되고 그 은유적 기호가 그 하위 구체적인 정책에 투영돼 영향을
미친다고 지적하였다. ‘마약과의 전쟁’(war on drugs)이나 ‘복지엄마의 문제’(problem

61) 유홍준(명지대 석좌교수), “인인유책: 사람마다 책임 있다”(한겨레, 2015.3.20.)에서 “1955년 인
도네시아 반둥에서 아시아 아프리카 회의가 열렸을 때 제3세계 나라들은 모두 식민지 피해를
입었지만 국가마다 사회체제를 달리하여 입장 차이가 있었다. 이때 주은래(저우언라이) 총리
는 구동존이(求同存異)를 제시하였다. ‘같은 것은 함께 추구하고 다른 것은 다름으로 남겨두
자’는 것이었다. 한·중 자유무역협정 때 시진핑 주석이 제시한 기조도 이 구동존이였다.”도 참
고할 만하다. 또 히틀러의 나치 독일은 유대인 학살과 수용소 이송을 ‘최종 해결책’이나 ‘재정
착’ ‘동부지역 노동’ 등으로 표현하도록 강요해 쉽게 만행을 저지를 수 있었다고 한다.
62) 정책기조의 이름의 모호성이 계속 논란이 된 예가 박근혜 정부의 ‘창조 경제’이다. 이에 대한
전문가의 설명이다. “그 새로운 기호가 언중들의 머릿속에 개념화되어 있지 않기 때문이다.…
우리의 머릿속에 형성되어 있는 ‘창조’라는 개념과 ‘경제’라는 개념이 연합하여 형성할 수 있
는 합집합적 개념이 모호하기 때문이다. 이전에 ‘창조 경제’라는 기호가 없었지만 그와 관련지
을 수 있는 현상들이 존재하고 있었다면 당연히 그에 대한 개념도 형성되어 있었을 터이고,
그 경우에는 기호가 쉽게 정착된다. 그런데 ‘창조 경제’의 경우는 먼저 기호를 만들고, ‘창조’
라는 기호를 통해 ‘경제’ 현상을 만들어 내려다 보니, ‘창조’라는 추상적인 개념의 틀에 갇혀
개념화가 더디 일어나 현상을 개척해 내지 못하고 있는 형국이다. 언어를 통해 현상을 만들어
내려는 시도는 성공의 가능성이 작다는 점에서 상당히 모험적이다. ‘기호화→개념→대상(또는
현상)’이라는 역방향 시도는 매우 치밀하고도 강력한 방식으로 확장되지 않는다면 대부분 실
패하고 만다.” 이찬규(중앙대 국문과 교수), “성공하는 정책은 ‘이름’부터 친근하다,” 매일경제,
2014.4.5.
63) John L. Campbell, “Institutional Analysis and the Role of Ideas in Political Economy,” Theory and
Society, 27(3), 1998, 397; Carstensen(2015), 310 재인용.

of welfare mothers)가 그 예이다.[64] 그런데 패러다임이 그 기본 가정의 단순화가 지나쳐서 '시장에 정치적·국가적 간섭은 나쁘다(또는 반대로 좋다)'와 같이 '과도 단순화'(oversimplifications)를 보일 수도 있다.[65]

그렇게 패러다임의 서술적인 기능뿐만 아니라 규범적인 기능 때문에 패러다임의 특징을 간명하게 서술적으로나 규범적으로 표명함으로써 패러다임의 성공과 실패에 영향을 미치게 된다. 영국에서 복지정책의 개혁을 추진하는 유사한 정치적·제도적 상황(능력)에도 불구하고 대처 수상은 어려움을 겪었고 블레어 수상은 성공하였다. 그리고 프랑스의 주페 총리와 사르코지 대통령의 경우도 비교되는 예이다.

> 대처의 어려움은 인기 없는 신자유주의 때문만이 아니라 '지원받을 만한 가난'과 '쓸모없고 놀고먹는 가난'을 구분하여 정책을 정당화하려고 한 규범적 담론이 적지 않게 작용하였다. 이는 가난에 대한 여전한 우려와 아울러, 보편적 국민보건서비스 (NHS, 영국이 자랑하는 건강보험제도-저자 주)를 가치 있게 생각하는 공중과 공명하는(resonate with a public) 데 실패한 것을 말한다. 그에 비하여 블레어는 주로 '제3의 길'(third way) 담론 때문에 성공하였다. 그는 수급과 서비스를 제한하는 데 초점을 맞춘 부정적 가치보다는 긍정적 행동(예, 일하는 복지, workfare)을 통한 -의존 대신- 기회의 증진을 약속하면서 평등과 공감의 가치에 호소하였다. 그 때문에 일하는 복지와 같이, 대처의 과격하기 짝이 없는 꿈을 훨씬 더 뛰어넘는 신자유주의적 정책들을 정당화하는 데 성공하였다. 그는 '손 내밀어 한 푼 주는 것이 아니라 손을 잡아 끌어올려줌'(not a hand out but a hand up)이고, '앉아 받아만 먹는 접이식 의자가 아니라 뛰어 솟아오르는 트램펄린'(not a hammock but a trampoline)이라고 홍보하였다. 또 프랑스 공공부문 연금개혁에서 1995년 주페 총리의 참담한 실패와

---

64) Hall(1993), 291-292. 카슨 등도 패러다임은 소통의 목적상 단순화돼야 하고, 그와 동시에 현실에 대처할 행동을 정의, 해석, 처방할 수 있는 힘, 곧 정의력(definitional power)을 갖춰야 한다고 주장한다. Carson, Burns & Calvo(2009), 151.

65) Carson, Burns & Calvo(2009), 393. 이와 관련, 과도한 단순화는 김홍우 교수가 비판하는 일종의 '약식주의'로 이해할 수 있겠다. 그는 '약식주의 의식'(summary consciousness)이라는 '약식 세계관'(summary world view)이 오늘날 우리사회를 풍미하는 한 병폐로서, "약식 담론"(summary discourse) 등의 형태로 우리 사회의 깊이와 중심, 그리고 기초를 흔들어버리고 해체시키는 추동력이 되고 있다고 본다. 또 하나의 가치와 규범으로 인식하고 추구할 수 있다는 점에서 일방향적으로 편향된 이념으로 변질되고, 강력한 에너지를 얻는 순간부터 다른 것들을 경시하고 무시하는 풍조를 유포한다는 측면에서 비판하고 경계할 것을 지적한다. 김홍우, 현상학과 정치철학, 문학과 지성사, 1999, 734 참조.

그 12년 후인 2007년 사르코지 대통령의 성공도 마찬가지이다. 주페 총리는 어떤 규범적 정당화의 담론도 없이 밀어붙이다, 파업으로 인한 마비 사태를 불렀다. 사르코지는 평등이라는 오랜 공화국의 원리를 들어 전체 민간부문과 많은 공공부문 근로자가 60세 이전에는 은퇴할 수 없는데 일부 공공부문 근로자, 특히 50세에 은퇴할 수 있었던 철도근로자들이 이를 위반하고 있으므로 그 특혜 제공을 없애야 한다는 담론으로 연금개혁에 성공하였다.66)

정책기조가 중대한 추종 세력을 끌어들이기 위해서는 고질적인 현안 문제에 대한 처방을 담고 있는 분명한 잠재력 여부가 중요하다. 또 당대의 중요한 정치적·정책적 질문에 대한 뚜렷하게 부각되는 적실성(relevance)을 제공해 주는 것이어야 한다. 그래서 다른 경쟁 패러다임에 비하여 '충분히 그럴 듯하고 흥미를 돋울 수 있어야'(sufficiently plausible and compelling)한다. 또 세세한 처방을 제시하기보다는 문제로서 지목된 사회 현상에 대한 '외관상으로 일관된 접근방법'(seemingly coherent approach)을 제공하는 것이어야 한다. 그래서 이미 파악되고 있는 사회문제의 넓은 범위에서 뿐만 아니라 아직 정의되지 않은 문제들에까지도 -확실성이 아니라 가능성 있는 약속으로서- 적용할 수 있는 일정한 '개방성'(open-endedness)과 일반성(generality)을 갖는 패러다임이어야 한다.67)

간명한 논리적 기호성은 인문·사회·과학, 특히 심리학에서 널리 쓰이는 '유인가'(誘引價, valence) 개념을 통하여 잘 설명할 수 있다. 원래 유인가는 '어떤 대상에 대한 심리적 매력의 정도'를 말한다. 그래서 패러다임에 관한 유인가는 '특정 패러다임에 대한 심리적 매력의 정도'라는 패러다임의 감정적 속성을 말한다. 콕스와 벨랑은 왜 어떤 아이디어는 다른 것보다 더 성공적이고 때로는 기조적 지위를 확보하는가에 관심을 갖고 연구하였다. 그 결론은 정책아이디어의 유인가가 그 정책대상자(집단)의 정서와 잘 맞춰졌을(match) 때 정책아이디어가 매력을 갖는다는 것이었다. 그래서 노련한 정책혁신가는 정책쟁점의 틀을 짜고 정책제안의 지지를 얻기 위하여 '높은 유인가(고 유인가, high valence)를 갖는 정책아이디어'를 이용한다. 유인가 개념의 유용성을 예시해 주는 대표적인 예가 '지속가능성'

---

66) Schmidt(2011), 46-47.
67) Carson, Burns & Calvo(2009), 394-395.

(sustainability) 개념이다. 그것이 처음에는 환경정책 분야에서 시작됐는데, 그 지속가능성 개념의 유인가가 계속 증가함에 따라 이제 널리 연금개혁, 공공재정, 노동시장, 에너지안보 등 다양한 많은 분야의 문제의 틀을 짜고 개혁의 방향과 방법에 관한 논의를 주도하는 개념으로 확대돼 사용되는 추세이다.[68] 일시적으로 높은 유인가를 목적으로 삼는 사술(詐術)은 곧 드러나게 돼 있다. 그러므로 지금까지 논의한 정책기조의 기호성은 명실상부한 '정명'(正名)을 전제함은 두 말 할 것도 없다.[69]

---

68) Robert H. Cox & Daniel Béland, "Valence, Policy Ideas, and the Rise of Sustainability," Governance, 26(2), 2013, 307.
69) 제자 자로(子路)가 "재상이 되신다면 무엇을 가장 먼저 하시겠습니까?"라고 묻자, 공자(孔子)가 대답한 '정명'(正名)은 명실상부를 뜻한다. 홍승직(역해), 논어, 고려원, 1994, 219.

제 3 장

정책기조에 관한 이론의 대두 배경

정책은 인류의 공동체가 생겨나면서부터 있었다고 할 수 있다. 그렇지만 현대적인 의미의 학문적인 영역으로서 정책학(policy sciences)이 시작된 것은 1951년 미국 정치학자 라스웰(Harold D. Lasswell)이 그의 '정책 지향'(The Policy Orientation)이란 논문에서 처음 제창한 때부터이다. 그것은 당시 대규모의 전쟁의 참상을 겪고 난 후, 특히 가공할 원자폭탄의 사용으로 제2차 세계대전이 종결된 시점에서 인류의 절멸까지도 가능케 한 전쟁과 같은 중대한 사안과 관련된 정책결정의 문제에 대하여 새로운 성찰과 각성이라는 시대적 배경을 안고 잉태되고 태어났다. 그렇다면 정책기조에 관한 이론(정책기조이론)이 대두하게 된 역사도 라스웰이 정초한 정책학의 시작으로부터 출발하는 것이 좋겠다. 그리고 정치학과 행정학 분야를 비롯한 다른 많은 분야의 학자들의 노력을 살펴보는 것이 필요하다. 여기서는 간단히 필요한 부분을 요약 정리하기로 하겠다.

제 1 절   정책학 창시자 라스웰의 정책기조에 관한 인식

라스웰(Lasswell)이 제창한 정책학은 인간의 존엄성을 좀 더 충실하게 실현(the fuller realization of human dignity)하는 것을 궁극적 목적으로 삼는 민주주의 정책학(policy sciences of democracy)이었다. 그 배경에는 전쟁·혁명 등 문명사적 전환과 위기, 사회의 변동, 사회 속 인간의 적응과 갈등, 인성의 왜곡과 파괴, 삶의 파편화 경향이 자리 잡고 있었다.[1] 그는 그것을 위하여 정책의 과정과 내용에 관한 지식을 과학적으로 연구하고, 그 지식을 실제에 실용적으로 적용하는 것을

---

[1] Harold D. Lasswell, "The Policy Orientation," in Daniel Lerner and H. Lasswell(ed.), The Policy Sciences, Stanford Univ. Press, 1951, 3-15.

지향해야 한다고 보았다. 곧 정책에 관한 과정과 내용의 통합과 아울러 이론과
실제의 통합을 지향해야 한다고 강조하였다. 좀 더 구체적인 정책 지향성으로
그는 당면 쟁점보다는 사회 속 인간의 근본문제(the fundamental problems of man
in society rather than the topical issues of the moment)를 지향하고, 세계적이고 체제
전반적인 전체 맥락에서의 시간·공간·사태(the entire context of time, space and
events)에 대한 접근을 지향하며, 사회과학을 넘어서는 다양한 학문의 연합
(interdisciplinary association)에 의한 연구를 지향해야 한다고 보았다. 이것이 ① (근
본)문제 지향성(fundamental problem orientation), ② 맥락(contextuality) 지향성, ③ 연
합 학문적 접근(interdisciplinarity) 지향성이라는 '3대 정책학 연구의 패러다임'이
다. 그런 그의 주장의 뼈대는 지금도 그대로 유효하다고 할 수 있다.[2]

　　이와 같이 정책학을 제창한 라스웰은 그의 뇌리에 이 책의 주제인 '정책기
조'(정책패러다임, policy paradigm)를 조금이라도 생각하고 있었을까? 정책기조이론
의 연원을 추적해 보기 위해 던지는 이 질문에 대하여 당연히 라스웰의 논문에서
-쿤의 '패러다임'이라는 말이 나오기도 전이므로- '정책패러다임'이라는 용어의
언급은 찾아볼 수 없다고 우선 대답할 수 있다. 그렇지만 그의 뇌리에 존재론적
·인식론적으로 '정책기조(정책패러다임)에 관한 인식'이 어느 정도 자리 잡고 있었
다고 추정할 만한 단서는 있다. 즉 라스웰은 그의 1951년 논문에서도 '정책을
지배하는 인식의 기본 틀과 방향'이란 정책기조의 정의와 관련된 인식의 일단을
보여주는 다음과 같은 많은 언급을 보여주고 있기 때문이다. 곧 ① 어떤 사고
유형(certain pattern of thinking)의 함양이란 언급을 비롯하여, ② 주요 사회변동의
추론 모델이자 목표의 명확화·추세의 정의·미래 가능성의 추정을 총체적으로
도와주는 '발전 도식'(developmental construct)이라는 '사태 전개의 설명 가설'의 설
계와 활용을 강조하고 있다.[3] 또 ③ 당면 쟁점보다는 사회 속 인간의 근본문제에

---

2) 허범, "정책학의 이상과 도전," 한국정책학회보, 11(1), 2002(a), 1; 권기헌, 정책학, 박영사,
2008, 5-6; R. D. Brunner, "The Policy Movement as Policy Problem," Policy Sciences 24, 1991,
65-98; W. Ascher, "The Evolution of Policy Sciences: Understanding the Rise and Avoiding the
Fall," Journal of Policy Analysis and Management, 5, 1986, 365-373 참조.

3) 'developmental construct'의 번역이 어려운데 '사태 발전을 바라보는 방식(인식)을 형성하는 구
조물 또는 설명 가설' 같은 것으로 라스웰은 당시 초강대국 미·소의 대결적 국가사회의 노선
이 소수 전문가의 통제에 의존하는 전체주의 국가의 잠재적 위험성을 보여준다는 의미에서

대처해야 한다는 사실을 강조하고, ④ 기본적인 정책적 사고(basic policy term)로서 뉴딜정책을 성공시킨 (정부개입주의의) 케인즈이론(아이디어)과 같은 모델(model)의 중요성도 강조한다. 또한 ⑤ 정책학의 목적으로서 민주적 열망의 실현과 민주적 관행을 증진시키는 '민주주의 정책학'을 제시하면서, 그 궁극적 목표로서 '인간 존엄성의 좀 더 충실한 실현'을 반복적으로 강조한다. 그 외에도 ⑥ 대안 정책노선(alternative line of policy)의 언급, ⑦ 미래에 대한 많은 가설(many hypotheses about the future)의 강조, ⑧ 오랜 역사에도 살아남는 정책제안(historically viable policy proposal)의 필요성, ⑨ 이로운 변혁의 물결(a current of salutary transformations)을 일으키는 정책의 필요성, ⑩ 시간적인 전체 맥락을 감안하는 정책의 준거기준(the policy frame of reference)의 필요성 등을 언급하고 주장하였다.4)

이는 정책이란 무엇인가, 좋은 정책이란 무엇인가와 같은 정책철학하기5)를 실천하는 사람이라면 당연히 아주 중요하게 성찰해 볼 만한 주제가 바로 '정책기조'라는 개념인 것을 말해 주는 한 예이다. 하나의 분과 학문을 창시할 정도의 대학자가 정책학을 창시하면서 그런 주제를 중시한 정책철학하기를 하지 않았다는 것이 오히려 이상할 것이다. 그래서 라스웰이 그 이후로도 정책연구의 문제지향의 관점을 위하여 목표설정, 추세분석, 상황분석, 사태전개 추정, 그리고 대안의 개발·평가·선정 등의 5개 과업을 수행해야 한다고 하면서 목표설정의 첫 번째 단계는 가치의 형성·배분 과정에서 발생하는 문제에 대처하기 위한 '지침(guidance)으로서의 충분히 일반론적인 가정'(postulates of sufficient generality)을 탐색하는 것이라고 주장했을 때, 그리고 그런 가정의 예로 '인간의 존엄성'이란 최고의 가치를 제시했을 때,6) 그것 역시 그에게서 '정책기조 영역'에 대한 일말의

'병영국가'(garrison state) 또는 '병영-감옥국가'(garrison-prison state)라고 상황 정의하면서 인적·물적·정보지식의 활발한 교류와 협정 체결로 이를 피할 수 있다는 그의 주장의 예를 든다. Lasswell(1951), 4, 11; 그 책 Charles E. Rothwell, "Foreword," viii 및 Lasswell, "World Organization and Society," 117; Lasswell(1971), 67-69.

4) 이상은 Lasswell(1951), 3-15 곳곳에 등장하는데, 그 자세한 의미와 의의는 앞으로 정책기조이론의 논의에서 자연스럽게 해명된다고 보고 그 구체적 설명을 피한다.

5) 정책철학하기란 '좋은 정책의 문제의식을 갖고 근본적(본질적)·비판적·규범적인 측면에서 추상적·개념적·논리적으로 사유(고민)하고 올바른 원리, 통찰력, 지혜, 지식을 탐구하는 일'을 말하는데, 그 자세한 내용과 실천은 저자의 다른 책 <정책철학의 새로운 접근>을 참조 바란다.

6) Harold D. Lasswell, A Pre-View of Policy Sciences, New York: Elsevier, 1971, 4, 34-42.

인식이 있었다고 볼 수 있는 한 증거라고 하겠다. 그럼에도 불구하고 그에게서 '정책기조'라는 용어나 또 앞의 인식을 발전시킨 어떤 정책기조이론이라고 할 만한 실질적 내용을 제시한 것이 없었음이 분명하다. 역시 '언어는 존재의 집'이라는 하이데거 말의 관점에서 보면 라스웰에게는 '정책기조'라는 데 대한 희미한 인식은 있었지만 그 분명한 '실체'(존재)는 없었다고 하겠다.

그런데 1962년 토마스 쿤이 과학철학이론으로서 '패러다임' 개념을 제시한 후 사정이 달라지기 시작하였다. 경제·사회복지·교육·환경 등 다양한 실질 정책 분야에서는 그 분야의 전문 학자들이 이미 대중화돼 가고 있던 '쿤의 패러다임' 개념을 원용해 재정금융정책기조·사회복지정책기조·교육정책기조·환경정책기조 등과 같이 그 분야 나름대로의 ('패러다임 자체'에 관한 연구가 아닌) 실질정책패러다임에 관한 연구들을 내놓기 시작한 것이었다.[7] 그리고 정책학 분야에서도 정책학 형성의 초기에 질 높은 정책결정의 방법을 찾는 데 노력을 쏟은 대표적인 학자인 드로어(Yehezkel Dror)가 정책학자로는 처음으로 정책학의 학술적 용어로서 'policy paradigm'이라는 '이론화의 출발로서의 정책패러다임(정책기조) 개념 자체'를 언급하기 시작하였다. 그는 정책의 정통성(orthodoxy)의 유지 및 변화에 관하여 아주 짧게 설명하는 가운데 1986년 다음과 같이 'policy paradigm'을 정의하였던 것이다.[8]

---

7) 쿤 이후 '패러다임' 개념을 원용해 -정책기조이론은 아니지만- 다양한 실질정책 분야의 정책 기조들을 연구한 많은 목록을 검색할 수 있는데, 예컨대 경제학자인 데이빗은 드로어보다 먼저 1985년 회원국의 외환 또는 통화 위기 시 구제금융 등을 통하여 지원하되 시장 기능의 안정화와 구조조정 등 일련의 기본 준거 형태의 경제정책을 요구하는 국제통화기금(IMF)정책으로서의 "IMF정책기조"(IMF policy paradigm)란 제목의 단행본을 내놨다. Wilfred L. David, The IMF Policy Paradigm: The Macroeconomics of Stabilization, Structural Adjustment, and Economic Development, New York: Praeger, 1985. 정책기조이론가인 카슨 등은 사회과학에서 패러다임 개념을 이용해 분석한 대표 사례 중 하나로 프랑스와 미국에서 개인에게 맡겨졌던 '영유아와 모성 및 직장 여성'을 '국가의 보호'로, 복지·여성·가족 등의 국가정책 패러다임을 바꾼 것을 분석한 제인 젠슨의 연구(1989)를 든다. Carson, Burns & Calvo(eds., 2009), "Introduction," 27; Jane Jenson, "Paradigms and Political Discourse: Protective Legislation in France and the United States before 1914," Canadian Journal of Political Science, 22(2), 1989, 235-258.

8) Yehezkel Dror, Policymaking under Adversity, New Brunswick: Transaction Books, 1986, 102. 영어 원문은 다음과 같다. "a concept covering all main underlying assumptions, principles, grand policies, axiologies, modus operandi, and similar elements of policies and of policymaking, especially when taken for granted and accepted tacitly."

정책과 정책결정에 있어서 특별히 당연시되고 암묵적으로 받아들여지고 있는 모든 주요 기저 가정, 원리원칙, 종합정책, 철학적 가치론, 운용방식, 그리고 이와 유사한 요소를 포괄하는 개념.

드로어는 정책기조가 당연시될 정도로 받아들여질 뿐만 아니라 애착과 신뢰로써 반신성시(半神聖視)될 정도로 여겨지면서 '정책 정통성'(policy orthodoxy)을 갖는 것이라고 규정하고, '정책기조의 변동'은 바로 그런 '정책 정통성의 변동'에 해당한다고 짧게 언급하였다. 그러나 그 이상 더 구체적 논의를 전개하지는 않았다.

그렇지만 다른 한 쪽에서는 다양하고 복잡하며 역동적인 현실의 정책세계를 이해하기 위하여 다양한 분야의 학자들, 특히 정치학자들을 중심으로 '정책결정의 정치(학)'(politics of policy-making)에 대한 관심은 계속돼 왔다. 정책에 대한 그런 관심은 그동안 구체적으로 '권력' 변수를 중심으로 한 '권력(힘)의 정치학'이나 '이익' 변수를 중심으로 한 '이익의 정치학', 그리고 '제도' 변수를 중심으로 한 '제도의 정치학' 등으로 나타났다. 그러나 거기에서도 아직 정책기조에 대한 관심이 나타나지 않았다.

그런데 이제 정책에 대한 중요 요인으로서 '아이디어' 또는 '정책기조'라는 핵심 변수를 중심으로 이른바 '아이디어 정치학'(politics of idea) 또는 '정책기조의 정치학'(politics of policy paradigm)[9]이 등장해 각광을 받게 되었다(정책학의 모태가 정치학이어서, 특히 'ㅇㅇ의 정치학'이란 부가적 표현이 많이 등장함). 드디어 그렇게 정책기조가 정책 연구의 주요 변수로 본격 등장하게 된 것이다. 그렇게 해서 그동안 사회과학 분야의 학자들이 정책기조에 대하여 연구한 성과를 총칭해 '정책기조이론'이라고 할 수 있다. 구미에서는 이를 'policy paradigm theory'나 'PPP(Public Policy Paradigm) theory', 혹은 'PP(Public Policy) paradigm theory'라 일컫게 되었다.[10] 이제 그 일반이론을 집대성하고 구축하는 작업의 일환으로 정책

---

9) Béland & Cox(2013), 193-195. 여기서 'ㅇㅇ의 정치학'은 실무적으로는 '학'을 뺀 'ㅇㅇ의 정치'가 된다.

10) Carson, Burns & Calvo(2009), "Introduction," 28. 정책기조이론에 기여한 학자들은 기본적으로 저자가 <정책철학의 새로운 접근> 책에서 제시한 '패러다임 정책관'(paradigmatic view of policy)을 토대로 삼고 있는데, 그것을 비롯한 여러 정책관에 관한 논의는 저자의 그 책을 참고

학의 모(母)학문인 정치학과 행정학을 중심으로 '정책기조이론'이 등장하게 된 배경을 간단히 살펴보기로 하겠다.

전통적인 권력 변수 중심의 정책관

근대 민주주의 이념과 체제를 확립한 구미 국가들에서는 국가의 '권력'(power, 흔히 '정치권력'이라고 함)이 국민주권의 원리에 따라 권력분립과 국민의 평등한 정치참여에 의해, 즉 민주적으로 주요 정책을 결정하고 집행한다고 믿고 기대하였다. 그러나 현실적으로는 정치권력을 대표자(집단)에게 위임해 행사하게 하지 않을 수 없는 간접민주정치체제 아래에서 그런 자유민주주의의 이상에 충실한 정치권력의 행사에 대한 회의와 비판이 끊임없이 제기될 수밖에 없었다.

그 가장 대표적인 것이 19세기 말부터 유럽 지역에서 모스카(Mosca), 파레토(Pareto), 미헬스(Michels) 등이 주장한 고전적 소수 엘리트 모형이었다. 어느 공동체에나 다수 공동체구성원을 지배하는 소수의 동질적이고 폐쇄적인 지배 엘리트의 '과두지배체제'가 자리 잡고 정치권력을 행사할 수밖에 없다는 '과두지배의 철칙'을 제기한 것이다.

20세기 중반 미국의 '군산 복합체'(military-industry complex)의 권력엘리트의 역할을 분석한 밀스(Mills), 지역사회 소수 엘리트들의 '담배연기 자욱한 방'(smoke-filled rooms)에서의 중요 결정을 실증 연구한 헌터(Hunter) 등도 대표적인 미국의 엘리트이론가들이었다. 또 정치권력은 '두 가지 얼굴'(two faces of power)이 있는데, 엘리트들은 자신들에게 안전하고 유리한 문제(쟁점 포함)만을 논의해 정책

하기 바란다. 패러다임 정책관은 '정책변동의 핵심은 정책패러다임(정책기조)인데, 그 정책기조의 전환이 간헐적으로 급격한 혁명적 방식으로 이뤄지고, 평상시에는 기존 정책패러다임 내에서 미세조정의 정책활동이 일어나거나, 아니면 꾸준한 점진적 진화의 누적 방식으로 중대한 변혁이 일어나거나, 그것도 아니면 점진적 진화의 변혁 과정에 짧은 혁명적 전환이 수반되는 것으로 전체 정책변동의 구조를 이해하고 그에 준거하여 정책이론을 실천하는, 정책에 관한 일정한 관점'을 말한다.

을 결정하고 불리한 문제, 특히 약자의 이익은 무시하고 억제하며 봉쇄한다는 20세
기 중반 '무의사결정'(nondecision making) 이론('신엘리트이론')도 나왔다.

이에 대해 20세기 중반 미국 정치학자 로버트 달(R. Dahl)은 다원주의(pluralism)
를 제기하고 나왔다(과학철학 인식론의 다원주의와 다르다). 정치권력이 소수 엘리트
지배집단보다는 다수의 이해집단 등 '사회세력'에 분산되어 행사되면서 서로 경
쟁하고 견제와 균형을 유지하며 정책이 산출되므로 정부의 역할은 소극적인 데
머무른다는 것이 그 핵심이었다. 특히 벤틀리(Bentley)와 트루먼(Truman)은 정책이
특수이익에 좌우되지 않고, 다양한 이익집단의 경쟁에 의한 타협의 산물이라고
'이익집단론'을 주장하였다. 이는 비판을 받으면서 정부가 전문화된 체제를 갖추
고 어느 정도 자기이익도 추구하는 관료의 능동적 역할과, 체제유지를 위하여
어느 정도 기업집단의 특권적 지위를 보장할 수밖에 없는 특수성을 아울러 인정
하는 수정된 '신다원주의론'으로 진화하였다.
   이런 논의는 다른 관점에서, 즉 현대 민주국가의 정치권력의 원천을 단순화
해 '국가와 사회의 관계'(state-society relations)에 관한 관점에 따라 각각 국가 중심
적 관점(국가론)과 사회 중심적 관점(사회관계론)으로 나뉘어 전개되기도 하였다.

   '사회' 중심의 '다원주의' 관점에 대한 반발로서 나온 것이 '국가' 중심의 '국가
론'이었다. 1970-80년대 자본주의체제의 지속성을 탐구하면서 '국가'를 재발견한
이후 크게 대두한 국가론자(theorists of the state)는 규범·신뢰·소통 등의 사회자본
이 큰 공동체에서 입법·사법·행정부로 대표되는 국가가 사회의 이해집단으로부터
상당한 정도의 독립성과 자율성을 갖고 국가이익에 입각하여 고위 공직자와 전문가
들에 의하여 주로 관료정치와 정책유산(policy legacy)의 영향력하에서 국가중심적
인 정치권력을 행사한다고 보았다. 그리고 '사회 중심적 관점'을 대표하는 이론이
다원론자(pluralists)의 관점인데, 이해관계에 따라 조직화된 이익집단 등에 의한
일련의 사회적 압력이 정부에 가해지고, 이때 가장 강력한 연립 세력의 이익을
중심으로 정책이 결정된다고 보았다. 특히 선거와 같은 제도에 따라 승리한 후
집권한 그들이 그 대변하는 이익을 구현하는 것과 같은 권력 추구의 산물이 정책이
라고 보았다.

한편 현대 사회는 점점 더 국가와 사회 사이의 복합적인 상호의존성이 증대되고, 그에 따라 정치공동체도 구조적으로 변하면서 정책 현실도 더 복잡해졌다. 그런 현상에 반응하여 정책연구자들은 '국가'와 '사회'의 '사이에'(between) 또는 이를 '넘어서서'(beyond) 변증법적으로 포용하는 정치권력을 행사하는 관점에서 1970년대-80년대 이후 정책망(정책네트워크, policy network)이론[11]을 제시하였다.

사회학, 커뮤니케이션학, 경제학 등에서 사용돼 온 연계망(network) 개념은 정책과정에 공식적 기구와 절차의 제도를 통하여 수직적, 계층적으로 참여하는 측면도 빠뜨릴 수 없지만, 그보다도 실제로 참여하는 자(집단)들의 '비공식적' '수평적(횡적)' '분권적' '상호의존적' '자율적' '관계'의 성격이 흔히 더 두드러진다는 측면에 대하여 강조한 개념이었다. 그런 정책망의 유형은 ① 의회 위원회, 행정부 관료, 이익집단 등의 소수 엘리트(집단)들이 철의 삼각형(iron triangle)과 같은 연립을 형성하는 소수 참여자 중심의 폐쇄적 구조인 하위정부 모형(subgovernment model)의 통합적인 것부터, 거기에 ② 대학이나 연구소 등의 전문가 집단을 추가해 정부의 일정 부문을 중심으로 결속되어 있는 정책공동체 모형(policy community model), 그리고 더 나아가 ③ 특정 쟁점과 관련하여 상당한 전문성을 갖춘 개방적 참여자들로 묶여진 일종의 지식공유집단인 쟁점망 모형(issue network model)의 느슨한 것까지로 구분한다.

다른 한편으로 모든 사회에서 자본가 계급과 노동자 농민 계급의 '두 계급 모형'을 기본으로 두 계급 간 이해관계 대립과 정치·경제 권력을 차지하기 위한 투쟁의 사회관·역사관을 갖는 '마르크스이론'이 등장해 1930년대와 1940년대에 각광을 받았고 역사적으로 큰 영향을 미쳤다.

자본주의사회에서 국가는 자본주의체제 유지에 이용되는 수단에 불과하므로 정책은 항상 자본가 계급의 이익을 반영하게 돼 있다는 논리를 주장한 마르크스는 피착취 계급의 해방과 계급 없는 사회주의를 이룩하는 정치권력을 위하여 공산당 일당이 주도하는 혁명을 불가피하게 수행해 나가야 한다고 '마르크스이론'을 주장하였다. 그러나 사회복지정책들이 채택되며 자본주의가 지속되는 데서 보듯이 그것

---

11) 이하 박정택, "정책망(policy network) 접근방법의 비판적 고찰," 대전대 사회과학논문집, 18(2), 1999, 215-239에서 일부 인용함.

은 반드시 자본가들의 이익만을 위한 국가의 정책들을 산출하는 것이 아니라는 비판을 수용하고, 관료기구를 중심으로 국가가 자본가 계급으로부터 상대적인 자율성을 부여받게 됐다는 '국가의 상대적 자율성' 개념을 도입함으로써 수정되었다. 즉 그것은 정치권력은 여전히 자본의 이익에 봉사하지만, 노동계급의 정치적 압력을 받아 일정 부분 양보하면서 상대적으로 자율적인 결과를 산출한다는 '신마르크스이론'으로 진화하였다. 또 사회 제 세력으로부터 상대적으로 자율적인 국가의 제도적·구조적 측면도 주목하는 '신국가론'으로도 이어졌다.

결국 정치(더 넓게는 정치·사회·경제 현상 등 사회과학 현상)와 정책의 연구자들은 정책을 이해하는 데 '권력' 변수를 가장 중요하게 여겨 왔다. 그중 중요한 '정치권력'의 원천을 크게 '국가 중심'과 '사회 중심'으로 나눠, 국가 중심의 대표적인 이론으로 '국가론', 그리고 사회 중심의 대표적인 이론으로 '다원주의론'을 각각 전개해 왔다.

제 3 절   제도와 이익 변수 중심의 정책관

그런데 정책연구자들은 '권력' 변수의 설명에서도 명시적·묵시적으로 드러난 바와 같이 그 '권력' 변수와 밀접불가분한 변수의 존재를 도외시할 수 없었다.[12] 즉 정치권력을 행사하는 배경에서 정책을 구조적으로 틀 짓는 영향력을 행사하는 변수라 할 만한 것이 일련의 '제도'라고 인식하게 되었다. 또 정책결정의 궁극적인 동기(정치적 행동)로서 정책당국이나 다른 참여자들의 '이익' 추구라는 변수에 주목하지 않을 수 없었다. 그래서 '제도'(institution)와 '이익'(interest)이란 변수들에 대한 논의가 활발하게 전개되었다.

그러니까 20세기 초 정부기관과 공식적 법규 등 '공식적인 정형적 틀'에 초점을 맞춘 구제도주의(old institutionalism)가 등장하였다. 그리고 다시 20세기 중반

---

12) 권력 변수는 여전히 중요하고 그래서 정책기조이론에서도 중시되고, 특히 '권위'의 문제로 재포장돼 강조된다. 그리고 21세기에 들어와 정부부문의 권력 외에 민간부문의 권력인 시민사회단체, 기업 등과의 수평적 협치, 직접민주정치적 요소를 강조하는 '뉴거버넌스이론'도 나왔다.

에 이를 비판하면서 이익집단 등 '사회' 제 세력의 '물질주의적 이익'에 초점을 맞춘, 지금까지 정치학의 주류 정통이론으로 여겨지는 행태주의(behaviourism)가 대두하였다. 그런데 그것이 '국가'의 입법·사법·행정 등 정부의 중심 기관(관료)의 역할 같은 '조직의 요인'(organizational factors)을 배제한다고 비판을 받으면서 20세기 말 '다시 국가를 강조'(bring the state back in)하는 '신국가론'이 등장하였다. 이는 구제도주의(old institutionalism)의 정부기관은 물론이고 그것을 넘어서서 비공식적 규범·관행·신념체계 등 비공식적인 정형화된 틀까지 포함하는 넓은 의미의 '제도'를 강조하며, 1984년 마치와 올슨(March & Olsen)에 의해 하나의 학파로서 인정받은 신제도주의(new institutionalism)의 여러 이론들을 포함하고 있다. 신제도주의는 많은 학자들의 관심을 끌면서 역사적 신제도주의, 합리적 선택 신제도주의, 사회학적 신제도주의로 빠르게 분화돼 나갔다.[13]

> 다원주의, 행태주의, 그보다는 덜 하지만 마르크스주의 등의 관점이 주도하다가 1990년대 초 정치적 행태와 발전에 대한 새로운 접근방법으로서 국가의 역할을 진지하게 고려하는 관점이 등장하였다. 즉 일단의 학자들은 국가(입법, 사법, 행정 기관)와 그에 속한 정치적 기관들이 -정책을 추동하는 사회의 조직화된 이익집단과 선거연합체에 종속돼- 사회경제적 세력의 단순한 전송벨트나 도구 역할만 하는 것이 아니라, 정치적 결과(또는 정치발전이나 정책)에 독립적으로 중요한 영향

---

13) J. G. March and J. P. Olsen, The New Institutionalism: Organizational Factors in Political Life, American Political Science Review, 78(3), 1984, 738. 그들은 행태주의가 ① 사회 제 세력의 결과로 보는 정치의 맥락성, ② 정치를 미시적 개인 결정의 총합으로 보는 환원주의, ③ 행위자의 의사결정의 공리주의, 역사의 효율적인 균형 수렴성을 믿는 기능주의, 자원배분과 선택의 도구주의성을 강조한 데 비하여, 신제도주의는 ① 상대적으로 자율적인 사회적·정치적 제도들 간 상호의존성, ② 상대적으로 복잡한 과정과 역사적 비효율성, ③ 선택과 다른 행동 논리와 의미·상징적 배분의 중심성을 강조한다고 차별화하였다. 여기서 상대적으로 복잡한 과정은 (역사적 신제도주의에서) 경로의존성과 고착화를, 역사적 비효율성은 경로의존성으로 인하여 가능한 미래를 제약하는 것을 말한다. Rayner(2015), 62-63 참조. 레이너와 같이 또 하나의 신제도주의 분파로 가변적인 이익, 선호, 상황에 대한 인식을 구성하는 아이디어(담론)가 내밀한 차원에서 제도(또는 정책)를 구성한다는 '담론적(discursive) 또는 구성주의적(constructive) 신제도주의'의 추가를 주장하는 일부 학자들도 있다. 그러나 이는 기존 세 분파가 구조를 너무 강조하는 정태적 결정론(static determinism)의 위험성을 완화시켜 주지만, 다른 한편으로 너무 주의론(主意論, 자원주의, voluntarism, 인간의 자유의지를 근본원리로 삼는 철학이론)이나 또 다른 관념론적 결정론으로 흐를 위험성 있고, 또 물질적 이익 자체, 권력이나 지위 등을 과소평가하며 아이디어의 영향력만을 경험적으로 추출해내기 어려운 방법론적 문제가 있다고 본다. 하연섭, 제도분석, 제2판, 다산출판사, 2011, 224-225.

(impact)을 미칠 수 있다고 주장하였다.[14]

   그런데 신제도주의는 제도가 사회적·정치적 삶을 구조적으로 틀 짓는다(구조화, structure)는 점을 강조하면서 자연스럽게 '변화보다는 연속성'(continuity rather than change), 곧 안정성을 설명하는 데 초점을 맞추는 경향을 보였다. 그래서 기존 전통적인 제도주의의 설명대로 제도가 일상적으로 기능(business as usual)하며 안정성을 보인다고 설명한다. 그런데 변화에 대한 설명에서는 어려움을 겪었다. 곧 변화는 원칙이라기보다는 예외에 속하고, 그 변화의 요인도 —특히 역사적 신제도주의에서는 더 분명하게— 어떤 위기의 발생과 같이 일시적인 실패를 야기하게 하는 외부 충격 등의 외생적 요인들(exogenous factors)을 지목하는 정도에 머물렀다. 그 결과 일상 정치와 정책세계에서 그런 연속성으로서의 안정과 그것이 중단되는 급격한 변화, 즉 안정과 변화(stability and change)를 따로 설명해야 하는 '두 설명 방식'(two kinds of explanation 또는 two explanations)은 이론적 간명성을 해치고 있었다. 즉 '안정'을 명확하고 일관되게 잘 설명해 주는 '제도적 맥락'이 동시에 어떻게 '파괴적인 급격한 변화'를 겪을 수 있는가에 대하여 그동안 신제도주의자들은 설명에 어려움을 겪어왔다.[15]

제 4 절 **아이디어(정책아이디어) 변수의 중요성 대두**

   이제 신제도주의자들은 '제도의 안정과 변화'의 이원적 설명의 어려움에 대처하기 위하여 내생적 변화(endogenous change)의 요인을 탐색하는 데로 눈길을 돌렸다.[16] 지금까지 다원론, 엘리트론, 신마르크스이론, 역사적 신제도론, 합리적

---

14) Berman(2013), 218; Hall(1993), 275; Krasner(1978), 26(인용의 경우 이처럼 간단히 표시함).
15) Rayner(2015), 64, 75.
16) 예컨대 정책변동의 영향요인으로서 첫 번째 외부적 충격, 두 번째 정책결정 집단 자체의 변화를 생각할 수 있다. 내생적인 정책결정 집단 내 변화는 바로 정책엘리트들과 그들 정책의 정당성이 불신을 당하며 스스로 변화를 모색하는 '내부적 재고'(internal rethinking)와 '정책목적의 재지정'(re-designation of policy aims)에 따른 정책기조의 변경을 생각할 수 있다. Matt

선택이론 등 사회과학의 이론들은 선진 자본주의 사회에서 행위자들이 각자 '이익'을 추구하는 것을 전제로 그 이익 추구가 어떻게 정치와 정책결정에 영향을 미치는가에 대하여 초점을 맞춰왔다. 그런데 그 '이익'을 과도하게 강조한 것에 대한 비판이 나오고, 행위자들의 '아이디어'(idea)와 같은 내생적 요인을 너무 소홀히 한 데 대한 반성이 나오기 시작하였다.

캠벨은 자기이익보다는 아이디어, 즉 이론, 개념모델, 규범, 세계관, 프레임, 원칙적 신념, 기타 그와 같은 것들이 어떻게 정책결정에 영향을 미치는가에 대하여 너무 적게 관심을 기울여왔다고 지적하였다. 전동차의 진입 선로를 정해 줄 레버 앞에 있는 철도역 전철수(轉轍手, switchman)가 이익을 비교 형량한 생각에 따라 행동하는 것처럼, 아이디어가 사태 진행에 심대한 영향을 미친다는 유명한 막스 베버의 말에 비춰 보면, 아이디어를 소홀히 한 것은 놀라운 사실이었다는 것이다.[17]
정책행위자들이 이익을 관철하기 위하여 아이디어를 찾고 있는데, 그렇게 아이디어(패러다임)는 행위자들이 세계를 어떻게 해석하는가에 영향을 미치기 때문에 아이디어는 '강력한 힘이 있다'고 이해돼 왔다.[18]

그리하여 제도가 단일체가 아니라 여러 구성요소들로 이루어진 '복합체'(complexes)로 인식되기 시작하였다. 그러면서 그 '제도의 변화'는 −전쟁이나

Wilder and Michael Howlett, "Paradigm Construction and the Politics of Policy Anomalies," Hogan and Howlett(eds., 2015), 104-106. 또 제도를 구성하는 내적 요소가 각기 다른 시간 간격(시차)과 맥락으로 결합된 복합체로 인식되고, 그 복합체의 상호의존과 갈등에서 나오는 모호성과 격차 등의 내생적 요인도 제시되었다. Campbell(2007); Grief(2006); Streeck & Thelen(2005); Thelen(2004); Orren & Skowronek(1996).

17) John L. Campbell, "Ideas, Politics, and Public Policy," Annual Review of Sociology, 28, 2002, 22; Carson, Burns & Calvo(eds., 2009), "Introduction," 19-20 재인용. 인용문에는 전철수 관련의 설명은 없다. 아마도 이는 여러 변종 사고실험 중 규범윤리학(덕윤리학설)의 영국 철학자 필리파 푸트(Philippa Foot)가 1967년 제시해 유명한 '전동차 문제'(Trolley problem)로 보인다. 즉 다섯 명이 서 있는 선로로 전동차가 들어오고 있고 그대로 두면 다 치여 죽을 상황인데, 전철수인 당신이 갈림길에 있는 레버를 당겨 전동차 진로의 방향을 바꾸면 다섯 명을 살릴 수 있으나 거기에도 한 명이 있어 죽게 되는 경우, 당신은 레버를 당길 것인가 그대로 둘 것인가의 가상 질문이다. 더 많은 인명을 구하겠다면 공리론(결과론)자들의 생각이고, 한 명에 대한 죄책감 때문에 그렇게 할 수 없다면 의무론자들의 생각인 것과 같이 그 선택·결정은 '생각'(아이디어)이란 변수의 중요성을 지적한다는 것이다. 이와 관련된 많은 변종 질문과 답변의 윤리 논쟁 중 한 쪽에서는 "사람의 생명은 비교불가능성"(incommensurability of human lives)이라고 주장한다. 이상 위키피디아 영문판 참조.

18) Carstensen(2015), 308.

위기와 같은 외부 환경적 변화가 없이도- 그 내부 구성요소들의 상호의존과 갈등에 따른 내생적인 '재배열이나 재결합'의 형태로 변화되므로 그것은 급격한 '제도의 교체'(replacement)가 아니라 진화적인 '제도의 재배열'(reconfiguration)에 해당된다는 주장이 제시되었다. 그렇다면 복합체인 제도를 재배열하는 주체인 정책행위자들이 어떤 방식으로 제도 구성요소들을 재배열하는 것인가의 논의가 나오게 되었다. 이는 곧 정책변동을 일으키는 촉발기제로서 -내생적 변화의 주요 과정에 관여하는 요인으로 파악되는- 바로 신념, 가치와 같은 '아이디어'의 요인이 그 중요한 단초를 제공한다는 것을 발견하게 된 것을 의미하였다.[19]

그렇지 않아도 그동안 신제도주의는 '제도'에 초점을 맞추어 '정책'에 대한 구조적 제약 요인, 곧 '무엇을 할 수 없는가'에 대해서는 효과적으로 설명해 내며 크게 기여했다. 그렇지만 '무엇을 할 수 있는가', 즉 정책의 구체적 선택과 내용에 대해서는 제대로 설명하기 어려웠던 한계를 안고 있었다(Ikenberry, 1988). 물질적 요인과 정치·경제적 구조가 정책의 큰 틀을 제약하고, 제도적 맥락이 정책의 구체적 모습에 영향을 미친다 할지라도, 정책의 구체적 내용을 설명하기에 그런 구조적·제도적 요인에만 의존하는 설명방식은 너무 부족했다(유사한 구조적·제도적 맥락에서도 국가 간 정책이 달라질 수 있는 가능성은 얼마든지 있는 것이 그 한 예이다). 그런데 그런 한계를 돌파해 정책의 구체적 영향 요소에 초점을 맞출 수 있는 좋은 설명변수로, 개인(행위자)이 제한된 범위 내에서 지니거나 선택하는 '아이디어'를 주목하게 돼, 제도 연구로서도 이론적·분석적 차원에서 새로운 지평을 열게 되었다.[20]

거기에 더하여 신제도주의자들이 아이디어에 주목하게 된 다른 이유로서 정책엘리트들이 대처하기에 날로 복잡하고 불확실해지는, 확률조차도 부여할 수 없

---

19) 정책기조 연구자 대뇨(Pierre-Marc Daigneault)는 아이디어의 예로 가치, 신념, 원리, 가정들을 든다. Daigneault(2015), 50. 이제 아이디어는 손에 잡히지 않는 규범, 이념, 정체성과 같은 것들 안에 내재(embedded)할 뿐만 아니라, '구체적'(concrete) 제도들, 즉 관료제, 정당, 또는 조직 안에 내재해 있을 수 있다고 본다(Bleich, 2002). Berman(2013).

20) 기존 제도적 제약요인을 강조하는 역사적 제도주의 설명방식의 문제점을 '제도결정론(institutional determinism)의 오류'라고 부른 것은 Kathleen Thelen & Sven Steinmo, "Historical Institutionalism in Comparative Politics," Sven Steinmo, Kathleen Thelen & Frank Longstreth(eds.), Structuring Politics: Historical Institutionalism in Comparative Analysis, NY: Cambridge Univ. Press, 1992, 14; 하연섭(2011), 62, 238 재인용.

을 정도로 큰 불확실성(나이트가 명명한 불확실성, Knightian uncertainty)의 정책상황
도 그 배경에 있었다. 즉 무엇이 문제이고, 어떻게 대응할 것인가 등 그 상황을
특정한 방향으로 인식하도록 단순화해 불확실성을 감소시키도록 해석하고, 인지
해 대처하게 만드는 여과기제(filtering mechanism)와 방향타(方向舵)로서의 바로 정
책엘리트들의 사고·신념·이념 등 '아이디어'가 중요하고, 그런 불확실성의 감소
는 그런 아이디어에 의해 좌우된다는 사실을 새롭게 인식하게 된 것이다.[21]

　'제도의 변화'와 함께 '아이디어의 재발견'(bringing ideas back in)[22]이라는 새
로운 연구 흐름이 형성되었다. 그 속에서 이제 학자들이 큰 관심을 가지게 된
아이디어는 무엇보다도 특별히 행위자가 세계를 인지하고 이해하게 되는 '개념적
모델'(conceptual models)을 구성하는 '구조화된 아이디어의 복합체'(structured
complexes of ideas) 형태로, 상호 연결돼 있고 상호 의존돼 있는 아이디어(정책아이
디어, policy idea)였다. 즉 그것은 정책영역에서 다뤄져야 하는 쟁점을 어떻게 개념
화하고, 정책대안을 어디서 어떻게 개발하며, 그 해결책으로서 어떤 규칙과 행동
이 적절하고 정당하며, 어떤 행위자들이 그 쟁점을 다루는 데 적절하고 정당한
권위로 여겨지는가에 대한 '큰 아이디어'(big idea), '핵심 아이디어'(core idea) 또는
'주요 아이디어'(major idea)였다. 간단히 정책의 과정과 내용을 전체적으로 틀 짓
고(구조화하고) 방향을 설정하며 제약하기도 하는 어떤 '인식의 기본 틀과 방향'
또는 '개념적 모델'을 근본적으로 중요하게 여기는 의미로 강조되는 아이디어였
다.[23] 정책엘리트들은 정당한 권위(legitimate authority)를 확보하거나 유지하기 위

---

21) 그러나 신제도론이 '아이디어'의 중요성을 인정하게 된 입장은 각 분파마다 조금씩 다르다.
'제도'가 선험적으로 주어져 있다고 보는 역사적 신제도론에서는 제도의 변화를 외부적 충격
만으로 설명하기에 부족해, 그 한계를 극복하기 위해 내부적 변화의 동인으로 아이디어를 인
정하지만, 아이디어 그 자체도 제도적 틀(권력관계 포함) 내에서 형성된다고 본다. 방법론적
개체주의에 입각하고 있는 합리적 선택 제도론에서는 '개인의 이익'을 우선시하는데, 정보가
부족한 상황에서 상황을 공통적으로 해석·인식(단일의 균형)하도록 유도하는 부차적 역할로
아이디어를 인정한다. 그리고 사회학적 신제도론은 처음부터 세계관, 규범, 신념, 문화 등 인
지적·규범적 아이디어 요소에 주된 관심을 보였으므로 아이디어에 대한 관심이 최근 일어난
특별한 일이 아니지만, 단순히 주어진 것으로 가정돼 개인 행위를 제약하는 것으로 보이는 규
범이나 문화 등이 변화하고 변화시키는 요소라는 새로운 인식으로 인해 아이디어를 재발견하
게 된다. 하연섭(2011), 67, 213-226; John G. Ikenberry, "Conclusion: An Institutional Approach to
American Foreign Economic Policy," International Organization, 42(1), 1988. 242.
22) Robert Lieberman, "Ideas, Institutions, and Political Order: Explaining Political Change," American
Political Science Review, 96(4), 2002, 697; 하연섭(2011), 213 재인용.

23) Carson, Burns & Calvo(2009), 20 참조. 아이디어만 해도 잘 정의되기 어려운 매우 넓은 용어이
다. 다양한 개념 정의를 시도한 중에 캐어니 등은 아이디어를 '정책과정에서 하나의 역할을
수행하는 사고방식이나 지식'이라고 규정하면서 문헌에 나타난 아이디어의 의미를 크게 세 가
지로 분류하고 설명한다. ① 의제설정, 문제정의와 틀짓기 등에서와 같이 물리적 및 기타 자원
의 사용과 함께 정책과정에서 활용하는 자원으로서의 '설득과 논증'(persuasion and argument)
과 관련된 의미 ② 용어의 추상적 틀과 같이 설득을 초월하여 '정책참여자들이 암묵적이거나
명시적으로 공유하는 언어'(a shared language)라는 정책패러다임의 구성요소(constitutive components
of policy paradigms)로서의 의미 ③ '내게 좋은 생각이 있다'(I have an idea)는 식의 '정책문제
에 대해 제안된 해결책'(a proposed solution to a policy problem)의 의미로서 킹던의 정책흐름
(policy stream)에서 사용되는 예가 그것이다. 여기서 정책기조로서의 아이디어는 정책논의에
'구조적'(structural) 요소로 작용한다. 즉 사람들에게 논증과 설득을 사용하는 '맥락', 어떤 해결
책이 실현가능하거나 생각해 볼 수 있는가를 규정하는 그 '맥락'(context)을 패러다임이 제공하
기 때문에 그렇다. 결국 '아이디어'는 정책과정에서 작용하는 신념, 가치와 같은 다양한 정신
적 구조물(mental constructs)을 포괄하는 '우산 개념'(umbrella concept)과 같은 범주의 개념으로
이해할 수 있다. 그리고 '정책기조'는 아이디어에서 갈라져 나온 것으로 아이디어보다는 일반
적으로 합의된, 좀 더 시스템에 기반을 둔 개념이라고 할 수 있어서 밑바탕에 흐르는 암묵적
틀(underlying implicit gestalt) 또는 그런 시스템의 명시적 구조(explicit structure of the system)를
나타내는 개념이라고 할 수 있다. 그래서 아이디어와 정책기조는 서로 관련이 있는데 실제화
또는 현실에서 번역(해석)돼 옮겨진 아이디어(realized or translated ideas)가 패러다임이지만 모
든 아이디어가 다 정책패러다임과 연결된 것은 아니라는 의미로 이해할 수 있다고 한다
[Cairney and Weible(2015), 86, 89, 94. 우산 개념은 Schmidt(2011), 37에도 나옴].
　　그리고 슈미트는 아이디어를 일반성(generality)의 정도에 따라 세 가지 수준으로 나눈다. ①
정책아이디어(policy ideas) ② 프로그램적(강령적) 아이디어(programmatic ideas) ③ 철학적 아
이디어(philosophical ideas)인데, 이는 홀의 정책패러다임과 패러다임 변동의 수준과 유사하지
만 변화의 내용(what changes)보다는 변화의 방법(how they change)이라는 변화의 용이성
(susceptibility to change)에 따른 구분이란 점에서 다르다. 정책아이디어는 기회의 창이나 생명
력의 상실이나 실현가능성에 따라 등장하는 새 아이디어로 대치되면서 가장 신속하게 변하는
아이디어이다. 프로그램적 아이디어는 홀의 좁은 의미의 패러다임에 해당하는데, 정책아이디
어보다는 더 길게 지속하면서 중대한 시점에 혁명적 변환을 초래하는 아이디어이다. 철학적
아이디어는 홀의 넓은 의미의 패러다임에 해당하는 세계관인데, 변화할 가능성이 가장 적고
변화의 형태는 -경로의존성과 고착화를 강조하는- 변동에 관한 신제도주의의 접근방법을 뒷
받침해주는 진화적 논리와 가장 많이 닮은 아이디어라고 한다. 캠벨은 ① 프로그램으로서의
아이디어(ideas as programs) ② 패러다임으로서의 아이디어 ③ 프레임으로서의 아이디어 ④
공공정서로서의 아이디어(ideas as public sentiments)로 구분한다. 메타는 ① 정책해결책으로서
의 아이디어 ② 문제정의로서의 아이디어 ③ 공공철학을 반영하는 시대정신(Zeitgeist)으로서
의 아이디어로 구분한다. 레이너는 아이디어를 ① 논증(또는 무기)으로서의 아이디어(ideas as
argument or weapons)와 ② 틀로서의 아이디어(ideas as frames)로 구분한다. 하연섭 교수는 그간
논의를 종합해 아이디어를 크게 세 가지, 즉 ① 프로그램으로서의 아이디어 ② 패러다임으로
서의 아이디어 ③ 공공의 정서로서의 아이디어로 구분한다.
　　저자는 이런 아이디어의 수준별 구분이 필요하지만 거기에 너무 집착할 필요는 없다고 본다.
특히 공동체의 수준(예로서 국가, 부처, 지방관서, 전체 조직, 조직 내 부서 등의 수준)에 따라
'패러다임'으로 인식되는 아이디어의 수준은 다를 수밖에 없기 때문이다. 따라서 개별 구체적
아이디어(케어니 등의 ③의 예)가 아니고, '우산 개념' 또는 후술할 정책기조의 개념적 특성에
들어맞는 아이디어들은 모두 '패러다임 수준의 아이디어'라고 할 수 있다. 홀도 그의 논문 결
론 부분에서 "사실상 모든 분야의 정책결정은 어떤 사회적 이익을 다른 것보다 더 정당시하고
어떤 정책노선을 다른 것보다 더 우위에 두는 '특정한 아이디어 집합'(a particular set of ideas)

하여 바로 그런 인식의 기본 틀(인지적·규범적 틀)을 두고 경쟁을 하게 되는데, 그 상황에서 -제도가 안정된 상황에서도- 정책의 변화가 계속해서 일어날 수 있다고 이해할 수 있게 되었다.[24]

  그렇게 '아이디어' '제도' 그리고 그 둘의 관계에 관한 관심이 점증하는 가운데 정치학자 스티븐 크래스너(S. Krasner)는 1984년, 고생물학의 '단속균형모형'을 사회·정치 현상, 제도와 정책의 분석에 도입·접목할 수 있다고 주장하였다. 즉 짧은 급격한 변화 시기와 오랜 안정 형태의 현상이 나타나는 제도와 정책의 특징을 잘 묘사해 주는 일종의 은유적 아이디어로서 (다윈 진화론을 수정하는 의미의 대안적 진화론으로 고생물학에서 제시된) 단속균형모형을 제안하였던 것이다.[25] 그러나 거기에는 '패러다임'이란 아이디어는 들어 있지 않았다. 그 후 사회과학 연구에서 산발적으로 쿤의 패러다임 개념을 언급한 연구들이 나오고 있었다. 그때 하버드대 정치학 교수 피터 홀(Peter Hall)이 1993년, 토마스 쿤의 패러다임 개념을 본격적으로 도입한 기념비적인 논문을 발표하게 되었다. 곧 1970-80년대 영국 보수당 대처 정권이 기존 패러다임을 구성한 실업감소·재정정책 중시·재정확대·정부개입의 케인즈이론(아이디어, 사고방식, 지식, Keynesianism)을, 인플레 억제·금

의 맥락 안에서 일어난다"고 말한다. Vivien A. Schmidt, "Discursive Institutionalism: The Explanatory Power of Ideas and Discourse," Annual Review of Political Science, 11(1), 2008, 303-326; Campbell(1998), 377-409; Mehta(2011); Rayner(2015), 77; Hall(1993), 292; 하연섭(2011), 216-217.

24) William Genieys and Marc Smyrl, Elites, Ideas, and the Evolution of Public Policy, NY: Palgrave Macmillan, 2008. 이들이 말하는 복수의 엘리트집단 사이뿐만 아니라 단일 기관 또는 집단 안에서도 아이디어 경쟁이나 생성 차별화의 노력까지로 확대 연구할 필요성은 이은미·김동욱·고기동, "정책아이디어의 경쟁과 변화에 관한 미시적 고찰," 한국정책학회보, 25(4), 2016, 226 참조.

25) 크래스너는 '제도 변화'나 '정책'이 상당 기간 점진적 변화만 있는 안정된 균형(평형, equilibrium) 상태를 유지하다가 전쟁이나 대공황 등 위기와 같은 외부적인 환경 변화로부터 그 안정 상태가 '중단'(단절, 단속, 斷續)되고(punctuated) 다시 그 변동이 자리 잡는, 즉 주기적으로 끊어졌다 이어졌다 하는 '균형 상태의 안정된' 기간으로 돌아가는 것으로 보는 관점이 필요하고, 그렇다면 진화생물학자 엘드리지와 굴드의 '단속균형론'(斷續均衡論, 단속평형모형, 단절평형모형, 중단평형설, punctuated equilibrium theory)을 차용할 만하다고 주장하였다. 그런데 크래스너의 단속균형모형에는 '패러다임'(정책 같으면 정책패러다임)이란 개념이 빠져 있다. 따라서 단속균형모형은 변동의 원인(인과적 메커니즘)과 과정에 관한 설명을 할 수 없고, '결과'로 나타난 정책변동의 큰 틀(구조)만 보여주는 아주 제한적인 모델이다. 그런데 피터 홀이 처음으로 쿤의 '패러다임'(정책패러다임) 개념을 도입함으로써 단속균형모형에 속살을 채워 넣어 비로소 그 결과적 현상의 원인과 과정을 설명할 수 있게 됐다. Stephen D. Krasner, "Approaches to the State," Comparative Politics, 16(2), 1984, 223-246 참조.

융정책 중시·재정긴축·균형예산·감세·시장자율을 중시한 통화주의(monetarism)
의 새 '아이디어'로 패러다임 전환시킨(paradigm shift) 사례를 분석한 연구였다.26)

홀은 아이디어의 핵심, 그래서 '핵심 아이디어'(core idea)나 '기반적(토대적,
정초적) 아이디어'(foundational ideas)라고 할 수 있는 것이 바로 '정책패러다
임'(policy paradigm, 이하 '정책기조')과 '패러다임 전환'(paradigm shift)이란 개념이라
고 보았다.27) 그리고 과학공동체와 정책공동체의 유사성을 전제로 '정책기조'를
명백히 쿤의 '과학 패러다임'(scientific paradigms)과 같은 것이라고 보고 '정책기조
의 개념을 통한 정책변동이론'을 제시함으로써 정책기조이론을 선구적·개척적으
로 구축하였다. 그는 '정책기조'를 '정책에 관한 해석적 틀'(interpretive framework)
이라고 정의하였다.28) 역사적 신제도론자인 홀은 그 정책기조를 규정하는 것은
'아이디어'라고 하면서 정치적 담론과 정책결정의 전반적 조건을 규정하는 것이
'제도'이기도 하지만 아울러 '아이디어'이기도 하다고 주장하였다. 그러면서 '정
책결정은 ① 목표와 수단의 형태로 아이디어의 해석적 틀(정책기조)과 ② 구체적
인 정책 수준 사이의 활발하고 지속적인 상호관계를 포함하는 과정으로 이해할
수 있다'29)고 보았다. 그러면서 특정 아이디어를 내재한(embedded) '정책기조의
역동적 변동이 급격한 패러다임 전환의 형태로 정책변동이 일어난다'고 주장하였

---

26) Rayner(2015), 64-67; Cairney and Weible(2015), 89-90 참조.

27) '패러다임'을 '아이디어의 틀'(a framework of ideas)이라고 하는 데서 알 수 있듯이(Hall, 1993:
279), 패러다임 자체를 '큰 아이디어'(big idea) 또는 '주요 아이디어'(major idea)라고 하거나
(Schmidt, 2011: 41, 42), '핵심 아이디어'로 이해한다. 핵심 아이디어는 Taylor-Gooby,
"Introduction," Taylor-Gooby(ed., 2013), 5; Stoker & Taylor-Gooby(2013), 239. 또 정책기조를 '정
책결정의 인지적·규범적 판(cognitive and normative templates)을 구성하는 정책아이디어'라고
표현하는 Skogstad & Schmidt(2011), 14도 참조.

28) 그는 'policy paradigm'을 프리즘(the prism) 또는 정책담론의 기초적/전반적 조건(underlying/
overall terms of policy discourse)이라고도 정의한다. 카슨 등은 인식의 기본 틀과 방향이란 의
미의 '하나의 공유된 개념적 모델'(a shared conceptual model)이라고도 부른다. Carson, Burns &
Calvo(2009), 22-24; 박정택,(2001), 1-18; Hall(1993), 275-296; Peter A. Hall, "Policy Paradigms,
Social Learning and the State", Paper presented to the International Political Science Association,
Washington DC., 1988; Peter A. Hall, "Policy Paradigms, Experts, and the State: The Case of
Macroeconomic Policy-making in Britain", in S. Brooks & A. G. Gagnon(eds.). Social Scientists,
Policy, and the State. New York: Praeger, 1990, 53-78 참조.

29) 이는 홀이 정책기조와 세 수준의 정책변동을 설명한 내용(1993; 278)을 매우 간명하고 통찰력
있게 '정책기조와 하위 구체적 정책 간의 관계'로 요약한 Kern, Kuzemko, & Mitchell(2015), 271
인용임.

다. 그 후 수많은 연구를 촉발시켜 이제 홀의 그 논문은 '고전'(a classic)으로 평가
받고 있다.30) 그의 가장 큰 공헌은 바로 '아이디어'의 중요성을 인식하고 그 아이
디어로서의 '정책기조'를 그의 분석에 끌어들인 점이었다. 그리하여 그가 제안한
정책변동의 유형론(typology)은 점증적(incremental) 변동과 급격한(radical) 변동 사
이에 필요한 가교(bridge)를 제공하였다.31)

그렇게 홀이 '정책기조' 개념을 중심으로 한 정책변동이론을 통하여 '아이디
어가 중요하다'(ideas matter)는 '아이디어 정치학'(ideational politics)을 주장하였다.
그가 이른바 '사회과학에서 아이디어로의 선회'(ideational turn)를 선도하면서32)
'아이디어 접근방법'을 통한 '아이디어' 혹은 -특히 정책과 관련된 아이디어라는
의미에서- '정책아이디어'(policy idea)에 관한 논의는 봇물 터지듯 쏟아져 나오게
되었다.33) 홀은 과학담론과 정책담론의 많은 유사점을 붙잡은 후, 헤클로(H.
Heclo, 1974)로부터 사회적 학습이론(social learning), 그리고 퍼즐풀이(puzzling) 대
(對) 권력작용(powering)의 대칭적 틀을 빌려와34) 그의 정책기조이론을 전개하였

---

30) 그 이전 산발적인 언급을 넘어 1993년 본격적인 정책기조 연구의 장을 연 Peter Hall의 논문을
레이너는 "규준적 준거"(the canonical reference), 스콕스태드는 '중요한 시금석'(touchstone)이라
고 규정하는 바대로 '고전'이라는 구미 학계의 평가는 일치한다. Rayner(2015), 61;
Berman(2013), 218; Baumgartner(2013), 239; Grace Skogstad, "Acknowledgements," G.
Skogstad(ed.), Policy Paradigms, Transnationalism, and Domestic Politics, Univ. of Toronto Press,
2011, vii. 스콕스태드가 편집한 이 책은 2008년 토론토대 공공정책거버넌스대학원이 국제화와
공공정책에 관한 일련의 세미나시리즈 중 '정책기조와 그 국제적 교류 현상'에 관한 1일간의
워크숍에서 발표된 논문들로 구성됐다.
31) Daigneault(2015), 46.
32) '사회과학에서 아이디어로의 선회'와 '아이디어 접근방법'의 확산을 통해 '아이디어라는 주제
의 학문적 역량'(ideational scholarship)을 끌어올리는 데 있어 홀의 선도를 말함은 그전에도
'policy paradigm'과 관련된 논문이 있었지만, 홀 논문(1993)이 씨앗을 뿌린 기여(seminal
contribution)로서 은유적으로 말하자면 '정치학에서의 패러다임 전환' 같은 것을 이끈 개척적
인(경로 파괴적인, path breaking) 영향을 끼쳤음을 강조한다. Pierre-Marc Daigneault, "Reassessing
the Concept of Policy Paradigm: Aligning Ontology and Methodology in Policy Studies," Journal of
European Public Policy, 21(3), 2014, 453, 466(주석 1); Kern, Kuzemko, & Mitchell(2015), 271;
Skogstad & Schmidt(2011), 3.
33) 아이디어 접근방법(ideational approach)은 '사람들의 행동에 대하여 아이디어적 요소에 의해 세
계를 해석한 결과로 설명하려는 접근방법'을 말한다. C. Parsons, How to Map Arguments in
Political Science, Oxford and New York, Oxford Univ. Press, 2007, 96; Daigneault(2014), 453 재인용.
34) Hugh Heclo, Modern Social Politics in Britain and Sweden. New Haven: Yale University Press,
1974, 305-306. 헤클로는 정책변동의 점증적(incremental) 과정을 설명하기 위하여 아이디어의
일종인 '사회적 학습'(social learning)이론을 개발하고 정책개발에 있어서 퍼즐풀이(puzzling, 즉
아이디어) 대(vs.) 권력행위(권력작용, powering)의 상대적 중요성에 관하여 논의하였다. 헤클로

다. 그리하여 홀의 이론은 정책과정의 서술과 이해에 있어서 '제도와 이익'을 중심에 놓으면서도 '아이디어'를 '안정과 변화'를 설명하는 일차적 요인(the primary factor)으로 보는 의미의 창을 열었다.[35]

> 홀의 이론은 ('권력'을 포함하여-저자 주) '아이디어', '이익', 그리고 '제도'를 가장 잘 조화시키고 정책행태(policy behaviour)에 미치는 아이디어의 영향력과 다른 결정요인들을 이론적으로 잘 통합시키는 가장 영향력 있고 가장 널리 사용되는 이론으로 여겨지게 되었다.[36] 홀은 그렇게 정책에 관하여 생각하고 보는 '정책사고'(policy-thinking) 자체가 어떤 특정 패러다임(그래서 보는 방식에 관한 아이디어)에 의해 지배되기 마련이라고 보았다.[37] 그래서 그의 '정책기조' 개념을 중심으로 정책과정에서 아이디어, 행위자 및 제도의 역할에 대하여, 그리하여 정책 역동성 (policy dynamics)에 대하여 더 깊이 이해하게 해 준 공로를 인정받고 있다.[38]

이제 정치와 정책의 안정과 변동에 대한 설명에 있어서 홀은 '정책기조'라는 개념을 도입하여 기존 정책기조가 유지되는 동안은 그것이 정치와 정책의 '안정' 을 제공하다가 여러 요인으로 새 정책기조가 득세해 기존 정책기조를 밀어내고 교체되는 기간 동안 일시적으로 급격한 '변동' 과정을 거치는 것으로 연결할 수 있게 되었다.[39]

는 "정책결정은 사회를 위한 집합적 퍼즐풀이의 한 형태"라고 했고, ─그렇잖아도 국가 내외부의 정책전문가들의 공동체의 행태를 분석함으로써 정치권력에 대한 중요한 어떤 것을 이해할 수 있다는 1980년대의 학문적 지향성도 반영하여─ 홀은 정책변동의 추동력으로서, 국가주도이론에 반대되는, 정책기조와 아이디어에 초점을 맞췄다. Baumgartner(2013), 250.

35) Carstensen(2015), 295. 그런데 홀은 '권력'(권위)도 당연히 거기에 포함시킴으로써 앞에서 본 정책관련 핵심 변수인 권력, 이익, 제도, 아이디어를 모두 통합적으로 파악한 창문을 연 셈이 되겠다.

36) Wilder and Howlett(2015), 101, 103.

37) 홀은 "정책결정자들은 습관적으로 아이디어와 표준의 틀…안에서 일한다.…나는 이 해석적 틀을 정책기조라 부르려고 한다."(Policymakers customarily work within a framework of ideas and standards…I am going to call this interpretive framework a policy paradigm.)고 표현하는데, 영국 정책학자 스토커와 테일러구비는 그것을 '정책사고'로 바꿔 표현하였다. Hall(1993), 279; Stoker & Taylor-Gooby(2013), 239.

38) Wilder and Howlett(2015), 111. '아이디어'는 '지식', '아이디어의 역할'은 '지식의 역할'이라고 해도 된다. Zittoun(2015), 117.

39) Rayner(2015), 62-64, 75-76; Cairney and Weible(2015), 89-90 참조. 이제 신제도주의자들의 제도 변화에 관한 입장은 제도의 안정(혹은 재생산)과 제도의 변화가 별개의 과정이 아님을 강조하고 있다. 하연섭(2011), 161.

그동안 아이디어 변수를 발견한 후 그 이전의 연구들도 아이디어 요인을 중시했으나, 모두 아이디어 변수(idea variables)와 물질적 혹은 제도적 요인(material or institutional factors)들을 서로 대립시켜 이원적으로 구분해 보았다. 그런데 홀에 이르러 비로소 아이디어와 제도를 통합시켜 정책 연구자들의 수십 년 묵은 문제의 설명을 도와 줄 통합된 교시적 틀(heuristic framework)을 제시한 성취가 이뤄졌다. 즉 정책은 변화 지향적이면서 연속적인 두 측면(both change-oriented and continuous)뿐만 아니라, 점진적이면서 혁명적인 두 측면(both incremental and revolutionary)을 모두 다 갖고 있다는 통합이었다. 또 홀은 정책의 구성요소(the constituent elements of policy)에 대하여 정책변동의 유형들과 연결시킴으로써 그것을 더 투명하게 설명할 수 있게 한 방법론적 개척자가 되었다.[40] 이제 학자들은 기존 '이익'이나 '권력'과는 구분되는 '신념'의 역할을 규명해 거기에 인과적 비중을 부여하는 방법으로, 정치와 행정 등 사회의 분석에서 '아이디어' 변수를 중요한 변수로 사용하게 되었다.[41] 아이디어는 '전체 체제를 휩쓰는 강력한 변동 세력'(powerful forces of change that sweep through the entire system)[42]이라거나, '집단

---

40) Wilder and Howlett(2015), 111-112. '정책의 구성요소'는 목표, 수단, 그리고 그 수단의 수단 등 계층적 연쇄체계를 이루는 정책의 구성요소이고, '정책변동의 유형'은 정책의 구성요소에 상응한 수준이나 순서로서 각각 목표에 상응한 3차, 수단 차원의 2차, 수단의 수단 수준의 1차적 변동을 말한다.

41) 이와 관련, 데니 로드릭(하버드대 케네디스쿨 교수, 경제학), "이익이 아니라 이념이 문제다," 한겨레, 2012.5.9.의 다음 기고 참조. "정치학에서 가장 널리 믿어지는 이론은 가장 간단한 것이다. 가장 힘센 자가 자신들이 원하는 것을 얻는다는 것이다. 금융규제는 은행들의 이익이, 보건정책은 보험회사들의 이익이, 조세정책은 부자들의 이익이 추동한다.…하지만 이런 설명은 완벽하기는커녕 때로는 틀리기도 한다. 이익은 고정되거나 미리 결정된 것이 아니다. 이익 그 자체는 이념(아이디어-저자 주)에 의해 형성된다. 우리가 누구이고 우리가 무엇을 이루려고 하고 세계는 어떻게 작동되는지에 대한 신념 말이다.…우리의 이익은 사실 우리 이념의 인질이다. 그럼 이런 이념들은 어디에서 오나? 우리 모두처럼 정책결정자들도 유행의 노예들이다. 무엇이 가능하고 바람직한가라는 관점은 시대정신, 즉 지배적인 이념에 의해 형성된다. 이는 경제학자 및 다른 학문의 지도자들이 좋거나 나쁜 많은 영향력을 행사함을 의미한다. 금융위기 이후 거대 은행들을 비난하는 것은 경제학자들 사이에 유행이 됐다. 경제학자들은 은행에 엄청난 이익을 보장해주는 환경이 마련된 것은 정치인들이 금융이익의 포로가 됐기 때문이라고 말한다. 그러나 정작 정책결정자와 규제당국으로 하여금 '월스트리트(금융가)에 좋은 것은 메인스트리트(제조업)에도 좋은 것'이라고 믿게 만든 것은 경제학자들과 그들의 이념이었다.…스스로 그렇게 자주 합리화했던 나쁜 이념들의 책임에서 쉽게 빠져나갈 순 없다. 영향력은 책임과 함께해야 한다."

42) Frank Baumgartner and B. Jones, Agendas and Instability in American Politics, Chicago, IL: Chicago Univ. Press, 1993, 237.

내 갈등 규제 기제로서 강력한 힘을 가진 확립된 규범'[43])이라고 강력한 독립변수
적 역할을 인정하게 된 것이다.

> 사실 라스웰로부터 본격적인 정책연구가 시작된 후, 창도연합, 다중흐름, 단속균
> 형 등과 같이 정책을 이해하기 위한 많은 이론적 틀이 제시되었다. 그런데 이들
> 이론적 틀들은 중요하게 '아이디어'(ideas)의 영향력을 강조하고 있는데, 세계관
> (worldviews), 이데올로기(ideologies), 인지적 여과(cognitive filters), 인과론적 신념
> (causal beliefs) 등이 그 예이다. 그리하여 사회과학의 연구에서 정책변동의 '통상적
> 혐의자들'(usual suspects)로 이익(interests), 제도(institutions), 사회경제적 조건
> (socioeconomic conditions) 등이 지목되고 있는 것과 함께 최근 '아이디어'(ideas)가
> 큰 관심을 얻고 있는 것은 전혀 놀랄 일이 아니다.[44])

특별히 'policy paradigm' 개념과 그에 의해 정책변동을 유형화한 홀의 연구
는 '아이디어와 다양한 정책변동의 정도' 사이의 관련성을 조명해 주고 있기 때문
에 학자들이 널리 사용해 온 '아이디어 이론틀'(ideational framework)을 대표하고
있다.[45]) 그리고 규범, 세계관, 공공정서, 문화, 이념 등 학자들에 의해 아이디어적
개념으로 사용되고 있는 것 중에서 'policy paradigm' 개념은 가장 인기 있는 개념
의 하나이면서, 또 가장 문제가 많은 개념의 하나로 여겨지고 있다.[46]) 그리고 특
별히 정책기조 아이디어는 '형이상학적 요소'를 가지고 있으므로 다음과 같이 '아
이디어 변수'는 '형이상학적 아이디어' 변수의 발견과 강조라고 이해할 수도 있다.

---

43) R. Axelrod, "An Evolutionary Approach to Norms," American Political Science Review, 80(4), 1986, 1095.

44) 결국 많은 아이디어 학자들은 행위자들이 처한 '제약과 기회', 그와 동시에 그 행위자의 '이익
과 선호'를 각각 형성하는 데 '아이디어가 중요하다'는 (암묵적인) 가정에 기반을 두고 있다.
그러므로 아이디어 학설은 다른 어떤 이론보다도 정치생활에서 어떻게 '내부적' 및 '외부적'
요인들 양쪽(both internal and external factors) 모두가 다 중요한가, 즉 행위자들이 처한 객관적
조건(objective conditions)과 아울러 주관적 이해와 특수한 사고과정(subjective understandings
and particular thought processes)이 어떻게 그들의 행태와 결과를 형성해 가는가에 대하여 더 명
확하게 생각할 수 있도록 돕는가를 잘 설명해 주는 잠재력을 갖고 있다. Berman(2013), 229,
232. 참고로 라스웰도 뉴딜정책을 성공시킨 케인즈이론과 같은 '아이디어'와 '창조적 상상력'
발휘의 중요성을 강조하였다. Lasswell(1951), 9, 12 참조.

45) Daigneault(2015), 43.

46) Daigneault(2014), 454.

정치학·행정학 등 사회과학이 정책결정의 기본적 근거에 접근하는 관점은 크게 보아 ① 정책행위자들의 합리적 계산(rational calculations)이나 물질적 이익 (material interests)의 동기에서 찾는 '합리적 요인'(rational factors)과 ② 그보다는 행위자들의 목표, 신념, 가치 등의 실현과 관련된 사회정치과정에서 찾는 '사회정치적(socio-political, 또는 사회학적, sociological) 요인'의 두 가지 대립적 관점이 있다. 그런데 정책기조의 연구는 바로 ② 사회정치적 요인론 속의 '아이디어 변수'(ideational variable)에 초점을 맞춘 것으로서 ① 합리적 요인론의 설명에 대한 근본적인 도전을 보여주고 있다. 이는 합리성이나 물질적 이익이 중요하지 않다는 것이 아니라, 그 합리성이나 이익도 역시 사회적으로 '구성된다'(constructed)는 것을 강조한다. 즉 행위자들이 목표, 신념, 가치 등에 관한 상호 의사소통 과정에서 자기 자신의 의미 있는 이익을 형성하고, 추구하는 결과를 합리화할 방안을 모색하게 된다는 것이다. 그리하여 특별히 'policy paradigm(정책기조)의 안정과 변화'를 주제로 삼는 학계의 연구는 패러다임 변동의 사회정치적 요인과 행위자의 신념체계를 중심으로 권력과 설득의 요소에 초점을 맞추고 있다.[47]

제 5 절 **정책기조이론의 시작과 개화(開花)의 촉매 역할: 홀의 이론**[48]

홀의 1993년 논문이 폭발적인 후속 연구를 이끈 이유는 무엇일까? 당시는 국가 중심의 접근방법(신국가론)이라는 새로운 사조의 학설이 등장해 정치생활의 영역을 전보다 더 잘 조명해 주고 있는데도 아직 그것을 충분히 알아채지 못할 정도로 기본적 통찰력이 부족하였다. 그런 상황에서 그 새로운 학설의 기본 주장과 교의를 명확하게 밝혀주었을 뿐만 아니라, 그 학설을 더 발전시키기 위한 논제 (정책아이디어로서의 정책기조이론-저자주)에까지 도전해 큰 호응을 얻은 것이 홀의 논문이었다. 이로써 홀의 논문은 사회과학의 이론적 개화(開花) 시기를 여는 촉매 역할을 했다고 평가받고 있다.[49] 이제 홀의 논지를 따라가 보자.

---

47) Béland & Cox(2013), 194; Wilder(2015), 26-28 참조. 합리적 요인론이 관찰 가능한 '물질적'(physical) 이익(interests)의 동기를 강조한 데 비하여, 사회정치적 요인론의 목표·가치·신념 등은 '물질적인 것을 뛰어넘는' 의미에서 흔히 '형이상학적인(metaphysical) 요인'이라고 한다.
48) 전문 연구자가 아닌 일반인은 이 부분을 생략하고 넘어가도 된다.
49) 이상 Berman(2013), 233, 218. 홀이 'policy paradigm' 개념을 개발하고 유행시킨 후, 그야말로

당시 미국 정치학은 당초 신마르크스주의자들이 개발한 여러 형태의 '국가론'(theories of the state)의 강한 영향을 받고 있었다. 그 중심 교의는 행정·입법·사법기관(관료)으로 이해되는 '국가'가 그 자체 공공정책의 본질에 중요한 영향을 미치고 있고 -전통적인 '다원론'에서 정책을 추동한다(drive)고 주장하는- 조직화된 사회이익과 선거연합으로부터 상당한 독립성(자율성)을 갖는다는 것이었다. 정책에 대한 전체 사회적 근원(sources, 사회 중심)을 강조하는 다원론에 대하여, 이 국가론은 때때로 좀 과도하기는 하지만(국가 중심), 유용한 교정이론(a corrective)을 제공해 준 셈이었다. 그 국가론에서 여전히 답변해야 할 질문을 안고 있었다. 즉 정책결정자들이 반응하는 주된 요인으로서 '다원주의가 규명한 종전의 사회적 압력 요인들이 아니라고 한다면 (그렇다면) 도대체 무엇이 -국가론에서 말하는 그런 국가- 행동을 야기하는가(what motivates state action?), 또 사회적 압력의 반응이 아니라고 한다면 (그렇다면) 그렇지 않은 정책과정에 대하여 어떻게 개념적으로 설명해야 옳은가(How are we to conceive of the policy process?)'라는 질문이었다.

그에 대한 국가론의 답변으로서 ① '국가이익'(국익, national interest)의 경우 국익의 정의 문제, ② 공직자들의 선호 및 관료정치의 산물의 경우 이론적 구체화가 부족한(underspecified) 다원론의 문제를 재현하는 문제, 심지어 ③ 정책유산(policy legacy)의 경우 정책유산 간 영향력의 차이의 문제 등을 해결해 주지 못하고 있었다. 이에 국가론이 찾아낸 대안은 ④ '사회적 학습으로서의 정책결정'(policymaking as social learning)의 개념이었다. '정치를 학습'으로 보는 관념은 오래 되었지만 현대의 가장 큰 통찰력은 바로 영국과 스웨덴의 정책결정에 관한 헤클로(Huge Heclo)의 실증 연구의 결론이었다. 즉 헤클로는 '정책결정은 권력(power)에 관한 문제일 뿐만 아니라 불확실성(uncertainty)에 대처해 해결책을 찾는

전 세계 수천 명의 학자들이 수많은 학술지에서 '정책결과의 결정인자'(a determinant of policy outcomes)로서 'policy paradigm'을 인용·언급하며 논의해 왔다고 한다. Wilder(2015), 19. 또 정책기조(PPP, Public Policy Paradigm 또는 a PP paradigm, Carson, Burns & Calvo, 2009: 28) 이론에 대한 관심이 급증하자, 정책·행정·제도에 관한 국제 학술지 'Governance'는 2013년 특별히 'Policy Paradigm'의 분석에 초점을 맞춰 이 분야 선구자인 홀의 권두사격인 'Commentary'와 함께 6편의 논문과 5편의 서평을 게재한 특별호(Special Issue on the Politics of Policy Paradigms, 제26권 제2호)를 발간하기도 하였다. 또 미 보스톤에 있는 이름 있는 Suffolk Law School에서도 2011년 2월 11일 Workshop on Policy Paradigms을 열었다. Blyth(2013), 213.

문제’로서, ‘정부는 권력작용(powering) 뿐만 아니라 문제풀이(puzzling)’ 기관이라고 주장하였다. 특히 이 문제풀이와 관련, ‘정책결정은 사회를 위한 집합적 문제풀이의 한 형태’이고, ‘많은 정치적 상호작용은 바로 정책을 통하여 표현되는 사회적 학습 과정’이라고 주장하였다.50)

바로 이 ‘문제풀이의 사회적 학습’(이하 ‘사회적 학습’) 관념이 현대 국가론의 핵심 요소, 곧 정책결정의 핵심 요소로 파악되고 있었다. 그런데 홀은 여기에도 두 가지 큰 문제가 있다고 보았다. ① ‘사회적 학습의 역할’은 곧 ‘정책결정에서 아이디어의 역할’을 강조하는 셈인데도(홀의 이 통찰력에 유의 바람) 그 ‘아이디어’가 정책과정에 어떻게 끼워 맞춰지는가에 관한 전체적 방식, 혹은 어떻게 변하는가에 관한 명확한 설명을 아직 개발하지 못했다는 점이다. ② 사회적 학습 과정이 국가 자율성 개념을 생각만큼 완벽하게 설명해 주지는 못한다는 점이었다. 사회적 학습 과정이 국가 내부의 자율성으로 일어나기보다는 외부 전체사회의 동향에 더 영향을 받는다고도 할 수 있지 않는가의 의문이 남는다는 것이다.51) 이에 국가론도 사회적 압력으로부터 국가 자율성을 강조하는 ‘국가중심론’(state-centric)과, 국가 자율성을 덜 인정하면서 국가 외부의 이익집단, 정당, 기타 행위자들의 상대적 중요성과 국가의 구조와 과거 활동의 영향을 인정하는 ‘국가구조론’(state-structural)으로 구분할 수 있다는 것이다. 이처럼 홀은 국가론의 블랙박스52)로 남아있는 문제들을 확인하고, 그 문제들을 해결하기 위해 ‘사회적 학습의 본질’과 더 넓게는 ‘정책의 일반적인 변동과정’을 규명하고자 한다는 논문의 목적을 밝힌다.

더 구체적으로 ① 아이디어와 정책결정의 관계, ② 정책변동에서 아이디어의 역할, ③ 사회적 학습과정이 조직이론에서와 같이 상대적으로 점증주의적(incremental)인가, 정치변동론(political change)에서 일반적으로 적용되고 있는 격변과 ‘단속균형’(punctuated equilibrium) 같은 것인가,53) ④ 사회적 학습의 주된

---

50) Heclo(1974), 305-306; Hall(1993), 275-276; Berman(2013), 219.
51) 국가론 등에서 ‘국가(state) 내부’의 개념은 ‘조직화된 이익을 추구하는 이익집단, 그것을 대표(이익의 결집·대표·표출)하는 정당과 정책연합세력 등의 전체 사회(society)’와 대비되는 의미, 곧 ‘그런 외부 사회의 압력을 배제한 자율적인 국가관료(기구)에 한정’된 의미로 사용된다. 따라서 ‘국내’와 ‘국외’와 같은 개념으로 오해해서는 안 된다.
52) Berman(2013), 219.

행위자가 관료인가, 정치인과 전체사회집단인가, ⑤ 사회적 학습과 국가 자율성의 관계에서 국가와 사회의 관계는 어떻게 보아야 하는가 등의 질문을 탐구하고자 한 목적을 밝힌다. 그리고 그는 오래 전부터 사회적 학습 개념과 연계된 지식 집약적 분야이기 때문에 그런 학습 개념을 적용하기에 가장 적절한 (1970-1989년간 영국의) '경제정책기조'의 사례를 택해 분석하고자 한다.54)

이제 홀은 본격적으로 당시 (헤클로를 포함한) 국가론자들이 제시하고 있는 다음 세 가지의 특징으로 요약할 수 있는 사회적 학습 개념으로부터 논의를 풀어간다. ① 어떤 시기(time-1)의 정책에 영향을 주는 주된 요인의 하나는 바로 그 이전 시기(time-0)의 정책이다. 즉 정책에 대한 가장 중요한 영향을 주는 사회적 학습은 사회경제적 조건보다도 '이전 정책 자체'(previous policy itself), 곧 '정책유산'(policy legacies)이나 '이전 정책에 대한 의미 있는 반응'이다. ② 사회적 학습과정을 추동하는 핵심 행위자는 해당 분야의 공직자와 그에 조언하는 전문가로 보고 상대적으로 정치인의 역할을 경시한다. ③ 따라서 사회적 학습과정에서 사회적 압력으로부터 자율적으로 행동하는 국가의 역량을 강조하고, 사회경제적 사태 전개, 선거, 정당, 조직화된 이익집단 등 외부요인을 경시한다.

이에 대하여 홀은 헤클로의 '사회적 학습으로서의 정책결정'이 정치생활에 있어서 '아이디어의 역할'에 대한 강조로 이어진 데 주목하고, 그 학습 개념을

---

53) 홀의 논문 전체에서 '단속균형'에 대하여는 서론격인 이 본문 내용(277쪽)으로 딱 한 번 언급하고, 결론 부분 중 사례분석의 검증 사항으로서 "정책은 특정 궤적의 형태를 보여준다. (거기에서) 정책패러다임이란 존재가 오랜 기간 정책의 연속성을 유지시켜주다가 때때로 그것을 중단시키는 패러다임 쉬프트(패러다임 전환)를 경험하게 되는 과정을 만들어낸다"라고 언급하면서(291), 그 주석(63번)에서 "그런 점에서 정책패러다임이란 존재가 스티븐 크래스너가 확인한 '단속균형'과정을 설명해 주는 데 도움을 줄 수 있다"고 부연 설명한 것이 전부이다. 이는 ① 홀이 정책기조이론에서 단속균형모형을 어떻게 취급·평가하고 있는가, ② 흔히 정책학이론에서 중시(또는 언급)하는 단속균형이론은 어떤 관점으로 보아야 하는가 등에 대하여 일정한 시사점을 제공해 준다. 한 마디로 단속균형모형은 그 속에 정책패러다임(정책기조)의 개념이 없는, 따라서 그 현상의 인과적 메커니즘과 그 과정 등을 설명해 줄 수 없는 모형(이론)이라는 것이다. 그것은 '패러다임'이란 개념이 빠져 있고, -그래서 발생의 원인과 과정을 '외부 환경 변화의 영향' 정도로 설명한 채- 그 발생하는 현상(결과)만을 관찰해 묘사한 한계를 안고 있다 (그것은 차용 출처인 엘드리지와 굴드가 속한 고생물학의 특성에서는 '진화론의 한 대안 이론'으로서 적절할 수 있는 것과 다르다고 볼 수 있다). 그런데 피터 홀은 그 한계를 극복할 수 있는 '정책패러다임'(정책기조) 개념을 처음으로, 그것도 정교한 논리에 의해 성공적으로 도입한 공로를 인정받고 있는 셈이다.

54) Hall(1993), 276-277.

받아들이되 그 이전의 학자들보다 더 분명하게 정의한다. 즉 '개인이 과거 경험을 포함한 새 정보를 배우고 익혀서 행동에 적용'하는 일반적인 '학습' 개념을 토대로, '사회적 학습'을 "과거의 경험과 새로운 정보(정책 관련 지식 등)에 반응하며 정책의 목표나 기법을 조정하려는 의도적 시도"라고 정의한다. 그런 후, 그런 '사회적 학습의 결과로 정책이 변화할 때 학습이 일어난 것'으로 보기로 한다. 그리고 홀은 학습과정이 정책의 변동 유형에 따라 다른 형태를 띨 것이란 가능성을 염두에 두고, 사회적 학습 개념을·분할해서(disaggregate) 정책결정을 대체로 다음 세 가지 중심 변수(central variables)를 포함하는 학습과정으로 생각해 봐야 한다고 주장한다.

즉 ① 특정 영역에서 정책을 지도해 주는 포괄적 정책목표(overarching goals), ② 정책목표를 달성하고자 이용되는 정책수단(policy instruments), 그리고 ③ 정책수단의 구체적 설정(settings of policy instruments)에 해당하는 각 수준의 변수이다. 예컨대 정책목표가 노인의 경제적 빈곤 완화라면 그 수단은 노령연금이 되고, 그 수단의 설정은 연금 급여 수준이 될 것이다. 이에 정책의 목표나 수단의 급격한 변혁과 함께, 그와 연계된 단순한 급여 수준의 변경을 구분해서 학습과정을 볼 필요가 있다. 즉 뚜렷이 구분되는 정책변동의 세 유형에 따른 학습의 유형(수준)도 ① 1차적(first-order) 정책변동에 따른 1차적 학습, ② 2차적 정책변동에 따른 2차적 학습, 그리고 ③ 3차적 정책변동에 따른 3차적 학습의 과정이 서로 다른 각각의 행위자들과 함께 내포돼 있다고 상정해 볼 수 있다.[55]

이에 홀은 그런 사회적 학습이 어떻게 일어나는가를 이해하기 위해서는 '아이디어'가 정책결정에서 중요하다는 사실(역할)을 넘어서서 그 과정을 온전히 설명할 필요가 있다고 생각하였다. 그는 1970년-1989년간 영국 경제정책기조의 사

---

55) Hall(1993), 278. 영국경제정책기조에서 각 수준의 예는 ③ 정책목표 수준에서 케인즈주의에서 통화주의로 3차적 정책변동의 학습, ② 정책수단 수준의 2차적 변동의 학습에서는 새 통화량의 통제 제도의 도입, 공공지출의 통제를 위한 현금 지출 상한제의 개발 등, ① 정책수단 설정 수준의 1차적 변동의 학습에서는 대출금리의 조정, 연도별 예산의 조정 등이라고 한다. 그리고 학습의 결과로 반드시 정책이 더 좋아지거나 효율적으로 되는 것을 의미하지는 않고 잘못된 학습도 있을 수 있다고 본다(278-279, 293). 또 그는 Argyris & Schon의 이중 학습(deutero-learning), 즉 정책결정자가 '학습하는 방법을 학습'하는 '4차적 학습' 과정을 생각해 볼 수 있으나 연구 범위를 넘어서는 주제이므로 제외한다(293, 주석 21).

례를 통해 정책결정에서 학습과정이 어떻게 진행되는가를 검증해 보았는데, 위
세 가지 변동 유형을 확인했다고 주장한다. 즉 ① 과거의 경험과 미래 예측에
토대를 두고(사회적 학습) 전반적 목표와 수단의 변경 없이 수단 설정 차원의 빈번
한 변경인 1차적 변동과정, ② 과거의 불만스런 경험과 새로운 지식에 의거, 목표
변경 없이 수단 차원의 변경인 2차적 변동과정, 그리고 ③ 케인즈주의에서 통화
주의로 경제정책기조가, 즉 전체 세 정책요소들이 통째로 동시에 급격하게 전환
되는 상대적으로 드문 3차적 변동과정을 확인할 수 있었다.

이로써 기존 사회적 학습 개념이 '정책결정에서 아이디어가 핵심'이라는 중
요한 사실 이상을 말해 주지 못한 한계가 있었는데, 이제 그 '아이디어가 수행하
는 역할'에 초점을 맞춘 아이디어 중심의 설명이 필요함을 확인하게 되었다. 그래
서 앤더슨이 정책과 관련해 중시한 '담론'(discourse)과 '아이디어와 표준의
틀'(system of ideas and standards)[56]에 주목하고 더 깊이 탐색한다. 그리고 마침내
쿤이 제시해 유명해진, 전혀 다른 세계관의 공약불가능한(incommensurable) 아이디
어인 '패러다임' 개념을 도입하게 된다('아이디어'와 '패러다임'의 연계에 유의). 즉
그는 이 분야 연구의 유명한 인용구가 된, 다음과 같은 획기적인 '정책기조' 개념
을 도입한다.

"정책결정자들이 습관적으로 정책의 목표와 목표 달성의 수단뿐만 아니라 다루
게 돼 있는 당해 문제의 그 성격까지도 구체화해 주는 일단의 아이디어와 표준의
틀 속에서 일하는데, 그 틀은 게슈탈트처럼[57] 정책결정자들이 그들의 직무 수행에
관하여 의사소통하는 바로 그들 용어 속에 내재돼(embedded) 있고, 그 대부분이
당연시되고 전체로서 거의 의심의 대상이 되지 않은 바로 그 점 때문에 영향력이
있다. 나는 바로 이 '해석적
틀'(interpretive framework)을 'policy paradigm'(정책기조)이라고 부르기로 하겠
다."[58]

56) Charles Anderson, "The Logic of Public Problems: Evaluation in Comparative Policy Research,"
Douglas Ashford(ed.), Comparing Public Policies, Beverly Hills: Sage, 1978, 23.
57) 유명한 '아가씨-노파'나, '오리-토끼'의 그림의 예와 같이 동일한 지각 대상도 그 이론적 배경
이나 선 지식(prior knowledge)에 따라 어떤 지각 대상을 개별적 부분의 조합이 아니라 전체(전
체로서의 형태, 독일어 Gestalt)로 인식하는 것을 말한다.
58) Hall(1993), 279. 원문은 후술함.

　　결국 사회적 학습, 아이디어, 담론 및 아이디어와 표준의 틀, 해석적 틀, 패러다임, 정책패러다임(정책기조)이 논리적으로 연결돼 있음을 알 수 있다.

　　홀은 정책패러다임이 쿤의 과학패러다임과 같고, 따라서 정책결정의 학습과정에 관한 가설을 설정하는 데 정책기조를 활용할 수 있다고 주장하였다. 이어서 홀은 영국 거시경제정책결정이 분명히 이 정책기조 개념을 둘러싸고 이루어지고 수준에 따라 변동의 규모(the magnitude of the changes)도 다르게 나타나는, 서로 다른 정책변동의 유형(the different kinds of policy change)이 있다는 사실을 확인한다. 즉 쿤의 말대로 1차 및 2차적 정책변동은 ―쿤의 '정상과학'처럼― 기존 정책패러다임의 전반적 조건의 변동 없이 정책을 조정해 연속성을 유지해 가는 '평상적 정책결정'이었다.59) 이에 비해 3차적 변동은 ―쿤의 '패러다임 쉬프트'처럼― 기존 정책담론(패러다임)의 포괄적 조건을 급격하게 변화시키는 간헐적 불연속성의 특징을 보였다. 이때 1·2차적 변동이 자동적으로 3차적 변동으로 연결되지 않았는데 그 역방향으로는 연결된 특별한 사실을 확인하였다(과학의 변동과 같은 점이다). 그래서 점증주의와 만족모형(satisficing)의 학습에 의한 일상적 정책결정으로서의 1차적 변동 및 그보다 더 나아간 쓰레기통 모형 등의 학습에 의한 전략적 행동의 2차적 변동에 대해서는 기존 많은 (사회적 학습의) 연구대로 설명이 가능했다. 그런데 그와 전혀 다른 학습으로서, 1-2차 변동의 결과와 자동적으로 연결되지 않는 불연속적인 3차적 변동 과정에 대해서는 적절하게 설명해 줄 수 없고 그 연구는 너무나 부족함을 발견하였다.

　　그는 이것이 다음 세 가지 함축적 의미(가설)를 갖는다고 보았다. ① 정책기조의 교체는 ―전문가의 전문기술적 자료와 견해의― 과학적 성격이라기보다는 사회학적(sociological) 성격을 보일 가능성이 높다. 즉 그 교체는 경쟁하는 집단의 논쟁에 달려있을 뿐만 아니라 더 넓은 제도적 틀(institutional framework) 안에서 지위의 우위(positional advantages), 동원 가능한 부수 자원, 주장할 만한 힘에 영향을 미치는 외생적 요인 등 궁극적으로 정치적인 의미(political in tone)를 내포한

---

59) 정책에 있어서 쿤의 '정상과학'(normal science)에 해당하는 '평상(적) 정책'(normal policy)인데, 그 자세한 설명은 저자의 다른 책 <정책철학의 새로운 접근> 참조.

판단에 달려있다. ② 권위의 문제가 패러다임 변동 과정의 중심일 가능성이 높다. 전문가들의 -특히 전문기술적인 쟁점에 대한- 상충된 견해 속에서 정치인들은 누구 의견을 더 권위적으로 여길 것인가를 결정해야 하고, 정책공동체는 쟁점에 대한 권위의 경쟁을 하게 된다. 곧 정책에 대한 권위의 소재(the locus of authority)의 의미 있는 전환이 있고 난 후 패러다임의 교체가 일어난다. ③ 정책실험과 정책실패가 패러다임 교체의 핵심 역할을 수행할 가능성이 높다. 이변(異變)의 발생으로 위협이 누적되고, 그에 비해 현 패러다임의 확장에 의한 임기응변의 대처에도 불구하고 점차 그 지적 일관성과 정밀성을 훼손시키는 실험들이 현 패러다임과 그 주창자들의 권위까지도 훼손시켜, 결국 정책실패로 이어질 것이다.60)

이제 홀은 새로운 개념적 틀인 '정책기조' 개념을 도입해 '확대된 사회학습의 이미지'(the expanded image of social learning)로 '세 가지 수준에서 사회적 학습과정이 일어나는 정책변동 과정'을 분석하게 된다. 그 대상이 영국 거시경제정책결정 사례이다. 그 사례분석 결과 거시경제정책결정이 분명히 케인즈 아이디어(Keynesian ideas)나 통화주의 아이디어(또는 이론·이념·교의)와 같이 그런 정책기조를 중심으로 이뤄지고 있음을 확인한다. 결국 패러다임의 교체에 의한 3차적 변동 과정, 새롭게 확대된 사회적 학습의 과정, 그리고 정책행위자의 관여와 그들의 사회적 학습에 의해 발생된 학습의 범위 등을 규명하는 획기적인 '정책기조의 변동과정'을 새롭게 제시하게 된다.

즉 '국가 내부 관료와 전문가'에 의해 자율적으로 일어나는 1차-2차적 정책변동은 국가중심론의 표준적인 사회적 학습 모형과 아주 잘 맞아떨어졌다. 그와는 달리 3차적 변동인 정책기조 수준의 변동은 궁극적으로 그 성격상 -경제정책인데도 순수한 경제적 기준만이 아니라- 정치적인 판단을 요구하고, 광범위한 제도적 틀 내에서의 정치적 위상, 부수 자원 등 기타 외부 요인이 중요하게 작용하였고, 그 발생된 학습 유형도 1차 및 2차적 변동의 경우와 완전히 달랐다. 3차적 변동에서는 과거 정책에 대한 반응으로만이 아니라 새로운 아이디어와 널리 사회전체적인 갈등과 논의에 의해 크게 영향을 받음으로써, 학습의 유형과 인과적

---

60) Hall(1993), 279-281.

기제·과정뿐만 아니라 행위자들도 완전히 달랐다. 그런 정책담론(이것이 아이디어 중심으로 이루어짐)의 경쟁 과정에서 정치인들이 주도적인 역할을 하고(정치적 담론이 됨), '국가 외부'의 국가구조론적으로 언론, 이해집단, 정당들이 선거에서 경쟁하는 것과 같은 전체사회적 논의(societal debate)에 반응하면서 '정책기조'가 변동하였다. 특히 쿤의 '패러다임 변동과정'에서 보듯이 '정책기조의 변동'도 정책기조의 형성과 안정화, 이변의 누적, 실험, 권위의 단편화, 경쟁, 새로운 정책기조의 제도화 등이 차례대로 일어나고 있는 것을 경험적으로 확인할 수 있었다고 했다.[61]

　　이에 따라 홀은 다음과 같은 결론을 제시하였다. 즉 ① 국가–사회 관계의 엄격한 이원화보다는 그 중간 영역의 정당, 이익집단과 같은 중간 매개 집단뿐만 아니라 언론, 시장의 압력과 같은 제약, 경제 사상과 같은 외부 시장의 확대 등의 메커니즘을 추가하여, 국가와 사회 사이에 아이디어의 교류(a flow of ideas)로 연결되는 '확대된(expanded) 국가–사회 관계'의 개념과 '확대된 사회적 학습'의 개념이 필요한 것을 주장하였다. 또한 ② '권위의 문제'가 정책기조의 변동 과정에 중심적인 문제이며 정책에 대한 권위의 소재(locus of authority)의 의미 있는 전환이 먼저 선행하게 된다는 점을 강조하였다. 또 ③ 정책실험과 정책실패가 중요한 역할을 수행하고 있음을 밝혔다. ④ 정당이 선거로 권력을 쟁취하는 바와 같은 –좁은 의미의 사회적 학습만에 의하기보다는– '권위의 소재의 변동'이 정책기조의 변동과 형성에 중요하다고 강조하였다. 그리고 ⑤ 정책기조의 변동은 권력을 쟁취함으로써 그들의 이익을 반영, 실현하고자 한다는 전통적인 권력 추구의 과정(powering, 권력 변수)일 뿐만 아니라, 언론, 정당 및 정치인, 공직자, 학자 등이 공론화 과정을 통하여 공공문제의 해결을 추구하기 위하여 아이디어(ideas)를 찾는 심도 있는 지적인 문제풀이(puzzling)로서의 일종의 사회적 학습과정(아이디어 변수)이기도 함을 제시하였다. 그래서 '권력 기반의 정치모형'과 '아이디어 기반의 정치모형'의 엄격한 구분이 타당하지 않다고 주장하였다. 또 ⑥ 정책결정과정은 일단의 '제도들'(institutions)에 의해 구조화되는 것과 똑같이 특정한 '아이디어' 집

---

61) Hall(1993), 284-287, 291.

합에 의해서도 구조화됨을 제기하였다. 제도와 아이디어는 상호 보완적이기도 하지만, 그러나 아이디어는 제도 변화를 지원하고 유도하기도 하는 바와 같이 어느 정도 제도에서 독립되는 지위를 갖기도 한다.62) 그리고 ⑦ 정치에서의 물질적 이익(이해관계)뿐만 아니라 비물질적인 아이디어의 역할과, 아이디어의 교류에 의하여 국가와 사회가 서로 연결된다는 점에 주목해야 한다고 주장하였다.

이상과 같은 정교한 논지를 전개하면서도 홀 자신은 정책결정의 모형화는 특히 어렵다는 점이 입증되었고, [정태적이고 일회적(즉 공시적)인 국가 간 정책 비교에 치중하느라 상대적으로 소홀히 했던 주제인] 시간의 경과에 의한(즉 통시적인) '정책의 진화'(the evolution of policy over time)에 대한 연구가 더 필요하다고 밝혔다. 그러면서 '사회적 학습 관점'이 크게 기여한 점은 바로 '정치에서 아이디어의 역할'에 대한 우리의 관심을 일깨워준 것이라고 하고, 자신의 기여는 '정책기조 개념을 중심으로 아이디어가 정책결정의 조건이 되는 방식과 아이디어의 변화 방식'을 구체적으로 제기한 점이라고 밝혔다.63)

이처럼 홀의 개척적 논문은,64) 미국정치학에서 '권력'과 '아이디어', '아이디어'와 '제도'를 결합할 뿐만 아니라 '국가론'과 '다원주의론' 사이의 균형을 위해 '국가를 다시 불러들인' '신국가론'이라는 더 넓은 노력의 과정에서 나왔다.65) 그리고 홀 논문의 여파와 흥분으로 인하여 국가론 연구는 다양한 방향으로 폭발하였다. 그 가장 직접적이고 풍성하게 뻗어나간 가지 하나가 그 자신도 속해 있던 역사적 신제도주의였다.66) 이처럼 정책연구의 그 모든 학파 중에서 '신제도주의'

---

62) 흔히 사회적 압력에 버틸 수 있는 국가의 역량은 '국가의 제도적 구조'에 달려있다고 하는데, 홀은 히드와 대처 정부의 사례를 들어 일정 정책 분야에서 국가의 자율성은 거기에 '일관성 있는 정책기조가 존재하는가' 여부에도 달려있다고 주장한다. Hall(1993), 290.

63) Hall(1993), 289, 290, 292.

64) 홀의 논문이 영향력 있는 것은 보통 다음 세 가지의 '모델의 우아함'(the elegance of the model), 즉 ① 세 가지 변동의 수준, ② 단순하고 복합적인 학습, ③ 국가와 사회 양 쪽 모두를 공동결정요인 행위자(codetermining actors)로 본 점이 지적되고 있다는 점은, Blyth(2013), 197 참조. 그는 여기에 자신의 것을 하나 덧붙이는데, 그것은 ④ 국가와 사회를 모두 다 포함시키기 위하여 사회적 학습이 일어나는 정책기조의 인과적 설명에 서로 상충되는 존재론적 논리, 즉 베이즈식(Bayesian) 관점과 구성주의(constructivist) 관점을 통합시키려 한 시도를 든다.

65) Hall(1993), 275; Carstensen(2015), 297.

66) 정책결정과 더 일반적으로는 정치적 결과를 생성하는 데 있어서 국가는 강력하고 독립적인 행위자이기는 하지만, 좁게 정의된 국가라는 매개변수를 넘어서서 더 넓은 범위의 제도들(그리고 그 안에 내재하는 개인들과 집단들), 즉 더 많고 더 다양한 수와 집합의 행위자들과 독립적

가 원래의 '정책기조' 개념과 가장 밀접하게 연결돼 있다. 그리고 '정책기조'라는 아이디어의 특징적인 많은 강점과 약점도 피터 홀의 논문과 관련해서, 그리고 그 논문이 추구하는 -정치생활에서의 '제도의 역할'에 관한 부활된 관심과 관련된- 신제도주의의 더 넓은 맥락에서 나오고 있다.[67] 다음 지적이 그것이다.

> 신제도주의와 정책기조에 관한 그동안의 이론적 논의의 주제는 전체 큰 맥락에서 볼 때 '변화'(change), 이를 조금 더 확장하면 '안정'(stability)의 설명이다. 안정과 변화의 설명이야말로 지난 20여 년 이상 정치학, 사회학, 정책학, 기타 학문의 이론가들의 주된 관심이 돼 왔고, '패러다임'에 관한 끊임없는 관심도 큰 부분에서 바로 변화를 둘러싼 이론적 논의에서 그 패러다임 개념이 수행하는 역할에서 비롯되고 있다. 신제도주의는 제도의 속성상 '안정'을 자연스런 사물의 질서로 받아들이는 경향 때문에 변화를 설명하기 어려운 난관에 부딪히고 있었는데, '패러다임' 같은 개념을 만나면서 그 난관에서 탈출할 수 있는 길을 약속해 주는 실험의 비옥한 토양을 제공해 주고 있다.[68]
>
> 정책아이디어라고 하면 정책변동과 관련해 (1) 누가(누구이며 단일인가 복수인가의 주체), (2) 왜(추진하거나 방해하는 동기), (3) 어떻게(추진하거나 방해하는 방법과 메커니즘), (4) 어떤(신념, 규범, 문화, 이념 등의 일반적 의미와 정책변동과정에서의 특정적 역할 및 그 차이) 아이디어를 갖고 관여하는가에 대하여 구체적으로 대답할 필요가 있게 된다. 그 예비적 대답으로 홀은 분명하게 ① '정책기조' 개념과 ② 다른 정책이론가들과 꼭 신제도주의자라고는 할 수 없는 학자들이 제시한 그보다 더 넓은 '사회적 학습'이란 또 다른 아이디어, 그리고 ③ 1차, 2차, 3차라는 '수준

___

[67] 변수들을 그들의 분석 안에 포함시켰다. 또 행위자의 동기와 이익 및 인과적 경로와 관련해, 역사적 제도주의는 제도의 정책결정과 정치적 결과에 대한 영향을 때로는 명시적으로, 때로는 암묵적으로 다양하게 탐구하는 쪽으로 나아갔다. 요컨대 역사적 제도론자들은 국가론의 여전한 약점과 빈틈에도 불구하고 많은 통찰력을 성공적으로 확대시켰다. Berman(2013), 220-221. 예컨대 다음과 같은 설명이 가능해졌다. "정책기조가 제도화되면 그것은 전체 공동체의 자원을 생산하고 배분하는 것을 정해주고 편익과 관련 비용의 배분 지침을 제시해 주며 권력관계의 틀도 만들어주고 신제도론이 중시하는 '적절성의 논리'(logic of appropriateness)도 정의해준다." Carson, Burns & Calvo(2009), 24. 그리하여 분명한 것은 아이디어 변수와 제도 간 상호 긴밀한 연결이 있어서 아이디어 변수가 제도의 형성에 결정적인 역할을 수행할 수 있고, 또 역으로 아이디어는 제도화되어야만 독립적인 형태로 정치적 삶에 영향을 미칠 능력을 확보하게 된다는 점이다. Berman(2013), 230. '적절성의 논리'는 신제도론 주창자인 March & Olsen이 자기 이익의 극대화를 위한 계산에 기초해서 개인이 행위한다는 '결과성의 논리'(logic of consequentiality)를 비판하면서 그 대신 제도가 구체적 상황에서 개인이 취할 수 있는 적절한 행위가 무엇인지를 정해준다고 설명하는 과정에서 붙인 이름인데, 근래에는 그 두 논리가 다 작용하고 행위의 맥락에 따라 상대적 중요성이 달라진다고 본다. 하연섭(2011), 20-21, 130-131.

[68] Rayner(2015), 76.

(levels) 또는 순차'(orders)를 도입하여 정책변동을 설명하였다. 즉 정책목표는 그대로인 채 정책수단과 그 배치의 미세조정에 해당하는 1차와 2차적 변동, 그리고 뚜렷하고 급격하게 정책목표가 바뀌는 3차적 변동을 구분하는 의미의 변동이었다. 그는 (1) '누가'와 관련해 1차와 2차적 변동은 '정책전문가공동체'(policy expert communities)가, 3차적 변동은 그보다 더 넓은 '사회적·정치적 세력'(social and political forces)이 관여한다고 주장하였다(특히 2013년에 정책기조 아이디어의 그동안의 경과와 관련해 그가 강조함). 그렇지만 (2) '왜의 동기'와 (3) '어떻게의 메커니즘' 부분은 여전히 설명이 부족한 상태이다. 그래서 다른 학자들에 의해 ⓐ 정책학습과 사회적 학습을 구분하거나, ⓑ 의사소통적 담론과 조정적 담론(communicative and coordinative discourse)의 구분을 도입하거나, ⓒ 학습 메커니즘으로 복귀해서 메커니즘 문제에 대처하려는 시도도 나왔다.[69]

이와 같이 신제도주의 학파에서 제기한 '안정과 변화'의 퍼즐을 해결하기 위하여 홀에 의해 도입된 '정책기조' 개념은 쿤의 정상과학처럼 패러다임 내에서 정책수단과 그 수단의 설정·배치를 다루는 점증적 접근법의 상대적인 안정을 기존의 틀 안에서 잘 설명해 주었다. 그뿐만 아니라, 쿤의 과학혁명과 같이 한 패러다임이 다른 패러다임에 양보하는, 상대적으로 드문 급격한 변화까지도 잘 연결해 주는 강력한 원천이 되었다.[70] 요컨대 우리는 정책의 안정과 변동이란 역동성을 이해하고자 한 홀의 정책기조이론(1993년)을 매개로 국가론에서(역사적) 제도주의로, 다시 아이디어학설로 이어지는 아주 논리적인 학설의 진행이 있었던 것을 확인할 수 있다고 하겠다.[71]

---

69) Rayner(2015), 67-68, 77.
70) Rayner(2015), 64-65.
71) Berman(2013), 227.

제 4 장

정책체제 내 정책기조의 구조와 유형

한 공동체의 전체 정책체제 내에는 다양한 내용의 수많은 정책기조가 존재한다. 그런데 그 수많은 정책기조는 전체 정책체제 내에서 각각 독립적으로 존재하며 그 기능을 수행하는 것이 아니다. 그들은 공동체의 내부적·외부적으로 연결된 전체 정책체제 내에서 일련의 수직적·수평적(종횡)인 상호 연결 구조를 이룬다. 그러면서 다양한 내용으로 여러 가지 중요한 기능을 수행한다. 그래서 정책체제 내 정책기조의 구조와 기능이라고 표현한다. 먼저 정책기조의 구조부터 살펴보기로 하겠다.

먼저 정책기조는 한 공동체의 내부적·외부적으로 연결된 전체 정책체제 내에서(그런 의미에서 '정책기조 자체의 구조'가 아님) 상위와 하위의 수직적 형태의 구조로, 각 계층별로 위계질서를 띠면서 존재한다. 그리고 또 그것은 각 정책분야에 따라 수평적으로 다양한 내용을 띠고, 때로는 협조적(보완적)으로, 때로는 경합적으로 서로 영향을 주면서 존재한다.[1]

제 1 절 **정책기조의 정책체제 내 수직적 구조**

인간이 추구하는 가치들 사이에는 가치의 위계구조 또는 계층구조(hierarchy)가 존재한다. 즉 인간이 추구하는 '목표의 가치'가 있으면, 바로 그 목표를 달성할 수 있는 '수단의 가치'가 있다. 그들 목표-수단의 가치 간에는 복합적인 연쇄사슬

---

1) 한 공동체 내 정책체제에서 여러 정책기조들은 수직적이고 수평적인 관계로 짜여 있기 때문에 이러한 구조화된 모습(체계)을 '건축물'(architecture)에 비유하기도 한다. 또 그 각각의 정책기조는 그 구조화된 체계 안에서 그 나름대로 합당한, 즉 더 (우선순위가) 높거나 낮거나, 더 중요하거나 더 중요하지 않은 등의 다양한 '지형' 또는 '위상'(a varied topography or status)을 보인다고 한다. Carson, Burns & Calvo(2009), 142.

(chain)의 관계가 존재한다.2) 그리하여 현실의 구체적인 정책들은 그들 정책들 사이에 상·하위의 계층구조를 이루고 있다. 마찬가지로 정책기조들도 고도의 추상적·관념적 성격을 갖는 것이 있는가 하면, 그 아래 그것을 더 구체화한 더 세부적인 성격을 갖는 정책기조도 있는 계층구조를 이루고 있다. 이 상하의 위계구조로 얽혀 있는 정책기조(들)의 관계 형태를 '수직적 구조'라고 일컫기로 한다.

사실 정책기조의 수직적(종적) 구조는 '목표수단의 계층제'의 원리에서 당연히 도출된다. 그것을 정책에 대입한 것이 다음과 같이 요약되는 '정책의 목적체계의 구조'이다.

> 정책의 결정자는 구체적인 정책행동의 결정에 의하여 계획목표를 달성하고자 하는데, 다시 그 계획목표는 그보다 더 높은 상위목적을, 그리고 더 나아가서 그 상위목적은 그보다 상위의 어떤 이상가치를 구현하고자 하는 것이다. 결국 정책담당자의 구체적인 정책행동은 궁극적인 어떤 이상가치의 구현을 지향하는 논리구조를 갖는 것으로 귀결된다. 이와 같이 정책의 목적을 추구하는 관계를 체계적으로 도식화하면 정책행동 → 계획목표 → 상위목적 → 이상가치를 지향하는 목적구조로 표시할 수 있다. 혹은 이를 이상가치 → 상위목적 → 계획목표 → 정책행동으로 이루어진 하향적 구조로도 표시할 수 있다.3)

이러한 정책의 목적체계의 구조를 정책기조에 대입한 것이 정책기조의 수직적 구조이다. 예컨대 국가 전체로 볼 때 전체 정책체제 내 정책기조는 국정 전반의 정책이 지향하는 정책기조(국정기조)의 하위에 소수의 부문별 정책기조가 있

---

2) 그런 가치들의 위계질서 때문에 목표-수단의 연쇄관계는 단일 연쇄관계가 아니라 목표-수단(목표)-수단의 관계와 같은(중간의 '수단'은 그 하위의 '수단'에는 '목표'에 해당하는 이중적 지위를 지님), 복합적인 목표-수단의 계층적 위계질서로 존재한다. 정정길, 정책학원론, 개정판, 대명출판사, 1997, 56-58.

3) 허범(1993b). 다음은 허범 교수의 설명이다. "'계획목표'는 계획기간 동안에 달성할 수 있는 정책의 목표이다. '상위목적'은 대상 계획기간에는 달성할 수 없으나 계획목표를 달성한 뒤에 계속해서 노력하면 장래 달성할 수 있는 목적 또는 목표로서 '상위목표'라고도 할 수 있다. '이상가치'는 달성하기에는 현실적으로 너무 어려울 정도로 이상적인 목적 또는 목표로서 그럼에도 불구하고 구체적인 행동세계에서 지속적으로 추구해야 할 궁극적인 가치이다. 결국 정책은 그 직접적인 계획목표의 달성뿐만 아니라, 그보다 상위에 있는 상위목적(상위목표)의 달성, 그리고 최종적으로 이상가치(최고목표)의 구현에 기여해야 하는 계층적 목적체계구조로 되어 있다고 개념화할 수 있다."

다. 그리고 그보다 더 하위에 더 구체화 된 정책기조가 있다. 그래서 중층적 차원의 수직적 피라미드 구조로 돼 있다.4) 이는 정부의 경우, 정부 조직도표(組織圖表)와 일치하는 구조를 보여준다. 이를 각 직책에 따라 표현하면 정부의 직책 위계질서와 일치한다. 즉 중앙정부의 경우, 대통령의 전체 국정기조 – 각 부(部) 장관의 정책기조 – 각 청(廳) 청장의 정책기조 – 각 실장·국장·과장의 정책기조의 순으로 중층적인 수직적 구조를 이룬다.

이러한 관계는 국제기구에서도 존재하는데, 통합을 지향하는 유럽연합(EU)에서 전형적으로 나타난다. (정책기조를 아이디어로 보는 관점에서) 하나의 정책 영역 전체를 관통하며 지배하는 '상위 아이디어'(meta ideas) 아래, 각 부문별(sectoral) 정책아이디어가 자리를 잡게 된다. 그래서 유럽연합은 그 조약 안에 '일차적 지도원리'(first-order guiding principles)로서의 메타 아이디어들을 제도화한다. 그리하여 유럽연합 회원국의 정책기조는 유럽연합 조약에 제도화돼 있는 상위의 '일차적 지도원리'의 맥락 안에서 형성되고 구현된다.5) 이러한 관계에서 상위와 하위 정책기조의 성격을 구분해, 일반적·보편적 정책기조와 특정적·운용적 정책기조로 부르기도 한다.6) 이와 같이 '정책기조'는 정책체제 내에서 단일 차원이 아닌 '중층적 차원의 구조'를 갖는 '정책의 상위목적, 그리하여 궁극적 목적 차원까지 전체적으로 포괄하는 개념'이다. 그래서 절대적으로 정책학의 중요한 이론 영역의 하나로 편입시킬 필요가 있다.7)

정책기조의 중층적 수직 구조는 과학철학자 쿤(Kuhn)은 물론, 드로어(Dror)와

---

4) 단순히 이중구조, 즉 정책기조를 부문별(sectoral) 정책기조와 그보다 더 일반적인(more general) 정책기조로 구분한 예는 Schmidt(2011), 44 참조.

5) Skogstad(2011), 249; Carson, Burns, and Calvo(2009), 379.

6) 다음의 설명 예이다. "정책기조는 두 가지 유형으로 나눌 수 있다. ① 특수한, 흔히 국가적 여건에서 제도적 역사를 반영하는 특정적이고 운용적인(specific and operational) 정책기조이다. 그런 패러다임들은 안정된 기간의 경로의존성을 설명해 준다. 그들은 정책결정자들과 정책결정과정의 역동성을 일정한 방향으로 이끌고(channel) 또 제약한다. ② 특수한 여건에 채택돼야 할 일반이론과 지침처럼 일반적이고 보편적인(general and universalistic) 유형이다. 이는 현존 정책기조를 지지해 줄 수 있다. 특정적 정책기조와 더 일반적인 정책기조의 관계는 흔히 국가적 수준과 국제적 수준 간의 관계로서 논의돼 왔다. 그런데 EU의 성격 때문에 그 중간 수준의 정책기조가 도입된다. EU정책기조는 국제적인 정책틀에 닻을 내리고(anchored) 있지만, 그보다 더 특정적으로 각국 법규로 제정되어야 한다. 또 EU패러다임은 법규로 전환돼 집행되는 방식으로 국가적 차이가 허용돼야 한다." Andersen(2009), 262.

7) 이상 박정택(2001), 13에서 수정 인용함.

사바티어(Sabatier)와 같은 정책학자의 설명에서도 확인할 수 있다. 먼저 쿤은 그의
<과학혁명의 구조>에서 패러다임 개념을 중심으로 성립된 '정상과학'이 점차 전
문화 방향으로 분화돼 나간다고 보았다. 즉 물리학이 천체물리학, 물리역학, 물리
광학 등과 같이 몇 단계(level)의 수직적 구조화 방향으로 세분화해 나가는 것이다.

> 하나의 패러다임은 한 과학자 공동체의 구성원들이 공유하는 것이고, 또한 역으
> 로 하나의 과학자 공동체는 하나의 패러다임을 공유하는 사람들로 이루어진 것이
> 다. 모든 순환성이 나쁜 것은 아니지만…여기서의 순환성은 참으로 어려움의 원천
> 이다.…과학자 공동체는 다양한 수준으로 존재한다. 가장 포괄적인 것은 모든 자연
> 과학자들의 공동체이다. 이보다 약간 낮은 수준에는 주요 과학 전문가 집단들이
> 존재한다. 바로 물리학자, 화학자, 천문학자, 동물학자 등의 과학자 공동체이다.
> 이렇게 몇 갈래로 크게 묶으면 공동체의 소속 여부는 주변부를 제외하고는 쉽게
> 확립된다. 최종 학위의 주제, 전문 학회의 회원 여부, 그리고 읽는 잡지는 보통
> 매우 충분한 기준이 된다. 유사한 방법으로 주요 하위집단들을 나눌 수도 있다.
> 유기화학자, 그리고 그중에서도 단백질 화학자, 그 외에 고체 물리학자, 고에너지
> 물리학자, 전파 천문학자 등으로 나뉠 것이다. 그 다음으로 낮은 수준에 와서야
> 경험적인 문제들이 발생한다.…전형적으로 아마도 100명, 경우에 따라서는 그보다
> 훨씬 더 적은 수의 구성원을 가진 공동체들이 드러날 것이다. 대개 개별 과학자들,
> 특히 가장 유능한 학자들은 동시에 또는 잇달아서 여러 집단에 속할 것이다. 이런
> 유형의 공동체는 이 책에서 과학 지식의 생산자이자 승인자로서 묘사되는 기본
> 단위이다. 패러다임이란 그런 집단의 구성원들이 공유하는 그 무엇을 말한다.[8]

다음 설명과 같이 드로어는 사회문제에 대처하는 정책의 대응 수준을 다음
4가지의 이념형으로 분류한다. 그의 사회과정 수준이나 거시대응 수준 등과 같은
높은 차원의 대응 논리는 물론, 중간대응 수준과 심지어 미시대응 수준까지도
그 기준 정책 여하에 따라서는 충분히 정책기조논리를 마련하여 대처할 수준이
될 수 있다고 할 것이다. 그런 점에서 정책기조의 개념은 수직적 구조 논리의
측면에서 볼 때 -조직으로 말하면 하급관리층에서까지도 채택하고 적용할 여지
를 갖는- 상대적이고 중층적인 개념이다.

---

8) Kuhn(1970), 176-178; 김명자·홍성욱(역), 295-298에서 인용.

① 사회과정 수준(the social-process level)은 인간적·전체사회적 진화와 과정에 관한 정책으로서 "도전과 응전" "사회과정" 또는 그와 같은 정도의 구도로 구상함으로써 토인비(Toynbee)나 슈펭글러(Spengler) 등이 말하는 원대한 역사관, 그리고 인간 진화와 진보의 파국이론(catastrophe theories of human evolution and progress) 등을 반영하는 수준이라고 한다. ② 거시대응 수준(the macroresponse level)은 이민 홍수, 전쟁, 악성 전염병 등과 같이 사회과정 수준보다는 더 제한적인 사회문제에 대한 광범위한 전체사회적 대응수준이라고 한다. ③ 중간대응 수준(the mezzoresponse level)은 다양한 사회문제에 중기적·단기적 대응수준이라고 한다 (예로서 100여 년간의 로마정부의 위기관리). ④ 미시대응 수준(the microresponse level)은 기업이나 노조문제, 에너지문제, 지역재해문제 등과 같은 구체적 문제에 대처한 개별적 결정행위 등의 대응수준이라고 한다.9)

또 사바티어는 일종의 정책공동체인 정책창도연합(advocacy coalition) 개념 중심의 '정책의 하위체제 변동이론'(theory of policy subsystem change)에서 정책엘리트의 신념체제의 구조(structure of belief systems of policy elites)와 관련하여 정책논의(담론)의 수준을 세 수준으로 나눈다. '심층 핵심'(deep core), '준 핵심'(near core), 그리고 '이차적 측면'(secondary aspects)이 그것이다. 이 중 유사한 핵심 신념을 공유하는 세력 연합에서의 신념의 전환이 있어야 궁극적인 정책의 변화가 발생한다고 한다. 그의 논의에서 '심층 핵심'이 정책기조의 수준임은 말할 것도 없다. 그리고 '준 핵심'의 수준도 기준이 되는 정책 여하에 따라 역시 정책기조의 수준이 될 수 있다.10)

이와 같이 정책기조의 수직적 구조는 인간 행위의 의도·의지·의미가 중시되는 목적론적 구조를 통하여 이해될 수 있다. 그 목적론적 구조의 이해를 위한 대표적인 인식론과 관련, 제8장에서 논의되는 구조(기능)주의를 참고하기 바란다.

---

9) Dror(1986), 47-48.
10) Paul A. Sabatier, "An Advacacy Coalition Framework of Policy Change and the Role of Policy-oriented Learning Therein," Policy Sciences 21(2/3), 1988, 145; Paul A. Sabatier and H. Jenkins-Smith, "Policy Change over A Decade or More," in P. A. Sabatier and H. Jenkins-Smith(eds.), Policy Change and Learning: An Advocacy Coalition Approach, Boulder,CO: Westview, 1993, 13-39.

제 2 절 **정책기조의 정책체제 내 수평적 구조**

한편 수많은 정책기조는 한 공동체의 전체 정책체제 내 많은 분야에서 일련의 수평적(횡적)인 상호 연결 구조를 이룬다. 그러면서 다양한 내용으로 여러 가지 중요한 기능을 수행한다. 그런 정책기조는 정책분야에 따라 수평적으로 다양하게 나타난다. 중앙정부 차원의 경우, 정부조직의 명칭에 따라서 일컫는 정책기조가 대체로 큰 범위의 분야별 정책기조를 이루고 있음을 알 수 있다. 예컨대 부(部) 수준의 경우, 외교안보정책기조, 국방정책기조, 안전치안정책기조, 경제정책기조, 통상정책기조, 교육정책기조, 농업정책기조, 보건의료정책기조, 환경정책기조, 노동정책기조, 교통정책기조, 정보통신정책기조, 문화예술정책기조 등이 그것이다. 그런데 이들 수평적 구조를 형성하는 많은 정책기조들은 수직적으로는 그보다 상위 또는 궁극적 차원의 정책기조의 지배를 받는다. 예컨대 앞의 중앙정부의 각 부 정책기조들은 대통령의 국정기조의 지배를 받는다. 결국 정책기조는 전체 정책체제 내에서 상하위(上下位)의 수직적 질서와 함께 좌우(左右)의 수평적 질서를 이루면서 여러 정책기조들 간 유기적·복합적으로 연계돼 있는 구조 속에 있음을 알 수 있다.

그런데 특정 정책기조는 수평적으로 거의 동일하거나 아니면 서로 다른 차원의 많은 다른 정책기조들과 병립해 공존하는 형태로 존재하게 된다. 서로 다른 분야에서는 말할 것도 없이 서로 이질적인 범주의 정책들이기 때문에 그 이질적인 다른 분야 간에는 서로 다른 정책기조가 당연히 병존하게 된다. 그런데 동일한 분야에서도 동질적인 범주의 정책들에 적용되는 복수의 정책기조가 서로 병존하는 상황에 놓이기도 한다. 예컨대 금융정책기조로서 '금융기관의 경쟁혁신 유도'라는 정책기조와 '금융시스템의 안정'이라는 정책기조가 동시에 요구될 수 있다. 그리고 국토개발에 관한 동일한 차원의 정책기조로서 서로 견제하는 '수도권 기능정비'와 '지방 대도시의 광역 거점도시 육성'의 정책기조가 병존할 수 있다. 또 교통문제를 해결하기 위하여 '대중교통 중심의 교통체계 구축'과 '산업경쟁력

제고를 위한 화물유통비용의 획기적 절감'이라는 정책기조를 동시에 추구할 수 있다. 또 대학입시에 관한 정책기조로서 '고등학교교육의 정상화'와 '대학자율권의 존중'이라는 정책기조를 병립적으로 추구할 수 있다. 때로는 병존하는 정책기조들이기는 한데 그들 간 강조점의 차이가 있을 수도 있고, 기존 정책기조에다 더 강조점이 주어지는 새로운 정책기조가 덧붙여질 수도 있다.

이와 같이 정책기조들의 수평적 병립 공존의 경우 그 정책기조들 사이에 서로 보완적인 관계의 경우도 있겠지만, 서로 상충적 관계를 갖는 경우도 있게 된다. 예컨대 도시개발 정책기조로서 노후한 도시의 리모델링인 '도시재생'이냐, 아니면 새로운 '신도시 조성'과 같은 개발 방식이냐를 선택해야 하는 경우도 있다. 그렇다면 어떻게 보완적 관계의 정책기조들에 대해서는 상호 보완적 틀과 방향을 잘 조직화하고, 상충적 관계의 정책기조들에 대해서는 서로 상충되는 틀과 방향을 잘 조화 있게 운용할 것인가의 과제를 안게 된다. 어떤 경우에는 '지속가능한 개발'처럼 상충되는 정책기조논리로 말미암아 정책딜레마에 빠져 있는 경우에 그 상충되는 정책기조논리를 하나의 복합적 정책기조로 통합시키기도 한다. 그러나 그 대립·갈등의 요소를 어떻게 잘 조화 있게 운용할 것인가의 구체적인 적용은 여전한 숙제가 될 수밖에 없다. 이런 측면에서 정책결정자나 정책집행자 등 정책운용자 모두는 매우 어려운 정책리더십이자 조직관리 리더십의 과제를 안게 된다.[11]

제3절 정책체제 내 정책기조의 유형

현실의 다양한 정책기조를 이해하고 활용하는 데 있어서 정책기조의 각 유형에 대한 이해는 중요하다. 그렇지만 여기서 그런 유형 전체를 자세하게 설명할 필요는 없으므로 몇몇 유형에 대한 설명한 외에는 간단히 언급만하고 그 구체적

---

11) 이상 박정택(1995), 82-83 및 박정택(2000), 16에서 수정 인용.

인 내용은 이 책 전체에서 제시하고 있는 다양한 사례를 참고하는 것으로 대신하
고자 한다.

1. 상위·하위의 정책기조의 유형

이미 수직적 구조에서 설명한 유형의 분류인데, 정부의 경우 위로는 대통령
의 정책기조인 국정기조에서부터, 아래로는 교육부의 경우 그 아래 산하기관과
시도교육청(지원청 포함), 일선 초중고교에 이르는 각급 기관(장)의 정책기조가 있다.

2. 분야별 정책기조의 유형

가장 일반적인 이 유형의 분류도 수평적 구조에서 설명하였다. 물론 중앙정
부 외에 지방정부, 구체적으로 자치단체의 각 수준에 따른 분야별 정책기조가
있다.

3. 내용 중심의 정책기조와 절차·과정 중심의 정책기조

정책기조라고 하면 실질 내용 중심의 정책기조만을 생각하기 쉽다. 그러나
절차나 과정 중심의 정책기조도 있고 중요하다. 물론 실질 내용과 절차·과정의
두 가지가 포함된 경우가 대부분이다. 그렇지만 예컨대 행정절차법이 공개적이고
민주적인 행정을 위해서, 또 대법원의 공판 중심주의나 국민참여재판(배심제)의
도입 등은 사법 분야의 공정한 재판을 위해서 중요한 절차적 정책기조인 것이
그 예이다.

여기서 절차·과정 중심의 정책기조는 특별히 '기획(기술)론적 정책기조'를
포함한다. 기획론적 정책기조란 내용 중심의 목적·목표를 달성하기 위하여 그
절차나 과정을 그 목적·목표를 달성할 수 있는 방향으로 기획하는 기술적 성격의
정책기조를 말한다. 어떤 중요 행사(行事)를 잘 치르기 위해서는 그런 행사를 통하
여 설정한 목적이나 목표를 달성해야 한다. 그런데 그런 목적·목표 달성을 위해
서는 행사 자체의 진행도 매우 중요하다. 그 경우 행사 진행에 필요한 정책기조가
있으면 그것을 더 효율적으로 수행할 수 있다. 그와 유사한 경우도 많이 있다.
예컨대 대학입학 수학능력고사(수능)의 목적은 '수험생의 정확한 수학능력 평가'

이다. 그런데 그 '수험생 간의 변별력 확보'라는 목적을 달성하기 위해서는 시험 주관 정책부서(교육부)가 시험 출제와 관련된 여러 가지 사항(정책들이라고 할 수 있음)에 대하여 시험 출제 전에 일정한 가이드라인(시험 출제 정책기조, 줄여서 출제 기조라고도 할 수 있음)을 설정해야 한다. 어느 정도의 변별력을 갖는 수준으로 출제할 것인가의 결정이 그것이다. 그래서 우리 사회의 가장 예민한 문제의 하나인 수능시험 출제는 그런 출제 기조를 미리 정해 놓고 시작해야 하는 것이다.

4. 실질적 정책기조와 명목적 정책기조

정책기조라고 명시해 발표한 것 중에는 실제 구현할 목적으로 발표된 것도 있고, 그렇지 않고 실제 구현할 뜻이 없는 것을 다른 목적을 위해 임시방편으로 발표된 것들도 있다. 선거 공약으로 제시한 대안적 정책기조나 후보 정책기조가 집권 후 유야무야 되는 경우가 그 예이다.

5. 공개적 정책기조와 암묵적 정책기조

정책기조 중에는 외부에 명시적으로 발표되는 것도 있는가 하면, 외부에 공개 발표되지는 않았지만 사실상의 정책기조로 삼아 구현하고자 하는 암묵적인 것도 있다. 그 경우 중요한 것은 공개적 정책기조가 아니라 감춰진 '진정한' 동기·목적·목표의 암묵적 정책기조이다. 거기서 실질적 정책기조는 공개되지 않은 암묵적 정책기조일 것이다. 실제 진정한 정책기조는 경우에 따라 참모들이 정교한 논리로 만들어 준 발표된 것이 아니라 발표자의 '날것 그대로의 평소 행동이나 소신(철학)'을 보고 판단해야 할지도 모른다.

6. 정책과정의 단계별 정책기조의 유형

현실의 구체적인 정책은 크게 봐서 형성, 집행, 평가의 정책과정이란 순환과정을 거치며 존재한다. 그래서 각 과정 또는 단계마다 그에 맞는 정책기조가 있다. 먼저 정책형성과정에서 필요한 정책기조가 있다. 특히 정책을 구상하고 설계해 만들어내는 과정이나 단계가 중요해서 정책설계를 위한 정책기획론적 정책기조가 중요하다. 그런가 하면 정책집행에 필요한 정책기조도 있고 때로는 아주 중요하다. 그리고 정책평가에 필요한 정책기조가 있다.

7. 국가·사회·지방·단체·기업 등의 정책기조

정책기조의 주체별 분류 유형이다. 홀(1993)은 대체로 정당과 -민주적 정치체제에서 국가와 사회의 교차점에 서 있는- 이익집단의 복합체인 '전체 정치체제'에 초점을 맞춰 정책기조를 논의하였다.12)

8. 단일성 정책기조와 복합성 정책기조

정책기조논리에 포함된 주제의 성격에 따른 유형이다. 정책기조가 하나의 주제 논리로 구성된 것은 단일성 정책기조이고, 둘 이상의 주제 논리로 구성된 것은 복합성 정책기조이다. 개발과 환경의 조화를 목표로 한 '지속가능한 개발' (환경적으로 건전하고 지속가능한 개발, ESSD, Environmentally Sound and Sustainable Development)이란 정책기조는 환경과 개발을 동시에 고려해야 하는 주제 논리로 구성된 복합성 정책기조이다. 이에는 그것을 조화롭게 적용해 구현하는 데 어려움이 뒤따른다.

9. 대외 정책기조와 대내 정책기조

대내외 적용 영역의 기준에 따른 유형 분류이다.

10. 거시 담론적 정책기조와 미시 담론적 정책기조

정책기조가 그 넓은 범위의 장기적인 차원의 주제와 효과를 목표로 한 거시 담론의 논리로 구성되었는가, 아니면 좁은 범위의 단기적인 주체와 효과를 목표로 한 미시 담론의 논리로 구성되었는가의 유형 분류이다.

11. 정책유형별 정책기조

정책학자 로위(Lowi)가 유형화한 분배 정책, 규제 정책, 재분배 정책, 구성

---

12) Hall(1993), 276, 288.

정책 등 4가지의 정책유형(policy type)에 따른 정책기조의 분류의 예이다.

12. 청사진 패러다임으로서의 정책기조와 실제 운용 패러다임으로서의 정책기조

이상형으로서의 청사진 패러다임(blueprint paradigm)은 실제 운용 패러다임 (operative paradigm)으로 번역(해석, translation), 즉 변화되거나 조정되어야 할 수 있다. 집행의 적응(adaptation) 과정을 감안하여, 즉 물질적 제약과 자원의 희소성 등 실제적인 집행의 문제, 권력의 상황 조건이나 기타 행위자적이거나 구조적인 제약 요소, 정책부문의 구체적인 작동 기제 등이 감안돼야 하기 때문이다. 여기서 아이디어 차원의 정책기조와 실천 차원의 정책기조의 구별이 필요하다.13) 이를 일반적·보편적(general and universalistic) 정책기조와 특정적·운용적(specific and operational) 정책기조로 구분하기도 한다.14)

---

13) Carson, Burns & Calvo(2009), 380-381.
14) Andersen(2009), 262.

제 5 장

정책체제 내 정책기조의 기능

한 공동체의 (사회 안에서가 아닌) 전체 정책체제 안에서 정책기조는 어떤 기능을 수행할까? 정책기조는 기본적으로 현실의 구체적인 정책들에 대하여 그 정책들에 필수적으로 요구되는 객관적이거나 주관적인 정당성의 명분을 제공하고, 목적·목표의식(기본 방향감각)과 범주(기본 기반·틀)의식을 뚜렷하게 해 준다. 그리하여 그런 주제의식으로 일관성 있게 정책의 형성·집행·평가 등 정책과정 전반을 운용하게 해 주며 그에 따른 소기의 정책효과를 거둘 수 있게 해 주는 기능을 수행한다.[1] 따라서 소관 '구체적 정책에 대한 이해'가 정책담당자에게 필수적으로 요구되듯이 그에게는 구체적 정책을 지배하는 '정책기조에 대한 이해'도 필수적인 것을 알 수 있다. 그래서 정책당국 내 모든 참여자의 정책활동은 '해당 정책에 대한 그 자신의 기조적 이해를 기반으로 수행하는 일'(working from their own paradigmatic understandings of the policy in question)[2]이 된다.

　　이렇게 볼 때 만약 정책기조가 잘못되면 그 지배를 받는 모든 정책들의 그 정당성의 명분이 약해지거나 사라지고, 모든 정책과정이 잘못될 가능성이 높아지게 되는 것은 너무나 당연한 논리적 귀결이다. 그처럼 정책기조의 오류는 그 지배받는 정책들의 다른 여러 가지 오류의 원초적 오류가 될 수밖에 없다. 그런 의미에서 정책기조의 오류는 특별히 정책과 관련되는 한 '원오류'(original error)라고 명명할 수 있겠다.[3] 패러다임에는 불가피하게 어떤 현상에 관심을 기울이거나 아니면 가리워 덮어버리는 '패러다임 선택성'(paradigm selectivity) 현상이 뒤따른다.[4] 따라서 다음 항의 모든 기능들은 순기능일 수도 있지만, 다음 지적과 같이

---

1) 정책과 관련해 이를 간단히 "사회현실을 해석하고 문제와 해결책을 규명하며 판단과 정책결정과 그 집행을 지도한다"고도 말한다. Carson, Burns & Calvo(2009), 24.

2) Baumgartner(2013), 255.

3) 연구가설의 검증과정에서 옳은 것을 그르다고 하는 오류를 '제1종의 오류'(type 1 error), 그른 것을 옳다고 하는 오류를 '제2종의 오류'(type 2 error)라고 하는데, 나중에 문제정의의 오류인 '제3종의 오류'(type 3 error)가 추가되었다. 정책기조의 오류는 그 오류들을 초래하는 원초적 오류인 셈이다.

역기능에 해당될 수도 있다.

> 정책기조는 포괄적이고 널리 수용된 틀(an overarching and broadly accepted framework)로서 정책당국의 관점을 그 틀 중심으로 집중시켜 주기도 하지만, 다른 대안적 사고방식을 근본적으로 배제하고 제한해 버리면서 '특정한 전제적 틀의 세계'(the assumptive world of a particular framework) 안에서만 움직이게 하는 역기능을 내포한 개념이기도 하다.5)

제 1 절 정책의 정당성의 명분 제공의 기능

　모든 정책주체들은 정책의 정당성의 확보에 최우선 순위를 둔다. 필요하고 충분한 명분을 얻을수록 정책의 추진 동력을 얻어 정책의 성공을 기대할 수 있기 때문에 정책담당자는 구체적 정책들의 목적과 목표를 강조하며 그 정책의 정당성을 제시한다. 그런데 그런 목적과 목표와 관련하여 의문이나 비판이 제기되는 등 논쟁의 대상이 될 때에는 흔히 그런 목적과 목표보다 더 상위에 있는 목적이나 목표를 제시하며 설득하려고 한다. 그 '더 상위에 있는 목적이나 목표'의 영역이 정책기조의 영역이다. 정책기조는 그와 같이 그 지배를 받는 특정 구체적 정책들의 정당성이라는 명분을 확보하게 해 주는 가장 중요한 기능을 수행한다.6)

　정책기조는 특정 '정책가족'에 대하여 그 정책들의 '어버이정책'으로서 적어도 한 차원(수준) 높은 논리(메시지)를 담고 있다. 그래서 그 지배를 받는 하위 정책들이 왜 필요하고 얼마만큼 정당한지, 어떤 기본 틀과 방향 속에서 어느 정도

---

4) Carson, Burns & Calvo(2009), 153.
5) Stoker & Taylor-Gooby(2013), 246.
6) Hall(1993), 289. 이와 관련, 홀은 지금껏 이익집단 등 사회적 압력에 버텨낼 수 있는 국가(자율성)의 역량은 그 제도적 구조에 달려있다고 봐 왔는데, 그렇다면 그런 구조가 변한 것이 없는데 어떤 경우에는 다른 경우에 비해 왜 더 자율적인가에 대해 대답해 줄 수 없음을 지적하면서 이제 거기에 '일관된 정책기조의 존재 여부'(a coherent policy paradigm present there)가 추가되어야 해명이 된다고 결론의 하나로 주장한다. 즉 정책결정자들이 일관된 정책기조로 무장돼 있을 때 외부 압력에 버틸 수 있거나 최적 정책노선은 아니더라도 최소한 어떤 요구는 수용하고 어떤 요구는 물리치는 일련의 기준을 갖고 더 강한 입장에 설 수 있다고 본다.(290).

타당한 적합성을 확보하고 있는지 등에 관한 정보를 제공한다. 그렇기 때문에 어떤 구체적 정책들을 내놓기 위하여 그전부터 정책결정자가 기존 정책기조의 한계와 향후 채택할 정책기조의 정당성을 비교·제시하며 정책기조의 변경을 예고하기도 한다.

정책기조가 그 하위 정책들의 정당성의 명분을 제공해 주는 근거는 바로 그 정책기조논리에 있다. 그런 정당성의 명분을 가장 보편적으로 설득력 있게 제공해 줄 수 있는 논리는 다름 아닌 사상, 이념, 철학, 이론, 원리원칙, 가치 등이다. 그래서 그런 정책기조논리에 대하여 특별히 관심을 갖는 것이 중요하다. 여기에서 비로소 정책논쟁이 왜 이념논쟁, 가치논쟁, 진영논리 등으로 쉽게 비화(飛火)하는가를 이해할 수 있다.[7] 그리고 또 정책결정자가 오류 가능성을 지적한 비판을 무시하고, 당장 구성원(대중)들이 쉽게 수용할 만한 정책기조를 채택하는 유혹에 빠지고 마는가도 알 수 있다. 그래서 공동체구성원이 정책기조의 정당성에 관한 주장을 과연 어느 정도 신뢰하고 수용·동의하는가는 매우 중요하다. 그런데 그전에 정책기조 설정자(設定者) 스스로도 자신의 정책기조가 정당하다는 논리적 무장이 필요하다. 그렇지 않으면 상대 진영의 대안적 정책기조와 그 정당성을 놓고 경쟁하는 게임에서 승리하지 못하기 때문이다. 어떻든 대다수 구성원이나 정책대상자가 동의하고 공감하며 지지하는 정책기조는 바로 그 정책기조의 정당성으로 인하여 이번에는 그 지배를 받는 많은 하위 구체적 정책들의 정당성을 뒷받침해 주는 기능을 수행하게 된다. 그렇기 때문에 어떤 정책기조이든지, 적어도 명시적으로 밝히는 한에서는 -실질적으로는 그렇지 않거나 과장되었더라도- 최대한 수용되고 동의할 수 있는 기조논리를 동원한다. 역사적·국제적인 차원의 거대 담론에 기초한 정책기조로부터 다음과 같이 조세법 전면 개정과 같은 미시담론의 정책기조에 이르기까지, 정책기조는 모두 중요하고 그 설정자는 그렇게 정당성을 주창하고 나온다.

---

7) 서양에서 낙태, 사형, 안락사, 총기 등 도덕적·윤리적 쟁점이 상반된 기조논리 때문에 양보 없이 첨예한 논쟁을 이어가고 있는 것도 그 이유에서이다. Lowi(1988); Tatalovich and Daynes (1988, 1993).

읽어도 뜻이 파악되지 않는 용어가 많아 법률 가운데 가장 난해하다는 평가를 받아온 세법을 알기 쉽게 바꾼다. 기획재정부는 국민 눈높이에 맞춘 소득세·법인세법 전부 개정안을 국회에 제출했다.····소득세법의 전부 개정은 1994년 이후 19년 만이며, 법인세법의 전부 개정은 1998년 이후 15년 만이다. 바뀐 법령의 특징은 어려운 한자어를 쉬운 표현으로 바꾼 점이다.····정부가 베풀고 납세자가 혜택을 받는다는 느낌을 주는 권위적 세법 조항의 표현은 납세자의 권리를 강조하는 쪽으로 손질했다. 예를 들면 '소득공제를 적용받으려는 자'라는 문구를 '소득공제를 적용하려는 법인'으로 교체했다. 소득공제가 정부가 결정하는 것이 아니라 납세자가 신청하는 권리라는 점을 강조하려는 의도다.····기재부는 국민 눈높이에 맞추기 위해 민간 세법 전문가, 국문학자와 세제실 내 세법 개정안 전담팀을 두고 3년간 작업을 해왔다.[8]

제 2 절 **정책문제 정의·정책의제 설정·정책대안 분석·정책채택의 기능**

정책기조는 목적·목표의식(기본 방향감각)과 범주(기본 기반·틀)의식을 뚜렷하고 일관성 있게 해 주면서 특정 구체적 정책들의 정책과정 전반을 이끄는 기능을 수행한다. 그런 정책과정 전반에서 수행하는 기본 틀과 방향으로서의 지배기능 중 첫 번째 단계는 물론 정책형성의 단계(과정)이다. 구체적으로 살펴보면 정책기조는 특정 구체적 정책문제를 인지하거나 무시하는 인지과정의 틀로서 작용한다. 그리하여 문제를 문제로서 인식하고 정의하며 정책의제로 채택하거나 억제한다. 그리고 그 정책문제의 해결을 위한 목표(정책목표)를 설정하게 한다. 그리고 또 문제해결방안으로서의 정책대안의 범위·내용 등을 규정하고 비교 분석하게 한다. 그리고 정책대안을 취사선택하는 기준을 제시하면서 최종적으로 정책을 채택·결정하는 정책형성의 준거 기능을 수행한다.

이와 같이 정책기조는 일련의 정책형성 과정을 지배하는 준거 틀(framework)이다. 그런데 정책형성 과정 내에서의 각 단계는 모두 연결돼 때로는 동시적으로,[9] 때로는 시간 선후가 뒤바뀌면서까지 복합적·유기적으로 해당 정책기조의

---

8) 한겨레, 2013.12.31., "세법 용어 알기 쉽게 바뀐다".

지배를 받는다. 그렇지만 그렇게 설명하는 것이 너무 복잡하므로 다음에서는 편의상 단순하게 정책형성의 각 단계를 시간상 일방향적으로 진행하며 지배한다고 전제하고 각 단계별 정책기조의 기능을 설명하고자 한다(이에 대하여 오해 없기 바란다).

1. 정책문제의 인지와 정의의 기능

먼저 정책기조는 어떤 문제를 정책문제로서 인지하고 정의하는 준거 틀의 기능을 수행한다. 정책기조는 어떤 특정 상황을 어떤 상황으로 인지하고,10) 그 상황 속 많은 사건이나 현상이나 관심사 중에서 '어떤' 문제를 문제로서 받아들인 것인지의 문제의식 여부, 문제를 문제로 포착하는 데서부터 작용하기 시작한다. 물론 정책문제를 정의하는 데 여러 가지 관점과 관련해 몇 가지 논의가 있다. 대표적인 하나는 ① 정책문제의 실체를 어떻게 보고 정의하느냐의 객관성과 주관성에 관한 논의이다. 또 다른 하나는 ② 정책문제의 정의에 있어서 문제의 원인규명 즉, 인과성을 포함시킬 것인가 말 것인가의 논의가 있다.11)

먼저 ① 객관성과 주관성의 논제이다. 이는 전통적 관점과 새로운 정책철학 인식론적 관점으로 나눠 살펴보기로 하겠다. 우선 전통적인 관점이다. 문제의 객관적 실체를 전제하고, 문제시되는 상황을 '있는 그대로' 정확하게 묘사하기만 하면 정책문제의 정의는 끝나는 것이라는 관점을 '실체론적 관점'이라고 한다. 이에 반해 '구성론적 관점'이 있다. 문제는 관찰 가능한 객관적인 실체가 아니라

---

9) 예컨대 특별히 정책문제의 인지와 정의 단계의 경우 항상 그 기본적인 인식의 틀과 방향인 정책기조가 먼저 설정되고 그 다음에 그에 의거해 정책문제의 인지와 정의가 뒤따르는 것(선후 관계)이라기보다는 문제의 근본원인을 -다른 관점으로, 또는 더 깊이- 파악하려다 보니 어떤 특정한 인식틀이 요구된다는 식으로, 문제정의와 정책기조 설정이 상호 맞물리면서 이루어지는(동시 관계) 경우도 많음을 말한다.

10) 그래서 흔히 문제정의는 '문제된 상황 정의' 및 '바람직한 상황 정의'와 함께 간다. 산업화 초창기 '이제부터 우리나라는 농업국가, 수입국가가 아니라 공업국가, 수출국가'라는 정의가 그 예이다. 라스웰도 정책학 제창 시 현대 국가의 위험한 노선에 대하여 '병영 국가'(garrison state)라는 상황 정의의 용어를 언급하면서 '인간 존엄성의 실현'을 궁극적 목표로 삼는 '민주주의 정책학'을 주창하였다. Lasswell(1951), 4 등.

11) 권기헌(2008), 182-184; 노시평 외, 정책학, 개정판, 학현사, 2006, 150.

문제를 인식하는 사람의 마음속에 있는 '분석적 축조물'이라고 '문제의 주관성'을 강조하면서 정책문제는 정책분석가의 사고의 투사에 의해서 정의되는 것이라는 관점을 말한다.12) 이상 전통적 관점에 관한 한 국내외 정책학자들이 거의 모두 구성론적 관점을 취한다고 본다.13)

그런데 이 논제를 새로운 정책철학 인식론적 관점(즉 저자의 다른 책 <정책철학의 새로운 접근>에서 과학철학 인식론을 검토하면서 정립한 여러 '정책관'의 입장)에서 검토해 보면 전통적 관점보다 정책문제 정의의 본질을 더 잘 파악할 수 있다. 그러니까 전통적인 실체론적 관점은 정책철학 인식론적으로는 '행태주의(이론·가치중립적 객관주의) 정책관'의 관점이다. 그렇지만 그런 '가치·사실 이원론'에 입각한 논리실증주의 인식론은 본질적으로 '관찰의 이론 적재성'의 문제에 부딪혀, 이론·가치의 중립성(객관성)이 엄밀하게는 지탱될 수 없고 주관적 가치판단이 개입(구성론)된다고 했다. 이에 그 뒤 등장한 -관찰의 이론 적재성(의존성)을 주장한- 포퍼의 반증주의에 입각하여 '점증주의(점진적 개량주의) 정책관'에서는 구성론적 관점을 취하게 된다. 과연 포퍼식 점증주의를 따르는 정책학자 윌다브스키는 정책문제를 '주어진(given) 것'으로 가정하고 '그' 문제들의 해결에 몰두하는 '합리성 패러다임'은 잘못된 가정이라고 비판한다. 그러면서 정책문제는 '발견하고 창조해야 할 대상'으로서의 '사람이 구성해 만든 것, 즉 인조물'(man-made)이라고 구성론적 관점에서 단언한다.14) 린드블롬도 그러한데 가장 체계적인 논의는 다음과 같이 데리(D. Dery)가 시도하였다.15)

---

12) 두 관점의 '절충적인 종합적 관점'을 문제정의이론의 하나로 들기도 한다. 사회적 조건이나 상태에 대한 객관적인 기술과 이에 대한 가치판단이 없이는 어떤 주장이나 요구를 형성하거나 펼쳐나가기 어려우며, 따라서 사회문제의 식별과 정의에 있어서 조건에 대한 객관적인 기술 및 이에 대한 가치판단적 요소와 주장형성 활동적 요소가 동시에 요구되고 조화를 이룰 때, 사회문제정의의 설득력과 호소력이 더욱 더 높아질 수 있다는 절충 관점이라고 한다. 권기헌(2008), 183-184.

13) 강근복, 정책분석론, 전정 제3판, 대영문화사, 2016, 109-116 참조. 그 입장에서 정책문제의 특성을 주관성·인공성, 가치판단의 함축성, 상호 연관성·복잡성, 가변성, 중요성·심각성, 차별적 이해관계성, 정치성 등으로 잘 정리하고 있다.

14) Aaron Wildavsky, The Arts and Crafts of Policy Analysis, London: The Macmillan, 1980, 1-3; Aaron Wildavsky, Speaking Truth to Power, Transaction Publishers, 1979(paperback, 1993), 57, 83. 동일한 입장은 권기헌(2008), 182; 정정길·최종원·이시원·정준금·정광호(공저), 정책학원론, 개정증보5판, 2012, 347.

15) David Dery, Problem Definition in Policy Analysis, Lawrence, Kansas: The University of Kansas,

문제정의를 이해함에 있어서 가장 중요한 것은 문제는 본래 객관적인 실체, 즉 "저밖에 존재하는 것"이 아니라 현실에 어떤 준거틀을 적용하여 얻어낸 산출물이라는 점이다.…문제의 속성은 현상에 본래부터 내재해 있는 어떤 특성(properties)에 의해서가 아니라 그 현상을 해석하고 해결방안을 통하여 달성하고자 하는 목적이나 가치들을 선택함으로써 결정되는 것이다.…정치학자들은 사회문제에 대한 정의는 정치적 맥락에서 이루어지는 것이며(Stringer와 Richardson, 1980), 따라서 "특정의 문제"를 정의하는 것과 관련된 논쟁은 분석적 활동에 의해서 해결될 수 없다는 (Lindblom, 1968: 14) 주장을 견지하고 있다.

그런데 이와 같은 '점증주의 정책관'의 문제정의는 평면적·단편적·일회적인 데 머무른 것으로 이해될 수 있는 데서 현실의 문제정의(problem definition)를 서술(기술)하고 설명하기엔 한계를 보인다. 그 한계는 정책기조를 강조하는 '패러다임 정책관'에 이르러서야 극복될 수 있다. '패러다임 정책관'이야말로 현실적으로 그런 문제정의가 훨씬 더 구조적·입체적·복합적·연속적으로 이루어지는 구성론적 관점을 보여주기 때문이다. 즉 평상시 정책활동에서는 기존 패러다임하에서 큰 폭의 변화가 없는 문제정의가 이루어진다(그래서 '점증주의 정책관'의 문제정의와 별반 다르지 않는 것으로 이해할 수도 있다). 그러나 패러다임 교체기에는 큰 폭의 차이가 나는 문제정의가 이루어진다는 구조적 본질을 드러내주는 관점이다. 그 큰 폭이 때로는 −공약불가능할 정도로− 완전히 정반대의 문제정의까지도 가능한 정책혁명식이라는 것이다(정책혁명 유형).

그렇지만 패러다임 교체라도 대부분 점진적으로 이루어지기 때문에(점진적 진화변혁 유형) 한 번의 문제정의로 끝나지 않는 경향이 많다. 꾸준히 기존 패러다임하의 문제정의와 타협적인, 그래서 '약한 패러다임' 개념에 의거해 다소간 공약가능하기까지 한(이는 '개량주의 정책관'의 문제정의보다 더 의미 있게 더 큰 폭으로) 문제정의가 연속적으로 새롭게 이루어져 간다. 그러면서도 때로는 그 안에 다소의 정책혁명식의 문제정의도 포함한다(정책혁명과 점진적 진화변혁의 절충 유형). 그

1984; 강근복(역), 정책분석과 문제정의, 대광문화사, 1990, 서문 14-15,6,8,11,41-42. 인용문 내 인용 문헌은 Joan K. Stringer and J.J. Richardson, "Managing the Political Agenda: Problem Definition and Policy Making in Britain", Parliamentary Affairs 33, no.1(Winter, 1980)(23-39); Charles E. Lindblom, The Policy-making Process, Englewood Cliffs, N.J.: Prentice-Hall, 1968.

리하여 결국에는 중대한 정책변혁(significant transformation)이 이루어질 정도로 혁신적인 문제정의가 이루어지는 구성론적 관점을 보여준다는 것이다. 이와 같이 문제정의는 '정책기조'를 중심에 둔 '패러다임 정책관'에 의할 때만 현실에서 나타나는 다양한 구성론적 관점의 문제정의가 올바로 이해될 수 있게 된다(그 안에는 실질적으로 '다원주의 정책관'이 포함돼 있는데, 이에 대하여는 저자의 다른 책 <정책철학의 새로운 접근>을 참조 바람). 이는 정책기조를 중심으로 이어지는 정책과정의 각 단계, 예컨대 정책의제 설정, 정책목표의 설정 등에도 계속 적용되는 정책관이 되겠다.

　이와 같이 정책기조는 바로 어떤 문제를 문제로서 인지해 그 정책기조에 맞게 어떤 종류의 어떤 문제이고, 어느 정도 중요하고 심각한가 등의 일정한 범위와 성격으로 인지하고 규정(문제정의)해 주는 중요한 기능을 수행한다. 이것은 이후 정책과정의 단계에 있어서 매우 중요한 기능이다. 그 문제를 해결하는, 즉 정책을 결정하고 집행하며 평가하는 일련의 정책과정 전반에 영향을 미치는 시발점의 기능을 수행하기 때문이다.

　그래서 객관적인 인식이 가능한 완전한 과학적 영역에 속한 문제라도 정부가 정책문제로서 취급해 해결하는 데 나서게 될 때에는 그것은 이미 순수하게 또는 완전하게 과학적 근거에만 기반한 '객관적 실체'로서 정의된 문제가 아니다. 그보다는 다분히 정부의 해결 틀과 방향(정책기조)을 전제한 특정 문제로 정의되는 성격을 띠게 된다.[16] 이는 중요한 것을 시사해 준다. 즉 과학적 근거나 통계적 사실의 정보 등은 정책기조의 설정이나 문제정의에서 매우 중요한 역할을 수행하지만, 그것이 마치 전부인 양 '문제가 객관적 사실로서 존재'하는 것과 동일시돼 이해해서는 안 된다는 점을 말해 준다.

　정책문제의 정의에 있어서 또 다른 하나의 논점은 ② 문제의 원인규명, 즉 인과성을 포함시킬 것인가, 말 것인가의 사안이다. 그런데 이것도 정책기조 아래에서 이루어지는 문제정의의 성격을 이해한다면 논쟁의 여지가 없어진다. 정책기조라는 방향타와 준거틀은 이미 문제의 인과적 판단을 내포하고 있기 때문이다.

---

16) 이와 관련, Frank Fischer, Reframing Public Policy, Oxford Univ. Press, 2003, 53-55 참조.

그래서 문제의 인지와 정의는 인과성과 불가분리(不可分離)이며, 거기에서도 정책 기조는 중요하다. 정책기조는 문제를 인지해 정의하는 것부터 정책과정의 전반을 처음부터 끝까지 관통하여 지배하고 지도하는 것이다.

사실 정책기조를 둘러싼 대립·갈등도 문제정의에서부터 뚜렷해지게 된다. 서로 다른 정책기조논리의 대결은 정부 내에서도 있을 수 있고, 정부와 정부 밖의 정책대상집단, 야당, 시민사회단체 혹은 전문가(집단) 등과의 사이에서도 있다. 그런데 그 경우 문제정의에서부터 서로 다른 차이를 보이게 된다. 그리고 그런 정책 기조와 문제정의의 차이는 문제의 원인에 대한 관점의 차이와 불가분의 관계를 맺고 있다. 패러다임의 개념에 내재한 본질적 성격 때문에 문제정의에서 그렇게 인과성 논란은 필연적인 것이다.

예컨대 2014년 8월 미국 미주리주 퍼거슨시에서는 마이클 브라운이라는 18 살 비무장 흑인 청소년을 총격 살해한 대런 윌슨이란 백인 경찰에 대해 대배심이 불기소를 결정하였다. 그러자 퍼거슨시는 폭동으로 도시 마비 지경에까지 이르고 미국 전역에서 격렬한 항의 시위가 발생하였다. 이때만 해도 문제의 원인, 따라서 문제정의는 단순히 '경찰의 과잉 단속에 대한 불기소 결정'인 듯 보였다. 그런데 대통령의 호소와 법무부장관의 진상조사 약속으로 사태가 진정된 후, 조사위원회 의 조사에 따른 미 법무부의 조사 보고서가 다음 내용으로 발표되었다.

> …보고서는…윌슨의 총격이 일회성 사건이 아니라 흑인들에 대한 차별에 일정한 '유형이나 관행'이 있었다고 지적한다. 명백한 인종적 편견이 법집행 공직자들 사이 에 팽배해 있었던 사실도 확인되었다.…보고서의 백미는 3절 '세수 확보에 초점을 둔 법집행'에서 찾을 수 있다. 시당국이 경찰과 법원에 압력을 가하여 공공의 안전 보다 세금 수입을 중시하는 치안정책에 매진했다는 것이다.…시에서 법원장에게 경찰로 하여금 벌금 부과를 10% 이상 높이도록 독려해 달라는 협조공문을 보낸 것도 확인되었다.…다음과 같은 권고를 제시한다. 시의 세금 수입에만 치중하지 말고 공공안전을 우선시하는 법집행, 경찰인력의 훈련과 감독, 인종 편견을 줄일 정책, 벌금 부과를 위한 체포영장 남발 관행 개선 등이다.[17]

---

17) 조효제(성공회대 사회과학부 교수), "마이클 브라운 사건과 구조적 인권침해", 한겨레, 2015.4.1. 참고로 미국의 지방경찰과 지방법원 직원의 임명과 발령은 해당 지역 소관이다.

위 조사 보고서에 의하여 이제 퍼거슨시 사건은 '세수 증대를 위한 인종차별적인 과도한 법집행'이란 '시당국의 치안정책기조' 자체가 문제의 원인으로 밝혀졌다. 그래서 문제정의도 거기에 맞춰야 했다. 더 근본적인 원인, 즉 시 당국이 세수 증대를 목표로 삼은 원인을 말한다. 주 당국이 시 당국에 그렇게 하도록 압박을 가하고 있는 '주정부 운영의 정책기조'에 문제가 있었다는 것이다. 그렇다면 그 사건에 대한 문제정의와 문제 해결의 방향은 다음 지적과 같이 '먼저 주정부, 그리고 시정부의 재정정책기조' 자체가 크게 달라져야 한다는 결론에 이르게 된다(이와 같은 근본원인에 대처하는 근본문제 지향성은 제2부 제1장 좋은 정책기조의 기준 참조).

> 왜 퍼거슨시가 그렇게까지 해야 했을까.…그 이유는 미주리 주정부가 산하 지자체에 제공하는 지원금이 그동안 계속 줄었기 때문이다. 전국 지자체가 각 주정부로부터 받는 지원금이 예산의 평균 19%인데, 퍼거슨시는 7%에 불과하다.…사정이 이러해도 주지사 제이 닉슨은 예산 삭감에 누구보다 열심이었다.…지자체들이 예산 부족을 메꾸기 위해 행정 수수료를 인상해야 했다. 결국 문제의 근원을 따져 들어가 보면 신자유주의적 공공부문 축소와 경기침체가 맞물리면서 가장 약한 고리에 있는 빈곤층, 유색인종, 여성, 아동, 이민자에게 고통이 몽땅 전가된 것이다.[18]

2. 정책의제의 설정 기능

정책당국이 그 해결을 위하여 진지하게 검토할 공동체의 공공문제(정책문제)로 여겨 공식적인 검토 대상문제(의제, 안건, 목록)로 채택하는(결정하는) 것을 '정책의제의 설정'(policy agenda-setting)이라고 한다. 그런데 공동체구성원의 관심사나 요구사항과 정책당국의 관심사 중에서 일부만이 정책의제로 채택되고 나머지는 억제되거나 방치되는 갈림길에 놓인다. 그런 의미에서 정책의제설정은 매우 중요하고 일찍부터 학자들의 주요 연구 대상이 돼 왔다. 바로 정책기조가 정책당국자로 하여금 어떤 문제를 정책의제로서 채택하거나, 아니면 억제(배제) 또는 방치(무시)하게 하는가라는 그런 준거 틀의 기능을 말한다. 마치 유기체가 유전자적으로

---

18) 조효제, 앞의 기고문.

친소(親疏) 관계를 선별해 작용하는 것처럼 정책기조논리에 친화적인 문제는 정책의제로 채택(설정)되고, 유전자적으로 이질적인 문제는 무시·억제 또는 배제되는 기능에 대한 관심을 말한다.

　예컨대 어느 나라에서나 보수 정권은 불평등 문제나 소득 격차의 문제에 대해서는 크게 주목하지 않으므로 그에 관한 문제를 최우선적 정책의제로 채택하지는 않고 부차적인 정책의제 정도로 치부한다. 그것은 성장을 통해 낙수효과(落水效果, trickle-down effect)로 해결할 문제로 보는 '성장 중심의 정책기조' 때문이다. 그러나 '분배도 중시하는 정책기조'를 채택하는 진보 정권에서는 그와 반대로 불평등, 소득 격차에 관한 문제를 매우 중요한 정책의제로 채택한다.

　국제협상에서는 어떤 나라든 자국에 유리한 문제는 적극적으로 협상의제로 채택하게 하려고 노력하고, 불리한 문제는 협상의제로 채택하는 것을 반대하고 저지하려고 한다. 국제 기후변화 협상을 예로 들면, 선진국들은 현재의 온실가스 배출량만을 기준으로 기후변화 협상을 해야 한다는 환경정책기조 및 환경 관련 협상의 정책기조를 보여준다. 그러나 개발도상국들은 산업혁명 이후 누적된 기후변화에 대한 선진국들의 역사적 책임론, 그리고 제조 과정에서 에너지 투입과 유해물질 배출이 많은 상품 쪽으로 이동해 사실상 온실가스 배출구가 이동하는 무역구조에 따른 온실가스 배출량의 급증 문제, 이른바 '탄소 전가'(탄소 아웃소싱, 탄소 세탁)의 문제를 제기한다. 그러면서 공동책임 의식하에 선진국들의 선도적인 기후변화 대응과 개도국에 대한 자금·기술 지원을 요구하는 (협상)정책기조를 바탕으로 그에 합당한 협상의제의 채택을 요구하게 된다.

3. 정책목표·정책대안의 설정과 정책대안의 분석(정책분석)· 채택의 기준 기능

　정책당국이 어떤 공공문제에 대하여 진지하게 검토할 대상인 정책의제로 설정하였으면 그 다음으로 그 공공문제를 더 정교하게 파악·정의하면서, 그 문제를 어떤 수준·정도·범위 등으로 해결할 것인가의 정책목표를 설정하게 된다. 그리고 설정된 정책목표를 달성하기 위하여 가능한 여러 가지 수단(대안)을 설정하고 각 수단을 분석·비교하게 된다. 그런 후 정책목표를 달성하는 데 필요한 적절한 수단(정책대안)을 채택하게 된다. 이러한 과정을 좁은 의미의 정책결정과정이라고 하고, 그 과정 중 일련의 분석 활동을 정책분석이라고 한다. 그런데 정책기조는 바로 그 정책결정과정을 지배하는 준거 틀로서 작동한다. 구체적으로 정책문제를 인지·정의해 정책의제로 채택·설정한 그 인식의 틀과 방향으로써, 동일한 유전 자적 동질성을 공유하는 정책목표를 설정하게 한다. 그리고 정책대안의 원천, 범 위와 내용, 유형을 규정하고, 그중 적절한 정책대안을 선택할 수 있도록 정책대안 의 비교·분석(정책분석)과 적절한 대안의 선택을 결정(정책채택)할 수 있게 해 준 다.[19)]

정책기조가 달라지면 그에 따라 당연히 정책목표도 달라진다. 산업단지를 만들어 공장 유치를 최대 목표로 삼았던 도시 당국이 환경도 중시하는 정책기조, 즉 지속가능한 개발을 정책기조로 채택하면서 오염공장은 사절하는 도시개발정 책의 목표를 설정한 것도 그 예이다.

> 오염 물질 배출 공장 이전 문제를 놓고 중국 수도 베이징(北京)과 이에 인접한 위성도시 랑팡(廊坊)시가 한판 붙었다.…베이징과 불과 40여 ㎞ 떨어진 랑팡시의 인구는 430만 명으로 베이징(2,114만 명)의 5분의 1 수준이고, 지역총생산은 10분 의 1에도 못 미친다. 그동안은 베이징 공장 유치에 사력을 다한 위성도시였다. 그랬 던 랑팡이 반기(反旗)를 든 것은 스모그 문제의 심각성이 도를 넘었기 때문이다. 랑팡시 관계자는 "베이징에 필요 없는 오염 공장은 랑팡시도 필요 없다"며 "우리는 환경보호형 첨단 산업에만 관심이 있다"고 밝혔다.[20)]

다른 예로서, 정부가 아직도 계속되고 있는 해외입양 문제에 대처하여 입양 정책기조를 '국내입양 활성화'로 설정하고 추진하고 있는 것을 살펴볼 수 있다.

---

19) 정책분석의 틀의 하나로 실무계에서 흔히 이용하는 〈현황-문제점-대책〉의 접근방식(보고서, 브리핑 차트)에 대하여 '패러다임 정책관'에 따라 정책기조(논리)를 도입하면 그것은 〈패러다 임으로서의 분석기조-현황-문제점-대책〉의 형식이 된다. 이 경우 분석기조인 패러다임 여하에 따라 두세 가지 분석보고서가 작성될 수 있고, 그렇게 보고서를 받거나 건네는 쪽에서는 패러 다임의 차이만큼이나 큰 편차를 보이는 정책분석을 접하게 되겠다. 박정택(2007b), 163-168 참 조. 또 이러한 일련의 기능은 어떤 행사나 프로그램의 경우 그 기획론적 지침의 기능을 수행 하므로 이를 일종의 '기획론적 정책기조'라고도 부를 수 있다.

20) 조선일보, 2014.3.29., "'오염공장 더는 못받겠다' 베이징 위성도시의 反旗".

그런데 그 정책기조는 혈통을 중시하는 인습에 막혀 큰 효과를 거두지 못하고 있다. 그래서 어떤 언론은 시대 흐름에 맞춰 '입양아 발생원(發生源) 제거'로 '입양정책의 패러다임을 바꾸라'고 한다. 그래서 '미혼모 방지'의 정책목표를 설정하고, 그 목표를 달성하기 위한 다양한 정책대안을 제시하기도 한다.[21] 만약 정부가 그렇게 정책기조를 전환한다면, 그에 따라 정책목표와 정책대안도 그렇게 달라질 것임을 알 수 있다.

제 3 절

정책집행과 정책평가의 방향과 기준 기능

정책의 집행과 평가는 정책목표를 달성하기 위하여 실천하고, 또 그 달성을 헤아려보는 것이다. 그렇다면 정책의 집행과 평가는 당연히 정책의 설계와 채택 시 구현하고자 한 기본적인 틀과 방향 안에서 이뤄져야 한다.

먼저 정책기조는 정책집행과정에서 정책의 설계·채택 시의 목적·목표·취지 등을 이탈한 정책표류(policy drift)를 방지한다. 그리고 집행을 담당하는 각 종적·횡적 기관과 각 담당자의 통제를 포함하여 집행과정에서 집행 현장의 상황과 여건에 따라 필요한 일련의 수정관리(修正管理)를 가능케 해 준다. 그러면 정책기조에 맞춰서 개별 구체적 정책(과제)을 집행해야 하는 것은 정책집행기관과 담당자의 의무이자 책임이라는 말이 된다. 따라서 정책기조가 달라지면 그에 따라 집행되는 기존의 정책도 기존과 다른 집행활동을 촉발하게 되는 것은 당연하다. 예컨대 공정거래위원회의 경우 '불공정 거래의 적발·처벌'이라는 정책목표는 예전과 동일한 데, 다음과 같이 그 집행에 있어서는 '친기업적' 정책기조의 등장으로 인하여 혼란을 겪으며 큰 영향을 받을 수밖에 없다.

> '재계의 검찰'로 불리는 공정거래위원회가 대통령직 인수위원회로부터 기업을 조사할 때 '친(親)기업적'으로 하라는 주문을 받고 속앓이를 하고 있다. 8일 공정위

---

21) 중앙일보, 2004.8.6., "입양정책의 패러다임을 바꿔라" 사설.

관계자는 '기업의 불공적 거래 혐의를 조사할 때는 신속히, 엄하게 해야 하는데, 기업친화적으로 하라는 인수위의 주문에 따라 어떤 형태이든 개선 방안을 내놔야 하는 입장이라 고민'이라고 말했다. 인수위는 지난 5일 공정위 업무보고에서 "공정 위가 기업 조사와 관련해 고압적 자세를 가지고 있다는 비판이 많으니 기업친화적 관점에서 실질적인 개선 방안을 마련하라"고 요구했었다.…22)

한편 정책집행에서와 같이 정책평가에서도 그 평가의 기본적인 준거 틀인 정책기조의 지배를 받는 것은 당연하다. 그렇게 정책을 집행하는 도중이나 집행 한 후 그 정책의 효과를 평가하게 되는데, 정책효과(policy effect)를 평가하는 것은 단일 차원의 효과를 평가하는 것이 아니다. 정책평가는 먼저 직접적·계량적·단 기적·1차적 효과, 즉 정책산출(policy output)이 나타나는 효과를 평가하는 차원에 서 이뤄진다. 그리고 거기에서 더 나아가 질적·장기적·2차적 효과로서 정책영향 (policy impact) 또는 정책결과(policy outcome)가 나타나는 정책평가가 이뤄져야 한 다. 그것이 진정한 정책평가의 목표와 목적이 돼야 한다. 바로 그 과정에서 정책 기조는 정책산출, 정책영향, 정책결과 등을 분석·평가하는 데 기본 준거 틀로서 의 기능을 수행한다.

제 4 절 **정책리더십의 효율적 발휘와 심층적 정책연구의 도구 기능**

정책기조는 실무계와 학계에 걸쳐서 두루 그들의 활동 목표를 달성하는 데 유용한 도구를 제공해 준다. 우선 현실 정책운용에 참여하는 공식적이거나 비공 식적 행위자들에게는 정책기조가 '정책을 통하여 구현하고자 한 목표를 향하여 구성원의 노력을 결집해 이끌어가는 활동'인 '정책리더십'을 효율적으로 발휘할 수 있게 해 준다. 정책기조가 정책을 지배하는 인식의 기본 틀과 방향이라고 함은 정책기조를 결정하는 최고 지도자뿐만 아니라, 그것을 구현해야 하는 위치에 있

---

22) 조선일보, 2008.1.9., "'친기업적 조사?' 공정위 속앓이".

는 각급 지도자들도 공유해 함께 갖춰야 하는 인식의 기본 틀과 방향을 의미한다.
그래서 특정 정책기조 아래 있는 일단의 정책들을 지휘하는 지도자들은 그 인식
의 기본 틀과 방향을 토대로 정책의 형성과 집행 등 모든 정책과정에서 그에 직간
접적으로 관여하는 사람은 물론, 기타 그 영향을 받는 정책대상자(집단)를 포함한
모든 관련자들의 인식의 기본 틀과 방향을 분명하게 잡아주면서, 그 틀과 방향으
로 모든 노력을 결집하도록 그들을 이끌어주는 기능을 수행하게 된다. 그렇게
정책기조는 지도자들에게 정책효과를 달성하게 해 주는 효율적인 리더십, 곧 정
책리더십을 제공해 준다. 정책리더십에서 정책기조로 인하여 발휘되는 특별히 효
율적인 리더십 부분을 일컬어 '정책기조리더십'이라고 할 수 있다. 이것은 매우
중요하므로 제3부에서 따로 논의하기로 하겠다.

　　다음으로 학계의 연구자들에게 정책기조는 정책을 구조적으로 깊이 연구하
는 매우 중요한 개념적 도구를 제공해 준다. 예컨대 세종의 국정기조와 어문 분야
의 정책기조 및 그 구체적 하위 정책인 한글창제정책에 대하여 정책기조에 초점
을 맞춰 역사적·구조적으로 분석해 봄으로써 한글창제정책에 관한 정책철학과
정책사적인 의미 있는 연구결과를 도출할 수 있다. 마찬가지로 민비정권의 청군
차병정책을 연구하는 데 있어서도 민비정권의 국정기조와 정책기조를 분석함으
로써 청군차병정책에 대한 깊이 있는 이해를 도모할 수 있다(이들은 저자의 다른
책 <정책철학의 새로운 접근>에서 자세히 분석하고 있음).

　　정책기조가 정책리더십의 효율적 발휘와 심층적 정책연구의 도구로서 기능
할 수 있는 것은 단순화해 바라보고, 접근하며, 대처하게 할 수 있는 기능이 있기
때문이기도 하다. 즉 정책의 담당자와 결정자 등을 포함한 정책행위자들이 자칫
혼란스러워 길을 잃기 쉬운 복잡다단하게 얽혀 있는 정책의 상황·여건·환경·
문제·해결책 등에 대하여 단순화해 접근·대처하게 한다. 때로는 그것이 너무 지
나쳐서 상상력을 제약하는 장벽으로 작용해 오히려 역기능을 초래할 정도일 경우
도 있다. 이런 일들은 모두 정책기조가 정책에 관련된 여러 가지 복잡한 사안을
단순화시켜 어떤 논리적 질서를 부여해 주는 기능을 수행하기 때문에 가능하고
발생한다. 이에 대한 다음 설명과 기사를 참고할 수 있다.

이 정책기조라는 개념적 틀은 정책을 만들거나 영향을 미치는 데 관여하고 있는 행위자들이 한정된 전문성과 부적합하거나 모순적인 정보를 가지고, 그리고 흔히 비교적 짧은 시간 안에 결정을 내릴 것을 빈번하게 요구받는 혼란스러운 환경에 대하여 어떤 질서를 부여해 주는 데 도움을 준다. 그런 맥락 안에서 정책기조는 무엇이 생각할 만하고 가능하며 혹은 수용할 만한가의 경계를 구분해 주는 개념적 틀을 지어줌으로써, 일련의 선택을 제약하고 잠재적 기회를 활용하게도 하는 조건 으로 작용해 의미 있게 어떤 행동노선을 취하게 해 준다.[23]

---

23) Carson, Burns & Calvo(eds., 2009), Introduction, 17.

제 6 장

정책기조논리(정책아이디어)의
주요 구성인자

기본적으로 정책은 아무렇게나 만들어지는 것이 아니라 문제 상황에 맞춰 그 해결방안으로서의 이치에 맞는 '어떤 논리'의 뒷받침을 받는다.[1] 물론 그 논리는 때로는 '이론'이라고도, 때로는 '원리·원칙'이라고도 일컬어진다.[2] 앞에서 본 대로 구미 중심의 정책기조이론에서는 신제도주의 학자들이 유행시킨 대로 '아이디어'(또는 정책아이디어)라고도 한다(우리는 일찍부터 '논리'를 사용해 왔으므로 이하에서는 '정책기조논리'라고 통칭하기로 한다). 그래서 과학활동 중 관찰이 대체로 이론을 업고 이뤄진다는 '관찰의 이론 적재성(의존성)'의 원리에 비춰, 정책도 무엇인가 이치에 맞는 어떤 논리·아이디어·지식에 업혀 이뤄진다. 그런 의미에서 '정책의 논리 적재성(아이디어·지식 의존성)'이라고 할 수 있다. 그런 이치는 정책기조에서도 동일하게 적용된다. 정책기조도 무엇인가 '정책기조논리의 뒷받침'을 받아 싹(배아)이 트고 자라서 어엿한 모습으로 등장한다. 이와 같이 정책기조는 바로 그것을 구성해 주고 뒷받침해 주는 '정책기조로서의 어떤 (단순한 논리·아이디어·지식이라기보다는 그보다 한 차원 더 높은) 기본적인 논리·아이디어·지식'을 지니고 있다.[3]

---

1) 그런 의미에서 '논리'를 사용하는 예도 많이 있다. "확립된 패러다임의 깊이 고착된 논리"(the deeply entrenched logic of established paradigm), Triadafilopoulos(2011, 164); "석면의 취급과 규제 방법의 논리가 근본적으로 바뀌었다"(the logic of how to deal with and regulate asbestos fundamentally changed), Carson(2009, 222); "(EU)가스 법규는 기본 논리를 바꿔 자유화로 가게." Andersen(2009), 280 등.

2) 표준국어대사전에 의하면 '논리'는 '말이나 글에서 사고나 추리 따위를 이치에 맞게 이끌어 가는 과정이나 원리. 사물 속에 있는 이치. 또는 사물끼리의 법칙적인 연관'이다.

3) 그런 의미에서 이는 '정책기조의 기본논리 의존성'이라고 차별화할 수도 있겠다. '정책(정책기조)의 논리(기본논리) 의존성'은 '관찰의 이론 의존성'이 나중에 강하거나 약한 의존관계(강한 테제, 약한 테제)로 다소 완화되었듯이 그 논리(기본논리)에의 의존성을 너무 절대화할 필요는 없지만 그것을 과소평가해서는 안 된다. 예컨대 경기도 연천군 전곡리 일대에 널려있던 돌도끼 등 구석기 도구들은 오랜(4만-5만 년 전과 30만-40만 년 전으로 엇갈림)동안 그곳 주민은 물론 한탄강 유원지를 찾은 한국인 어느 누구에게도 발견되지 않고 불도저 아래로 사라졌을 텐데, 애리조나 대학에서 고고학을 전공하다가 동두천 미2사단에 입대해 근무하고 있던 그레그 보웬 상병이 1977년 4월 어느 주말 한국인 애인과 한탄강 주변을 산책하다가 주먹도끼 몇 점을 직감적으로 '발견'하고, 서울대 김원룡(金元龍) 교수와 연결해 1978년 4월부터 대대적인

정책세계에서 정책들을 낳는 '인식(생각)의 기본 틀과 방향'이 '정책기조'라고 했다. 그렇다면 그런 '인식의 기본 틀과 방향'은 과연 어떻게 만들어지고, 그것을 뒷받침해 주는 기본적인 논리로는 어떤 것이 있을까? 이것이 정책기조의 원천(源泉, wellspring)과 배아(胚芽, embryo)의 문제이고, 바로 '정책기조논리의 구성인자'의 문제이다. '정책기조논리의 구성인자'는 '정책에 관한 인식의 기본 틀과 방향을 이루는 부분·요소로서의 여러 가지 논리'를 말한다(구성인자 대신 '구성요소'라고도 할 수 있다). 여기서 '정책기조논리'라고 해서 '논리'가 등장한 것은 '정책기조'와 그 정책기조의 원천(근원)인 '정책기조논리'를 다소간 구별하기 위해서이다. 그래서 정책기조논리는 정책기조라는 인식의 틀을 구성하는 사상·이념·철학·이론·원리·원칙·가치 등 정책기조의 인식론적 원천(源泉)을 통틀어 말한다.4) 이는 역사적으로 각각 다른 용어나 다른 강도(强度)로 제시되고 적용돼 왔기도 하다.5)

발굴 후 구석기학의 최고 권위자 존 클라크 버클리대 교수의 판정으로 '유럽·아프리카와는 달리 저급한 동아시아에는 주먹도끼[아슐리안(Acheulean)형 주먹도끼] 문화가 없다'는 당시까지 모비우스(Movius) 교수의 정설을 허물고, 교과서도 수정하게 만든 고고학계에 혁명적 사건을 일으켰음을 기억해야 한다. 이상 경향신문, 2007.4.7. 및 조선일보, 2005.5.5. 기사 참조. 이와 같이 정책(정책기조)도 어떤 이론·사상·철학 등 논리(기본논리)에 근거해 구상되고 구체화되므로 그 '논리(기본논리) 의존성'의 이해가 중요하다.

4) 표준국어대사전에 의하면 '구성'(構成)이란 '몇 가지 부분이나 요소들을 모아서 일정한 전체를 짜 이룸. 또는 그 이룬 결과'이다. 그리고 '인자'(因子)는 '어떤 사물의 원인이 되는 낱낱의 요소나 물질'이다. '요소'(要素)는 '사물의 성립이나 효력 발생 따위에 꼭 필요한 성분. 또는 근본 조건, 그 이상 더 간단하게 나눌 수 없는 성분'이다. 그래서 '구성인자' 또는 '구성요소'는 '어떤 사물의 원인이나 성분이 되는 부분들을 모아서 일정한 전체를 짜 이룸. 또는 그 이룬 결과'라고 할 수 있는데, 본문은 이에 바탕을 두고 정의한 개념이다.

5) 정책과정과 정책변동에서 정책 신념 등 '정책기조논리'의 역할에 대한 견해는 학파나 학자에 따라 다를 수 있지만 그 중요성에 대한 인식은 공통적이다. 예컨대 정치적 다원주의자인 로버트 달은 'Who Governs'에서 정치권력이 경쟁하며 견제와 균형의 원리에 의해 행사되고 정부는 소극적으로 관여하는 것을 강조하면서 미국의 사법제도에 내재한 '공화주의 신념'이 미국 정치의 한 중요한 요소라고 밝힌 프랑스 법률가·사상가 토크빌(Alexis de Tocqueville, 1805-1859)의 <미국 민주주의>(Democracy in America)에서의 견해에 대하여 시민과 정치인들이 일반적인 민주적 가치들에 대하여 광범위하게 합의·수용한 것을 인정하면서도 그런 가치합의는 추상적이고 그런 일반원리가 실제 정치에 큰 영향을 미쳤다고 볼 만큼 구체적 적용은 제한적이고 모호하다고 비판하였다. 그러나 10년이 지난 후 'Polyarchy'에서는 마지막에 '정치활동가들의 신념'(The Beliefs of Political Activists)의 한 장(제8장)을 할애하여, 불안정과 단절의 시기에는 시민의 신념이 크게 바뀌는 것과 같이 치열한 정치적 경쟁구도하의 의제형성에서 정치인들의 신념이 중요한 결정요인의 하나라며 정치적 신념에 많은 관심을 피력하였다. Robert Dahl, Who Governs: Democracy and Power in an American City, New Haven: Yale Univ. Press, 1961, 311-312; Robert Dahl, Polyarchy: Participation and Opposition, New Haven: Yale Univ. Press, 1971,

그런 정책기조논리의 원천으로서 초기 배아를 형성하게 해 주고, 그에 의하여 사고실험(thought experiment)을 할 수 있게 해 주는 주요 구성인자로서는 ① 사상 ② 이념(이데올로기) ③ 철학 ④ 이론 ⑤ 원리·원칙 ⑥ 가치를 생각해 볼 수 있다.[6] 이는 꼭 정책기조논리 제안자나 정책담당자가 거창한 사상이나 이념이나 철학이나 이론의 창시자가 돼야 한다는 뜻이 아니다. 물론 그런 사상 등을 창안하는 것도 포함한다. 그 외에 그런 사상 등에 공감하고 지지하고 변용함으로써, 그들 원천에 대한 가치판단·가치비판·가치탐색에 기초하여 진지하게 관심을 갖고 미래 투시적으로 광범위하고 심층적·성찰적으로 고민하면서 지적 사고실험 끝에 정책기조논리라는 정책기조의 배아를 형성하고 적용해야 한다는 뜻을 함축하고 있다.

이렇게 할 때 비로소 정책학은 단순히 공동체의 문제를 파악해 정의하고, 그에 대처한 정책을 잘 만들고 못 만드는 '정책 설계기술'(design technique of policy) 같은 테크놀로지의 '도구 학문'만에 그치는 것이 아니게 된다. 정책학은 비로소 사상과 가치, 철학과 이념 등을 예민하게 포착하고 역사와 인류 앞에 비전과 방향을 제시하고 중심축을 잡아주는 '궁극적 가치 비판적·가치 탐색적·가치 창조적 성격'을 지향하는, 궁극적인 좋은 가치를 추구하는 '목적 학문'이 된다(그런 점에서 정책학 및 정책기조에는 서술적이고 규범적인 성격과 차원이 포함돼 있다). 마찬가지로 정책학자는 단순히 테크노크라트로서의 정책기술자나 양성하는 도구적

180-188; Krasner(1984), 228 참조.

6) 그래서 정책기조와 관련된 서양 문헌에는 (big) idea, ideology, philosophy, principle, theory 등의 용어가 자주 등장한다. 예컨대 케어니 등은 홀(Hall, 1993)의 정책기조와 아이디어에 관한 조사·연구에서 홀이 말하는 바, 당연시되어 전체적으로는 꼼꼼히 따져보는 의문의 대상이 되지 않는 아이디어나 신념의 예로서 '핵심 신념(core beliefs), 가치(values) 또는 패러다임'을 든다. Cairney and Heikkila(2014), 365. 그리고 프랑스계 학자인 수렐은 인지적·규범적 프레임의 요소를 형이상학적 원리(metaphysical principles), 특정적 원리(specific principles), 행위형태(forms of action), 수단(instruments)으로 계층화하는데 이 중 형이상학적 원리와 특정적 원리가 policy paradigm이라고 한다. 그의 형이상학적이고 특정적 원리는 본문의 사상 등 정책기조논리를 말하는 것을 알 수 있다. Surel(2009), 30-32. 또 카슨 등은 "그러므로 정책기조는 이상향도 아니고 철학자의 일도 아니다. 그것들은 현실 세계의 문제해결, 주장 제기, 지배관리(governing) 그리고 협상과 투쟁에 관여하는 행위자들의 산출물일 뿐이다.…패러다임은 패러다임의 형성과 재형성 과정에 관여하는 자들의 지식, 관점 그리고 이해관계의 측면에서 '설계된'(designed) 것이다. 한 마디로 사회적 구성물(social constructions)인 것이다."라고 설명한다. Carson, Burns & Calvo(2009), 142, 144.

존재를 뛰어넘어 역사와 인류의 향방에 책임감 있게 나서는 목적적 존재로서의
자아 정체성을 가지게 된다. 또 정책담당자도 단순히 테크노크라트로서의 '정책
기술자'를 뛰어넘어, 이상 가치를 탐색하고 적용해 인류와 역사에 기여하는 '진정
한 정책리더십'을 가진 좋은 '정책가'(政策家)가 되는 것도 마찬가지이다.

　　물론 현실의 여러 가지 정책기조의 논리는 다양하고 다차원적이다. 정책기조
논리가 사상, 이데올로기, 기본 가치 등 높은 차원의 특정 논리로 이루어진 것도
있다. 또 좁은 범위의 세세한 이론이나 가치 등 상대적으로 낮은 차원의 특정
논리로 이루어진 것도 있다. 높은 차원의 기조논리는 높은 차원의 공동체·수준·
직급에서 적용되고, 낮은 차원의 기조논리는 낮은 차원의 공동체·수준·직급에서
적용된다. 또 현실적으로 정책기조논리의 인과적 논리성이 '고수준의 이론'(high-
level theory)이라고 할 만한 정교함을 갖추고 있는 경우도 있고, 상대적으로 그저
'낮은 수준의 이론'(low-level theory)이라고 할 만한 정도에 불과한 수준을 보여주
는 경우도 있을 수 있다. 또 거의 유사한데도 어떤 경우에는 사상, 다른 경우에는
이념, 원칙이나 철학이라고도 하므로(그런 각 구성인자의 사전적 정의도 서로 교차적
인 용어가 사용되고 있기까지 하다) 서로 명확히 구분하기 어렵기도 하다.

　　신제도주의(new institutionalism)의 제도 연구에서, 정책변동을 포함하는 제도
변화의 중심 주제로 새롭게 각광을 받고 있는 '정책아이디어'(policy idea) 중에서,
여기 정책기조논리는 당연히 '패러다임 아이디어'(paradigmatic idea)에 해당하지
만, 프로그램 아이디어(programmatic idea)나 그 하위 아이디어와 그 경계가 그리
명확한 것은 아니다. 정책기조 개념이 공동체(조직)의 최상위 관리층의 정책운용
에만 적용된다고 보지 않고, 하급관리층까지라도 필요한 경우 널리 적용되는 상
대적·중층적 개념으로 보는 저자의 입장에서는 특히 그러하다.[7] 그렇지만 이들
은 모두 인간, 사회, 세계 등에 대한 인식, 판단과 관점, 이상가치의 지향 등을
내포한 인간의 기본적인 가치, 사고, 신념, 선호, 지적 사유, 아이디어 등을 의미하
는 점에서 공통적이다.[8] 이제 이들 주요 구성인자들에 대하여 간단히 살펴보기로

---

7) 예컨대 사상과 같은 거대 담론만 해도, 조직의 하급관리층도 자신의 직무영역 내 정책의 내용
이나, 조직관리에서 '민주주의적 정책'이나 '민주적 정책운용'의 정책기조를 제시하고 적용할
수 있다.
8) 미시적 수준에서 채택 가능한 (정책기조)지식의 요건으로 하스는 정확성, 정치적 가용성, 신뢰

하겠다.

사상

　　정책기조논리의 하나로서의 '사상'은 '인간, 사회, 세계 등에 대한 통일된 판단체계로서 널리 인간의 의식과 행동을 규정하고 지배해 온 포괄적인 인식이나 견해'라고 규정하고자 한다.[9] 사상은 국가정책 전체의 존립 근거나 지향점을 나타내 주는 지표 또는 지침의 구실을 하는 가장 높은 차원의 정책기조의 논리를 구성하고 개별 정책들을 지배하고 규정해 온 중요한 인자이다. 그런 만큼 정책담당자가 사상의 창안자로서 나설 수도 있지만, 기존 사상을 지지하고 옹호하며 더 충실하게 실질적으로 적용·실천하는 것도 또한 중요하다. 예컨대 현대 민주국가에서 정책기조논리를 구성하는 가장 중요한 사상의 하나는 '국민주권(주권재민)의 사상'이다. 이 사상을 시대정신에 맞게 구현하는 정책기조논리의 형성·변경은 매우 중요한 정책리더십의 요소이다.

　　이 중요한 정책기조논리 아래에서 대의제(代議制)를 비롯하여 대의제와 관련된 다수결 원리, 법의 지배, 국민투표제, 주민소환제, 선거제도, 복수정당제, 정치적 기본권의 보장, 언론·출판·집회·결사의 자유 보장, 군에 대한 문민지배, 지방자치제의 채택, 그리고 각종 공청회, 정보공개제도, 입법예고 등 민주적·개방적 절차와 과정을 제도화한 정책이나 제도들이 마련돼 시행되고 있다. 그리고 이 사상은 완성된 것이 아니라 '질 높은 국민주권주의'를 향하여 지금도 진화하고

성, 진실성, 합법성, 최소 편향 잠재성, 부각성, 정치적 동원성, 집행가능성, 도구적 유용성, 제도화가능성 등을 지적한다. Peter Haas, "When Does Power Listen to Truth? A Constructivist Approach to the Policy Process," Journal of European Public Policy, 11, 2004, 571-575; White (2011), 215 재인용.

9) 표준국어대사전에서 '사상'은 '어떠한 사물에 대하여 가지고 있는 구체적인 사고나 생각'이고, 철학적으로는 '판단, 추리를 거쳐서 생긴 의식 내용. 논리적 정합성을 가진 통일된 판단 체계. 지역·사회·인생 따위에 관한 일정한 인식이나 견해'로 풀이돼 있는데, 다소 수정하여 본문과 같이 규정한다.

있다. 그에 따라 그 사상에 기초한 정책기조논리, 그리고 그에 기초한 현실의 구체적인 정책들도 진화하고 있다.10)

그런데 근대민주주의 사상은 자본주의 시장경제체제의 폐해 앞에서 이를 교정하는 방향으로도 진화하고 있다. 사회주의의 사상에 의하여 영향을 받기도 해서 사회통합과 연대, 공동체적 가치, 적극적 자유의 보장, 평등 등도 중시하는 복지국가 사상이 등장한 것이 그것이다. 기초생활이 위협받는 자의 국가적 보호, 근로자의 최저임금제 실시, 근로조건기준의 제정 및 감독, 근로자의 노동3권의 보호, 소비자보호운동의 보호 등의 정책은 모두 복지국가사상적 정책기조논리의 발현이다.

어떤 소수 사람의 의견이나 판단이 나중에 많은 사람들의 지지를 받아 '사상'으로 격상 발전해, 이것이 한 나라는 물론 인류 전체에까지 영향을 미치는 경우는 많다. 그래서 지식인의 역할은 매우 느리게 보이지만 인류 역사의 진행에 가장 큰 영향력을 미치는 법이다. 영국의 제르미 벤덤(Jeremy Bentham, 1748-1832)이 주장하고 존 스튜어트 밀(John Stuart Mill, 1806-1873)이 완성한 '공리주의'(utilitarianism)가 그 예이다. 공리주의는 어떤 행위의 결과나 선악을 '인간의 이익과 행복을 늘리는 데 얼마나 기여했는가'의 기준에 두고 판단하는 사상이다. 곧 개인의 이익과 전체의 이익을 연결해 '최대 다수의 최대 행복'을 추구하는 이 사상을 기초로, 보통·직접·비밀·평등 투표, 자유경제, 정교분리, 표현의 자유, 여성의 참정권, 사회복지, 동물권리 등을 주장하였고, 이는 각국의 법과 정치체제에 큰 영향을 미쳤다.

또 영국의 경제학자이자 사회사상가인 시드니 웹(1859-1947)과 비어트리스 웹(1858-1943) 부부도 1909년 빈곤법 및 빈곤 구제에 관한 왕립위원회에 제출한 -20세기의 가장 위대한 문서 가운데 하나로 불리는- '소수파 보고서'(Minority

---

10) 오늘날 많은 민주국가에서는 특정 민주적인 사상을 정책기조논리로서 헌법에 규정해 놓고 있다. 예컨대 1791년 공표된 미국 수정헌법 제1조는 '연방 의회는 언론·출판의 자유나 국민이 평화롭게 집회할 수 있는 권리와 불만 사항의 해결을 위해 정부에 청원할 수 있는 권리를 제한하는 법률을 제정할 수 없다'고, '종교, 언론, 출판, 집회, 청원의 자유를 제한하는 입법의 금지'를 명시한다. 미국의 권리장전이라고 불리는 이 조항은 입법부의 입법(정책), 행정부의 행정활동, 그리고 사법부의 정책기조논리로 작동하고 있다.

Report)에서 '가난이 개인의 책임이라기보다는 사회의 책임'임을 천명했다(위원회에서 합의가 어려워 분리 제출된 '다수파보고서'는 철저한 '빈곤의 개인 책임관'을 보이는 것과 대조됨). 그리고 그들은 국가가 모든 구성원에게 최저 수준의 생계·휴식·위생 등 보장과 최저 근로 아동 연령을 정해 보호함으로써, 건강하고 문화적·사회적인 최적의 생활을 보장하는 내용의 '내셔널 미니멈(national minimum)'의 개념도 처음으로 내세워 현대 복지국가(welfare state)를 탄생시킨 주역이 됐다. 그들은 극작가 버나드 쇼 등과 함께 공동 설립한 페이비언협회를 통하여 그런 사회운동을 전개했는데 ―현대 복지국가의 시작을 알린 '요람에서 무덤까지'로 유명한― 1942년 '베버리지 보고서'(Beveridge Report)보다 35년 앞서 그 개요를 제시하며 복지국가의 사상을 전파한 것이었다.[11]

또한 오늘날 유럽인들의 생활 자체를 획기적으로 바꾼 수많은 정책의 근원에는 '유럽 통합' 사상이 자리 잡고 있는데, 그것도 다른 하나의 예이다. 간디가 주창한 '비폭력 저항' 사상은 인도의 독립뿐만 아니라 만델라에 의하여 계승돼 남아프리카가 인종차별을 철폐하고 흑백 통합사회로 나아가는 정책들을 도입·시행하는 데 영향을 미쳤고, 수많은 국가와 사회의 분쟁과 갈등이 있는 곳에 화해와 협력 상생의 정책과 제도들에 영향을 미쳤다.

'사상'이 태동해서 일련의 세력 결집에 의하여 정책기조논리로 인정을 받고 현실의 정책기조로 공식 채택되기까지에는 대체로 순탄치만은 않는 행로(行路)의 논쟁 과정을 밟는다. 따라서 정책담당자는 현재 어떤 사상과 관련하여 그 현실성 여부의 논란만 보고 그 운명을 쉽게 예단할 것이 아니다. 예민한 '정책기조의 지능과 감수성'을 가지고 논쟁 중인 사상을 판단하고 평가하며 채택 여부 등에 관심을 가져야 한다. 거창하게 느껴지는 '사상'이라도 익숙해지면 그것이 하나의 '상식'이나 '일반적 통념'에 지나지 않게 수용되었던 것이 역사의 교훈이기 때문이다.

---

11) 박홍규, 복지국가의 탄생, 아카넷, 2018, 33, 135.

제 2 절 **이념(이데올로기)**

　　정책기조논리의 하나로서 '이념'(이데올로기)은 '인간, 사회, 역사에 대한 일정한 세계관(입장)으로서의 신념의 체계'라고 규정하고자 한다.[12] 이념은 하나의 세계관을 형성하여 주고, 이 세계관을 통하여 존재하는 세계와 바람직하다고 생각하는 세계를 인식하고 평가하게 해준다.[13] 그 대표적인 이념이 사상적으로는 자유주의, 민주주의, 사회주의, 공산주의, 사회민주주의 등의 이념이다. 또 개인주의, 전체주의, 공화주의, 공동체주의 등 바람직한 미래 사회로 이끌어준다고 주장되는 이념도 있다. 또한 정치사회적·경제적으로는 보수주의와 진보주의 등의 이념이 있다. 때로는 이들을 우파, 좌파 등 이념의 집단(분파, 진영)으로도 부른다. 이들 이념들은 시대와 상황의 변화에 따라 신자유주의, 신우파, 신좌파 등의 이념으로 분화되고 있기도 하다.

　　과거 정치적 이념이 완전히 다른 미국과 구 소련은 각각 그 내용과 성격이 뚜렷하게 다른 정책을 보여주었다. 그런데 정치적 문화가 상당히 비슷하고 정책구상의 상호교환이 비교적 활발히 일어나고 있는 유럽의 여러 나라와 미국 사이에도 그 이념의 미묘한 차이에 따라 정책의 차이가 나타난다.[14] 이는 정책과정에

---

12) 표준국어대사전에는 '이념'이 '이상적인 것으로 여겨지는 생각이나 견해'로 풀이돼 있다. 또 철학적으로는 '순수한 이성에 의하여 얻어지는 최고 개념. 플라톤에게서는 존재자의 원형을 이루는 영원불변한 실재(實在)를 뜻하고, 근세의 데카르트나 영국의 경험론에서는 인간의 주관적인 의식 내용, 곧 관념을 뜻하며, 독일의 관념론 특히 칸트 철학에서는 경험을 초월한 선험적 이데아 또는 순수 이성의 개념을 뜻한다.'고 돼 있다. 이 철학적 의미는 '이데아'나 '이성'의 개념과 유사한 의미이므로 이데올로기로서의 이념과는 다르다. 그리고 '이데올로기'는 '사회 집단에 있어서 사상, 행동, 생활 방법을 근본적으로 제약하고 있는 관념이나 신조의 체계. 역사적·사회적 입장을 반영한 사상과 의식의 체계'로 풀이돼 '이념'과 동일한 뜻이라고 하고 있다(순화 표현).

13) 이데올로기로서의 이념의 뜻도 확장·변천을 겪었는데, 오늘날 '모든 정치·사회사상'을 지칭하는 의미로 확장돼 통용되기도 한다. 또 사상을 이용하여 사회를 변화시키려는 주관적 가치의 신념체계 등으로 부정적 신념의 집합으로 보기도 하지만, 대체로 1929년 독일 사회학자 칼 만하임의 "이데올로기는 사회현상을 해석하고 평가하는 기준이 되는 신념들의 집합"이란 중립적 정의로 사용되는 편이다.

14) Norman Furniss and Neil Mitchell, "Social Welfare Provisions in Western Europe: Current Status and Future Possibilities", Public Policy and Social Institutions, Harrell R. Rodgers,Jr.(ed.), Greenwich,

서 중요한 전제와 맥락을 구성하는 이념의 의의이자 정책학이 이념의 연구에 관심을 갖는 이유를 말해 준다.15)

미국 사회학자 다니엘 벨(Daniel Bell, 1919-2011)은 사회주의가 이데올로기에 비현실적으로 몰입한다고 비판하면서 과학기술 혁명에 의해 정보와 지식이 중요한 탈산업사회에서는 이데올로기가 종언을 고할 것이라고 주장(The End of Ideology, 1960)하였다. 또 20세기 말 소련의 붕괴, 동서독의 통일과 동유럽의 시장 경제체제 도입 등 공산권 몰락의 대변혁 시기에 미국 정치학자 프랜시스 후쿠야마(Francis Fukuyama)도 이념의 경쟁에서 승부는 판가름 났다는 식의 '역사의 종언'을 주장하였다. 그러나 여전히 좌파와 우파가 존재하면서 경쟁하고 있듯이 이념 전쟁은 끝나지 않고 또 다른 형태로 계속되고 있다(후쿠야마 자신도 그의 오류를 인정하였다). 사실 사람이 사는 공동체에 어느 이념이 더 타당한가가 문제이고, 따라서 이념은 필수적으로 존재할 수밖에 없다. 다음을 보자.

> 독일의 통일을 넓은 의미에서 보면 동구와 서구의 체제 경쟁에서 서구가 승리한 것…흔히 공산주의에 대한 자본주의의 승리…라고 이야기합니다만, 이것은 저널리즘의 피상적인 시각에서 나온 견해일 뿐입니다. 긴 역사적 안목에서 살펴보아야 독일 통일의 진정한 의미가 드러난다는 것이 내 지론입니다. 지난 100여 년간 서구 사회의 역사적 변화를 주도한 핵심적인 힘은 노동운동이었습니다. 독일 통일의 의미를 이러한 노동운동사의 관점에서 살펴보면, 우리는 이것을 19세기 이래로 노동운동을 대표해 온 두 정당과 이 두 정당이 대표해 온 두 노선, 즉 사회민주주의와 공산주의 사이의 체제 경쟁에서 결국 사회민주주의가 승리한 것으로 해석할 수 있습니다.…정치적 자유와 경제적 평등을 함께 추구한 사회민주주의가 당의 독재에 의해 경제적 평등만을 추구한 공산주의보다 이론적, 실천적으로 우월한 노선이라는 것이 입증된 것을 의미합니다. 동구권의 개혁을 추진하면서 고르바초프가 자신을 사회민주주의자라고 고백한 것은 이에 대한 명백한 증거라고 할 수 있습니다.16)

Connecticut: JAI Press Inc., 1984, 15-54.

15) Laurence H. Tribe, "Policy Science: Analysis or Ideology," Philosophy and Public Affair 2(Fall), 1972.

16) 김누리 외(2006), 59. 배기정 교수의 "…당신은 독일 통일을 어떻게 평가하십니까?"의 질문에 대한 에곤 바르의 답변임.

우리 주위에서 가장 흔하게 거론되는 이념이 '보수파'(conservative)와 '진보파'(liberal)의 이념이다. 이는 정치사회적·경제적·교육적·문화적인 여러 분야에서 나타나고 있다. 한 예로 경제적 측면의 이념을 보자면, 경제적 이념으로서 보수와 진보는 다양한 결(스펙트럼)이 있는데 대체로 다음 차원에서 구분한다. 즉 시장과 정부의 크기, 정부의 민주성과 효율성, 시장의 자유경쟁과 공정경쟁, 노동과 자본의 이익 등의 차원에서 상대적인 선호의 차이를 보인다. 보수는 정부보다 시장을 선호하는데 작은 정부의 효율성, 시장의 자유경쟁, 그리고 자본의 이익(축적)을 선호한다. 진보는 시장보다 정부를 선호하는데, 강한 정부의 민주성, 시장의 공정경쟁, 그리고 노동의 이익(분배)을 선호한다.

한때 맹위를 떨쳤지만 이제 많은 비판의 대상이 되고 있는 '신자유주의'(neo-liberalism)의 예를 보자. 신자유주의는 1970년대에 몰아닥친 스태그플레이션, 실업, 기업도산, 오일 쇼크, 자원난(資源難), 노사갈등 격화 등 경제사회적 문제에 대처하여 1980년대부터 영국(대처 수상)과 미국(레이건 대통령)이 중심이 돼, 시장에 대한 정부개입을 최소화하려는 정책들을 지향하는 보수주의 경제이념을 일컫는다. 정부 규모 축소, 탈규제, 민영화, 사회안전망 축소, 노동조합 약화 등의 신자유주의 정책들은 빈부·지역·계층·직역 간 격차와 대립·갈등, 불평등, 중산층 약화, 빈곤 세습화, 실업, 사회 양극화, 금융위기 초래 등 많은 문제점들을 양산함으로써 그 이념의 존폐에 대한 논란이 증대되고 있다.

위에서 언급된 것처럼 소리 없는 이념전쟁은 총칼을 사용하는 무력전쟁보다 더 무서울 수 있다. 그 정당성의 명분이 중요할수록 이념은 중요해진다. 그래서 무력전쟁도 이념전쟁을 앞세우거나 동반시킨다. 과거 조선을 비롯한 중국의 전면 개항을 강제한 이념은 '자유무역주의' 이념이었다. 심지어 '아편'마저도 -'자유'라는 말은 늘 매력적이므로- '자유로운 거래'라는 미명으로 포장되었다. 구미 선진국은 통상정책에서 '보호무역주의' 이념으로 출발해 경쟁력을 갖춘 뒤, 자유무역주의로 전환해 이를 주창하고 강요하며 자국 이익을 극대화해 나갔던 것이다. 올라왔던 사다리를 걷어차 버리고 올라오라고 한 것이다.[17]

---

17) 장하준, 사다리 걷어차기(Kicking Away the Ladder), 형성백(역), 부키, 2004; 유용태, "세계시장의 확대와 지역질서의 변화," 유용태·박진우·박태균, 함께 읽는 동아시아 근현대사1, 창비,

그런 이념의 실체는 우리의 현대 역사가 아프게 증언하고 있다. 1945년 광복 후 미·소를 필두로 한 냉전체제에서 자유민주주의와 공산주의로 대별되는 이념의 대결은 마침내 민족적·국토적 분단이란 비극을 낳았고, 현재에까지 남북의 수많은 정책들에 영향을 미치고 있다. 특히 좌우 이념 갈등이 극심한 냉전체제의 최전방에 서 왔던 우리 민족과 사회는 이념이란 정책기조논리의 무서움과 엄중함을 온몸으로 겪었다. 우리나라 전후(戰後)문학을 대표하는 소설의 하나로 평가받는 황순원(1915-2000)의 <카인의 후예>가 다음과 같이 증언한다.

> '카인의 후예'는 일제 식민지로부터 해방 후 공산주의 이념에 따라 1946년 실제 북한에서 벌어진 토지개혁이란 정책혁명의 이야기와, 지주 계급 출신 지식인 청년 박훈과 마름의 딸 오작녀 사이의 이루어지기 힘든 사랑 이야기를 엮어, 평안남도 농촌마을인 양짓골의 순박한 마을 사람들에 불어닥친 이념의 거대한 회오리바람을 묘사하였다. 그런데 실은 그 이념에 의해 등장한 토지개혁이란 정책이 소신파와 능수능란한 변신파 등과 같이 정책의 영향권에서 벗어날 수 없는 사람들을 어떻게 변화시키는지의 과정, 시대변화에 따른 정책에 다양하게 응답하는 다양한 인간 군상의 모습을 형상화한 '정책기조의 영향평가'였던 셈이다. 하루하루 먹고사는 것이 중요한 농민들에게 이념도, 정책도 중요한 것이 아니었다. 권력이 지주에서 공산당으로 바뀐 이유를 알려고도 하지 않는 순박한 그들이었다. 그러나 이념이란 정책기조논리는 엄연히 그런 것을 비켜가지 않으며 그들의 삶을 통째로 덮쳐버렸다. 그것이 이념으로 무장한 정책기조의 실체였다.[18]

그런 우리 민족의 비극은 거기에 머물지 않고, 1950년 6·25 동족상잔의 전쟁으로 이어졌다. 그 전쟁은 거대한 이념 전쟁으로서 수많은 사람들에게 비극을 안겨주었다. 전쟁은 전쟁을 도발하고 응전하는 측 사이에서 벌어지는 거대한 정책기조의 싸움이기도 하다. 그 정책기조가 잘못되면 전쟁의 비극은 더 가중된다. 전쟁을 도발한 북한의 범죄는 더 말할 것도 없지만, 북의 남침에 허튼소리로 대비하고도 모자라 개인과 공동체에 씻을 수 없는 상흔을 남겨준 우리 정부의 정책기조에 대해서는 작가 박완서(1931-2011)가 다음과 같이 증언한다.

2010, 119.
18) 황순원, 카인의 후예, 문학과지성사, 2006(소설은 1953년 발표) 참조.

나의 1950년…내 나이 20세의 봄은 유난히 아름다웠고 서울대학교에 합격은…
빛나는 자홀(自惚)의 시기였다. 그때 나는 내 개인적인 삶, 내 개인적인 가능성을
간섭하고 힘을 미칠 수 있는 마수가 나의 밖, 즉 사회적 여건 속에 있을 수도 있다는
걸 손톱만큼도 생각하려 들지 않았다.…입학식이 제일 늦어서 6월 20일경에 있었던
것으로 기억된다. 입학식을 치르고 한 사날이나 강의를 들었을까 할 때쯤 인민군의
남침 뉴스가 전해졌다. 처음엔 크게 걱정하지 않았다.…이 대통령은 북진만 하면
점심은 평양에서 저녁은 압록강에서 어쩌고 하며 호언장담하던 때였으니까. 포
소리가 바로 미아리 고개 너머에서 들리는데도 서울을 사수할 테니 시민들은 안심
하고 생업에 종사하라는 방송이…27일 밤까지도 계속되었다. 아마 한강 다리를
폭파하고 남으로 후퇴한 뒤까지도 그 소리는 계속됐을 것이다.…사태가 급박하여
정부만 후퇴하는 게 불가피하나 곧 전력을 가다듬어 반격해 올 테니 국민들은 정부
를 믿고 앞으로 닥쳐올 고난을 인내하고 기다려달라는 비장한 참말을 한마디만
남기고 떠났던들 국민들의 석 달 동안의 고난은 훨씬 덜 절망스러울 수도 있었으련
만. 그렇게 국민을 기만하고 도망갔다가 돌아온 주제에 국민에 대한 사죄와 위무
대신 승자의 오만과 무자비한 복수가 횡행한 게 또한 9·28 수복 후의 상황이었다.
나는 그때 생각만 하면 지금도 분통이 터지고 생생하게 억울하다.…전쟁 중에 목격
한 오빠의 죽음도 나에게 불치의 상처를 남겼다.…사람 나고 이데올로기가 난 게
아니라 이데올로기 나고 사람 난 세상은 그렇게 끔찍했다.[19)]

이와 같이 이념은 확신 편향과 경박한 정치공학주의·적대감을 수반하면서
동조집단을 중심으로는 강력한 합의를 쉽게 형성시켜 주고, 반대집단을 중심으로

---

19) 박완서 외, 모든 것에 따뜻함이 숨어있다: 박완서 문학앨범, 웅진지식하우스, 2011, 33-35. 이와
관련된 배경 설명으로 "한강다리가 성급하게 폭파되면서 서울 시민들 대부분이 인민군의 수
중에 들어갔다. 3개월 후 인천상륙작전이 성공해 서울을 수복하자 시민들을 버리고 떠난 이승
만 정부는 사과는 커녕 엉뚱하게 서슬 푸른 '부역자 처벌'에 나섰다.…이미 좌익 우두머리들은
대부분 인민군을 따라 서울을 빠져나갔는데도 전국적으로 55만 명에 달하는 국민들이 합동수
사본부에 끌려갔다. 박완서도 예외가 아니었다. 1950년 겨울이 다가오자 또다시 전황이 바뀌
었다. 중공군이 기습적으로 유엔군을 격파하면서 다시 서울을 내주게 되었다. 이승만 정부는
이번에는 공개적으로 피난을 독려했다.…그런 서울에 남은 한 줌도 안 되는 시민들 중에 박완
서 가족이 있었다. 오발사고로 총상을 입은 오빠 때문이었다.…이렇게 견뎌낸 아녀자를 다시
서울을 수복한 경찰이 또다시 부역혐의를 조사하겠다니 박완서의 분노가 폭발…1951년 봄 서
울 성북경찰서 정문 앞…경찰서로 끌고 가려는 형사들에게 입에 거품을 물고 퍼부어댔다. 기
가 찬 형사들은 그녀를 풀어주고 만다.…전쟁이 끝나고 박완서가 행복한 가정을 이뤄도 전쟁
중에 겪은 상처는 치유되지 않았다.…그녀는 결심했다. '내가 내 얘기를 소설로 쓰겠다.' 40살
에 쓴 데뷔작 <나목>을 시작으로…수많은 작품들이 화산산처럼 쏟아져 나왔다." 참조. CBS노
컷뉴스, 2015.6.15., [임기상의 역사산책 95] 한평생 6·25전쟁의 상처를 안고 산 소설가 박완서
의 토로, "나는 그때만 생각하면 분통이 터진다"에서 일부 인용.

는 갈등과 반발을 불러일으킨다. 그러므로 언제나 이념의 문제는 역사와 사회의
식에 투철하고 책임감 있는 깊은 식견, 진지한 성찰, 그리고 진정성 등을 가지고
대해야 한다. 특히 이념의 본질을 깊이 알고 대처하기보다는 성급하게 자신의
이념에 대하여 확신부터하고서 도무지 다른 이념에 대해서는 아예 말이 안 통한
다고 무시·배척하는 '확신 편향'의 오류를 범하기 쉽다. 대원군 집권기 쇄국의
이념으로 무장한 조선 지배층이 그 예이다. 그래서 이념논쟁은 무익하다고 짜증
부터 내는 사람들의 태도는 옳지 않다. 공동체를 바람직한 방향으로 이끌어가는
이정표(길잡이)로서의 이념의 존재와 중요성을 결코 부정하거나 경시해서는 안
된다. 올바로 가고 있는 공동체는 올바른 이념을 찾기 위해 품격 있는 이념 논쟁
을 마다하지 않는다. 지도자는 지도자대로 국가나 공동체를 이끌어갈 만한 '깊은
식견과 통찰력을 갖추고 설득력 있는 정당한 논증과 함께 이념다운 이념, 올바른
이념'을 스스로 제시하고, 설득하며 동의를 구해야 한다. 품격이 있어야 하겠지
만, 치열한 논쟁은 당연하다. 그리고 시민이나 공동체구성원은 지도자들이 제시
한 이념이 시대와 사회와 조직에 적합한가에 대하여 면밀히 따져보고 평가하며
올바로 판단해 선택해야 한다.

제 3 절 철학

원래 학문으로서 '철학'은 '인간과 세계에 대한 근본 원리와 삶의 본질 따위
를 연구하는 학문'이고, '인식, 존재, 가치의 세 기준에 따라 하위 분야의 분과로
서 인식론, 존재론, 가치론으로 나눠 연구되고 있는 학문'을 말한다. 그런데 그런
학문 분야 이외에 일반적으로 말하는 '철학'은 '자신의 경험에서 얻은 인생관,
세계관, 신조 따위'를 이르는 말로 쓰인다.[20] 그렇다면 정책기조논리의 하나로서
'철학'은 당연히 학문 분야가 아니라, 후자인 '일반 용어로서의 철학'을 말한다.

---

20) 이상은 표준국어대사전에 있는 '철학'에 관한 학문과 일반 용어의 두 정의이다.

그렇게 보면 '철학'은 정책기조논리로서 제시될 때, 제시한 사람의 인생관이나 세계관이나 신념을 말하는 것임을 알 수 있다. 쇄국정책도 당시 성리학 독선주의의 유학자들의 지지에 힘입었다. 또 동방정책도 당시 서독 진보 지식인들의 신념이 지지해 준 데 힘입었다.

> 동방정책은 바로 1966년 칼 야스퍼스가 <연방공화국은 어디로 가는가?>에서 예시했던 바와 같이, 1960년대 중반 이래 독일 인쇄매체 지도자들이 주장해 오던 것들이었다. 야스퍼스는 전쟁으로 인한 인명살상, 파괴 및 유럽의 동서분열에 대한 독일의 책임이 너무나 크기 때문에 동유럽 국가들에 대한 이런저런 요구에 앞서 무엇보다 독일이 잘못을 시인하고 사과해야 한다고 생각했다.21)

흔히 한 국가의 대통령의 국정에 관한 일정한 정책기조를 '국정철학'이라고 말하는 경우가 많다. 그런가 하면 학교의 최고 책임자인 교장이나 총장의 학교 운영의 기본 철학, 곧 '교육철학'은 그 교장이나 총장의 정책기조논리에 해당한다. 그래서 '정책은 철학의 행동화'라고 말할 수 있다.

한편 우리는 철학자가 국정 전반의 정책기조논리, 즉 국정기조논리를 제시하고 있는 예로서, 대표적으로 미국의 철학자 존 롤스(John Rawls)와 정치철학자 마이클 센델(Michael Sandel)을 들 수 있다. 롤스는 그의 저서 <정의론>(Justice)에서 정책을 결정할 때 그 사회의 가장 불리한 처지에 있는 사람에게 가장 큰 몫을 배분함으로써 그런 최약자가 받아들일 수 있는 방식의 정책결정기준이란 정책기조논리를 제시한 것으로 유명하다. 그런가 하면 센델은 '정치'를 '좋은 시민을 기르는 일'이라고 규정하면서 이해관계를 앞세우기보다는 인간의 도리(道理)를 좇는 덕(德)을 세우는 정책기조논리를 주장하였다.22)

---

21) Dennis Bark and David Gress, A History of West Germany Ⅲ, 2nd ed., 1993; 서지원(역), 도이치 현대사 3, 비봉출판사, 2004, 28 참조.

22) John Rawls, A Theory of Justice, Cambridge, Mass: Harvard University Press, 1971; Michael Sandel, Justice(2009), 김명철(역), 정의란 무엇인가, 와이즈베리, 2014.

제 4 절   **이론**

··

　　정책기조논리의 하나로서 '이론'은 '사물의 이치나 지식 따위를 해명하기 위하여 논리적으로 정연하게 일반화한 명제의 체계'를 말한다.[23] '정연하게 일반화한 논리적 명제의 체계'는 대체로 '원인-결과의 관계'를 일컫는 편이므로 '이론'을 그렇게 이해하기도 한다. 어떻든 사회적 문제에서 정책문제가 도출되고 정책문제의 해결을 위하여 정책이 구성되는데, 그런 정책은 '이론'에 바탕을 두는 것이라고 한다. 그런 이론 중에서 '구체적 정책들의 기본 틀이나 방향으로서 그 정책들의 바탕을 이루면서 그들 정책을 지배하는 이론'인 경우, 그 이론은 '정책기조논리로서의 이론'이라고 할 것이다.[24] 그래서 '이론을 어떻게 원용하느냐에 따라 정책에 의하여 재구성되는 사회의 성격이 달라진다'고 말하는 경우를 포함하여,[25] 여기서 말하는 이론은 개개 구체적 정책에 적용하는 이론이라기보다는 '정책기조에 적용하는 이론', 즉 정책기조논리로서의 이론을 지칭한다. 다음의 예를 보자.

　　　미국의 교도소 수감률이 OECD(경제협력개발기구) 국가 중 1위라고 뉴욕타임스가…보도했다. 인구 10만 명당 재소자수가 710명(2012년 기준)으로 다른 회원국의 추종을 불허한다. 2위인 칠레(266명)의 2.7배, 21위인 한국(99명)의 7배이다. 1992년 수감률 통계가 나온 이후 21년 연속 1위를 유지하고 있다. 미국은 왜 이럴까? 흔히 유럽보다 취약한 사회안전망을 이유로 든다. 하지만 미국의 압도적 수감률은

────────────────────

23) 이는 표준국어대사전의 '이론'에 대한 정의인데, 그 외에 덧붙여 '[철학] 실증성이 희박한, 순 관념적으로 조직된 논리'라는 정의도 있으나 여기서는 그런 의미는 아니라고 하겠다.
24) 토마스 쿤은 전기의 성질에 관한 벤저민 프랭클린의 업적과 같이 '하나의 이론'이 단독으로 '하나의 패러다임'으로 인정받을 수 있다고, 한 이론의 패러다임 가능성을 언급하였다. 그렇지만 일반적으로 패러다임과 이론은 동일한 것은 아니고, 다른 본문의 구성요인들도 그렇듯이 이론은 패러다임의 구성요인이나 구성요소가 된다. 그런 패러다임에 속한 이론을 토마스 쿤은 –자신의 패러다임 인식론을 의미하는 것과는 다른 뜻에서– '패러다임이론'(the paradigm theory)이라고도 부른다. Kuhn(1970), 17, 26-28, 53, 61.
25) 정책이 '이론'에 바탕을 두고, 따라서 이론이 사회 재구성의 차이를 만들어내는 것은 강신택, 사회과학연구의 논리, 박영사, 1989, 442-443.

이것만으로 풀이될 수 없다. 뉴욕타임스가 지목한 것은 1974년 범죄학자 로버트 마틴슨의 영향으로 시작된 미국 교정정책 전통이다. 1974년 마틴슨은 '무엇이 효과 적인가? 교정정책에 관한 질문과 대답'이란 논문에서 "갱생을 위한 노력은 결론적 으로 시간 낭비"라고 주장했다. 미국 정부는 이 학설에 큰 영향을 받아…범죄자에게 갱생의 기회를 주기보다는 엄벌주의로 교도소에 가둬 사회와 격리시키는 정책을 펴온 것이다.26)

사람은 자신의 삶과 자신이 몸담고 있는 사회와 세계에 대하여 생각(사유, 인식)하면서 일정한 생각의 틀(사유나 인식의 틀)을 발전시키는 존재이다. 그런 틀 중에서도 가능한 한 논리정연하게 객관적으로 체계화시킨 결과, 많은 사람들이 그 타당성과 유효성을 인정하고 이를 구체적인 정책들, 특히 일련의 정책묶음(정 책패키지, 정책가족, policy package, policy family)에 적용하는 이론의 중요성은 정책 의 연구나 실무에서 두 말할 필요도 없이 중요하다. 그래서 이론을 개발하고 검증 해 적용하며 연구하는 학자·지식인의 역할과 책임은 다른 어떤 것에 비할 바가 아니게 중요하다.27) 그런데 정책담당자나 정책참여자도 수많은 이론들을 학습하 고 비교·평가하며, 스스로 개발하고 설득하며, 최종적으로 선별해 적용해야 하는 임무를 수행하는 자로서 학문과 이론의 동향을 예의주시하며 이론의 감식안(鑑識 眼)을 지녀야 한다.

정책담당자가 정책을 수립할 때 그것이 이론에 바탕을 두고 있는 경우, 그 이론이 과연 타당한가에 대한 사려 깊은 의견과 논증을 살펴야한다. 그렇지 않으

---

26) 조선일보, 2014.5.2., "美는 왜 21년째 교도소 수감률 OECD 1위일까." 마틴슨(Robert Martinson, 1927-1979)은 1974년 '무엇이 효과가 있는가?'(What Works?)라는 수감자 갱생사업의 단점을 지 적해 '아무것도 소용없다'주의('nothing works' doctrine)를 창안한 매우 영향력 있는 유명한 논 문을 발표한 미국 사회학자이다. 미 대법원의 위헌 판정을 무시하고 있는 미국 남부 지역의 '공립버스 흑백분리정책'에 저항한 민권운동의 일환으로 조직된 '자유탑승'(Freedom Riders) 운 동에 1961년 그도 참여해 한 달여 간 수감된 것 등을 계기로 범죄학에 관심을 가지게 된 후, 1966년 뉴욕주 범죄자대책위원회의 용역을 받아 수감자 갱생에 관한 공동연구를 수행해 과거 20여 년간 230여 연구결과를 망라해 1970년 보고서가 완성됐지만, 그 내용이 부적절하다는 이 유로 공개되지 못했으나 소송으로 공개되었다. 1974년 발표한 그의 논문은 정치인의 호응과 사법당국의 엄벌주의 및 갱생사업의 포기로 이어졌다. Robert Martinson, "What works?: Questions and Answers about Prison Reform," The Public Interest(Spring 1974), 22-54. 이상 위키 피디아 참조.

27) 앞 본문에 나오는 범죄학자 로버트 마틴슨은 후에 그의 입장을 번복했고, 52세 나이로 아파트 에서 투신자살했다.

면 하나의 유행에 휩쓸려 유령처럼 다가온 사이비 이론 혹은 검증 안 된 이론을 좇다가 허망하게 정책도 망치고, 공동체도 망치기 때문이다. 그것도 정책기조논리로서의 이론이 그 대상인 경우 더욱 그러하다. 현대 한국 역사에서 시민들에게 정책기조논리로서의 이론의 중요성을 절절히 체험한 사건 하나가 있다. 곧 1997년 말 외환 보유고의 부족으로 국가 부도의 위기에 처했을 때, 구제금융을 요청받은 -미국이 주도하는- 국제통화기금(IMF)이 우리 정부에 외화 대출을 해주는 대가로 혹독한 고금리의 금융정책, 긴축적 재정정책, 금융기관·기업 등의 강력한 구조조정을 요구하였다.[28] 이에 선거 직전이었기에 대통령 후보들이 IMF 총재에게 승복을 약속하였고, 선거 후 집권한 김대중 정부는 IMF가 강요한 그대로 경제 위기 탈출의 정책기조를 채택하였다. 이른바 그 "IMF 관리체제(혹은 신탁통치)" 아래 그 정책기조에 의해 일련의 위기 탈출 정책들이 수립돼 시행되었다. 당시 수많은 은행·기업·자영업자가 도산하고 인수합병(M&A)되면서 일거에 우리나라

---

[28] IMF 외환위기의 원인에 대하여는 견해가 분분하다. 대체로 정부의 성급한 금융개방정책(준비되지 않은 상태에서 세계화를 내세우며 자본시장 자유화가 조건의 하나인 OECD 가입을 추진하고 1996년 말 회원국 가입), 금융기관들은 과도하게 해외 단기자금을 경쟁적으로 들여와(외화 차입) 위험한 고수익 상품에 투자하고 재벌 등 기업의 방만한 투자에 대출해 주면서도 위험관리에는 소홀히 하고(부실채권) 대기업은 그들대로 외부차입에 의존해 무리하게 확장전략을 취하다가(과다 부채와 경영 부실) 1997년 태국 등 아시아에서 외국자본이 빠져나가면서 화폐가치가 폭락하며 발생한 금융위기가 우리에게도 닥쳤다. 그런데 외국 금융기관들이 만기 연장을 거부하고 회수에 들어가자 전체 유동성 위기를 초래하면서 금융기관은 막대한 부실채권으로 인한 실적 악화, 금리상승, 대출금의 조기 상환 요구를 하게 되고, 이는 기업에 유동성 위기라는 격랑을 일으켜 연쇄부도 사태를 몰고 왔다. 거기에 국가의 곳간인 외환보유고도 부족해 국가부도의 외환위기가 발생한 사태로 알려져 있다. 긴축재정, 기업과 금융 부문의 부실 정리(고금리), 자본시장 완전 개방을 조건으로 IMF의 구제금융(210억 달러)을 포함해 외부에서 550억 달러를 차입한 후, 정부는 막대한 공적 자금을 쏟아 붓는 고강도의 구조조정으로 30대 재벌 중 16개가 쓰러졌다. 33개 은행 중 16개가 합병·인가취소로 사라졌으며, 종합금융·보험·증권 등 비은행권 금융사도 2,103개 중 913개가 없어졌다. 1998년 초 30%에 이르는 단기금리의 상승과 신용경색으로 멀쩡한 기업들조차 쓰러졌다(1만여 개 이상 도산 후 그해 중반 금리 인하). 사회안전망이 부실한 당시 은행 직원의 약 30%가 실직하고, 쓰러진 재벌 '대우'의 계열사 5개사에만 2만 명이 넘게 실직해 고통을 당했을 정도였다. 그런 막대한 희생을 치르며 -금모으기 운동으로 약 22억 달러를 확보한 일이 상징하듯- 정부와 민간이 합심해 노력한 끝에 2001년 8월 IMF 구제금융을 상환하고 IMF체제를 조기 졸업했다. 다양한 견해와 함께 외환보유액이 부족해 발생한 유동성 위기라는 진단, 당시 일본이 돕겠다고 나섰고 그랬다면 한국은 충분히 유동성 위기를 해결할 수 있었는데, 미국이 한국 시장을 개방하려고 가로막는 일을 벌인 것 등, IMF 외환위기와 관련된 분석은 김태일, 한국경제, "경로를 재탐색합니다," 코난북스, 2017; 이제민, 외환위기와 그 후의 한국 경제, 한울아카데미, 2017; 김용덕, 아시아 외환위기와 신 국제금융체제, 박영사, 2007 등 참조.

경제계의 지형이 바뀌었다. 또 수많은 실업자·명예퇴직자·노숙자·자살자·가정
파탄자가 발생하였으며, 국민은 모두 허리띠를 졸라매며 '금 모으기'로라도 힘을
보태려고 안간 힘을 썼다. 나중에 IMF는 -자신들의 요구가 무리였음을 시인하면
서- 2008년 미국 발 금융 위기 이후 -동일한 상황인데도 우리와는 정반대로- 초
저금리와 양적 완화(QE, qualitative easing)의 확장적 재정금융정책을 옹호하고 있
다.29)

　　이와 같이 이론, 특히 정책기조논리의 토대를 이루는 이론은 공동체의 모든
구성원의 삶에 결정적인 영향을 미치는 경우가 허다하다. 그래서 이론의 '생산자'
나 '전파자'나 '채택자'로서의 지식인과 정책담당자의 역사적·공동체적 책임성
은 막중하다. 한 전형적인 예로, 경제학자 케인즈와 미국 루스벨트 대통령, 그에
맞서는 하이에크와 대처 영국 수상을 들 수 있다. 먼저 케인즈이론과 루스벨트
대통령의 관계를 보자.

　　영국 경제학자 케인즈(John Maynard Keynes, 1883-1946)는 자본주의 시장경제
체제는 많은 문제점을 안고 있는데, 그중 가장 핵심적인 문제점은 불완전 고용과
불평등한 부의 분배라고 보았다. 그 해결책은 사회주의가 아니고 자본주의 시장경
제체제임에 틀림없는데, 케인즈는 대공황의 원인은 과잉생산이 아니라 유효수요의
부족에 있다고 진단하며, 정부 개입의 해법을 제시하였다.30) 이 새로운 케인즈 경제
이론은 곧 미국 루스벨트 대통령에 의해 대공황을 해결하기 위한 정책기조논리로
채택돼, 유명한 뉴딜정책을 성공리에 수행하게 해 주었다. 즉 대규모 공공투자사업
을 벌이고, 노동자들의 장기적인 고용 안정과 생활 안정을 위해 -그전까지는 생각할
수 없었던- 수정자본주의적 성격을 띤, 노동권, 실업수당, 의료보장, 무상교육 등

---

29) 2008년 글로벌 금융위기 시, 미국 정부는 고용을 이유로 크라이슬러와 GM, 그리고 금융투자회
　　사 등에 막대한 자금을 지원해 살렸다. 매일경제, 2014.11.6., "2010년 긴축 주문 잘못, IMF 정
　　책실패 자성론"; 경향신문, 2015.6.17., "낙수효과 사망선고"; 한겨레, 2016.5.30., "신자유주의 과
　　잉판매 했다, IMF이코노미스트의 반성"; 신희영, 위기의 경제학, 이매진, 2013 참조. 그 주 논
　　점은 국제통화기금(IMF)이 내부 감사 담당의 독립평가국(IEO) 보고서에서 2010년부터 2011년
　　사이에 IMF가 미국, 일본, 유로존 등에 재정을 긴축해 채무 부담을 줄여야 한다고 권고한 것이
　　성급한 조치였다고 잘못을 인정했다. IEO는 '재정긴축과 통화팽창을 함께 권고한 정책조합은
　　결국 경기회복을 제대로 뒷받침하지도 못하면서 부정적인 효과만 키웠다'고 자아비판 했다는
　　것이다.
30) John M. Keynes, The General Theory of Employment, Interest, and Money, N.Y.: Harcourt, Brace
　　& World, 1964.

사회권적 기본권을 보장하는 각종 입법과 정책을 산출하는 등 오늘날 현대 미국의
기틀을 다지게 되었다.

케인즈는 이론과 무관하게 보이는 정책담당자들도 사실은 '죽은 경제학자의
노예'라고 말하며, 그 자신의 이론을 통하여 그 사실을 입증한 셈이 되었다. 즉
대공황 탈출의 경제이론으로 각광을 받은 그의 재정금융 거시경제정책이론은, 그
후 각국의 경제정책기조논리로 널리 채택되었다. 특히 경제위기 시, 대대적인 경
기부양책의 가장 막강한 이론적 토대가 되었다. 그러나 케인즈 경제이론에 대적
한 경제학자가 오스트리아 출신 하이에크였다. 그는 자신의 주도로 케인즈주의와
쌍벽을 이루는 신자유주의의 경제이론을 확산시켰고, 많은 사람들의 삶에 큰 영
향을 미치게 되었다.

> 하이에크(Friedrich Von Hayek, 1899-1992)는 <노예에의 길>(1944)에서, 자유주
> 의 문명을 지키는 가장 시급한 과제가 경제적 자유를 수호하는 것이라고 주장하였
> 다. 그는 가격 메커니즘의 일정한 규칙에 따라 각자 최선의 정보에 의해 자유롭게
> 자신의 목적을 추구하게 해주는 자율조정적 시장 질서를 바탕으로, 정부는 공정한
> 경쟁을 벌일 수 있게 균등한 기회를 제공해 주는 법적 체계를 마련하는 과제를
> 수행하면 된다고 주장하였다. 대공황이 발생해도 가격 메커니즘에 의해 균형으로
> 수렴되는 것이 시장이며, 공공투자사업은 물가상승만 초래할 것이라고 보았다. 이
> 로써 그는 경제적 자유를 보장하는 고전적 자유주의를 발전적으로 계승하여, 공정
> 한 경쟁에 바탕을 둔 시장에서의 경제적 자유를 보장하는 신자유주의 시대를 열었
> 다. 1970년대 스태그플레이션 상황의 도래와 함께, 1979년 영국의 대처 총리와
> 1980년 미국의 레이건 대통령이 그 추종자로서 그의 이론을 경제정책기조논리로
> 채택한 이후 각국에 확산되었다.

경제학이론의 최대 맞수의 대결은 지금도 계속되고 있다. 그만큼 정책기조논
리의 대결도 계속되고 있다. 대공황으로 케인즈 경제이론이 각광을 받고 자본주
의를 위기에서 구했지만, 그 30여 년 후 하이에크가 이끄는 신자유주의 경제이론
이 지배하였다. 그러나 2007년 미국의 서브프라임 금융위기로 촉발되고 2008년
리먼 브라더스 파산 신청과 AIG의 구제금융 신청으로 세계 금융위기가 발생했을
때, 다시 화려하게 케인즈이론이 부활하였다. 그 양대 학파의 거두로서 케인즈와

하이에크의 경제이론의 가장 큰 차이는 '불황의 원인'에 대한 진단과 그 해결책으로서 그 '해결의 주체가 정부인가 시장인가'로 요약된다. 대체로 평상시에는 시장이, 위기시에는 정부가 적극적인 역할을 해야 한다는 정책기조논리가 득세하고 있다.[31]

　오늘날 전 세계 정책기조논리로서 이론의 위력을 실감할 수 있는 다른 예가 미국의 생물학자이자 베스트셀러 작가인 레이첼 카슨(Rachel Carson, 1907-1964)이다. 새들이 사라진 풍경을 묘사하면서, 맹독성 화학물질인 살충제 DDT 등 합성 화학살충제의 남용이 초래할 세계의 종말을 예언한 그의 책 <침묵의 봄>(1962년)은 출간 당시, 그렇잖아도 핵전쟁의 위협에 민감한 상황에서 미국과 전 세계에 엄청난 반향을 불러일으켰다. 그러자 막대한 화학물질의 생산 판매로 기득권을 형성한 기업, 정치인, 관료들이, 그를 국가경제를 해치는 무분별한 환경생태론자로 낙인찍으며 불순분자로 몰아갔으나 여론을 돌릴 수는 없었다. 케네디 대통령도 카슨의 이론을 받아들여 즉각 농무부와 공중보건국에 조사를 지시하고, 결국 DDT 사용을 공식 금지하였다. 그것은 환경운동의 시작이었고 각국의 환경정책 기조논리의 핵심 이론이 되었다.[32]

　이상의 논의에서 알 수 있는 바와 같이, 좋은 이론의 생산과 보급은 각종 정책기조논리의 원천으로서 정책기조로 채택돼 국가나 기업 등 공동체의 핵심 역량을 좌우한다. 그래서 국가가 이론, 곧 학문의 발전에 특별한 관심을 갖고 국력을 집중해 지원한다. 그런 의미에서 19세기 동아시아 격변기에 서양 국제법이론은 동아시아를 유린하는 정책기조논리로 이용되었는데, 그런 국제법이론을 따라잡은 일본이 조선을 식민지로 만들었고, 그와 반면에 그런 이론에 뒤쳐졌던 우리는 일본의 식민지가 된 역사의 교훈을, 결코 잊어서는 안 된다.[33]

---

31) Nicholas Wapshott, Keynes Hayek: The Clash That Defined Modern Economics. W. W. Norton & Company, 2011; 니컬러스 웝숏, 김홍식(역), 케인스 하이에크, 부키, 2014; Paul Krugman, End This Depression Now!(2012), 지금 당장 이 불황을 끝내라!, 폴 크루그먼, 박세연(역), 엘도라도, 2013; 박종현, 케인스&하이에크, 시장경제를 위한 진실게임, 김영사, 2008 참조.

32) William Souder, On a Farther Shore: The Life and Legacy of Rachel Carson(2012), 김홍옥(역), 레이첼 카슨-환경운동의 역사이자 현재, 에코리브르, 2014 참조. 카슨은 살충제(DDT) 등 유해 화학물질→토양 오염→녹색식물 고사→곤충 살육→조류 죽음과 같이 수생 생물의 떼죽음, 인간 건강 파괴 등 사태를 예고하고, 그 사태의 배후에 생태학적 연관관계에 무지한 전문가들, 정책 당국자들, 산업의 이해관계가 있음을 고발하였다.

제 5 절   **원리 · 원칙**

정책기조논리의 주요 구성인자의 또 다른 하나로서는 '원리 · 원칙'을 들 수
있다. 여기서 '원리'는 '사물의 근본이 되는 이치'이고, '원칙'은 '어떤 행동이나
이론 따위에서 일관되게 지켜야 하는 기본적인 규칙이나 법칙'을 말한다.[34] 그런

33) 19세기 일본이 서양 세력 앞에서 가장 절실히 필요했던 지식은 미국 측 수석대표 해리스가 교
섭 테이블에서 자주 거론한 국제법이론이었다. 그들은 해리스와의 교섭과정과 중국에서 간행
된 국제법 서적 한역본을 통해, 당시 「만국공법」(萬國公法)으로 불려진 국제법의 기초적 개념
을 어느 정도 파악하게 되었으나 태부족을 절감했다. 예나 지금이나 한 곳을 깊이 파고들어가
그 분야의 일인자를 목표로 하는 성향대로, 이제 그들은 국제법 연구에 혈안이 되었다. 중국의
미국 선교사 윌리엄 마틴이 미국 외교관 헨리 휘튼의 국제법 입문서를 발췌 한역(그것도 의역)
해 -1863년 중국정부가 외교관과 통역관 양성을 위해 설립한 신교육기관- 동문관에서 1864
년 발행해 교과서로 활용 중인 「만국공법」을 받아들여, 그 이듬해인 1865년 복사판을 내, 외무
당국자와 지식인 등 조야에 경전처럼 널리 퍼져 읽혀졌다. 학자들은 번역서를 토대로 여러 종
류의 해설서를 발간했는데, 그 한계를 알고는 아예 휘튼의 원서를 사들여 직접 번역 · 출판하였
다(일본이 강화도사건을 일으킬 때는 국제법 책이 10여 종에 이르렀다). 일본정부는 젊은 영재
들을 선진 각국에 유학 보내고, 서양인 외교 법률 고문을 초빙하여 직접적인 지도를 받았다.
1872년 당시 일본이 고용하고 있던 외국인 총수는 387명인데, 영국인 169명, 프랑스인 69명,
미국인 41명 등이었다. 외국 외교 고문들은 외무대신의 2배나 되는 월급을 받고 10-15년간 장
기 체류하며, 서양식 외교 교섭술과 국제법이론을 가르쳐 일본 외교의 근대화에 중요한 역할
을 하였다(우리도 후일 초빙한 외국인 고문 몇 명에게는 월급도 제대로 주지 못하고 크게 배
우지도 못했음).
  한편 조선에서 공식적으로 국제법 책 전래는 초대 주한 일본공사 하나부사가 인천 개항을
권유하기 위해 1877년 조영하 예조판서에게 「만국공법」을 기증한 것으로 돼 있다. 사실은 청
국 사절의 왕래가 빈번했던 점에 비춰 그전에 이미 「만국공법」의 전래가 있었을 것이다. 그러
나 지식인들이 큰 관심을 갖고 연구했을지는 의문이다. 어떻든 김홍집이 1880년 제2차 수신사
로서 한달 남짓 일본을 방문해 그곳 청국 외교관들로부터 국제정세를 귀동냥하고, 「조선책략」
을 얻어 고종에게 헌상하며 귀국 보고를 하였다. 이후 개방론이 늘어나고, 이단시해 오던 서학
서적들이 급속히 보급되면서 보수적인 유생들의 격렬한 비난이 일어났다. 「만국공법」, 「조선
책략」 같은 사서(邪書)들이 허다하다고 개탄하고, 이들 책에 빠져 있는 소위 명사라는 자들을
통렬히 비난하며, 이들 책을 색출해 종로 네거리에서 불살라버려야 한다는 상소가 있었다. 이
로 미루어 1880년대 지식인들 사이에 「만국공법」 등이 상당히 넓게 퍼져 있었고, 서양문물 흡
수에 관심이 많아지고 있었음을 알 수 있다. 이상 서현섭, 일본은 있다, 고려원, 1994, 186-190,
238-242.
34) 표준국어대사전에 의하면 '원리'는 '사물의 근본이 되는 이치. 행위의 규범. 철학에서는 기초가
되는 근거 또는 보편적 진리. 존재의 근거가 되는 실재 원리, 인식의 근거가 되는 인식 원리,
행위의 규범이 되는 실천적 원리 따위'로 풀이돼 있다. 그리고 '원칙'은 '어떤 행동이나 이론
따위에서 일관되게 지켜야 하는 기본적인 규칙이나 법칙. 논리에서는 다른 여러 명제가 도출
되는 기본 논제'로 풀이돼 있다.

데 규칙이나 법칙으로서의 이치가 '원리'이고, 근본 이치를 규칙이나 법칙으로
삼는 것이 '원칙'이므로 이들을 정책기조논리로서 합쳐서 '원리·원칙'(또는 원리
원칙)이라고 일컫기로 하겠다. 이 사전적 정의에서 보듯이, 어떤 정책기조는 관련
구체적 정책들에 적용될 수 있는 근본 이치나 규칙으로서의 원리나 원칙, 즉 기본
원리나 원칙에 기초하고 있기도 하다.

앞에서 하이에크를 필두로 한 경제학이론으로서 신자유주의의 보수적 경제
이론은 특별히 '시장원리'(market principle)를 강조한다. 그래서 이를 지지하는 미
국 월가(Wall Street) 전문가들은 우리나라가 대기업 부도를 막기 위해 구제금융을
제공하는 이른바 '대마불사론'(too-big-to-fail)이 시장원리에 위배된다고 비판해 왔
다. 그리고 1997년 말 외환위기 시, 당시 '시장원리'를 중시한 정책기조를 채택하
고 있던 미국과 국제통화기금(IMF)은 우리나라에 그 정책기조논리를 강요해 관철
시켰다. 그러나 정작 2008년 미국 발 금융위기 시에는 시장원리를 거스르는 미국
판 대마불사론을 채택해 케인즈 식 경제논리의 정책기조로 돌아섰다.[35]

한편 국제표준으로 채택된 원리나 원칙이 각국의 정책기조논리로 채택된 예
는 많다.[36] 노동분야 정책들에 적용되는 '동일한 일에는 동일한 보상이 부여돼야
한다'는 '동일노동 동일임금'의 원칙도 그 예이다. 특히 남녀 간 차별에 대하여
국제노동헌장과 국제노동기구(ILO)도 이 원칙을 선언하였다.

1959년 말레이시아 연방으로 출발해서 1965년 독립을 거쳐 2015년 타계할
때까지 실질적으로 싱가포르를 통치한 리콴유(李光耀)의 인민행동당(PAP) 정부는
독립 시 1인당 국민소득 500여 달러의 빈국에서 5만여 달러의 부국으로 성장시켰
다고 해서 많은 주목을 받아왔다. 그런데 많은 성공 요인이 거론되지만, 거기에는
분명히 국정기조와 각종 정책기조에 대한 것도 포함될 것이다. 예컨대 주목할
만한 중요한 정책기조논리 중 하나는 인사(人事)에 관한 것이다. 즉 '부패하지 않
는 최고의 정부를 운영하기 위해서는 최고의 인재를, 최고의 대우를 주고 공무원
으로 영입한다'는 원칙이다. 그래서 긍지 높고 대우가 좋은 싱가포르 공무원들은

---

35) 김경환(서강대 경제학 교수), "미국판 '대마불사론'," 매일경제, 2008.7.23.
36) 그런데 때때로 국제표준이란 것은 엄밀히 말하면 '국제'가 아니라, 선진 '구미'(歐美)의 이익에
맞는 구미의 기준인 경우가 많음에 유의해야 한다.

유능하다. 부정부패가 발생하면 강하게 처벌한다. 그래서 부정부패형 범죄의 발생률도 낮을 수밖에 없다.[37] 결국 그 원칙에 바탕을 둔 인사정책기조는 깨끗하고 자부심 높은 공직사회를 만들어 선진 국가로 도약하는 데 크게 기여했다고 볼 수 있다. 물론 리콴유의 개발독재를 통한 선진국 진입의 성공 비결도 많은 시행착오와 논란을 남긴 것도 사실이다.

또 다른 예를 보자. 문화예술 정책분야에서 자주 논란의 대상이 되고 있는 예가 '팔길이 원칙'(arm's length principle)이다. 이는 '정부 혹은 공공기관에서 자금 지원은 하되, 예술창작 행위와 관련하여 간섭하지 않는다'는 원칙이다. 대체로 예술적 자유, 정치로부터의 자유, 더 나은 의사결정, 혁신적·실험적 작품의 격려 등 '정부 영향력으로부터 예술가를 보호'하는 데 그 목표를 두고 있다. 일부 문화정책 학자들은 문화와 정치의 분리가 쉽지 않아서, 팔길이 원칙은 지켜질 가능성이 없는 비현실적인 원칙이라고 주장하기도 한다. 그렇지만 대부분은 현실적으로 적용돼야 한다고 강조한다. 핀란드의 경우 예술지원 시스템하에서 예술의 자유는 헌법상의 권리로 인정되고 있기도 하다. 그런데 싱가포르에서 정부 지원 문화정책이 논란의 대상이 되었다.[38]

'클린' 국가로 유명한 싱가포르, 단정하고 엄격하기만 한 이 도시국가에도 한때 거리의 악사들은 많이 있었다. 이들은 자유로운 옷을 입고 자유로운 노래를 불러 생계를 유지하곤 했다.…그런데 갑자기 이들이 사라졌다. 엄격한 법집행으로 유명한 싱가포르 정부가 이들의 활동을 금지해서였을까? 오히려 그 반대이다. 싱가포르 정부는 거리의 악사들을 통해 도시의 예술성을 고양하고 창의적인 싱가포르의 이미지를 전파시키고 싶어했다. 그리고 이들에게 예술 자금을 지원했다. 그러면서 복장을 규제하고 그들에게 정해진 노래를 부르게 했다. 자유로운 영혼의 소유자이던 거리의 악사들은 그 지침을 따르느니 그냥 음악을 포기하겠다고 생각하고 거리에서

---

37) 2014년 기준으로 인구 500만의 싱가포르는 국제투명성기구(IP)보고서의 부패인식지수에서 덴마크, 뉴질랜드, 핀란드에 이어 세계 7위를 차지했다(한국 43위). 정문태(국제분쟁 전문기자)의 제3의 눈, "리콴유의 싱가포르," 한겨레, 2015.3.28. 기사 참조.

38) M. Wyszomirski, "Federal Cultural Support: Toward a New Paradigm?" Journal of Arts Management, Law and Society, 25(1), 1995, 69-83. 이상 본문과 다양한 주장의 영문 문헌의 예는 김호균, "문화예술정책과 Arm's Length Principle", 정책논단: 2014년 지방자치와 주요 이슈, 한국정책학회 KAPS e-정책 Magazine 36호(2014), 18-23 참조.

사라졌다.····39)

헌법은 기본적으로 국가의 통치구조의 구성원리와 국민의 기본권을 보장하기 위한 각종 원칙을 규정해 놓고 있는 국가 성문법의 근간(根幹)이다. 이에 따라 사법부와 헌법재판소는 -개개 정책에 해당하는- 판결과 결정 시 바로 헌법이 담고 있는 원리와 원칙이란 정책기조논리에 따르고, 또 그 판례를 통하여 해석의 기조논리를 정립한다. 다음은 그 하나의 예이다.

> 헌법재판소가 자유로운 집행유예자의 선거권을 제한하는 공직선거법 조항에 대해 위헌 결정을 내렸다.····수형자와 가석방 중인 사람의 선거권을 제한하는 조항에 대해서는 헌법불합치 결정을 선고했다. 또 총선에서 의석 획득에 실패하고 득표율 2%에 미달한 정당의 등록을 취소토록 한 정당법 조항은 위헌으로 판단했다.····이 같은 판단의 근거는 헌법 제1조 제2항이 천명한 국민주권의 원리이다. 민주국가에서 국민주권 원리는 선거에 의해 실현되는 만큼, 선거권을 제한하는 입법은 엄격하고 신중해야 한다는 것이다.····40)

이처럼 헌법은 그 원리와 원칙 및 헌법제정 취지를 통하여 삼권을 기속하는 정책기조논리를 제공해 준다. 그런가 하면 앞 '사상' 항목에서 본 미국 수정헌법 제1조 언론·집회·청원의 자유의 규정에 대한 대법원 판례를 통하여 확립된 '해석의 원칙'은 미국뿐만 아니라, 다른 많은 나라의 관련 정책기조논리로 원용될 정도로 중요한 원칙으로 평가되고 있다. 즉 미국 연방 대법관 올리버 홈스(Oliver W. Holmes, Jr., 1841-1935)가 1919년 '직접 해악을 초래하는 명백하고 현존하는 위험이 존재하지 않는 한 수정헌법 제1조가 보장하는 언론·표현의 자유를 침해해서는 안 된다'라고, '명백하고 현존하는 위험의 원칙'(clear and present danger rule)을 확립한 판결을 내렸던 것이 그것이다.

한편 우리 헌법 제121조는 '국가는 농지에 관하여 경자유전(耕者有田)의 원칙이 달성될 수 있도록 노력하여야 하며, 농지의 소작제도는 금지된다'고 규정하고

---

39) 매일경제, 2014.10.10., "예산배분 무기로 과학자·예술가에 '지시'하려 들면 안 돼".
40) 경향신문, 2014.1.29., "시민의 정치적 권리 확장한 헌재 결정 환영한다" 사설.

있다. 이 경자유전의 원칙은 '농지는 원칙적으로 농사를 짓는 농민이 소유하도록 하고, 농민 아닌 사람의 농지 소유나 취득을 규제하는 원칙'을 말한다. 이는 관련 입법, 사법 및 행정의 모든 농업 관련 정책의 정책기조논리가 되고 있다.

원리나 원칙의 정책기조논리는 헌법에만 있는 것이 아니라 일반 법률에도 많이 들어있다. 예컨대 민사소송법 제203조는 '법원은 당사자가 신청하지 아니한 사항에 대하여는 판결하지 못 한다'라고, 민사소송의 대원칙 중 하나인 '처분권주의'를 천명하고 있다. 이는 소송 절차에 '사적 자치의 원칙'을 도입해 소송의 개시와 종결, 심판 범위의 결정에 대하여 당사자에게 주도권을 주고 그 처분에 맡기지, 법원의 직권(직권주의)으로 결정하지 않는 것을 말한다.[41] 또 국민기초생활보장법 제3조 제1항은 '급여의 기본원칙'으로서 '이 법에 따른 급여는 수급자가 자신의 생활의 유지·향상을 위하여 그의 소득, 재산, 근로능력 등을 활용하여 최대한 노력하는 것을 전제로 이를 보충·발전시키는 것을 기본원칙으로 한다'고 천명하고 있다. 이는 정부 복지정책기조논리로서 '선 개인 책임, 후 정부 책임'의 '보충성의 원칙'을 천명하고 있는 것이다. 흔히 사회정책에서 논의되고 있는 '제도주의'(institutionalism)와 '잔여주의'(residualism) 중 원칙적으로 후자의 정책기조논리를 명시한 선언이다.

이처럼 개별 법률에도 해당 분야의 정책기조논리를 구성하는 원리나 원칙이 들어 있기도 하지만 특별히 우리나라 법률 가운데 어떤 '○○기본법'이란 '기본법'의 명칭을 단 법률은[42] 거기에 그 성격상 그 분야의 정책기조논리를 제공하는 이념이나 원리·원칙이 들어 있는 경우가 많다(물론 미사여구의 선언적 성격의 역할밖에 수행하지 못하는 경우도 있다). 그런 의미에서 법률 중에도 '기본법'은 국가 해당 분야의 정책 전반의 기조논리를 제공해 주는 원리와 원칙의 곳간이다.[43]

---

41) 정동윤·유병현·김경욱, 민사소송법, 제5판, 법문사, 2016, 325-326.

42) 독일은 1949년 제정 시, 동독과 통일되기 전까지의 '서독의 임시 헌법'이란 의미에서 특별히 '기본법'(Grundgesetz)이라고 했는데, 통일 후에도 그대로 사용하고 있다.

43) 그 예로 건축기본법 제2조(기본이념) 제7조(건축의 생활공간적 공공성 구현), 제8조(건축의 사회적 공공성 확보), 제9조(건축의 문화적 공공성 실현) 등; 고용정책 기본법 제3조(기본원칙); 교육기본법 제2조(교육이념), 제3조(학습권), 제4조(교육의 기회균등), 제5조(교육의 자주성 등), 제6조(교육의 중립성), 제7조(교육재정), 제8조(의무교육), 제9조(학교교육), 제10조(사회교육) 등; 국토기본법 제2조(국토관리의 기본 이념), 제3조(국토의 균형 있는 발전), 제4조(경쟁력 있는 국토 여건의 조성), 제5조(환경친화적 국토관리) 등; 근로복지기본법 제3조(근로복지정책

일본 관련 언론 보도에서 흔히 접하는 용어 중 하나가 '전수방위(專守防衛) 원칙'이다. 일본의 헌법 제9조에는 전쟁포기, 전력의 불 보유·교전권 부정, 핵에 관해서는 보유하지 않고·만들지 않고·반입하게 하지 않는다는 규정에 따라 전수 방위는 '비군사대국화', '비핵3원칙' 등과 함께 전후 일본 방위정책의 기본원칙인 데, 무력 공격을 받았을 때만 공격적인 것이 아니고 자위적인 무기로 필요한 최소 한에 국한해 방위력을 행사하는 등의 수동적인 국가안보정책기조를 채택한 것을 말한다.

제 6 절   가치

가치(value)란 여러 가지로 정의되지만 '좋거나 옳은 것에 관한 생각'이고, 간단히 '바람직한 것에 관한 생각(관념)'이다. '바람직한 것'이란 선호, 욕구, 소망, 쾌락, 관심, 의무 등을 포괄하는 것으로 본다. 따라서 가치란 '일정한 대상·사태· 조건에 대한 좋음과 나쁨, 옳음과 그름, 바람직함과 바람직하지 않음에 관한 일정 한 생각(관념·개념)'이라고 정의할 수 있다.[44] 가치를 표현하는 전통적인 용어는 '좋음'(good)이나 '좋은 것'(the good)이다. 그래서 가치 있는 정책은 '좋은 정책'이 고, 좋은 정책은 '가치 있는 정책'이다.

공공철학사 호지킨슨이 행정은 '가치 함축적(내재적)인 활동'이고 '가치 포화

의 기본원칙); 문화기본법 제7조(문화정책 수립·시행상의 기본원칙); 방송통신발전 기본법 제 5조(방송통신 규제의 원칙); 정부업무평가 기본법 제4조(성과관리의 원칙); 행정규제기본법 제 4조(규제 법정주의)와 제5조(규제의 원칙); 환경정책기본법 제2조(기본이념) 등을 들 수 있다.

[44] 표준국어대사전에는 '사물이 지니고 있는 쓸모'이고, 철학적으로는 '대상이 인간과의 관계에 의하여 지니게 되는 중요성 혹은 인간의 욕구나 관심의 대상 또는 목표가 되는 진, 선, 미 따 위를 통틀어 이르는 말'이라고 풀이돼 있다. 공공철학자 호지킨슨은 가치를 "바람직한 것이나 선호된 상태에 관한 관념, 또는 반드시 있어야 할 조건"(a value refers to some notion of the desirable, or preferred state of affairs, or to a condition which ought to be)이라고 정의하면서 "바람직한 것(the desirable)에 관한 개념"이라고 요약하고, 구체적인 내용으로서 '좋은 것'(좋음, the good)과 '옳은 것'(옳음, the right)으로 세분해 설명한다. 이상 Christopher Hodgkinson, Towards a Philosophy of Administration, New York: St. Martin's Press, 1978, 105, 120-121 참조.

(飽和) 활동'이라고 규정하였는데,45) 이는 정책의 경우에 특히 더 그러하다. 인간이 가치·목적을 추구하는 동물이므로 정책과정에 참여하는 자가 누구나 자신(자신의 집단)의 일정한 가치를 실현하고자 하는 것은 필연적인 현상이다. 그런데 정책과정에서 추구하는 가치 중에도 '기본적인 가치'의 경우 그것은 바로 정책기조논리를 구성하는 한 인자로서의 가치가 된다. 그리하여 정책학에서는 가치에 대한 연구에 특별히 관심을 쏟고 있다. 예컨대 로즈(R. Rose)는 1960년대 미국의 '빈곤과의 전쟁'(War on Poverty)이 그 당시 빈곤이 증가해서가 아니라 케인즈 혁명에 따른 경제정책기조의 변화와 함께 빈곤에 대하여 무엇인가를 해야 된다는 요구를 낳은 '가치관의 전환'(a shift in values)의 결과라는 예를 들고 있다.46) 동방정책을 당론으로 추진한 서독 사민당은 당내에 동구권 접촉을 전담하는 그룹을 두고 정책을 개발하고 다듬었는데, 그 그룹의 이름이 '근본가치위원회'(Grundwertekommission)47)였다.

　　이와 같이 현실적으로 바람직한 가치로 표현된 정책들에 관하여 그 적합성에 관한 논쟁이 벌어질 경우, 다시 그 정책들보다 상위의 '기본적 가치'를 둘러싼 논쟁으로 비화되는 경우가 많다. 가치가 기본 가치일 경우, 그 기본 가치는 사상이나 이념과도 구분하기 어렵다. 실제로 전문가들도 서로 교차해서 혼용한다. 사상이나 이념이 그러한 것을 보았듯이 정책기조논리는 그런 기본 가치들을 토대로 구성된다. 정책기조논리로서의 기본 가치를 생각하는 경우, 흔히 위에서와 같이 사상이나 이념 등과 같은 거대 담론을 연상하기 쉽다. 그러나 좋은 정책을 위한 정책기조논리가 반드시 그런 거대 담론이어야 할 필요는 없다. 오히려 좋은 정책을 위한 소박한 기본 가치로서의 정책기조논리가 얼마든지 있을 수 있다. 사실 현실에서는 정책담당자의 소박한 가치관이 좋은 정책기조논리를 구성해 적용되고 있는 경우도 많다. 예컨대 다음과 같이 연구 성과를 평가하는 데 종전의 '양 중심'에서 '질 중심'으로 바꾸고, 이를 정부의 많은 사업이나 정책의 성과평가에

45) Hodgkinson(1978), 122.
46) Richard Rose, "What is Lesson-Drawing," Journal of Public Policy, vol.11, no.1, 1991. 8, 12. 기타 Frank Fischer, Politics, Values, and Public Policy: The Problem of Methodology, Boulder, CO: Westview, 1980; Raymond Tatalovich and Byron W. Daynes, eds., Social Regulatory Policy: Moral Controversies in American Politics, Boulder, CO, Westview Press, 1988 참조.
47) Bark and Gress(서지원 역, 2004), 445.

실제로 확산시켜 나가면 이는 곧 좋은 정책기조논리가 되는 것이다.

> 논문 발표 건수 중심으로 연구비를 나눠주던 정부의 연구개발(R&D) 지원 시스템이 전면 개편된다. 기획재정부와 미래창조과학부는…논문 건수처럼 성과와 별 상관없는 '양' 중심의 평가체계를 폐지하고, 실제 성과를 창출하는 '질' 중심의 평가체계로 전환하기로 했다.…48)

사법부, 그중에서도 최고법원인 대법원은 구체적인 사건에 대한 헌법과 법률의 해석과 판결을 통하여 권력의 견제 및 기본권의 구제와 아울러 국가공동체 사회의 기본 가치들에 대한 선택과 창조라는 중대한 역할을 담당한다. 여기서 대법원의 그런 기본 가치들의 선택과 창조와 관련된 '판례 형성'이라는 본연의 기능은 곧 공공정책은 물론, 사회 전체의 기본 틀과 방향, 곧 정책기조논리를 제공하기 때문에 매우 중요하고 큰 관심의 대상이 된다. 다음은 그에 대한 설명이다.

> …법원은 입법권·행정권으로부터 독립해 권력을 견제하고 강자의 횡포로부터 일반 시민과 약자를 보호하고 지켜주는 역할을 해야 한다. 사법부는 또한…사회의 근본적 가치선택에 관한 최종적인 판단을 내려주는 이른바 정책법원의 기능을 담당한다.…49)

---

48) 동아일보, 2015.3.19., "R&D 평가, 논문 건수 대신 연구성과 본다".
49) 박시환(인하대 법학전문대학원장·전 대법관), "대법관 증원론에 대하여", 한겨레, 2014.7.9.

제 7 장

정책기조 변동의 영향요인과 이론

정책기조의 변동에 관하여는 구미의 사회과학계에서 큰 관심을 보여 많은 논의가 이루어졌다. 다음에서는 그런 정책기조(PPP)이론을 반영한 영향요인과 이론으로 나눠 살펴보고자 한다.

제 1 절   정책기조 변동의 주요 영향요인

정책기조는 어떤 요인에 의해 영향을 받아 변동되는가? 많은 영향요인을 들 수 있는데, 그 근저에는 정책 일반에 적용되는 핵심 변수인 권력, 이익, 제도, 아이디어 등이 도사리고 있다. 그런데 그것은 제3장에서 논의했으므로 생략하고, 거기에서 배태돼 나온 주요 영향요인을 중심으로 논의하기로 하겠다. 그렇더라도 예컨대 정책기조이론가인 카슨 등이 정책기조의 전환을 가치나 이해관계 조건, 개념적 조건, 그리고 권력 조건과 과정의 조건 등의 함수로 설명하는 바와 같이[1] 논자마다 다르다. 여기서는 정책행위자의 요인, 사상가·이론가·과학자 등 지식인·전문가와 지식 발달의 요인, 정책결정집단과 경쟁집단의 요인, 정책문제군의 요인, 이해관계집단의 요인, 정치·경제·사회·문화 등 환경적 요인, 국제적 요인 등으로 집약하고 간단히 논의하기로 하겠다.

---

[1] Carson, Burns & Calvo(2009), 382, 386-387. 구체적으로 그들은 식량, 석면, 화학물질, 기후변화, 천연가스, 성평등 등 EU의 6개 정책분야의 정책기조 전환 사례분석의 결론으로, 정책기조 전환의 조건은 ① 정책실패들로 인한 이변으로 패러다임 위기(paradigm crisis)의 발생 ② 새로운 이데올로기적 아이디어의 등장 ③ (권력의 강화나 약화의 방법으로 새 패러다임의 제안 채택과 같은) 권력행위자의 권력 확보 목적 ④ 차별화하기 위한 정치적 또는 집단적 경쟁 ⑤ 패러다임으로 연합한 연대성의 붕괴 ⑥ (생산수단과 생산력 간 모순과 같은) 실천상의 문제 있는 변동 ⑦ (구조적 여건 성숙 전 패러다임 전환을 위한 대중동원의 실패와 같이) 변동 노력의 실패 등을 제시한다.

1. 정책행위자의 요인

정책기조는 그 성격상 권력(권위)이라는 강력한 자장(磁場) 속에서 형성되고 변동된다고 일반화할 수 있다. 그래서 우리는 정책기조가 변동되는 가장 중요한 계기가 정책기조를 결정할 수 있는 (권위·권력을 지닌) '행위자'가 그 직책에 당선되거나 임명돼 취임하는 바로 그 '인사'(人事)와 밀접하게 연관돼 있음을 쉽게 관찰할 수 있다. 물론 정책기조(논리)가 처음부터 그 권위를 지닌 행위자 자신에 의해 제시돼 끝까지 시종일관 하향적으로 추진될 경우도 있지만, 처음에는 조직(기관) 내부나 외부의 조언·제안 등에 의해 상향적·외부적으로 제기된 후 권한 있는 정책당국자에 의해 공식적인 정책기조(논리)로 수용·채택돼 하향적으로 추진될 경우도 있을 수 있다. 그렇지만 어떤 경로로 시작됐든지, 정책기조가 결국 추진되고 운용되는 것은 모두 권위·권한 있는 정책행위자의 채택·결정 사항이라는 점이 중요하다.

정책기조의 전환사례를 집중적으로 분석한 카슨 등도 정책기조 전환의 다섯 가지 기본적인 사회적 기제를 제시한다. 그중 ① 권위적 리더나 독재자가 자신의 관점을 바꿔 새로운 패러다임을 채택하고 실행하는 경우와 같은 주도적 행위자의 관점의 변화와, ② 권력의 교체로 다른 패러다임을 지닌 -외부 인사이거나 내외부 연합 인사인- 새 행위자가 지도부를 장악하는 권력(정권)교체(power shift)의 경우를 든다. 물론 새 패러다임을 제도화하기 위해 종전 엘리트를 교체하는 것은 쿠데타나 폭력 혁명 같이 강제력을 통하거나, 선거나 지명과 같이 민주적 과정을 거치거나, 아니면 전 공동체적인 협상을 통해 일어날 수 있다고 본다. 그런 과정에서 성향이 변한 세대(혹은 코호트)의 등장과 같이 인구통계학적 변화의 메커니즘도 중요하게 작용한다고 본다. 또 ③ 타협책을 포함해 새로운 질서를 만들어내는 흔한 경우로서 복수 행위자들 간 협상의 경우를 들기도 한다. 거기에는 우호적인 협력적 연대에 의하거나 적대적인 경쟁적 협상을 포함한다고 한다.2) 이어서 그들

---

2) 나머지는 다음과 같다. ④ 확산과 모방. NGO나 유엔기구들을 통한 세계환경문화의 확산처럼 자율적 행위자들도 새로운 관행과 아이디어들을 퍼뜨리는 소통망을 통해 서로 연결돼 있다. ⑤ 새로운 제도적 패러다임의 비의도적인 행위자적 사태 전개(unintended agentic development). 새로운 패러다임으로 이어진 변화를 일으키고 전개시킨 행위자들은 가끔 그럴 의도를 가지고

은 이미 확립된 패러다임의 변화나 침식(erosion)을 저지하는 권력 요인들로는 독재권력, 하나의 패러다임의 제도화, 대안 패러다임의 결여 및(또는) 강력한 행위자들의 결여가 있다고 지적한다.[3]

그런데 사례를 분석한 학자들은 공통적으로 정책기조 전환에 있어서 '정책행위자' 요인을 너무 단순하게 보아서는 안 된다고 지적한다. 정책이 실패하고, 가치와 규범적 맥락의 실질적 변동이 일어나며, 심지어 새로운 경쟁 패러다임의 제기를 통하여 권력 쟁취의 기회가 온 것만으로는 정책기조의 변동 여건이 충분히 무르익었다고 보지 않는다는 것이다. 거기에는 권력을 지니거나 권력을 동원할 역량을 지니고, 실제로 패러다임 변혁을 일으킬 만한 행위자나 잠재적 행위자가 반드시 있어야 한다고 보는 것이다. 특히 패러다임 차원의 변혁에는 단순한 권력이 아니라 상위 권력(meta-power)이 필요하다고 본다. 거기에 상위 권력의 행위자가 중요해진다. 그 외에도 행위자 요인은 다양한 모습으로 영향을 미친다고 한다. 예컨대 권력 행위자가 ―확립된 패러다임이든 대안으로 제시되는 패러다임이든― 자신과 다른 패러다임과 결부된 자들의 권력을 약화시키고, 자신들의 권력이나 정당성을 높이는 방법의 하나로 새로운 패러다임을 제시하고 채택하기도 한다. 즉 기존 확립된 패러다임의 이변이나 실패가 없을 수도 있고, 새 패러다임이 권력 추구자들이 흥정거리로 삼는 것보다 더 우수할 수도 있는데도 거부될 수 있는 등, 패러다임을 둘러싼 행위자들 사이에 권력투쟁이 존재한다고 한다.[4]

2. 사상가·이론가·과학자 등 지식인·전문가와 지식 발달의 요인

정책기조논리로서의 사상, 이념, 철학, 이론, 원리원칙, 가치 등을 탐색하고

있지 않은데도 기대하지 않고 의도하지 않은 ―미묘하고 점증적인 방법으로― 패러다임 전환으로 빠져 들어가는 표류(drift)를 겪기도 한다고 한다. Carson, Burns & Calvo(eds., 2009), Introduction, 25.

3) Carson, Burns & Calvo(2009), 391.

4) Carson, Burns & Calvo(2009), 382-384, 406. 이들은 '상위 권력'을 '그 의도를 관철하기 위한 자원을 동원해 적용할 조건, 규칙, 제도형성을 구축할 수 있는 개인적이거나 집합적인 행위자의 역량' 또는 '사고(思考), 상호작용, 사회구조의 체계를 재구조화할 수 있는 역량'으로 정의한다(384쪽). 결국 상위 권력은 일반적인 '정책결정권자'가 아닌 '정책기조 결정권자'를 의미한다고 볼 수 있다.

개발하고 제시하는 바로 그런 사상가·철학자·이론가(과학자) 등 전문가나 지식인
이 어떤 중요한 정책기조논리를 제안하고 설득하는 위치와 역할을 수행하므로
정책기조 변동의 매우 중요한 영향요인인 것은 당연하다.5) 정책결정의 과정을
종전에는 -대표적으로 린드블롬(C. Lindblom)과 같이- 주로 정치적 갈등과 그 갈등
의 해결과정으로 보았다. 그런데 헤클로(H. Heclo) 이래 사바티어(P. Sabatier) 등이
'정책학습'(policy learning)의 과정으로 보면서 정책학습이란 개념이 일정한 호응
을 얻었다. 정책에 관한 일반적 지식의 증가를 말하는 정책학습이란 개념을 필두
로 정책기조와 같은 정책변동에 대하여도 더 깊은 논의가 이뤄지게 되었다.6) 즉
사회문제의 본질에 대한 밑바탕의 신념(underlying beliefs), 가치와 태도의 변화나
정책참여자들의 주장이 변화하는 데서 정책변동이 태동한다고 하는 사고방식을
갖게 되었다.7) 이런 경향에 따라 단계적 연속 과정(a staged-sequential process)의
측면에서 사회적 신념과 태도의 변동 과정이 논의되고, 쿤(T. Kuhn)의 '패러다임'
변동이론을 활용하는 연구들이 나오게 되었다. 결국 사회문제의 본질에 대한 기
저 신념, 가치와 태도의 변화나 정책참여자들의 주장이 변화하는 데서 정책기조

---

5) 20세기 초반 수십 년간에 걸쳐 발생한 영국과 스웨덴의 복지정책의 변동과 같이, 10여 년 이상
   의 장기간에 걸쳐 복잡한 과정으로 발생하는 '장기적 정책변동'에 관심을 갖고 분석한 헤클로
   (H. Heclo)는 정책변동은 대규모 사회적, 경제적, 정치적 변동과 같은 거시 요인들과 동등하게
   '특정 정책영역 내 전문가들의 상호작용'(interaction of specialists within a specific policy area)이
   중요한 요인이라고 주장하였다. 그래서 그는 정책변동을 ① 대규모 사회적, 경제적, 정치적 변
   동과 아울러 ② 권력 추구의 경쟁과 정책문제에 대응한 더 지적인 수단을 개발하려는 노력을
   포함한 정책공동체 내 사람들의 전략적 상호작용의 산물이라고 주장함으로써, 일정 분야의 전
   문가들이 정책문제에 대하여 장기간에 걸쳐 점진적으로 학습하고 정책목표의 달성을 위한 다
   양한 정책수단을 실험하는 소위 정책학습, 정책공동체, 정책연구, 지식, 아이디어의 중요성을
   지적하였다. Heclo(1974).
6) 정책학습과 관련해 그 주체(고위 정치인과 공직자 이외에 사회구성원 대부분을 포함하여 일반
   적 사회과정으로 보는 여부), 객체(학습 대상을 수단, 프로그램, 정책목표 또는 이 세 가지 모
   두의 여부), 효과(조직 변동, 프로그램이나 수단 변동, 주요 기조 전환의 여부) 등과 관련한 다
   양한 의견이 나오고 있다. 그리고 정책학습의 세 유형에는 정부학습(government learning), 교훈
   도출(lesson-drawing), 사회적 학습이 있다. 정책학습 및 본문과 관련, Michael Howlett, "Policy
   Paradigms and Policy Change," Policy Studies Journal. 22(4), 1994, 631-632; Richard Rose, Lesson-
   Drawing in Public Policy, NJ: Chatham House Publishers, 1993; Charles E. Lindblom, The Policy-
   Making Process, Englewood Cliffs. N.J.: Prentice-Hall, 1968; Sabatier(1988) 참조.
7) M. J. Edelman. Constructing the Political Spectacle, Chicago, IL.: University of Chicago Press, 1988;
   S. Hilgartner & C. L. Bosk, The Rise and Fall of Social Problems: A Public Arenas Model,
   American Journal of Sociology, 94(1), 1988; J. W. Schneider, "Social Problems Theory: The
   Constructionist View," Annual Review of Sociology. 11, 1985.

가 변화한다는 것은 바로 그 역할의 선두에 서는 사람들과 지식 발달의 요인을
강조한 것에 다름 아니라고 볼 수 있겠다.[8]

3. 정책결정집단과 경쟁집단의 요인

공동체에는 그 공동체 정책당국의 공식적인 정책결정집단이라는 권위와 권
력을 획득하기 위하여 서로 경쟁하는 집단들이 있기 마련이다. 정치적 공동체의
경우 그 대표적인 예가 정당이다. 복수의 정당들은 서로 정권을 획득하기 위하여
경쟁하는데, 거기에서 가장 중요한 것은 유권자들의 지지를 확보하기 위하여 제
시하는 '공약'(公約)이다. 공약에는 개개 구체적인 약속도 들어있지만, 그들 구체
적인 약속들을 한 묶음으로 묶어 큰 틀과 방향을 제시하는 정책기조 성격의 약속
들도 들어있다. 그래서 선거의 공약이 중요하다. 선거 이후로도 정당들은 계속해
서 정책기조논리의 대결을 펼치며, 다음 선거에서 권력과 권위를 위임받고자 노
력하게 된다. 즉 공식적인 정책결정집단의 정책기조에 대항하여, 경쟁하는 정당
은 대안적 정책기조논리를 제시하며 상대방의 그것들을 비판하고, 공식적 정책당
국은 자신들을 방어하고 대안적 기조논리를 비판하며, 새로운 공약을 제시하면서
경쟁을 이어간다. 물론 이들 집단 간 경쟁에는 그 지도자, 곧 정책기조 결정권자
라는 지도자가 그 중심에 있게 된다. 그래서 집권을 목표로 한 지도자 간의 대결
은 지도자 개인적 요인과 그를 뒷받침하고 있는 집단적 요인의 복합적 대결이기
도 하다. 그리고 그런 공동체 내 견제와 균형으로서의 경쟁체제가 건전하게 유지
되면 정책기조의 변동과 형성에 순기능적인 영향을, 그렇지 않으면 역기능적인
영향을 미치게 된다.[9]

---

8) 지식에는 정보를 포함하는데, 다음 설명도 참고할 만하다. "정책분석가들은 정책과 관련해 왜
   이전의 정보에 더 높은 신뢰를 보이는가? 아마도 새로운 정보를 접하고 나서 이전 정보에 단
   지 한계적 조정만 필요하다고 느낄 수 있다. 그래서 패러다임이 낡았고 부정확하며 해롭다고
   보여주는 정보는 아주 많이 에누리해서 받아들인다. 그래서 우리가 현상유지의 힘(the power
   of the status quo)에 관한 더 강력한 이론을 개발할 수 있다면, 정책변동에 관한 우리의 이해를
   더 극적으로 진전시킬 수 있을 것이다. 현상유지의 힘을 하나의 변수로 볼 필요가 있다."
   Baumgartner(2013), 250.
9) 그 역기능적인 예는 청군차병 사례와 관련된 조선 왕조 후기에서 찾을 수 있는데, 이는 저자의
   <정책철학의 새로운 접근> 책을 참고하기 바란다.

4. 이해관계집단의 요인

앞의 경쟁집단의 하나이기는 하지만 그 중요성에 비춰 좀 분리해서 강조할 필요가 있는 것이 이해관계집단이다. 정책당국이 어떤 공공문제에 대하여 어떤 해결책(정책)을 선택하거나 제시할 것인가에 대하여 혜택이나 피해 측면에서 기존 이해관계 구조의 변화에 따른 매우 예민한 반응을 보이는 집단(새로 결성되는 집단 포함)이 있게 된다. 당연히 그런 집단들의 각양 반응이 정책당국의 정책기조의 변동과 형성에 큰 영향을 미치게 된다. 또한 현대사회에서는 직접적인 이해관계를 떠나 공익적 시민단체로서 결성돼 공익적 활동을 전개하는 매우 중요한 시민단체(NGO)가 많이 있다. 이들은 직접적인 가입 회원들뿐만 아니라, 다른 많은 지지자들을 바탕으로 정책당국의 정책기조 변동과 형성에 매우 큰 영향력을 행사하고 있다. 이런 집단들은 모두 강력한 발언권을 갖고, 정책당국과 정당들에 대하여 정책기조에 관한 의견, 대안, 비판을 제시하고 압박한다. 이는 '협치주의 정책관'의 주요 참여자로서 이른바 새로운 거버넌스 시대의 바람직한 모습이기도 하고 그 부작용도 있을 수 있는 참여 현상의 하나이다. 앞의 정책결정집단과 경쟁집단 및 이해관계집단 사이의 경쟁을 포함한, 패러다임을 둘러싼 이해관계 행위자들 사이의 경쟁을 특별히 '패러다임 정치학'(또는 패러다임 정치, paradigm politics)이라고 해서[10] 정책기조이론에서 중시한다.

5. 정책문제군의 요인

어떤 공동체든 그 공동체의 구성원 사이에 중요한 문제가 있다고 느끼는 곳에 대체로 그에 관한 정책이 있다. 그리고 동질적인 유전자를 갖는 복수의 문제들(정책문제군, 問題群)이 있는 곳에는 그에 관한 정책기조가 있다. 공동체의 구성원은 그들이 느끼는 문제들을 해결할 방법을 모색하게 되는데, 그런 만큼 그런 문제들 자체가 정책기조를 변동시키는 요인이 된다고 말할 수 있다. 이와 관련해 중요

---

10) Carson(2009), 223 등.

한 것이 여러 분야가 중첩되는 복잡하고 난해한 문제에 대처하기 위해 그만큼 여러 분야를 아우르는 융복합 특성(cross-disciplinarity)의 패러다임의 개발이 필요 하다는 사실이다. 그런데 현실에서는 그런 패러다임 개발이 잘 안 되고 있다. 한 분야의 주도 패러다임의 지배력(the hold of the leading paradigm)을 완화해 융복합적 패러다임의 방향으로 나아가는 것을 제한하는 요인이 많기 때문이다.[11]

6. 정치·경제·사회·문화 등 환경적 요인

정책기조 변동의 주요 요인으로 흔히 거론되는 인구 이동, 새로운 사회운동 의 등장, 중대한 선거, 거시 경제적 변동 등의 정치적, 사회적, 경제적 조건의 변동 이 그 예이다. 큰 승리와 패배와 같은 선거결과, 새로운 가치를 내걸고 정계를 흔드는 새로운 정당의 출현, 기존 정당의 이합집산과 같은 정치체제의 변화, 경제 적으로 심각한 침체나 불황, 심각한 물가인상이나 일부 중요 자원의 수급 난맥상, 재정상의 심각한 적자나 부도 위기 등 매우 중요한 경제적 상황의 변화, 대규모 폭동이나 폭발과 같이 사회적으로 큰 파장을 몰고 온 사건이나 사고, 빈부·신분· 지역·학력·직업상의 격차와 같은 불평등의 심화나 자살·마약·도박·가정해체 등 각종 사회적 질병의 증가, 사회적 의사소통수단의 획기적 변화 등의 사회적 환경의 변화, 특정 유형의 문화소비 행태의 유행, 문화욕구의 분출, 문화다양성의

---

11) 그중 대표적인 것이 학문의 단일 분과적 특성(disciplinarity)이다. 패러다임 개발의 원천인 각 학문이 분과별로 나뉘어져 있고, 그 분과별로 이루어지는 학술지 발간, 프로젝트 심사와 지원, 기금 지원(funding), 교육훈련 등 안에서 학자들도 맴돌 수밖에 없어서 학제적 특성(interdisciplinarity) 을 억제하는 작용을 한다. 이는 문제에 대한 관심과 해결의 주체인 정부당국의 부처 조직에도 동일하게 적용되는 제약 사항이다. 그리고 그렇게 학술연구 부문과 실천 당국 부문의 두 부문 이 얽혀 제약요인으로 작용한다. 예컨대 형사정책 분야의 경우, 그것은 그와 관련된 법학, 행 정학, 사회(복지)정책학, 교육정책학 등에서 그리고 실무 당국의 정부 어느 부서에서 일정한 관심을 받기는 하는데, 그들 모두에게 부차적 관심 주제에 불과해서 그만큼의 관심만 받게 된 다. 여기에 더하여 시민의 관심사항에 우선적으로 반응하게 돼 있는 정치인들과, 급박한 쟁점 에 대처하기 바쁜 정부의 한계가 또한 여러 단위·분야를 포괄할 수 있는 틀(possible overarching frameworks)의 패러다임을 연구·개발하는 것을 제약하는 요인으로 작용한다. 그런 측면에서 학자들의 임무는 가능한 대안적 패러다임을 만들어 사회의 근본문제해결에 적용할 경우의 함 축적 의미를 다각적으로 검토하는 일일 텐데, 오히려 어떤 특정 패러다임에 너무 경도되고 편 향돼 독단적일 수도 있는 위험성을 안고 있다. 이런 사실은 학자들이 더 깨어있고 더 개방적이 어야 함을 시사해 준다고 한다. Stoker & Taylor-Gooby(2013), 240, 246-247. 이는 실무 측면에서 정책담당자들에게도 동일하게 적용된다.

요구와 같은 문화적 환경의 변화 등이 정책기조의 변동에 큰 영향을 미치게 된다.

7. 국제적 요인

국제화·세계화 시대에는 정치·경제·사회·문화의 각 방면에서 국제적 교류와 영향이 실로 막대하게 증대되고 긴밀해지고 있다. 그런 만큼 국제적 교류와 접촉으로 인한 국제적 환경의 변화는 정책기조의 변동과 형성에 큰 영향을 미치게 된다. 이제 정책기조에 있어서도 국제화·세계화가 진행되고 있다. 그만큼 각 국가나 지역 중심의 정책기조논리의 다양성이 줄어들고, 유사한 방향의 정책기조를 채택하는 경향이 가속되고 있다. 예컨대 국제적으로 도시개발정책의 패러다임이 '성장과 건설'에서 '사람과 대중교통 우선'으로 바뀌면서 대도시 주요 도로에 설치된 고가도로가 철거되고 있다(46년 만에 서울 아현고가도로부터 철거됨). 또 유럽연합은 회원국의 정책기조를 조화롭게 일치시키는 노력(harmonization)을 기울여 많은 분야에서 일원화시키고 있다. 그렇지만 다른 한편으로는 이런 현상에 저항하고 반발하는 '정책주권'(정책기조주권)의 문제도 대두하고 있다.

그런데 특별히 1970년대 이후 비교정치학자들과 국제관계학자들은 국제정치경제가 국내정치에 미치는 영향을 연구해 이론화해 왔다. 초기에는 비국가적 초국가행위자들에 초점을 맞춰 일부는 시민사회 창도그룹, 민간행위자들, 인식공동체 등 상향적인 영향요인(bottom up), 그리고 다른 일부는 경제협력개발기구(OECD), 세계은행, 유럽연합, 국제기구 등과 같은 국가행위자들 연결망과 관련된 하향적인 영향요인(top down)을 연구하였다. 이처럼 국경을 가로지르고 또 넘어서서 정책기조의 발전에 영향을 미치는 초국가적 국가 및 비국가 행위자들의 상호작용 및 정책아이디어의 확산이 갖는 함축적 의미에 대하여 관심이 크게 고조되었다.[12] 이 현상을 '초국가주의'(횡국가주의, transnationalism)라 한다. 이는 현실에서 국제기구와 같은 초국가적인 인식공동체, 전문가 네트워크, 민간행위자 등 초

---

12) 한 예로, 2008년 4월 11일 캐나다 토론토에서 'The Internationalization and Policy Paradigm Change Workshop'의 논문 발표와 토론을 들 수 있다. J. A. Sandy Irvine, "Canadian Refugee Policy," G. Skogstad(ed., 2011), 190.

국가적 행위자들(transnational actors)이 ① 국내정책결정에 큰 영향을 미치는 (새로운) 규범, 즉 적절한 행동기준의 원천에 대한 법적·전문가적·도덕적 권위를 갖고, ② 지식 형성과 지식 재형성의 활동을 통하여 국제적 지식표준을 설정하고, 세계적 차원의 심의를 위한 개념적 기반을 마련하며, 네트워크 안에서 수행하는 상호학습과 사회화 등 그 인식적 역할(epistemic role) 때문이었다. 특히 고도의 전문성이 요구되는 복잡한 정책영역일수록 그들의 역할은 크다는 사실이 인식되었다.

그런데 초국가행위자들이 국내 정책기조에 영향을 미치는 것은 궁극적으로는 해외아이디어를 전달·중재하고 굴절시키며 여과하는 등 국내 정치행정체제와 정책행위자들의 특징과 활동 여하에 달려있다. 예컨대 세계적으로 확산된 대공황 당시 미국의 대응이 프랑스, 스웨덴, 독일과 다른 것을 설명하는 데 있어서 무엇이 가능하고 무엇이 정당한가에 관한 '국내적으로 생성되는 아이디어'(locally generated ideas)가 중요했다는 사실을 통하여 이를 알 수 있다.[13) 그런데 국내 행위자들 중 가장 중요한 것은 정책기조 변동에 거부권을 행사하는 세력이라고 할 수 있다.

어떻든 정책아이디어와 패러다임은 초국가적인 본받기나 모방, 학습, 경쟁, 그리고 강제 등의 역동적 방법으로 확산된다.[14) 또 경제적·정치적인 강국의 정책기조가 매력을 갖는다. 이 '정책 상호의존성'(policy interdependence)은 문화적 친화성(cultural match)의 영향도 받는다. 이렇게 볼 때 현 세계의 중요한 특징은 그 지식 집약성(knowledge intensity)에 있다. 때때로 군사력이 중요한 유일한 힘이라고 여겨지는 국제 수준에서조차 이제는 아이디어가 국가들의 행위를 결정하는 중요한 역할을 수행하는 데 대하여 널리 인정받고 있다. 실제로 강대국이 아이디어 집합인 정책기조를 주도하고, 국제기구 및 국제공무원을 통해 다른 국가들에 대하여 특정 정책기조를 수용하도록 압력을 행사한다. 그 과정에서 국가 간에는 정책기

---

13) Blyth(2007), 764.

14) Skogstad & Schmidt(2011), 16-22에서 부분 요약. 이와 관련, 글로벌 사회에서 투자 유치 등을 위한 국가 또는 지방정부간 정책패키지의 구성 또는 경쟁적 정책결정, 즉 정책관할 단위간의 수평적 정책경쟁(policy competition)이라는 구미 연구경향과는 다르게, 국내에서는 대등하거나 대등하지 않은 부처, 부서, 참여자 간 정책의 관할권(주도권)을 둘러싼 관료적 갈등이나 정책의 의제화나 채택 주장을 중심으로 정책경쟁에 관심을 두는 국내 연구경향을 비교 연구한 박홍식, "정책경쟁: 개념과 관심의 발전," 한국정책학회 추계학술발표논문집, 2005, 119-138 참조.

조의 갈등이 있고, 그 갈등의 영향이 커져가고 있으며, 초국가적 정책망(정책네트워크)의 중요성이 더 커져가고 있다.15)

　이제 정책기조의 개발과 확산 및 집행에 있어서 초국가적 정책망이나 영향요인의 관점 없이 국내적 정책망이나 영향요인만을 검토하는 '격리모형'(the insulated model)은 더 이상 타당하지 않는 시대로 접어들고 있다.16) 예컨대 경제협력개발기구(OECD)는 공공관리 분야에 관한 광범위한 연구보고서의 발간을 통하여 그 분야의 특정 패러다임을 주도하는 역할에 있어서 일종의 '주도적인 서사 작가'(dominant storyteller)로서 널리 인용되고 있다고 한다.17)

제 2 절　정책기조의 변동에 관한 연구 동향

　정책기조의 변동에 관한 피터 홀의 논문(1993년) 이후, 정책기조의 변동에 관한 연구는 비약적으로 이루어졌다. 여기서는 그 많은 연구의 동향을 큰 가닥 중심으로 추려 요약 정리하기로 하겠다.18)

---

15) Porter(2011), 64-67. 국제정책망을 통하여 국가 정책기조가 변경된 사례로, 난민보호(refugee protection) 패러다임을 견지한 캐나다 공무원들이 안보통제(security control) 패러다임을 견지한 구미 국가 공무원·전문가들과 다수 국제회의 과정을 통하여 공동체적 유대감을 형성한 가운데, 지속적인 접촉과 설득에 따른 관료적 사회화, 정책학습, 개인적·국가적 소외와 평판의 두려움 등 때문에 마침내 '임계치 사고'(the thinking of the critical mass)에 이르러 안보 통제 패러다임으로 바꾸게 된 분석 예가 있다. Irvine(2011), 183, 171-201.

16) 격리모형은 스콕스태드가 정책변동이 당파적 논쟁과 공중과는 절연돼 관료적 공직자들이나 민간 경제행위자만의 정책망 안에서만 일어난다고 보는 모형을 일컫기 위해 사용하였으나, 저자는 그 갈라파고스 모형의 한계를 국내외 연관 관계에 확장 적용한다. Skogstad(2011), "Conclusion," 249.

17) Rune Premfors, "Reshaping the Democratic State: Swedish Experiences in a Comparative Perspective," Public Administration, 76(1), 1998, 142. 교육 분야의 경우, 전통적인 '개인발달'(personal development) 패러다임에서 1965년 발간된 OECD '교육에서의 투자'(Investment in Education) 보고서를 기점으로 '인적자본'(human capital) 패러다임으로 전환된 사례는 O'Sullivan(1993), 246-272 참조.

18) 이 절도 약간 어려우므로 일반인은 대강의 뜻 중심으로 읽으면 좋을 것 같다.

1. 정책기조변동이론 논의의 의의

시공을 초월해 사회과학 연구자들의 큰 관심의 하나는 공동체의 유지 발전에 가장 중요한 활동의 하나인 '정책활동의 원인과 결과 및 그 과정에 관한 지식'의 획득이다. 그런 지식을 확보해 잘 활용하게 되면 우리는 좀 더 나은 공동체를 건설할 수 있다고 생각한다. 바로 그 지식에서 가장 중요한 부분 중 하나가 '정책의 변동'에 관한 지식이다. 정책은 언제 어떻게 시작돼, 어떻게 변화해 가면서, 어떤 결과를 산출하는가 등 '정책의 안정과 변화'라는 '정책변동의 역동성'을 알면, 연구자들은 현실 공동체의 중요 문제들을 좀 더 잘 해결해 나갈 수 있다는 희망을 가질 수 있다고 보는 것이다. 그런데 현실의 정책변동의 양상은 참으로 다종다양하고 복잡다단하다. 그 복잡다단한 변수나 요인들을 지닌 정책세계의 현실을 효과적으로 압축해 보여주는 이론화는 몇몇 핵심 변수나 요인 중심으로 가지치기를 해 나가면서 수행할 수밖에 없다. 그런 변수나 요인은 전통적으로 '권력'(권위)이다. 그런데 20세기 후반에 들어와 각광을 받은 것이 '제도'와 '이익'이고 최근에는 '아이디어'(정책아이디어)이다. '제도'의 중심에 '아이디어'가 있다는 생각 때문이다. 그런데 바로 그 '아이디어'의 핵심은 '정책기조'(policy paradigm)이다.

이렇게 보면 어떤 공동체의 변동의 중심에는 '정책의 변동'이, 그리고 그 정책의 변동의 중심에는 '정책기조의 변동'이 자리 잡고 있다고 단순화할 수 있다. 그렇게 정책변동론은 정책기조변동론을 그 핵심 내용으로 삼고 있는 이론이다. 이제 정책변동을 알고 공동체의 문제들을 해결하고자 하는 정책연구자와 정책실무자는 정책기조의 변동에 관한 이론을 살펴보는 것이 필수불가결하게 되었다.

그래서 학자들은 현존 정책아이디어들이 어떻게 정책에 관한 사고방식 안에, 또 정치적·경제적 제도들 안에, 그리고 정책 그 자체 안에 내재화(침윤, embedded)되는가를 탐구해 왔다. 더 구체적으로는 어떤 경우에(언제, 어떻게) 정책기조가 만들어져 채택되는가? 정책기조의 변동은 어떻게 진행되는가? 그것은 상대적으로 갑자기 새 패러다임으로 전환되는가? 그렇지 않으면 더 천천히 점증적 조정(incremental adjustments)이 일어나고 시간 경과와 함께 그것이 누적돼 결국 체제전환의 변동(system-shifting changes)으로 이어지는가? 정책기조 변동이 언제 일어났는가를 어떻게 알 수 있는가? 특히 그것이 장기간 점진적 변동의 누적된 결과로 일어나고 단기간에 다시 되돌아갈 가능성이 있는 패러다임 전환 때에는 어떻게 그것을 알 수 있는가? 패러다임이 확실히 변동하였을 때, 그 대체 패러다임은 어떤 모습일까? 그 신 패러다임의 구성적 아이디어는 구 패러다임의 아이디어와 공약불가능한가? 아니면 신 패러다임이 구 패러다임 아이디어의 흔적(vestiges of ideas)을 보유하고 있는 혼혈(잡종, hybrids)일 가능성이 많은 것인가?

　　이런 질문들에 대한 대답 과정에서 어떻게 패러다임 발전(paradigm development)[19] 이 이루어지는가에 관한 두 가지 모델을 구분하는 것이 도움이 될 것이다. 하나는 ① 쿤/홀의 모델로서 패러다임 변동을 과거와의 간헐적인 단절(파열, episodic rupture)로 보는 모형이다. 즉 공약불가능한 패러다임의 간헐적인 전환 모형(그 겉모양만으로는 단속적 균형 모형, 간헐적 단절 모형)이다. 다른 하나는 ② 그것을 진화과정(evolutionary process)으로 보는 모형(점증적 진화 모형)이다.[20] 구미에서 이런

---

19) 여기서 '패러다임 발전'은 더 나은 향상으로서의 발전이란 의미가 아니고 패러다임의 변동과 거의 동의어이다.

20) 이렇게 일반적으로 유형화하는 데 대하여 예컨대 Skogstad & Schmidt(2011), 10 참조. 그런데 저자는 쿤/홀의 모델을 (본문과 같이 괄호 속에 넣어) 단속균형모형으로도 볼 수 있는 것처럼 언급하는 데 대해서 한편으로 이해는 하지만, 거기에 '패러다임 개념'의 유무(有無)라는 본질적 차이를 간과할 혼란과 우려 때문에 아예 구별해 빼는 편이 더 좋다고 본다. 정치학자 크래스너가 국가론에 대한 '대안적 접근방법'으로서 진화론의 단속균형론을 차용했는데, 그 '단속균형론'은 (패러다임 변동 중 하나인) 정책혁명의 겉모양 양상만 쿤/홀의 모형과 닮았지 거기에 '패러다임' 개념이 빠져있으므로 핵심 내용상으로는 쿤/홀의 이론과 다르기 때문이다(그래서 괄호 속에 '그 겉모양만'을 추가했음에 유의). 그 대신 홀이 처음으로 쿤의 '패러다임'(정책패러다임)이란 개념을 도입하여 왜, 그리고 어떻게, 정책변동에 있어서 그런 단속균형과 같은 변동의 (결과적) 현상을 일으키게 되었는가의 인과적 기제와 과정을 훌륭하게 설명하였고, 그 선구적 업적을 인정받고 있다. 이렇게 보면 구미 학자들 중에도 이에 대한 주의를 덜 기울이고 있는 학자들이 있는 셈이다.

　아울러 독자는 여기 본문에서 '진화'(evolution)의 의미에 약간의 혼란을 느낄 수 있다. 즉 여기 '점진적 진화 모형'에서의 '진화'는 '좁은 의미의 진화'로서 쿤/홀 모형에서 말하는 '급격한 전환(혁명)'과 대비되는 의미로 쓰이고 있는데, 쿤/홀 모형과 동일시할 수 있다고 하면서 혼란을 주는 단속균형모형 자체가 -그래서 넓은 의미가 되겠는데- '진화'이론의 한 이론으로 제시되었기 때문이다. 단속균형이론은 1984년 정치학자 Stephen D. Krasner가 인용·제시하기 이전에 원래 1972년 진화생물학자인 엘드리지와 굴드(Eldridge and Gould)가 다윈 이래 발전해 온 전통적인 '점진적인 진화'(계통점진설, phyletic gradualism)를 비판한 대안 이론으로 제시한 '진화이론'의 하나인 것이다. 요컨대 쿤도 원시 초기 단계로부터의(from) 진화'와 '무엇인가를 향한(toward) 진화'라고 표현하듯이(2판, 170), 과학혁명을 논하면서도 (광의의) 진화를 말하고, 홀도 국가 간 정책 비교에 치중하느라 상대적으로 소홀히 했던 주제인, 시간의 경과에 의한(즉

일반적인 구분은 좀 오해의 소지가 있으므로 더 명확하게 할 필요가 있다.

　쿤/홀의 간헐적 단절모형은 쿤의 과학혁명이론을 그대로 원용한 것이다. 따라서 그 유사성을 강조하자면 '정책혁명이론'이라고 부르는 것이 더 이해하기도 쉽고 정확하다. 그리고 홀 이후 폭증한 연구 흐름 속에서 많은 학자들이 검증했다고 주장한 진화과정모형은 진화의 결과로 패러다임이 중대하게(significant) 변화된 결과를 염두에 두고 있는 모형이다. 따라서 그것은 그 변혁까지 포함한다면, '점진적 진화변혁이론'으로 부르는 것이 더 합당하다.[21] 이에 대하여 각각 살펴보고 '정책기조 변동이론'(theory of policy paradigm change)에 관한 저자의 종합 결론을 제시하기로 하겠다.

2. 정책혁명이론

　정책혁명이론은 정책의 변동과정에 있어서 혁명과 같은 '단속적(斷續的, 혹은 끊어졌다 이어졌다 하는 불연속적)인 사건'으로서의 '심대한 변동'(profound change as a discontinuous event)이 짧은 기간 동안 간헐적으로 중간에 나타나고, 나머지 긴 기간 동안에는 기존 패러다임의 지배를 받는 '안정된 평상정책'이 지속되는 과정을 상정하는 정책기조 변동이론을 말한다.

　먼저 정책혁명이론은 홀이 '정책변동'의 핵심인 '정책기조'의 '변동 과정'에 초점을 맞춰 1970년부터 1989년 사이 영국 거시경제정책기조가 케인즈학파에서

통시적인) '정책의 진화'(the evolution of policy over time)에 대한 연구가 더 필요하다고 한 바와 같이(1993; 292), 정책혁명을 말하면서도 광의의 진화를 언급하고 있다. 이는 다른 학자들의 용례에서도 많이 나타나고, 이 책에서도 그 용례를 인용하면서 정책이 역사적으로 오랜 '광의의 진화' 개념 안에서 급격한 '혁명적 전환'이 있거나 점진적인 '협의의 진화'가 있다는 이중적인 의미로 사용되고 있으므로 이에 유의할 필요가 있다고 하겠다.

21) 이하 설명 과정에서나 학자들의 설명을 인용하는 데서 그 의도를 존중하여 불가피할 경우 '단속적'이나 '단속적 균형 모형'이나 '점증적 진화 모형' 등 그들 용어를 그대로 사용하지만 거기에 앞에서 설명한 내용의 주의를 요한다. 아울러 이 장에서 '이론'이나 '모형'은 학술적으로 엄밀한 의미로서보다는 다소 느슨한 의미로 혼용하고 있다. 이와 관련, 강신택(1989), 47-76 참조. 아울러 '이론'이라 이름 붙인 두 표제 제목은 향후 좀 더 엄격한 의미로 다듬어져 갈 것을 예상하고 기대하는 의미도 포함하고 있다. 특히 '점진적 진화변혁이론'이란 명칭은 변혁의 기약 없이 단순히 개량적으로만 진화하는 의미의 '점증주의(점진적 개량주의) 정책관'의 진화이론과 구별하고, '패러다임 정책관'의 전제 아래 어느 정도 패러다임 차원의 변혁이 기대되는 진화를 표현하고자 한 명칭임에 유의하기 바란다.

통화주의 학파의 이론으로 전환된 사례를 토대로 '정책기조의 변동과정'(process of policy paradigm change)을 도출해 제시하면서 시작되었다. 홀은 정책의 계층제적 구조적 차원에 따라 -정책학습, 그중에서도 사회적 학습(social learning)의 과정으로 보는- 정책변동의 양상이 다르게 나타난다고, 다음과 같이 주장하였다.

① 예산 수정과 같이 정책수단의 구체적 배치(settings of policy instruments) 차원의 1차적 변동, ② 정책목표를 달성하고자 이용되는 정책수단(policy instruments) 차원의 2차적 변동, 그리고 ③ 정책을 지도해 주는 포괄적 정책목표 (overarching goals) 차원의 3차적 변동으로 나눈다. 홀은 이 중에서 정책의 전반적 목표의 변경과 같은 차원의 -그래서 급격한 패러다임 전환(paradigm shift)의 변동 형태를 띠는- 3차적 변동(third-order change) 과정에 적합한 개념이 바로 '정책기 조'(policy paradigm)라고 규정하였다. 그리고 그 변경은 정부 관료는 물론, 전문가, 정치인, 관련 민간 집단, 언론 등 전체사회가 관여하는 일종의 사회적 학습에 의하여 이루어진다고 한다.[22]

홀은 정책변동을 질적으로 다른 두 유형으로 나눈다. 즉 ① 장기적으로 안정적인 1차적 변동과 2차적 변동 차원의 '점진적 정책변동'과, ② 단기간의 매우 불안정한 3차적 변동으로 나눈다. 이는 다른 말로 ① 일상적인 미세조정을 해나가는 '평상정책결정'(normal policymaking)으로서의 정책변동과, ② 정책기조에 해당되는 '급격한 패러다임 전환(paradigm shift)의 정책변동'의 두 유형이다. 그리하여 홀은 쿤의 '패러다임 변동 모델'(the model of paradigm change)을 정책기조의 변동에 원용해 정책에 있어서 다음처럼 패러다임(정책기조)의 변동 과정을 설명하였다.[23]

---

22) Hall(1993), 278-280, 284, 289-291. 1차적 변동은 이미 알려진 정책수단의 일상적 조정(routine adjustments), 2차적 변동은 정책수단 자체의 변경으로 구분한다. Baumgartner(2013), 242.

23) 홀은 그렇게까지 단계를 구분하여 모형화하지도 자세히 설명하지도 않았다. 초창기 하울렛이 홀의 과정 분석을 단계화해 '정책기조의 변동 모형'(model of policy paradigm change)이라고 부르고 6단계로 정식화해 캐나다 원주민 정책패러다임의 변동에 적용해 검증하였는데 참고로 소개한다. 하울렛은 6단계 중 처음 두 단계는 '기존 정책기조의 통용 기간'(an old period), 그다음 세 단계는 '전환 기간'(a transitionary period), 그리고 마지막 단계는 새로운 정책기조가 제도화되고 관련 정책공동체의 구성원들이 그 주도권(hegemony)을 수용하기에 이른 '새로운 기조가 등장하는 기간'(a new period)이라고 하였다. Howlett(1994), 631-649.

① 정책기조의 형성과 안정화 단계(stage of paradigm stability), ② 기존 정책기조로는 충분히 예측하거나 설명할 수 없기 때문에 현실의 문제들을 해결하기 어렵다고 느끼는 '이변의 누적 단계'(accumulation of anomalies), ③ 기존 정책기조를 확장하여 이변을 설명하고, 이를 적용하여 해결하려고 시도하는 '실험 단계'(experimentation), ④ 실험이 실패한 사례들이 증가하면서 기존 기조논리를 옹호하는 당국자들이나 전문가들을 불신하고 도전하게 되는 '권위의 단편화 단계'(fragmentation of authority), ⑤ 기조논리에 대한 논쟁이 공론의 장으로 확산되고 기존 정책기조논리와 그 대안적 기조논리가 경쟁하는 '경쟁 단계'(contestation), ⑥ 새로운 기조논리를 주장하는 측이 승리해 권위의 지위 확보, 기구, 인적 구성, 정책결정 방식, 그리고 정책 등을 개편하고 변경하는 정책혁신(policy innovation)을 도모해 근본적인 정책변동이 일어나는 '새로운 정책기조의 제도화 단계'(institutionalization of the new paradigm).

홀은 1차 및 2차적 변동이 자동적으로 3차적 변동으로 이어지는 것이 아니라고 본다. 그 둘은 전혀 서로 다른 종류(quiet different in kind)의 문제이고, 3차적 변동에는 -1·2차적 변동으로부터 큰 영향을 받지 않는- 상당한 자율성(considerable autonomy)이 있기 때문이다. 홀은 그 자율성을 설명해 주기 위해 도입한 '패러다임'이 '공약불가능성'을 띤다고 설명하였다.24) 그리하여 정치를 포함하여 정책의 안정과 변동에 대한 설명에 있어서 홀은 '정책기조'라는 개념을 도입하여 잘 연결해서 정책변동을 설명하였다. 즉 기존 정책기조가 유지되는 동안은 그 안에서 1차 및 2차적 변동만 일어나고, 정치와 정책의 '안정'이 유지되다가 여러 요인으로 새 정책기조가 득세해 기존 정책기조를 밀어내고 교체되는 기간 동안 일시적으로 급격한 '변동' 과정을 거치는 것이다. 그동안에는 정책의 안정과 변화를 서로 대립시켜 이원적으로 구분해 보았다. 그런데 이제 홀은 변화 지향적이면서 연속적일 뿐만 아니라, 점진적이면서 혁명적(불연속적)인 두 측면을 모두 다 갖고 있다고, 정책변동론을 통합해서 보는 방법론적 개척자가 되었다.

패러다임 변동의 역동성을 어떻게 이해해야 하는가? 그 문제와 관련해 홀은 두 가지 유형만으로 구분해 정책변동을 이해하였다. ① 정책수단과 관련된 변동에 불과한 평상정책활동과, ② 경쟁 패러다임 도입을 통한 정책목표와 담론의

---

24) Hall(1993), 280.

변동까지도 전체적으로 바뀌는 중대한 변동인 패러다임 전환의 변동이다. 이 패러다임 전환이란 변동은 역시, 홀이 쿤의 강한(strong) 입장을 받아들여 ⓐ 정책기조의 공약불가능성과 ⓑ 정책행위자가 다른 패러다임 요소의 수용을 거부함(편입불가성, inability of actors to incorporate)을 주장한 결과였다. 따라서 강한 공약불가능성은 (홀 식으로 보면 서로 모순되는) '점진적인 변혁적 패러다임 전환'(gradual transformative paradigm shifts)을 배제하게 된다.[25] 그리고 초창기의 하울렛(M. Howlett)은 캐나다 정부의 원주민에 관한 정책기조의 변동 사례를 분석함으로써, 홀의 모델을 긍정적으로 검증하였다.[26]

바움가트너도 정책변동의 단속균형 접근법의 힘을 강력하게 예시해 준다고 주장한다. 1947년-2008년간 미국 연방정부 예산당국(OMB)의 주요 60개 지출항목의 연도별 증감 변동분포에 대한 단순빈도분석을 통해서이다. 그는 왜 정책이 대부분의 경우 그렇게 조금 변하고, 그러나 어떤 때는 그렇게 극적으로 변할 수 있는가에 대하여 홀이 탁월하게 이해할 수 있게 해 주었다고 옹호하였다.[27] 그런 관점에서 그는 현상유지의 힘(the power of the status quo)을 하나의 변수로 보고

---

25) Daigneault(2014), 465; Carstensen(2015), 304-305.
26) 하울렛은 그 뒤 점진적 진화변혁이론으로 그 입장을 바꿨는데, 그런저런 이유로 그가 정식화한 단계적 변동과정의 모형에 너무 큰 의미를 부여할 필요는 없겠다. 처음에 그는 '정책기조'를 "근본적이고 장기적인 정책변동의 주된 구성요소"(a major component of fundamental long-term policy change)로 이해하면서 캐나다 원주민 정책패러다임의 변동이 홀의 10여 년보다 훨씬 더 오랜 60여 년의 기간, 즉 ① 초창기 군사적 방어(protectionist)에서 ② 1860년-1930년간 동화(assimilation) 또는 통합(integration), 그 후 1945년까지의 이변의 누적 단계를 보이다가 이어서 1965년까지 권위의 단편화 단계가 나타났다고 하였다. 그 후 1974년까지 실험 단계가 이어지고, 연구 당시인 ③ 1994년까지는 자치(self-government)와 평화공존(peaceful coexistence)이란 새로운 정책기조논리와의 경쟁 단계가 나타나고 있다고 분석하면서, 이후 새로운 정책기조의 제도화가 이루어질 것으로 보았다. 하울렛은 당시 연구 결론으로서 과학공동체에 적용되는 여러 가정들을 정책공동체에도 적용할 수 있고, 홀의 정책기조 변동모델을 다른 분야에도 적용할 수 있다면서 홀의 정책혁명이론을 충실히 검증하였지만, 변동 과정은 6단계로 충분하되 변동의 소요 기간은 다를 수 있다는 정도만 이견을 피력하였다. Howlett(1994), 632; Wilder and Howlett(2015).
27) 즉 전후 예산증감 변동의 압도적인 부분은 극단적으로 미세 조정, 즉 -5%에서 +15%까지 변동폭의 경우가 분포상 거대한 중앙 첨탑 형태를 띠고 있고, 그 옆으로 -100에 가까운 감축에서 +150 증액까지 분포된 경우도 아주 가늘지만 그래도 '두터운 꼬리'(fat tails)를 보여줌으로써 '극단적 점증주의'(extreme incrementalism)와 -전쟁 발발과 같은 경우- 중대한 숫자의 급격한 예산 변동이라는 강력한 증거를 보여주고 있다는 것이다. Baumgartner(2013), 241-242, 245. 이와 관련, 유금록, 한국과 일본의 중앙정부 세출예산에 있어서 단절균형분석, 정책분석평가학회보, 17(3), 2007, 221-249 참조.

연구할 필요가 있다고 주장하였다. 현상유지의 힘에 관한 더 강력한 이론을 개발할 수 있다면 정책변동의 이해를 더 극적으로 진전시킬 수 있을 것이기 때문이라는 것이다. 그래서 다음과 같이 중요한 연구과제를 제시하였다.

> 미국정부 내 가장 강력하고 가장 흔한 주장의 하나는 '모험적 구상'의 논쟁(risky scheme argument)이다. 현상유지를 깨려는 어떤 변화의 제안도 '모험적 계획'으로 보여 논쟁이 일어난다. 그런데 정치학에서 가장 중요한 아이디어의 하나는 현상유지는 수용할 수 없다(the status quo is unacceptable)는 합의가 등장하고 있다는 것이다. 대안이 없거나, 마땅한 사람이 없거나, 경쟁그룹의 성향이 너무 온건하거나, 전술이 없어서, 현상유지가 지속될 수 있다. 그러나 현상유지를 불신하게 되는 많은 시나리오도 있다. 킹던의 '기회의 창이론'도 도움이 되지만, 무엇보다도 분명한 정책실패나 위기의 발생이 중요하다. 또 현상유지를 뒷받침해 주고 있는 아이디어와 경쟁하는 아이디어나 패러다임도 있다. 전문가공동체의 인력의 충원에 따른 성향의 변화도 중요하다. 미 법무부 내 반독점 부서는 그동안 법학 전공자 위주에서 경제학 전공자도 상당수 충원하는 방향으로 바꿨는데, 그들 경제학 전공자들이 영향력을 갖는 시기가 오자, 법무부의 반독점에 관한 정책기조가 다르게 바뀌는 변화가 일어난 것이 그 예이다. 또 미국 식품의약청 전문가의 전문성을 존중하는 '관료적 자율성'(bureaucratic autonomy)도 중요해지고, 또 미국 정신병학회가 '탈시설화'(deinstitutionalism)의 직업적 규범을 채택하면서 강력한 지적·문화적 변경을 보이자 정신병원 시설 수용보다는 개방적 정신질환자 치료가 중요해진 변동의 사례도 있다. 여기서 정책변동이 일어날 수 있는 가능성의 한 요소로서 '현상유지 지속력'(the staying power)이 중요하게 등장한다. 강력한 불신의 등장, 큰 신뢰를 받는 새로운 좋은 아이디어의 등장, 또는 우연의 요소 등 현상유지를 약화시키는 많은 이유들이 있을 수 있는데, 아직까지 현상유지력에 관한 충분히 개발된 이론이 없는 형편이다.28)

이러한 주장 외에도 후술하겠지만, 여러 학자들은 정책혁명론이 특정 경우에 한해 일정 부분 타당할 수 있음(절충론)을 인정하고 있기도 하다.29)

---

28) Baumgartner(2013), 251-254.
29) Blyth(2002); Hay(1996, 2001); Widmaier et al.(2007); Kern, Kuzemko, & Mitchell(2015), 272 재인용. 이와 관련, 정책학자 deLeon 등은 Policy Studies Journal에 2004년부터 2009년까지 등재된 총 203개 논문에 대해 실질 분야 주제(substantive topic), 분석적 접근방법(analytical approach), 저자 등으로 나눠 분석한 결과, 실질 분야 주제로는 '환경/에너지 정책 분야'가 총 53편, 분석

2. 점진적 진화변혁이론

홀의 논문(1993)은 너무 성공적이어서 처음에는 그의 존재론적 기반과 변동 이론에 대하여 어떤 도전도 없이 열정적인 추종만이 있었다. 그러나 그 후 점차 그의 접근방법에 대하여 비판적 반응을 보이는 '2세대 아이디어 학자'[30])의 등장을 보게 되었다. 물론 그들 비판자들도 아이디어(정책기조)를 정책과 제도 변화의 중심에 놓는 데 대하여는 근본적으로 홀에 동의한다. 그러면서도 그들의 비판은 주로 −쿤의 접근방법에 따른− 홀의 구조주의적 성향(the structuralist predilection)에 초점을 맞추고 있다. 즉 그들은 ① 단속균형 식의 변동을 과도하게 강조하고, ② 아이디어를 정태적·일원론적으로 개념화하고 있으며, ③ 정책행위자들이 자신이 고수하는 정책기조를 효과적으로 내면화하고 있다고(internalize) 주장함으로써, 아이디어의 변동 과정에서 행위자(agency)의 요소를 너무 경시하는 점에 대하여 비판한다.[31]) 전체적으로 볼 때 홀이 쿤에 기반을 두고 이론을 전개하다 보니 정책에서 아이디어의 역할을 과도하게 시스템적(overly systemic, 구조적-저자 주) 측면으로 이해하는 데 대하여 비판을 하고 있다고 할 수 있다.[32])

적 접근방법으로는 '정책분석'(policy analysis)에 관한 논문이 총 46편으로 가장 많았는데, 그 접근방법으로는 흔히 가장 많이 적용할 것 같은 창도연합모형(advocacy coalition framework, ACF)이 10편인데 비하여, 16편으로 가장 많은 단속균형이론은 "정책과정 분석에 가장 흔하게 적용되는 종합적 단일 이론(the most common comprehensive single theory of the policy process)"이라고 평가하였다(pp.169-170). Peter deLeon, S. Gallaher, J. Pierce, & C.M. Weible, Editors' Analysis: A Status Report of the Policy Studies Journal, 2004-9, Policy Studies Journal, 38(1), 2010, 165-173.

30) 대표적으로 Béland(2007), Berman(1998), Blyth(2002), Campbell(1998), Campbell & Pedersen(2001), Cox(2001), Lieberman(2002), Schmidt(2002)를 예시한 Carstensen(2015), 295 참조. 카슨 등은 급격한 패러다임 전환의 일반성을 주장한 홀의 모델에 도전한 대표적 학자로, 1980년대 이후 국내 예산 제약과 국제무역협정 때문에 '국가지원'(state-assisted)에서 '시장자유'(market liberal)로 OECD 농업정책 패러다임이 전환된 실증 사례를 통하여 협상과 단편적인 변천(piecemeal transition)에 의해서도 다소간 점증적 방식으로 패러다임 전환이 이루어진다는 주장을 편 콜먼 등을 거명한다. Carson, Burns & Calvo(2009), 27; Coleman, Skogstad & Atkinson(1996); W. Coleman, "From Protected Development to Market Liberalism: Paradigm Change in Agriculture," Journal of European Public Policy, 5(4), 1998. 632-651.
31) 이들 각각의 비판에 대한 긴 문헌 목록은 Carstensen(2015), 295-296 참조.
32) 이는 좀 역설적인 결과인데, 왜냐하면 처음에 아이디어가 신제도주의 이론에 끌려 들어온 것은 '안정'(stability)을 특징적으로 강조하게 된 측면을 보완해 저울추의 균형을 잡아 주고자 '변화'(change) 과정을 더 크게 강조하면서 그 변화를 설명하고자 한 의도였기 때문이다. Carstensen(2015), 296-297.

이제 새 세대의 아이디어 학자들은(ideational scholars) 정치적 변동과 안정의 설명에 있어서 -홀의 이론 시대보다- '행위자'(agency)를 더 많이 강조하면서 아이디어와 정책기조를 중심에 놓고 분석하고 있다. 그래서 '행위자'의 여지를 더 수용할 수 있는 분석적 개념으로 정책기조 개념을 사용하고 있고, 중요한 사실은 -급격한 변동이 아니라- '좀 더 점진적인 변동의 형태'(more gradual forms of change)를 허용하는 방향으로 나아가고 있다는 점이다.33)

   큰 공헌을 한 홀의 정책기조 개념을 뒤따라 수행한 많은 후속 연구들이 보여준 가장 중요한 진전 사항은 '평상적'(normal) 정책결정과 '급격한'(radical) 정책결정 사이의 2분법(dichotomy)에 의문을 제기하고 새로운 사실을 발견해 낸 점이다. 즉 많은 학자들은 패러다임 내 변동(within-paradigm change)도 존재하지만, 패러다임 간 전환이란 변동도 있고 그런 변동에 있어서도 점진적인 형태의 전환도 있다는 사실, 그리고 정책패러다임들 사이에도 서로 충분히 양립할 수 있다는 사실(fully compatible)을 발견하였다.34)

정책기조의 구현(집행) 과정에서 점진적으로 패러다임이 전환된 예는 슈미트에 의하면 프랑스 사회정책의 개혁 사례에서 찾을 수 있다고 한다. 연금과 관련된 프랑스 복지국가정책은 정당화를 위한 어떤 설득력 있는 정치적 담론이 없었던 것은 물론, 정책아이디어의 급격한 전환이나 무엇을 할 것인가에 대한 어떤 일련의 명확한 아이디어도 없이 거의 눈에 띄지 않은 채 -홀이 말하는(저자 주)- 3차적인 혁명적 변동을 겪었다고 한다. 팔리어(Palier, 2005)에 의하면 연금개혁은 프랑스 정책행위자들이 과거 정책에 대한 실패를 진단하고, 가능한 대안으로서 새로운 '방안'(recipes)을 창안해 다듬은 후, 그저 모호한 합의하에 구 정책 위에 새 정책을 덧붙이는 점진적인 '층화'(덧붙이기, layering) 과정을 거친 결과물이었다고 한다. 그런데 이 층화는 프랑스 복지 패러다임의 원 관점에서 보면 '표류'(drift)라고도 볼 수 있다고 본다. 그 무엇이라고 하든 이 변동은 개혁을 위해서 어떤 포괄적인 핵심 아이디어나 준거틀을 내포하는 어떤 새로운 패러다임도 없이 진행되었

---

33) Carstensen(2015), 296-297.
34) Daigneault(2015), 46, 57.

다는 것이 중요하다는 것이다.

　이런 사실은 어떤 단일의 포괄적인 패러다임이나 준거틀이 주도적으로 지배하며 존재해야 하는가의 범위와 관련하여 문제를 제기한다. 사회과학과 사회에서는 보통 주도 패러다임의 타당성을 두고 경쟁하는 다른 소수파(야당) 프로그램(강령)이 대기하고 있다. 그렇기 때문에 단 하나의 독보적인 패러다임이 존재한다는 것은 드물다고 한다. 더구나 사회과학과 사회에서 아이디어로서의 패러다임(ideational paradigms)은 결코 통째로 소멸되지는 않는다고 한다. 그리고 전적으로 새로운 것도 드물다고 한다. 오래된 것인데 이제 다시 과거의 적실한 부분으로서 새로운 사태로 말미암아 새로운 것이 요구될 때, 부활할 것을 대기하고 있는 그런 것들이라는 것이다. 또 어떤 프로그램이든지, 그것은 서로 다른 아이디어들을 주장하는 행위자들 사이의 타협의 결과일 뿐만 아니라, 갈등의 결과이기도 하다. 그 때문에 어떤 주어진 정책프로그램 안에는 흔히 많은 다른 아이디어들, 심지어 서로 상충되는 아이디어들이 혼재돼 있다고 본다. 결국 패러다임은 단순히 싸움을 초월해서 떠돌아다니는 아이디어가 아니라고 본다. 패러다임은 이익과 원칙에 관한 정치적인 토론·숙의·경쟁뿐만 아니라 정책의 산물이고, 정책 협상, 선거 흥정, 정치적 타협의 결과를 드러내 준다는 것이다.[35]

　홀의 논문 사례를 재검토한 다른 연구의 결론도[36] 홀이 주장하는 혁명적인 패러다임 변동이 있었다고 그렇게 쉽게 단정할 수 없고, 오히려 '단속적 진화'(punctuated evolution)를 통해 전개된 '반복적 변동 시리즈'(a series of iterative change)라고 할 수 있다고 주장하였다. 이로써 패러다임과 패러다임 변동에 대하여 새롭게 생각해 보는 것(대안적 개념화)이 더욱 더 중요해졌다. 이제 패러다임의 중대한 점진적 변동(significant gradual change in paradigms)의 경우들을 설명하려는

---

35) 이상 Schmidt(2011), 40-42. 원래 프로그램에 붙여진 아이디어가 사라져가는 '표류'(drift)와 구 아이디어에 새 아이디어가 덧붙여지는 '층화'(덧붙이기, layering)는 역사적 신제도주의에서 빌려온 개념이다(41쪽). Streeck와 Thelen은 그 외에 대체, 전환을 더 든다[소모(exhaustion)도 있었는데 나중에 제외시킴]. 대체(replacement)는 기존 제도가 새로운 제도로 대체되는 것이고, 변환(전환, conversion)은 기존 제도가 새로운 목적이나 기능을 수행하는 것으로 바뀌게 되는 것이다. 신제도론에서 '표류'는 경직된 제도가 제 기능을 못하고 효과성이 떨어지면서 위축되거나 쇠퇴함을 말한다고도 본다. 하연섭(2011), 173-175. 이렇게 보면 상당수 신제도론자들이 정책기조론의 한 축을 이끌고 있는 측면을 나타내 보여준다고 하겠다.
36) Hay(2001); Oliver & Pemberton(2004).

도전 앞에 학자들은 자신의 분석에서 패러다임에 대한 시스템적인 색깔을 좀 덜
어내려고 한다. 그래서 정책행위자들이 이변의 발생이나 경쟁. 패러다임의 압력에
응하여 자신의 아이디어를 재해석하고, '패러다임 간 차용'(inter-paradigm borrowing)
도 시도할 여지를 인정하고 있다(Hay, 2011). 그래서 카스텐슨은 패러다임을 '관계
적으로 구조가 짜여진 아이디어의 망'(relationally structured webs of ideas)으로 본다
(Carstensen, 2011).

이처럼 패러다임을 복합적이고, 또 정파적 싸움과 타협을 통하여 역사적으로
기반이 만들어진 것으로 본다. 그렇게 보면 정책행위자들이 심지어 정책결정 권
위의 교체가 없을 경우에조차도 정책변통(정책브리콜라주, policy bricolage)[37] 과정

---

37) 최근 우리 학계에서도 사용되면서 여러 용어로 번역되고 있다. 예컨대 다양한 요소들의 복합
체인 제도는 새로운 요소의 도입으로 기존 제도가 교체되는 것이 아니라, 재배치나 재배열로
잔존하는 형태를 취하며 변화하는 것을 말한다며, '존속변형'이라 번역한 하연섭(2011), 164의
예와 그대로 '브리콜라쥬'라 하는 이은미·김동욱·고기동(2016), 223 참조. 그런데 무엇보다도
그 의미의 이해를 위해서도 다소 길지만 설명이 필요하다.
　'브리콜라주'(bricolage)는 프랑스의 인류학자 클로드 레비스트로스(Claude Lévi-Strauss)가 그
의 저서 '야생의 사고'(The Savage Mind)에서 신화(神話)와 의식(儀式)으로 대표되는 부족사회
의 지적 활동이 어떤 종류의 것인가를 나타내기 위해 사용한 프랑스 문화 용어이다. '여러 가
지 일(직업)에 손대기, 품일, (자질구레한) 수리, 뜯어 맞추기, 아마추어 목수일, 서툰 솜씨' 등
의 사전적 의미를 지니며, '손재주'라고도 한다. 레비스트로스는 문화체계를 이루는 요소의 구
조적 관계에 초점을 맞추어 문화체계를 분석함으로써 문화연구의 새로운 방법을 제시했는데,
원시부족사회의 문화에 큰 관심을 가지고 '브리콜뢰르'(bricoleur: 손재주꾼, 브리콜라주를 수행
하는 사람. 사전적 의미는 '일정한 직업 없이 여러 가지 일·직업에 손을 대는 사람, 잔일을 하
기 좋아하는 사람')의 역할을 규명하고자 했다. 부족사회의 문화 담당자인 브리콜뢰르는 넓은
범위에 걸쳐 다양한 일을 능숙하게 수행하나, 한정된 자료와 용구를 가지고 작업해야 하는 한
계를 지녔음에 틀림없다. 그러므로 브리콜뢰르는 자연스럽게 그가 이전에 산출한 물건들의 잉
여분을 가지고 변통(變通)하는 법을 배우게 되며, 그 결과 종전의 목적이 이제는 수단의 역할
을 하게 되는 것이다. 레비스트로스는 이러한 브리콜뢰르의 활동을 현대의 과학자, 엔지니어,
예술가의 활동과 구별하여 설명하고자 한다. 그러나 현대의 많은 이론가들은 이론의 실천이란
과거의 거대 이론에서 찾아낸 개념과 사상을 이용하여 행하는 일종의 브리콜라주라고 생각한
다. 이상은 [네이버 지식백과] [두산백과] 검색과 불한사전에 의한 '브리콜라주'와 '브리콜뢰
르'의 요약 편집이다.
　이로 미뤄 보건대 정책학에 들어온 용어인 '정책 브리콜라주'(policy bricolage)는 '정책 (혼
융)변통' 쯤 되고, '정책 브리콜뢰르'(policy bricoleur)는 그런 정책 변통을 일으키는 '정책 (혼
융)변통자'라고 번역할 수 있겠다(여기서 '변통'은 '형편과 경우에 따라 일을 융통성 있게 처리
함'의 뜻이다 - 민중국어사전, 표준국어대사전은 '…잘 처리함'의 '잘'이 들어감). 정책실패의
원인에 대한 전문기술적이고 객관적인 조사에 따라 깔끔하게 정책기조의 변동이 일어나고 전
개돼 나간다는 통념과 비교할 경우, 그렇게 깔끔하지는 않는 문제해결 노력의 결과는 어떠할
까라는 의문에 대한 설명과정에서 캠벨(1997, 2005), 카스텐슨(2011) 등은 'policy bricolage'라는
개념을, 그래서 '시행착오를 많이 겪는 패러다임 형성의 담론 과정'(a more trial-and-error-filled
discursive process of paradigm construction)을 의미한 것으로 사용하였다.[M. Carstensen,

을 통하여 전략적으로, 반사적으로, 그리고 점진적으로 자신들의 아이디어들을 조절·적응해 간다고 할 수 있게 된다. 그때의 정책변동이란 아마도 다른 패러다임으로부터 새로운 아이디어 요소들을 취하여 덧붙이는 식으로 아이디어 요소들을 위계적으로 새로 배열하는 형태를 취할 수도 있다(Surel, 2000). 이는 곧 어떤 정책기조의 기본 특징과 목표에 대하여 가시적이거나 즉각적인 영향(impact)을 미치지 않는 것 같은, 외관상으로는 그저 작은 변화에 불과할지라도 그것이 시간이 흐르면서 쌓여 마침내 기본 철학(basic philosophy)의 변동까지 초래하는 결과를 가져올 수 있다는 것을 의미한다(Skogstad & Schmidt, 2011).[38]

이와 같은 오랜 기간에 걸친 중대한 누적적 변동(significant cumulative change)에 대하여 초점을 맞추는 데 관심이 증가하고 있다. 그것은 전통적인 역사적 제도론자들 역시 크게 각성하게 된 내용과 통하는 데가 있다. 즉 층화(layering)나 변환(전환, conversion) 같은 변화 과정을 통하여(Mahoney & Thelen, 2010; Streeck &

"Paradigm Man vs. the Bricoleur: Bricolage as an Alternative Vision of Agency in Ideational Change," European Political Science Review, 3(1), 2011, 147-167.] 이에 따라 '정책 변통자'는 정책결정자에 대하여 전통적으로 상정하는 '전략적인 사고자'(strategic thinker)나 '전문기술적인 문제해결자'(technical problem-solver)라기보다는 '지배적인 아이디어의 틀을 그대로 따르지 않고 임의로 확장 변통해 따르는 정책행태를 보이는 자'(whose behaviour often serves to stretch the parameters of the dominant ideational frame)가 된다. 그들은 정책목표를 추구하는 과정에서 정책수단과 목적을 맞추려는 시도 가운데, 정책결정자들이 상호작용하면서 지식이 형성된다고 믿는다. 그러면서 그들은 자신들의 욕구를 충족시키기 위해 현실의 해석을 구부려가면서 (bending)까지 전략적 유리함을 추구하므로 흔히 그 과정은 고도의 정치과정(a highly political process)이 된다고 한다. 물론 그 과정에서 카스텐슨이 말하는 것과 같이, 전에는 생각지도 못한 해결책을 수용 가능한 아이디어의 범주로 고려하게 하는 '혁신적 변통'(innovative bricolage)을 촉진하기도 한다. 이 정책변통의 모델은 정책행태가 완전히 제도적 규칙, 정치적 이해관계, 혹은 엄격한 기조적 프레임에 의해 제약을 받는다고 보기보다는, 지배적인 패러다임의 가장자리를 중심으로 움직이는 '상황의존적 전략'(contingent strategies)의 발전 형태를 띤다고 본다. 이렇게 되면 결국 패러다임 변동은 홀이 말하는 바대로 갑작스럽고 간헐적으로(sudden and episodic) 일어난다고 할 필요가 없으며, 현존 아이디어 틀에 맞춘 정책운용 여부를 모니터링하는 권위(authority)의 변동과 반드시 함께 일어나야 할 필요가 없게 된다. 그 대신 패러다임 변동이 변혁적 변동에 반드시 수반되는 결정 권위의 소재(locus of decision-making authority)의 변동 없이 훨씬 더 점진적이고 질서정연하지 않는 양상(a much more incremental and disorderly fashion)으로 진행한다고 볼 수도 있게 된다. Coleman, Skogstad & Atkinson(1996). 이상 Wilder and Howlett(2015), 102-103 요약 인용.

38) 정책기조의 집행과정에서 정책환류(policy feedback)의 중요성에 관한 의미 있는 논의, 즉 1980 년대 이후 일련의 새로운 기본 원리(패러다임)를 중심으로 덜 정치화된 정책망 내 국가행위자들과 집단대표들 사이의 협상에 의해 좀 더 관리되고 계획되며 예측가능하게 점진적이고 숙의적인 환류의 변동과정을 거쳐 (OECD 내 농업)정책기조가 '국가지원 패러다임'에서 '시장자유 패러다임'으로 바뀌게 되었다는 논의는 Coleman, Skogstad & Atkinson(1996) 참조.

Thelen, 2005) 제도가 '점진적 변혁'(gradual transformation)의 형태로 변화한다는 데 대한 각성이다. 역사적 제도론의 점진주의적 계열이 -해석의 중요성을 빈번하게 언급함에 비춰 놀라운 일이기는 하지만- 명시적으로 아이디어 접근법을 취하지는 않는다. 그렇지만 패러다임에 대한 정책행위자들의 정책 순응도(the degree of policy actors' compliance to the policies emanating from the paradigm)는 그 패러다임의 향후 전개를 이해하는 데 핵심을 차지한다. 이제 정책기조 연구는 '단속적 균형을 통한 변동'에 일방적으로 초점을 맞추던 것을 넘어섰다고 말해도 좋을 정도가 되었다.[39]

이는 2007-2009년간 세계 재정금융위기로 더 분명해지고 있다. 선진 금융자본주의의 아이디어적·제도적 위기를 겪으면서, 정책기조의 전환에 관심을 갖고 이를 주장하는 학자(Baker, 2015)도 있지만, 현실적으로 진행되는 변화는 위기 전 규제 패러다임에 중요하게 덧붙여지는 변화 정도로 귀결된 것을 볼 수 있다. 그래서 '패러다임의 중대한 점진적 변화'는 이제 있을 수 있는 하나의 가능성(a possibility) 일 뿐만 아니라, 위기 시를 포함하여 가장 현실적으로 많이 나타나는 결과라는 데 거의 합의에 이를 만큼 연구결과들이 증명하고 있다.[40]

카슨 등도 EU의 식량, 석면, 화학물질, 기후변화, 천연가스, 성평등 등 6개 분야의 정책기조 전환을 분석한 결론에서 정책기조 전환이 전형적인 '단속점증과 정'(punctuated incrementalism of the processes)임을 발견할 수 있었다고 주장하였다

---

39) 이상 홀 논문의 재검토 부분부터 Carstensen(2015), 305-306 참조. 아울러 정책기조이론이 신제도론과 얼마나 유사한 논의를 하고 있는가는 다음에서 알 수 있다. "제도변화에 관련된 두 가지 쟁점은 변화의 과정과 변화의 원인에 관련된 것이다. 첫째, 변화가 과연 근본적이며 급격하게 이루어지는가 혹은 점진적이며 완만하게 이루어지는가에 관련된 논쟁이다. 단절된 균형모형에 의하면 변화는 급격하게 이루어질 수밖에 없다. 그런데 최근에 와서는 제도변화가 점진적이고 완만하게 이루어진다는 주장이 보다 현실에 부합하는 것으로 설득력을 얻고 있다(그렇다고 신제도주의에서 불연속적·혁명적 변화의 가능성을 부정하는 것은 아니다. 그렇지만 이러한 변화가 자주 일어날 수는 없기 때문에 대부분의 변화는 연속적이며 점진적이라는 것이다). 이에 따라 최근의 연구가 점진적 제도변화의 과정과 형태를 설명하는 데 초점을 맞추고 있다. 둘째, 제도변화가 완만하고 점진적으로 이루어진다면, 제도변화의 원인을 외부에서 찾을 것이 아니라 내부에서 찾아야 한다는 주장이 힘을 얻고 있다. 다시 말해서 제도변화에 관한 신제도주의의 최근 연구경향은 점진적이고 완만한 제도변화의 내부적 원인(endogenous sources)을 밝혀내는 데 집중되고 있는 것이다." 하연섭(2011), 162(최근 연구 문헌목록 포함).

40) Carstensen(2015), 306-307(참고문헌 Braun, 2015; Cartstensen, 2013; Salines, Glöckler, & Truchlewski, 2012 포함)

(단속균형이 아니라 단속'점증'에 유의 바람).41) 이를 좀 더 구체적으로 묘사한 예가
카슨 등의 다음과 같은 연구 결론이다. 그들은 EU사례분석을 통하여 하나의 정책
기조 A에서 다른 정책기조 B로 변동하는 과정, 따라서 새로운 정책기조의 등장
또는 제도화 과정을 정식화한다. 즉 '정책기조 A(시기 1) → 정책기조 A/b(시기
2) → 정책기조 B/a(시기 3)'의 정식화이다. 그들은 하나의 새로운 정책기조가 등장
해(emerging) 발판을 확보하고(gaining a foothold) 정착되는(consolidating) 과정을 설
명하기 위하여 어떤 정책분야에서 상호작용과 문제해결 활동을 지도하며 구현되
는 특수한 사회인지적 질서(socio-cognitive order)이자 문제해결활동의 개념 모델인
하나의 표준적인 정책기조체계(정책기조레짐, policy paradigm regime)를 제안한다.
그것은 4개의 상호 관련된 범주(category)의 복합체(complex)로 구성된다고 본다.
즉 ① 관련된 쟁점과 문제의 범주인 '문제/쟁점 복합체'(problem/issue complex) ②
정당한 권위의 범주인 '책임/권한 복합체'(responsibility/authority complex) ③ 전문
성의 범주인 '전문가 복합체'(expert complex) ④ 일반적인 문제해결 접근방법의
집합 범주인 '해결책 복합체'(solution complex)를 말한다. 이 4개 과정을 통하여
개발된 일반적·특정적 정책목표의 변화가 바로 홀이 말하는 3차적 변동에 해당
한다고 한다. 그리고 그들은 정책기조를 구성하는 것은 바로 이 '전반적인 꾸러미
묶음'(overall package)이라고 한다. 그중 문제/쟁점 복합체 하나만을 예로 들어보
자.42)

어떤 시기(time period) 1에서 이미 제도화된 정책기조 A 아래 A유형(type A)의
문제와 쟁점은 책임 당국자들에게 쉽게 인지되고 반응을 얻게 되는 반면에, 도전하
는 정책기조논리 B 아래 B유형의 문제와 쟁점은 대부분 정책체제에서 가시화되지
않고 그에 대한 공공의 관심도 없다. 제3자나 외부자가 '문제'라고 주장해도 그것들
은 '문제'가 아니라고 부인되거나 거절된다(paradigm A 시기로 표시). 이제 시기
2에서 A패러다임으로 해결하기 어려운 이변의 발생 상황에서 B패러다임이 경쟁자
로 등장해, B유형의 쟁점들이 이미 확립된(제도화된) 목표와 우선순위의 맥락에서
도 가시화되면서 비록 아직은 주변적·부속적인 문제와 쟁점에 머무르지만, B유형

41) Carson, Burns & Calvo(2009), 377-378.
42) 이하 Carson, Burns & Calvo(2009), 396-402. 그들은 패러다임 B/a 이후, 패러다임 B만으로의 새
로운 교체에 대해서는 언급하지 않은데 그 점에 유의하기 바란다.

의 문제와 쟁점들에 대한 부분적인 관심과 반응을 얻기(개념화)에 이른다. 그러나
여전히 패러다임 A 안에서 약간의 조정(adjustments)하에 해결책이 모색된다(따라
서 이는 'paradigm A/b 시기'라 표시된다). 그 안에서 B유형의 문제들이 성공적으로
해결되더라도 여전히 A패러다임은 유지돼 나간다(여기서 약간의 조정은 홀의 1차
및 2차적 변동에 해당한다). 그런데 문제와 쟁점 및 인과론에 대한 심대한 재개념화
와 따라서 그것에 대처하기 위하여 하나의 근본적으로 다른 접근법, 전략, 정책목표
가 요구되는 시기가 올 수 있다. 그런 시기 3에서 B유형의 문제와 쟁점들이 이미
확립된 목표와 우선순위 측면에서 근본적으로 관련된 것으로 개념화되고, 드디어
B유형의 문제와 쟁점들이 핵심적인 관심사안과 정책우선순위로 정의되면서 마침
내 새로운 정책기조 쪽으로 변화가 일어난다. 그것은 지배 엘리트가 새로운 패러다
임 B를 수용하거나, 엘리트와 패러다임(B)이 동시에 교체돼서 일어나기도 한다(이
제 이는 'paradigm B/a 시기'로 표시되기에 이른다).

지금까지 연구들은 대체적으로 '패러다임의 변동 또한 시간을 두고 천천히
일어날 수 있다'는 사실을 주장하고 있는 것으로 요약할 수 있다. 20세기에 걸쳐
서 사회민주주의자들이 자본주의를 세계화하는 경제적 도전에 대처하여 작동가
능하고 형평성 있는 민주적인 해결책들을 찾는 과정에서 그들의 '강령적 신
념'(programatic beliefs)을 천천히 전환(slow shifts)한 사례에서와 같다는 것이다
(Berman, 2006). 또 그것은 아이디어의 혁명적 변동이 급격한 전환 없이 일어날
뿐만 아니라, 그 변동의 배후에 어떤 분명한 아이디어 없이도 일어날 수 있는
가능성을 열어두는 의미를 지닌다. 그래서 이는 하나의 큰 아이디어가 위기 때
다른 큰 아이디어를 대체하는 것으로 여겨지는 쿤 식의 전체 패러다임 변동의
관념에 도전하는 주장인 셈이다.[43]
선거에서 어떤 정당이 패배하고, 아주 다른 패러다임을 표방한 정당이 승리
해 집권 시 그 새 패러다임이 철저하게(thoroughly) 시행될 수 있다. 그와 대조적으
로 여러 국가들에 힘이 분산돼 있는 국제 수준에서는 그런 한 사고체계(system
of thought)가 통째 다른 것으로 교체될 가능성은 덜하고, 차량 안전기준이나 회계
기준 등과 같이 정책의 전이와 확산이 점진적이며 국가 간 수용에도 차이가 있다
고 본다.[44]

---

43) Schmidt(2011), 41.

한편 패러다임 변동이 많은 점증주의적 결정의 결과일 수도 있는데, 그 경우의 난관은 확립된 패러다임이 그 도전자에 의해 교체됐음을 확정하는 것(확인)이 '언제' 가능한가를 정하는(사정, assessing) 문제이다. 홀은 그의 1993년 연구를 통하여 새 패러다임에 따라 제도적 변화가 집행되는 바를 추적하였다. 그래서 패러다임 변화가 일차적으로 제도적 전환으로부터 추론되고, 그러다 보니 오직 사후적·회고적으로만 확인 가능한 셈이었다. 이것이 일반적인 패러다임 전환의 확인 방법으로 통하고 있다. 그러나 점진적 진화변혁을 주장한 쪽에서도 패러다임적 청사진과 운용적이거나 제도적인 전환은 분석적으로 구별되고 최소한 때때로 경험적으로 구분되는데, 각 경우 문턱을 넘은 전환은 각각의 일정 시점에서 일어날 수 있고, 각 전환점(separate turning points)은 흔히 담론(discourses)에서 확인 가능하다고 본다. 또 순수한 인지적·규범적 변화와 ―조직 등― 제도 변화 사이에 시차(lag time)가 있는 경우 그 경험적 확인이 가능하다고 본다.[45] 대뇨는 아이디어의 내적 일관성과 정책공동체 내 그 아이디어의 지배적 지위 확보(우세적 지위, prevalence)와 같은 조건이 충족되면서 중대한(significant) 변화가 있을 때 기조 전환이 일어났다고 본다. 여기서 아이디어 변화의 '중대함'은 해석의 문제이기는 하지만, 일정한 정책균형(policy equilibrium)으로부터 '실질적인 이탈'(substantial departure)이 그 지표가 될 수 있다고 본다.[46]

어떻든 많은 학자들은 점진적 진화변혁이론을 지지하는 견해를 쏟아내고 있다.[47] 슈미트는 목표, 문제, 절차, 방법, 개념이나 심지어 이상까지 그대로 유지되는데, 패러다임 내 어떤 요소들만 변할 수 있다고 말한다. 수렐도 '새로운 사회적 패러다임이 과거를 깨끗이 청산하기는커녕, 사실상 과거의 인지적이고 규범적인 구조로 구성되지 않으면 안 된다'면서, 새 패러다임은 종전 패러다임의 '재번역'(재해석, re-translations)이고 '새로운 위계적 등급화'(new hierarchical rankings)에 불과하다고 본다.[48] 혹은 프랑스어 '브리콜라주'(bricolage, 변통)나

---

44) Porter(2011), 69.

45) Carson, Burns & Calvo(2009), 401.

46) Daigneault(2015), 52-53.

47) 이하 학자들 외에 Mahoney & Thelen(2010); Marsh(1999); Kern, Kuzemko, & Mitchell(2015), 272 재인용.

'아상블라주'(assemblage, 조립) 과정을 통한 종전 인지적·규범적 구조의 재배열(reconfigurations)이라고도 한다(Douglas, 1986; Seitz, 1961). 또 새 '번역'(해석, 구체화, translations) 안에서 신·구 아이디어의 결합(combinations, Campbell, 2004: 163)이라고도 본다. 또한 유럽연합의 6개 정책영역에 걸친 정책기조변동을 분석한 결과는 대체 패러다임(replacement paradigm)은 그에 앞선 지도원리(guiding principles)와 기저 가정(underlying assumptions)과 공약불가능하기보다는 그 선행 원리와 가정의 '재정돈'(reordering)에 불과할 수 있고, 더 나아가 종전 패러다임의 성취된 목표를 보호하기 위한 수단으로서 제시될 수 있다는 견해를 지지해 주고 있다고도 주장

48) Schmidt(1986, 1988); Surel(2000), 508; Skogstad & Schmidt(2011), 11 재인용. '번역'(translation) 또는 '재번역'이란 용어는 어떤 것을 수용·적용 과정에서 원형(prototype)을 여러 가지로 번역해 낼 수밖에 없는 과정과 내용을 개념적으로 대변하는 용어로서, 언어 번역 이외에 다른 분야로도 확산돼 사용된다. 예컨대 쿤은 공약불가능성이란 개념을 한 이론이 그 본질적인 요소의 상실 없이는 다른 이론으로 '번역'될 수 없다는 것을 의미한다고 한다. Kuhn(2000), 33-57; Carson, Burns & Calvo(2009), 392 주석 4 참조. 이처럼 제도와 정책과 관련해 구미 학계에서 '해석' 외에 '번역'이란 용어가 많이 쓰이는데 그 경우 우리가 '언어 번역'을 의식해서 '해석'으로 옮겨도 되지만, '번역'은 이제 다른 분야에서도 많이 사용됨을 감안해 저자는 구미 문헌 인용 시 그대로 '번역'이라고 옮겼다. 다른 분야의 예로서 근래 생명과학에서 생명현상 중 DNA 복제과정과 관련해 '번역'이 전문용어로 고등학교 교과서에서도 사용된다. 즉 생명현상 중 DNA 복제과정 중 ① DNA의 유전정보가 mRNA로 전달되는 것을 '전사'(轉寫, transcription)라 하고, 다시 ② 그 전사 받은 mRNA의 정보에 따라 단백질이 합성되는 것을 '번역'(translation)이라고 한다. 심규철 외 5인, 고등학교 생명과학 Ⅱ, 비상교육, 2012, 150-154; 한국생물과학협회(편), 생물학사전, 아카데미서적, 2004, 1437. 또 브뤼노 라투르(Bruno Latour, 1947-) 같은 프랑스 과학기술·인문학자는 자연이 객관적·보편적으로 이미 주어져 따로 존재하는 것이라는 식의 인식론을 비판하고, 실험의 대상으로 삼는 과학적 사실도 여러 복잡한 연결망(관계들) 속에서 행위자들의 '번역' 행위를 통해 실험실에서 만들어져 '구성'되는 어떤 질서라고 주장하기도 한다. 아네르스 블록·토르벤 엘고르 옌센, 처음 읽는 브뤼노 라투르-하이브리드 세계의 하이브리드 사상, 황장진(역), 사월의책, 2017.
    제도와 정책과 관련해서 '번역'이란 용어는 정책기조와 정책아이디어의 수용·확산을 설명하는 이론 정립 과정에서 패러다임이나 아이디어가 단순히 전달되는 수동적 과정에 불과한 - 그래서 다른 모든 국가에서도 거의 유사하게 되는- 확산(diffusion)이나 전이(transfer)가 아니라 각 국가의 고유한 역사적 요인과 제도적 맥락에 따라 능동적·선택적으로 취사선택해 해석되고 적용돼 확산된다는 스칸디나비아 제도주의 학자들(Kajer & Pedersen, 2001; Sahlin & Wedlin, 2008)에 의해 주장되었다. 패러다임이나 아이디어가 능동적으로 수용된다는 것은 다른 공동체에 성공적으로 도입·운영되었다고 평가되는 -예컨대 신자유주의 경제정책이나 신공공관리 행정개혁 같은- 모델이나 원형이 다른 공동체 행위자들에게서는 능동적으로 재해석돼 재맥락화되고 재구성된다는 것을 의미한다. 그래서 그동안 세계 및 조직군 사이의 제도가 동일한 형태로 확산돼 간다는 '제도변화의 동질성'(homogeneity)과 '동형화'(isomorphism)를 주장해 유사성만을 강조해 온 사회학적 제도주의에서는 최근 제도변화의 차이점과 다양성에 대한 인식으로 인해 '해석'에 대하여도 수용 대상 제도에 대한 가감·수정의 편집과정(editing process)으로 이해한다. 하연섭 교수는 이를 '선택적 동형화'와 '선택적 해석'의 과정을 밟는다고 표현한다. 이상 하연섭(2011), 233-235, 278을 요약 인용; Carson, Burns & Calvo(2009), 380-381.

한다.49) 이와 같이 많은 학자들은 아이디어의 변화는 중대하면서도 점진적이고 누적적일 수 있다(significant, yet gradual and cumulative)고 주장한다.50)

패러다임 변동을 수십 년 이상의 누적된 개혁의 결과(the result of cumulative reforms, Sabatier, 1993)라고 보는 진화과정 모형은 정책기조의 기본적인 특징과 목표에 있어서 가시적이거나 즉각적인 영향(impacts)을 받지 않은 것 같은 시간의 경과 속에 외부적으로 보기에는 작은 변화(small changes)에도 불구하고, 그것이 정책기조의 기본 철학의 변화로 나타날 정도로 누적되는 것을 대변한다.51)

이런 진화모형은 변동 과정을 설명하기 위하여 많은 역사적 신제도론의 개념들에 의존하고 있다. 즉 현 제도에 새로운 요소의 덧붙임인 '층화'(덧붙이기, layering),52) 제도의 역할이나 제도의 핵심 목표를 바꿔 새로운 목표를 채택하는 '변환'(conversion, Thelen, 2002, 229), 시간적인 순서와 인과적으로 연결된 일련의 사건이 선행 사건의 반응이면서 후속 사건의 원인이 되는 '반응적 연속진행' (reactive sequences),53) 그리고 사회경제적 변동에 잘못 대처한 정책결정자의 실패

---

49) Carson, Burns, and Calvo(2009), 360; Skogstad & Schmidt(2011), 12 재인용.
50) Carson, Burns & Calvo(2009); Coleman, Skogstad & Atkinson(1996); Greener(2001); Kay(2011); Palier(2005); Daigneault(2015), 52 재인용.
51) 이런 이유 때문에 '패러다임' 대신에 '아이디어'라는 대체 용어가 더 낫다고 주장하는 견해도 있다. 즉 패러다임 발전론(theories of paradigm development)은 전체 포괄적인 아이디어 체계(all-encompassing system of ideas)가 어떻게 위기에 대응해서 급격하게 전환되었는가에 초점을 두기보다는, 느슨하게 상호 관련된 합의된 아이디어 집합(an agreed set of loosely interrelated ideas)이 어떻게, 왜, 시간이 흐르면서 서서히 변하게 되었는가에 방향을 맞추는 것이 더 좋다는 것이다. 그 견해에 의하면 패러다임 전환은 위기가 이끌고 나간 혁명적인 변화가 구체화되는 순간이라기보다는, 주요한 아이디어 변동의 한 은유(metaphor)라고 보는 것인 셈이다. Skogstad & Schmidt(2011), 12 인용.
52) '층화'(덧붙임)를 처음 사용한 케이는 호주 건강보험제도에서 '보편주의 대 선별주의'를 종합한 '보편주의 플러스 선택'(universalism plus choice)이라는 '합성 패러다임'(synthetic paradigm)의 등장을 설명하기 위해서였다. 즉 사보험에 공보험을 추가로 덧붙여 긴장 속에 새로운 합성 패러다임이 어느 한 쪽이 지배적이지 않고 공존하는 형식으로, 그래서 반드시 논리적으로 일관되거나 설득력(consistent or cogent)을 갖추지 않은 채 등장하였다고 주장하였다. Kay(2007), 584; Thelen(2004), 35. Palier(2005)도 프랑스 복지국가정책에서 구 패러다임에 새 정책들을 조금씩 덧붙여가기(incremental layering)가 패러다임 변동을 가져왔다고 주장하였다. Skogstad & Schmidt(2011), 12-13 재인용.
53) 유럽연합의 공동농업정책(CAP)이 반응적 연속진행의 결과로 진화했는데, 정치적으로 비현실적일 것 같은 정책대안들에 대한 거리감을 줄여주는 식으로 시간을 두고 한 단계씩 환류시켜가는 점증적 정책조정의 효과가 CAP의 실질적 변동을 가져왔다고 한다. Daugbjerg(2009); Mahoney(2000), 509, 526; Skogstad & Schmidt(2011), 12-13 재인용.

로 인하여 제도(패러다임)는 그대로인데 그 영향은 더 이상 동일하지 않는 결과를 빚는 '정책표류'(policy drift, Hacker, 2004)가 그 예이다.[54]

그런데 진화모형에서 중요한 질문은 새로운 패러다임이 자리를 잡았다(in place)고 말할 수 있는 시점을 어떻게 구분하는가, 즉 새 패러다임의 자리잡기를 위한 조치가 더 이상 종전으로 되돌아가지 못하는 지점이 언제인가이다. 구 패러 다임의 흔적(vestiges)이 교체 패러다임 안에 남아있음에 따라 그 시점은 불분명할 수 있다. 이 딜레마 때문에 일부 학자들은 패러다임 변동은 교체 패러다임이 제도 화될 때에만, 즉 그 규범적·인식적 주장이 새 정책들 안에 새겨지고(inscribed), 조직구조의 개편과 아울러(또는) 전에 반대하던 인사들에 의해 정당성이 인정받을 때라고 주장한다.[55]

3. 연구 동향의 종합

정책혁명이론(이하 '혁명모형')과 점진적 진화변혁이론(이하 '진화모형')은 다음 과 같이 정책기조의 변동과 관련된 여러 측면이나 현상에 대하여 각각 다른 관점 을 지닌다.

① 정책기조의 '변동과 관련된 과정의 성격'에 대한 관점의 차이가 있다.

혁명모형은 위기 등에 급격하게 단기간에 걸쳐 혁명적인 정책기조의 전환이 일어난다고 본다. 그에 비하여 진화모형은 정책기조가 천천히 점증적 조정을 거 치면서 시간 경과와 함께 그것이 누적돼 결국 중대한(significant) 변동으로 이어진 다고 본다.

② 위기 등 정책기조의 '변동을 초래하는 현상(원인)'에 대한 관점의 차이도 있다.

혁명모형은 대체로 일련의 사태 전개인 이변적 결과들, 정책실패, 그리고 위

---

54) 벨랑은 층화, 변환과 정책표류가 합해져서 재분배를 강조하는 가족보호(family protection) 패러 다임에서 민영화를 강조하는 재정(financial) 패러다임으로 미국 사회보장제도의 의미와 지위가 변한 것을 설명하는 데 도움을 준다고 주장하였다. Béland(2007); Skogstad & Schmidt(2011), 12 인용.

55) Carson, Burns & Calvo(2009), 21; Wilson(2000); Skogstad & Schmidt(2011), 13 인용.

기를 직접적인 패러다임 변동의 시발적 촉발요인(initial triggers)으로 본다. 특히 정책기조 변동의 계기로서 위기를 강조하는데, 그 위기 시에는 현존 정책기조가 적절한 결과를 제공해 주지 못하므로 그 신뢰성이 도전을 받고, 그 대신 대안 정책기조가 수용되고 제도화될 여지를 허용하게 된다고 본다. 그래서 결국 위기 는 심대한(profound) 정책변동의 형태로 볼 때 붕괴의 순간이기도 하지만 정치적 행위가 작동할 순간이거나, 최소한 도전 가능성을 높여주는 조건을 창출하는 순 간이라고 본다.56) 그에 비하여 진화모형은 위기, 또는 인구구조의 변동이나 생산 양식의 전환 등의 압박요인(stressor)이 하나의 촉진 사건(precipitating event)에 불과 하고, 진정한 위기는 '집합적 기억'(collective memories)이 만들어지거나 변화되는 '결정적 순간'(critical moments), 즉 역사적으로 나타났던 '결정적 계기'(critical junctures)나 '대전환'(great transformations)이나 '탈내재화'(disembedding)가 일어나는 경우로 본다.57)

③ 정책기조를 초래하는 '정책실패'와 그 실패에 대응하는 '패러다임의 능 력'에 대한 관점의 차이가 있다. 정책실패는 흔히 정책이변(policy anomaly)으로 나타나므로 이러한 관점의 차이는 '정책이변의 역할'에 관한 관점의 차이를 말하 기도 한다.

혁명모형의 홀에 의하면 어떤 패러다임의 신봉자가 그 패러다임의 기본 교의 (basic tenets)와 모순되는 사태, 곧 이변(정책이변, anomalies; 정책실패)을 접하게 되면 그 패러다임의 조건을 확장해 대처하려는 임시방편의 조치(ad hoc attempts)를 취한 다고 한다. 이 실험(experimentation)이 잘 돼 결과가 좋으면 좋지만, 그렇지 않다면 그 이변은 그 흔들리는 패러다임에 집착하는 정책결정자와 전문가의 권위를 훼손 시키고 결국 경쟁하는 패러다임으로 전환돼가는 길을 열어주게 된다고 본다.

여기에서 문제가 되는 것은 두 경쟁하는 존재론(two competing ontologies) 사이 의 '긴장'(tension)이다. 즉 홀의 1차 및 2차적 변동이라는 점증주의적인 사회적

---

56) Wilson(2001), 262; Blyth(2002); Hay(1996); Oliver & Pemberton(2004); Kern, Kuzemko, & Mitchell(2015), 272 재인용.
57) 그러나 여기에 무엇이 위기를 구성하고, 누가 위기를 규정하는가가 그렇게 자명한 것만은 아 니고, -담론제도주의에서는- 담론 형성의 문제가 있다고 인정한다. 이상 Skogstad & Schmidt(2011), 10-11.

학습(incremental social learning)과 그와 다르게 홀의 3차적 변동이라는 구성주의적 (constructivist)인 급격한 전환의 이원화로 인한 긴장이다. 모두 패러다임을 둘러싼 정보 최신화(updates)와 실험의 문제인 것은 동일하지만, 그것이 '패러다임 내'에서 이루어지는가 아니면 '패러다임 사이'에서 이루어지는가의 차이로 '패러다임의 문제해결 능력에 관한 문제', 곧 '패러다임의 능력(the ability of the paradigm) 문제'인 것처럼 보인다.

그렇게 볼 경우 혁명모형에서의 홀은 단지 '정책공동체가 현안 쟁점들에 대한 권위를 확보하기 위한 경쟁을 벌인다'(1993, 280)는 정도로만 말하고 있는데 해석의 권위를 확보하기 위한 경쟁, 곧 정책행위자들이 '어떻게' 권위를 얻어 그 권위를 행사하게 되는가에 대한 선결문제의 의문이 남는다.[58] 그래서 혁명모형에서는 -명시적으로 그런 것이 아니지만 자칫- 정책실패의 이변이 '패러다임 자체의 객관적인 능력의 문제'인 것처럼 비치고, 또 정책행위자가 정책공동체와 일반 대중에게 정책실패를 설득하는 '행위자의 역량'(actor's capacity)의 문제인 것처럼 보이게 한다.

그에 비하여 진화모형에서는 패러다임이 '본질상 근본적으로 정치적' (fundamentally political in nature) 성격을 띤 점에 비춰 볼 때, 패러다임은 잘못된 것으로 증명될 수 없다(paradigms cannot be proved wrong)고 본다. 따라서 정책문제의 발생에서부터 정책실패의 이변으로 규정되는 과정에 관한 좀 더 분석적인 정교한 이해는 먼저 그 과정의 배후에 있는 '해석상의 전투'(interpretive battles)에 관한 더 많은 이해를 요구한다고 본다. 그리하여 '패러다임의 능력 문제'를 더 깊이 들어가 보면 그것은 '권위와 권력을 차지하려는 경쟁'이 밑바탕에 구조화돼 있는 과정으로서, 근본적으로 '행위자'(agency)가 이변(정책실패)으로 틀짓기 하고 대처하는 문제로서, 주관적인 '해석의 문제'(the question of interpretation)이지 (혁명모형이 암시하는 듯한-저자 주) 패러다임 자체의 객관적인 능력이 문제가 아니라는 것이다. 이는 또 정책행위자가 정책공동체와 일반 대중에게 정책실패를 설득하는 '행위자의 역량'(actor's capacity) 문제가 아니라 정책행위자가 언제, 어떻게 패러다임

58) Carstensen(2015), 302-303.

의 권위를 위협하는 사태를 이변이라고 권위적(성공적)으로 규정하는가(frame)라
는 '해석'의 문제라는 것이다.59)

   ④ 정책기조 '변동의 결과(파급효과, 전환의 범위 등)'에 대한 관점의 차이가
있다. 혁명모형은 위기 시 체제 전체가 혁명적 변동을 겪는 '고도의 체제 차원의
패러다임 관점'(a highly systemic view of paradigms)을 보인다. 그에 비해 진화모형
은 혁명모형에서 보는 '체제 차원'의 '공약불가능한 체제 변동'이 지나치게 단순
한 관점이라고 비판한다. 그래서 슈미트는 목표, 문제, 절차, 방법, 개념이나 심지
어 이상까지 그대로 유지되는데, 패러다임 내 어떤 요소들만 변할 수 있다고 비판
한다. 수렐도 '새로운 사회적 패러다임이 과거를 깨끗이 청산하기는커녕, 사실상
과거의 인지적이고 규범적인 구조로 구성되지 않으면 안 된다'면서 새 패러다임
은 종전 패러다임의 '재번역'(재해석, re-translations)이고 '새로운 위계적 등급
화'(new hierarchical rankings)에 불과하다고 본다.60)

   ⑤ 정책기조의 변동에서 '제도'와 '아이디어'에 대한 관점의 차이가 있다.61)

   혁명모형에서의 홀은 정책기조의 안정과 변화를 좌우하는 추동력을 설명하
는 데 있어서 사회적 학습으로서의 '아이디어는 중요하다'는 명제를 잘 제시하였
다. 그런데 홀은 강한 공약불가능성을 주장하므로 정치의 장에서 실질적으로 패
러다임을 둘러싼 전투가 발생하게 돼 있고, 그래서 새로운 패러다임 주창자가
그 패러다임을 제도화할 수 있는 힘(권력)을 차지하기 전까지는 패러다임 전환이
일어나지 않는다고 보는 식이다. 이런 관점에서 보면 힘은 패러다임의 '아이디어
적 힘'이나 담론적 힘보다는 '제도적인 권위를 갖는 직책에 대한 접근성을 확보'
하는 것과 더 관련된다. 이는 곧 새로운 패러다임의 승리는 남들에게 그 패러다임
의 정당성을 설득하는 어떤 아이디어 부분(힘) 때문이라기보다는 행위자들이 휘
두를 수 있는 제도적 힘 때문이라는 것을 의미한다. 그렇게 홀의 논문(1993)이
'제도적인 힘'을 일방적일 정도로 중심적인 분석요소로 삼고 있지만, '아이디어의
힘'에 대하여는 구체적인 설명을 안 한다. 정책행위자들이 어떻게 그런 유리한

---

59) Carstensen(2015), 303-304.
60) Schmidt(1986, 1988); Surel(2000), 508; Skogstad & Schmidt(2011), 11 재인용.
61) 이하는 Carstensen(2015), 307-313 요약임.

직책을 획득할 수 있을까에 대해서는 그렇게 분명하지 않고, 다만 '권위의 경쟁은 국가 자체의 경계에서 더 넓은 정치적 장으로 넘어가는 것이 당연하고, 새 패러다임의 옹호자가 정책결정의 권위를 갖는 직책을 얻어 새 패러다임을 제도화할 수 있도록 조직과 표준운영절차를 개편할 수 있는 때 그 경쟁이 끝난다'고만 말한다.62) 결국 혁명모형에서는 아이디어가 중요하다는 기본 주장을 아이디어가 권력관계와 연결돼 있다는, 그보다 더 구체적인 주장과 뒤섞어버리다 보니 아이디어의 힘(ideational power)이 무슨 의미이고 다른 형태의 힘, 예컨대 강제적, 제도적, 구조적 힘의 형태와 어떻게 관련되는지에 대한 탐구에는 노력을 쏟지 않았다.

　　이에 비하여 진화모형에서는 정책기조의 안정과 변화를 좌우하는 추동력으로서, 강제력으로서의 직접적인 물리력(force)으로부터 좀 더 간접적이지만 결코 덜 중요하다고 할 수 없는 효과를 내는 제도적, 구조적, 아이디어적 힘에 이르기까지 다양한 형태의 힘(power)에 초점을 맞춘다. '아이디어의 힘'은 '아이디어 요소(ideational elements)의 사용을 통하여 다른 사람의 규범적·인지적 신념에 영향을 미치는 (개인이나 집단) 행위자의 역량'이라고 할 수 있다. 이는 다른 사람의 가능성의 범위(range of possibilities)를 정의하는 아이디어 맥락(ideational context)에 직접 설득하거나 강요하든가, 아니면 간접적으로 영향을 미치는 방식으로 일어난다. 따라서 이는 남과의 관계적 개념이다.63) 아이디어의 힘을 위와 같이 개념화할

---

62) Hall(1993), 280-281.

63) 카스텐슨은 정책기조와 관련된 '아이디어 힘'을 3가지 측면으로 구체화한다. ① '아이디어를 통한 힘'(power through ideas)의 발휘, ② '아이디어에 대한 힘'(power over ideas), ③ '아이디어 안에 있는 힘'(power in ideas)으로서 그 자체 등이다.
　　먼저 ① '아이디어를 통한 힘'(power through ideas)의 발휘 측면이다. 이는 아이디어 요소의 사용을 통하여 다른 사람에게 무엇을 생각하고 해야 할 것인가를 수용해 채택하게 설득하는 행위자의 역량 측면을 말한다. 즉 물리력, 위협, 제도적 직책, 물리적 자원 등이 아니라 추론이나 논증과 같은 '설득'이 중심이 되는 아이디어의 힘이다. 이 힘은 슈미트가 말하는, 의사소통적 담론(communicative discourse)이란 엘리트와 대중 간 의사소통뿐만 아니라, 어떤 강령적 아이디어의 적절성에 대하여 확신을 심어주려는 엘리트들간의 -조정적 담론(coordinative discourse)의 사용을 통한- 상호 노력과 모두 관련된다. 따라서 상징과 수사법과 같은 전략적 힘의 사용이 중요하고, 정책행위자들이 동원하는 물질적 자원도 중요하다.
　　② '아이디어에 대한 힘'(power over ideas)의 측면이다. 이는 아이디어의 의미(meaning)를 통제하고 지배하는 행위자의 역량을 말하는데, 다양한 모습을 띤다. 즉 (권위주의 정권에서처럼) 강제력(공권력) 사용이나 구조적·제도적 권력에 대한 도전·무시에 대한 방어 목적으로, 자신들 아이디어의 독보적 지위를 보장하기 위한 아이디어적 힘을 전면에 내세우는 사례에서부터, 그 반대로 무력한 행위자들이 뭉쳐 권력자들을 압박하기 위한 담론적 수단을 성공적으로 사용

때, 정책기조와 관련된 함축적 의미는 네 가지이다. 첫째, 권위의 중요성과 관련해 홀은 정책실패의 이변이 생기면 자동적으로 권위의 상실이 발생하고 공약불가능한 정책기조 사이에 권위의 경쟁이 일어난다고 이분법적으로 구분하였다. 그런데 아이디어 힘 관점은 그것을 아이디어의 싸움에 맞춰 강조한다. 즉 퍼즐이 무엇이고 그것을 풀기 위하여 권력이 어떻게 적용되어야 하는가에 초점을 맞춘다. 둘째, 아이디어 힘 관점은 행위자가 '밖에 서서'(stand outside) 자신이 옹호하는 아이디어에 비판적으로 관여하는 '집합적 행위자 지향'(agency-orientation)을 강조한다. 이는 홀의 패러다임 접근법에서 이론적으로 더 중시되는 '구조' 측면과 구별된다. 셋째, 아이디어의 힘 관점은 '패러다임 내부적으로 점진적이지만 중대한 변동의 가능성'을 제시한다. 이는 단속적 균형 관점만을 인정하는 홀의 접근법과는 다르게(본질적 차이를 배제하고 걸 현상만 해당-저자 주) 행위자들의 연합들 사이에 중개하며 패러다임을 조절할 수 있다거나 예상 밖의 결과에 적응해 가며 조절하는 여지를 인정함으로써, 오랜 기간에 걸쳐서나 위기 후에라도 중대하고 점진적인 변동을 탐색·대처할 수 있게 해 준다.[64]

하는 사회운동의 사례에 이르기까지 다양하다. 그렇지만 정책기조의 경우 가장 중요한 모습은 '경청하지 않는 행위자의 능력'이다. 즉 제도적 직책과 권위 측면에서 강력한 힘을 가진 행위자가 대안적 아이디어를 거부하는 역량이다. 이는 대안적 접근법을 회피하고 자신들 정책아이디어의 정당성을 충분히 방어할 만한 능력을 갖춘 인식공동체(epistemic communities), 담론연합체, 창도연합정책망 등의 폐쇄적 집단에서 드물지 않게 나타난다. 금융규제 분야가 대표적인 예이다. 가장 중요한 규제 관련 아이디어가 민간부문과 함께, 그리고 국제적 전문가집단, 이익집단, 국제기구 등과 합작하여 부화되고, 그들의 거의 독점적인 제도적 지위의 힘의 뒷받침 아래 그들의 아이디어가 고착되는 것이다.

③ 아이디어의 힘이 '아이디어 안에 있는 힘'(power in ideas)으로서 그 자체를 보여주는 측면이다. 이는 다른 아이디어를 희생하고 그 대신 특정 아이디어가 사고를 구조화(structuring thought)하며 누리는 권위를 말한다. 이 아이디어의 힘은 ─지식체계, 담론적 실천, 그리고 제도적 장치 등으로 구성된─ 배경적 아이디어 과정(background ideational processes)을 통하여 발휘된다. 이는 정책결정과정의 배경을 형성하는 슈미트(2008)의 공공철학(public philosophies)이나 캠벨(1998)의 공공정서(public sentiments)의 힘과 관련된 측면이기도 하다. 즉 다른 아이디어 힘의 형태는 아이디어 실행자 사이의 상호작용에 더 직접적으로 초점을 맞추는 반면, 이 아이디어 안에 있는 힘은 행위자가 엘리트들과 일반대중의 인정을 받을 수 있도록 자신의 아이디어가 의존하고 관련짓는 바로 그, '더 깊은 수준의 아이디어적이고 제도적인 구조'와 관련된다. 그래서 어떤 일단의 아이디어가 시간이 경과하면서 확고하게 자리를 잡아 그것이 그 정치체의 공공철학의 일부가 된다면 그 아이디어의 행위자에게 그 아이디어의 권위를 유지하고 방어할 수 있는 능력을 높여주게 되는 식이다. 허쉬먼(2014) 등이 연구한 바대로 정책결정자들이 어떤 문제를 이해하는 틀로 작용한, 제2차 세계대전 이후 국제적으로 확산된 경제적 담론이 그 예이다. Carstensen(2015), 309-311.

⑥ 정책기조의 새 패러다임이 자리를 잡았다(in place)고 말할 수 있는 시점을
어떻게 구분하는가,[65] 특히 '변동 사실의 확인자'에 차이가 있다. 패러다임 발전

64) 아이디어의 힘과 정책기조를 관련시킨 함축적 의미를 더 자세히 보면 다음 네 가지이다. ①
권위의 중요성이다. 홀은 정책실패의 이변이 생기면 자동적으로 권위의 상실이 발생하고, 공
약불가능한 정책기조 사이에 권위의 경쟁이 일어난다고 2분법적으로 구분하였다. 그런데 아이
디어 힘을 주장하는 관점은 후자 쪽 아이디어의 싸움에 맞춰 강조한다. 정책행위자들의 연합
이 권력 싸움도 하고 퍼즐풀이(아이디어 싸움)도 다 할 수 있으나, 성공적인 연합은 퍼즐이 무
엇이고 그것을 풀기 위하여 권력이 어떻게 적용되어야 하는가를 '권위적으로 지시'하는 데서
나온다. 결국 아이디어의 힘에 초점을 맞추는 것은 행위자들의 패러다임 인지와 문제해결능력
의 문제를 제기하고, 경험 및 정보 최신화의 효과보다는 권력관계의 문제와 더 관련이 있다고
하겠다. ② 아이디어 힘 관점의 '집합적 행위자 지향'(agency-orientation)은 홀의 패러다임 접근
법에서 이론적으로 더 중시되는 '구조' 측면과 구별된다. 여기서 행위자 지향이란, 행위자가
'밖에 서서'(stand outside) 자신이 옹호하는 아이디어에 비판적으로 관여하는 의미이다. 아이디
어의 힘은 주관적 수준과 상호주관적 수준으로 구분할 수 있는데, 여기서는 상호주관적 수준
의 아이디어의 힘을 상정하는 것이다. 그래서 아이디어는 행위자의 마음속에 내면화되거나 잘
체계화돼 담겨있는 것이 아니라, 행위자들 사이에 존재하는 일종의 -도구함(toolkit)과 같은-
자원으로서 사용 시 따로 행위자의 창의성과 비판능력이 요구되는 것에 속한 어떤 것이라고
본다. 행위자들은 그들을 제약하는 아이디어적 구조를 넘어서서 생각할 수 있는 '배경적 아이
디어의 능력'(background ideational abilities)을 가질 뿐만 아니라, 제도를 변경하기 위한 집단행
동을 할 때 의사소통하고 숙고할 수 있게 해 주는 '사전적 담론 능력'(foreground discursive
abilities)을 갖는다. 이 관점에 볼 때, 아이디어가 당연시 될 때 참 강력하게 되는데 여기서 당
연시 된다는 것은 아이디어가 내면화된다는 것이 아니라 상호주관적 합의가 일어났다는 의미
이고, 그 합의도 경쟁하는 연합의 도전을 받으면서 안정적으로 유지되기 위하여 계속 아이디
어의 힘을 휘두르는 의미의 합의다. ③ 아이디어의 힘 관점은 '패러다임 내부적으로 점진적
이지만 중대한 변동의 가능성'을 제시한다. 이는 단속적 균형 식만을 인정하는 홀의 접근법과
는 다르게 행위자들의 연합들 사이에 중개하며 패러다임을 조절할 수 있다거나, 예상 밖의 결
과에 적응해 가며 조절하는 여지를 인정함으로써 오랜 기간에 걸쳐서나 위기 후에라도 중대하
고 점진적인 변동을 탐색·대처할 수 있게 해 준다. 이는 또 경쟁하는 아이디어와 담론을 인정
하면서 패러다임의 현상유지를 방어해 나가는 사례를 설명할 수 있게 해 주는 의미에서도 중
요하다. 마지막으로 ④ 아이디어 힘의 관점이 그렇다고 구조적이거나 제도적인 힘과 같은 다
른 형태의 힘의 관련성을 고려해야 하는 가능성을 완전히 배제하는 것은 아니다. 오히려 그
반대로 정책이변의 발생과 경쟁하는 창도연합의 압력에도 불구하고, 왜 패러다임이 변하고 유
지되는가를 이해하는 데 그런 힘의 형태를 명백히 포함하고 있는 접근법이다. Carstensen(2015),
311-313 요약.
65) 정책기조의 변동과 관련된 의문의 하나는 언제 어떤 상태에 이르렀을 경우 '정책기조의 전환
이 일어났다'(the shift of policy paradigm has taken place.)고 말할 수 있는가이다. 그것은 물론
그 바뀐 새 정책기조에 의한 정책결과(policy outcomes)나 정책영향(policy impacts)의 평가 단계
에서나 말할 수 있지만 그것도 직접 측정할 방법이 거의 없다. 따라서 정책결정자가 정책기조
의 전환을 발표하는 순간이나 구체적인 정책목표를 구체화하고 정책수단들을 갖춘 시기, 예컨
대 예산을 확보하고 인력을 배치한 일련의 조직을 정비한 순간도 아님은 분명하다. 그렇다고
정책집행 후 평가 단계에서만 정책변동을 말할 수 있다면 너무 늦고, 항상 사후적이기만 하므
로 의미가 크게 떨어지고 만다. 이에 어떤 기간에서도 그 출발기간과 측정 시점의 두 기간(two
time periods)에 해당하는 만큼의 정책변동을 실증적으로 측정할 수 있는 구체적인 기준에 관심
을 갖는데, 어떤 이들은 정책기조의 변동과 관련해서는 다음 서로 관련된 네 가지 수준의 기준
(four inter-related levels)을 예시하기도 한다. 예컨대 정책기조를 구성하는 네 수준, 곧 ① 정책

이 단속적 균형모형이건 점증적 진화모형이건, 그것은 정치적 행위자들의 일인만큼 그들이 변동 사실을 확인하는 것은 상황에 따라 다를 수밖에 없다. 그렇지만 간헐적 단절모형은 ―홀(1993)이 권위의 소재(locus of authority)가 바뀐다고 주장한 것처럼― 대체로 '정책하위체제 밖에 있는 요인으로서의(exogenous) 행위자들'에 초점을 맞춘다. 그에 비하여 진화모형은 '정책하위체제 안에 있는 요인으로서의 (endogenous) 정치적 행위자들과 그들의 협상, 속임수 전략, 그리고 기회주의적 행태로부터 짜여져나오는 해석적 틀에 대한 영향'에 초점을 맞추는 경향이 있다.[66]

결론적으로 카스텐슨은 다음과 같이 스콕스태드·슈미트 등 정책기조이론가들의 그동안 선행 연구의 결과를 종합한다.

> 21세기로의 전환기에 금융위기와 대침체로 성장 침체와 긴축 사태를 거치면서 경제지배구조(economic governance)의 패러다임 전환이 현실로 이루어질 것으로 생각되었다. 그런데 몇 년이 흐르면서 위기 전 신자유주의 아이디어는 여전히 강력하게 버티고 있고, 앞으로 패러다임 전환의 주장은 점점 더 말도 안 되는 일이 돼가고 있다. 그러나 이는 완전히 과녁을 빗나간 견해라는 정반대 관점의 주장도 있다. 곧 위기 전에는 거의 또는 전적으로 받아들여질 것 같지 않던 경쟁 패러다임으로부터의 정책아이디어들이 도입되는 등 위기 전 표준적인 평상정책활동에서는 상상할 수 없었던 정책들이 시행되고 있다고도 한다. 그렇지만 우리는 비판적 관점 측이 바라는 대개변(大改變, major overhaul)보다는 '중대한 점진적 아이디어의 변화'를 목격하고 있다. 이 사태 전개 앞에 일반적인 안정이나 단속균형 식의 드라마 어느 한 쪽만을 허용하는 정책기조의 접근방법은 어려움을 겪고 있다. 정책과정에서 정책기조의 역할에 관한 씨앗 같은 논문(1993)으로 심대한 성공과 중요성에도 불구하고, 그런 홀의 접근법은 이 비판에 특히 취약하다. 그는 정치행위자들이 자신이 붙들고 있는 패러다임을 비판적으로 정밀 검토할 수 없다고 이해했고, 그래서 행위자의 변혁적 잠재력(transformative potential of agency)을 과소평가했으며, 정책기조의 권위를 훼손하는 외부충격과 이변 발생과 관련해서 중대한 아이디어 변동을 설명함으로써 패러다임 전환이나 평상적 정책활동의 계속 중 어느 하나만을 허용했다.

기조라는 아이디어 ② 정책목표 ③ 정책수단 ④ 정책당국 등으로 나눈다. 그래서 각각의 수준에서 기존 관행(existing practices)에서 출발해 중대한 변경(significant alterations)이 확인되는 방식으로 두 기간 사이의 변경을 측정하는 방식이다. 문제가 발생하지만, 한 두 수준에서 작고 임시변통적인 조정만 있으면 그것은 정책기조의 전환이 아니라는 식이다. Kern, Kuzemko, & Mitchell(2015), 271-272.

66) Skogstad & Schmidt(2011), 14.

그렇다면 직관적이고(intuitive) 간단하며(simple) 강력해서(powerful) 정책 문헌을 넘어서서 널리 인정을 받고 옹호할 가치가 있는 지위를 얻은 '정책기조 개념'에 대하여 신축성과 유연성(flexibility and malleability)을 더 강조할 뿐만 아니라 전략적이고 창조적인 행위자(strategic and creative agency)를 인정하는 방향으로 다듬어 사용할 필요가 있다. 그래서 첫째, 홀이 도입한 패러다임 접근법에서 쿤의 영감(the Kuhnian inspiration)을 벗겨내고 구성주의 기반(constructivist base)을 약화시켜서 좀 더 역동적이고 행위자 중심적인 접근법으로 나아가야 할 방향을 제시하였다. 둘째, 정책기조의 작동에서 여러 가지 종류의 권력관계의 역할을 강조하는 방향을 제시하였다. 물론 홀도 미디어토론, 정치적 담론에 영향을 미치기 위한 조직화된 이익집단 등의 중요성을 언급한 것과 같은 '아이디어를 통한, 아이디어에 대한, 아이디어 안에 있는 힘'의 요소가 들어있지만, 그 통찰력이 발전되지 못하였고 구체화되지 못하고 말았다. 결국 선거 승리로부터 나오는 제도적 힘은 분석적으로 너무 단일의 위치밖에 차지하지 못한 것이 된다. 그래서 아이디어의 힘이라는 좀 더 진전된 개념을 도입함으로써 여러 다른 형태의 힘이 정책기조의 안정과 변동에 어떻게 작용하는가에 관한 더 확고한 이해를 확보할 수 있을 것이라는 희망을 가지게 된다.[67]

결국 어떤 정치적 행위자가 중요하고, 왜 정책기조가 변하는가에 관한 이론화는 정책결정의 인지적·규범적 틀을 구성하는 정책아이디어의 자물쇠를 풀어(unlocking) 다른 틀의 문을 열어주는 열쇠를 제공하는 데 있어서 ① 퍼즐풀이(puzzling), ② 설득(persuasion), 그리고 ③ 권력행위(powering) 중 어떤 역동적 측면에 더 상대적 중요성을 부여하는 것과 밀접한 연관이 있다(Blyth, 2007; Mandelkern & Shalev, 2010). ① 퍼즐풀이 설명 측은 불확실성 상황에서 지침을 제공해 주는 대안 패러다임의 중요성을 강조한다. 그들은 흔히 대안적 정책기조를 형성해 정당화하는 데 있어서 지식엘리트(knowledge elites)의 역할, 그래서 예컨대 정책의 문제와 해결책에 관한 다른 길을 채택하려는 권력자나 권력추구자들이 전문가들을 모아 학습하는 점을 강조한다. 특히 인지적·인식적 신념이 도전을 받고(받거나) 불안정해질 때 특히 그런 지식엘리트의 영향이 큰 것 같다. ② 설득 설명 측은 현 패러다임을 흔들어버리고(흔들거나) 주목받는 대안적 패러다임을 제기하는 방

67) 이상 카스텐슨의 종합 의견은 Carstensen(2015), 313-314.

식으로, 담론·논증·틀짓기 전략 등을 사용하는 정치적 행위자들의 능력 및 엘리트 간 설득, 그리고 언론의 역할 등을 강조한다. ③ 권력행위 설명 측은 ―설득과 퍼즐풀이, 그리고 궁극적으로는 패러다임 발전에 미치는― 정치적 행위자들이 지니는 정치적 자원의 제약 효과에 초점을 맞춘다. 전문성 외에도 사회적·정치적 자본과 자원은 설득 노력의 성공에 중요하다. 정책결정자가 그들의 패러다임으로는 당면한 문제를 해결할 수 없음을 알고 새로운 패러다임을 채택하고자 할지라도 제도에 내재된 거부 세력(institutionally embedded veto players)의 방해로 새로운 패러다임을 채택하지 못할 수 있다. 그런 경우 패러다임 변동은 새로운 아이디어를 가진 새 행위자가 권위적 정책결정의 지위로 들어오는 정치권력의 교체와 같은 제도적 지위의 교체 전환 여부에 달려있게 된다. 이는 새 패러다임이 제도화되기 전에 권위의 교체는 다시 종전 패러다임으로 회귀할 수도 있음을 의미하기도 한다.[68]

제3절　정책기조의 변동이론에 관한 종합

　　정책기조의 변동이론을 종합하는 데 있어서 먼저 그동안의 논의에 대한 관점을 재검토해 볼 필요가 있다.

1. 정책기조의 변동이론에 대한 관점의 재검토: 정책혁명론, 점진적 진화변혁론, 절충론으로 전형화·단순화하기

　　정책기조의 변동을 연구하는 학자들은 맨 처음 홀이 주장한 '강한 공약불가능성의 강한 패러다임에 기초한 정책혁명이론'을 옹호하거나 아니면 이를 비판하고 그 대신 '약한 공약불가능성의 약한 패러다임에 기초한 점진적 진화변혁이론'을 주장함으로써 결과적으로 마치 두 입장 사이의 대결을 연상하게 만들었다.

---

68) 이상 Skogstad & Schmidt(2011), 14-16 요약.

그런데 카스텐슨의 다음 설명을 보자.

> 이변(정책실패)을 해석하는 데 있어서 중요하게 고려할 요소가 신뢰할 만한 '대
> 안 패러다임의 존재'(가용성, availability)이다. 그런 것이 없으면 정책행위자들은
> 현존 패러다임이라는 '인식적 여과기제'(cognitive filters)를 이용하기 마련이다. 위
> 기로 초래된 불확실성하에서 의지할 표준적 해결책, 현실적 대안이 없으면 행위자
> 들은 목적의식을 가지고 그 환경에 대처할 창의성(creativity)이 필요한데,[69] 그때도
> 자신의 경험을 바탕으로 새로운 해결책을 만든다. 거기에 홀의 접근법과는 대조적
> 으로 정책실패는 현존 행동전략을 여전히 신뢰하는 패러다임 확장(paradigm
> stretching)으로 나아감과 동시에 그 패러다임을 중대한 형태로(in a significant
> fashion) 바꾸는 상황으로 나아가게 된다. 이것이 패러다임 확장과 혁신적 변통
> (innovative bricolage)이 동시에 발생하는 상황이다. 이렇게 본다면 패러다임 변동
> 과정을 패러다임의 '살아 돌아옴'(생환, survival and return)과 '완전히 뜯어고침'(대
> 개변, complete overhaul)의 이분법으로 구태여 구별할 필요가 없어진다. 그리하여
> 위기의 형성과 반응에 따라서는 충분히 '패러다임 내부에서 점진적 변동'(a gradual
> change inside the paradigm)을 예상할 수 있게 된다. 그 과정은 본질상 근본적으로
> 정치적 성격을 띠면서 정책행위자들이 전략적 유리함을 추구하고 필요에 따라 현실
> 을 왜곡 해석하며 '문지기'(gatekeeper)를 고용해서 정치적 선호에 맞춰 긍정적 혹은
> 부정적으로 증거를 각색하고 현존 해결책을 고치고 인지적 틀을 보완하기도 하게
> 되는 과정이다.[70]

이상과 같이 정책기조의 변동과정에 대하여 현실의 사례를 검증한 많은 연구
결과를 접한 학자들은 이제 정책기조의 변동과정을 단순히 이분법적으로 바라보
지 않기 시작하였다. 앞에서 본 진화모형을 주장하는 많은 학자들도 홀 식의 정책
혁명론이라는 단일 관점에 대하여 비판하고, 그들의 대안적 관점(진화변혁)이 오
히려 더 전형적인 변동 양상임을 강조하는 데 그 목적이 있었다. 그들도 기본적으
로 진화변혁의 점진적인 과정 속에서 간헐적으로 정책혁명의 발생할 수 있는 가
능성까지 통째로 부정하고자 한 것은 아니라고 이해할 수 있는 것이다. 예컨대
"전체는 아니더라도 대부분의 패러다임 전환이 점증적 과정으로 진행된다. 그렇

---

69) M. Blyth, "Ideas, Uncertainty, and Evolution," D. Béland and R. Cox(eds.), Ideas and Politics in
   Social Science Research, Oxford Univ. Press, 2010, 97.
70) Carstensen(2015), 304.

지만 가장 분명한 전환들은 전형적으로 그 전환을 뚜렷하게 해 주기도 하는 위기에 의해 촉매된다. 종합해서 보면 하나의 패러다임적 전환은 거의 전적으로(almost entirely) 작은 것(minor) 같아서 거의 주목을 받지 않는 사태 전개가 누적된 산물이다. 석면 금지의 예와 같이 새로운 지식의 축적이 점진적이고, 강력한 이해관계 행위자들의 연합이 상대적으로 안정적일 때에는, 그런 점증주의가 현실이 될 가능성이 크다"[71])도 그런 주장의 하나이다. 다음은 이어지는 그런 주장이다.

> 저명한 사회학자 울리히 벡(1995년)은 "점증적 변동은 의미 없고, 잘 해봐도 별 가치가 없이 현상유지만 강화시켜 준다"(incremental changes are meaningless, or at best of little value, simply reinforcing the status quo)라고 점진적 진화변혁이론을 비판하였다. 이에 대하여 카슨은 그동안 '자유거래'의 시행 중 마침내 2005년부터 거의 '전면 금지'라는 석면 제품의 유럽연합 내 패러다임 전환 사례가 '진화적이고 단속적인 불균형'(the evolutionary, punctuated disequilibrium) 과정이었음을 들어 반박한다.[72])

여기서 '진화적이고 단속적인 불균형'은 기본적으로 '진화적인 불균형 과정'인데 '불균형 과정'인 것은 급격한 정책혁명으로 깨트려지는 과정이란 의미이다. 결과적으로 정책혁명론 -말하자면 겉모양 현상인 '단속균형'- 과 대비되고, 또 급격한 변동이 없이 단순한 개량주의적 진화모형과도 다르다는 것을 알 수 있다.

사실 현실의 정책기조 변동은 이분법적이기보다는 상당히 복합적이다. 그런데도 얼핏 이분법적 대립으로 보이는 것은 다시 반복하지만, 학설의 출발점인 홀의 주장과 이를 비판하는 측 사이의 논의 구조 때문이었다. 그래서 이제는 '진화적이고 단속적인 불균형'과 같이 학자들의 논문 속에 -유념하지 않으면 자칫 오해하고 넘어갈 수도 있는- 서로 뒤섞인 표현이 자주 등장한다. 결국 정책혁명론과 점진적 진화변혁이론을 부분적으로 포함한 '절충론'을 인정하는 상황으로 변하고 있다. 다른 예를 보자.

---

71) Marcus Carson, "From Freely Traded to Product-non-grata: Banning Asbestos in the European Union," Carson, Burns & Calvo(eds., 2009), 201.

72) Ulrich Beck, Ecological Politics in an Age of Risk, Cambridge: Polity Press, 1995; Carson(2009), 210, 224 재인용.

사회학적 신제도주의 계열의 일부 학자들은 심대한 변동의 진화적인 측면
(evolutionary aspects of profound change)을 강조하는 반면에, 다른 학자들은 좀
더 불연속적인 사건으로서의 심대한 변동(profound change as a discontinuous
event)을 염두에 두고 정책진화를 중단시키는 데 있어서(in punctuating policy
evolution) 위기의 역할을 강조해 왔다.[73]

이는 일부 사회학적 신제도주의자들(Mahoney & Thelen, 2010; Marsh, 1999)이
전체적인 정책변동의 과정에 대하여 변혁이 일어나더라도 점진적인 진화를 거쳐
그런 변혁이 일어나는 과정으로 본다. '심대한 변동의 진화적인 측면'은 점진적
진화변혁이론이다.

그와 비교해 다른 학자들(Blyth, 2002; Hay, 2001; Widmaier et a.l, 2007)은 그런
정책진화를 중단시키고 혁명모형에 가까운 심대한 변혁이 일어날 때가 있을 수
있고, 그 경우 위기 현상이 그 중요한 역할을 담당한다고 본다. '불연속적인 사건
으로서의 심대한 변동'과 '정책진화의 중단'의 주장은 이분법을 깨뜨리고 그 둘이
함께 복합돼 존재한다는 절충론을 말하고 있는 셈이다. 요컨대 시간 경과로 인한
패러다임의 발전은 하나의 아이디어 내 모든 요소의 급격한 전환이라기보다는
점증적 변화를 포함할 수 있는데, 그 과정에 '대변혁'(great transformation)의 순간이
존재할 수 있다고 본다. 미국과 스웨덴에서 자유주의가 1930년대에 내재화
(embedding)되었다가 1970년대부터 탈내재화(dis-embedding)된 사례에서와 같이
(Blyth, 2002) 아이디어가 오래된 정치경제적인 국가정책들을 개조하는 '무
기'(weapons)로 사용될 수 있는 불확실성의 시기가 분명히 존재한다는 것이다.[74]

한편 하나의 정책 분야에서도 상위와 하위의 수준(계층)에 따른 정책변동의
양상이 다를 수 있음도 지적되었다. 즉 상위의 정책기조는 변화가 없는데 그 하위
의 정책기조들 수준에서는 중대한 변화가 있을 수 있다는 것이다. 다음 지적과
같이 이런 '변화 속에서의 연속성'(continuity through change)의 현상은 특별히 '동일

---

73) Kern, Kuzemko, & Mitchell(2015), 272. 사회학적 신제도주의이론은 원래 '세계관' '규범' '인식'
   등 아이디어를 주된 개념요소들로 여기는 이론이다. 그런데 최근 들어 신제도주의의 모든 분
   파는 단절된 균형모형의 한계를 뛰어넘어 완만하고 점진적인 제도변화를 설명하는 동시에, 제
   도변화의 내부적 원인을 규명하는 데 초점을 맞추고 있다. 하연섭(2011), 161.

74) Schmidt(2011), 41.

분야 내 수준별 정책기조의 변동이론'이라고도 할 수 있겠다.

　　독일에서는 제2차 세계대전 이후 독일이 채택한 '사회적 시장경제'(social market economy)라는 패러다임의 본질과 목적에 대하여 거의 의문을 제기하지 않았다. 1970년대 중반 이후 통화주의적으로 노사 간 방향 조정, 1990년대 중반 이후 기업규제완화와 노동시장 유연화, 그리고 2000년대 초반 이후 연금 개혁의 논쟁 중에도 정치적 행위자들 거의 누구도 정치경제학 측면에서 국가에 의해 조정되고 비시장적(공공) 부문에서 관리된 접근방법(coordinated, non-market, managed approach)이라는 사회적 시장경제에 의문을 제기하지 않았다. 모든 담론은 그 기저에 있는 철학적 접근방법을 훼손하지 않도록 새로운 정책들과 프로그램을 어떻게 개발할 것인가에 관한 내용이었다. 정책결정자들이 그 사회적 시장경제를 훼손하지 않은 데 성공했는가 여부는 또 다른 매우 논쟁 여지가 있는 쟁점이다(Streeck, 2009). 이렇게 오랜 기간에 걸쳐 지속된 패러다임은 연속성에 관한 문제를 제기한다. 즉 그것은 시간의 경과에도 핵심 아이디어의 변경이 거의 없는 현상, 곧 역사적 제도론의 '경로의존성' 관념의 측면에서 묘사되어야 하는가, 아니면 광범위한 변동과 점증적 발전(extensive change and incremental development)을 포함하여 연속성에 대하여 좀 덜 결정론적이고 좀 더 역동적인 사고방식을 찾을 수 있을 것인가의 문제이다.[75]

　　이상의 논의를 통해 얻는 통찰력은 정책기조 변동의 양상이 반드시 혁명 아니면 진화(진화변혁)의 이분법이 아니라, 서서히 진화해 가는 것에서부터 극단적인 혁명에 이르기까지에 걸쳐 다양한 형태로 나타날 수 있다는 점이다. 또 어떤 특정 시기냐에 따라 어떤 정책기조가 존재하거나 변화했는가에 관한 평가(인식)가

---

75) Schmidt의 추가 설명이다. 그런 '변화 속에서의 연속성'(continuity through change)에 대해서는 메리앙(Merrien, 1997)이 복지국가의 정초(토대) 원리들(foundational principles)이 그 후 궤적들에 미친 영향을 탐색하기 위해 사용한 '과거의 자국'(흔적, imprints of the past, l'empreinte des origines) 개념 측면에서 좀 더 좋은 사고방식을 찾을 수 있을 것이다. 그는 그런 원리들이 미래의 사태 전개에 틀을 지을 수 있는 자국을 남기지만, 그렇다고 -사회제도들이 시간의 경과와 함께 새로운 관행을 통하여 개혁될 뿐만 아니라, 새로운 아이디어를 주입받기 때문에- 결코 사태의 경로를 결정하는 것은 아니라는 사실을 보여주었다. 또 로스슈타인(2005)이 스웨덴의 -1930년대 5명이 죽는 폭력적 파업 후 사회적 파트너들의 협력과 그 후 단체협상제도의 합의와 같은 중대한 전환점 시기에 확립되었으나 제도적 성과의 변화에 따라 같이 변화해 준- 장기간의 평화적이고 협력적인 노사관계체제를 설명하기 위하여 사용한 '집합적 기억'(집단 기억, collective memories)의 개념도 유용하다. 그는 이 집합적 기억이 제도가 대폭 변했음에도 불구하고, 오늘날 단체협상제도에 관한 아이디어를 계속 뒷받침해 주고 있다고 주장한다. Schmidt(2011), 44-45.

달라질 수 있다는 점이다. 그리고 정책기조의 수준에 따라서는 상위 정책기조의 변동은 없고 그 하위 정책기조들의 변화는 있을 수 있다는 수준별 정책기조의 변동이론이 가능하다는 점이다. 결국 지금까지 학자들은 정책기조의 변동과정을 전체적으로 조망하고자 하면서도 이론적 논의의 편의상 몇몇(이원화나 그 복합형의 삼원화와 같이) 특징적이거나 전형적인 양상을 붙잡아, 그것 위주로 제시하고 강조해 왔음을 알 수 있다. 다음을 보자.

> 정책기조의 변동(paradigmatic policy change)은 정책결정자가 완전히 생각을 고쳐(a complete rethink) 정책방향(policy direction)을 완전히 전환(a complete shift)하는 일종의 '빅뱅'(big bang)을 암시한다. 따라서 이는 흔히 새로운 방향(a new direction)이기는 한데 점진적이고 누적적인 전환이나 -린드블롬이 가능성으로 제시한- 기존과 동일한 방향 안에서 크고 새롭게 추진하는 주요 변동(major change in terms of a massive new commitment to the same direction)과는 다른 것을 의미한다.[76] 그러나 최근의 연구들은 빅뱅이나 빅 이벤트가 없이도 기조 변동을 의미 있게 말할 수 있을 것인가에 대하여 논의하고 있다.[77] 그래서 변혁적 결과를 수반한 '점진적 변동'(gradual change with transformative results, Streeck & Thelen, 2005, 9), '단속적 진화'(punctuated evolution, Hay, 2002, 163), '위기를 동반하지 않는 점진적이지만 심대한 3차변동'(gradual but profound third order change unaccompanied by crisis, Palier, 2005, 129), '기조 변동을 향한 단계적 변천'(phased transition towards paradigm change, Studlar & Cairney, 2014) 등과 같이 어떤 한 이벤트나 짧은 시대와 연계시켜서 변동을 말하기 어려운, 그런 오랜 기간에 걸쳐 제도(혹은 조직), 신념, 그리고 정책에 있어서 심대한 전환(a profound shift)을 확인할 수 있는 많은 경우들이 있다. 이들은 모두 패러다임 변동이 반드시 제도나 정책에 있어서 심대하고 급속한 변화의 폭발(burst)을 포함한다는 생각에 대하여 도전하고 있는 셈이다.[78]

---

76) Charles Lindblom, "Contexts for Change and Strategy," Public Administration Review, 24(3), 1964, 157.

77) Béland & Cox(2010); Blyth(2002), 7; Goetz & Howlett(2012); Hay & Wincott(1998); Schmidt (2010).

78) Cairney and Weible(2015), 90-91. 이들은 그에 대한 다음과 같은 문제점도 지적한다. "문제는 그런 연구들이 얼마나 오랜 기간을 오래(long)라고 하고, 얼마나 빠른 것을 빠르다(quick)고 하는가에 대하여 분명하게 하지 않는 데 있다. 이 문제는 홀 이외에도 진화이론(evolutionary theory)이란 이름으로 묶여지는 단속균형이론과 다중흐름분석(multiple streams analysis)에도 동일하게 적용된다. 예컨대 정책중단(policy punctuations)의 의미, 범주화 및 그 측정에도 유사한

따라서 이제 초창기를 지나서 많은 연구결과를 축적한 현 단계에서는 종전의 관행적 인식과 이해를 타파하고, 좀 더 현실의 복잡하고 다양한 변동 양상을 반영할 수 있는 설명방식을 도입할 필요가 있다. 그것은 선형적(linear)·연속적(continuous)인 존재론적 전제와 인식론적 유연성의 관점을 여기 정책기조의 변동 양상에도 채택·적용하는 것이다. 이를 토대로 정책기조 변동의 '시간적 차원'과 '변화 정도의 차원'을 조합시켜, 입체적·전체적으로 그 다양한 양상을 살펴보는 방식을 다음 항에서 도입해 보기로 하겠다. 이와 유사한 접근방법을 바움가트너는 다음과 같이 '종류보다는 정도의 역동성 문제'라고 지적하였다.

홀은 정책을 지원하는 패러다임이 언제 교체되는가의 근본적인 중요성을 분명히 지적해 주었다. 그러나 아직 현상유지를 강력하게 지탱해 주는 것은 무엇인가, 혹은 현상유지가 바뀌는 조건에 관하여 초점을 맞추는 사람은 거의 없었다. 새로운 아이디어가 어떻게 일어나는가에 관하여는 초점을 맞추면서도, 방정식의 다른 한쪽인 현상유지의 방어자들을 약화시키는 힘은 무엇인가에 대하여는 그렇지 못하였던 것이다. 홀이 변동수준에서 제시한 대로 약화의 힘이 작거나 중간 정도이거나 근본적일 수 있다. 그러나 또 그것들은 '종류라기보다는 정도의 문제'(not matters of kind, but of degree)일지도 모른다. 정책변동의 더 단순한 단일 모델은 압도적인 대다수의 경우 현상유지의 강력한 힘이 작용하고, 간헐적인 급변(upending)이라는 특징적 유형을 설명할 수 있도록 도와줄 수도 있다. 물론 단일 과정으로 생각할 수 있지만, 거기에서도 각 경우마다 아이디어와 정책변동의 복잡한 상호작용에 대한 각각의 별개 역동성으로 이해하는 것이 중요한 핵심일 수 있을 것이다.[79]

문제가 도사리고 있다. 또 진화적 변동을 어떻게 개념화할 것인가(점진적인 것인가 중단된 것인가)에 관하여 많은 이견이 있는데, 다만 '진화적' 정책변동에 얼마나 오랜 기간이 걸리는가에 대해서는 -Kingdon(1984, 122-136)의 잠시(a while)에서부터 몇 년(a few years) 혹은 수십 년(decades) 등과 같이- 수많은 가능성 때문에 주요 연구자들이 신축적인 의견을 보이는 데에서는 놀랍게 일치하고 있다. 어떻든 '주요 정책변동'(major policy change)의 규명과 측정은 여전히 문제로 남아 있다. 그리고 역시 은유의 하나인 '정책방향'이란 의미도 -정책유턴(policy U-turn)과 같이 분명한 경우가 아닌 한- 규명하고 조작화하기 어려운 것은 마찬가지이다."

79) Baumgartner(2013), 25-256. 신제도론자인 캠벨도 "제도변화를 진화적 변화 대 혁명적 변화의 이분법으로 설명하기보다는 연속선(continuum)상에 나타나는 정도의 문제로 파악하는 것이 보다 정확할 것이다"라고 한다. John L. Campbell, "Where Do We Stand? Common Mechanisms in Organizations and Social Movements Research," Gerald Davis, Doug McAdam, W. Richard Scott, and Mayer N. Zald(eds.), Social Movements and Organization Theory, NY: Cambridge Univ. Press, 2005, 60-61; 하연섭(2011), 165 재인용.

2. 변화의 시간적 진행과 변화 정도의 조합 좌표

정책기조의 변동 양상은 ① 시간 차원과 ② 변화 정도 차원의 두 차원을 조합해 논의해야 올바로, 그리하여 입체적으로 파악할 수 있다. 먼저 시간 차원이 란 얼마만큼의 시간의 경과에 따라 변화가 발생하는가의 문제이다. 그런데 현실 에서 나타나는 실제 시간 차원의 변동의 양상은 어느 것도 가능한 만큼 다양하다 는 것이다. 짧은 시간 내에 변화가 일어날 수도 있고, 아니면 오랜 시간에 걸쳐서 변화가 일어날 수도 있다. 아니면 그 중간 정도의 시간이 걸린 변화도 있을 수 있다. 다음으로 변화 정도의 차원이란 어느 정도의 변화가 발생하는가의 문제이 다. 그것도 현실에서는 거의 변화가 없는 미미한 상태로 계속될 수도 있고, 아니 면 아주 큰 폭의 혁명적 변화가 일어날 수도 있다. 또 그 중간 정도의 변화가 일어날 수도 있다. 혁명적 변화도 혁명 나름이다. 빅뱅(big bang)도 가능하고 그보 다 훨씬 덜 급격한 혁명도 가능하다. 그런 만큼 그 변화 정도 역시 다양하다는 것이다.

결국 현실에서 발생할 수 있는 정책기조의 변동 양상은 그 시간적 차원과 변화 정도의 차원의 입체적 조합으로 나타내 이해할 수 있겠다. 즉 현실에서 전형 적으로 대비시켜 볼 양상으로 진화적으로 오랜 시간에 걸쳐 서서히 변하거나 아 니면 짧은 기간 내 혁명적으로 급격하게 변하는 양상의 두 차원의 조합을 말한다. 그것을 입체적으로 보여주기 위해서 '변화의 시간적 진행'을 수평축(x축)으로 나 타내고, '변화의 정도'를 수직축(y축)으로 나타내주는 좌표를 설정하는 것이 필요 하다. 이를 통해 미미한 변화의 정도나 혁명적일 정도로 패러다임의 변화가 있는 진행 양상을 효과적으로 표현할 수 있다. 더 나아가서 그 좌표상의 여러 다양한 조합 양상은 여러 가지 정책기조 변동의 양상을 표시할 수 있게 된다.[80] 다음의

---

80) 신제도론자인 Thelen(2003 & 2004)은 단절된 균형모형이나 경로의존모형이 제도의 안정과 변 화를 구분함으로써 안정과 변화가 뒤섞여 있는 점을 제대로 설명할 수 없다고 비판하면서, 점 진적이고 완만한 변화가 근본적인 변화를 초래할 수도 있는 가능성에 주목하여 '변화의 과정 과 결과를 구분'해서 제도변화의 유형을 네 가지로 분류한다. 변화의 과정으로 점진적 변화와 급격한 변화의 축, 그리고 변화의 결과로 연속성과 불연속성의 축으로 나누고, 그 두 축의 조합 에서 ① 점진적 변화와 연속성의 조합에 의한 '적응을 통한 재생산'(reproduction by adaptation) 유형, ② 점진적 변화와 불연속성의 조합에 의한 '완만한 변형'(gradual transformation), ③ 급격

좌표상에 표시된 변동양상의 모형이 그 예시이다.

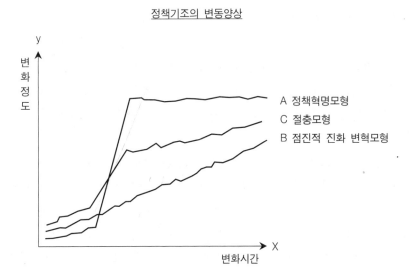

정책기조의 변동양상

이 좌표 위에 A정책기조의 변동 양상은 홀의 '정책혁명론'을 나타내 준다. 기존 정책기조 아래에서 미미한 변화만 있는 안정된 평상정책 기간을 거치다가 어떤 위기 시 짧은 기간 동안에 급격하게 치솟는 변화 폭의 정책혁명을 겪고, 그것이 제도화되면서 다시 그 정책기조 아래 평온한 균형 상태를 지속하는 양상이다. 거기에 비해 B정책기조의 변동 양상은 정책혁명론과 대비되는 '점진적 진

한 변화와 연속성의 조합에 의한 '생존과 복귀'(survival and return), ④ 급격한 변화와 불연속성의 조합에 의한 '해체와 대체'(breakdown and replacement)의 유형으로 분류하는 것이 그것이다. Thelen은 이 유형 분류를 통해 소규모의 적응이 누적된 결과로 근본적인 변화가 초래될 수도 있음을 강조한다(Streeck & Thelen, 2005: 8). 하연섭(2011), 172-173. 이는 점증주의 제도변화의 관점을 옹호하면서 제도변화의 이해를 돕는 간명한 유형 분류로서 신제도론과 정책기조변동론의 논의가 거의 유사하다는 예를 보여준다. 그렇지만 제도변화의 '과정과 결과'를 그렇게 구분할 수 있는지 의문이다. 엄밀한 의미에서 -연속성과 불연속성이란- 변화의 결과도 사실은 변화의 과정도 되고 -점진성과 급진성이란- 변화의 과정도 사실은 변화의 결과에도 해당돼, 그들은 과정과 결과로서 상호 공유·중첩되는 속성이기 때문이다. 따라서 저자는 그 구분보다는 '변화의 시간적 진행'과 '변화 정도의 진행'이란 두 축의 다양한 조합 가능성을 열어놓고, 전형적인 몇몇 유형을 추출하는 방법이 더 좋다고 본다. 그리고 점증주의 제도변화론은 정책기조변동론의 '점진적 진화변혁론'과 동일한데, 다만 정책기조변동론에서 그것은 '점증주의 정책관'과 구별하기 위하여 -저자의 <정책철학의 새로운 접근> 책의 정책관 논의에서 알 수 있듯이- '패러다임'을 전제하고 궁극적으로 패러다임 전환 효과를 낸 점진적 변혁을 강조한 점에서 차이가 있을 수 있다.

화변혁론'을 나타내 준다. 기존 정책기조 아래에서도 약간의 굴곡이 있는, 상당한 변화 폭을 지닌 진화를 꾸준히 계속하면서 마침내 중대한 정책기조의 변동을 이뤄내는 양상이다. 한편 C정책기조의 변동 양상은 앞의 두 변동 양상의 절충적인 양상인 '절충론'을 나타내 준다. 즉 기존 정책기조 아래에서도 약간의 굴곡이 있는, 상당한 변화 폭을 지닌 진화를 보이다가 어떤 위기 시 급격하게 치솟는 변화 폭의 정책혁명을 겪기도 하고, 그 후 다시 그 정책기조 아래에서 상당한 변화 폭을 지닌 진화를 꾸준히 계속해 그 진화 과정의 결과로도 중대한 정책기조의 변동을 이뤄내는 양상이다.

이러한 정책기조 변동의 구체적인 모습, 곧 발생한 변화가 얼마나 광범위한가, 그 변화가 얼마나 극적이거나 파괴적인가, 변화가 얼마나 빠르게 발생하였는가 등은 다음 세 가지 요인이 특별히 합류(confluence)하는 모습에 의해 영향을 받는다고도 한다. 즉 ① 정책기조 자체 ② 행위자들과 그들 간 관계 ③ 제도적 구조 등이다. 거기에 ④ 외부 사건과 사태 발전은 그들 요소가 다루어지게 되는 실제 세계의 문제와 쟁점을 제공한다고도 본다.[81] 이와 같이 현실의 정책기조의 변동 양상은 매우 다양할 수 있다. 우리는 그것을 명확하게 전제하고, 편의상 그것을 좌표 위에 특징적이거나 매우 흔한 양상 중심의 '세 가지 모형'으로 표시해 전체적으로 이해하는 방식을 택할 수 있는 것이다.[82] 결국 혁명모형, 진화모형, 그리고 절충모형은 정책기조의 변동 양상을 망라한 것이 아니라, 편의상 전형적인 양상으로 이해하면 좋은 전체 양상을 대표할 뿐인 부분 양상인 것이다.[83] 이러

---

81) Marcus Carson, "Mad Cows, Polluted Poultry, and the Transformation of EU Food Policy," Carson, Burns & Calvo(eds., 2009), 194.

82) 2008년 금융위기 사태의 대처를 보면, 3차적 변동의 정책기조 전환은 1차 및 2차적 변동이 쌓여서 이루어질 성질이 아니고 그 자체 자율적으로 일어나야 할 정책혁명이 필요한 영역이고, 무엇보다도 중요한 것은 서로 경쟁하는 패러다임 주장이 공약불가능한 성격을 띤 것이므로 결국 경제가 아니라 정치, 사실(facts)이 아니라 권위(authority)가 결정적인 역할을 담당한다는 점이라는 취지의 지적은 Berman(2013), 210 참조.

83) 학문적으로 이런 예는 수없이 많은데, 경제학에서 하이에크의 시장 자율 중시 이론과 케인즈의 정부 개입 중시 이론도 그중 하나이다. 현실에서는 극단적인 시장 자율이나 정부 개입 중 어느 한 모델이 아니라, 시장 자율과 정부 개입의 정도를 나타내주는 연속선상에서 어느 한 쪽 방향으로 치중된 전형적인 모델이 나타난다. 그런데 하이에크와 케인즈는 그 전형적인 모델을 대표하는 이론을 말한 것이다. 예컨대 미국의 성공이 자유로운 시장과 기업들 덕택이라는 신화는 허구인 바, 미국은 한 번도 자율적 시장에 국가경제와 미래를 맡긴 적이 없고, 건국 초기 적극적인 경제계획의 실천, 철도 건설 등 사회기반시설의 투자와 민간의 유도, 대량생산

한 인식의 일단을 보여주는 다음 설명을 보자.

　　다른 측면에서 보면 현상유지에 대한 불신의 정도(the degree of discredit to the status quo)가 한계적(marginal), 실질적(substantial), 그리고 근본적(fundamental) 인 정책변동을 실행하는 정책개혁가의 역량을 설명하는 데 있어서 아직 탐구되지 못한 중요한 변수가 될 수 있다. 즉 정책변동을 홀의 '상이한 과정'(different processes)보다는 '단일 과정'(a single process)이 작동하고 있는 것으로 설명할 수도 있다. 홀은 간헐적인 급격한 변동의 폭발뿐만 아니라, 평상시의 안정까지를 포함한 정책변동의 전체 분포 양상(full distribution of policy change)에 초점을 맞췄다. 홀은 정책변동을 설명하면서 어떤 힘이 안정을 유도하는지, 어떤 복합적 요인이 기조적 변동을 일으키는지, 사회적 학습이 조직이론의 예상대로 상대적으로 점증적 인지, 아니면 일반적으로 정치적 변동에 적용되는 대로 돌발하는 '단속균형'의 종류 인지에 관심을 기울였다. 홀의 결론은 정책변동이 대부분 최소한(minimal)으로 진 행되지만, 그러나 드물게 아주 극적(dramatic)으로 진행되고, 현상유지를 지탱해 주는 아이디어가 아주 강력하기 때문에 전형적으로는 고도로 제약(highly constrained) 을 받지만, 그러나 기조적 전환이 존재할 경우에는 정책 자체가 변혁(transformed)되 고, 그런 후 과거와 완전히 절연된 하나의 새로운 균형(a new equilibrium)이 창출된 다는 것이다.84)

　　스콕스태드는 정책기조와 그 변동에 관한 여러 학자들의 연구 결과를 다음 세 가지 측면의 문제로 보고 다음과 같이 설명한다. 첫째, 어떻게 정책기조와 그 변동과정을 가장 잘 개념화할 것인가에 관하여 세 가지로 요약한다. 즉 ① 정책기 조는 그 일관성과 공약가능성 측면에서 각자 다르다. 교체 패러다임(replacement paradigm)이 전적으로 새로운 어떤 것이거나, 새 아이디어에 기존 패러다임의 아

방식의 토대 구축, 신기술과 혁신의 직접 투자와 유도 등 경제구조를 구축하고 혁신을 이끈 정부 개입이 있었던 사실을 -경제사학자로서 정부 경제정책에도 관여한 배경으로- 미국 경제 사의 진실을 파헤친 Stephen S. Cohen & James Bradford DeLong, Concrete Economics: The Hamilton Approach to Economic Growth and Policy(2016), 스티븐 코언·브래드퍼드 들롱, 현실의 경제학, 정시몬(역), 부키, 2017 참조.
84) Baumgartner(2013), 239-242. 그는 '변동유형의 전체 범위'(the full range of types of change)를 설 명할 수 있는 단일 과정을 생각해 볼 수 있다고도 말한다. 그런데 저자의 생각으로는 분야에 따라 다르겠지만 수 세기 이상 장기간으로 갈수록 절충론의 가능성이 높아지고, 전체 역사로 가게 되면 절충론이란 단일 과정의 정책변동론 하나만 남겨질지도 모른다. 그렇지만 그것조차 도 '정책혁명론'의 발견에 힘입고 있다고 하겠다.

이디어가 합쳐져 혼합된 것(amalgam)일 수도 있다. ② 물리적 여건의 변동이 패러다임의 발전/변동 조건을 촉진시키지만, 그런 시발점이 실제 패러다임 변동으로 이어질 것인가의 여부는 -변동을 일으키는 방식으로 그것을 해석할 수 있는- 전략적인 정치적 행위자의 역량 여하에 달려있다. ③ 패러다임 변동으로 가는 길은 하나 이상이 있다. 그것은 정책결정의 제도적 틀 여하에 따라 기간이 지나면서 변동이 누적된 진화의 결과일 수도 있고, 아니면 상대적으로 빠르게 일어날 수도 있다.

둘째, 초국가적 행위자들이 정책기조의 구성, 확산과 집행에 어떤 차별화된 역할을 하고 있는가라는 문제에 대하여는 다음과 같이 요약한다. 그들은 ① 행동기준에 관하여 당사국 간 직접 합의를 도모하거나, ② 어떤 행동기준에 대하여 정당하게 여기던 것을 거둬들이고(탈정당화하고) 다른 어떤 행동기준을 정당화하거나, ③ 문제의 성격과 원인에 관한 최선의 이해를 제공하는 권위적인 (새로운) 지식을 구축하거나, ④ 국내 행위자들에게 그들의 정체성 이해와 새로운 행동규범에 맞춰 사회화시켜주는 방식을 통해서 확실히 그런 역할을 수행하고 있다. 그들에게 이런 영향을 행사할 수 있게 한 원동력은 그들이 지닌 자원, 곧 전문성, 도덕적 입장, 법적 권위, 그리고 공공의 지지이다. 그와 동시에 국내 제도적 요인들과 국내 행위자들의 담론적 전략 및 정치적 자원이 패러다임 변동을 설명하는 데 있어서 크게 부각된다.

셋째, 초국가주의의 잠재적인 영향을 감안하기 위하여 그간의 정책기조이론을 수정할 필요가 있는가의 여부이다. 그 대답은 수정이 필요하다는 것이다. 가장 분명하게는 ① 새로운 정책아이디어/패러다임이 국내 영역을 벗어난 국제기구나 민간 경제행위자들의 협정에서 비롯되고 있다는 가능성에 주목할 필요가 있다는 점이다. 경쟁하는 정책기조 연합들 사이의 힘의 균형은 -초국가적 행위자들의 아이디어와 자원을 자신들에게 유리하게 이용하려는- 국내 행위자들의 능력에 의하여 영향을 받고 있다. ② 조금은 덜 분명하지만 부문별 정책기조의 내용과 안정성은 다른 정책영역의 국내 사태와 국내 '상위 아이디어'(meta ideas)뿐만 아니라 세계적이고 지역적인 상위 아이디어, 특히 조약, 국제협약 및 공식 기구 안에 규정된 아이디어와 얼마나 정합성(congruence)이나 비정합성(incongruence)을 유지하

고 있는가에 따라 일정한 정도 영향을 받는다.[85]

3. 추가 연구의 과제와 방법

정책기조 연구의 새로운 장을 연 홀도 1993년 논문에서 원자 세계의 소립자처럼 아이디어도 그 전환 시 많은 흔적을 남기지 않으므로 정책결정 차원의 모형화는 특히 어렵다는 것이 입증되었다고 토로하였다.[86] 그렇지만 또 그래서, 정책기조와 그 변동에 관하여는 앞으로 더 많은 연구가 필요하다. 레이너는 신제도주의가 아이디어로 관심을 바꾼(ideational turn) 결과, 행위자의 선호(actor's preferences)는 '이익이나 역할' 대신에 '지배적인 아이디어에 의해 사회적으로 형성'(socially constructed by dominant ideas rather than by interests or roles)되는 것으로 규정되었다고 본다. 그리고 그로 인하여 제도를 비롯한 아이디어 요인들, 즉 규범, 문화적 관행, 신념체계에 관한 정의가 더 흐릿해진 측면이 있다고 주장한다.[87] 그러면서 정책기조와 정책변동의 인과적 메커니즘을 잘 설명해 주지는 못한다는 문제가 남아있다고 한다. 예컨대 학습과 변동이 순차적으로 발생한다는 설명이 석연치 않고, 기조 전환과 3차적 변동 사이의 이론화가 매우 약하다고 본다. 기조 전환이 외부 충격의 원인일 수도, 결과일 수도 있으므로 그 점에서 인과성(causality)의 근본적인 혼란을 보여준다는 것이다. 또 신제도주의자들이 제기한 내생적 변동(endogenous change)의 주요 과정에서 아이디어가 어떻게 그 역할을 수행하는가에 대해서도 더 잘 설명할 수 있어야 한다고도 주장한다.[88]

또 버먼은 국가중심론의 당초 통찰력 중 많은 것이 열매가 풍성한 흥미로운 방식으로 확대돼 왔기는 하지만, 아이디어 접근법에는 홀 논문이 밝힌 문제점들과 빈틈 중 많은 것들이 아직 그대로 남아있다고 주장한다. 즉 ① 독립적 변수들과 행위자들을 꼭 집어서 정의하는 데 어려움이 남아있다. ② 동기, 인과적 기제,

---

85) Skogstad, "Conclusion," G. Skogstad(ed., 2011), 238-239.
86) Hall(1993), 290.
87) Berman(2013), 222.
88) Rayner(2015), 68-69.

또는 심지어 관계적 주장이 정밀하지 못하고 산만하다. ③ 어떤 사람들은 문제라고 느끼지 않을 수도 있겠지만, 일관성과 명확성의 결여가 분명히 아이디어 분야의 지식 축적을 방해하고, 이에 따라 서로 다른 정치적 과정과 결과에 있어서 아이디어가 언제, 어떻게, 왜 중요한가를 정확하게 파악하는 것을 어렵게 하고 있다. 그러므로 이제 아이디어학설은 홀이 국가중심론에 했던 바로 그것을 시작할 때라고 한다. 즉 한 발 뒤로 물러서서 아이디어 접근방법의 기본 구조와 주장을 분석하는 일이라는 것이다. 모든 지적 탐구의 필수요소는 연구 대상에 대한 명확성인데, 아이디어 연구의 경우 엄밀한 분석에 사용하기에는 너무 모호하고 좀 허술하다는 것이 그에 반론으로 제기되는 공통된 문제점이라는 것이다. 여러 서로 다른 아이디어 변수만 해도 그러한데, 가장 흔하게 거론되는 것들로는 신념, 규범, 문화, 이념이 그것이라고 한다. 버먼은 이제 더 분명하고 더 합의된 아이디어 변수에 대한 정의, 아이디어가 제도화되고 시간이 지나면서 정치적 결과에 영향을 미치는 과정에 대한 더 광범위한 연구, 아이디어가 행위자의 동기와 맥락을 형성해 가는 과정에 관한 더 면밀한 분석이 필요한 과제이고 도전이라고 주장한다.[89]

　　대뇨는 많은 도전 과제를 다음과 같이 정리한다. ① 정책기조 개념이 과소이론화(undertheorized) 상태에 있다(Blyth, 1997). 사실 정책기조의 본질은 여전히 파악하기 어려워서 패러다임 전환이 있을 때 정확히 무엇이 변한 것인지에 관하여 많은 학자들 간 논쟁이 벌어지고 있다. 특히 아이디어의 수준과 정책의 수준 간 학자들의 혼란이 빈번한데, 그것은 3차적 변동을 정책기조의 변동으로 바로 연결해버린 홀에서 일부 비롯되고 있는 문제이다. 정책기조와 정책은 '샴쌍둥이'(Siamese twins)로 비유할 수 있는데, 정확하게 하나는 어디에서 시작하고 다른 하나는 어디에서 끝나는지 결정하기 어렵기 때문이다. 사실 정책기조의 아이디어적 본질에 대해서는 논쟁의 여지가 없다고 하지만, 우리는 "정책이 자원, 활동, 법, 공식 선언, 규칙과 규정들로 구성된 '물질적'이면서 '제도적'인 성질뿐만 아니라 해결해야 할 문제와 추구해야 할 목표라는 생각을 최소한으로 담고 있는 점에

---

89) Berman(2013), 225, 233.

서 '아이디어적' 성질도 지니고 있는 점"90)을 잊어버리는 경향이 있다. ② 정책기조가 정책에 미치는 영향에 관한 분석은 아직 신뢰할 만하지 못하다. 역사적 제도론자들은 세계관이 변하면 그에 따른 물질적 결과들을 초래한다고 주장한다. 그러나 그런 설명은 개념적으로 분명하지 못한 문제를 안고 있다. 즉 인과적 메커니즘(causal mechanism)이 분명치 않고 방법론상으로 엄격성이 결여돼 있다.91) ③ 정책기조의 규모(scale)에 대한 혼란이 있다. 사실 패러다임은 거시/전체 사회적 (macro/societal) 분석수준에서나 중간/정책의 분석수준에서 모두 파악해 볼 수 있다(Kay, 2011). ④ 흔히 행위자(agency) 측면이 아이디어와 정책기조의 연구에서 무시되고 있다.92)

이상 여러 도전적 과제들, 특히 첫 번째 과제에 대해서 대뇨는 기조전환 (paradigm shift)과 정책변동을 동일시하는 경향을 보이는 아이디어 학자들(ideational scholars)의 문제 많은 방법론적 관행(problematic methodological practices)과 관련돼 있다고 주장한다. 이들 학자들은 암암리에 정책행위자들의 아이디어를 직접 조사해서 밝히기보다는 그들이 채택한 정책에서 추론한 '현시적 아이디어'(revealed ideas) 접근방법을 택하고 있다는 것이다. 이는 추상적 아이디어보다 측정하기 더 쉬운 정책을 이용하므로 단순성의 장점을 지니고 있고 그래서 많은 학자들이 '아이디어 그 자체'보다는 '아이디어의 결과'(consequences of ideas)를 조사 연구하는 것도 이해가 되지만, 그런 현시적 아이디어 접근법은 허약한 추론(invalid inferences)으로 이끈다고 비판한다. 정책기조와 일련의 정책들 간 직접적이고 완벽한 상응 관계(a direct and perfect correspondence)를 상정하는 것에는 문제가 있다는 비판이다. 어떤 정책 부문에 정책 아이디어들은 어느 정도 있을지라도 정책기조가 거기에 반드시 존재하는 것은 아니거나, 또 정책기조가 존재한다고 해서 그것이 정책으로 번역(해석, 구체화, translation)되는 것은 자동적이지 않다는 것이다. 정책기조가 영향력이 있다고 해도 그렇다고 본다. 의사결정은 분명히 정책아이디어의 영향을 받지만 게임 규칙과 같은 제도와 선거의 유리함과 연합과 같은

---

90) Daigneault(2014), 458.
91) Mark M. Blyth, "Any More Bright Ideas? The Ideational Turn of Comparative Political Economy," Comparative Politics, 29(2), 1997, 245.
92) Daigneault(2015), 47.

현실정치(*realpolitik*)의 역할을 무시해서는 안 된다는 것이다. 따라서 아이디어를 정책으로 번역(해석, 또는 구체화)하는 일은 실증적으로 검증될 문제인데, 이는 합리적 선택이론에 대한 해석학파의 비판과 정확하게 궤를 같이 한다고 주장한다. 관찰된 행태가 행위자의 이익을 극대화한 것으로 보고, 이익과 행태 간 적합성으로 행태를 설명하려는 모델의 구축은 빈약한 사회과학일 뿐이라고 공격한다. 그 관계는 그저 우연일 수도 있다는 것이다. 어떤 아이디어와 정책 간 분명한 친화성이 있을지라도, 주어진 정책이 다른 정책기조들과 양립할 수도 있다고도 한다. 따라서 '정책들'에서 '정책아이디어'를 추론하는 것은 위험한 작업이라는 주장이다. 다음의 지적을 보자.[93]

　　노령연금의 확대가 바람직하다고 보는 의회에서의 합의는, 자유주의자들은 연방
　　정부의 복지 사업의 강화를 원해서이고, 보수주의자들은 사적 연금방식에 대한

---

93) '현시적(顯示的) 아이디어'라는 표현은 경제행위자의 선호를 그들의 행태에서 추론하는 경제
학의 '현시적 선호(revealed preferences)이론'에서 빌려온 것이라고 Daigneault는 밝히면서 다음
과 같은 동일한 논리를 따른다고 본다. 첫째, a와 c라는 두 정책기조가 각 기조하에서 기대되
는 b와 d라는 정책의 형태와 관련돼 논의된다. 둘째, 그런 다음 e라는 하나 이상의 국가에서
채택된 실제 정책들이 b와 d라는 (기대된) 정책들과 상호 비교된다. 셋째, 그래서 만약 e국이
b와 긴밀하게 맞춰진 상태(close alignment)로부터 d와 긴밀하게 맞춰진 상태로 변했다면, 거기
에서 패러다임 전환이 a에서 c로 일어난 것으로 추론한다. 그러나 a-b와 c-d 관계의 직접적이
고 완벽한 상응 관계는 문제를 내포한다. 이상 Daigneault(2015), 47-48. Porter도 국제관계의 분
석에서 전통적인 현실주의(realist) 계열의 학자들이 항상 국제적인 어떤 결과들이 어떻게 필연
적으로 '상대적 국력 아래 자국 이익 추구'를 반영하는가에 관한 설명을 하는데, 이런 동어반
복적(tautological) 설명은 분석적으로 유용하지 않다고 주의를 환기시킨다. 그는 아이디어 자체
(특히 자율성 요소)와 결합된 물질적 요소(차량 부품이나 도로 사정, 회계자료 등)의 중요성을
지적한다. 그 실례로 차량안전은 미국이, 회계는 유럽연합의 패러다임이 각각 우세하게 된 배
경에는 현실주의의 일부 타당성을 인정하면서도 그렇게만 볼 수 없는 물질적 요소 등의 고려
가 필요한 설명을 통하여 그런 (동어반복적인) 현실주의 설명 논리를 너무 강조하지 않아야
한다는 결론을 제시한다. Porter(2011), 80, 85-86.
　　이상의 순환론 비판은 역사적 신제도론이 합리적 선택 신제도론의 방법론을 '기능주의
자'(functionalist)라고 비판(Hall & Taylor, 1996; Knight, 2001: 45-46)하는 것과 궤를 같이 한다.
즉 어떤 '필요성'이 있으면 이를 충족시키기 위하여 제도가 형성되거나 변화한다는 것으로서
제도가 현재 보이고 있는 결과(consequence)가 바로 그 제도가 형성되게 된 원인(cause)이라거
나 제도의 효과로부터 제도를 변화시킨 행위자들의 선호를 추론한다거나 혹은 제도변화에 대
한 요구(또는 필요성이나 수요)와 제도변화 사이에는 밀접한 시간적인 일치(close temporal
correspondence)가 존재하며, 또한 제도변화가 수반하는 의도하지 않았던 결과(unintended
consequences)는 존재하지 않는다고 상정한다는 문제가 있다고 본다. 따라서 그런 기능주의적
설명방식 대신 역사적 신제도론의 역사적 과정(경로의존성이나 점착성 등)에 주목해야 한다는
것이다. 하연섭(2011), 150-155.

노조의 요구를 감소시키기 위해서인 것으로 알려져 있다. 그렇다면 이것이야말로 서로 다른 이데올로기를 가진 개인들이 흔히 구체적인 정책에 합의하는 아주 좋은 본보기인 셈이다.[94]

정책기조의 연구들은 지금까지 소홀히 해 왔던 정책결정의 아이디어 차원(ideational dimension)에 초점을 맞춤으로써 중요한 현실세계의 사례들(real-world cases)에 대한 우리의 이해에 기여해 왔다. 그런데도 대뇨가 비판한 대로 현시적 아이디어 접근법은 잘못되었으므로 정책에 대한 아이디어의 영향을 조사하는 데 사용될 수 없다고 하는 이유는 무엇일까? 만약(if) 기조적 변동(paradigmatic change)이 우선적으로 다른 것이 아닌 정책변동으로부터 추론되는 것이라면, 패러다임 전환(paradigm shift)이 정책변동을 야기했(정책변동의 원인이 되었)는지 아닌지를 조사하는 것은 분명히 말이 안 되는 '순환논법'(circular reasoning)이라는 주장이다. 그래서 제시하는 해결책은 정책기조의 개념을 일관되게 정의하고, 더 정확하게 조작화하며, 엄격한 아이디어의 연구를 촉진해 줄 일련의 방법론적 지침들을 제안하는 것이다. 즉 정책기조와 관련하여 '존재론과 방법론을 잘 맞춰줄 필요'(a need to align ontology with methodology)가 있다고 주장한다. 무엇보다도 정책행위자들의 아이디어들에 대하여 -현시적 아이디어(revealed ideas) 접근법이 초점을 맞춘 간접 증거(indirect evidence)보다는- 직접 증거(direct evidence)에 의지해야 한다고 주장한다. 물론 아이디어는 '직접적으로'(directly) 연구할 수 없다. 기술적·윤리적인 이유로 정책행위자의 머리를 열어서 뇌 속에 무슨 생각을 하고 있는가를 검사해 볼 수는 없기 때문이다. 그렇다고 정책아이디어의 측정과 관련된 도전을 너무 과장해서도 안 된다고 다음과 같이 주장한다.[95]

케이(Kay)도 "물론 신념의 측정은 악명 높게 어렵지만 정책연구에서 우리는 정책엘리트 인터뷰로부터 태도에 관한 대규모 사회조사에 이르기까지 일단의 질적인

---

94) C.E. Lindblom, The Science of "Muddling Through," Public Administration Review, 19(2), 1959, 83.
95) 이상 Daigneault(2015), 48-52. 존재론과 방법론을 잘 맞춰준다는 표현은 비교연구의 관행을 논의한 홀의 다음 논문에서 빌려왔다고 함. Peter Hall, "Aligning Ontology with Methodology in Comparative Research," J. Mahoney and D. Rueschemeyer(eds.), Comparative Historical Analysis in the Social Sciences, NY; Cambridge Univ. Press, 2003, 373-404.

연구방법을 발전시켜 왔다"고 주장한다.[96] 연구자들은 정책행위자나 그의 보좌진
과의 연구목적의 인터뷰 가운데, 그리고 정책행위자들 간 상호작용의 관찰과 같은
'실제 삶'(real-life)의 현장에서 정책발표자료, 토론자료, (대언론)보도자료와 같은
공식기록물(official documents), 회고록, 학술문헌과 같은 기타 기록물에서 나타나
는 아이디어의 구체적인 내용들을 조사해 이용할 수 있다. 그렇지만 정책행위자들
이 밝힌 아이디어에 대하여 조심할 것은 거짓말, 부정확한 기억, 선별적 정보 공개
혹은 실증적인 관점으로 신념과 행위의 재해석 등이다. 따라서 연구자는 발견사항
의 신뢰성을 확보하기 위하여 다양한 기법을 이용하여야 한다. 더 나아가 정책행위
자들의 아이디어를 추론하는 데서와, 그 아이디어들이 정책공동체 안에서 널리
공유되고 있는지 여부를 결정하는 데 있어서 충분히 많은 자료를 확보해야 함을
유의해야 한다.[97]

한편 정책기조가 정책에 미치는 영향(impact)에 관한 것과 같은 아이디어 연
구(ideational research)는 언제나 그 영향을 매개하는 인과적 기제(causal mechanism)를
규명해야 하는 문제를 안게 된다. 그런데 지금까지 정책기조 연구와 관련돼 제시
된 지침들은 대부분 정책변동의 '독립변수'(independent variable)로서의 정책기조에
대한 측정에 초점을 맞추고 있다. 그러나 '종속변수'(dependent variable)인 정책변
동을 구체화하는 것 역시 '설명대상문장의 문제'(problem of explanandum)[98]로서
중요한 도전과제라고 할 수 있다.[99] 흔히 정책기조가 정책결정의 구조를 결정하
고 제약하는 등의 영향을 미치므로 그 정책기조와 정책결정의 두 관계는 원인-결
과의 일방적 관계라고 생각하기 쉽다. 그러나 현실에서는 정책결정을 포함한 정
책과정이 정책기조의 형성과 변동에도 영향을 미치는, 그리하여 정책결정이 원인
변수가 되고, 정책기조가 결과 변수가 되는 역 관계도 성립한다. 그러므로 정책기
조와 정책결정의 관계는 쌍방적 관계이기도 하다.[100] 그리고 그런 인과관계와 관

96) A. Kay, "Understanding Policy Change as a Hermeneutic Problem," Journal of Comparative Policy Analysis: Research and Practice, 11(1), 2009, 49.

97) Daigneault(2015), 52.

98) 헴펠이 말하는 설명논증(explanatory argument)에서 설명문장(explanans)에 대립되는 부분이 설명대상문장이다. Carl G. Hempel, Aspects of Scientific Explanation, NY: The Free Press, 1965, 247-249; 강신택(1989), 80-86 참조.

99) Daigneault(2015), 52-53.

100) John Hogan and Michael Howlett, "Reflections on Our Understanding of Policy Paradigms and Policy Change," Hogan and Howlett(eds., 2015), 11 참조.

련한 분석에서 정책행위자는 정책운용과정에서 '무엇이 가능하고 바람직한가'(what is possible and/or desirable)의 여부와 관련한 판단과 결정 시, '해석의 논리'(logic of interpretation)라는 문제를 안게 된다.[101]

그리고 정책기조 연구의 방법도 더 세련돼야 한다. 정책기조가 무엇인가를 확인하고 정책기조의 전환이 일어났는가 등을 추론하거나 규정하기 위하여 자료를 수집하기 전 먼저 정책기조를 정립한다는 의미에서 연역적(deductive) 방법이 있다. 이런 연구방법은 분야별로 이미 일정 범주로 논의되고 있는 정책기조논리가 있을 경우에 유용하다. 예컨대 사회복지정책의 보편주의와 선별주의, 경제정책의 케인즈주의와 신자유주의, 외교정책의 현실주의와 이상주의 등이 그 예이다. 그래서 먼저 특정 분야의 실질정책을 선정해 그 구체적인 정책내용을 파악하고 관련 문헌을 검토한 후, 그 특정 분야의 정책기조를 추출한다. 그리고 그 정책기조를 주제별로 의미 있는 정도로 수직적, 수평적 정책기조로 한 두 단계, 소수 몇 개로 세분해 계층화하면서 유형화한다. 그리고 정치인, 공무원, 시민사회 관계자 등 정책행위자들과 인터뷰 같은 질적 방법이나 설문조사 등의 양적 방법으로 자료를 수집한다. 그런 다음 정책의 혁신 ―time 1, time 2의 통시적인(diachronic) 두 기간과 같은― 전후나 공시적인(synchronic) 시점을 기준으로 일정한 주제별 정책기조(아이디어)와 인터뷰 응답 자료 간에 일관성(coherence) 및 상호 맞춰지는 정렬 정도(level of alignment)를 양적으로나 질적으로 비교 분석한다. 필요 시 자료를 통계학적인 방법으로 전산처리할 수도 있다. 그래서 정책기조가 무엇인가를 확인하고, 정책기조의 전환이 일어났는가 등을 추론하거나 규정한다. 여기에서는 아이디어를 이미 정해진 범주에 억지로 끼워 맞추려는 유혹을 경계해야 한다.

이에 비하여 먼저 관련 자료를 수집·검토한 후 거기에서 적절한 정책기조를 추출하는 방법이 귀납적(inductive) 연구방법이다. 이는 분야별로 이미 논의되고 있는 정책기조논리가 없거나 모호할 경우에 유용하다. 여기에서는 충분히 많은 경험적 자료가 필요하다는 점이 약점이다. 그리고 경우에 따라서는 연역적인 방법과 귀납적인 방법이 혼합돼 연구에 활용되기도 한다.[102]

---

101) Parsons(2007), 13; Daigneault(2015), 53 재인용.
102) Daigneault(2015), 55-56.

제 8 장

정책기조의 인식론적 근거

'정책기조'를 정확하게 이해하기 위해서는 그 인식론적 근거를 살펴볼 필요가 있다. '정책기조'는 직접적으로 과학철학자이자 과학사가인 토마스 쿤의 과학에 대한 철학적 인식론인 '패러다임이론'을 큰 틀에서 정책에 적용한 개념이다. 그렇게 정책기조는 쿤의 이론에서 직접적인 가장 큰 영향을 받았지만, 그 외에도 다른 중요한 이론과 관점을 수용해 복합적으로 구성돼 있다. '정책기조'는 기본적으로 우리 인류가 그동안 발전시켜 온 여러 갈래의 인식론적 뿌리를 흡수하면서 이 시대 정책학의 필요에 의하여 이론적으로 구성되고, 정책 실무에도 실천적으로 적용된 개념이라고도 볼 수 있다. 그런 의미에서 다음에서는 과학철학 인식론을 비롯하여 다른 주요 원류(源流)적인 인식론적 근거를 살펴보기로 하겠다. 그들로는 대체로 반실재론적 구성주의, 구조주의, 해석학, 현상학, 역사주의, 인지심리학 등이다.[1] 이에 대하여 간단히 살펴보기로 하겠다.[2]

---

[1] 정책기조이론은 국가중심론, 신제도주의이론, 아이디어이론에 빚지고 있는데, 어떤 학자는 제도이론, 인지사회학(cognitive sociology), 사회운동이론(social monement theory) 등 사회과학의 세 개 주요 분야의 발전에 빚지고 있다고도 말한다. Carson, Burns & Calvo(eds., 2009), Preface, 5. 인지사회학은 뇌 과학 시대 인간의 인지체계와 사회와의 연결성을 연구하고 있는 사회학의 한 분야이고, 사회운동이론은 합리적 선택이론이나 구성주의 이론 등 현대사회에서의 여러 가지 형태의 집합행동들에 관한 이론을 말한다. 다른 학자는 정책기조론의 발전에 큰 공헌을 하고 있는 두 분야로, 국가 내 제도적 맥락에서 정책결정상의 아이디어의 역할에 관한 비교정치학과 정치경제학 학자들의 연구와, 국제적 맥락에서 정책아이디어의 확산에 관한 국제관계학 학자들의 연구를 들기도 한다. Skogstad & Schmidt(2011), 3. 이 장은 이들을 관통하는 인식론적 근거를 중심으로 검토한다.
[2] 이 장은 전문 학자를 위한 장이므로 일반인은 그냥 넘어가도 된다.

제 1 절 쿤의 패러다임이론 등 과학철학 인식론

　먼저 정책기조의 인식론적 뿌리로서 직접적인 가장 큰 영향을 준 인식론적 근거는 쿤의 패러다임이론이다. 이는 저자의 <정책철학의 새로운 접근>에서 비교적 자세히 설명하였으므로 그것을 참고하기 바라며, 여기에서는 간단히 요약하기로 하겠다.

　쿤 이전에 실증주의자나 포퍼와 같은 비판적 합리주의 신봉자는 합리성을 강조하며 과학·지식·이론이 사실에 대한 관찰과 논리적 추론의 '검증 또는 반증'에 의하여 '연속적이고 축적적인' 형태로 성장한다고 주장하였다. 이에 반해 1962년 그의 유명한 <과학혁명의 구조>란 책을 통하여 쿤은 이제는 일상어로까지 대중화된 패러다임(paradigm) 개념을 중심으로 과학의 본질과 성격을 밝혔다. 그때까지 사람들이 지니고 있던 지식 탐구와 과학에 관한 통념, 즉 인식론과 과학관(科學觀)에 대하여 실제 과학의 역사를 탐구한 연구를 근거로 총체적인 이의(異議)를 제기하였다. 그것도 혁명적인 내용을 주장한 것 때문에 격렬한 논쟁을 불러일으켰다. 그는 패러다임 인식론에 입각한 '과학혁명론'을 주장하면서 정상과학 안에서는 과학이론에 대한 결정적인 반증이 존재하지도 않고 반증으로 곧 바로 이론을 폐기하지도 않는다고, 포퍼를 포함한 그 이전의 과학철학이론을 비판하였다. 반증이론의 한계를 분명하게 들춰 내 주었던 것이다.

　그의 이론을 요약하면 정상과학과 과학혁명이 되풀이되는 변동의 구조, 곧 그가 '과학혁명의 구조'라고 명명한 구조의 두 현상을 매끄럽게 연결해 과학 발전의 역사를 설명해 냈다. 사실에 대한 관찰과 추론은 탐구자에 의하여 '선택된 특정 패러다임의 영향·통제 아래' 행해지고, 과학·지식·이론이 '검증이나 반증이 불가능한 패러다임에 의하여 그전 과학연구 방식을 통째로 바꾼다고 보았다. 그래서 일정한 패러다임을 중심으로 정상과학과 과학혁명이 반복되는 과정에서 단절적이고 불연속적으로 교체(전환)된다'고 과학 발전의 역사를 설명하였다. 즉 패러다임 정립 이전(과학 이전)의 시기로부터 시작돼 패러다임 정립의 정상과학1-이변-위기-경쟁-새로운 패러다임의 정립(과학혁명)-정상과학2-이변…등과 같은 순서로, 단절적이고 불연속적으로 과학혁명이 반복되는 과학·지식·이론의 변동구조를 제시하였다.

이와 같이 쿤이 제시한 패러다임 인식론은 현대 과학철학의 큰 흐름을 바꿔 이제는 주류 과학철학이론이 되었다. 그가 제기하는 논점이 한두 가지가 아니다. 그렇지만 '패러다임'이란 개념을 이용하여 과학의 본질과 성격을 밝힌 것이 그 핵심이다. 그만큼 '패러다임'은 전통적인 과학관을 뒤집어엎고 새로운 과학관을 선보이는 데 있어서 핵심적인 개념이다. 그 패러다임에 관하여는 큰 논쟁이 벌어졌다. 그러나 결국 쿤 자신이 1970년 재판의 '후기'(postscript)에서 크게 두 가지의 의미로 정리돼 이제는 그렇게 통용되고 있다. 곧 ① 연구분야의 참여자들에게 가르치게 되는 규범으로서의 구체적인 업적이거나 모델, 즉 훌륭한 모범적인 업적으로서의 모범사례(범례, exemplar)와 ② 연구과정에서 배경적 믿음의 체계를 제공해 주는 학문적 기반(전문분야 기반, disciplinary matrix)이 그것이다.[3] 앞서 살펴본 바대로 바로 이 패러다임 개념을 정책에 적용한 것이 '정책패러다임'이라고 하겠다.

제 2 절   **반실재론적 구성주의 인식론**

실재론(實在論, realism)은 가장 넓은 의미로 우리가 보는 세계(대상)가 우리의 정신(주체의 인식)으로부터 독립(완전히 분리)해서 존재한다는 관점이다. 그에 반하여 반실재론(anti-realism)은 세계(대상)가 우리의 정신(주체의 인식)과 분리될 수는 없고 오직 정신(주체의 인식)과 연관돼서만 존재한다는 관점의 철학적 입장이다. 여기서 '실재'는 '인식 주체(주관)로부터 독립해 객관적으로 존재한다고 여겨지는 것'이란 뜻인데, 자연과 같은 인식 대상이 그 예이다. 가장 기본적인 철학적 논제

---

3) Kuhn(1970), 10, 175, 182, 208.

들이 그러하듯이, 실재론과 반실재론은 많은 파생적 실재론과 반실재론으로 나눠지며 끝없이 논의되고 있다.4) 여기에서는 큰 줄기의 실재론과 반실재론으로만 대비하면서 간단히 논의하기로 하겠다.

실재론에서 지식의 궁극적 목표는 절대적인 '진리 추구'이다. 그리하여 이론은 현상(자연 등 인식 대상)을 서술(기술)하고 설명하며 예측하는 등 경험적 유효성을 제공해 줄 뿐만 아니라, 그 이론이 말하는 모든 내용은, 관찰 불가능해서 실증하기 어려운 부분까지 진리(옳은 것)를 추구해 나아가야 한다고 본다. 서양의 학문은 이 실재론적 태도를 확고히 한 근대과학을 시작하면서 동양을 앞서게 되었다. 아인슈타인이 대통일이론(grand unified theory)을 추구한 것 같이 우주를 움직이는 기본적 원리는 궁극적 진리를 표현하는 단 한 가지 이론에 들어 있을 것이라고까지 믿고 추구하고 있다. 실재론자들은 이론이 실재를 묘사하고 대표하며 지칭한다고, '이론이 실재를 표상한다'라고 표현한다. 이는 '이론이 실재와 대응한다'는 의미에서 '대응론'(correspondence theory)이라고 한다. 많은 낙관적 실재론자들은 인류가 지금까지 쌓아올린 지식이 진리를 추구하는 목표를 어느 정도까지는 달성해서 성공적이라고 본다. 이에 비하여 칼 포퍼와 같이 많은 비관적 실재론자들은 진리를 찾아내는 목표를 뚜렷이 달성하지는 못하고 있지만, 가설을 내세워서 반증을 거듭하며 희망을 잃지 않고 계속 진리를 추구해 나가야 한다고 본다. 과학의 임무는 경험적으로 검증할 수 있는 지식만 추구하는 것이고, 관찰이나 실험이 불가능한 것에 관한 이론은 영원한 가설이거나 편리한 사고의 도구일 뿐이라고

---

4) 그중 하나가 바스카의 비판적 실재론(critical realism)이다. 바스카는 인식론 논의에 몰두하다 존재론을 잃어버렸다고 기존 과학철학인식론을 비판한다. 즉 존재의 영역은 경험적인 것(the empirical), 실제의 영역(the actual), 실재의 영역(the real)의 세 부분을 갖는데, 과학의 궁극적 목적은 실재 영역(the real)이 작용하는 방식, 곧 존재론의 최심층인 실재적인 것(the real)이 실제의 영역(the actual)으로 나타날 때 이를 경험하는 것(the empirical)과 같이 작용하는 방식의 발생적 메커니즘(generative mechanism)을 파악하는 데 있다고 주장한다. 그리하여 그는 과학의 대상과 그 대상에 대한 지식을 구분하고, 대상의 세계를 불변적(자동적) 대상(intransitive objects)이라고 한다. 그리고 대상의 지식을 타동적 대상(transitive objects)이라고 구분하면서, 과학활동은 타동적 대상에 대한 지식을 생산하는 작업이라고 본다. 이에 따라 그는 의식작용과는 상관없이 독립적으로 존재하는 연구 대상, 즉 실재(the real)가 있다는 형이상학적 전제에서 출발하되, 우리와 독립해 존재하는 대상이 무엇인가를 직접적으로는 알 수 없고, 오직 이성적인 판단을 활용하는 비판적 작업을 통해서만 알 수 있다는 뜻에서 그의 이론을 '비판적 실재론'이라고 하였다. 이상 Roy Bhaskar, A Realist Theory of Science, 2nd ed. Leeds: Leeds Books, 1997; 이영철, "패러다임에서 실재로: 구성주의 과학관에서 실재론적 과학관으로," 155-179 참조.

본다.5)

실재론적 인식론의 가장 대표적인 것은 논리실증주의(간단히 실증주의)이다. 실증주의의 명제는 다음처럼 정식화된다. 즉 ① 우리의 인식 대상은 우리의 인식 이전에 완전히 객관적으로 독립하여 존재한다. ② 우리의 지식은 존재한 그대로의 대상을 그대로 드러낼 때 참 지식(진리)이다. ③ 그 지식 탐구 과정에서 주관적 관점·편견을 배제하고 사회적 제약을 제거하는 철저한 객관성을 유지하는 것이 중요하다. 결국 실증주의 인식론적 기초는 이와 같은 인식의 '수동주의'이고, 하나하나의 개별적인 사실을 축적해서 전체의 모습을 형성해 일반적인 이론이나 법칙에까지 귀납적으로 도달하려는 '축적주의'이다.6)

이에 비하여 반실재론은 현상이 우리의 인식과 분리되지 않고 연관돼서만 존재하는데, 우리의 불완전한 지식으로 진리를 알 수 없다고 본다. 반실재론자들은 실재론자들이 현대과학의 성공이 과학이론이 진리를 표현하고 있다는 증거라고 주장하는 데 대하여 과장이라고 본다. 그러면서 성공적인 이론도 나중에 폐기되는 역사를 보면 현재 성공한 것 같이 보이는 것이 진리라고 단순하게 믿을 수는 없다고 주장한다. 반실재론자들은 실재론자들의 대응론에 반대하여 '정합론'(coherence theory)을 주장한다. 정합론은 이론이 실재와 잘 맞아떨어진다는 의미일 뿐이라는 것이다. 여기서 이론은 '진리'를 추구하기보다는 '진상'을 알아낸다는 정도의 의미이다. 특히 이론의 핵심 도구(매개체)인 '언어'의 미묘하고 난해한 문제에 관한 현대 분석철학의 성과를 토대로, 언어로 이루어지는 이론이 실재를 정확하게 대응한다는 것은 어렵다는 문제를 제기한다.7)

반실재론적 인식론의 가장 대표적인 것은 '구성주의'(constructivism)이다. 구성주의는 우리의 모든 인식을 세계에 관한 원자료를 기초로 하여 우리가 구성한 결과물로 본다. 구성주의 인식론의 원조는 칸트(Immanuel Kant, 1724-1804)이다. 그의 인식론은 폴란드 천문학자 코페르니쿠스(Nicholas Copernicus, 1473-1543)가 당시

---

5) 장하석(2014), 150-178 참조.
6) 명제의 정식화는 Adam Schaff, History and Truth, Oxford: Pergamon Press, 1976, 77. 이를 포함해 이한구, 역사학의 철학, 민음사, 2007, 19-27에서 재인용 요약 및 참조. 새프의 번역본은 김택현(역), 역사와 진실, 청사, 1983이 있음.
7) 이상 장하석(2014), 173-178 참조.

까지의 진리인 태양이 지구를 돈다는 프톨레미의 천동설(지구중심설, geocentric theory)을 지구가 태양을 돈다는 지동설(태양중심설, heliocentric theory)로 바꾼 '코페르니쿠스의 혁명'(전환, 전회, Copernican revolution)에 비유된다. 그것은 순수이성비판에서 '대상구성이론'을 전개하면서 칸트 스스로 붙인 비유이다. 칸트는 인식 주체(주관, 보는 것, 이성)와 인식 대상(객관, 보이는 것, 객체, 세계)의 관계를 그와 유사하게 전환시켰다. 즉 대상을 중심에 놓고 인식 주체가 그것을 반영한다는 전통적인 수동적 인식론을, 인식 주체를 중심에 놓고 인식 주체가 대상을 구성한다는 능동적 인식론으로 바꾼 것이다.8)

> 말하자면 우리의 지식은 수동적 관찰의 결과라기보다는 거의 대부분이 능동적인 정신적 행위의 결과라는 것이다. 그러므로 우리가 지식을 얻고자 한다면 우리 스스로가 능동적으로 조사하고 비교하고, 종합하고 일반화하지 않으면 안 된다. 이것은 또한 어떤 전제로부터도 자유로운 인식이란 존재할 수 없다는 것을 의미한다. 우리의 인식이란 자료들을 가공하고 정리하는 우리의 인식의 틀을 작동시킨 결과이기 때문이다. 즉 우리는 무로부터 출발할 수는 없고, 과학의 경험적 방법에 의해서는 검증되지 않는 어떤 전제의 체계를 갖고 우리의 일을 추진할 수밖에 없다는 것이다. 칸트는 이런 전제의 체제를 인간 이성의 불변적 구조를 의미하는 '범주적 틀'이라 규정했지만, 현대의 인식론자들은 훨씬 자유롭고 다양하게 해석하고 있다. 따라서 그것은 '개념 체계'라 불리기도 하고 '세계관'이나 '패러다임'이라 일컬어지기도 한다. 이런 인식론의 가장 현대적인 형태가 패러다임이론이다. 패러다임은 매우 복잡한 개념이지만, 핵심은 우리가 세계를 이해하는 가장 기본적인 인식의 틀이라 할 수 있다. 패러다임이론은 우리가 어떤 인식의 틀을 갖느냐에 따라 세계는 달리 보인다고 주장한다.··· 토머스 쿤의 「과학 혁명의 구조」는 패러다임이론의 교과서이다.9)

---

8) 칸트는 "지금까지는 모든 우리의 인식이 대상들에로 향해야 한다고 가정해왔다. 그런데 대상들에 대해서 (그렇게 해서) 우리의 인식을 넓혀볼까 하는 모든 시도들은 허사로 돌아갔다. 그러므로 이제 우리는 한번 대상들이 우리의 인식에로 향해야 한다고 가정할 때 형이상학의 과제를 더 잘 해결할 수 있지 않을까 시도해볼 만하다"(순수이성비판 제2판 ⅩⅦ)라고 하면서, 우리의 인식이 대상들을 향해야 한다고 생각하다 보니 선험적인(경험적 지식 이전의) 인식들을 올바르게 설명할 수 없었다. 그러니 그 반대로 대상들이 우리 인식에로 향하는 것으로 생각해 보니 모든 것이 훨씬 더 쉽게 설명이 된다고, 하늘이 아니라 지구가 도는 것으로 생각을 바꿔보자고 하였다. 이기상, 철학노트, 까치글방, 2002, 108, 260-262, 271-274 참조.

9) 이한구(2007), 28.

이처럼 패러다임이론은 구성주의 인식론적 근거를 갖고 있는데, 그 구성주의의 명제는 다음과 같이 정식화된다. 즉 ① 우리의 인식 대상은 인식 주체와 독립해서 존재하는 것이 아니고, 그 대상과 유기적인 전체를 형성하는 인식 주체에 의하여 구성된다. ② 우리의 지식은 언어 사용의 맥락에서 '참'으로 해석될 때만 참이다. ③ 그 지식 탐구 과정에서 주체가 갖고 있는 관점이나 세계관이 불가피하게 개입하므로 대상을 그대로 드러낼 수가 없다. 이런 구성주의의 인식론은 주관주의이며 상대주의이다. 구성주의로는 개인도 나름대로 독특한 인식의 틀을 갖고 인식하므로 '개인적 구성주의'도 있을 수 있으나, 논의의 중심은 역시 일정한 공동체 사회의 구성원들의 사회적 차원에서 인식의 틀이므로 '사회적 구성주의'(social constructivism)이다. 그렇다면 그런 구성주의의 상대주의는 시대적, 문화적, 계층적, 집단적 형태의 상대주의가 될 것이다.[10]

제 3 절 구조주의 인식론과 해석학·현상학적 인식론

어떤 대상을 보고 이해하는 데 있어서 그 겉으로 드러나는 구체적이고 개별적인 '현상'과 그런 현상을 지배하는 추상적이고 보편적인 '본질'을 이원적으로 구분하는 사고방식은 고대부터 있어 왔다. 그런 이원적 사고방식은 당연히 '현상'보다는 '본질'이 진정한 실체인 만큼 그 실체를 중시해야 한다는 논리를 주장하는 데 그 목적이 있다. 거기에서 '본질'은 '구조'와 거의 같은 의미를 지니고 있다.

우리는 흔히 여러 요소들이 복잡하게 얽혀 있어 '시스템' 전체를 근본적으로 해결하지 않고는 쉽게 해결하기 어려운 문제를 '구조적인' 문제라고 한다. 그러면서

---

10) 명제의 정식화는 Adam Schaff, History and Truth, 2장 80. 이를 포함해 이한구, 역사학의 철학, 27-30에서 재인용 요약 및 참조. 미국 사회학자 피터 버거는 토머스 루크만과 더불어 '현실은 사회적으로 구성된다'(Reality is socially constructed.)라고 '사회구성론'을 제시하며, "우리는 세상을 있는 그대로 보는 것이 아니라, 우리가 보는 대로 세상이 존재한다"란 말로 유명하다. Peter L. Berger and Thomas Luckmann, The Social Construction of Reality, Anchor Books edition, 1967(초판은 N.Y.: Doubleday & Company, 1966), 1.

말단지엽적인 문제들만을 해결하려는 미봉책이 아니라, 그런 문제들 덩어리(문제
군, 問題群)의 큰 뿌리와 뼈대(근간) 자체를 바꾸는 근본적인 '구조 조정'이나 '구조
개혁' 혹은 '지배구조의 개혁' 등을 주문한다.

이 아주 당연하게 사용하는 '구조'(structure)의 개념은 서양 사상과 철학의
원류인 플라톤의 이원론적 사유체계로까지 거슬러 올라간다. 플라톤은 인간의 인
식세계를 '이상계'와 '현상계'로 나누고, 현상계를 이상계의 그림자에 불과한 것
으로 보았다. 이 플라톤의 이원론은 구체적인 현상이 추상적인 구조에 종속된다
고 본 현대 '구조주의'(structuralism, *structuralisme*)의 출발이라고 해도 좋을 것이다.
이처럼 다양하고 역동적(동태적)인 모습으로 나타나는 현상의 이면에 존재하는,
정태적인 뼈대를 의미하는 '구조'나 그런 뼈대를 탐구하고자 했던 학문의 한 방법
론이 '구조주의'이다.11)

그런데 구조주의는 20세기 초 스위스 언어학자 페르디낭 드 소쉬르(Ferdinand
de Saussure, 1857-1913)가 프랑스어 '파롤'(parole)과 '랑그'(langue)를 구분하며 사상
계의 총아로 등장하면서 문제가 되었다. 그는 '파롤'로 표현되는 구체적인 발화
(發話)의 언어 사용 활동인 개별적·구체적인 '언어현상'의 '상태의 동태적인 변
화'(통시태, diachronie)에 대한 관심을 배제할 것을 주장하였다. 그 대신 모든 외적
영향과 개인적 독특한 상황에서 벗어나 언어활동을 지배하는 추상적인 법칙과
같은 '체계' 기능을 수행하는 '랑그'(langue)라는 '언어 자체'의 '주어진 정태적 시
점에서의 언어 상태'(공시태, synchronie)에 대한 관심을 주장하였다.12) 곧 발화 행

---

11) 이상 김종우, 구조주의와 그 이후, 살림출판사, 2007, 4-5.
12) 강의가 끝나면 모든 강의 노트를 찢어버리는 기벽이 있었던 소쉬르는 그의 강의 내용이 사후
2년 후인 1915년 제자들의 노트에 의해 '일반언어학 강의'로 출판된 후, 구조주의는 물론 언어
학의 '랑그'를 '기호들의 체계'로 파악함으로써 '기호학'(記號學, semiotics)의 창시자이기도 하
다. 그의 '기호'는 '개념'(단어의 소리)을 의미하는 '시니피에'(signifié, 기표, 記標, 영어
signifier)와 청자의 내부에서 형성되는 기호의 개념적 부분'(의미되는 내용)을 의미하는 '시니
피앙'(signifiant, 기의, 記意, 영어의 signified)이 결합된 것으로 본다. 기호는 본질적으로 자의적
인 특성을 갖는데, 즉 기표와 기의 사이에는 어떠한 필연적이며 고유한 관계가 있는 것이 아니
라고 본다. 영어의 'dog'라는 말은 우리말 '개'라는 또 다른 용어로 대체될 수 있는 만큼, 구조
로서의 언어의 내적이며 본질적인 관계가 강조된다. 이처럼 소쉬르는 '사회생활 속에 있는 기
호가 무엇이며, 그 기호는 어떤 법칙(언어로 보면 '체계')에 따라 지배되는가'라는 기호의 삶을
연구하는 학문인 기호학은 관념들의 기호체계인 언어와 연결되고, 따라서 언어학과 연결된 학
문으로 본다. Cours de linguistique générale(Course in General Linguistics), C. Bally and A.

위가 일어나는 구체적인 언어활동, 즉 저마다 처한 사회문화적 상황에 따라 다르게 나타나는 말하는 방식은 중요하지 않으므로 배제한다. 그 대신 그 자체의 고유한 법칙에 따라 존재하면서 말하는 사람이 오직 자신이 속한 사회구성원들 사이의 공통 약속 체계인 언어체계에 구속돼 단지 그것을 배워 반복하고 재생산할 뿐인 언어체계가 언어활동의 본질이므로 그 본질에 집중해야 한다는 주장이었다. 이는 그전까지 대상에 대하여 -언어로 보자면 어떤 언어가 시·공간적으로 어떻게 변해왔는가의- 역사적·동태적·실증적·개체적으로 수행해 왔던 거의 보편적인 연구 풍토에 대한 반발이었다. 그 대신 그런 구체적인 대상의 모습을 규정하고 지배하는 선험적인 구조적·정태적·전체적·보편적인 '체계'를 가정하고 이를 중시하자는 주장인 셈이었다.

그런데 20세기 서구 사상사에서 '구조주의'가 등장하여 논쟁을 촉발하며 그 중심에 있게 된 것은 구조주의가 인류 사상사에서 '인간 주체가 차지하고 있는 절대권', 곧 '인간 중심의 사고'를 뒤흔들어버렸다는 데 있다.13) 먼저 언어학(현대 언어학, 구조언어학)에서 시작된 '체계'에 대한 관심은 인류학,14) 정신분석학, 문학 분야를 거쳐 인문사회과학 전반으로 확산되었다.15) 그러면서 '체계' 개념은 '구

Sechehaye(eds.), 최승언(역), 일반언어학 강의, 민음사, 1990, 27.

13) 김종우(2007), 5 참조.

14) 프랑스 인류학자 클로드 레비스트로스(Claude Lévi-Strauss, 1908-2009)는 구조(체계) 개념을 인류학에 도입해 처음에는 '관계의 체계'를 사용해 원시사회의 친족관계를 설명한 '친족의 기본 구조'(1949)로 그리고 브라질 내륙 4개 원주민 부족들의 삶을 자서전적 기행문 형식으로 담아냈다. 그러면서 원주민 사회에 대한 서구 사회의 우월감과 편견에 찬 '문명과 야만'의 이분법 구분에 반대하고, '우리들과 다른 사회'일 뿐인 원주민 사회 고유의 규칙과 방법, 특수성과 고유성을 강조한 '슬픈 열대'(1955)를 발표해 유명해졌다. 이어서 그는 방대한 규모의 4권의 '신화' 시리즈(1964-71)로 신화체계 전반, 그리고 '구조인류학' 제2권(1973), 미국 북서해안 인디언의 예술·종교·신화를 분석한 '가면을 쓰는 법'(2권, 1975) 등을 발표했다. 인간의 정신생활 전반, 즉 문화로 확대 적용해 무의식적 심층 심리에 깔린 '구조'가 겉으로 드러난 것으로 본 '문화의 체계'(예컨대 음식, 행동, 의복 등 언어로 말하면 일종의 랑그에 관한 요소들의 상호관련성을 일종의 문화적 규약으로 파악)를 탐구하려고 노력함으로써, 구조주의를 체계적으로 정립해 확산시키는 과정에서 많은 논쟁을 하며 인문사회과학에 큰 영향을 미쳤다.

15) 예컨대 그동안 인물이나 정치사건으로서 역사를 보는 관점에서 1929년 설립된 프랑스 아날학파(Annales School)는 사회경제 구조가 전체 사회를 끌어간다는 생각을 중심에 놓으면서 역사학의 한 방법론으로 등장하였다. 그리고 국제정치학의 경우, 마르크스주의적 구조주의 계열 이론으로 종속이론(dependency theory)과 세계체제론(world system theory)이 있고, 비마르크스 계열 이론으로 구조주의적 제국주의이론(structural theory of imperialism)이 대표적인 구조주의 이론이다. 박재영, 국제정치패러다임: 현실주의, 자유주의, 구조주의, 전정판, 법문사, 2002, 500-555 참조.

조' 개념으로 바뀌고, 그 '구조'를 중시하는 '구조주의'와 그에 맞서 '행위자의 의지·의도·이해'를 중시하는 해석학, 현상학, 실존철학 등 간 논쟁이 활발하게 전개되었다.

한편 사회세계를 이해하고 해석하는 설명의 중요성을 강조한 접근방법을 보통 '해석학'(hermeneutics)이라고 부른다. 이는 인간의 주관적 의식을 중시하고, 기본적으로 심리적·직관적인 방법으로 사회과정에 직접적으로 관련되는 행위자들의 입장에서 사회생활 속의 대상을 연구하는 데 관심의 초점을 둔다. 이는 칸트의 관념론에서 그 지적 기반을 발견할 수 있다. 그리고 직접적으로 빌헬름 딜타이(W. Dilthey)의 철학적 입장, 베버(M. Weber)의 이해의 사회학, 후설(E. Husserl)이나 슈츠(A. Schutz)의 현상학이 이 접근방법에 속한다고 보는 것이 대체적인 평가이다. 행정학에서 해석학적 입장을 취하는 대표적인 이론은 하몬(M. Harmon)의 행위이론(action theory)이다.[16]

19세기 말 독일 딜타이(Wilhelm Dilthey, 1833-1911)는 당시 인문사회과학에 널리 퍼진 자연과학의 영향을 거부하고, 정신과학인 인문사회과학 특유의 인식 방법론으로서 '이해'를 가장 체계적으로 확립하였다. 그는 정신과학의 '이해'와 자연과학의 '설명'을 구분하였다. 자연의 인식은 의식에 주어지는 현상에만 관계하지만, 정신과학의 대상은 내면적 경험에서 주어지는 체험의 실재 자체이다. 따라서 우리는 자연을 '설명'하고, 정신생활을 '이해'한다고 본다. 그는 우리의 지각은 오관을 통한 외적 지각과, 슬픔과 기쁨과 같은 정신상태를 오관의 도움 없이 직접적으로 파악하는 내적(내면적) 지각이 있다고 본다. 그런데 삶에서 가장 먼저 주어지는 -아직 모호하고 불투명한- 체험적 인식은 더 분명한 인식에 도달하기 위하여 여러 가지 삶의 형태를 밖으로 드러내게 되는 바 표현 속에서 정신을 인식하는 것이야말로 '이해' 또는 '추체험'(追體驗)이라고 보았다. 즉 체험-표현-이해라는 전체적 이해의 틀 속에서 '인간의 내면 세계가 전체적으로 나타난 체험 표출의 이해'만이 본래적인 이해라고 주장하였다. 그런데 다양한 이해의 수준에서 가

---

16) Josef Bleicher, Contemporary Hermeneutics: Hermeneutics as Method, Philosophy and Critique, London: Routledge & Kegan Paul, 1980, 권순홍(역), 현대 해석학, 한마당, 1983, 35 및 이기상 (2002), 70 참조.

장 엄밀한 인식의 확실성에 도달하기 위해서는 이해의 최고 단계인 '해석'(interpretation) 이라는 보편타당한 학문적 인식을 얻을 수 있다고 하였다. 즉 엄격한 학문적 인식 을 위해서는 특수한 주관적 조건에 의존해 있지 않도록 비판과 비교, 재음미의 과정을 계속함으로써 삶의 표현이 고정된 객관성을 얻을 수 있게 하는 이해의 단계인 '해석'이 중요하다는 것이다.[17)

그런데 크게 해석학적 접근방법의 하나로 보는 현상학(phenomenology)은 20 세기 초 후설(Edmund Husserl, 1859-1938)이 '의식'에 나타나는 현상들(phenomena) 의 본질을 탐구하고자 제시하였다. 그 명칭 때문에 본질이 아닌 '현상'에 대한 성찰이라고 오해하기 쉽지만 그것이 아니다. 오히려 의식의 '순수 현상'(순수 경험, 순수 체험)을 탐구하려는 것이다. 우리는 항상 무엇인가를 의식한다. 그런데 현상 학은 그 경험적 대상과의 관계에서 외적이고 자의적이며 폐쇄적인 관계로 나타나 는 의식을 배격한다. 그 대신 일정한 주관적 의미, 적극적 또는 지향적 관점(active or intentionalist view) 혹은 지향성(intentionality)을 가지고 경험적 대상과 직접적이 고 개방적이며 소통적인 관계를 갖고,[18) 의미나 의의를 부여하고 '구성하여 나타 난' 대상으로서의 의식의 순수 현상을 추구한다.[19) 즉 타성·편견·무의식적 성향

---

17) 이한구(2007), 236-247 참조. 그런데 이해의 과정은 역설적인 것으로 '해석학적 순환' (hermeneutic circle)을 포함한다. 우리는 부분을, 그것을 부분으로 포함하고 있는 전체를 이해하 지 않고서는 이해할 수 없으며, 동시에 우리는 전체를, 그것을 구성하는 부분들을 이해하지 않 고서는 이해할 수 없다. 그렇게 이해는 부분에서 전체로의, 그리고 다시 그 반대로의 끊임없는 운동을 포함하며, 독일 해석학자 가다머(Hans-Georg Gadamer, 1900-2002)는 이것이 바로 우리 가 사유할 때 수행하는 것이고, 사유하는 존재로서의 바로 우리 존재에 대한 서술이라고 하였 다. 그에게 개인은 이차적인 것이고, 역사(문화, 전통)가 일차적이다. 우리는 우리 자신을 개인 들로 이해하기 훨씬 전에 우리가 그 속에서 살고 있는 사회적 단위들을 통해서, 그리고 그 단 위의 부분으로 우리 자신을 먼저 이해하게 된다고 본다. 우리는 일차적으로 우리 자신의 선입 견, 즉 우리가 그것의 일부인 역사적 순간에 대한 선판단(prejudgement)을 통하여 세계를 이해 한다고 하는데, 우리를 역사와 우리 삶에 뿌리박게 하는 것으로서 '선입견'(prejudice) 등과 같 은 단어를 우호적인 관점에서 도입하는 것은 가다머가 전통적인 과학 개념에서 아주 멀리 떨 어져 있음을 보여준다. 이상 Ted Benton and Ian Craib, Philosophy of Social Science, Palgrave Macmillan, 2010(second ed.), 이기홍(역), 사회과학의 철학, 한울, 2014, 181-182 참조.
18) 후설이나 그 제자인 슈츠는 '의식은 항상 지향적이다'는 명제를 제시했는데, 사회학자 버거와 루크만은 '현실은 사회적으로 구성된다'고 이를 확대 발전시켰다. Berger & Luckmann(1966) 및 Michael M. Harmon, Action Theory for Public Administration, N. Y.: Longman, Inc, 1981 참조.
19) 행태주의적 과학주의에 반발한 '반행태주의'가 20세기 후반부터 득세하면서 해석학·현상학· 상징적 상호작용론·비판이론 등에서 '주관적 의미를 내포한 행위'(action) 곧 의식적·의도적 행동인 '행위'가 중요한 개념으로 등장하게 되었다. 그때, 대표적으로 사회학자 버거(P. Berger) 와 행정학자 하몬(M. Harmon) 등은 사회과학이론의 기본적 분석단위가 개인, 집단, 국가, 체제

에서 벗어나 누구에게나 보편화될 수 있는 의식으로 주위의 경험·판단된 세계(기존의 이론이나 경험)를 판단정지(epoché) 또는 괄호치기(bracketing)에 의하여 모든 선입견들로부터 자유로운 무전제의 환원(reduction)으로 물러섬(retreat) 가운데(어떤 것에 관해 이미 알고 있는 것을 파기하고, 근원과 토대로 파고드는 본질직관으로), 경험적 대상을 만나서 숨은 의미와 맥락(선험적 주관성과 상호주관성)까지 올바르고 명료하게 드러내고자 하는 철학적 접근방법인 것이다.[20]

결론적으로 구조주의는 인간 정신세계의 다양한 현상을 넘어 전체적인 체계로 사물의 본질을 파악하고자 한 중요한 성과를 가져왔다. 그렇지만 다른 한편으로 구조주의는 개인적인 것을 집단적인 것으로, 자율적인 의식을 범주적인 무의식으로 환원시켜 버림으로써 구체적인 인간의 의미와 역할에 대한 논의가 생략된다. 결국 구조주의는 '코드'를 다루기 위해 '메시지'를, 보편적인 '체계'를 다루기 위해 우연적인 '사건'을 배제해 버린다. 또 대상의 '구조'를 다루기 위해 주체의 '의도'를 논의에서 배제해 버린 셈이 된다.[21] 간단히 대상에 대한 탐구에서 '주체'와 '의미'의 배제이다.

이런 구조주의는 구체적인 인간현상, 곧 역사적으로 다양한 방식의 긴장 상태에서 갈등하고 있는 구체적인 인간 삶의 상황에 놓인 '개인'(자율적인 주체)을 배제하게 된다. 또 사회적·문화적·역사적인 맥락 속의 개인의 행위가 띠는 '의

보다는 오히려 능동적·사회적 본성을 지닌 사람들의 '얼굴을 맞댄 만남'(대면적 만남, face-to-face encounter)이어야 한다고 주장하였다. 그들은 베버의 행위 개념과 후설, 슈츠의 현상학을 도입하여 행동의 상호주관적 의미, 동기, 상호성(mutuality)을 강조하는 '행위이론'(action theory)을 주창하였던 것이다. E. Husserl, Ideas Pertaining to a Pure Phenomenology and to a Phenomenological Philosophy: Second Book, tr. by Richard Rojcewicz and André Schuwer, Dordrecht/Boston/London: Kluwer Academic Publishers, 1989, 298, 337; 김홍우(1999), 54-55, 132, 198-199, 241; Berger and Luckmann(1967), 28-34 및 Harmon(1981), 31-40 참조.

20) 흔히 사회과학에서 통계를 사용하는 온갖 연구를 통칭하는 지배적인 '실증주의적 접근방법'에 대응한 것으로, '행위자의 관점'이라고 간주되는 것을 사용하는 온갖 연구를 가리키는 통칭 접근방법을 '현상학적 방법'이라고 느슨하게 사용하기도 한다. Benton and Craib, 이기홍(역), 2014), 144; 강신택, 행정사상과 연구의 논리, 조명문화사, 2013, 94-101.

21) 김종우(2007), 42. 사회학자 기든스는 충분히 일관성 있는 사상체계로 볼 만한 것이 결여된 구조주의(탈구조주의 포함)는 이제 죽었다고 선언한다. 그렇지만 그 지적 유산 또한 큰 것도 인정하면서 다양성에도 불구하고 구조주의의 특징을 ① 전체성이란 관계적 성격(기호의 임의적 성격, 기의보다 기표 우선성) ② 주체의 탈중심성 ③ 글쓰기의 성격 ④ 대상과 사건의 구성에서 임시성의 성격에 대한 관심으로 요약한다. Anthony Giddens, Social Theory Today, Stanford Univ. Press, 1987, 195-196.

미'(담론에 대한 논의)에 대한 이해를 배제해 버린다는 비판을 받게 되었다. 마치 언어를 그 언어가 존재하는 세계와 연결되지 않고 '기호체계의 닫힌' 상태로 있는 '기호'라는 형식성, 추상성의 정태적인 '구조'(이론적인 방법)로 파악한다. 그 결과 '누군가가 무엇인가에 대해 말하는 것'이라는 '문장'과 '담론'의 실체성(메시지), 구체적인 상황(구체적 현실성, 대상), 말하는 사람의 주관성(의도), 말하는 대상에 대한 관심이란, 언어활동의 다른 본질적인 문제(실천적인 현실)가 들어설 여지가 없이 배제되고 만다. 또 구조인류학에서 신화를 몇몇 신화의 구성요소(신화소)들로 분절한 후 각 요소들 사이의 관계를 규명함으로써 신화의 의미를 분석하고자 했을 뿐, 인간의 삶에서 신화가 어떤 구체적인 기능을 하는가의 근본적인 질문에 대해서는 관심을 두지 않았다는 것이다.

> '인간의 주체적인 사유에 대한 억압'이란 가장 큰 한계를 지닌 구조주의는 1950년대에 현실 속의 있는 그대로의 '실존'(바로 구체적인 현상)이 선험적인 '본질'(구조)보다 앞서는 것으로 본 프랑스 실존주의 철학자 사르트르(Jean Paul Sartre, 1905-1980)와 정반대 사유로 인하여 서로 격렬하게 충돌하였다.[22]

또 1960년대 초 '야생의 사고'를 둘러싸고 저자 레비스트로스와 프랑스 해석학자 폴 리쾨르(Paul Ricoeur, 1913-2005) 사이에 치열한 논쟁이 벌어졌다. 리쾨르는 구조주의가 주체와 대상 사이의 완전한 단절을 전제해 관찰자(주체)와 체계(대상) 사이에 비역사적인 관계를 설정하므로 관찰자가 대상의 역사적 행위 속에 드러나는 의미의 이해에까지는 나아가지 않는다고 비판하였다. 그러면서 구조주의는 인식 대상 세계의 전체보다는 제한적인 부분에서만 유효하게 이해하게 해 주므로

---

22) 김종우(2007), 36-39 참조. 역사 인식에서 레비스트로스와 정반대의 입장에 선 사르트르는 인간의 연구에서 중요한 것은 추상적인 것에 관한 이론적인 논의가 아니라, 현실적인 것에 대한 실천적 고려라고 한다. 그에게 '현실'이란 형식적인 '기호'가 아니라, 인간이 실제로 체험한 '의미'로 구성되어 있고, 그 '의미'는 대상에 대한 형식적인 분석으로는 파악되지 않고, '존재는 구체적인 것'이라는 사실을 잊어서는 안 된다고 주장하였다. 그러면서 그는 모든 인간은 우연히 아무런 값어치 없이(무상, 無償으로) 이 세상에 던져진 잉여, 나머지 또는 여분의 '우연성·무상성의 존재'라고 한다. 그래도 자신의 인생은 어디까지나 자신이 어떻게 행동하느냐, 즉 자신의 선택과 기획에 달려있는 '가능성의 존재'라고 보았다. 20세기 사회적 격변에 대하여 레비스트로스의 초연함에 비하여 사르트르는 격렬하게 참여하며 발언한 것으로 서로를 대비시켜 주었다.

해석학으로 보완해야 한다고 주장하였다. 대상(전통 등의 대상)은 단지 해석하는 주체의 분석대상으로만 존재하는 것이 아니라, 끊임없이 주체의 삶 속으로 파고 드는 것으로서 "모든 전통은 해석을 통해 살아가기"23)이기 때문이라는 것이다. 인간의 역사와 전통은 끊임없이 재해석되는 것이고, 거꾸로 해석행위가 의미를 지니기 위해서는 역사와 전통 속에 뿌리를 내려야 한다고 리쾨르는 주장하였 다.24)

　　이로써 '자율적인 주체'라는 서구 철학의 전통이 구조주의로 인하여 위기를 맞았지만, 그 비판 진영에 의해 구조주의가 퇴조하면서 복권되었다. 그렇지만 여 전히 구조주의의 '구조' 개념은 그 '개념이 확장'돼 중요한 유산으로 남아있다. 리쾨르가 유효성을 부인하지 않고 상호 보완을 위해 제안한 대로이다. 원래 구조 주의에 대한 비판은 사실 구조주의의 성과를 자신들이 지향하는 인식양식에 어떻 게 수용할 수 있을 것인가 하는 물음에서 출발하였다. 그렇기 때문에 그 비판은 '구조' 개념 자체의 장점과 효용성을 받아들이면서 이에 대한 새로운 개념을 정립 하기 위한 시도라고 할 수 있다. 각각 추상과 구체, 본질과 실존이라는 인간 삶의 양면성을 드러내는 구조주의와 해석학은 서로 배척할 이유가 없고, 오히려 인간 에 대한 완전한 이해를 위해 서로의 한계를 보완해 종합돼야 한다는 것이 오늘날 의 보편적 인식이다.25)

제 4 절　역사주의 인식론

　　역사주의(historicism, *Historismus*) 내지 역사주의 철학은 19세기 후반 유럽, 특 히 독일에서 비약적으로 발전한, 근대 역사학을 비롯한 인문사회과학 등 제반 정신과학에 편승하여 성립된 사상체계 또는 세계관의 하나이다. 그런데 20세기에

---

23) Paul Ricoeur, Le Conflit des Interprétations, Seuil, 1969, 31. 이 '해석의 갈등'은 김종우(2007), 46 에서 재인용했는데, 국내에 번역본(양명수, 한길사, 2012)이 나와 있다.
24) 김종우(2007), 42-48 참조.
25) 김종우(2007), 80-81, 83. 86-87. 원서 '해석들의 갈등'에서는 33-34, 40-41, 60 참조.

들어와 영미권 등 다른 지역에서까지도 그것이 체계화되고 담론 형태로 논의되기에 이르렀다. 그 과정에서 이는 서로 다른 역사적 맥락과 국가적 특성에 따라 매우 다르게 이해되고 수용되는 다기적·포괄적 개념이 돼, 일정한 사상적 틀과 방향으로 규정하기도 어렵게 돼 버렸다.26)

그렇지만 대체로 역사주의는 "모든 현상은 역사성을 지니며, 따라서 역사적 제약을 벗어날 수 있는 현상은 존재할 수 없으리라고 생각하는 철학적 입장"27)을 말한다. 또 "모든 사물과 사실이 역사성을 본질적 속성으로 갖는다고 보고, 역사성을 통해 이들을 설명하고 평가하고자 하는 특수한 사고방식"이다. 그 핵심 개념인 '역사성'은 "시간의 흐름 속에서 갖는 변화," 즉 "어떤 것이 시간의 흐름 속에서 변화할 때, 그리고 그 변화가 단순한 반복이 아니라 어떤 고유한 특성들을 구현할 때, 역사성을 갖는다고 규정된다." 요컨대 역사주의는 "모든 사회문화적 현상은 역사 발전의 단계나 법칙에 따라 결정된다"는 이론으로 해석할 수 있다. 이에 따라 그것은 "모든 사건들이 제 나름의 독특한 개성을 가지고 있을지라도, 모두 어떤 유기적으로 통일적인 연관 속에 존재하는 것"으로 이해함으로써 연관성의 원리에 의하여 "전체는 부분들의 단순한 총합 이상"이라는 "전체론의 일종"이라고 할 수 있다.28)

인간은 역사를 서술하는 존재이다. 그 인간이 의지와 행동으로 창조하는(만드는) 주체라는 인식을 통해 세계와 인간에 대한 모든 사고를 역사화(歷史化) 함으로써 근대적 세계관으로서 역사주의가 탄생하였다. 그리고 이는 인간의 모든 지식은 역사적이며, 역사적인 것만이 진리로 인식될 수 있다는 주장으로 나아갔다.29) 근대 역사학의 아버지 독일 랑케(Leopold von Ranke, 1795-1886)는 엄밀한

---

26) 임상우, "책을 내면서," 한국사학사학회(편), 역사주의: 역사와 철학의 대화, 경인문화사, 2014, 5. 다기적 예로 역사기록의 실증적 정확성(랑케, 마이네케), 진보나 개량의 역사적 발전의 맥락, 역사 법칙·예측의 필연성이나 결정론(칼 포퍼의 비판) 등등이 있다. 김현식, "역사주의," 김영한·임지현(편), 서양의 지적 운동, 지식산업사, 1994, 505.

27) [네이버 지식백과] 역사주의(서울대 철학사상연구소). (위 논문, 343-344).

28) 이는 '반역사주의'를 주장하는 입장의 이한구 교수의 정의이다. 이한구, "역사주의와 반역사주의," 한국사학사학회(편), 역사주의: 역사와 철학의 대화, 경인문화사, 2014, 341-366 및 이한구 (2007), 273 참조.

29) 김기봉, "우리시대 역사주의란 무엇인가," 한국사학사학회(편), 역사주의: 역사와 철학의 대화, 경인문화사, 2014, 369 참조.

사료 비판(史料批判)에 기초를 두고, 변화하는 개개 사실(개체)의 역사성을 객관적인 분석과 해석의 방식을 통해(그는 세미나 방식의 교육도 고안해 냄), 즉 모든 관점과 역사관을 배격하고 오직 사실 자체의 탐구에 몰두함으로써 보편적인 진리에 도달할 수 있다고, 역사학의 과학화, 역사 객관주의를 추구하였다.

그러나 역사 탐구의 주체가 일정한 관점(역사관)을 가지고 역사적 사실에 대한 해석을 할 수밖에 없다는 -칸트가 원조인- 역사 구성주의는 역사적 지식의 객관성을 부정하고 역사 주관주의를 추구하였다. 역사는 과거와 현재와의 대화라는 카(E. H. Carr)의 현재주의 역사관을 비롯하여, 역사는 필요에 따라 쓰여진다는 실용주의 역사관, 역사는 이야기 곧 문학의 한 장르라는 인문주의 역사관 등이 그에 속한다. 그렇지만 이는 관점에 따라 역사 서술이 달라지는 역사 상대주의의 난점을 야기하였다.[30]

한편 랑케 식의 실증사학이나 카 식의 구성주의사학이나 모두, 부분인 개체성으로 전체인 보편성을 실현하려고 하였는데, 그런 목적으로 추구되는 '역사개성주의'는 상대주의 문제를 결코 극복할 수 없었다. 변화하기 마련인 상대적인 역사적 지식 자체가 옳고 그름을 판단하는 판단기준을 제공하는 진리가 될 수는 없으므로 역사주의에는 그런 딜레마의 문제가 있음이 드러나게 되었다. 근대 이후 역사적 사유 일반의 문제로서 모든 가치를 역사화(상대화) 하는 역사주의의 문제가 있었던 것이다.[31]

이에 모든 것을 역사화 함으로써 생겨난 상대주의 문제를 해결할 목적으로 거대담론 역사의 발명을 통해 변화의 총체적 방향을 진보로 설정하는 것으로부터 '역사법칙주의' 형태의 역사주의가 태동하였다. 먼저 시간 속에서의 변화를 제1원칙으로 역사개성주의가 성립했다면 다음으로 마르크스의 역사발전의 5단계와 같이 변화의 총체로서 역사의 방향성을 역사법칙으로 정식화하려는 시도가 '역사법칙주의'를 만들어냈다.

그런데 20세기를 '극단의 시대'로 만든 대표적인 두 이데올로기인 나치즘과 공산주의는 앞의 두 유형의 역사주의가 낳은 역사의 비극이었다. 나치즘이 저지

---

30) 이한구(2007), 35-110.
31) 김기봉(2014), 369-374 참조.

른 홀로코스트가 계몽주의 보편적 이상에서 벗어난 독일적 인종주의를 옹호하는 역사개성주의의 비극이고, 공산주의 소련 강제수용소와 중국 문화혁명은 마르크스주의라는 역사법칙주의가 기도한 유토피아 사회공학이 초래한 재난이었다.[32]

이에서 보듯이 역사적 사건들의 개성과 발전을 강조하는 '역사개성주의'는 '역사 닫힌 체계'로서 진리의 상대주의를 초래하는 데 비하여, 역사가 거시적인 역사의 법칙에 의해 지배된다는 '역사법칙주의'는 정치적 전체주의를 야기해, 모두 정당화될 수 없다. 이에 오직 '역사적 한계를 뛰어넘으면서 전진하는 역사적 열린 체계로서의 논리 인식'인 '반역사주의'가 나오기도 한다.[33] 이 외에도 역사주의의 논의는 다양하게 전개되고 있다.

제 5 절 인지심리학적 인식론

인간이 지각해 이해하고 기억하며 추리 판단하고 의사결정을 하며 의사소통하는 것과 관련된 인간의 모든 심리 활동을 '사고' 또는 '인지'(cognition)라 한다. 그리고 그런 분과학문의 심리학 분야를 특히 '인지심리학'(cognitive psychology)이라고 한다.[34] 근래 인간의 추리·판단과 의사결정의 사고 과정을 드러내 밝혀주는 데 크게 기여하고 있는 심리학은 정책기조와 관련하여 중요한 인식론적 근거를 제공해 주고 있다.

인간은 세상을 체계화시키는 개념들을 형성하고 일련의 범주로 계층화해 개념들을 사용하면서 체계적으로 사고한다. 그런 체계적인 사고로써 효율적인 판단과 의사결정을 하며 문제를 해결한다. 그런데 그런 문제해결에 이르는 인간의 다양한 인지 과정을 보자. 어떤 경우에는 ① 문제해결에 이르는 논리적 규칙이나

---

32) 김기봉(2014), 379-380 참조.
33) 이한구(2014), 341-366 참조.
34) 이하 인지심리 분야는 David G, Myers, 심리학개론, 신현정·김비아(역), 시그마프레스, 2008, 259-271; 민윤기 외(공역), 마이어스의 심리학탐구, 시그마프레스, 2011, 315-322; 현성용 외(공저), 현대 심리학 이해, 학지사, 2008, 226-237을 참조해 작성함.

절차인 '알고리즘'(algorithm)을 사용해 문제해결을 시도한다. 때로는 ② 대안의 수를 줄여 탐색하는 것과 같이 간편하고 빠르므로 효율적인 문제 해결의 방책인 '발견법'(heuristic, 휴리스틱, 추단법, 어림법)을 사용하기도 한다. 또 때로는 ③ 갑자기 해결책의 영감이 떠오르는 방법인 '통찰'(insight)에 의지하기도 한다. 그런데 아무리 문제해결을 잘 하려고 해도 그것을 방해하는 인지적 경향성이 있다. 즉 ⓐ 자신의 생각(선입견)을 부정하는 증거보다는 지지(확증)하는 증거(정보)를 더 열심히 찾으려는 '확증 편향'(confirmation bias)이 있다. 미국이 이라크 사담 후세인의 대량살상무기 보유 증거에 집착하다 오판한 것이 그 예이다. ⓑ 복잡한 대상을 단순화하기 위한 개념의 범주화 과정에서 과거에 작동하던 마음자세로 친숙한 기능만을 생각하려는 데 머물러 새롭거나 다른 대안적 기능을 생각하지 못하게 하는 '고정관념'(stereotype) 또는 '고착'(fixedness, fixation)의 심리적 요인의 영향도 받는다.

그런데 우리가 매일 수많은 판단과 결정을 할 때, 체계적이고 명시적으로 추리하는 논리적 추론보다는 대체로 시간과 노력을 들이지 않는 즉각적이고 자동적인 느낌의 사고인 '직관'(intuition)에 따른다. 이 '마음의 자동적 정보처리'인 심리적 간편법이란 발견법은 합리적 결정을 내리는 데 도움을 주기도 하지만, 때로는 효율성의 대가로 잘못된 판단을 범하게 한다. 그래서 명석한 사람들조차도 어떻게 중요한 정보를 과소평가하거나 무시하게 돼, 왜 그렇게 멍청한 결정을 내리는 것인지를 이해하게 해 준다. 이는 인지심리학 분야의 획기적 도약을 촉발한 인지심리학자 트버스키와 카네만이 찾아낸 세 가지 발견법에서 찾을 수 있다.

전통적인 경제학은 인간의 합리성을 가정하였다. 여러 개의 대안 중에 하나를 선택하는 의사결정과정에서 사람들이 각 대안들에 대한 선호(preference)를 형성하고, 그중 선호도가 가장 높은 대안을 선택한다는 것이다. 사람들은 각 대안을 택하였을 때 발생할 수 있는 여러 결과에 대한 확률을 각각 추정하고, 그 확률에 근거해서 각 대안에 대한 선호를 형성하면서, 선호도가 높은 대안을 선택하게 된다고 설명하였던 것이다. 그러나 대부분의 일상생활에서 하나의 대안을 결정할 때 예상되는 결과가 확률적인 형태로 추정되는데, 그런 확률들 간 상호 비교하는 판단이 그렇게 단순하지 않다. 그렇기 때문에 대안 중 선호하는 대안을 선택하는 판단이 불확실한 상황에서 놓이게 된다.

이에 트버스키(A. Tversky)와 카네만(D. Kahneman)이란 인지심리학자가 1974년 '불확실한 상황에서의 판단'이란 논문을 통하여[35] 전통 경제학에서 정립된 기대효용이론(expected utility theory)을 비판해 큰 주목을 받게 되었다. 결과를 발생할 확률에 대한 인간의 '지각 과정'에서 인간이 지각하는 확률과 수리적 확률이 동일하지 않을 수 있고, 그 지각이 의사결정에 중요한 역할을 수행하므로 인간의 판단과 결정에 있어서 인지심리학적 지각에 관한 이해가 필요하다는 사실을 반복적 실험(경험적 연구) 결과를 통하여 주장하였던 것이다. 경제학자들은 주로 효용이 금전가치의 함수라는 데 관심을 두고 함수의 다양한 형태에 관심을 가졌지만, '확률의 지각'에 대해서는 관심을 두지 않았다. 그러나 금전의 가치에 대한 심리적 크기를 나타내는 효용이 있듯이, 확률의 크기에 대한 심리적 크기를 나타내는 어떤 실체가 있을 것이다. 바로 트버스키와 카네만이 ① 확률의 지각, 즉 그 지각이 판단에 영향을 미치는데, ② 그 지각은 상황에 영향을 받을 수 있다는 데 대한 많은 실험을 한 결과, 동일한 금전에 대한 효용도 상황에 따라 다르게 지각되고, 동일한 확률에 대한 심리적 크기도 상황에 따라 다르게 지각된다는 사실을 알게 되었다. 말하자면 효용이론에 근거하여 선호도를 결정하고 선택한다는 전통적인 경제학이론에 결과와 확률에 대한 '지각 과정'이라는 새로운 인지심리학적 설명요소(고려 요소)를 발견해 추가했다는 점에서 혁신적인 연구였던 셈이다.

그들은 불확실성을 내포한 인간의 판단과정에서 사용되는 발견법으로서[36]

---

35) Amos Tversky and Daniel Kahneman, Judgment under Uncertainty: Heuristics and Biases, Science, 185(4157), 1974, 1124-1131. 이 논문을 포함한 35편의 논문으로 동일한 제목의 책이 슬로빅(Paul Slovic)도 합류해 3인 공편으로 1982년(Cambridge Univ. Press) 출간돼 인지심리학의 교과서 같은 지침서가 되었다. 그 외 인간의 두 가지 사고체계인 '빠른 직관'과 '느린 이성'의 충돌과 융합에 관한 사례 분석서인 Daniel Kahneman, Thinking, fast and slow, Farrar, Straus and Giroux, 2011; 대니얼 카너먼, 생각에 관한 생각, 이진원(역), 김영사, 2012 참조 바람.

36) 휴리스틱(heuristic, 발견법, 추단법, 어림법)은 시간이나 정보가 불충분하여 합리적인 판단을 할 수 없거나, 체계적이고 합리적인 판단을 할 필요가 없는 상황에서 자신의 경험에 근거하여 지름길을 찾아 어림짐작으로 신속하게, 그러나 항상 최선은 아닌 방식으로 문제를 풀이하는 방식을 말한다. 따라서 쉽고 빠르게 생각나는 근거를 사용해 평가·결정하는 데 따른 오류 가능성인 '가용성 오류'와 같이, 그것은 빠른 의사결정의 장점만큼이나 타당하지 않은 결정의 오류 가능성을 안고 있다. 김청택, "불확실한 상황에서의 판단: 휴리스틱과 편향들," 김세균(편), 사회과학 명저 재발견 1, 서울대 출판문화원, 2009, 37-54 참조.

크게 대표성(representativeness), 가용성(availability) 그리고 기점화(거점화)와 조정 (anchoring and adjustment)의 세 가지 의사결정의 발견법을 제시하였다. 그리고 이 는 많은 실험에서 매우 강력하고 보편적으로 일어나는 현상임이 증명되었다. 즉 ① 대표성은 일단의 범주로 모아들인 어떤 개념이란 특정 '원형'(prototype, 한 범주 내 가장 전형적인 대상)을 중심으로 그에 얼마나 잘 대표해 들어맞는가에 근거하여 어떤 문제(대상)를 판단하는 것을 말한다. ② 가용성은 심리적으로 가용한 정보(기 억 속 정보)가 얼마나 되는가에 근거하여 가용성이 높은 사건들에 대한 확률이, 그렇지 않은 사건들에 대한 확률보다 높게 평가되는 것을 말한다. ③ 기점화와 조정은 판단 직전에 외부로부터 주어지거나 스스로 떠오른 어떤 정보에 기준점을 두고 조정을 거쳐 그 정보의 근사치에서 판단이 내려지는 경향(거점 효과, 닻내림 효과, anchoring effect)이 있다는 현상을 일컫는다.37)

인간의 인지는 대체로 경이로울 정도로 효율적(능률적이고 효과적)이어서 세 상에 대해 즉각적이고 직관적인 반응을 보여 신속하고도 적응적으로 반응할 수 있게 해 준다. 그러나 다른 한편으로 인간의 인지적 경향성에 관한 앞의 연구들은 판단과 결정에 있어서 얼마든지 비합리적인 판단과 결정이 일어날 수 있음을 시 사해 주게 되었다. 트버스키와 카네만은 이를 발전시켜 1979년 '전망이론'(조망이 론, prospect theory)으로 정립하였다. 이는 위험을 수반하는 대안들에 관한 의사결 정을 어떻게 내리는지를 설명하고자 하는 이론이다. 사람들이 이득보다 손해에 더 민감하고, 이득과 손해는 기준점(참조점, 적응수준)을 기준으로 평가되며, 이득 과 손해 모두 효용이 체감적인 관계를 갖는 것으로 가정해 위험 회피적으로 판단·결정한다는 이론이다.38) 또 판단할 때 직관적 발견법을 사용하고 이미 가지 고 있는 신념을 확증하려고만 애쓰며(확증 편향) 실패에 핑계를 대려고 요령을 피 우는 것 등이 결합하여 '과신'(overconfidence), 즉 자신의 지식과 판단의 정확성을

37) 예컨대 중고차 구매 시 판매상인이 책정한 가격대에서 흥정을 하게 되는 경향이다. 거점 정보 가 전혀 정보적 가치가 없거나 무작위로 추출해 제시돼도, 극단적인 값을 주더라도, 심지어 정 보를 이미 많이 가지고 있는 전문가에게도 강력하게 거점효과가 나타난다는 것이다. 박희정·김현 정·최승혁·허태균, "'누구'의 생각이니까: 거점효과에서 제공자 신빙성의 역할," 한국심리학 회지, 25(3), 2011, 47-48.
38) Amos Tversky & Daniel Kahneman, "Prospect Theory: An Analysis of Decisions under Risk," Econometrica(47: 2), 1979, 263-291; 대니얼 카너먼(2012), 357-365.

과대평가하려는 경향성을 초래하기도 한다는 사실도 밝혀냈다.[39] 또 자신이 믿는 신념에 집착하는 '신념 집착'(belief perseverance)의 경향도 있는데, 그 신념이 이유가 있다고 판단하고 납득할수록 그 신념을 저해하는 다른 증거들을 무시하고, 선입견은 더 강력하게 지속된다는 현상도 밝혀졌다.

그들은 이어서 1981년 유명한 '틀 효과'(framing effect)에 관한 논문을 발표하였는데,[40] 동일한 정보라도 어떤 틀(정보 배열) 안에서 지각하느냐(전달받느냐)에 따라 해석이 달라지는 효과를 말한다. 틀만들기(틀짓기, framing)에 따라 동일한 정보에 대한 지각이 달라지고 해석이 달라진다는 것은 판단과 결정에 왜곡·편향이 있고, 합리적으로만 -즉 연속성과 일관성의 요구조건을 충족시키며- 추론되지만은 않는다는 사실을 밝혀주는 것이었다.[41] 전통적 경제이론에 따르면 사람들이 자신이 진정으로 원하는 것을 잘 알고 있다고 가정하고, 무엇을 좋아하는지 싫어하는지 물어보는 방법(프레임)과 상관없이 언제나 동일한 선호를 보일 것이라고 보았다. 그런데 인지심리학자들이 프레임에 따라서 경제적 선택이 완전히 달라진다는 점을 실험을 통해서 깨뜨려버린 셈이었다. 즉 기존의 효용이론이나 형식적

---

39) 러시아를 침공한 히틀러, 베트남 전쟁에 참전한 존슨 대통령, 대량살상무기를 제거하겠다고 이라크를 침공한 조지 부시 대통령 등이 모두 과신의 사례이다. 그런데 과신은 적응적 가치를 갖는다. 판단의 정확성에 대한 즉각적이고 명확한 피드백(feedback)을 주게 되면 -매일 기상 예측을 하는 기상예보관처럼- 자신의 정확성을 더 현실적으로 평가하는 것을 곧바로 학습한다. 이상 Myers(2011), 266-267 참조.

40) Amos Tversky & Daniel Kahneman, The Framing of Decision and Psychology of Choice. Science(211: 4481), 1981, 453-458.

41) 예컨대 월간잡지 구독료를 년 12만원보다는 월 1만원이라고 할 경우 더 많이 구독한다. 외과 의사가 특정한 수술을 받는 동안 10% 환자가 사망한다고 말하는 것이나 90%가 생존한다고 말하는 정보 내용은 동일하다. 그런데 그 효과는 동일하지 않다. 10% 사망할 것이라는 정보를 들은 사람에게 위험이 더 큰 것으로 지각된다. 또 기도 중 담배를 피워도 되느냐란 질문에 안된다고 대답한 랍비(유대교 사제)가 이번에는 질문을 바꿔, 담배를 피우는 중에 기도를 하면 안 되느냐란 질문에는 기도란 때와 장소를 불문하고 얼마든지 할 수 있다고 대답하며 권장하는, 미국에서 널리 회자되는 유머에서도 드러난다. 동일한 행동도 어떻게 프레임하느냐에 따라 삶에서 얻어내는 결과물이 결정적으로 달라진다는 것이다. 또한 해결책이 뚜렷하지 않는 '잘 구조화되지 않은 문제'에는 보는 관점(프레임)에 따라 달라지므로 서로 자신의 프레임을 상대방에게 주입시키기 위해 '프레임 전쟁'이 벌어진다. 조지 라코프(George Lakoff) 교수는 미국의 이라크 침공을 보수 진영은 '테러와의 전쟁'이므로 무조건 이겨야하는 것으로, 진보 진영은 '점령'이므로 철수 시기만이 중요하다고 프레임 짓는 예가 그것이다. 김인철, 프레임, 21세기북스, 2007, 21-22, 53-54; George Lakoff, Don't Think of an Elephant, Chelsea Green Publishing, 2004; 조지 레이코프, 코끼리는 생각하지 마-진보와 보수, 문제는 프레임이다, 유나영(역) 와이즈베리, 2015 참조.

인 판단이론에서 합리적인 판단을 하고 있다는 인지과정에 대하여 이들 인지심리
학자들은 경험적 연구를 통하여 그렇지 않다는 것을 드러내고 이론화하였다. 그
리하여 많은 현상들에 대하여 심리적인 요인에 의하여 구체적으로 이를 설명할
수 있다고 하는 데에서 큰 공헌을 하였다.[42] 후에 테일러(Richard H. Thaler)가 카네
만과 트버스키와 교류하면서 소위 행동경제학(behavioral economics)이라는 경제학
의 한 분야를 개척하였다. 그리고 그 공로를 인정받아 −생존자에게만 수여하기
때문에− 카네만이 2002년 노벨경제학상을 받았다.[43]

　　이상과 같은 '판단과 의사결정에 대한 인지심리학적인 접근'은 심리학·경제
학뿐만 아니라, 다른 학문 분야에도 중요한 영향을 미쳤다. 정책학과 관련해서는
추리·판단과 결정의 인지 과정에서 각종 편향·오류 등의 비합리적인 영향요인에
관한 인지심리학적 연구 결과는 전체적으로 '주관적인 구성주의 인식론'의 근거
를 확고하게 뒷받침해 주고 있다. 대표적으로 어떤 정책들을 선택·결정하는 심리
적 근저에는 그 준거기준(거점, anchor)이란 인지적 틀이 있다는 사실(거점효과)과,
그 틀 안에서 정책문제를 틀 짓기(프레이밍)하는 데 따라서 정책문제의 정의 자체
가 −따라서 정책 자체도− 달라진다는 이론들이 그것이다. 개개 구체적인 정책들
은 단순히 객관적으로 드러난 정책문제에 대처한 객관적인 해결방안이라기보다
는 대체로 어떤 특정 패러다임과 같은 '인지적 기본 틀'로서의 기조논리
(paradigmatic logic)라는 거점을 준거로 삼아 그 지배를 받는 산출물로서 주관적인
산출물이라는 사실이 그 예이다. 그리하여 정책의 패러다임(정책기조)의 인지심리
적 측면에서의 인식론적 근거에 대하여 인지심리학이론은 인지심리구조의 작동
메커니즘을 통하여 설득력 있게 확인해 주고 있다고 할 것이다.

---

42) 김청택(2012) 참조.
43) <넛지>라는 저서(공저)로도 잘 알려진 '행동경제학자' 세일러도 인간 행동이 종종 합리적이지
　　않고 편향되며 비이성적이라는 제한적 합리성(bounded rationality)을 실험을 통해 규명한 공로
　　를 인정받아 2017년 노벨경제학상을 수상하였다. Richard H. Thaler and Cass R. Sunstein,
　　Nudge: Improving Decisions about Health, Wealth, and Happiness. Yale Univ. Press, 2008; 넛지,
　　최정규·선스타인·탈러(세일러), 안진환·서정민(역), 리더스북, 2009.

제 6 절	**종합적 고찰**

　　현실의 정책기조와 그에 따른 정책은 다양한 측면·층위·성격·구조 등을 보여준다. 우리는 현실의 그런 다양성과 복잡성을 존중하여야 한다. 그런 만큼 정책기조를 어떤 단일 또는 소수의 정형화된 이론에 의해 임의로 규정하려고 하면 오히려 정책기조의 다양한 측면·층위·성격·구조 등을 놓치기 쉽다. 그렇다면 정책기조의 인식론적 근거도 다양한 철학적 인식론을 포함하는 복잡한 것이라는 사실을 존중해야 한다. 그리하여 앞의 -그 이론이나 논의가 그만한 가치가 있는 한에서는- 여러 논의 중 어느 것이 선택되고 다른 것은 배제되어야 하기보다는 그들 논의가 대소·경중·선후 등의 차이를 고려하여 부분적으로 모두 선택되고 변증법적으로 종합될 수 있다. 그리고 실제 현실의 다양한 정책기조의 경우에는 그런 인식론적 근거들이 다양하게 변주(變奏) 적용된다고 하겠다.

　　먼저 반실재론적 구성주의 인식론에 대하여 정리해 보면서 정책기조와 관련된 종합적인 고찰을 시작하기로 하겠다. 인식론의 가장 기본적인 첫 번째 분기점은 실재론과 반실재론인데, 정책기조의 직접적인 모태 이론에 속한 토마스 쿤의 패러다임이론은 반실재론에 속하고, 그중에서도 구성주의에 속한다. 실재론의 가장 대표적인 형태인 실증주의는 인식 대상에 대한 인식 주체의 수동적인 '순수한 반영적 대응론'의 귀납적 객관주의이다. 그런데 우리가 거의 대부분의 인식에서 선입견 등을 경험하고 있고, 과학철학 인식론에서 본 바와 같이 그런 실증주의는 더 이상 엄격하게 유지되기는 어렵다. 즉 관찰의 이론 의존성 논제가 그런 실증주의의 허상을 밝혀주고 있다(그래서 기껏해야 완화된 의미에서나 적용 가능하다). 관찰에 앞서 이론(단순한 가설에서부터 넓은 의미의 세계관적 틀, 관점까지 포함)이 이미 존재해 안내·인도하고, (따라서 일반론적으로 말하면-저자 주) 이론이 일차적이고 관찰이 이차적이다.[44] 이는 정책의 형성에 앞서 그 정책의 기본 틀과 방향을 제시하

44) 이한구(2007), 30-31.

고 이끌어주는 지침 성격의 '정책기조'가 있다는 논제와 정확히 일치한다. 그 정
책기조에 의해 정책문제를 선택하고 의제화하며, 정책목표와 정책대안 등을 제안
하고, 정책분석을 행하며, 최종적으로 정책을 결정한다.

　　그렇지만 반실재론적 구성주의 역시 그 주관주의적·상대주의적 성격 때문
에 비판을 받고 있다. 인식 주체의 주관의 역할을 인정할 수밖에 없지만, 주관적
요소가 지나치게 개입될 경우 객관적인 합리성이 훼손되다 못해 상실될 염려가
상존한다. 인식 주체의 주관적 판단은 그 긍정적 기능과 함께 부정적 기능이라는
'이중성'을 안고 있는 것이다.45) 정책기조에 있어서도 정책결정자의 독선·독단
·오만·편견 등 주관적 판단이 엄중한 사태를 초래하는 잘못된 정책기조를 채택
하거나 유지할 가능성이 항상 문제로 대두한다. 그래서 정책기조에 있어서 '정책
기조리더십의 엄중성 문제'가 중요한 과제일 수밖에 없다. 또 그래서 정책기조의
최종 결정권자가 공론장에서 사회적 합의에 바탕을 두고 합리적인 선택을 하는
문제가 중시되고 요구된다. 그 때문에 정책기조의 구성주의는 '개인적 구성주의'
보다는 사회구성원의 상호주관적인(간주관적인, intersubjective) 보편적인 인식을 중
시하는, 즉 '함께 구성'하는 '사회구성주의'의 인식론적 토대와 윤리적 근거를 강
조하게 된다. 이로써 정책기조이론가들이 '상호주관적 패러다임'의 성격을 강조
하는 이유를 잘 이해할 수 있다고 하겠다.

　　다음으로 구조주의와 해석학·현상학 등의 인식론에 대하여 종합 정리해 보
면, 구조주의는 외부 세계와 단절된 폐쇄체제에서 형식적이고 정태적인 '기호'를
매개로 이론적인 분석을 위한 전체론적인 '전체 구조'를 중시한다고 하였다. 그리
고 이를 비판한 해석학·현상학·실존철학 등은 주체가 외부 세계와 상호작용하는
현실의 실천적인 영역인 개방체제에서 실질적이고 동태적(역동적)이며 개체론적
인 '주체에 의한 의미'를 중시한다고 하였다. 방법론적으로 구조주의는 보통 구조
기능주의라고도 하는데, 기본적인 원리는 목적론적이다. 어떤 대상의 각 부분 요
소들은 상호 분리될 수 없이 연관돼, 전체의 생존·정상적 작동·적응적 평형상

---

45) 인식 주체의 '관점의 이중성(양면성)' 문제는 18세기 독일 역사이론가 클라데니우스가 이미 주
　　장하였다. 이는 Jojann M. Chladenius, *Allgemeine Geschichtwissenschaften, Leipzig*, 1752; 이상신
　　(역), 19세기독일역사인식론, 고려대출판부, 1989, 5; 이한구(2007), 117에서 재인용.

태·유용성 등 구조적 전체에 이바지하는 기능을 수행하기 때문에 존재하는 것으로 전제된다. 그래서 분석 대상의 원인이 바로 우리가 관찰하는 결과, 곧 결과가 원인을 필요로 하는 반면에, 원인은 또 그 결과를 필요로 한다는 일종의 순환론에 빠질 수 있다. 원인과 결과가 상호 순환적으로 얽혀 있는 순환론은 갈등 상황을 설명하기 어려워진다는 비판을 받는다.46) 또 구조를 거의 유일한 결정요인으로 삼는 '구조결정론'은 현상의 중요한 다른 부분들을 놓치게 하므로 앞에서 보듯이 이에 대한 비판이 많이 나왔다.

그러면 실제 정책기조는 어떠한가? 당연히 정책기조는 현실의 구체적인 실천적 영역의 문제이다. 정책의 주체인 결정자나 담당자와 정책의 객체인 대상자(집단)의 주관적인 의지·사고·철학·이론 등이 외부 환경과 밀접하게 상호 영향을 주고받으며(동태적·역사적으로 변화하는 개방체제의 관점에서), 일단의 정책들 전체를 지배하는 기본적인 틀과 방향(구조)으로서의 정책기조이다. 그렇다면 이런 영역을 다루는 인식론적 근거 이론은 구조주의의 '구조'와 함께 현상학 등 비판 진영의 '주체 개인(들)의 주관성과 의미'가 변증법적으로 종합된 것이라고 할 수밖에 없다. 즉 현실의 실제 정책기조는 기본적으로 구조주의의 '구조'라는 인식론을 그 바탕에 깔고 있지만, 이와 동시에 정책기조라는 구조를 좌우하는 정책결정자(리더)를 비롯한 정책행위자들 주체의 주관적 의도·의미·사상·가치의 표출인 리더십(정책기조리더십)과 참여의 중요성·비중을 결코 경시할 수 없다. 따라서 정책기조는 해석학·현상학 등이 중시하는 '주체 개인(들)의 주관성과 의미'를 포함하는,47) 그리하여 '정책결정자에 의한 의미의 구조'(그것이 '정책을 지배하는 인식의 기본 틀과 방향'이라는 정책기조의 정의에 해당)라는 인식론적 근거를 또한 지니고 있다고 정리할 수 있겠다.48) 이러한 '구조'와 '인간'의 종합은 인간의 사회활동을

---

46) 이 비판은 칼 헴펠의 Carl G. Hempel, Aspects of Scientific Explanation and Other Essays in the Philosophy of Science, N.Y.: Free Press, 1965, 303; 이한구(2007), 276-279 참조.

47) 정책연구의 해석학적 접근방법은 David C. Paris and James F. Reynolds, The Logic of Policy Inquiry, NY: Longman, 1983, 166-201 참조.

48) 영국 사회학자 기든스(Anthony Giddens, 1938-)는 구조주의와 행위이론을 결합하여 사회구조는 행위주체의 구성에 들어가며 거기서부터 행위주체의 사회적 실천에 들어가지만, 또한 행위주체의 실천의 산물이기도 (또는 행위와 구조는 서로를 전제)하므로 결국 구조는 사회적 실천의 매개이며 동시에 산물이라는 '구조의 이중성'(양면성, duality of structure)을 주장하는 '구조화(structuration) 이론'으로 명성을 얻었다. Anthony Giddens, The Constitution of Society, Cambridge:

이해하는 필수적인 전체 모습인 점에서 실제 정책(정책기조)의 현실에 그대로 나타난다고 할 것이다.

다음으로 역사주의는 역사를 중심으로 어떤 현상을 설명하고 평가하려는 인식론적 입장이라고 하였다. 모든 현상이 시간의 흐름 속에서 갖는 어떤 고유한 특성들(역사성)을 지닌다는 것이다. 그런데 역사의 과학적 탐구를 추구하는 실증사학과, 어떤 역사관을 가지고 역사를 탐구하는 역사구성주의 사학 등의 '역사 개성주의'의 역사주의나, 역사의 방향성을 일정하게 역사법칙으로 정식화하려는 '역사 법칙주의'의 역사주의도 모두 오류 가능성이 있음이 판명되었다. 그래서 아예 역사적 한계를 뛰어넘는 '반역사주의'의 역사적 열린 체계를 주장하는 이론도 나왔다.

그러면 실제 정책기조는 어떠한가? 정책기조는 정책의 실제 역사(정책사)적 자료를 통하여 연역적 전제를 귀납적으로 확인할 수 있는 방식으로 '정책의 실제 모습에 부합하는 정책관(정책상)'으로서 도출·제시된 개념이다. 즉 현실의 수많은 정책에 대하여 그 역사적 변동 과정을 구조적으로 분석해 보면 수많은 정책들 속에 '정책을 지배하는 인식의 기본 틀과 방향으로서의 패러다임적 존재'를 발견할 수 있으므로 이론적·실천적으로 필요충분하게 확립될 수 있는 개념이다. 그래서 정책기조는 그 이론적 토대가 정립되기도 전에 정책의 연구와 실무에 널리 쓰이는 개념이 되었다.

이와 같이 정책기조는 정책의 실제 역사성(역사적 변동과정)과 밀접하게 연관돼 있으므로 정책기조와 역사주의는 상호 불가분리의 관계에 놓인다. 그렇다고 모든 역사주의가 그런 것은 아니다. 개별적 사실들을 수집하여 전체에 이르는 귀납적 방법의 실증주의 역사주의는 객관적인 사료 비판으로 과학화를 추구한 것은 좋으나 -관찰의 이론 의존성으로 설명하였듯이- 통일적인 전체의 상(像)을 드러낼 수 없다. 즉 역사관 없는 역사 서술이 가능하지 않음을 간과했다. 여기서 '역사관'은 정책에 있어서는 바로 '정책기조'에 해당된다는 의미에서 정책기조의 인식론은 실증주의 역사주의를 배제한다. 그렇지만 역사 서술에 역사관이 필수라

Polity Press, 1984; Benton and Craib, 이기홍(역, 2014), 342 참조.

고 해서 모든 역사관이 정당화되는 것은 아니다. 예컨대 영국이 인도를, 일본이 조선을 그렇게 하였듯이, 식민주의를 옹호하고 정당화하려는 식민 사관은 후진 사회의 정체성 및 타율성을 중점적으로 부각시키면서 선진 사회가 후진 사회를 침탈하거나 합병하는 것은 정당하다고 후진 사회의 역사를 왜곡한다.[49]

그렇다고 민족사관도 민족의 독자성과 개성을 지나치게 강조하면 보편적 역사주의에서 멀어진다. 마찬가지로 마르크스의 유물사관과 같은 역사법칙주의의 역사주의도 보편사(普遍史)를 추구하지만, 지나치게 도식화해서 법칙화한 오류를 범했다. 그렇지만 역사주의의 오류 가능성을 넘어서는 반역사주의의 주장도 아직 검증되지는 않았다. 이는 정책기조에서도 마찬가지로 정책기조 없이 정책을 이해하거나 운용하는 것이 적절하지 않다고 해서 어떤 정책기조이거나 모두 좋다는 인식은 옳지 않다. 그렇다고 정책기조가 '정책 상대주의'의 경향을 반영하므로 정책기조 개념을 쓸모없다고 버리는 것도 타당하지 않다.

또 "역사주의적 설명은 근본적으로 전체론적 설명이라 할 수 있"으므로 거기에 "개인의 자율성과 창조성은 전체라는 실체 속에 묻혀 버린다. 관념론적 역사주의에서는 초개인적인 시대정신이 실체로서 자신을 드러내는 것으로 가정되며, 유물론적 역사주의에서는 생산양식이라는 경제적 구조가 모든 문화를 결정하는 것으로 상정되어 있다."[50] 사실 정책기조는 초개인적인 실체인 '구조'를 말하므로 거기에서 '경로의존성'(path dependence)이 강하게 작용하는 것과 같이 개인이 어떻게 해 볼 자율성과 창조성의 여지가 적어지고 제약되는 경우가 많다. 그러나 다른 한편으로 정책기조만큼 -비록 정책에 영향을 주는 정책결정자(정책리더)와 같은 개인의 경우이지만- 개인이나 소수가 그 운명을 좌우할 수 있는 것도 없다. 즉 강력한 권한의 새 정책결정권자 또는 그 후보자는 전임자(前任者)의 기존 경로에 대한 '경로독립성'(path independence)을 추구하면서 자신이 선호하는 사상·철학·원리 등을 반영한 새로운 '경로 개척'(path-breaking)을 시도하고, 자신의 새 경로를 중심으로 '새로운 경로의존성'(new path dependence)을 만들어내려고도 한다.[51]

---

49) 이한구(2007), 492.
50) 이한구(2007), 273-276.
51) '경로의존성'은 제2부에서 설명된 내용을 참고 바란다. 그리고 '경로의존성'이 존재한다면 현실에서는 일정한 계기에 특별히 그에 반하는 경향(새로 취임한 조직의 장이나 선거직 후보로

개인은 역사 속에서 매우 작은, 거의 그 존재를 찾아볼 수 없는 왜소한 존재에 불과한 것이 사실이지만, 그 개인이 누구이고 무엇을 어떻게 하느냐에 따라 정책기조의 영역에서는 일거에 새로운 정책기조를 만들거나 없애거나 변경할 수 있는 것(권력, 정책기조리더십의 엄중함 같은 개체론의 속성) 또한 엄연한 사실이다.

요컨대 역사주의 인식론은 '정책의 역사적 변화 과정에서의 정책기조의 구성적 실체'라는 인식론적 부분 근거로서 관련을 맺고, 정책학자나 정책 실무자들에게 정책기조에 대한 인식의 지평을 넓혀주고, 정책기조의 운용에 일정한 통찰력을 제공해 준다고 하겠다.

마지막으로 사람의 생각과 기억, 판단을 연구하는 학문 분야인 인지심리학이 최근 많은 결과를 내놓고 있다. 대표적으로 사람이 합리적이고 이성적이라고 생각하고 판단하는 존재로 알려져 왔지만, 인지심리학의 실험 결과로 사람은 많은 경우에 비합리적이고 비이성적으로 생각하고 기억하며 판단하는 존재라는 사실이 밝혀진 것이 그 예이다. 더 나아가서 그런 생각과 판단과 관련, 인지심리학은 우리가 보고 경험한 대로 인지하는 것이 아니라 기억을 편집하는 '메타 인지'(meta cognition)를 통해서 인지하고 판단한다는 사실도 밝혀내고 있다. 이는 정책기조 자체가 메타 인지이자 거점(anchor)으로서의 '인식 틀'이라는 기본적인 사실을 환기시켜 준다. 그러면서 그로부터 정책기조의 운용 주체인 행위자를 비롯해 다른 많은 행위자들을 둘러싸고 여러 가지 인지심리학적 현상이 파생될 것을 시사해 준다. 행위자들은 아이디어, 권력, 제도 등의 요인과 결합함으로써 대표적으로 틀 효과, 틀짓기, 확증편향, 고정관념(고착), 가용성 오류, 과신, 경로의존성이

서의 공약의 예), 즉 경로독립성, 경로개척성, 새로운 경로의존성 등도 분명히 존재한다고 할 수 있다. 사람에게는 새 것으로 바꾸는 것을 싫어하는 성향(neophobia)과 아울러 새 것을 선호하고 기대하는 성향(neophilia)의 양면성이 있기 때문이다. 다음의 예는 동아일보, 2016.9.5., "[박용 기자가 만난 사람] '결정의 미학' 출간한 오연천 울산대 총장."의 인터뷰 내용 중 일부이다. (질문) 전임자가 했던 걸 다 뒤집어 버리기도 합니다. (답변) 장관 되고, 총장이 되면 당장 '당신의 오리지널한 정책은 뭐요?' 하고 물어요. 대학의 비전은 우수 인재를 양성하고 연구 잘해서 글로벌 경쟁력을 높이는 건데, 새 총장이 온다고 해서 바뀌는 건 아니죠. 승계된 정책과 새로운 정책이 잘 결합돼야 합니다. 그걸 우리 사회의 소프트웨어 역량이라고 봅니다. (질문) 정부도 마찬가진데요. (답변) 정부가 들어설 때마다 새로 한다고 하는 일 중 간판만 바꾸다는 식의 '신장개업'도 많습니다. 과거 어느 대통령이 '대통령이 되고 새로운 일에 쓸 수 있는 예산이 1%도 안 되더라'라고 하시더군요. 공공정책의 대부분이 계속 사업에 대한 것이고, 새 정부가 5-10% 정도나 바꿀 수 있을 뿐입니다.

나 경로독립성 등 현실에서 정책기조와 관련된 다양한 인지심리학적 현상을 보여
주게 된다. 역시 그 배경에는 정책기조의 또 다른 인식론적 근거인 인지심리학적
근거가 자리 잡고 있는 것이다.

제 2 부

정책기조에 관한 실제 운용 이론

제2부는 정책기조의 실제 운용과 관련된 동태적(역동적) 내용을 다룬 부분이라고 할 수 있다. 즉 정책기조의 실제 운용이란 거시적인 정책기조를 변동·형성하는 데서부터 그것을 실제 미시적인 개별 구체적인 정책들로 구현해 나가는 데까지에 이르는 일련의 주요 활동을 말한다. 거기에는 정책기조의 전환에 따른 전환 관리(정책기조 전환의 기획관리)의 활동 사항이 포함된다. 그렇게 제2부에서는 정책기조에 관하여 현실 실무에서 실제적인 지침으로 삼을 만한 실제 운용 이론을 중심으로 논의하고자 한다.

인류 공동체에 처음부터 존재해 왔던 정책에 대하여 현대적인 의미의 학문적인 영역으로서 정책학을 출범시켜 정책학의 올바른 방향을 정초하고자 했던 라스웰(H. Lasswell)이 제기한 문제의식은, 그의 논문 제목이기도 한 '정책 지향'(policy orientation)이었다. 거기에는 이론적인 정교한 방법(method)의 개발과 연구 성과도 중요하지만, 현실 사회의 여러 가지 위기 징후 속에서 근본적인 실제문제의 해결이라는 '정책 요구'(policy needs)에 부응하려는 노력의 부족에 대한 반성을 포함하고 있었다. 그런 정책 요구에 부응하는 하나로서, 그는 '무엇을 위한 지식인가'(Knowledge for What?)라는 질문을 인용하면서 '방법과 정책의 통합' '이론과 실제의 통합' '여러 학문의 통합' '학자와 실무자의 협력'이라는 '정책 지향'의 방향을 제시하고 강조하였다.* 그 후 많은 학자들도 '사회과학을 위한 사회과학'이 아니라 '사회를 위한 사회과학'(social science for society's sake)의 요구에 전폭 동의하면서 학문과 적실성 세계 사이의 잠재적 상호교환(the potential exchange between academics and the world of relevance)을 중시한 정책학을 모색하고 있다.** 이제 저자도 거기에 '한국사회를 위한 정책학'을 덧붙여서*** 이 제2부 정책기조에 관한 실제 운용 이론과 그 다음 제3부 정책기조리더십의 논의를 전개하고자 한다.****

---

* Lasswell(1951), 3-15 중 특히 3, 4, 7, 14, 15 참조.

** 특히 '정책기조'와 관련해서는 Taylor-Gooby(2013), 7; Stoker & Taylor-Gooby(2013), 241-242 참조.

*** 이와 관련, 김현구(편), 한국 행정학의 한국화론: 보편성과 특수성의 조화, 법문사, 2013 참조.

**** 특히 제2부에서는 '정책의 운용'이 자주 언급되는데, '운용'의 의미는 '정책을 형성하고 집행하며 평가하는 등 정책을 부려 쓰는 것'을 말한다. 정책운용자(정책담당자)는 구체적으로 정책형성에 관한 운용능력(줄여서 정책형성능력)을 비롯하여 정책집행능력, 정책평가능력 등 총체적인 정책운용능력(줄여서 정책운용력)을 갖춰야 한다.

제 1 장

좋은 정책기조의 기준

라스웰은 궁극적으로 '인간의 존엄성을 충실하게 실현'하기 위해서 사회 속에서 대두되는 인간의 '근본적인 문제해결'을 강조한 '민주주의 정책학'이란 학문과 그 이상을 제창하였다..그리하여 그는 그의 동료 학자인 러너(D. Lerner), 드로어(Y. Dror) 등과 함께 인간의 존엄성을 구현하기 위하여 정책의 내용과 과정과 관련된 지식의 개발을 위한 학문체계로서 '문제 지향성', '맥락 지향성', '연합학문적 접근'을 제시하였다. 이것은 그 후 정책연구의 급증 속에서 정책학의 정체성의 위기를 겪는 우여곡절 가운데, 정책학 연구의 정통성을 판별하는 기준(정책학 패러다임)으로 확립되었다.[1] 여기에 덧붙여 얀츠(E. Jantsch)는 새로운 '미래지향적 규범이 창조'될 수 있도록 '총체적인 정책체제의 설계'(policy system design)가 가능한 기획(planning)의 중요성을 역설하였다.[2]

이와 같은 정책학의 태동 시 정책학자들이 추구한 이상(理想)은 당연히 좋은 정책기조의 보편적인 기준을 생각해 보는 데 있어서 가장 중요하게 고려해도 좋을 기준일 것이다. 그리고 그러한 정책학의 정통성으로 여겨지는 전통적인 기준에 덧붙일 것은 정책 중에서도 가장 중요한 정책철학적 영역인 '정책기조'라는 특성이다. 이는 정책철학인식론의 표준으로 자리 잡고 있는 '패러다임 정책관'의 핵심을 구성하는 개념이다. 그렇게 해서 추출되는 좋은 정책기조의 기준은 곧 정책기조분석의 기준으로 삼을 수 있을 것이다. 이에 정책학의 정통적 기준[3]과 정책기조의 특성을 감안해 정책기조의 운용을 위한 이론 중 좋은 정책기조의 기

---

1) 이런 견해는 허범(2002a). 1; Brunner(1991), 65-98; Ascher(1986), 365-373 참조.

2) Erich Jantsch, "From Forecasting and Planning to Policy Sciences," Policy Sciences, 1(1), 1970, 31-47.

3) 이는 허범 한국정책학회 초대 회장이 그 수락 연설문에서 한국정책학회가 지향해야 할 이상과 목적 및 패러다임을 ① 인간 존엄성의 충실한 실현 ② 중요한 문제 해결에의 직접적 기여 ③ 심층적·구조적인 근본문제 해결의 진단과 처방의 연구 ④ 공간적·정치적·역사적·윤리적인 전체 맥락적 접근의 지향 ⑤ 학제적인 연합학문적 접근의 지향으로 요약 제시된 데 잘 녹아 있다. 허범, "한국정책학회 초대 회장 수락 연설문: 한국정책학회의 정체성과 가능성," 한국정책학회보, 창간호(1992), 7-14.

준을 다음과 같이 종합해 보고자 한다. 즉 인간 존엄성, 근본문제 지향성, 전체 체제적 유기성, 미래지향적 현실적합성, 개방적 합의성 및 신뢰성 등이다.[4] 이에 대하여 하나씩 검토해 보기로 하겠다.

제1절   인간 존엄성

라스웰이 정책학을 제창할 때 제시한 정책학의 목적은 '인간의 존엄성을 충실하게 실현'하는 '민주주의 정책학'이라고 하였다. 이 라스웰의 정책학 제창 당시의 목적, 곧 인간의 존엄성(human dignity) 실현이란 민주주의 정책학의 이상은 좋은 정책기조의 기준으로서 가장 첫 번째로 꼽지 않을 수 없는 기준이다.[5] 민주주의 정책학에서는 인류의 다른 어떤 사상, 이념, 체제보다도 이 '인간 존엄성주의'를 최고의 가치로 삼기 때문에 모든 분야의 모든 정책이 '인간의 존엄성주의'를 지향하고 추구하며 실현해야 한다.

본래부터 '인간 존엄성'은 공리적 기초의 성격을 띤 궁극가치로서 '최고 규범성'(最高 規範性)을 지닌다. '공리'(公理, axiom)라는 점은 그 진리성(眞理性)이 경험을 통해서 빈번하게 확증되고 실천을 통해서도 분명하게 증명되어서 복잡한 논리적 추론과 증명이 필요 없이 그 자체 스스로 명백(자명)할 정도로 절대 확실한 것이라고 간주될 수 있는 명제라는 뜻에서이다. 혹은 이 명제보다 더 원리적이고 포괄적인 명제가 없기 때문에 그 정당성을 위해서 꼭 논증할 필요가 없는 '기초적

---

4) 5·31 교육개혁의 20년 역사를 기록하고 평가한 안병영·하연섭 교수는 마지막 보론(補論) '성공적 개혁의 조건은 무엇인가?'에서 "부처 수준에서 추진하는 중범위 수준의 개혁이나 관료제 내부에서 시도하는 미시적 차원과는 차이가 난" "전체 사회적 영향을 미칠 수 있는 거시적·포괄적 수준의 큰 개혁"의 성공적 개혁의 조건으로 ① 장기적 조망: 역사의식과 비전 ② 전체사회와의 연관구조 ③ 점진적 개혁 추구: 이상과 현실의 조화 ④ 지도자의 결단 ⑤ 사회적 합의 추구 ⑥ 역사적 시간의 선택 ⑦ 집행능력 등 7가지를 제시한다. 안병영·하연섭(2015), 437-445. 저자는 전체 국가 수준뿐만 아니라 부처 수준은 물론, 지방정부, 공공기관 등 개인을 제외한 모든 집단(공동체) 수준에서도 그 나름대로 좋은 정책기조가 필요하다는 관점을 갖고, 따라서 그렇게 보편적인 기준과 구현 전략을 논의한다.

5) Lasswell(1951), 10, 15; Lasswell(1971), 4, 34-42.

주장'(foundational claim)에 속한 명제라는 뜻에서이기도 하다. 그렇게 그 최고 규범
성의 지위는 우리의 직관으로 알 수 있는 '공리적 기초'(공리적 토대나 기반,
axiomatic foundation) 또는 '토대공리'(정초공리, axiom of foundation)에 해당된다.6)
그래서 '인간 존엄성주의'는 '공공활동의 제1과제' '공공철학의 제1주제', 혹은
공공철학하기가 바로 그 명제에서 출발하고 있다는 의미에서 '공공의 제1철학적
명제'로서 정책과 정책학의 존재 이유 그 자체이기도 하다.7)

　　사정이 그러 하다면 모든 정책기조와 정책은 당연히 '인간'을 그 '목적 자
체'(목적적 존재)로 설정하고, 그 내용이든 절차든 형식이든, 무엇이든 불문하고
그 운용 전반에서 거기에 '인간 존엄성'을 토대공리로서 포함하고 있어야 한다.
그런데도 정책활동에서 -'사람'을 그 '대상'으로 한다는 의미에서- '정책대상자'
라는 표현과 사고에 미혹돼서 사람을 수단적 존재로 오해하고, 인간 존엄성주의
를 훼손하기 쉬운데 그것을 특별히 경계할 필요가 있다. 인간 존엄성이 명시적으
로 표현되지 않았다고 해서 그것이 소홀히 여겨지거나 없다고 간주돼서는 안 됨
은 물론이다. 모든 정책과 정책기조에는 '인간 존엄성주의'가 당연히 포함돼 있는
것이다.

　　전쟁, 테러, 불평등, 기아 등 숱한 세계적 문제의 근원에는 바로 그동안 '인간

---

6) 이와 관련, 철학에서 '토대론'(토대주의, 기초주의, 기반주의, foundationalism)과 '정합론'(整合
論, coherentism)의 논쟁이 있다. '토대론'에 의하면 일부 공허한 주장들 외에 모든 주장들은 궁
극적으로 주장이 아닌 다른 근거, 즉 직접 경험을 통해서 얻은 자료에 의해 정당화돼야 한다
고 주장한다. 지식은 확실한 것을 기반으로 해야 한다는(궁극적으로 기초가 되는 자명한 명제
들이 필요하다, 즉 인식적 정당화는 위계 구조를 지닌다는) 것이다. 그러나 이에 반대하는 '정
합론'에 의하면 토대주의가 지식의 기초로 내세우는 어떠한 감각 경험의 자료도 인식자의 '인
식의 틀'을 이루고 있는 일단의 명제들(주장들)이 없이는 인식의 그물에 걸리지 않는다고 한
다. 그러면서 스스로 정당화하는 신념이 존재한다는 것을 부정하고, 지식의 정당화는 우리가
안다고 생각하는 내용들이 서로 잘 맞아떨어지는가(실제로 추구할 수 있는 일관성)를 보는 것
이상은 없다며, 어떤 신념이 서로 뒷받침하는 일련의 신념 체계에 속한다면 그 신념은 정당화
된다고 한다. 이 두 입장 모두 타당성이 있으므로 논쟁이 계속되고 있다. 인간 존엄성의 명제
는 그 자체가 자기 정당성을 지닌 증거 토대(evidence base)로서의 기본 믿음(fundamental belief)
이자 감각 경험의 자료이고(토대론) 동시에 정합론의 인식의 틀에 해당된다고 할 수 있다. 기
초주의와 정합론과 관련, 김광수, 논리와 비판적 사고, 철학과 현실사, 1990, 173; 장하석(2014),
187-193, 399; Hasok Chang, Inventing Temperature, New York: Oxford University Press, 2004; 오
철우(역), 온도계의 철학, 동아시아, 2013, 423-448, 487-488 참조.
7) 이상 박정택(2007b), 238-239에서 수정 인용. 인간의 존엄성에 대한 구체적인 설명은 그 책 제2
부 제1장 인간존중의 공공활동 233-310 참조.

존엄성'에 대한 세계인의 인식과 실천이 부족했다는 반성이 자리 잡고 있다는
것을 증명해 주는 사실이 있다. 그것은 2017년 유엔총회가 다음과 같이 "사람
중심"(Focusing on People)을 명시적인 주제로까지 등장시키면서 모든 의제를 그
주제 중심으로 논의하고자 했다는 사실이다. 그것은 그만큼 그동안 '인간 존엄성'
에 대한 인식과 실천이 부족했음을 반성한 성찰의 결과물이라고 해석해도 좋을
것이다.

> 제72차 유엔 총회가 12일(현지시간) 미국 뉴욕 유엔본부에서 개막됐다.…유엔은
> 이로써 2018년 9월 17일까지 1년간의 새로운 회기를 시작했다. '사람을 근본으로:
> 지속가능한 지구상에서 모든 사람의 평화와 품위있는 삶 추구'를 주제로 열리는
> 이번 총회 기간에는 국제평화 및 안전, 인권, 개발 등 9개 분야 총 172개 의제에
> 대한 토의가 이뤄진다.…8)

두 차례의 세계대전을 일으켜 수많은 사람들을 죽이거나 다치게 하고 유태인
을 학살한 '유럽의 문제아' 독일은 나치 파시즘(전체주의·국수주의·군국주의)을 철
저하게 청산하지 않으면 유럽의 일원이 될 수 없음을 패전 후 직시해야 했다.
그래서 원래 1919년 제1차 세계대전에서 패배한 독일이 거듭나기 위하여 제정한
바이마르헌법에서 제1조는 -1948년 우리 헌법을 제정할 때 그 원형으로 삼은대로-
"독일은 공화국이다. 국가의 권력은 국민으로부터 나온다"라고 규정했었는데, 히
틀러에 의해 합법적으로 짓밟히고(즉 선거를 통해 국민으로부터 수권했고, 공화적인
통치를 행함), 제2차 세계대전을 일으켜 또 다시 패배했다. 이에 1949년 태어난
것이 서독(지금의 독일) 헌법(기본법)인데, 아예 거기에서는 통치원리 제1조를 인간
존엄의 선언과 보장 조항으로 바꿨다. 바이마르헌법의 제1조 규정의 실패를 반성
한 결과였다.

> 인간의 존엄은 불가침이다. 이를 존중하고 보호하는 것은 모든 국가권력의 의무
> 이다. 따라서 독일인은 불가침, 불가박탈의 인권을 모든 인간공동체의 기초로서,

---

8) 중앙일보, 2017.9.14., "북핵 이슈 속 72차 유엔총회 공식 개막." 참고로, '사람을 근본으로'의
   정부 공식 번역은 '사람을 중심으로'이다.

세계에 있어서의 평화와 정의의 기초로서 인정한다. 이하의 기본권은 직접적으로 타당하는 법규로서 입법권·집행권·사법권을 구속한다.9)

이 인간 존엄의 정신은 바로 독일이 주도적 역할을 한 유럽연합의 헌장 제1조로도 채택되었다. 오늘날 독일 외에도 프랑스, 네덜란드, 포르투갈 등이 헌법 제1조에 통치원리 대신 그 목적인 인간 존엄성을 내세운다. 그런 국정기조를 이어 받기 위하여 동방정책도, 1948년부터 11개월간 '베를린 봉쇄'(Berlin Blockade) 사건과 1961년 '베를린 장벽'으로 상징되는 소련과 동독의 비인도적 정책에 대응하여, 특히 장벽이 가져온 '인간적 고통의 완화'라는 헌법 제1조 인간의 존엄성 차원에서 시작되었다. 동방정책의 설계자로 유명한 에곤 바르의 다음 증언과 같이 이는 가장 중요하고 효과적인 사상·이념·가치(정책기조논리)였음을 독일 통일의 역사가 입증하였다.

> 내가 처음 그 구호(접근을 통한 변화-저자 주)를 내놓은 것은 1963년…베를린 시장으로 있던 빌리 브란트의 요청으로 그와 함께 일하고 있을 때였지요. 당시…가장 어려운 정치적 문제는 베를린 장벽이었습니다.…그로 인한 고통은 고스란히 베를린 시민들의 몫이었지만, 당시의 상황에서는 아무도 그들을 도울 수 없었습니다. 냉전의 장벽에 틈을 내는 일에 연방정부는 물론 주변국들도 아무런 도움을 줄 수 없다면 우리 스스로 이 문제에 다가갈 수밖에 없다는 것이 우리가 도달한 결론이었습니다. 그 첫걸음은 동·서 베를린의 친척들이 서로 방문할 수 있도록 통행증을 발급하는 것이었습니다.10)
> "61년 베를린 장벽이 만들어진 뒤 83년까지 20여 년간 서독은 동독인 3만 3,750명을 돈을 주고 데려왔다. 동독 쪽에 한 사람당 4만 마르크도 주고 10만 마르크도 주면서, 통행협정 체결 때도 서독은 동독에 '통과요금' 명목으로 수억 마르크 이상을 건네주었다. 이런 동서독 간 밀거래를 언론은 폭로하지 않고 비밀을 지켜주었다. 만일 언론이 이를 까발렸다면 동방정책은 파탄났을 것이다."…박 박사는 '북한 퍼

---

9) 김철수, 독일통일의 정치와 헌법, 박영사, 2004. 174. 독일 형법은 나치의 행위를 정당화해 피해자의 존엄성을 침해하는 발언도 처벌할 수 있는데, 특정 집단에 대해 증오를 선동하거나 욕설, 악의적 비방으로 인간 존엄성을 훼손한 발언에 대해 처벌할 수 있다고 한다.

10) 김누리 외(2006), 46. 배기정 교수가 "…동방정책을 추진하면서 당신이 내세운 '접근을 통한 변화'의 구체적 의미에 대해 직접 듣고 싶습니다. 어떤 계기를 통해 이러한 구상에 이르게 되었습니까?"라는 질문에 대한 에곤 바르의 답변 일부이다.

주기' 논란을 부추겼던 한국 언론들과는 차원이 달랐던 독일 언론인들의 성숙성을 높이 평가했다. 물밑거래를 주선하고 동독인 목회자들 월급까지 챙겨준 서독 개신교도 큰 기여를 했는데, 지금 앙겔라 메르켈 총리의 부친도 그런 목사의 한 명이었다.[11]

공산주의체제가 내 건 인간주의 구호와는 다르게 실제로 공산정권들이 은밀하게 채택한 반인간주의는 1936년 스탈린의 시범 재판, 1956년 헝가리 봉기, 그리고 1968년 체코슬로바키아 '프라하의 봄'에 대한 소련의 무력 진압 등을 통하여 공산주의의 실상을 세상에 폭로시키고, 수많은 세계시민의 등을 돌리게 만들었다.

그런데 인간의 존엄성을 훼손한 사건은 자유민주주의 진영에서도 일어났고, 그런 경우 그에 대한 역사의 평가는 엄정하다. 우드로 윌슨 제28대 미국 대통령(재임 1913-1921)은 20세기 초 고립주의와 불개입주의의 소극적 대외정책에서 벗어나 민주주의와 자본주의의 확산을 위해 적극적인 개입정책을 펴야한다는 이상주의(idealism)의 외교정책기조를 펼쳤다. 1차 세계대전 직후 세계평화 14개 원칙을 제시하면서(민족자결 원칙은 일제 치하의 3·1운동에 큰 영향을 미침), 도덕주의, 국제법, 국제기구에 근거한 세계질서를 주창해 1919년 노벨평화상도 수상하였다. 그러나 그가 대통령에 취임 후 연방정부 흑인 관리들에 대한 대대적인 숙청을 벌인 인종차별주의자라는 사실이 밝혀져, 그가 총장으로 봉직했던 프린스턴 대학 학생들이 그의 유산(우드로 윌슨 국제 및 공공정책대학원, 학부생 기숙사인 윌슨 칼리지)에서 그 이름을 지우라고 요구하고 나섰다. 이에 뉴욕타임스도 사설(2015.11.24.)에서 시류를 소극적으로 수용한 것이 아니라 '흑인은 온전한 시민이 될 수 없다'는 신념에 따라 적극적으로 주도했고, 백인우월주의 비밀단체(KKK)를 찬양했기 때문에 변명의 여지가 없다고 학생들 편을 들었다.[12]

캐나다는 1867년 영국의 식민지에서 독립한 뒤, 100여 년에 걸쳐 원주민의 땅을 빼앗고 토착종교와 토착어 사용도 금지하였다. 존 맥도널드 초대 총리의

---

11) 에곤 바르의 <독일 통일의 주역, 빌리 브란트를 기억하다>를 번역한 박경서·오영옥(북로그컴퍼니, 2014) 인터뷰 일부. 한겨레, 2014.11.21., "통독 이끈 동-서독 지도자들 '교감과 신뢰' 배웠으면."

12) 새로 밝힌 저서는 미 리치몬드 대학 에릭 엘린 교수의 <미국 공직사회의 인종주의>임. 문정인(연세대 정외과 교수), "우드로 윌슨의 두 얼굴," 시사IN, 430호(2015.12.12.), 80 참조.

말처럼 "야만인인 부모의 영향에서 떨어뜨려야 한다. 백인 남성처럼 생각하고 행동하는 교육"을 주문함으로써, 대여섯의 나이에 15만 명의 원주민 자녀들을 강제로 기숙학교에 보내 성적·신체적 폭력과 함께 6,000여 명을 숨지게 한 '원주민 문화와 정체성의 말살 정책'을 시행하였다. 이는 원주민 기숙학교 생존자 8만여 명이 2007년 정부를 상대로 캐나다 역사상 가장 큰 규모의 집단소송을 내, 법원의 화해 조정으로 출범한 진실화해위원회가 6년여 진상조사 후 발표한 보고서에서 밝혀졌다. 이에 2017년에는 총리가 처음으로 공식 사과했다.[13]

　　이렇듯 체제와 상관없이 정책기조도 사람을 위해 있는 것이어야 한다. 사람이 이념, 곧 사람이 정책기조논리를 위해 존재하는 가치전도(價値顚倒)의 정책은 그 어떤 경우 그 어떤 체제에서든 사악한 정책이다. 2015년 노벨문학상을 수상한 벨라루스 기자 알렉시예비치는 소련 해체 뒤 사회주의체제에서의 삶을 회고하는 형식으로 20명을 인터뷰한 내용을 엮은 새로운 장르의 '목소리 소설'에서 "인간은 그 어떤 원대한 사상 때문이 아니라 '그냥' 살고 싶어한다"고 말한다.[14] 그럴듯한 말과 명분만으로는 좋은 정책기조가 되지 않는다. 인간 존엄성을 내세운 정책기조가 그에 합당한 의지, 전략, 실행이 없이는 그 명분만큼의 목적을 달성할 수 없는 예가 있다. 2003년 미국의 무모한 이라크 침공이다.

　　이라크전쟁의 명분을 요약하면 첫째, 후세인 독재정권이 이라크에서 심각한 인권침해를 자행하고 있고, 자신의 정권을 유지하기 위하여 민주주의를 말살하고 있다. 둘째, 후세인 정권이 유엔안보리 결의를 위반하면서 대량살상무기를 지속적으로 제조하고 있다는 것이었다. 침공 후 2004년 9월 이라크조사단은 우여곡절 끝에 최종 보고서를 통하여 이라크에 대량살상무기가 존재하지 않는 것을 밝혔다. 그렇다면 첫 번째 명분인 인간의 존엄성만이 남는다. 사실 그동안 후세인 바트당은 정권을 장악하고자 두 번의 군사반란 주동, 수니파 소수 정권으로서 시아파와 쿠르

---

13) 보고서는 원주민 언어·문화 복원 지원, 역사 교육과 추모 활동 등 94개 권고안을 내놨다. 지금까지 캐나다 정부는 피해자들에게 약 280억 캐나다달러(약 25조원)의 보상금을 지급했다고 한다. 2017년 11월 쥐스탱 트뤼도 총리가 정부 주도 기숙학교에서 자행된 차별과 학대와 문화말살 정책에 대하여 처음으로 공식 사과하였다. 이상 한겨레, 2015.6.4., "캐나다 정부·가톨릭교구, 원주민 자녀 '문화적 학살'" 및 2017.11.28., "트뤼도 '원주민 학생 학대' 첫 공식사과."

14) 스베틀라나 알렉시예비치, 세컨드 핸드 타임, 김하은(역), 이야기가있는집, 2016, 10. 이 말 중 '사상'은 '이념'으로 볼 수 있다.

드족 탄압(1988년 쿠르드족 5만-10만 명 정도의 사망과 20만 명의 피난민 발생의 '인종 청소' 자행, 1991년 시아파 봉기 시 무자비한 살상), 반대 및 도전 세력의 가차 없는 처형 등을 자행했다. 2003년 그런 후세인 독재정권을 타도하고, 2006년 5월 행정부와 내각이 구성된 이라크 국가는 부시 행정부의 무능으로 적절하게 수습 되지 않았다. 멸실된 탓에 체계적인 자료가 없어 사회 전체에 발생한 피해를 정확히 알기란 어렵지만, 수많은 사람이 목숨을 잃거나 다치고 재산을 잃었다. 이라크는 2005년과 2006년에 파산국가(failed states) 4위를 기록했다. 미국의 이라크 국가 형성 노력 또한 실패한 것이다.15)

인류의 정책사에 오점을 남긴 정책이 '우생학적 인구정책기조'일 것이다. 이 는 1883년 영국의 갈튼(Francis Galton, 1822-1911)이 당시 유전학, 의학, 통계학 등 을 기초로 창시한 '우생학'(eugenics)이란 학문의 영향과 철학자 허버트 스펜서 (Herbert Spencer, 1820-1903)의 '사회진화론'(social evolutionism)의 영향을 받아 유전 적으로 우수한 인구를 선별하여 증가시키려 한 정책이었다. 일부 국가들은 우생 학의 영향하에 유전적으로 열등한 인구의 증가를 방지한다는 명분 아래, 유전성 정신병, 정신박약, 혈우병 등의 환자를 강제로 단종시키는 우생법을 시행하였 다.16) 심지어 극빈층의 사람들은 유전적으로 게으르고 타락하기 때문에 그렇게 된 것이라고 생각해서 다음처럼 반인권적 사회정책에도 우생학 이론을 적용하 였다.

> 20세기 초 우생학운동의 전개는 과학의 대표적 악용사례들로 기록되었다. 미국 의 국적별 이민할당법은 비앵글로색슨에 대한 명백한 차별이었다. 1930년대 유럽 과 미국의 거세법은 무서운 인권유린이었다. 나치 독일은 1934-39년에 사회부적응 자와 정신박약자 40만 명을 거세했다. 같은 때 벌어진 나치와 일본 관동군 731부대 의 잔인한 인간 생체실험 만행도 이와 무관하지 않다.17)

---

15) 이근욱, 이라크 전쟁, 한울, 2011, 100, 166-167, 176-180, 196-197, 343. 미국의 국제관계 전문지 인 <포린 폴리시>(Foreign Policy)는 2005년 여름부터 매년 파산국가 순위를 발표하고 있다. 4 위는 수단, 콩고민주공화국, 코트디부아르보다 나을 뿐, 상황이 엉망인 실패한 국가라는 뜻이 다. 위 책 197. 경향신문, 2011.12.17., "8년 9개월 끈 이라크전 사망자 총 15만여 명 추산" 참조.
16) 홍성욱, "과학사회학의 최근 경향," 과학기술의 철학적 이해, 2004(개정판), 99.
17) 송상용, "논리, 역사, 사회: 과학철학의 변모," 강신익 외, 과학철학: 흐름과 쟁점 그리고 확장, 창비, 2011, 490-491. 허버트 스펜서는 진화의 생존경쟁이 인간에게도 적용되기 때문에 게으른 사람들이 소멸되는 것이 자연법칙의 순리라고 강조하면서, 약자를 돕는 복지정책은 '적자생

인간 존엄성의 기준은 사람이 사는 공동체의 모든 분야의 모든 정책기조에 적용된다.[18) 따라서 국민의 건강과 안전을 위협하는 제품에 대한 거액의 벌금을 부과하는 '소비자보호의 정책기조'나 안전을 위협하는 차량의 늑장 리콜에 대하여도 거액의 벌금 등의 조치를 취하는 '교통안전 정책기조'에도 적용할 수 있다.[19) 또 시민들이 세계나 국가에 대해 로봇 무기화를 금지하는 '무기 개발 정책기조'에도 적용해야 한다고 요구할 수 있다.[20) 또한 2013년 유엔 인권총회가 '디지털 시대의 프라이버시권'이란 결의를 통과시킨 국제규범을 토대로 '정보인권의 정책기조'에 대하여 적용해야 하고, 그에 따라 개인 정보가 유출되고 유통돼 피해를 입는 데 대처해야 한다고 주장할 수도 있다. 또 '아동의 출생 후 즉시 등록제'를 요구하는 유엔아동권리협약의 규정을 토대로 이를 우리나라 '시민권의 정책기조'에도 적용해야 하고, 그에 따라 현재 출생 후 1개월 내 '출생 신고제'를 -대다수 선진국에서 채택하고 있는- '의료기관 등의 출생 자동등록제'로 바꿀 것을 요구할 수도 있다.[21) 그리고 근로조건의 기준을 인간의 존엄성을 보장하도록 법률로 정하게 돼 있고, 국가가 인간다운 생활을 보장할 의무를 지게 돼

존'이라는 자연법칙에 역행하고 그 결과 '허약한 형질'을 퍼뜨리는 국가정책이라고 강하게 비난했다. 우생학 창시자 갈튼은 다윈의 사촌이었다. 홍성욱, "맹목적 과학 숭배가 낳은 재앙: 우생학," 이상욱 외, 과학으로 생각한다, 동아시아, 2007, 274-283 참조.

18) 인간 존엄성의 정책적 관심은 '생명정책', 행정적 관심은 '생명행정', 그리고 정치적 관심은 '생명정치'의 개념으로 등장한다. 박정택, "생명행정론 시론," 대전대 사회과학논문집, 19(2), 2000; Thomas Lemke, Biopolitics: An Advanced Introduction(Biopolitik zur Einführung). New York Univ. Press, 2011; 토마스 렘케, 생명정치란 무엇인가, 심성보(역), 그린비출판사, 2015 참조.

19) 동아일보, 2016.1.26., "폴크스바겐, 한국은 봉인가"; 경향신문, 2015.7.28., "'늑장 리콜' 피아트 크라이슬러 1224억 원 벌금" 참조.

20) 조선일보, 2015.8.29., "킬러 로봇은 무죄, 만든 과학자는 유죄?"(①로봇은 인간에게 위해를 끼쳐서는 안 된다. ②1원칙을 어기지 않는 범위에서 인간의 명령에 복종해야 한다. ③2원칙을 어기지 않는 범위에서 자신을 보호해야 한다. 1939년 '펑계'라는 소설에서 위 '로봇 공학 3원칙'을 제시한 공상과학(SF) 작가 아이작 아시모프의 원칙에 정면으로 도전하는 '킬러 로봇,' 즉 스스로 사람을 공격할 수 있는 군용(軍用) 로봇의 개발에 대하여 전기차 업체 테슬라 창업자인 일론 머스크, 물리학자 스티븐 호킹 박사 등 저명 과학기술계 인사 1,000여 명이 인공지능을 가진 킬러 로봇은 원자폭탄보다 심각한 위험인 만큼 개발을 금지하라고 촉구하였다. 2015년 11월 유엔도 그 의제의 국제회의 개최 예정의 기사)

21) 현 부모 신고제에서는 1개월 포함해 신고 지체 시 '존재하지 않는 생명'의 용인, 신고 전 사망 시 영아사망률 통계 누락으로 국제적 불신, 불법 입양·유기 위험의 노출, 모자보건사업의 누락 등 문제가 많은데, 그것은 '출생'부터 '시민권을 어떻게 인식하느냐'의 철학적 문제라는 칼럼은, 이봉주(서울대 사회복지학 교수), "출생신고 '자동등록제' 검토할 때 됐다," 문화일보, 2015.5.14. 참조.

있는 우리 헌법의 규정에 따라[22] 그 법의 제정·개정·시행에 의한 각자의 인간다운 생활, 인간으로서의 존엄과 가치를 확보하는 데 각별한 관심과 노력을 기울여야 한다.

　인류 문명과 각 공동체의 최고 이상은 인류에게 그리고 각 공동체의 구성원에게 '인간 존엄성'을 온전히 실현하는 것이다. 정책기조의 다른 기준들은 사실상 이 인간 존엄성의 기준을 위한 수단적 기준에 다름 아니다. 그만큼 이 인간 존엄성의 기준은 모든 정책기조의 최고이고 궁극적인 목적이고 목표이다. 인간 존엄성은 모든 정책기조와 정책이 가장 소중하게 지켜야 할 울타리로서 최고의 공공선(公共善)인 것이다. 따라서 인간 존엄성을 해치는 정책기조와 정책이 있다면 그것은 '정책기조와 정책의 영혼'을 파괴하는 것이다.

　그래서 우리 헌법의 기본권 조항에서 가장 앞에 있는 제10조도 "모든 국민은 인간으로서의 존엄과 가치를 가지며 행복을 추구할 권리를 가진다. 국가는 개인이 가지는 불가침의 기본적 인권을 확인하고 이를 보장할 의무를 진다"라고 인간 존엄성의 대원칙을 선언하고 있다.[23] 규모 여하를 불문하고 어떤 기관, 조직, 공동체에서도 그 장(長)의 직책에 있는 자는 물론이고, 그에 소속된 상하 단위 책임자 누구라도 각자 그 소관 단위에서 인간세계의 숭고한 가치인 바로 '인간 존엄성주의'를 정책기조로서 채택해 구현할 수 있고, 그것을 구현해야 한다. 작은 기관의 장(長)이라도 자신의 직무 범위에서 '인간 존엄성주의'를 정책기조로서 채택해 구현할 수 있다.

---

22) 헌법 제32조 제3항은 "근로조건의 기준은 인간의 존엄성을 보장하도록 법률로 정한다"와 제34조 제1항은 "모든 국민은 인간다운 생활을 할 권리를 가진다." 제2항은 "국가는 사회보장 사회복지를 증진에 노력할 의무를 진다"이다.

23) 인간의 존엄과 가치를 규정한 조항이 헌법 또는 국제연합헌장 등에서 모든 기본적 인권의 근원, 이념적 출발점, 모든 기본권의 핵(核), 또는 기본권의 가치질서에 있어서 최고의 가치라는 것은 국내외 헌법학자들의 통설이다. 권영성, 헌법학원론, 신정판, 법문사, 1989, 295; 김철수, 비교헌법론(상), 박영사, 1973, 409-415 및 504-513 참조.

근본문제 지향성

공동체에는 그 공동체의 구성원 및 공동체와 관련된 해결해야 할 많은 중요 문제가 있다. 정책학은 처음부터 그런 정책문제의 해결을 목표로 삼는 '문제 지향성'(problem orientation)의 기치를 내걸고 출발하였다. 여기서 '문제'란 당연히 정책기조와도 관련되는 '근본적인 문제'를 말한다. 그것은 '정책철학하기'라는 정책철학의 실천적인 핵심 영역으로서 정책학에서 최상위의 가치 문제를 취급하는 정책기조의 영역에서 당연한 대상 문제이다. 왜냐하면 '정책철학하기'는 그 속성상 문제해결을 위한 좋은 정책을 탐구하기 위하여 가급적 극한(極限)까지 거슬러 올라가 의심하고 질문하는 '근본적·규범적인 사유'로서 당연히 '근본문제'를 지향하기 때문이다. 그리고 정책기조는 단순히 어떤 구체적인 문제 하나하나를 해결하기보다는 그런 정책문제들을 묶어서 큰 틀과 방향에서 그 정책문제들의 근본을 해결하는 것을 지향하기 때문이다. 그래서 좋은 정책기조의 기준 중 하나는 '근본문제 지향성'이 된다.

흔히 우리는 어떤 문제의 해결을 '질병 치료'에 비유하여 말하곤 한다. 즉 질병 치료는 그 표면에 드러난 증상의 일시적 완화로 대처하는 '대증요법'(對症療法)이 아니라, 어렵더라도 증상의 근본원인을 파악해 그것을 치료하는 식의 '근본치료'를 해야 완치된다고 말한다. 이 비유를 정책에 적용하면, 어떤 문제의 해결은 표면적·단편적으로 드러난 '대증문제'(對症問題, 당면문제)에 대처하는 '대증정책'(對症政策), 곧 일시적으로 문제를 완화하려는 땜질 대책(미봉책, 彌縫策)이 아니라, 문제의 근본원인(구조적 원인)인 '근본문제'를 파악해 대처하려는 '근본정책', 곧 패러다임 차원의 정책에 관한 인식의 기본 틀과 방향인 '기조정책'(정책기조) 차원의 문제해결을 강조한 것이 된다.

사실 대증요법과 근본치료란 말은 환자 치료가 잘 되고 있는 경우에는 나오지 않는다. 치료가 잘 안 돼 어려운 경우(치료한계), 치료가 실패한 경우(치료실패), 혹은 더 좋은 치료방법이 있(다고 주장되)는 경우(치료혁신) 등에서 나온다. 정책도

마찬가지다. 평상시 일단의 정책문제들에 대하여 어떤 정책기조 아래 평상정책
(normal policy)들로써 소기의 정책효과를 거두고 있으면 괜찮은데 정책한계, 정책
실패 혹은 정책혁신이나 정책전환 등의 논란이 벌어지는 상황이 전개되면, 거의
예외 없이 '근본문제'와 '패러다임(정책기조)'이란 말이 나온다. '정책관'으로 풀어
말한다면 더 이상 '점진적 개량주의(점증주의) 정책관'으로는 안 되겠다고 판단하
는 측에서, 정책의 패러다임을 전환해야 한다는 '패러다임 정책관'을 제시하며,
문제의 근본원인, 구조적 원인 곧 근본문제에 대처한 근본적인 해결책 등을 운운
하며 주장하고 나오는 것이다. 이것이 '정책기조의 변동'의 본질이고, 그 구체적
인 변동의 모습이 '정책기조에 의한 근본문제 지향성'이다.

　　물론 정책의 한계나 실패 현상은 정책문제의 정의에서부터 정책의 집행·평
가 등에 이르기까지 정책과정 전반에서 여러 가지 잘못된 요인 때문일 수 있다.
그렇지만 여기서 강조하는 것은 어느 단계의 어떤 문제이든, 즉각적인 '당면문제'
보다는 '근본문제'라는 인식과 대처가 올바른 문제 해결의 '첫 단추'라는 '기초조
건'(initial condition)에 해당하므로 중요하다는 점이다. 당면문제에 대한 '미세 조
정'(micro-tuning)의 땜질로는 더 이상 정책이 유효하지 않는 '정책함정'(policy trap)
의 상황에 이르지 않도록 해야 하기 때문이다. 이는 치료과정에서 병원균 등이
약물에 대하여 저항력인 내성(耐性, resistance)을 키워 치료가 한계에 부딪히거나
실패를 겪는 경우와 유사하게, 대증요법적인 고식적 대책이 흔히 정책문제에 다
양하고 복잡하게 반응하는 맥락에서 정책대상자들에게 일종의 '정책내성'(policy
resistance)을 키워 더 심각한 상황에 부딪히게 정책문제를 변질시킨다는 의미에서
그렇다. 그쯤 되면 그 상황은 당초 정책상황과는 질적으로까지 크게 달라졌다는
의미에서 정책의 '상전이'(相轉移, phase-transition) 상황이 된다.24) 그것은 심각한

---

24) 시스템이 단순히 양적인 변화에 그치지 않고 질적인 변화를 거쳐 전혀 다른 것으로 바뀌는 현
상을 물리학·복잡계이론에서는 '상전이'(相轉移, phase-transition)라고 한다. 이는 100℃에서 액
체인 물이 기체인 수증기로 갑자기 변하거나, 나비효과와 같은 자연 현상뿐만 아니라 사회적
으로도 베를린장벽의 급격한 붕괴 현상, 2010년 말 튀니지 노점상의 분신이 중동 전체의 재스
민(Jasmine-튀니지 국화 이름) 혁명으로 발전한 현상과 같이, 특정 사태가 일정 임계점에 도달
했을 때 폭발적으로 성장하는 현상을 설명하는 개념이다. 상전이는 연속적으로 천천히 변하는
'연속적 상전이'와 임계점에 이르러 폭발적으로 변하는 '불연속 상전이'로 나뉜다. 서울대 강
병남 교수 연구팀의 수학모형을 통한 상전이를 규명한 논문이 '사이언스'지에 게재됐다는 한
겨레, 2013.3.8., "베를린장벽 무너진 '물리학적 원리'" 참조.

'정책상황의 비동일성'[25]의 상황이 전개된 것인데도 계속 고식적인 대응으로 악순환을 일으킬 수 있는 전형적인 상황이 된다. 거기에 좋은 정책기조가 긴요하고, 그런 좋은 정책기조로 그런 상황의 문제해결을 도모해야 한다.

그러면 실제로 현실의 근본문제는 무엇인가? 그것은 바다의 요동치는 파도가 아니라 바로 그 '파도를 만드는 바람'이다. 국가적으로는 병리적 증상들을 말한다. 우리나라로 말하면 세계 최고, 최장, 최저 수준의 각종 지표들이다. 그동안의 압축성장에 따른 많은 국가적 문제들이 분출하고 있다. 경제적으로 먹고 살만해졌다고 하면서도 오히려 삶의 만족도는 더 떨어지고 있다고도 말한다. 그래서 더욱 더 좋은 삶이란 무엇이고, 어떤 정책 구현으로 좋은 삶을 이끌 것인가, 도대체 성장, 발전, 성공, 교육, 복지, 안전 등등은 무엇이고, 그에 관한 이른바 '사악한 문제'(wicked problems)인 근본문제에 대하여 어떤 정책 처방으로 대처할 것인가 등 근본적인 문제에 대한 검토와 적절한 대처가 긴요하다.

좋은 정책기조를 정립하기 위해 발굴해야 하는 '근본문제'는 기본적으로 국가적 증상들과 얽혀있는 구조적·전체체제적 문제인 것도 틀림없지만, 일단은 각 공동체의 단위, 수준(급), 분야(문제군)마다 다 다르다고 보아야 한다. 그런 만큼 각 단위, 수준, 분야의 각 행위자마다 각자에 맞는 근본문제를 찾아야 한다는 문제의식을 갖추고 노력해야 한다. 예컨대 국가의 정책기조로서 다뤄야 할 근본문제가 있고, 지방자치단체 또는 어떤 시골 초등학교의 정책기조로서 다뤄져야 할 그 나름의 근본문제가 있다. 그래서 각 분야별로 근본문제를 도출하기 위한 '정책철학하기'는 일상적으로 활발하게 실천되어야 한다. 시민 또는 구성원이면 누구나 '근본문제'를 파고들려고 하는 '정책철학하기'를 습관화해야 하지만, 특히 정책당국의 정책행위자들은 더욱 더 그러하다. 이는 현상을 보고 그 너머에 있는 본질을 보는 훈련에 다름 아니다.

그런 근본문제 지향성의 정책철학하기는 어느 특정한 기관의 특정 직책에 앉은 자만 관심을 갖고 실천해야 할 것으로 오해하면 안 된다. 각 공동체의 단위,

---

25) '비동일성'은 '표면적·단편적·부분적으로 차이가 나는 것은 물론이고, 그런 차이가 거의 없어 동일하다고 인식하기 쉬운 상황·요인·조건·변수·맥락·환경·제도·이론 등에 있어서도 내재적·심층적·구조적·전체적·실제적으로는 동일하지 않는 성질·속성'의 저자 조어인데, 자세한 것은 저자의 다른 책 <정책철학의 새로운 접근>을 참조하기 바란다.

수준(급), 분야(문제군)마다 다른 만큼 누구든 그에 적절한 근본문제에 대한 문제의
식을 갖고 실천해야 할 과제이다. 예컨대 주변의 안전사고가 빈발하고, 그때마다
'안전불감증'이 주범으로 지목되는 데 대하여 '안전불감증'이란 증상의 근저에
'근본문제 지향성의 불감증'이 도사리고 있지는 않은지 점검할 필요가 있다.[26]

제 3 절 전체 체제적 유기성

　　공동체의 근본문제들은 본질적으로 공동체 전체 체제와 유기적으로 관련돼
있기 마련이다. 물론 전체 체제적으로 보는 그 공동체의 범위는 다양하다. 밖으로
는 크게 국제사회체제와 유기적으로 연결된 국가사회체제를 비롯해서, 작게는 조
직(기관) 단위의 공동체가 서로 연결되고 다른 부문 조직과 개방적인 유기체적
연계성을 맺고 있다.[27] 또 공동체의 근본문제는 시간적으로도 '연쇄체계적 유기
성'을 띠고 있는 문제이고, 그에 대처한 기존 정책들도 '시간적 연쇄파급의 유기
성'을 띠고 있다. 그리하여 서로 시간적으로나 공간적으로 연결된 개방적 전체
체제의 근본문제는 그 해결 또한 시·공간적 전체 체제적으로 연계된 해결을 지향
해야 올바로 해결된다.[28] 더욱이 현대 사회는 점점 더 서로 연결된 전체 체제로서

---

26) 시사IN, 372호(2014.11.1.), "안전불감증이란 그럴듯한 변명," 38.

27) 크게는 전체 개방체제적으로 연결된 사실을 깨달은 민족은 앞서 나간다. 조선이 야만적인 오
랑캐, 왜구 정도로 무시했던 일본은 16세기부터 이미 유럽과 동남아와의 활발한 무역을 통해
경제력을 쌓고, 외부세계와 소통하고 교류하는 것을 조선처럼 완전히 거부하지는 않았다. 임
진왜란이 끝난 직후인 1600년 4월, 네덜란드 상선이 일본 해안으로 표류해 왔다. 당시 집권자
인 도쿠가와 이에야스는 네덜란드 선원 요스텐과 영국인 아담스를 우대하였다. 아담스는 영국
의 스페인 무적함대와의 전투시 함장으로 활약한 경험이 있어 외교고문으로 중용해 선박 제
조와 대포, 화약의 사용법, 조선술과 항해술을 가르쳐 서양에 대해 눈뜨게 하였으며, 일본의
발전을 위해 헌신하였다. 1636년에는 나가사키 앞바다에 데지마(出島)라는 인공섬을 조성해
네덜란드 문물을 집중적으로 도입해, 난학이란 독특한 학문체계도 완성하였다. 그에 비하여
아담스 일본 표류 후 53년이 지난 1653년 네덜란드 상선의 난파로 하멜 등 36명은 제주도 해
안에서 체포, 서울로 압송돼 훈련도감에 배속된다. 그들의 총포와 도검을 녹여서 농기구로 썼
다. 그들은 고관대작의 집에 불려가 노리갯감과 유리 걸식으로 13년을 살다가 소형 목선을 사
서 일본 나가사키 외국인 거류지 히라도(平戶)로 탈주에 성공하였다. 네덜란드로 귀환한 하멜
은 「하멜표류기」(1668)를 썼다. 서현섭(1994), 156-157; 신복룡, 이방인이 본 조선 다시 읽기, 풀
빛, 2002, 16-24; 문소영, 못난 조선, 나남, 2013. 24-26 참조.

이해하지 않으면 안 되는 복잡하게 얽힌 초연결 사회(super-connected society)로 나아가고 있다. 그래서 어느 한 분야의 어떤 문제를 단순히 그 한 분야의 문제로만 따로 때내어 보아서는 더더욱 안 되므로 그런 복잡한 사회를 이해하고 대처하는 '복잡계 이론'(complexity theory)도 등장하고 있다.[29] 초연결 사회는 그에 따르는 위험 요인도 상존한다. 그래서 독일 사회학자 울리히 벡(Ulrich Beck, 1944-2015)은 예측 불가능한 위험과 안전의 문제를 안고 있는 현대사회를 '위험사회'(Risk Society)라고 명명하였다.[30]

전체 체제적인 근본문제는 잘못 대처할 경우 '체제 자체'의 존립을 위태롭게 하므로 특히 그 전체 체제적인 해결을 강구해야 한다.[31] 경제문제가 경제문제로 동떨어져 있는 것이 아니라 정치제도나 법규나 문화, 더 나아가서 국제적 동향과 관련돼 있다.[32] 노동 유연성의 노동개혁은 사회안전망 확충과 함께 풀어야 장기

---

28) "청년실업 문제가 심각한 서구 선진국에서도 청년정책은 고용, 주거, 빈곤, 복지 등 종합처방의 방향으로 가고 있다." 한겨레, 2015.12.29., "청년실업…정책공방 넘어 종합대책을."

29) 복잡계이론은 단순한 인과관계로는 설명이 잘 되지 않는 자연과 사회의 복잡한 현상을 설명하는 이론으로 구성원의 단순한 상호작용이 규모를 키워가며 축적되면서 특정한 '생성'(창발, emergence)이나 패턴을 보이는 -잘게 쪼개서 전체를 이해할 수 있다는 환원주의적인 뉴턴식 세계관과는 다르게- 전체 체제적(전일론적) 세계관에 입각한 이론을 말한다. '나비효과'를 그 전형적인 현상으로 본다. 그래서 그와 관련된 시스템, 네트워크, 생태계(生態系) 등과 같은 말이 많이 상용되고, '사회연결망이론' 등 그 관련 이론들이 많이 나온다. 예컨대 1995년 미국 옐로스톤 국립공원에 회색늑대를 복원한 뒤, 먹이사슬에 따라 사슴이 줄고, 사슴이 뜯어 먹어 자라지 못하던 나무들이 무성해졌으며, 그런 식물이 저장하는 탄소의 양을 늘려 기후변화를 완화해 주고, 그로 인한 이상기후의 영향을 완충하는 구실까지 생태계에 연쇄적인 파급효과를 냈다. 이런 생태계에서 따와 정부도 생태계 구조를 통해서 각 부문의 연관관계를 파악하고 종합적인 정책을 수립해야 한다. 최창현, "복잡성이론의 조직관리적 적용가능성 탐색," 한국행정학보, 33(4), 1999, 19-38; 최창현, "복잡사회체제의 모형화 및 시뮬레이션," 한국행정학보, 34(3), 2000, 169-188 참조.

30) Ulrich Beck, Risk Society: Towards a New Modernity, London: Sage, 1992; 홍성태(역), 위험사회, 새물결, 1997. 이와 관련, 홍성욱, 네트워크 혁명, 그 열림과 닫힘, 들녘, 2002도 참조.

31) 글로벌 금융위기가 발생한 2008년, 영국 여왕은 영국 최고의 학자들이 모인 학술원(BA)에서 경제학계에 질책성 질문을 했다. "이런 일이 그렇게 큰 사건이라면 어째서 모두들 그것을 예측하지 못했나요?" 경제는 서로 다른 많은 부문들로 구성돼 있을 뿐만 아니라 지역적, 국제적, 그리고 전세계적인 네트워크와 관계성을 갖는 부분이기도 하기 때문에 그런 경제의 미래를 예측하는 일은 복잡하고 어렵다. 즉 경제는 그 자체로 고립된 독립 단위(a self-contained unit)가 아니다. Gamble(2013), 13-14.

32) 그 역방향으로 국가의 주요 안보 현안을 다룰 때, 정부 내 경제 부문의 참여가 필수적이어서 미국과 일본의 국가안전보장회의에는 모두 재무부장관의 참석이 규정돼 있음을 토대로, 우리나라 국가안전보장회의에는 그렇지 않은 데 대한 비판은 한겨레, 2016.2.18., "개성공단 폐쇄 결정 때 경제관료 배제…'경제' 눈감은 '안보'" 참조.

적으로 성공한다. 교육문제가 교육 분야의 노력만으로 해결되는 것이 아니라, 다른 여러 분야와 유기적으로 연결된 문제와 함께 풀려야 해결된다.

> 우리나라의 사교육 현상은 교육영역 내부의 문제가 아니다. 교육에…상대적 차원 때문에 교육을 통한 지위 경쟁이 나타나는 것이며, 이러한 지위 경쟁은 다시 일반 숙련 위주의 교육·훈련시스템 때문에 더욱 심화되는 것이다.…본질적으로 사교육비는 공교육의 부족한 점을 보완하기 위한 것이라기보다는 지위재(地位財, positional good)를 확보하기 위한 상대적 경쟁에서 우위를 점하기 위한 노력의 산물이기 때문에 대학교육의 지위재적 특성이 강화되는 한 이에 접근하기 위한 노력의 산물인 사교육비가 감소될 것으로 예상하기는 힘들다. 우리나라 사교육을 둘러싼 제도적 맥락과 정치·경제적 환경 요인을 무시한 상태에서 사교육비 대책을 교육영역 내부에서 찾는 한…교육영역을 다른 정치·경제·사회 영역과 완전히 분리시켜 놓은 상태에서 문제의 원인을 진단하기 때문에 잘못된 처방이 나오게 되는 것이다.33)

또한 지금의 문제와 해결책은 과거의 연장이자 미래와도 연결된 문제와 해결책이라는 인식으로 근본문제와 정책기조를 바라봐야 한다. 이 전체 체제와 유기적으로 관련돼 있는 상황의 문제와 그 다차방정식(多次方程式)적인 문제해결의 성격을 '전체 체제적 유기성'이라고 한다. 이는 공동체 전체 제제에서 서로 연관된 맥락성(contextuality)이라고도 한다.

정책학은 초기부터 이 전체 체제의 유기적 관련성인 '맥락 지향성'을 분명하게 선언해 그것은 근본문제 지향성, 연합학문 지향성과 함께 정책학 연구의 3대 패러다임으로 여겨지고 있다. 라스웰은 정책학이 중시해야 할 시간, 공간, 사회적 차원에서 세 가지 맥락을 제시하였다. 즉 ① 과거+현재+미래의 통합적 시간 틀인

---

33) 하연섭, "지위경쟁과 사교육비 대책," 임도빈 외(공저), 실패한 정책들, 317. 이와 관련, "학력과 학벌에 따른 임금 격차를 완화하지 않는 한 '입시지옥'과 '사교육 공포'로부터의 해방은 어려운 정도가 아니라 아예 불가능하다. 이 대원칙에 대한 국민적 합의와 확인이 필요하다. 그래야…교육부가 임금 격차 완화는 소관 업무가 아니라는 이유로 입시제도 변경을 통해서만 답을 찾으려고 하는 원초적 오류를 중단시킬 수 있다…장하성 고려대 교수의 <왜 분노해야 하는가. 분배의 실패가 만든 한국의 불평등>은 그런 임금 격차 문제에 대한 명쾌한 답을 제시하고 있어…" 강준만(전북대 신문방송학과 교수), "바보야, 문제는 '임금 격차'야!"(한겨레, 2016.1.4.) 기사와 '지위재'와 '지위경쟁'(positional competition)은 Fred Hirsch, Social Limits to Growth, London: Routledge and Kegan Paul, 1976 참조.

'역사적 경향'(historical trend) ② 국내외적으로 전체적 차원에서 이루어지는 관계를 보는 '전체적 안목'(global perspective) ③ 사회의 다양한 제도와 기관을 통한 정치과정에 참여하는 정책행위자들의 가치 추구 활동인 '사회과정모형'(social process model)이 그것이다. 간단히 전체 체제적 유기성은 대표적으로 시간적·공간적·사회적인 차원에서 밀접한 유기적 관련성을 갖는 것을 의미하는데, 이에 대처해 라스웰은 여러 가지 방법들의 종합(synthesis of methods)으로서 '다학문적 접근'(multi-disciplinary approach)을 제시하였다.34) 요컨대 정책학은 처음부터 공동체의 근본문제를 해결하기 위하여 전체 체제적인 시야에서 연합학문적인 접근을 하지 않을 수 없다는 당연한 인식에서 출발하였다.

본래 공동체의 어떤 근본문제는 확연하게 경계를 지을 수 없는 여러 가지 요소가 복합돼 존재하는 '문제 덩어리'(문제 복합체)이다. 그 진면목(眞面目)은 '서로 연계되고 솔기(이음매) 없이 관련된 전체'(inter-connected, seamless whole)라는 말이다. 그런데도 우리는 그것을 기계 부품처럼 하나씩 쪼개 나누어서 다루려는 데 익숙해져 그런 '기계적 개체관'(mechanistic individualism)35) 아래 '분석적 접근'(analytical approach)으로 그 온전한 실체에 도달한 것처럼 생각하곤 한다. 그러나 방법의 편의상으로나 학문의 전문화·분업화의 원심력36) 때문에 그러하더라도, 거기에서 반드시 전체, 곧 하나로서 보는 '유기체적(관계론적·상관론적) 전체론'(일원론, organistic holism)37) 아래 그 부분들을 짜 맞춰 종합하는 '종합적 접

---

34) Lasswell(1951), 10-12; Lasswell(1971), 58-75. 라스웰의 다(중)학문적(multi-disciplinary) 접근은 복수의 학문을 단순히 물리적으로 결합하는 의미로서, 그 후 정책연구의 혼란과 정체성의 위기를 초래했으므로 실질적으로 인식론을 달리하는 다양한 학문을 연계해 종합하는 연합학문적(inter-disciplinary) 접근법으로 나아가야 한다는 주장은 허범(2002a), 302 참조.
35) 기계적 개체론(또는 기계론적 관점)은 자연·인간·사물·현상을 나누고 쪼개서 궁극의 물질·바탕·기초를 찾는 관점이다. 이는 '부분 최적성'의 인식론적 장점을 확보해 과학기술의 발달을 가져오고 인류문명을 향상시켰지만, 너무 지나치면서 본시 연계되고 통합돼 있는 유기체적 '전체 최적성'을 놓쳐버린 단점을 드러냈다. 김용옥, 중고생을 위한 김용옥 선생의 철학강의, 통나무, 1986, 314-315 참조.
36) Lasswell(1951), 3. 그에 대처한 '시·공·사태의 전체 맥락'에 대한 강조는 4, 10-12.
37) 유기체적 전체론의 세계관은 우주가 형식과 재료, 그리고 동력 등의 모든 것을 자체 구유(具有)하고 있고, 자연과 인간, 육체와 정신 등의 통일적·관조적·관계론(상관론)적 인식을 지향하는 사고방식이다. 그러나 이는 분석적 사유가 부족한 단점을 지니고 있다. 그래서 흔히 기계적 개체론과 유기체적 전체론은 각각 서양과 동양의 전통적인 사고방식을 대표하고(그렇게 일반화하는 데 대하여 비판하는 견해도 있음), 두 관점에는 장단점이 있으므로 그 조화가 중요하

근'(synthetic approach)을 빠뜨리면 안 된다. 물론 처음부터 그렇게 할 수 있으면 그렇게 해야 한다. 흔히 '정치·경제·사회·문화 등'으로 나눠 보는 문제 정의는 편의상 인위적으로 나눈 '부분'일뿐 그 '실체'가 아니고, 그 해결에 동원하는 'ㅇㅇ학문, △△학문 등'을 통한 개별적 접근은 필요하기는 해도 그 실체의 많은 -때로는 중요한- 부분을 놓칠 위험이 존재한다. 세계는 '연속적'인데 이를 보는 방법(분석, 언어)은 '불연속적'이기 쉬운 한계가 있는 것이다. 따라서 '전체 적합성'을 놓치고 다시 문제를 파생시켜 더 복잡하게 만드는 구성의 오류(fallacy of composition)로서의 '부분 적합성'(suboptimization)을 경계해야 한다.[38] 그래서 미국의 철학자이자 평화학, 회계학, 도시계획, 교육, 정신의학 등 다방면 전문가이자 관리과학, 운영연구(OR) 등 그 자신 탁월한 체제과학자(systems scientist)였던 처치먼(C. West Churchman, 1913-2004)은 특히 그런 '전체체계의 윤리성'(ethics of whole system)을 강조하였다.[39] 이것이 정책체제를 다양한 측면에서 다양한 상호 영향을 주고받는 '정책 생태계'로 이해하고, 정책기조에 접근하는 데 있어서도 다양한 형태와 내용을 보이는 전체 체제적 유기성의 관점과 연합학문적 접근이 필요한 이유이다.

　이제 정책행위자들은 이러한 근본문제의 전체 체제적 유기성을 정확하게 이해하고, 문제에 대한 분석적 판단은 '개별 독립적인 최적성'(부분 최적성, partial

---

고 바람직하다고 보는 것이 대체적인 견해이다. 김용옥(1986), 314-315 참조.

[38] 동물과 인간의 사회적 행동을 진화론적으로 연구한다는 의미에서 '사회생물학'(sociobiology)을 창시한 미국 생물학자 에드워드 윌슨(Edward Wilson, 1929-)은 1975년 출판한 자신의 <사회생물학: 새로운 종합>의 마지막 장에서 "사회과학은 가까운 미래에 생물학의 한 분과가 될 것"이라고 호언장담했다(장대익, "진화론과 인문학의 만남," 과학기술의 철학적 이해, 243-244). 그런 환원주의적인 의미의 그의 '통섭'(consilience) 개념은 오히려 학제적으로 상호보완적 전체 최적화를 추구하는 접근을 부정하는 셈이므로 경계해야 한다. 이와 관련, 통섭에 대한 무비판적 수용을 경계하면서 학제적 연구와 교육이 학문 발전에 기여할 수 있다고 한 책으로, 이남인, 통섭을 넘어서, 서울대 출판문화원, 2015 참조. 정책 연구의 통섭 가능성에 대하여는 오철호, "정책연구와 통섭 논의: 가능성에 대한 탐색," 한국정책학회보, 17(4), 2008, 37-62 참조.

[39] C. West Churchman, Challenge to Reason, NY: McGraw-Hill, 1968, chapter 1 참조. 탁월한 언어학자이자 진보적 사회비평가인 촘스키는 따분한 펜실베니아대 학부 과정에서 무엇인가 배운 유일한 교수가 처치먼이었다고 술회함(위키피디아 참조). 철학자, 체계이론가, 기획가로서 로마클럽의 공동 창설자이자 참여자였던 처치먼의 친구인 터키 출신 펜실베니아 와튼경영대학원 오즈베칸 교수도 '부분적인 개선'(partial improvement)을 합친 것이 결코 '전체 체계의 일반적인 진보'(general progress)가 될 수 없다고 주장했다. Hasan Ozbekhan, "Toward a General Theory of Planning," Erich Jantsch(ed.), Perspectives of Planning, Paris: OECD, 1969, 66.

or local optimum)에 그치는 것이 아니라, 그 분석적 판단들의 타당성을 분별하여 적절한 조합 또는 비중의 균형 있는 -반드시 하나의 정책기조일 수는 없으므로- 여러 정책기조들을 토대로 '전체 최적성'(total or global optimum)[40)]을 추구하는 균형적·종합적인 정책기조를 탐색·구현해야 한다. 흔히 성장과 분배의 경제정책기조의 조화를 그 한 예로 들 수 있을 것이다.

제 4 절　　 **미래지향적 현실적합성**

　　정책은 어떤 중요 문제의 해결이란 과제를 앞에 놓고 무작정 해결하는 것을 목표로 삼는 것이 아니다. 그것은 무엇인가 미래의 바람직한 상태를 지향하는 가운데 문제를 해결하려는 것이다. 그런데 미래의 바람직한 상태가 단지 꿈에 그치지 않으려면, 거기에는 반드시 현실에서 이를 구체화하는 실천이 뒤따라야 한다. 그래서 정책은 '미래의 이상적 가치'를 '현실에서 실제 행동으로 옮겨 실현'함으로써 문제를 해결하려는 '행동지침'이다. 그것은 '미래의 이상적 가치'와 '현실의 행동'의 통합으로서 본질적으로 그 안에 '미래지향적 방향성'과 '현실 적합적인 행동'을 내포하고 있는 것이다. 정책의 구성요소(정책목표, 정책수단, 정책대상집단)로 본다면 정책목표는 이룩하고자 하는 미래의 바람직한 상태로서의 '미래지향적 방향성'에, 정책수단은 그 바람직한 상태를 실현하고자 동원하는 수단으로서의 '현실 적합성'에 더 초점을 맞춘다. 그래서 정책의 '미래 지향적 현실 적합성'이란 본질적 성격은 학자들마다 표현은 다르지만 '정책의 정의'의 행간에서 어렵지 않게 찾아낼 수 있다.[41)]

---

40) optimum(최적성)의 범위·영역과 관련, 수학이나 IT 분야에서 '부분적'이거나 '전체적'인 뜻의 영어는 'local'이나 'global'이 사용된다.

41) 초창기 대표적 학자들의 정책의 정의로서, 라스웰은 "사회변동의 계기로서 미래 탐색을 위한 가치와 행동의 복합체," 드로어는 "주로 정부기관에 의하여 결정이 되는 미래를 지향하는 행동의 주요 지침," 허범 교수는 "가치관 속에 들어 있는 당위성과 현실적으로 가능한 행동을 통합함으로써 문제시되는 어떤 현실의 내용을 바람직한 방향으로 변화시키려는 지침적 결정," 정정길 교수는 "바람직한 사회상태를 이룩하려는 정책목표와 이를 달성하기 위해 필요한 정

정책이 '미래 지향적 현실 적합성'을 본질적인 성격으로 지니고 있다면, 그런 정책을 지배하는 인식의 기본 틀과 방향으로서의 '정책기조'는 그 특성상 그런 본질적 성격을 더 강하게 지닐 수밖에 없다. 정책기조는 시간적 맥락(context)으로서 먼 미래까지 내다보는 '미래 지향성'이 필수적이다. 이는 맥락성의 시간적 차원을 강조하는 것이다. 당면 문제의 해결에 급급할 것이 아니라 세대를 넘고 세기를 넘어 먼 장래까지 고려한 문제해결을 지향하지 않으면, 좋은 삶을 확보하고 좋은 공동체로서 존립할 수 없다. 그렇지만 그 미래 지향성이 현실의 여러 조건과 상황의 맥락과 동떨어지지 않는 '현실 적합성'(적실성, relevancy)을 갖춰야 실현 가능한 것이 된다. 그렇지 못하면 다음 청조(淸朝) 멸망의 서막과 같이 공동체의 운명도 위태로워진다.

> 아편 밀수입으로 인해 심각한 문제가 발생했음에도 청조(淸朝)의 대책은…도덕주의적인 금지론(엄금론)과 시장주의적인 허용론(이완론) 사이를 오갔다. 세 아들을 아편중독으로 잃게 된 도광제(道光帝)는 대다수 고관들의 허용론을 물리치고 1839년 엄금론자 린쩌쉬(林則徐)를 꽝뚱에 특사로 파견했다. 먼저 그는 외국상품의 금지에 관한 처리방식을 파악하기 위해 바텔(E. de Vattel)의 국제법 서적을 번역하였는데, 거기에는 특정상품을 금지하고 고발할 수 있는 국가의 권리가 명시돼 있었다. 이에 의거해 그는 아편 판매조직망을 소탕하고 아편을 몰수하는 과정에서 350명의 외국인을 감금했다. 그의 이런 조치는 국제법상의 정당방위라는 판단 외에도 도덕적 정당성에 대한 확신에서 나온 것이었다.…
> 확신에 차 있던 도광제와 린쩌쉬는 아편 엄금책을 시행하면서도 전쟁에 대처할 준비는 하지 않았다.…린쩌쉬는 1839년 11월의 초전 경험(영국측이 중국 해군함대에 함포 1발을 발사하여 중국측 함선 3척이 침몰하고 1척이 파괴되었다. 제1차 아편전쟁의 선전포고는 이듬해 1월에 공식 발표되었다)을 통해 자국 군대의 약점과 영국군의 장점을 알고 있었기에 해전을 피하려 했다. 아니나 다를까 본격적인 해전이 발발하자 청조 군대는 속수무책이었다. 근대화된 영국 해군의 함포공격을 막지 못하고 연전연패하…였다. 청조는 영국과 1842년 난징조약을 맺고…영국은 아편도 팔고 공산품도 파는 '꿩 먹고 알 먹는' 자유무역을 얻어낸 것이다. 청조는 아편을

책수단에 대하여 권위 있는 정부기관이 공식적으로 결정할 기본방침"이라고 한다. Lasswell(1951), 11; 허범, "기본정책의 관점에서 본 한국행정의 감축관리," 김운태·강신택·백완기(공저), 한국정치행정의 체계, 박영사, 1981; 정정길(1986); 기타 최근 교과서들의 정의에는 정책목표와 정책수단을 포함시켜 표현하고 있다.

막기 위해 전쟁을 불사했으니 다른 것을 내주는 대신 아편만이라도 막았어야 했지
만 결국 꿩도 알도 다 내준 꼴이 되었다. 그후 각국과 맺은 조약도 마찬가지였다.[42]

이와 같이 좋은 정책기조는 '이상과 현실', '오는 시대와 이 시대', '새로운
미래와 오래된 미래'[43], '과감한 시대 벗어나기와 시대와 같이 살아가기', '삶의
재구성과 삶의 영위'를 절묘하게 조화시켜야 하는 '미래지향적 현실적합성'의 기
준을 중시할 수밖에 없다. 그렇지 않으면 낭만적 이상주의자나 완고한 현실주의
자 중 어느 한 쪽으로 치우쳐[44] 그런 정책기조가 결국 바람직한 삶과 공동체로
이끌지 못하게 되기 때문이다.

그러면 정책기조에 담아낼 '미래지향적 현실적합성'은 구체적으로 무엇인
가? 정책기조는 인간 존엄성을 최고의 규범이상(normative ideal)으로 삼아 전체 체
제적인 관점에서 현실의 중요한 근본문제를 분석·도출한 것을 토대로, 실현하고
자 하는 바람직한 미래상(未來像)을 추구한다. 그런 의미에서 정책기조는 '현 상황
의 연장으로서의 미래'(추세적 미래, 논리적 미래)가 아니라, '현실적으로 실현하고

---

42) 유용태(2010), 128-129.
43) '오래된 미래'는 스웨덴 언어학자·사회운동가 헬레나 노르베리호지의 유명한 책 이름인데, 연
   대와 공존·평등·생태적인 지속가능의 행복한 삶을 추구하던 과거의 가치를 되살려야 미래가
   있을 수 있다는 뜻으로도 사용된다. 그는 1975년 언어 연구를 위해 히말라야 고원 지대, 작지
   만 오래된 주민 13만 명의 마을 라다크에 들어갔다. 빈약한 자원·혹독한 환경에서도 연대와
   공존·평등·생태적 지혜를 통해 천년이 넘도록 평화롭고 행복한 공동체를 유지해 왔으나, 세
   상에 문을 열고 서구사상, 상품, 관광객이 들어오기 시작하자 점차 근대화의 안락과 편리 뒤에
   탐욕, 불관용, 실업, 인플레, 사회적 갈등, 물질주의, 환경파괴 등 사회적·경제적·생태적 변화
   가 일어난 16년간의 관찰을 토대로 진정한 행복·진보·발전·산업화의 근본적인 의미를 질문
   하며, 결국 생태적 합리성과 지속가능한 발전 속에 행복을 추구하는 옛날 라다크에서의 삶의
   미래를 찾아야 한다고 주장하였다. Helena Norberg-Hodge, Ancient Futures: Learning from
   Ladakh(1991), 헬레나 노르베리 호지, 오래된 미래, 양희승(역), 중앙북스, 2007 참조.
44) 물론 이상(주의)과 현실(주의)의 관념은 상대적이다. <미국 민중사>를 쓴 하워드 진(Howard
   Zinn, 1922-2010)은 1971년 5월 보스턴 반전집회에서 "불가능한 것을 요구하는 현실주의자가
   되어라!"라고 연설할 때, 기득권 구조가 허용하는 것만 요구해서는 아무 것도 바뀌지 않을 것
   이므로 기득권 구조의 타파를 요구하는 것이 사실은 현실주의라고 (역설적으로)주장한다. 반
   면에 미국의 탁월한 노동·빈민·지역사회 활동가인 알린스키(Saul Alinsky, 1909-1972)는 대중
   적 지지 기반 없이 개혁을 추구하는 것은 불가능을 요구하는 것이라며, 급진적 낭만주의에 빠
   지지 말고 '체제 내부'에서 점진적이지만 실질적인 변화를 도모하라고 가르쳤다. Howard Zinn,
   Voices of a People's History of the United States, Anthony Arnove(ed.), 2004; 하워드 진, 역사를
   기억하라, 앤서니 아노브(편), 윤태준(역), 오월의봄, 2013; Saul Alinsky, Rules for Radicals: A
   Practical Primer for Realistic Radicals(1989), 솔 앨린스키, 급진주의자를 위한 규칙, 박순성(역),
   아르케, 2008.

자 하는 바람직한 미래' 곧 '창조적 미래'(creative future)를 추구한다. 이에 정책기
조는 '미래학'(futurology)의 '미래예측'(future forecasting)에 관하여 많은 관심을 가
져야 하고, 관련 기법을 활용하며, 전략을 개발해야 한다. 그래서 국가 차원에서는
많은 나라들이 민관 미래예측 기관들을 설립하고 전문가를 양성하며, 개발 가능
한 미래의 선점을 위하여 경쟁적으로 미래 모델과 전략을 개발한다.[45] 단순히
미래를 맞이하는 수동적 자세를 버리고, 미래를 선택해 선도하기 위해 적극적인
자세를 갖추고 움직이고 있는 것이다.[46] 국가뿐만이 아니라 기업은 기업대로, 기
관은 기관대로 생존경쟁을 위하여 미래예측을 중시한다. 다음 미래지향적 현실
적합성을 구현한 정책기조의 예를 보자.

> 노태우 정부 시절…당시의 박철언 수석과 김종휘 수석…대한민국 외교의 판을
> 확 바꾸는 그림을…외교적 총력을 기울여 이루어낸 성과가 바로 "북방외교"라는
> 단군 이래 최대의 외교적 업적이다.…권위주의적인 성격이 지워지지 않…은 정부
> 였지만, 지금 학술적으로 회고해 보면 외교에서는 정말 대한민국을 위하여 원대하
> 고 훌륭한 그림을 그렸고, 또 그것을 실제로 실행하면서 주변 환경과 세계를 우호적
> 인 환경으로 바꾸고 우리의 시장을 넓히고, 또 남북통일로의 길을 넓혀 나가는
> 혁혁한 성과를 만들어낸 대단히 뛰어난 정부가 아닌가 생각된다.…[47]

---

45) 미국은 1940년대부터 델파이기법과 시나리오 예측법을 개발한 랜드(RAND)연구소 외에 정부
  정보위원회를 갖고 있고, 기타 영국의 전략청(Strategy Unit), 중국 정부의 '兩個一百年'(2개의
  100년) 계획, 일본의 '21세기 일본의 구상', 싱가포르 수상실의 '미래위험평가분석'(RAHS), 핀
  란드 의회의 미래위원회 등의 미래예측기관의 설립과 그 활동이 대표적이다. 짐 데이터(하와
  이대 교수), "'한국 미래예측' 국회가 나서야 하는 이유," 동아일보, 2015.3.16.(세계적 미래학자
  인 그는 "미래를 예측하는 제일 좋은 방법은 원하는 미래를 창조하는 것이다"라고 주장) 및
  2014.8.25., "'近視 한국' 미래전략 세우자"(미래예측의 실패와 미래전략의 부재의 대표적 예로,
  1960년대부터 인구팽창을 경제성장의 저해 요인으로 지목해 산아제한정책을 2000년대 초중반
  까지 계속하다가 −2006년 국무조정실의 '저출산 고령사회 기본계획안 보고 문건'에서처럼− 출
  산장려로 완전히 전환한 인구정책을 듦) 참조.
46) 이와 관련, 정재호(서울대 정치외교학부 교수, 미중관계연구센터 소장), "[글로벌포커스]10년
  후 한국과 동아시아 정세," 매일경제, 2015.7.16의 "몇 주 전 유럽외교협회(ECFR)가 주최하는
  국제회의에 참석했다. 아시아 몇 국가의 전문가들을 초청해 유럽 주요국의 고위 외교관 및 학
  자들과 함께 '2025년 아시아의 대안적 미래'에 대해 토론하는 비공개 회의였다.…혹시 대한민
  국 정부는 이런 문제에 대해 고민하고 있을까? 일상적 업무에 치여 사는 듯한 당국자들을 보
  면 10년 후 정세에 대한 마음의 여유까지 있어 보이지 않았기 때문이다." 참조.
47) 이근(서울대 국제대학원 교수, 싱크탱크 미래지 원장), "아베 외교는 보이고 우리 외교는 안
  보인다," 경향신문, 2015.5.8.

먼 미래를 지향하면서도 현실의 여건을 소홀히 하지 않는 것은 정책기조를 설정·구현하는 각 공동체 단위마다 다를 수밖에 없다. 그 다름 속에서도 다른 국가나 지역 공동체, 그리고 다른 조직에서 하는 일의 인식과 방식은 얼마든지 배울 필요가 있다.

<h2>제 5 절   개방적 합의성 및 신뢰성</h2>

공식적 정책행위자인 정책당국자는 어떤 상황에서든 그 여건에 맞게 정책기조에 관한 논쟁을 개방하며 합리적으로 관리하여, 공동체구성원(시민)의 신뢰를 바탕으로 지지와 협조를 확보한 가운데 좋은 정책기조를 채택·구현해 가야 한다. 그것이 '개방적 합의성과 신뢰성'이란 중요한 기준이다. 정책기조는 그 패러다임으로서의 중요성 때문에 개방적 공론장(公論場, 공론 또는 여론을 형성하는 의사소통의 공간)에서 혹시라도 독단·독선, 고정관념, 편향 등(이하 '오류'라 지칭)에 의해 중대한 '정책기조 오류'(error of policy paradigm)의 가능성은 없는지 -가능하면 최대한 사전(事前)에- 철저하게 논의·검증돼야 한다. 그런 '원오류'(original error, archetypal error)를 막지 못해 엄청난 후유증을 겪은 사례는 수없이 많다. 정부만이 아니라 어떤 조직에서도 일방적으로 편향된 정보에 의해 잘못된 정책기조를 채택하면 그로 인한 정책들의 오류는 피할 수 없다.

민주적인 공동체에서는 으레 그 구성원 간에 정책에 관한 관심과 함께 이견(異見)에 따른 찬반 논쟁이 일어나곤 한다. 그런 관심과 논쟁은 사람마다 각자 자신의 인식 틀에 따라 각각의 견해를 갖고 판단을 하는 만큼 당연하다. 더구나 개인의 자유와 자율적 판단을 존중하는 민주사회에서 우리 삶과 공동체의 운명에 중대한 영향을 미치는 정책기조에 대하여는 더욱 더 당연하다. 그것이 정책기조로서는 피할 수 없는 숙명이기도 하다. 그래서 특히 '동질적인 한 방향의 사유의 위험이나 함정'을 경계하는 부정적 함축어인 '집단사고'와 대비되는 '집합지혜'(집합지성, 집합지능)가 중시된다. 집합지혜는 한 사람이나 동질적인 한 무리의 의

견보다는 많은 사람이나 이질적인 다양한 무리의 의견을 제기하고 교환하는 역동
적인 사고의 상호작용과정, 정보의 집적과 활용(information pooling) 과정, 집합숙
의(熟議, collective deliberation)의 과정에서 최선의 지혜·지적 능력·지적 자산이 집
약돼 나온다는 '변증법적 종합사고에 의한 지적 능력의 확대재생산' 과정과 결과
를 강조한 긍정적 함축 개념이다. 그 과정은 마치 벼를 찧고 거기에서 쌀겨를
까불러 쌀만 골라내는 '키질하는 과정'(winnowing process)이나 체로 이물질을 걸러
내는 '체질하는 과정'(sifting process)에 비유되기도 한다.

　이와 관련해서는 실락원의 시인 영국의 밀턴(John Milton, 1608-1674)이 진리
의 논박(論駁)이 허위를 억제하는 최선의 가장 확실한 방법으로서 '사상의 공개시
장'(the open market place of ideas)과 '자율 조정과정'(자동조절과정, self-righting
process)을 주장한 것으로 유명하다.48) 프랑스에서는 백과전서파 작가 볼테르
(Voltaire, 1694-1778)가 "나는 당신의 견해에 동의하지 않는다. 그러나 만일 당신이
그 견해 때문에 박해를 받는다면, 나는 당신 편에 서서 당신의 견해를 말할 권리
를 위해서는 죽도록 싸울 것이다"라고 사상의 자유를 옹호한 유명한 말을 하고,
실제로 박해를 받으면서도 사상의 자유의 침해에 대하여 맞서 싸웠다.49) 더 본격
적으로 사상의 자유, 언론의 자유를 옹호한 것으로 유명한 이는 영국 철학자 밀(J.
S. Mill, 1806-1873)이다. 그는 그의 「자유론」에서 한 사람의 반대의견이라도 그것
을 억압하는 것은 절대 무오류성(無誤謬性)을 가정함으로써 뜻밖의 진리가 숨어있
을 가능성을 배제해 버리는 해악(害惡)이 될 수 있다고 주장하였다.50)

　하버마스(J. Habermas)는 온갖 말이 오가는 생활세계에서 의사소통에 의한 진
리를 향한 여론 형성을 강조하였다. 그는 시민사회의 왜곡되지 않고 방해받지
않는 시민적 의사소통이야말로 그 자체 변혁을 실천하는 권력으로서 민주주의에

---

48) 그는 1644년 근대 서양의 언론자유이론에 관한 최초의 학술적 논문 「아레오파지티카」
　　(Areopagitica)에서 출판물에 대한 검열제도의 불합리성을 지적하면서 검열제의 폐지와 언론의
　　자유를 주장하였다. 그러나 국왕파와 의회파 사이에 내란이 일어나, 결국 국왕 찰스1세가 처
　　형되고, 1649년 의회파 지도자 크롬웰(Oliver Cromwell)이 집권하게 되자, 그는 크롬웰 집권 11
　　년간 내각의 문서 담당 검열관인 라틴어 장관에 임명되어 거꾸로 검열에 앞장서게 되었다. 조
　　맹기, 커뮤니케이션 사상사, 커뮤니케이션북스, 2001, 85-113, 153-175 참조.
49) The Oxford Dictionary of Quotations, 3rd ed., Oxford University Press, 1979(1941), 561.
50) John Stuart Mill, On Liberty, 1859, 229; 김형철(역), 자유론, 서광사, 1992, 30-31.

더욱 든든한 존립기반을 마련해 주고 발전시킬 저력을 가졌다고 주장하였다. 그리하여 이른바 공론장(公論場, 공론영역, public sphere)의 점진적인 구조변동을 그의 사상의 모태로 삼고 연구하였다. 그는 민주주의 방식의 체제변혁은 제도적 기득권을 누리는 정치 엘리트들의 지배욕구, 여론을 조직적 수단으로 매개하고 통제하는 압력단체와 언론매체들의 이익욕구, 불합리한 충동으로 점철된 시민들의 생활욕구 등에 의하여 오염되고 방해받고 왜곡되기 쉬운 중론(衆論, mass opinion)의 속성을 버려내야 가능하다고 주장하였다. 그래야만 시민이 스스로를 성숙시키는 '정당성에 대한 이성적 자각'이 일어나고, 이러한 점진적인 공론(public opinion)의 구조변동을 통하여 혁명적 폭력이 아닌 민주주의 방식의 체제변혁이 가능하다고 주장하였던 것이다.51) 조선시대 대표적 학자인 율곡 이이(李珥)도 합리적 타당성을 갖는 공정한 의견이란 의미의 '공론'을 강조하였다.

> 공론이란 나라의 원기입니다. 공론이 조정에 있으면 그 나라가 다스려지고, 공론이 민간에 있으면 그 나라가 어지러워지며, 만약 위 아래에 모두 공론이 없으면 그 나라가 망합니다. 왜냐하면 위에 있는 이가 공론을 주장하지 못하고서 공론이 아래에 있는 것을 미워하며 그 입을 막아서 그 죄를 다스리면 그 나라가 망하지 않는 일이 없습니다.52)

과연 '발전'이 단순한 경제성장만이 아니라 '인간 자유의 확대'라는 관점에서 빈곤, 복지, 인권 등의 본질을 분석한 공로로 1998년 노벨경제학상을 받은 인

---

51) J. Habermas, The Structural Transformation of the Public Sphere: An Inquiry into a Category of Bourgeois Society, trans. Thomas Burger and Frederick Lawrence, Cambridge: MIT Press, 1989; 한승완(역), 공론장의 구조변동, 나남출판, 2001 참조. 합리적이고 공익성이 있으며 자주적인 다수 의견만을 진정한 여론 즉 '공론'(公論)이라고 하고, 비합리적이고 공익성이 결여된 조작적인 다수 의견은 가짜 여론 즉 '중론'(衆論)이라고 구별한다. 이와 같이 공중과 대중, 그리고 공론과 중론을 구분하는 것을 반대하는 학자들도 많다. 사실 실제로 이를 구별하는 것은 어렵고, 서로 아전인수식으로 해석하면서 논쟁이 벌어지기 쉬우며, '대중'의 경우 공동체구성원을 비하(卑下)하여 정치적 목적을 달성하고자 오남용의 위험도 없지 않다. 한편, '군중'(the crowd)은 감정적·비이성적인 흥분에 의한 폭발적 파괴행위의 의사와 행동을 보여주는 집합적인 군집으로 변모된 일정한 상황의 대중을 말한다고 한다. 이 구별과 관련, 진덕규, 현대 정치학, 제2개정판, 학문과 사상사, 2003, 249-254 참조.

52) 栗谷全書, 卷7, 疏箚(소차 5, 代白參贊疏). 한국정신문화연구원(편), 국역 율곡전서(Ⅱ), 1984, 264. 이는 대사헌·이조참판을 지내고 우참찬으로 있는 직언 잘하기로 유명한 백인걸(白仁傑)을 대신하여 동서(東西) 분당(分黨)의 폐단을 지적하며 율곡이 올린 소(疏)의 내용 중 일부이다.

도 출신 영국 경제철학자 센(Amartya Sen)은 다음과 같이 대규모 '기근'(famine)이
나 출산율 저하 등의 사회문제가 공공토론과 직접적인 상관관계가 있음을 분석·
제시하였다.

> 민주적인 정부형태와 언론의 자유가 보장된 어떤 독립국가에서도 실질적인 기근
> 은 발생하지 않았다. 기근은 고대 왕국, 현대의 권위주의적 사회, 원시적 부족 공동
> 체나 근대적인 기술관료적 독재체제, 제국주의자들이 지배하는 식민지 경제, 전제
> 적인 국가지도자나 무자비한 일당 독재가 지배하는 신생 독립국에서 발생했다.
> 그리고 이러한 나라들은 정기적인 선거, 비판의 목소리를 낼 반대 정당, 그리고
> 포괄적인 검열 없이 정부정책에 대해 문제를 제기하고 자유롭게 취재할 언론 등을
> 가지고 있지 않았다.···
> 개방된 토론, 논쟁, 비판, 반대의 보장과 관련된 정치적 권리와 시민권은 지식을
> 요하고 성찰된 선택들을 창출해내는 과정에서 핵심적이다.···개방된 의사교환의
> 범위와 효과는 사회적·정치적 문제들을 평가할 때 종종 과소평가되기도 한다. 예를
> 들어 공공토론은 많은 개발도상국의 특징인 높은 출산율의 감소에 중요한 역할을
> 한다. 실제로 많은 증거들은 인도에서 문맹률이 낮은 몇몇 주에서 발생한 출산율의
> 급격한 감소가 높은 출산율의 여성들, 특히 젊은 여성들의 삶에 나쁜 영향을 끼치며
> 지역사회에도 악영향이 있다는 공공토론의 영향을 크게 받았다는 점을 보여주고
> 있다.53)

경제학이론 중 양대 학파의 거두로서 케인즈와 하이에크의 개인적인 경제이
론의 대결과, 그들 이론에 따라 '불황의 원인'에 대한 진단과 그 해결책으로서
'정부 중심'과 '시장 중심'으로 요약되는 정책기조 간 대결의 계속도 그 대표적인
예이다. 과학적인 이론으로 알려진 경제학이지만, 서로 상반된 학자의 인식틀은
전혀 다른 이론을 낳을 수밖에 없다. 그래서 노벨경제학상은 금융시장에 대해
상반된 이론을 제시한 로버트 실러와 유진 파마 간 시비우열(是非優劣)을 가리기
보다는 그들을 아예 2013년 공동 수상자로 선정할 수 있는 것이다.54)

---

53) Amartya Sen, Development as Freedom(1999), 박우희(역), 자유로서의 발전, 세종연구원, 2001,
   202-203. 밀턴 이하 본문은 박정택(2007c), 42-50, 58-59에서 수정 인용.
54) 파마 교수는 시장의 자산가격에는 모든 가용 정보가 반영돼 있어 단기적으로 주식 가격을 예
   측하기가 불가능하다는 '효율적 시장가설'을 주장했다. 반면 실러 교수는 행동경제학의 입장
   에서 장기적으로 자산가격은 예측 가능하다는 주장을 1980년대 초에 발표했다. 가격에는 비

별이 빛나는 창공을 보고, 갈 수가 있고 또 가야만 하는 길의 지도와 같이 절대 진리의 올바른 정책기조를 얻어 구현할 수 있다면 얼마나 행복하겠는가? 그러나 그것이 그렇게 쉽지 않다는 사실을 깨닫게 해 주는 경우는 흔하다. 1997년 말 우리 외환위기 당시 수많은 사람들이 고통을 겪는 상황에서 마치 절대 진리인 양 우리에게 혹독한 고통을 더 얹어주며 강요했고, 우리뿐만 아니라 지난 30여 년 동안 남미 국가 등 다른 궁지에 몰린 나라들한테도 한 수 가르치려 들며 강요한 '고금리와 긴축'의 가혹한 금융·재정 조치는 IMF를 비롯해 미국 등 선진국들이 공식적으로 채택해 적용해 왔던 정책기조였다. 그러나 그들은 2008년 미국발 금융위기를 비롯해 이후 계속된 경기 침체 상황에서 종전 정책기조와는 180도 다른 '양적 완화'의 확장적 금융·재정 정책기조(초저금리, 심지어 마이너스 금리, 대마불사, 재정지출 확대)를 펼치면서 '이중 잣대' 논란을 일으키고 있다.

이제 개인으로나 집단 또는 조직으로나 누구든, 어느 기관이든, 정책판단 (policy judgement)의 오류, 특히 중요한 '정책기조 판단'의 오류 가능성을 인정해야 한다. 이미 인지심리학에서 밝혀낸 대로 인간의 독단·독선, 고정관념, 편향 등 '오류'를 범할 수 있는 인간의 불완전성을 인정하고, 다른 대안적 정책기조논리에도 경청하며 겸허하게 정책에 다가서지 않으면 안 된다. 우리 근대사 최고의 폐쇄적·독선적인 정책기조 논쟁으로서 17세기 중반 송시열과 윤휴 간 성리학해석과 북벌에 관한 대립이나, 19세기 말 척화비를 세워 문호개방을 배척한 '쇄국정책기조'는 중요한 반면교사의 실례이다. 오류 가능성을 염두에 두고 정책에 대하여 겸허한 자세를 지녀야 하는 것은 정책행위자들 모두에게 요구된다. 그래야 '집단인식의 기본 틀과 방향'인 '정책기조'의 오류 가능성을 인정하고, 오류를 피하기 위하여 진지하게 노력하고, 가능한 한 모든 방책을 강구하게 된다.

역사상 사상·철학 등이 활발하게 일어난 것은 개인의 삶과 공동체에 대한, 특히 여러 가지 서로 다른 정책기조논리에 대한 자유로운 사유와 논쟁이 가능했던 시대·사회에서였다. 동양에서 중국 춘추전국시대의 '제자백가'(諸子百家)와 서

(非)이성적이긴 하지만 반복되는 인간 행동의 패턴이 반영돼 있어 예측할 수 있다는 것이다. 조선일보, 2013.10.15., "美 부동산 거품 경고한 실러 교수 등 3명 노벨경제학상" 및 2015.1.1., "파마 교수, 상반된 이론 펼친 실러 교수와 2013 노벨경제학상 공동수상" 기사 참조.

양에서의 고대 그리스철학이 그 예이다. 기원전 8세기 중국은 주(周) 왕조의 봉건
제도(封建制度)가 해체되고, 강력한 중앙집권체제의 천하통일 국가를 이루어가는
정치사회적 혼란의 과도기였다. 그 시대 적극적인 정치개혁에 의하여 부국강병에
힘쓰고자 유능한 인재를 구하는 과정에서 국정기조논리와 여러 분야의 정책기조
논리를 자유롭게 제시(유세)한 사람들과 학파들인 '제자백가'가 생겨났다.55) 또
기원전 6세기경 그리스에서는 식민지인 소아시아의 밀레토스를 중심으로 무역
활동의 중심지인 만큼 자유정신, 합리정신이 높아서 탈레스 등의 자연철학(自然哲
學)이 태동하기 시작하였다. 그리고 그리스 본토인 아테네의 소크라테스, 플라톤,
아리스토텔레스 등에 의하여 인간과 사회 탐구의 꽃을 피운 절정시기를 거쳐,
그리스 외 지역으로까지 확대된 헬레니즘 철학에 이르기까지 고대 그리스철학이
서양 사상의 원류를 형성하였다.

　이와 같은 점을 살펴서 이제 집 안보다는 집 밖에서 집 전체를 잘 조망할
수 있는 이치와 같이 정책당국자들이 '내부 관점'에 사로잡혀 폭넓게 정책기조를
볼 수 없어 오류를 범할 수 있음을 인정할 필요가 있다. '외부 관점'이라고 할
수 있는 다른 대안적 정책기조의 관점에서 개방적으로 제기하는 비판과 논의를
외면하지 않아야 하는 것이다. 오히려 의도적으로 그런 비판이 있는 공론장을
활성화해야 '원오류'를 줄일 수 있다.

　정책기조에 관한 논의가 개방되어 자유롭게 대안적 정책기조논리가 개진되
고 열띤 논쟁을 거치면서 혼란스러운 상황이 지속될 수도 있다. 그렇지만 그 개방
적인 합의의 과정은 비능률적이고 소모적인 과정이 아니다. 오히려 사전에 오류
를 최소화시키면서 집단지혜를 조직화해, 구성원의 합의와 그로 인한 추동력의
기반을 확대해 나가면서 신뢰할 수 있는 정책기조를 확보해 나가는, 민주적이면

---

55) 춘추전국시대는 기원전 770년, 주(周)왕조가 도읍을 낙양(洛陽, 뤄양)으로 옮긴 이후, 진(晉)나
라의 대부(大夫)인 한(韓)·위(魏)·조(趙) 삼씨가 진나라를 분할하여 제후로 독립할 때까지의
시대(BC. 403년)인 춘추(春秋) 시대와, 그 후 진(秦)나라가 천하를 통일한 BC. 221년까지의 전
국(戰國) 시대를 합쳐 부르는 시대인데, 인(仁)을 내세운 공자(孔子)·맹자(孟子)의 유가(儒家)
를 필두로 겸애(兼愛)를 주창한 묵적(墨翟)의 묵가(墨家), 노자(老子)와 장자(莊子)가 이끈 도가
(道家)를 비롯하여 법가(法家)·병가(兵家)·명가(名家, 논리학파)·종횡가(縱橫家, 외교술파)·음양
가(陰陽家)·잡가(雜家)·농가(農家) 등 수많은 학파와 학자들을 말한다. 易中天, 百家爭鳴; 이
중톈, 백가쟁명, 심규호(역), 에버리치홀딩스, 2010 참조.

서 동시에 중장기적으로 능률적인 과정이다. 더 나은 삶과 공동체를 이루어나가는 목표를 달성하는 데 효과적인 과정이기도 하다.[56] 그 개방적인 합의의 과정은 공동체의 문제해결 과정에 공동체의 구성원이 참여함으로써 각자에게 참여의식·자기학습·자아실현·협조의식·책임의식 등 주체적인 민주시민(구성원)의식을 함양하고 고취하는 사회교육·학습의 과정이기도 하다. 그렇지 않고 일방적으로 강요해서 정책기조를 설정·구현해 나가면, 당장은 좋아 보이나 그 구현에 어려움을 겪거나 실패할 가능성도 높아진다. 이런 이유로 '개방적 합의성과 신뢰성' 기준은 매우 중요하다.

그와 관련해 전세계적인 근본문제를 도출하고, 현실적으로 실현가능한 미래를 지향하는 데 있어서 일련의 UN 정책기조를 합의해 설정해 가는 과정을 보여주는 UN의 사례를 참고할 필요가 있다. UN은 새천년을 맞이해 새천년개발목표를 발표하고 15년간 그 달성에 노력하였다.[57] 그리고 UN은 그동안의 성과를 평가하고, 그것을 반영한 새로운 목표를 제시하기 위하여 반기문 사무총장을 중심으로 2010년부터 준비 작업을 시작하였다. 그 후 3-4년간 국제적 논의 결과, 제기된 주요 비판은 사회적 불평등 구조·인권·민주적 참여 등 거시적인 사회적 모순에 대한 관심 부족, 전체적인 목표(경제성장, 전체 빈곤층의 예)보다는 협소한 정책내용 치중(빈곤감소, 최빈곤층의 예), 개도국 외 선진국 등 전체 지속가능한 발전의 관심 부족, 광범위한 여론수렴 부족의 관료적 작업 과정 등에 모아졌다.

특히 UN이 관료적인 작업 수행에 대한 비판에 유의하여 Task Force Team, 고위정책결정자·전문가 패널, 개방형 실무위원회 등의 운영을 통하여 개도국·선진국의 일반 시민·시민단체·이익단체·정부·국제기구 등에 걸쳐 광범위한 여론수렴을 도모하여 전 세계적인 합의를 이끌어내기 위하여 수많은 정책 논의와

---

56) 로버트 짐머(Robert J. Zimmer) 시카고대 총장도 "존중보다는 논쟁이 명확성을 찾는 길이다"(Argumentation rather than deference is the route to clarity.)라는 말을 믿는다고 하면서 총장으로서 교수나 학생 모두 겸양의 미덕에서 그냥 존중(deference)하기보다 기존 전제를 그대로 받아들이기 전에 철저한 검증을 거치도록 하는 도전적인 분위기, 끊임없는 담론을 통해 새로운 사고와 지평을 열어가는 면학 환경 등을 강조해왔다고 밝혔다. 매일경제, 2010.3.2., "로버트 짐머 美 시카고대학 총장에게 대학의 길을 묻다" 이메일 인터뷰 기사.

57) 권혁주, "Post 2015: 개발목표의 설정과정과 정책방향," 행정포커스, 114호, 한국행정연구원, 2015, 16-19.

함께 여론수렴에 노력하였다.

그 결과, 2014년 말 발표된 보고서 '2030년까지 존엄성을 향한 길'(The Road to Dignity by 2030)에서는 새롭게 근본문제로 도출돼 2030년까지 달성할 새 목표 17개가 제안되었다. 이것을 토대로 다시 논의하고 여론 수렴으로 다듬어져 2015년 창설 70주년을 맞아 UN총회의 160여 개국 정상들의 UN개발정상회의에서 채택돼 최종 발표된 것이 '지속가능개발목표'(SDGs, Sustainable Development Goals)와 169개 세부목표이다. 그 17개 목표는 빈곤 퇴치, 기아 해소, 보건 증진, 교육 보장, 성평등 달성, 물과 위생 제공, 에너지 보급, 경제성장과 일자리, 인프라 구축, 불평등 해소, 지속가능도시 구축, 지속가능 소비·생산, 기후변화 대응, 해양자원 보존, 육상 생태계 보호, 평화로운 사회, 글로벌 파트너십이다.[58]

---

[58] 권혁주(2015), 17-21; Jeffery Sachs, The Age of Sustainable Development. Columbia University Press, 2015, 제프리 삭스, 지속 가능한 발전의 시대, 홍성완(역), 21세기북스, 2015 및 기타 일간 신문 참조. 한편 인류의 중요한 근본문제인 핵 폐기, 국방비 지출 감소, 무기개발과 무기판매의 감축 등이 SDGs에서 빠진 것은 현실 세계질서에서 합의의 한계를 반영한다.

제 2 장

좋은 정책기조논리(정책아이디어)의
탐색·개발과 설계 방법

좋은 정책기조는 좋은 정책기조논리에서 나온다. 그런데 정책기조논리의 구성인자는 사상, 이념, 철학, 이론, 원리원칙, 가치 등이므로 그런 원천에서 좋은 정책기조논리를 탐색하고 배아를 키워서 좋은 정책기조논리로 숙성시켜 채택해야 한다. 그런데 그런 원천에서 좋은 정책기조논리를 창안하는 더 구체적인 방법에 대해서는 그동안 '발견의 맥락'(context of discovery)의 문제라는 평가에 따라[1] 실용적인 영역이므로 학술적으로는 별로 적극적으로 논의하지 않는 경향이 있었다. 그것은 '정당화의 맥락'(context of justification)의 영역이 아니므로 거기에 어떤 논리적인 것이 들어 있을 수 없다는 이유였다. 그러나 토마스 쿤의 패러다임이론이 나온 이후, 이제 발견의 맥락에 그렇게 논리는 없고 순전히 심리적이고 무작위적이며 우연적이라고만 일방적으로 단정해 구분하지 않는다.[2] 더구나 정책이라는 지극히 실용적인 영역을 탐구하는 사람이나 실무자에게는 특히 그러하다. 라스웰도 정책학 제창 시 처음부터 창조적 상상력의 활동, 성공적 아이디어, 역사적으로 살아남을 정책제안, 정책개발의 재능, 공동체에 이로운 변혁 물결의 도입 등을 강조하였다.[3] 그런 의미에서 우리는 모두 어려움에도 불구하고 어떤 새로운 길을 탐색하고 개척해야 할 역사적·윤리적 사명과 책임을 지고 있음을 알고, 발견의 맥락에 뛰어들어야 한다.[4]

---

1) 대표적으로 칼 포퍼는 <과학적 발견의 논리>에서 과학연구를 끊임없는 '추측과 반증'(conjectures and refutations)의 과정으로 보면서 새로운 가설을 세워주는 추측은 예측불허의 사건으로 보았다. 마치 생물 진화와 같이 돌연변이가 무작위로 일어나서 그중 어떤 도움이 되는 극히 일부분이 살아남고 다음 세대에 물려주는 '자연선택'과 같다고 보아 어떤 새로운 아이디어로 추측을 창출하는 과정은 철학적으로도 별로 나올 것이 없고 규칙화할 수도 없으므로 오직 '정당화의 맥락'(context of justification)만이 방법론 논의의 대상이 될 수 있다고 결론을 내리고, 발견과 창조의 과정은 심리학에서나 다루어야 할 주제라고 주장하였다. Karl Popper, The Logic of Scientific Discovery, London: Hutchinson, 1959; 장하석(2014), 352-353 참조.
2) 홍성욱, 과학은 얼마나, 서울대출판부, 2004, 127.
3) Lasswell(1951), 12.
4) 탐구 과정을 기계 작동 설명서 쓰듯 가르칠 수도, 규칙화해 실행할 수도 없고, 말로 표현할 수 없지만 '암묵적 지식'(암묵지, tacit knowledge)이란 차원에 대한 중요성에 관심을 갖고, 발견

| 제 1 절 | **좋은 정책기조논리의 탐색 대상과 개발 방법** |

좋은 정책기조논리를 탐색하고 개발하기 위해서는 지도자 개인이나 조직·집단 구성원이 우선 정책기조에 대한 높은 지적 능력(지능)과 예민한 감수성을 갖추는 노력이 필요하다.

1. 정책기조의 기조지능과 기조감수성 및 좋은 기조논리 탐색·개발의식

정책기조의 지능(기조지능)이란 '정책기조를 이해하고 대응하는 지적 능력'을 말한다. 그리고 '정책기조의 감수성'(기조감수성)이란 '정책기조를 정책기조로서 받아들이고 느끼는 성질'이다. 구체적으로 정책의 전 과정에서 '정책기조가 갖는 역할·기능·효과 등 그 중요성을 인식하고 수용해 활용하는 인식 태도'이다. 좋은 정책기조는 그것을 찾고 개발하는 노력을 기울여야 얻어지고, 향상시킬 수 있으며, 발휘될 수 있는 것이다. 따라서 정책기조의 지능과 감수성은 특별히 공동체의 과거와 현재와 미래에 대하여 소명의식과 책임의식, 그리고 역사의식을 갖는 지도자 개인이나 조직(기관)이 각별히 갖춰야 하는 중요한 자질이다. 삶과 공동체와 시대가 과거, 현재, 미래로 흘러가는 큰 흐름에 대하여 예민한 감수성을 갖고, 큰 틀과 방향을 포착해 내는 인식 안테나를 작동시켜, 삶과 공동체와 시대가 요구하는 큰 틀과 방향을 탐색하고 개발·정립해 구현해 나가야 하는 것이다.

여기서 좋은 정책기조논리의 탐색은 반드시 새로운 정책기조만을 의미하는

의 방법론을 선구적으로 논의한 사람은 헝가리 출신 영국 철학자 마이클 폴라니(Michael Polanyi)이다. 그는 자전거 타기, 수영 배우기, 시각장애인의 지팡이 사용, 또 화학박사 취득 전 의학 공부 시 엑스선 사진 판독 훈련 등의 예로써, 연습과 노력에 의한 지식·전문성·솜씨를 갖추게 된 체험을 바탕으로 언어로 표현되지 않는 실천적 능력의 차원을 강조하였는데, 미국 과학철학자 핸슨, 오스트리아 출신 영국 철학자 비트겐슈타인 등도 이를 지적하고 있다. Michael Polanyi, Personal Knowledge, corrected ed., Univ. of Chicago Press, 1962(초판 1958); 장하석(2014), 353-373 참조.

것이 아니라, 현존 정책기조를 포함한 활동으로 넓게 이해할 필요가 있다. 현존 정책기조도 항상 그 기조논리가 그 시대와 사회(조직)에 합당한 올바른 것인가를 면밀히 점검해 보고, 좋은 정책기조라고 확인된 경우에는 그것을 유지해 최선의 노력을 다해서 구현해 가야 한다. 그렇지만 만약 현존 정책기조가 올바르지 않다는 결론이 나오면, 이제 필요한 좋은 정책기조를 정립하기 위하여 좋은 정책기조논리를 탐색·개발해야 한다.

2. 근본적 정책철학하기의 질문 제기와 답변

좋은 정책기조는 해당 정책기조를 정립하고자 하는 분야나 문제와 관련하여 거기에 어떤 삶·사회·조직·제도 등이 가장 좋은가의 '근본적·규범적 질문'을 제기하고 답변해 보는 데서 출발하는 것이 좋다. 여기서 '근본적·규범적 질문을 제기하고 답변해 보기'가 '철학하기'(philosophizing)이다. 그런데 그런 철학하기가 정책에 관한 것인 경우 그것은 '정책철학하기'인데, 그것이 정책기조에 관한 정책철학하기와 맞닿아 있을 수밖에 없다. 그렇다면 결국 좋은 정책기조를 설계하는 첫 출발은 해당 분야의 근본적인 정책철학하기의 질문과 답변인 것이다. 그런 식으로 크고 작은 기관과 직책과 분야에서 그에 합당한 여러 갈래의 정책기조체계를 구성하며 정책기조논리를 간명하게 다듬어나가는 것이 좋은 정책기조논리의 설계 방법론이 될 수 있다.

3. 좋은 정책기조논리의 탐색·개발 방법

그런데 정책기조논리의 구성인자는 사상, 이념, 철학, 이론, 원리원칙, 가치 등이었다. 이들 구성인자들 중 기본적인 것이나 중요한 것은 이미 여러 경로를 통하여 많이 알려져 있다. 그렇다면 좋은 정책기조를 찾는 사람은 평소에 그와 관련된 정보에 관하여 개방적인 자세로 다각적인 간련 정보에 접근·접촉하면서, 탁월한 지능과 예민한 감수성을 발휘하여 해당 분야에 관한 좋은 기조논리와 관련된 영감 또는 통찰력을 얻어야 한다. 그런데 우리가 사는 세계에서는 새로운 사상, 이념, 철학, 이론, 원리원칙, 가치 등이 끊임없이 생성되고 대두한다. 그들 중 안전하게 검증된 기조논리 구성인자들을 원천으로 삼아 올바른 정책기조논리를 설정해야 하겠지만, 경우에 따라서는 선도적으로 새로운 기조논리 구성인자들을 채택해 정책기조논리를 창조해야 할 수도 있다.

　더 구체적으로는 과거의 역사적 사례, 다른 나라를 포함한 다른 공동체의 사례, 다른 정책분야의 사례 등에서 유용한 통찰력을 얻어 이를 참고하고 배우면서 정책기조논리를 형성하거나 수정 변경할 수 있다.[5] 여기서 말하는 그런 공동체의 유형은 크게는 다른 나라에서부터, 다른 지방, 그리하여 작게는 인근 동네나 마을 단위까지 다양한 범위의 공동체를 말한다. 또 정책분야의 유형도 그와 마찬가지로 동일한 분야일 수도 있고, 서로 다른 분야일 수도 있는, 다양한 범위의 정책분야를 말한다. 다음은 그 구체적인 방법이다.

(1) 개인적 독서와 경험에 의한 성찰과 전망

　좋은 정책기조논리에 관한 통찰력·영감·감수성·지적 능력은 리더나 집단 구성원 각자가 끊임없이 전문 서적이나 일반 서적을 폭넓게 읽는 독서에 의하여 획득하는 정보와 함께 실제 현장이나 현실에서 부딪혀 체득한 경험과 어우러져 끊임없이 성찰하고 숙고하며 전망하는 과정에서 얻어진다.[6]

(2) 전문가(집단), 이해관계자(집단), 구성원(개인이나 집단, 내부나 외부)의 의견 수렴이나 전문 또는 일반 서적, 학술단체의 학술지의 발표·토론회, 기타 언론 잡지 등의 참조

　정책의 결정자나 결정집단은 다른 사람의 의견을 듣고, 거기에서 유용한 정책기조논리의 통찰력을 도출해 활용할 수도 있다. 여기서 다른 사람의 범주는 다양한데 대표적으로 전문가 개인이나 집단, 이해관계자 개인이나 집단 또는 공

---

5) 개념과 아이디어는 백지에 그려가며 개발되기보다는 흔히 국제적 경험을 비롯한 다양한 원천에서 내려받는다(downloaded)는 식이다. Andersen(2009), 282 참조.
6) 과학에서 새로운 패러다임의 출현도 그와 비슷한 면이 있어서 쿤도 "새로운 패러다임 또는 그 것을 가능하게 해 주는 암시는 위기에 깊이 몰두한 사람의 마음속에 갑자기, 때로는 한밤중에 떠오른다."고 말한다. Kuhn(1970), 89-90.

동체의 구성원 -내부나 외부- 개인이나 집단이 있다. 또 학술단체의 학술지(논문 등 발간물)나 학술 발표와 토론회 등도 중요한 원천이 될 수 있다. 기타 언론잡지 등에서 정책기조논리에 관한 통찰력을 얻을 수 있다. 따라서 관련 학회나 연구모임 등에 자신이 직접 혹은 다른 사람으로 하여금 가입하게 해 활발하게 참여하며 활동하는 가운데서 직간접적으로 혹은 영감·직관·통찰력이 발동하여 좋은 정책기조논리를 얻을 수 있다.

좋은 정책기조논리의 탐색·개발에 시사적인 예의 하나로서, 과학계의 '코펜하겐 정신'(Copenhagen spirit)을 들 수 있다. 양차 세계대전 사이에 덴마크 코펜하겐 대학의 부설 이론물리학연구소(닐스 보어 연구소)의 독특한 분위기, 곧 아주 자유분방하고 형식을 따지지 않는 분위기를 말한다. 아인슈타인과 더불어 20세기 현대 물리학(양자 역학)의 초석을 놓은 위대한 덴마크 과학자인 닐스 보어(Niels Henrik David Bohr, 1885-1962, 1922년 노벨물리학상 수상)가 코펜하겐 대학 부설 연구소를 설립하고 소장을 맡아 다음과 같이 운영한 정신이다.

> 보어는 자신의 주위에 몰려든 젊은 과학자들에게 선입관을 버리고 인간이 생각할 수 있는 모든 방법을 다 동원해서 새로운 길을 찾도록 권고했다.…따라서 이 연구소에서 주된 학문 활동(특히 이론 연구)은 보어와 그의 제자 간의 "대화" 또는 "토론"이었다.…단 둘이서 오랜 시간 산책하기를 즐겼으며…이 때문에 소요학파(逍遙學派: 그리스시대 소크라테스 등 대화를 주요한 교육수단으로 삼았던 철학자 집단을 지칭함)라는 별명을 얻기도 했다.…연구소 분위기가 얼마나 파격적이었는가를 보여주는 많은 재미있는 예들이 전해지는데…세미나실에 들어갔더니, 보어가 러시아 출신 물리학자 란다우와 무엇인가 열띤 논쟁을 벌이고 있었다. 그런데 란다우는 책상에 등을 기대고 누워서 이야기를 하고 있었고, 보어는 그 이상한 자세를 전혀 눈치 채지 못한 듯 열심히 그가 하는 말을 듣고 있었다고 한다. 즉 이십대 무명의 러시아 젊은이(란다우는 1962년 노벨물리학상을 수상한다)가 누워서 하는 말을 사십대 중반의 노벨상 수상자가 서서 듣고 있었던 것…이러한 보어의 파격적인 정책은 보어가 선생이고 연구원이 하이젠베르크, 파울리, 가모브 정도인 경우에 분명히 성공적이었다. 하이젠베르크를 비롯한 젊은 과학자들은 보어의 보호와 격려 속에서 서구 문명을 이천 년 동안 지배해 왔던 결정론적 세계관을 무너뜨리고 새로운 비결정론적 세계관을 제시할 수 있었던 것이다. 아인슈타인과 같은 20세기 최대의 과학자도 비결정론적 세계관에 매우 비판적이었던 점을 고려하면, 보어의 보호

와 격려가 젊은 과학자들에게 얼마나 중요한 역할을 했던가를 알 수 있다. 격식을 파괴하고 자유스러운 연구 분위기를 강조하는 "코펜하겐 정신"은 보어의 연구소에 서 일했던 많은 연구원들에 의해서 세계 각국의 연구실에 퍼졌는데, 1930년대에는 보어연구소에서 5년(1923-1928)을 보냈던 니시나 요시오에 의해서 일본에까지 전 파되었다.…그(보어-저자 주)는 갈릴레오와 뉴턴 이래 가장 근본적인 과학적 변화 를 앞장서서 이끌었다.…[7]

(3) 전문적 추적 조사를 위한 전담조직의 활용

좋은 정책기조논리를 탐색해 개발하기 위하여 특별히 전문적 추적 조사를 위한 전담조직을 설치하여 전담 권한과 책임을 부여해 임무를 수행하게 할 수도 있다.

제 2 절	좋은 정책기조논리의 설계 방법

그러면 이번에는 좋은 기조논리를 탐색·개발하기 위하여 정책기조논리의 원천을 비롯한 다양한 기존 사례들에서 도출한, 실제로 설계에 이용할 수 있는 다양한 논리 조합들을 예시해 보기로 하겠다.

1. 기존 사례에서 도출한 다양한 논리의 조합들 예시

다음은 좋은 정책기조논리를 탐색하기 위한 상상력의 지평을 사방팔방으로

---

7) 이상 김동원, "과학자의 리더십: 유럽의 경우," 과학기술의 철학적 이해, 418-422. 본문 중 독일 하이젠베르크(Werner Heisenberg, 1901-1976)는 상보적인 2개의 양(예를 들면 입자의 운동량과 위치)을 동시에 정확히 결정하려고 하는 경우, 그 정확도에 한계가 있는 것을 규정한 원리, 즉 양자론의 기본 전제인, 관찰자와 관찰대상 사이에는 항상 일정한 정도의 불확정성이 존재한다 는 '불확정성 원리'(uncertainty principle)와 양자역학 탄생에 기여한 업적으로 1932년 노벨물리 학상을 수상했다. 오스트리아 파울리(Wolfgang Pauli, 1900-1958)는 중성미자의 존재를 예측하 고 양자론 체계화의 공로로 1945년 노벨물리학상을 수상했다. 러시아계 미국 천체물리학자 가 모프(George Gamow, 1904-1968)는 우주팽창이론을 발전시켜 우주 기원에 관한 빅뱅(Big Bang) 이론을 처음 제시했다.

확대함으로써8) 좋은 사고실험(thought experiment)의 재료로 삼도록 예시한 것이다. 현실에서는 이보다 훨씬 더 다양하고 많은 논리적 재료들을 상상해 내고 이용할 수 있을 것이다.9)

(1) 주체(중심, 공급자) 대 객체(주변, 수요자)

먼저 좋은 정책기조논리를 설계하기 위하여 주체(중심, 공급자)와 객체(주변, 수요자)의 논리 조합을 응용해 볼 수 있을 것이다. 그 예를 단순히 나열한다면 다음과 같다(이하 다른 항목들도 동일한 방식으로 예시하기로 하겠다).

교육의 교사 중심(주도) 대 학생 중심(주도), 주택의 공급자 위주 대 수요자 위주, 고용복지서비스 제공의 고용복지부처 중심 대 빈곤수요자 중심, 국책연구소 중심 대 민간 중소연구소 중심, 지적재산권(특허 등)의 소유권 대 실시권, 도시개발·교통 등의 보행자 우선(친화, 보행안전) 대 차량 우선(차량 원활소통의 육교, 지하도 등), 도시(지역)개발 관점의 사람 주체 대 사람 객체, 사람 중심 대 제도 중심, 중심·중심 대 중심·주변 대 주변·중심 대 주변·주변, 인류 보편가치 중심의 통일론 대 국가주의 통일론, 쌍방주체(상호주체) 대 일방주체 대 객체·객체, 흡수통일론 대 협상통일론(평화통일론), 밀착형(대면형, 방문형, 오프라인형) 대 원격형(온라인형), 인본주의교육 대 도구주의교육, 경쟁교육 대 협동교육, 상품·에너

---

8) 칸트가 인지(cognition)를 설명할 때 말하듯이, 모든 지식은 상상력의 종합(imaginative synthesis)으로부터 나온다고 할 수 있다. 과학 분야에서도 상상력은 창의적 연구와 기술개발의 핵심적 요소이다. 비행기를 상상하지 않은 사람이 실제로 비행 원리를 연구하고 비행기를 발명할 수는 없고, 달나라 여행을 상상하지 않은 사람이 유인 우주선을 외계에 쏘아올리겠다는 동기를 갖고 연구를 할 수 없는 법이다. 그런 점에서 과학계에서 흔히 인용되는 '아인슈타인 방식'(Einstein Way)이란 4가지 원칙, 즉 올바른 문제 찾기, 패턴 파괴하기, 규칙 파괴하기, 해결책 키우기 등과 같이 기존 사고방식을 뛰어넘어 혁신적인 아이디어를 추구함으로써 마침내 소중한 성과를 얻어내는 원칙은 깊이 음미할 만하다. David J. Farmer, The Language of Public Administration: Bureaucracy, Modernity, and Postmodernity, Tuscaloosa: Alabama, The University of Alabama Press, 1995, 158-160; 박정택(2007b), 159 인용.

9) 특별히 인지심리학자들은 사람들의 생각의 구조와 원리를 파헤치면서 일상의 잡념이든 세기적 통찰이든 새로운 대상을 접할 때 자신이 과거에 접한 비슷한 대상을 떠올리는 '유추'(analogy)라는 인지 작용을 중시한다. 정책기조의 비판, 선택, 창조 등에서도 그런 유추가 매우 유용하다고 보고, 유추의 대상으로서 본문의 다양한 사례를 예시한다. 이와 관련, Douglas R. Hofstadter & Emmanuel Sander, Surfaces and Essences: Analogy as the Fuel and Fire of Thinking(2013), 더글러스 호프스태더, 에마뉘엘 상데, 김태훈(역), 사고의 본질, 아르테, 2017 참조.

지·자원 시장의 생산자 시장(seller's market) 대 소비자 시장(buyer's market), 에너지 관리체제의 사업자 중심형 대 사용자 중심형, 민주성(민주화, 민주주의) 대 반민주성(반민주화, 반민주주의, 독재성, 전체주의), 지배 대 예속, 지시 대 복종, 주권 대 피식민지,10) 주 대 종, 중앙(중심)주의(centralism) 대 지방주의(localism), 농업·에너지 등의 농민·소비자·주민참여형 대 주민 배제형, 주주중심주의 대 이해관계자 중심주의 등.

(2) 개인(본성, 인간) 대 사회(집단, 환경, 제도, 지역)

가족제도의 호주 기준 동일 본적주의 대 2008년 호주제 폐지에 의한 개인주의, 개인(가족)보장제 대 사회보장제, 기업의 (존립 차원)개별 책임 대 사회적 책임, 생물학적(유전적) 결정론 대 환경결정론, 사람 중심의 지역균형발전 대 지역 중심 지역균형발전, 급식 방식의 개인 대 집단(단체), 학생의 자가급식 대 학교급식, 개별(자력) 대 협동(합동, 협력), 자치 대 통치 대 협치(방식, 모델), 속인주의 대 속지주의, 임의 대 제도 대 문화, 개인 편익이나 비용 대 사회 비용이나 편익, 범죄 예방의 접근으로 사람 중심 대 환경 중심,11) 인성결정론 대 환경결정론, 썩은 사과(rotten apples) 대 썩은 사과상자(rotten apple box) 등.

(3) 물질(육신) 대 정신(영혼)

빈곤정책의 물량주의 대 정신주의, 교화·사회복귀의 물질주의 대 정신주의, 관광자원으로서의 시청각적 사물 대 정신적 가치, 인간(휴먼웨어) 중심 대 하드웨어 중심, 하드웨어 중심 대 소프트웨어 중심, 인간 중심 대 차량 중심, 물량 대 심미, 행동 대 마음 등.

---

10) 정치군사적인 의미 외에도 다양하게 사용된다. 경제주권, 식량주권, 에너지주권, 종자주권(종주권), 문화주권 등이 그 예이다.

11) 범죄 억제는 흔히 첫째, 사람의 생각을 바꾸는 것으로 교육과 처벌 강화인데, 그 효과가 제한적이거나 낮아서, 둘째, 환경 요인으로서 범죄를 유발하는 사회문제 등의 개선을 도모하는 정부·기관·시민단체·주민·보안업체 등이 참여해 협력하는 협력치안 또는 융합치안을 말한다.

(4) 고(高) 대 저(低), 우(優) 대 열(劣), 상향화 대 하향화, 상하향의 한계, 단계화

최저임금제 대 생활임금제, 기초생활보장제, 고부담·고복지제 대 저부담·저복지제, 고령화·저출산 대 고령화 억제와 고출산의 인구정책기조,[12] 연공서열급제 대 일정한 연령 후부터 생산성에 따라 임금 지급하는 임금 피크(peak)제 대 성과연봉제, 정년 상향화(연장)나 제한 철폐 대 하향화(조기 퇴직), 일괄적 한계 대 단계적 상향(또는 하향)화, 기초과학 대 응용과학 대 거대과학(big science, 거대시설 기반의 과학연구), 하향식(top-down) 접근 대 상향식(bottom-up) 접근,[13] 상향 평준화 대 평준화 대 하향 평준화, 저부가가치 대 고부가가치, 인상(향상, 확대) 대 인하(저하, 감소) 대 동결(유지, 고수), 탄소(온실가스) 사용의 확대 대 동결 대 감축, 상층 중심 대 하층 중심 대 중층(중간층, 중산층) 중심, 에너지 등의 고소비 대 저소비, 고급 대 저급, 우 대 열, 절대우위 대 절대열위, 비교우위 대 비교열위 등.

(5) 대(전체, 시스템, 다수, 주) 대 소(부분, 요소, 소수, 부)

대기업 중심 대 중소기업 중심, 산업이나 과학의 강대국 모델 대 강소국 모델, 소수 선택과 집중 대 다수 균형, 부분 지향 대 전체 지향, 대중교통 중심 대 승용차 중심, 국가화폐 대 지역화폐, 소수자 배려 원칙, 이민자를 위한 적극적 우대 조치(언어, 교육 등), 환경약자 대 환경강자, 분담 대 전담, 미시 대 거시, 개체 대 전체, 개별(요소) 대 시스템(계, 체계, 구조),[14] 개별 생태계 대 전체 생태계, 전체 허용 부분 규제(네거티브규제, 허용의 포괄주의, negative system) 대 전체 규제 부분 허용(포지티브규제, 허용의 열거주의, positive system), 전인간호 대 부분서비스간호, 전체의 부분 대 부분의 전체,[15] 세계성 대 지역성, 핵발전과 신재생에너지 등의

---

12) 총인구 중 65세 이상의 노인 인구 비율이 7% 이상인 사회를 고령화사회(aging society), 14% 이상은 고령사회(aged society), 20%를 넘어서면 초고령사회 또는 후기고령사회(post-aged society)라고 한다. 우리나라는 2017년부터 고령사회가 되었다.

13) 그 한 예로, 2016년 국가의 연구개발비 중 노벨상과 관련 있는 기초연구의 비중은 26%인데, 다시 그중에서 자유공모(상향식) 부문은 20%, 정부 주도 기획연구(하향식)는 80%로서, 미 국립보건원(NIH)의 80 대 20과 정반대이므로 정부정책의 개선을 요구하는 과학자 484명의 국회 청원서가 제출된 것은, 한겨레, 2016.11.2., "정부 기획연구 지원 쏠려 기초과학 죽어" 참조.

14) 한 예로, 대학 공학 교과과정 일부를 요소설계 중심(component-focused)에서 시스템 중심(system-focused)으로 개편을 주도한 美 코네티컷大 최문영 부총장 기사(동아일보, 2015.9.18.).

주(主) 대 부(副, 종, 從), 전체와 부분의 관리 방식으로서 주관(성) 대 보조(성),[16] 확대(더하기) 대 축소(빼기) 등.

(6) 무(無, 끝) 대 유(有, 시작)

규제 대 무규제, 평가 대 무평가, 원천 대 응용, 무정형(無定型) 대 정형, 전통 무관 접근 대 전통 유관 접근, 의료·교통 등의 무상 대 유상, 일출 대 일몰 대 일광, 유지 대 철폐, 무료모델 대 유료모델, 비움(여백) 대 채움, 적정 유지 관리(통 제) 대 근절(박멸, 철폐),[17] 성문 헌법 대 불문 헌법, 치매 환자의 완화 의료 대 치료, 핵무장 대 비핵화 대 무핵, 평화 없는 통일, 통일 없는 평화, 창의학습 대 반복학습, 무한 대 유한, 일회게임 대 패자부활게임, 스포츠·레저·관광 등의 생 활분리 대 생활연계, 벤처기업정책으로서 다산다사(多産多死) 대 안정 보수 등.

(7) 안(내부, 체제 내) 대 밖(외부, 체제 밖) 대 내외부 순환

수입 대 수출, 경제성장의 정책기조논리로서 수출 주도 대 내수 진작, 장애인 등의 복지정책기조논리로서 시설(내) 수용 대 시설 밖(탈시설, 가정) 자립적 생활과 지역사회의 동참(유엔 장애인권리협약 제19조), 한반도 핵화 대 비핵화, 국내 대 국 외(해외), 유입 대 퇴출, 중국의 세계 화상(華商)네트워크 정책, 개방화 대 폐쇄화, 이민 유인정책 대 이민 억제정책, 외국인근로자 개방 대 억제, 허용 대 차단(장벽), 포용(친화, 지원) 대 배제, 외국인 고용의 자유주의 대 허가주의, 이주노동자의 인 사이더 대 아웃사이더의 관점, 인권의 국내문제 불간섭의 원칙 대 국제보호책임

---

15) 과거 2세기 동안 독일 외교정책기조의 핵심은 항상 '유럽의 독일이냐' '독일의 유럽이냐'의 문 제였다. '독일의 유럽'이라는 독일 중심화·유럽 주변화는 유럽에 전쟁과 불안을 야기했다.

16) 연방제 국가나 유럽연합 같은 데서 전체(연방체제나 국가연합체 등)가 부분(주 또는 도, 혹은 개별 회원 국가 등)의 통치나 관리에 있어서 그 '부분 당국'의 주체적 자율성(주관성)을 인정 하고, '전체 당국'은 보조적 역할에 머무는 통치나 관리의 원리를 특히 '보조성의 원 리'(principle of subsidiarity)라고 한다.

17) 세계보건기구(WHO)는 2차 세계대전 이후, DDT로 말라리아를 없애기 위해 '모기 근절'의 정책 기조를 채택해 시행하던 중 1962년 미국 생물학자 레이첼 카슨(Rachel Carson, 1907-1964)의 <침묵의 봄>(Silent Spring)을 통한 고발로 DDT의 사용이 전면 금지됐다. 이미 DDT와 새로 개 발된 살충제에 저항력을 가진 '모기의 역습'으로, 결국 WHO는 모기 박멸계획의 실패를 공식 인정하고 1969년 '모기 박멸'에서 '모기 통제'로 정책기조를 전환하였다. 이상욱, "모기와 말라 리아," 과학기술의 철학적 이해, 2004, 211-221.

원칙, 연안 해군 대 대양 해군, 민족주의적 접근 대 민주주의적 접근, 관광의 내나라 대 해외, 재래형(내발형) 대 외래형, 지역 부(富)의 외부 유출모델 대 내부 순환모델, 모국어 대 외래어 대 외국어, 개방성 대 배타성 대 호환성, 인력양성의 개방형모델 대 폐쇄형모델, 불통폐쇄 대 지적 소통교류, 학교교육 대 대안교육 대 가정교육, 전통에너지 대 대체에너지, 열린 문화 대 닫힌 문화, 열린 사회 대 닫힌사회, 국산화 대 세계화, 문화민족(국수)주의 대 문화국제(보편)주의 등.

(8) 단일 대 다양(복수, 혼합)

노인복지정책기조로서 노인 전용 일자리 대 노인·젊은이 혼성 일자리, 정년퇴직자 재고용의 보조금 지급, 한두 자녀 정책 대 다자녀 정책, 단일 게임 대 파트너십 게임, 양자 협의체제 대 다자 협의체제, 단일 국적제 대 이중 국적제, 일모작 대 이모작, 빈곤의 단일 접근주의 대 다방면 통합주의, 빈곤아동 지원 대 (복합적 사회·경제적 차별의) 사회적 배제(social exclusion)의 철폐, 해전(海戰)의 거함거포주의 대 항모와 전투기 연계의 공중전주의,[18] 순수(동질성) 대 합성(혼성, 혼합, 이질성, 흡수합병), 단일 노선(single path) 대 이중(또는 다중, dual, multi) 노선, 단일 대 융복합, 천수답 접근 대 본원적 접근, 한우물 대 안전우물, 일극(일원, 원톱) 대 다극(다원, 멀티톱), 독점 대 경쟁, 독재성 대 과점성 대 경쟁성, 고유성 대 대중성, 사회보험의 통합주의 대 조합주의, 단일 대 총괄, 개인별 접근 대 조합 결성 접근, 권한·역할·책임의 통합(집중형) 대 분리분담(분산형, 분할형) 대 재통합형(재분할형), 중앙당 일원적 정치·정당·화폐제 대 다원적 지역 정치·정당·화폐제, 개별소송제 대 집단소송제, 농업의 단작(單作) 대 다작(多作), 균질성 대 다양성, 획일주의 대 다양주의, 단일 지능 대 다중 지능, 단순관광 대 맞춤형 복합관광, 단일평가대 복합평가, 단일효과 대 연관효과, 단일 트랙 대 투 트랙 등.

---

18) 태평양전쟁 시 일본은 당시 길이 263m, 만재 기준 배수량 7만 2,809t, 38km의 사정거리의 구경 46cm 주포로 무장한 세계 최대의 쌍둥이 전함 야마토와 무사시 2척을 투입했다. 세계의 해전 은 전함의 함포 공격에 의존한 공방(거함거포주의)으로부터 전투기와 항공모함을 유기적으로 연결한 공중전으로 바뀐 시대적 변화를 따르지 못했다. 결국 연합군의 항모에 기반한 전투기 의 집중공격을 받아 그 전함들은 힘 한번 써보지 못하고 허무하게 침몰했다(한겨레, 2015.3.5., 일 전함 '무사시' 해저 1,000m에서 발견).

(9) 현상(표층, 형식, 절차) 대 본질(심층, 내용)

형식적 기회균등 대 실질적 기회균등, 문화적 토양 조성과 문화 변동론 대 예산·정책의 지원론, 일회성 이벤트 대 본원적 콘텐츠 경쟁력, 진료간병의 환자·증상 대 사람·관계, 기부에 의한 빈곤대책 대 구조적 원인 의한 빈곤대책, 모양 대 분위기, 예술·디자인·도시개발 등의 외관주의(심미주의) 대 생활(삶)주의(실용주의), 개념설계 대 응용설계, 기술의 원천 대 응용 등.

(10) 분산 대 집중

장애인의 비장애인과의 통합 대 분리 교육, 시설의 대규모화 대 소규모 그룹홈, 다분야 통합(융복합) 교육 대 분리 교육, 직장(일)과 가정(가족, 양육)의 양립 대 분리, 보육시설의 직장 내(또는 인근) 설치 대 분리, 동화주의 대 다양성 인정주의, 노동 복지의 분리 대 통합, 생물자원의 독점 보존 대 접근·이익공유[19], 육해공군 및 군령·군정 군사제도의 분권형 대 합동형 대 통합형, 연구와 사업 기능의 분리 대 통합, 신문·방송의 분리 대 겸영(통합경영), 금산(금융과 산업)의 분리 대 통합, 균형발전 대 집중발전, 일원론(일극화) 대 다원론(다극화), 분권(화) 대 집권(화), 개별 대 통합, 단일화(전문화) 대 다각화(다원화), 의약의 분업 대 통합, 사회보험관리의 분리형 대 통합형, 일·학습 분리 대 일·학습 병행, 소유·경영 분리 대 소유·경영 통합, 에너지 관리의 분산형 대 집중형, 에너지·자원 등의 패권주의(제국주의) 대 협력주의(민주주의), 곱하기 대 나누기, 문화예술의 삶과 분리 대 삶과 통합, 국가표준(national standard) 대 세계표준(global standard) 등.

---

19) 생물자원은 다양한데 심지어 2015년 중동호흡기증후군(메르스) 확진 환자에게서 채취된 바이러스 데이터(검체)도 그에 속한다. 당시 질병관리본부는 메르스 관련 특허권 확보나 관련 논문의 발표 등에 사용될 수 있기 때문에 유전자 변이 여부의 검사를 미국 질병통제센터(CDC)에 의뢰하기를 꺼려했다. 그렇지만 국제사회의 자원 공유와 대처에 필요하다며 WHO 등 국제사회의 많은 압력에 따라 우리 동의 없이 논문이나 특허 등에 사용할 수 없도록 '물질이전계약'(MTA)이란 보호장치를 갖추고 최소한의 검체로 2개만 미국에 보내 확인 의뢰하였다(한겨레, 2016.6.30.).

(11) 사전(앞) 대 사후(뒤)

선진 대 후발(후진), 기후변화·환경오염·유전자변형생물체(LMO) 관련 바이오 안전·식품안전 등에서 전통적 위험원칙(위험이 증명되기 전까지는 안전하다는 개념을 전제) 대 사전예방원칙(precautionary principle, 위험의 안전성이 증명되기 전까지는 위험하다는 개념을 전제), 선제(preemption) 원칙(임박한 위험에 대한 대처 원칙) 대 사전예방원칙(임박하지는 않는 위험에 대처 원칙), 유전자변형체(GMO)의 선 안전 입증 후 생산·유통 허용제 대 위험 입증 전 안전 전제의 선 생산·유통 허용제, 질병의 예방주의 대 치료주의, 발전이나 원조 접근방법의 선 인프라구축 후 민간산업투자 대 선 민간산업투자 후 인프라구축, 사전허가주의 대 사후신고주의, 임종 과정의 사전의료의향제 대 치료상담선택제, 선 기술 후 과학(추격형) 대 선 과학 후 기술(선도형), 사전심의 대 사후심의, 저작권 사용료의 사전주의 대 사후주의, 선진성 대 후진성, 선 사용 후 지불 대 선 제공 후 청구, 광고의 수신자 사전 동의제(opt-in) 대 거부의사 밝히기 전까지 자유 광고의 사후 거부제(opt-out), 제약기술·제품의 예방(백신) 대 치료, 선 교류 후 통일(서독의 동방정책 이후) 대 선 통일 후 교류(동방정책 이전 서방정책만 존재 시기), 선 신뢰 후 교류 대 선 교류 후 신뢰, 핵연료주기의 선행주기 대 후행주기,[20] 물 순환체계 구축의 사후 처리기술 대 저영향개발(LID) 방식,[21] 학력의 주된 규제기준으로 입학기준 대 졸업기준, 포캐스팅(forecasting) 대 백캐스팅(backcasting)[22] 등.

---

[20] 핵연료 주기(사이클)는 우라늄 광석을 채굴한 뒤 농축과 핵연료 제조에 이르는 선행주기와 핵발전소에서 3-4년 태운 뒤 꺼낸 핵연료를 냉각해 재처리하거나 최종 처분하기까지의 후행주기로 나눈다.

[21] 기후변화·도시화·콘크리트·아스팔트화로 강우가 발생 시 빗물의 토양 침투가 안 되므로 하천으로 유출되는 시간이 짧아지고 양이 증가해 홍수, 하천 수질, 지하수 고갈 등 댐·제방·빗물 저류지 등 대형 구조물을 건설해 대응하는 지금까지의 치수 중심 시설로는 한계가 있으므로, 건강한 물순환체계를 구축하기 위해 자연에 존재하는 토양과 식생을 이용하여 강우 유출을 발생지에서 최소화해 개발 이전의 상태와 유사하게 개발하자는 방식이 저영향개발(LID)방식이다. 이채영(수원대 공학대학원장), "빗물 담아내는 도시 물순환체계 시급," 동아일보, 2016.1.12.

[22] 에너지 문제에 대처하기 위해 기본계획을 짤 때, 현재 상황이 그대로 유지된다(BAU, business as usual)는 전제 아래 예측하는 시나리오가 포캐스팅이다. 전략적인 목표를 설정하고 목표 달성을 위해 무엇을 할 것인지 되짚어 나가는, 보이지 않았던 새로운 길을 드러내는 방식의 시나리오를 백캐스팅이라고 한다. 시사IN, 425호(2015.11.7.), "한국은 여전히 새로운 길 외면," 53

(12) 양 대 질

삶의 양(수명) 대 질(행복), 죽음의 양(연명치료) 대 질(존엄사), 인구의 질적 성
장 대 양적 성장, 일자리 창출의 양 대 질, 양 중심 성과(평가) 대 질 중심 성과(평
가), 가격 대 가치 등.

(13) 고정(유지, 지속) 대 변동(진화, 도약) 대 중단

쌀 직불금이나 비축양곡 저장의 고정 대 변동,23) 생태적 전통 대 근대화,
농업 관점의 1차산업관 대 첨단산업관,24) 소유의 소비 대 경험의 소비,25) 고정성
대 탄력성(신축성), 보수(주의) 대 진보(주의) 대 중도 우파 대 중도 좌파, 봉쇄 대
접촉 이행(移行),26) 교육방식에 있어서 선형(한 가지 학습주제를 단번에 가르침) 대
나선형(한 주제를 여러 학년에 걸쳐 심화하면서 반복적으로 가르침), 정보통신시스템의
설계 시 동기식(同期式, synchronous, 각 개체들이 정해진 공통의 시각·일정에 맞춰서

참조.

23) 자유무역협정(FTA) 체결로 인한 농가 피해를 보전한다는 명목으로 정부가 시장가격보다 비싼
값에 쌀을 구매해 주는 추곡수매제를 폐지하고 2005년 도입된 제도가 직불금제이다. 쌀농사
면적에 따라 고정된 액수를 지급하는 고정직불금과 목표가격에 미달하면 차액의 일정비율
(85%)을 보전하는 식으로 쌀값의 변동에 연동돼 있으면 변동 직불금제가 있다. 그런데 직불금
제의 목적을 가격지지(支持)냐, 농촌유지냐의 패러다임 차이가 있다. 유럽이 채택하는 농촌유
지 관점은 쌀 이외 작물 확대, 금액의 대폭 상향, 면적기준의 조정, 시혜 아닌 권리, 적정 소득
의 가족농(家族農) 보호 등을 주장한다.

24) 튤립과 장미 품종의 90% 이상을 보유한 원예 종주국인 네덜란드는 20세기 중반 위기에 몰리
자, 1차산업관의 농업을 자본집약적 장치산업관으로 전환하고 식물환경제어장치, 자동운송시
스템, 로봇착유기, 양돈자동분류시스템 등을 도입해 첨단산업을 지향하게 됐다. 농민의 조직
화, 협동조합, 산업클러스터 등 네트워크로 보완하고, 다른 나라와 차별화해 수출 및 재수출
무역을 개척하는 동안 정부는 경제농업부를 아예 경제부로 개편해 지원함으로써 현재 미국에
이어 세계 두 번째 농식품 수출국이 되었다(동아일보, 2016.4.5.).

25) 이는 1997년부터 2015년 현재까지 국내 관객 1,000만 명을 동원한 뮤지컬 <난타>의 제작자인
송승환 PMC프러덕션 대표가 자본주의 역사가 짧은 한국인과 중국인이 자동차나 집 같은 재
화에 집착하는 소유의 소비에 머물러 있는데, 음악회나 뮤지컬 같은 문화산업·소비를 늘리는
경험의 소비로 패러다임을 바꿔야 한다고 한 데서 따왔다(매일경제, 2015.5.21.).

26) 냉전 시기 미국이 사회주의 진영에 펼친 두 가지 전략은 조지 케넌이 내놓은 '봉쇄 전략'과
존 덜레스가 내놓은 '평화적 이행 전략'이었다. 평화적 이행 전략은 접촉을 통해 서방의 가치
관, 이념, 생활방식을 주입하여 사회주의국가를 내적으로 변화시킨다는 전략인데, 동유럽 사회
주의권의 붕괴와 소련의 해체에 영향을 미쳤다. 서독의 아데나워정권이 전자(서방정책)만을
고수했으나, 브란트정권은 후자(동방정책)까지로 확장해 통일을 이뤘다.

움직이는 방식)과 비동기식(非同期式, non-synchronous, 정해진 시간에 정해진 일을 하는 것이 아니라 상황을 봐가면서 일을 도모하는 방식) 등.

(14) 음 대 양

음성화 대 양성화, 음각화 대 양각화, 비가시화 대 시각화, 건축물·전선·전화선·시설·탑재 등의 지상화·양화 대 지하화(지중화)·음화, 그림자 대 햇볕, 사양화 대 첨단화, (플러스)금리 대 마이너스금리, 엔트로피(entropy) 대 반 엔트로피[27] 등.

(15) 선 대 악

선행 대 악행, 폐기물의 재활용·재사용이 없는 자원 악순환사회 대 재활용·재사용과 에너지화의 자원 순환형사회(zero-waste society), 탄소·질소·물 순환의 질서 혼란 대 생명 순환, 자원 다소비의 환경 파괴형 자원순환형 경제(비즈니스모델) 대 자원 낭비 최소화의 자원순환형 경제, 선순환 대 악순환, 빈곤문제의 빈곤 단일 접근의 악순환주의 대 빈곤·성장의 동시 접근의 선순환주의, 화석 연료 의존적 일자리 대 녹색 일자리,[28] 단순 빈곤대책 대 빈곤 세습화(악순환) 단절대책, 공정임금 대 불공정임금, 공정무역 대 불공정무역, 사회선(공공선) 대 사회악, 선의지 대 악의지 등.

(16) 자립 대 의존(친화 대 중립 대 단절/자치, 관치, 통제)

재정의 자립 대 의존(보조), 서민금융의 의존연명주의 대 자립지원주의, 인민의 자기결정권 대 인도적 개입으로서의 보호책임, 전시작전 통제권(군사주권)의 강대국 의존(양도) 대 독자 수행(환수), 원전 핵연료 재처리권 보유 대 허가, 자율화 대 의무화, 자주노선 대 중립노선 대 동맹노선, 자급(자족) 대 의존 등.

---

27) '엔트로피'는 에너지가 소모되는 방식이고, '반 엔트로피'는 에너지를 서로 조금씩 기여하고 공유하며 높여가는 방식을 말한다.
28) 환경파괴적 일자리에서 친환경 일자리로의 전환을 '정의로운 전환'(just transition)이라 한다.

(17) 강(강화, 엄격, 경직, 긴장, 강점, 장점) 대 약(약화, 완화, 유연, 이완, 약점, 단점) 대 강약 신축

1992년 남북 사이의 화해와 불가침 및 교류·협력에 관한 합의서(남북기본합의서), 양적 긴축 대 완화, 노동의 경직성 대 유연성, 권면(인센티브 제공) 대 억제(처벌), 핵의존 심화 대 단계적 탈핵, 느린 접근 대 빠른 접근(걸음, 올레, 변화, 시티 등), 룰 방식 대 스탠더드 방식,29) 어린이놀이터의 안전제일주의 대 감당할 만한 모험 배치 안전주의, 지향의 강대형(국) 대 강소형(국), 하드파워 대 소프트파워, 강점(장점) 대 약점(단점), 자기 편(국)의 강점 확장 대 약점 보완 대 강약점 보완, 상대편(국)의 강점 대항 대 약점 이용 대 강약점 대항,30) 강점 대 약점 대 틈새, 강약 대 기회·위협(SWOT), 긴장 조성 대 긴장 완화, 초강경 대 강경 대 유연, 양적 강화 대 양적 완화, 세부 지침주의 대 가이드라인주의, 플러스 대 마이너스(디스카운트), 사양산업 대 육성전략산업, 공중보건의 궁극적 목표로서 병원균의 박멸(멸균) 대 유해 병원균의 식별·통제 등.

(18) 자생(자연) 대 인공

자연 대 계획, 자연 대 양식, 자연보호(보존) 대 개발(정비) 보호(자연 개조), (치수 등)생태계 개선과 생태계 복원, 자연환경 (준설 등)정비 대 재자연화(renaturalization), 폐기물 감축 대 재활용 대 소각 대 매립 대 해양배출, 환경유해물의 감축 대 전가(아웃소싱, 전가, 세탁), 자연복원주의의 (폭파 철거 등)급진주의 대 점진주의, 자연재해 예방 대규모 개발 대 (습지, 모래언덕, 조류보호구역 등)자연재해 완충지 유지, 개발 악순환[에너지 흐름(엔트로피) 증대] 대 재활용 선순환[에너지

---

29) 제도를 설계할 때 크게, 세세하게 사전 규정을 하는 룰(rule) 방식과, 원칙만 제시하고 구체적인 것은 재량에 맡기는 스탠더드(standard) 방식이 있다.

30) 이는 기업, 산업, 스포츠에 두루 응용가능한 정책기조논리이다. 스포츠 예로, 중국은 1992년 바로셀로나 올림픽대회부터 2000 시드니대회까지 탁구 전체 메달 12개 중 11개를 독식한, 넘긴 힘든 '만리장성'이었다. 2004 아테네올림픽에서 유승민 선수는 백핸드 공격·수비력이 모두 약하고 대부분 포인트를 포핸드 드라이브로 따는 형인데, 어설프게 백핸드 약점 보완 대신 포핸드 파워 드라이브 능력을 극한까지 키우는 방향을 택해 남자단식 금메달 우승함으로써, 그의 작전이 옳았음을 증명했다(조선일보, 2004.8.24.).

흐름 감소], 자연 조경 대 인공 조경(생태 공원), 운하·댐·보에 의한 치수 대 자연
친화 치수, 자연축산 대 공장 축산, 고탄소 생활방식 대 저탄소 생활방식, 폐기물
의 재활용 대 리자인(resign, 리사이클과 디자인의 합성어-재활용품을 새롭게 디자인해
탄생시켜 활용), 대규모 댐 건설방식 대 범람 가능한 소규모 저류지 조성방식, 폐기
물 관리의 제활용 대 재제조, 보존 대 가공, 자연 중심 대 사람 중심, 자연에너지
대 인공에너지, 자연 관리 대 인공지능 관리, 재래종 대 유전자 조작종, 종 보존
대 육종 등.

(19) 자발(민간, 시장) 대 강제(정부)

민간 주도 대 관 주도, 시장자유주의 대 정부개입주의, 기후변화 문제의 해결
을 위해 정부 규제 대 일반인의 자발적 참여[31], 수익자부담교육 대 의무교육(또는
재정에 의한 대학교육 포함), 시민운동 대 당국정책, 사유 대 국유 대 공유, 공영
대 민영 대 민관 협동, 자치 대 통치 대 협치, 자유의료 대 관리의료, 교과서의
자유발행제 대 검인정제 대 국정제, 온실가스 감축 접근의 강제 의무 부과 대
시장기제 유인,[32] 온실가스 감축 접근의 자발적 기여(기회) 대 의무화(비용 부과),
재난관리의 정부 통제형 대 민간 참여형[33] 등.

---

31) 집단행동론의 권위자인 미국 행정학자 엘리너 오스트롬(1933-2012)은 기후변화, 산림, 바다, 지
   하수 같은 전 세계적 문제나 많은 사람이 공유하는 '공유재' 문제의 해결은 정부가 모두 개입
   하거나(규제) 사유재산권을 도입해서 시장에 맡기기보다는, 정부의 최소 개입하에 사용자들의
   자발적 감시와 관리체계와 같은 자발적인 참여(협약과 감시)가 더 중요하다는 것을 많은 사례
   로써 입증해 2009년 노벨경제학상을 받았다. 이는 Elinor Ostrom, Governing the Commons, 공유
   의 비극을 넘어: 공유자원관리를 위한 제도의 진화, 윤홍근·안도경(역), 랜덤하우스코리아,
   2010 및 강은숙·김종석, 엘리너 오스트롬, 공유의 비극을 넘어, 커뮤니케이션북스, 2016 참조.
32) 국제사회에는 의무 부과를 강제할 실질적 세계정부가 없고(유엔은 그런 권력 없음), 상호조약
   으로 감시하는 데도 한계가 있으므로, 기후변화에 의무 부과 방식으로 진전이 없었던 그간의
   경험을 바탕으로 1997년 교토의정서 협상 때부터 시장메커니즘이 도입되고 있다. 시장메커니
   즘이란 배출권거래제, 청정 개발 메커니즘(CDM, 선진국이 개도국에 기술과 자본을 투자해 온
   실가스를 줄이면 그것을 선진국의 감축량으로 인정해 주는 제도), 공동 이행(선진국끼리도 타
   국에서 줄이는 온실가스만큼 감축을 인정) 등이다. 시사IN, 434호(2016.1.9.), 24-31.
33) 현대 사회는 재난이 일상화된 '위험사회'이다. 자연재난, 인적 재난, 사회적 재난이 점차 대형
   화, 복잡화, 국제화되고 있고, 예측과 대책 마련이 복잡하고 어려워지고 있다. 따라서 정부가
   정보를 독점한 명령·통제형의 과거 패러다임에서 이제는 다양한 이해 당사자들이 적극 참여
   하고 정보를 공유함으로써 불확실성에 대응하는 참여형 패러다임이 필요하다고 본다. 이와 관
   련, 울리히 벡, 위험사회, 홍성태(역), 새물결, 2014 참조.

(20) 동질(평등) 대 차별(차이, 불평등)

(남녀)양성 평등 원칙, 인종·민족에 의한 차별을 금지하는 1964년 미국 인권법, 내적 오리엔탈리즘 극복 원리,[34] 평등화 대 수월성, 평준화 대 비평준화, 평등주의 대 자유경쟁주의, 동질화 대 차별화, 노인에 대한 배려의 연령주의(ageism) 대 연령과 무관한(age-irrelevant) 동등성주의[35], 환경평등(한경정의)주의 대 환경불평등(환경부정의)주의, 동물과 인간의 종차별(種差別, specieism)주의 대 종평등주의, 종중의 회원(종회원, 宗會員) 자격으로서 남성 종회원주의 대 여성 종회원 인정의 양성평등주의, 외국인 근로자의 평등주의 대 차별주의, 남여성의 군복무 평등화(의무화) 대 차별화,[36] 차별 대 역차별, 기후변화 책임의 역사적 책임주의 대 현재적 책임주의, (정책, 생산품 등의) 품질의 균일화 대 차별화 등.

(21) 균형 대 불균형 대 환원

일과 가정의 분리 대 균형, 지역균형발전 대 지역불균형발전, 전력(戰力)·건축양식·예술작품 등의 대칭 대 비대칭, 선택과 집중의 접근 대 균형적 접근, 창조와 모방의 균형 대 불균형, 교육·금융·의료기관 등의 공공성·수익성의 균형 대 불균형, 제로섬 대 원원, 균형 대 불균형 대 재균형, 균형 대 편향(편식),[37] 선성장 후분배의 불균형성장 대 성장분배의 동시 균형성장 등.

---

34) 인종, 성, 학력 등 공동체의 다수를 차지하고 있는 사람들의 기준에 맞추는 공동체의 시스템으로 인하여 소수자의 위치에 있는 사람들이 구획돼 차별받고, 삶의 기회 구조가 불평등하게 제한되도록 자리 잡은 상태를 '내적 오리엔탈리즘'이라고 한다. 이는 1978년 에드워드 사이드(Edward W. Said, 1935-2003)가 '동양과 서양이라는 인식론적인 구별에 근거한 사고방식'이자, '동양을 지배하고 재구성하며 억압하기 위한 서양의 제도 및 스타일'로 정의한, 그의 명저 <오리엔탈리즘>(Orientalism)에서 따온 개념이다.

35) 이는 노인학의 권위자인 미국 어드만 팔모어 듀크대 명예교수가 연령주의가 오히려 노인의 자립의지를 꺾으므로 동등성을 느낄 수 있도록 도와줘야 한다고 주장하는 이론이다(매경, 2011.6.28.).

36) 2016년 현재 이스라엘, 노르웨이는 여성 군복무를 의무화하고 있다.

37) 국내 영화관에서 상영되는 영화의 관객 점유율은 2013년의 경우 한국 영화 60.5%, 미국 영화 36.5%로 합계 97%에 이르러 특정 문화에 쏠림으로 인한 문화 편식, 문화적 감수성 저하, 영화의 질 저하 등에 대한 우려가 있다(한겨레, 2014.1.3.).

(22) 구성 대 재구성

도시개발·주택공급·마을만들기 등의 개발 대 재생(노후상태의 리모델링) 대 재개발, 자율화 대 재조직화, 수직화 대 수평화 대 수직계열화, 독창 대 복제 대 모방, (파괴)창조 대 혁신 대 파괴적 혁신, 사실주의(현실주의) 대 이상주의 대 초현실주의, 모방형 접근 대 창의형 접근, 소재 대 의미 부여(또는 신 맥락 구성), 기초교양교육 대 응용교육, 종결평가 대 형성평가, 객관주의 대 구성주의 등.

(23) 점(點) 대 선(線) 대 면(面) 대 환(環)

직선형 인공호안 대 곡선화 인공호안, 하천관리에 있어서 제방 축조를 통한 '선 중심의 전 지역 방어'로 수해 재발·복구 보상 대 상습 침수 농경지의 매입이나 보상 조건부의 홍수 저류지를 통한 '면 중심의 선택적 방어', 분리 승차(乘車) 대 연결 환승(換乘), 교통망의 도로 중심 대 철도 중심, 주소체계의 지번(地番) 대 도로명, 직선 대 곡선, 지역별 분산 대처 대 핵심 기지 중심의 방사형 대처[38], 미국의 '봉쇄선' 전략 대 중국의 미국 세력권 내의 국가들에 대한 '점의 진출' 전략, 전략적 관문에 해당되는 특정 (분쟁)지점이나 국가를 지목해 군사력을 신속하게 투입하는 포인트(점) 방어 개념에서 지역 전체에 군사력을 운용하는 지역(면) 방어 개념으로 트럼프 행정부의 세계전략 전환 등.

(24) 전통적(정통적, 정규적, 주류적) 대 현대적(혁신적, 비정규적, 이단적, 비주류적)

동물원 존치의 위락(慰樂)주의 대 종보전주의, 가족제도의 부성(父姓)주의 대 모성(母姓)인정주의,[39] 남녀역할 분업론 대 양성평등역할론, 가부장주의 대 평등주의, 성 무시주의 대 성 인지(gender-sensitive)주의, 전통문화의 보전주의 대 현대화주의, 성실하게 일하지 않으므로 발생한 전통적 빈곤대책 대 성실하게 일하는데도 가난한 새로운 빈곤(워킹 푸어, 일하는 빈자)대책, 전통체험 대 현대체험, 스토

---

38) 국방과 치안 정책기조논리로서, 인력을 지역별로 분산 배치해 대처하는 방식과 그보다 저비용 신속 대처방식으로 핵심기지(hub)를 중심으로 필요시 인력 파견 방식이 있다.

39) 부성주의는 자녀가 아버지의 성과 본을 따르게 하는 주의인데, 호적제도가 폐지된 개정 민법으로 2008년부터 예외적으로 혼인 신고 시 부모 협의로 어머니의 성과 본을 따를 수 있다.

리텔링의 전통 대 변화·배려, 기존 도로 중심의 대중교통 대 지하철 신설 대중교통, 전통 대 근대 대 현대, 농촌농업 대 도시농업, 토착농민 대 도시농민, 재래종 (토착종, 토종, 자생종) 대 육종, 전통민속 관광 대 현대최첨단 관광 등.

(25) 1차 대 2차(3차 이상 포함)

사용 대 재활용, 재활용(recycling) 대 재제조(remanufacturing), 폐기물의 소각· 매립 대 재활용·재사용,[40] 개발 대 재개발, 선도자(first mover) 대 빠른 추격자(fast follower), 제1(차)의 ○○ 대 제2(차)의 ○○ 대 제3(차)의 ○○(그 이상), 1·2·3·6차 산업, 과학연구의 실험과학·이론과학·계산과학·데이터 중심 과학, 원천 대 가공, 보호 대 혁신, 정보통신 생태계의 가치사슬(value chain)로서 콘텐츠-플랫폼-네트워크-단말기(C-P-N-D). 종주(국) 대 하청(국), 공공시설·발전소·공(사)기업·상하수관로·공공(사사)서비스 등의 사영화(민영화) 대 공영화(공공화) 대 재민영화 대 재공영화, 화석에너지 대 재생가능에너지, 사용 후 핵연료의 폐기물 대 자원의 관점,[41] 문화예술의 창작 콘텐츠 공연 대 수입 작품 공연,[42] 순수 대 상업, 순수 대 참여, 노동집약 대 자본기술집약, 자유주의 대 신자유주의, 기초 대 응용, 일회적 대 주기적 대 계속적 접근방식·관광 등.

(26) 공격 대 방어

국가안보의 공격 중심 전략 대 방어 중심 전략 대 억지 중심 전략, 북한 남침을 가정해 한미연합군의 방어-공격-안정화 중심의 합동군사연습을 북한 핵심시설과 인물에 대한 선제타격으로 전환, 공격적 접근 대 방어적 접근(환율, 통화정책, 재정지출, 홍수대책 등), 사고·위기 등 관리의 부인과 방어모델 대 투명한 진실 공

---

40) 폐기물의 재활용·재사용에도 다시 물적 재활용·재사용 대 (소각, 고형화 연료, 가스화·고온 용융 기술에 의한) 에너지화를 지향하는 열적 재활용·재사용이 있다.
41) 미국이 폐기물로 보는데, 다른 핵무기 보유국인 영·프·러·인·중과 일본은 자원으로 보고 재처리한다.
42) 오페라·클래식 음악회·연극 등 순수 문화예술의 좋은 창작품이 거의 없어 로열티를 주고 외국 작품을 공연하거나 해외 예술가들의 내한 공연에 의존하는 한국은, 예컨대 미국 브로드웨이 뮤지컬의 최대 수입국으로 미국에 로열티와 티켓 수익 배당금을 송금하기 바쁘다(매일경제, 2014.4.11.).

개모델, 화끈한 야구·축구 대 지키는 야구·축구[43] 등.

(27) 투입(입구, 비용) 대 산출(출구, 이익, 기회)

사회보험·복지서비스·국공립병원·교육·인건비·연구개발 등의 비용 대 투자의 관점, 기관 중심 운영제 대 연구과제 중심 운영제(PBS, project-based system),[44] 개인 교통(차량)의 소유 대 공유, 콘텐츠 대 플랫폼,[45] 개인정보 보호 등에 있어서 비용 대 투자의 관점, 운영 수지 대 서비스 공공성, 탄소 감축 접근방식의 의무 대 기회 등.

(28) 일반화(보편성) 대 특수화(특수성)

대중주의 대 엘리트주의, 사회복지의 보편적 서비스(보편주의) 대 선택적 서비스(선별주의), 이민자 보편 입국허가 대 특수 재능자 입국 허가, 생활체육 대 엘리트체육, 보편적 기본소득 보장 대 선택적 기본소득 보장, 외국인근로자의 인적자원(또는 주민) 관점 대 일시체류자 관점, 인종평등주의 대 소수인종 우대 (affirmative action), 범죄피해자 가족 지원 대 범죄가해자 가족 지원, 의무복무로서

---

43) 국제축구연맹(FIFA)은 '선수 보호'와 '재미있는 경기'라는 두 가지 정책기조 아래 경기 규칙을 계속 바꿔왔다. 선수가 부상당해 빠지면 남은 선수 그대로 경기를 치르는 허점을 보완해, 1970 년 멕시코월드컵부터 '선수 교체'를 도입했다. 재미있는 화끈한 공격 축구를 통해 축구 열기를 고조시키기 위해서는 '공격 지향형'으로 경기 규칙을 바꿔왔다. 경기당 2.21 득점이라는 역대 최저 득점(평균 득점 3.00)을 기록한 1990년 이탈리아월드컵을 계기로, 1994년 미국월드컵부터 고의적인 경기 지연을 막고자 수비수가 백패스한 공을 골키퍼가 손으로 잡지 못하게 했는데, 무려 30골이 더 터졌다. 2002년 한일월드컵 때 한국대표팀은 16강전에서 이탈리아를 꺾는 파란을 일으켰다. 연장전에서 먼저 골을 넣는 팀이 승리하는 서든데스(sudden death, 나중에 골든골로 개명) 규칙 때문이었다. 그런데 이는 2006년 독일월드컵부터 폐지되고, 연장 전후반 15분씩 뛰어도 승부가 나지 않으면 승부차기로 바뀌었다. 애초 기대와 달리, 아무리 잘 해도 한 골만 먹으면 아무 소용이 없어 실제로는 너무나 큰 중압감 속에 '수비 지향형' 경기를 펼치며 결정적 기회만을 엿보는 재미없는 경기를 펼쳤기 때문이었다. 또 그때부터 오프사이드 규칙을 완화한 것도 다 공격 축구를 유도하기 위함이었다. 박정택, 인생은 게임으로 통한다, 앨피, 2006, 99-102.

44) PBS는 정부출연연구소의 연구비와 인건비를 기관 단위로 전액 할당받던 것을 경쟁 개념을 도입해 연구효율을 높인다는 취지로 1997년부터 연구과제가 채택된 연구팀의 인건비와 연구비의 일부(70% 혹은 50%)를 자체 충당해야 하는 운영방식이다.

45) 플랫폼(platform)은 승강장이나 우주선 발사대나 컴퓨터 운영체제처럼, 특정 작업을 위해 공용화된 토대 혹은 기술적 의미로는 콘텐츠나 다른 애플리케이션이 그 위에서 구현될 수 있도록 해 주는 일종의 기반 소프트웨어를 말한다.

의 모병제 대 대체복무제, 정보인권으로서의 개인고유번호 허용 대 금지, 보편
적 인권과 학생인권, 징병제 대 모병제, 보편성 대 차별성, 보편적 이동권(교통)
대 선택적 개별 이동권, 획일성 대 독특성, 만물상 대 일점일품 전문점, 보편형
대 맞춤형, 다종다량 대 소종소량 대 다종소량 대 소종대량, 철칙 대 원칙 대
변칙 대 예외, 아마추어 대 프로, 보편성(국제주의, globalism) 대 국소성(국가주의,
localism) 등.

(29) 공개(개방) 대 비공개(봉쇄)

온라인 기록의 잊혀질 권리(right to be forgotten, 개인정보 삭제요구권), 노조 경
영참여권의 보장(노사 공동결정) 대 배제, 주주가치경영 대 사회책임경영, 열린 모
델 대 폐쇄 모델, 특허 출원의 공개어 대 비공개어,[46] 특허 등록 대 비공개 블랙박
스 전략,[47] 오픈소스 대 독점소스,[48] 실명제 대 익명제, 노출 대 비노출 등.

(30) 직접 대 간접

사회복지정책기조논리로서 그룹 홈 등의 직접 시설 운영 대 위탁가정사업
등의 위탁 운영, 발등의 불 대 강 건너 불의 관점, 투자·출자 등의 직접 대 간접
대 순환, 사용 후 핵연료의 직접 처분 대 재처리·최종 처분,[49] 문화예술이나 연구

---

46) 우리나라가 특허 분야에서 2007년 현재 국내특허 출원국 세계 4위, 세계 5위의 국제특허협력
    조약(PCT, Patent Cooperation Treaty) 국제특허 출원국이라는 위상을 인정받았다. 한국 기업이
    나 발명가들이 굳이 영어로 번역할 필요 없이 한국어로 특허 출원의 서류절차를 진행하면서
    특허성 유무에 대한 PCT의 예비적 판단을 받을 수 있다. PCT심사관은 세계지적재산권기구
    (WIPO)에 심사보고서를 보내면, WIPO측이 한국어로 된 특허출원 내용을 영어 및 프랑스어로
    번역해서 공개하는 제도인 '국제특허 출원 공식 언어인 공개어'로, 2007년 9월 WIPO총회에서
    183개국 만장일치로 한국어가 채택·지정되었다(조선일보, 2007.9.29.).
47) 경쟁업체의 모방을 원천 배제해 기술 유출을 방지하려고, 즉 특허 출원으로 등록돼 공개하기
    보다는 독보적인 혁신적 핵심기술을 지키기 위해 특허 등록 대신 사내 블랙박스에 저장하고
    철통 보안을 유지하는 전략이다. 신물질이나 신소재는 특허 등록이 유리하지만 공정 관련 신
    기술은 아이디어만 제공해 줄 가능성을 우려한다(동아일보, 2004.7.27.).
48) 컴퓨터 운영체제시장에서 소스코드에 대하여 마이크로소프트(MS)가 폐쇄를, 리눅스가 개방을
    택했는데, 다시 세계 정보기술로서 모바일 인터넷을 둘러싼 디지털시장의 패권 경쟁에서 애플
    이 폐쇄를, 구글이 개방을 택하였다.
49) 치명적인 방사능을 지닌 핵연료를 핵발전소에 사용 후 핵폐기물을 미·독·스웨덴·스위스 등
    이 직접 처분하고, 일·프랑스가 재처리 뒤 최종 처분한다. 한국 등 많은 나라가 '관망 정책'으
    로, 또 쌓이고 있는 엄청난 양으로 딜레마 상태에 빠져있다.

개발의 지원간섭주의 대 지원무간섭주의, 직접 규제 대 간접 규제 등.

(31) 사(私, 자) 대 공(公, 타)

치매·중풍 등의 치료·요양비를 개인 대 국가 책임, 자율 대 강제 대 협력(협동, 연대, 상생), 사소유 대 타소유(주주) 대 협동조합, 사유 대 공유, 자체화 대 외주화, 자체개발(제조, 생산, 판매 등) 대 주문자 맞춤 개발, 자발성 대 강제성, 사용화 대 공용화(언어의 상용어·공용어 등), 소유 대 사용(거주, 임대), 소유 대 지배, 소유·지배의 분리 대 통합, 수익성 대 공공성, 의료·철도 등의 민영 대 공영, 공공병원 대 민영병원 대 민관병원 협력, 제1부문 대 제2부문 대 제3부문, 사교육 대 공교육, 자원의 사유화 대 공유화 등.

(32) 소극 대 적극

온실가스 기후변화에 대한 감축 중심의 완화(mitigation) 대 피해 최소화와 변화 대처 중심의 적응(adaptation) 접근방식, 상황 적응적 대응 대 대응 시뮬레이션 대처, 보는 관광(수동형 관광) 대 체험 관광(능동참여형 관광), 문화재의 소극적 관리 대 적극적 활용[50] 등.

(33) 선택 대 필수

2009년 1월 취임한 오바마 대통령은 이라크전쟁을 부시 행정부가 '선택한 전쟁'(war of choice)으로서 '필요하지 않은 전쟁', 아프가니스탄 전쟁을 '필요한 전쟁'이자 '필요에 따라 수행하는 전쟁'(war of necessity)으로 규정하고, 빨리 이라크전쟁을 끝내고 미국의 자원을 아프가니스탄 전쟁에 집중해야 한다고 보았다.[51] 보건·식량·종자·국방 등의 선택 대 필수(안보), 기본권 대 선택권 등.

---

50) 유홍준 문화재청장 재직 시 2004년 경복궁 경회루의 개방, 2007년 북악산 서울 성곽의 개방은 적극적 활용의 예이다. 유홍준, "별 것도 아닌 것이 그렇게 힘들었다," 한겨레, 2015.10.16.
51) 이근욱(2011), 320-321.

(34) 동서남북 4방위

노태우 정부의 북방외교, 미국의 아시아로의 귀환(재균형)전략, 서독 아데나워 수상의 서방정책과 브란트 수상 이후 동방정책, 대만 차이잉원 총통의 동남아시아로 진출하는 남향정책, 문재인 대통령의 신 북방정책과 신 남방정책52) 등.

(35) 시혜 대 권리(또는 투자)

장애인, 노인 등의 사회복지정책기조논리로서 시혜 대 권리(또는 투자), 소득보전 대 기본소득권, 원활한 교통 대 교통약자의 보행권, 농민에 직불금 지급 등의 관점으로서 시혜 대 식량안보·지역사회 유지 대가의 권리 등.

(36) 우선 대 후순위의 차례, 동시

장애인, 고령자 등에 대한 우선 배려(고용, 주차 등) 대 후선 배려, 유엔 아동권리협약에 아동의 이익을 최우선적으로 고려하는 원칙, 1992년 남북한 유엔 동시 가입, 인간(보행자) 우선 대 차량 우선, 특허 인정의 선 발명주의 대 선 출원주의(선원주의)53), 우선(최선) 대 차선, 우승(승리, 명예와 포상) 대 즐김(보람, 내부 만족 포함)54), 등정(登頂)주의 대 등로(登路)주의55) 등.

---

52) 문재인 대통령은 대외경제구상의 두 축, 곧 2017년 9월 러시아 블라디보스톡 동방경제포럼의 한러 정상회담에서 가스, 철도, 항만, 전력, 북극항로, 조선, 일자리, 농업, 수산업 등 분야에서 한·러 간 동시다발적으로 '9개의 다리'를 놓고 협력하는 '신북방정책'을 발표한 뒤, 2개월 여 만인 11월 동남아 3개국 순방에 나섰다. 첫 방문지 인도네시아에서 한국과 아세안(ASEAN) 10개 국가들과의 관계를, 사람(People), 평화(Peace), 상생번영(Prosperity)의 이른바 '3P' 중심으로, 미국, 중국, 러시아, 일본 등 주변 4대국 수준으로 격상시키겠다는 '신남방정책'(The New Sud Politik)을 공식 발표했다.

53) 대부분의 나라는 특허 인정의 선 출원주의를 채택하는데, 미국은 선 발명주의를 유지하다가 2011년 선 출원주의로 전환했다(중앙일보, 2011.7.2.). 이는 2006년 세계 주요국 41개국이 특허제도 선출원주의로 단일화하는 조약을 추진해, 미국도 방침을 바꾸면서(한겨레, 2006.11.28.) 취한 후속조치다.

54) 과거 국제스포츠대회에서 우리 선수가 국위 선양과 개인 포상에 함몰돼, 경기장에서 패배 시 스포츠맨십보다 기본 예의도 지키지 않고 애석해서 통곡하는 장면을 연출해 비판을 받았다. 우승 지상주의의 폐해를 알게 된 스포츠당국, 선수, 관중(국민)은 2000년대 들어와 자체 교육과 신세대 선수들의 가치관 변화로 '즐기는 축제'로 바꾸고 있다.

55) 일의 성과 지상주의 대 일의 과정에서 자아실현에 역점을 두는 것을 말한다. 등산에 비유하여 등반 높이가 최종 목적인 '고도'(altitude) 중시 대 산의 불확실성과 곤란성에 솔직하게 맞서서

(37) 점진 대 급진

속도주의 대 느리게 살기, 파스트시티(fast city) 대 슬로시티(slow city), 빠른 교통 대 누구나 이용할 수 있는 교통, 점진 대 혁명, 선(先)실력배양·후(後)기회포 착 대 급진적 대응,56) 지연 대 신속 등.

(38) 공식 대 비공식

정규직 대 비정규직, 공식적 난민 대 비공식적 난민, 집권 내각 대 그림자 내각(shadow cabinet), 접근방식이나 조직 유형의 공식 대 비공식, 공식 제도교육 대 비공식 대안교육, 교육의 규격화 대 비규격화(탈규격화) 등.

2. 다양한 논리의 실제 설계의 방법 예시

이상의 다양한 논리의 조합들을 예시해 보았는데, 이를 기반으로 새로운 논 리를 덧붙여 더 확대(합성)하거나 기존 논리에서 제외하여 더 축소(분리)하여 새로 운 논리를 도출할 수도 있을 것이다. 또 앞의 논리 조합들의 중간 논리들을 도출 해 새로운 논리를 설계해 볼 수도 있을 것이다. 혹은 서로 대립 갈등하는 중요한 논리를 변증법적으로 절충해 통합함으로써 새로운 논리를 설계해 볼 수도 있을 것이다. 그런가 하면 다양한 논리들을 조합해서 새로운 복합 새 논리를 도출해 볼 수도 있을 것이다. 이를 차례대로 예시한다면 다음과 같다.

(1) 기존 정책기조논리와 단순 반대 논리의 예시

서독의 성공한 통일정책인 브란트 동방정책의 논리는 동독·소련·동유럽 국 가들과 점진적인 '접근(접촉)을 통한 변화'를 제시하였는데, 이는 그전 키징거 정

얻는 깨달음 같은, 등산에 내재된 정신적 가치, 곧 '태도'(attitude)를 비교하는 논리로도 쓰인 다.
56) 중국 최고지도자 덩샤오핑의 '도광양회'(韜光養晦, 재주를 감추고 기다리며 힘을 기른다)는 선 (先)실력배양·후(後)기회포착의 외교정책기조, 미국 부시 대통령의 이라크 침략전쟁은 급진적 대응의 외교정책기조의 예이다.

권까지의 '대화에 앞서 동독의 변화'를 요구하는 '변화를 통한 접근' 논리의 단순 반대 논리였다.[57] 또 남북관계의 돌파구를 열기 위하여 '비핵화를 통한 관계 정상화'를 반대 논리로 뒤집어 '관계 정상화를 통한 비핵화'를 주장할 수 있다.[58] '핵분열'(nuclear fission)에서 나오는 에너지의 위험성이 있다면, 그 대안으로 당연히 '핵융합'(nuclear fusion)의 에너지원(源)을 생각해 봐야 하는 이치이다. 그 외 문호 폐쇄 대 문호개방, 경제적 효율성 대 생태적 효율성, 채굴·제조·폐기의 경제 대 재생의 경제, 녹색보호주의(green protectionism) 대 녹색국제주의, 노조 역기능론 대 노조 순기능론, 원전(○○) 대 탈원전(탈○○), 반접근 전략 대 합동작전 접근, 절대 대 상대, 지성교육 대 감성교육, 객관 대 주관, 교육관의 가르침의 공동체 대 배움의 공동체, 수동 대 능동, 성공 대 실패, 친기업 대 반기업(규제, 정서, 규칙), 합리 대 비합리, 이해 대 몰이해, 귀납 대 연역 대 순환, 분석 대 종합, 가시 대 비가시, 단절 대 지속(연속), 과정 대 결과, 원인 대 결과, 사실주의(자연주의) 대 추상주의, 장려(권장, 촉진, 지원) 대 억제(제어, 제지, 처벌), 긍정 대 부정 대 중립, 낙관 대 비관, 만족(충족) 대 불만(미충족), 빈곤 대 부유, 정상(정규) 대 비정상(비정규), 정상방향 대 정반대방향, 찬성 대 반대, 옳음과 그름, 낯섦(생소함) 대 익숙함, 권위주의 대 민주주의, 목표 대 수단, 과거 대 현재 대 미래, 자유의지 대 결정론, 순응적 사고 대 비판적 사고, 합리론 대 경험론, 미성숙 대 성숙, 무역조건·농산품 등의 교역(가능) 대 비교역, 가역 대 비가역, 능력주의 대 연공서열주의, 관광의 연고(緣故) 대 비연고, 찾아가는 대 찾아오게 하는 대 찾아가고 싶은 관광 등이 그 예이다.

(2) 양 극단의 중간 논리의 예시

전통기술·적정기술(중간기술)·첨단기술, 중(中)부담·중(中)복지 제도, 국가 미디어시스템의 사기업 시장모델(미국)·중간모델(영국)·공영미디어의 공공서비스모델(핀란드, 덴마크), 미국의 전쟁 수행상 1개 전쟁 대 2개 전쟁 대 1개 플러스 전쟁,[59] 생명공학과 제약산업의 기초연구 대 기업 신약개발 대 선도물질 연구,

---

57) Bark and Gress(서지원 역, 2004), 3, 27-28, 33-34 참조.
58) 이는 실제로 김대중 정부의 대북정책기조였다. 임동원, 피스메이커, 창비, 2015 참조.

객관 대 주관 대 상호주관(간주관), 기간 단위에서 단기 대 장기 대 중기(中期) 등이 그 예이다.

(3) 대립 갈등하는 중요 논리의 변증법적 절충 통합 논리의 예시

가장 유명한 예로 1987년 환경과 개발에 관한 세계위원회에서 '미래세대가 그들의 필요를 충족시킬 능력을 저해하지 않는 범위 내에서 현세대의 필요를 충족시키는 것'이라고 정의한 '지속가능한 개발'의 정책기조를 비롯하여,[60] 현실주의(realism)와 이상주의(idealism)를 절충해 진보적 현실주의(progressive realism)의 정책기조의 예,[61] 친환경적 에너지 개발, 녹색성장, 녹색기술, 녹색경제, 도심 지역 소하천의 복개 후 하수도나 주차장 이용의 이수(利水)·치수 대 자연형 하천으로 생태계 복원과 이용, 경고성 환경 캠페인 대 녹색소비 유도의 지속가능한 환경캠페인, 지속가능한 복지국가, 생명권·존엄권 보장의 사형제 폐지와 공동체 보장의 사형제 존치의 절충으로 감형·가석방 없는 절대적 종신형 제도, 창조(혁신)와 파괴의 창조적(혁신적) 파괴 또는 파괴적 혁신(창조), 공동체 발전을 위하여 성장(경제, 낙수효과, 불균형, 수출·대기업 주도의 선성장 후분배) 중심 발전모델 대 분배(사회, 복지안정효과, 균형, 내수·중소기업 주도의 선분배 후성장) 중심의 발전모델의 절충으

---

59) 냉전체제가 와해된 1990년부터 미국은 콜린 파월 당시 합창의장 등이 주도해 '2개의 전쟁'을 치를 수 있는 군사력 유지를 안보전략의 기둥으로 삼았다. 2개 핵심지역(한반도와 걸프만 예상)에서 전쟁이 동시 발생 시 1개 전쟁을 수행하는 동안 다른 전쟁을 이길 만한 역량을 확보한다는 뜻에서 '윈 홀드 윈'(win-hold-win)으로 불렸다. 일극체제가 더 분명해진 클린턴 행정부에서는 2개 전쟁을 동시 수행한다 해도 승리한다는 의미에서 아예 '윈-윈' 전략으로 바꾸었다. 조지 W 부시행정부의 아프가니스탄-이라크 동시 전쟁이 그러했다. 그러나 2008년 경제위기를 전후해 미국 경제력이 흔들리자 2개 전쟁을 폐기하고, 한 곳 전쟁에서 승리하면서 다른 지역에서 전쟁은 억제한다는 '원 플러스'를 공식화했다. 여기에는 작은 국지전까지를 포함한 1.5나 2.5 등의 소숫점 이하 전쟁 표시 개념도 덧붙여진다(중앙일보, 2012.1.7. 및 한겨레, 2012.1.7. 참조).

60) 중도 좌파적 사회민주주의를 복원하는 '제3의 길'을 주장한 영국 사회학자 기든스는 인류복지와 환경보전, 미래세대에 대한 배려, 부자와 가난한 자의 형평성 등 모든 것을 고루 섞은 이상을 추구하는 것은 결국 어떤 핵심적인 의미를 결여한 공허한 개념이라고 '지속가능 개발'에 회의적이면서 오히려 정부의 역할에 기대를 건 주장을 한다. Anthony Giddens, The Politics of Climate Change, 기후변화의 정치학, 홍욱희(역), 에코리브르, 2009 참조.

61) 미국 외교정책기조(foreign policy paradigm)의 예는 Robert Wright(a senior fellow at the New America Foundation), The New York Times, July 16, 2006, "An American Foreign Policy That Both Realists and Idealists Should Fall in Love With" 참조.

로서 성장·분배를 동시에 추구하며 조화로운 발전을 도모하는 포용적 성장
(inclusive growth)의 발전모델, 신속 추격자 전략(fast follower) 대 선점자 전략(first
mover)의 절충으로서 병행자 전략(parallel mover),[62] 정부 주도 모델 대 민간 주도
모델의 절충으로서 민관협력(public-private partnership)모델,[63] 복지 서비스를 제공
하는 데 있어서 전체 자격 인정의 보편주의 대 부분 자격 인정의 선별주의의 절충
으로서 70-80% 자격 인정의 준보편주의 등이 가능하다.

(4) 복수 조합에 의한 복합 새 논리의 예시

여러 분야가 중첩되는 복잡하고 난해한 문제에 대처하기 위해서는 그만큼
여러 분야를 아우르는 융복합 특성(cross-disciplinarity)의 패러다임의 개발이 필요
하다. 이에 학계와 실무계에서는 한 분야의 주도 패러다임의 지배력(the hold of
the leading paradigm)을 완화해 융복합적 패러다임 방향으로 나아가는 것을 제한하
는 요인을 극복하고, 좋은 융복합 패러다임을 개발해야 된다.[64]

예컨대 강대국 대 약소국 대 강소국 대 약대국, 교육 대 복지 대 교육복지,
주택 대 복지 대 주거복지, 세계주의(성, globalism) 대 지역주의(성, localism) 대 지
역세계주의(글로컬리즘, glocalism), 자연 중심 대 사람 중심 대 자연사람 공존, 환경
개선에 의한 범죄 예방(셉테드, CPTED),[65] 농업·식량 등의 국제주의 대 민족주의,
농업의 소·영세 자경(自耕) 생계형(가족형) 대 타경(他耕) 기업형, 중앙집권 대 지방
분권 대 중앙집권적 획일성 대 지방분권적 다양성, 단식 교육 대 복식 교육 대

---

62) 이근(서울대 경제학부 교수), "한국 기업 병행자 전략으로 가야," 매일경제, 2012.6.1.
63) 정부는 민간부문을 강화하기 위한 제도, 기구, 교육, 연구, 공공기반시설 등을 제공하고, 민간
  부문은 혁신하고 투자하며 고용과 성장을 추구할 때 발생할 위험을 감당할 수 있도록 힘을
  키워줘, 민관이 건전하고 균형 잡힌 협력을 추구하는 모델이다. 미국 외교전문지 '포린폴리시'
  의 데이비드 로스코프 대기자가 쓴 '파워 주식회사'에서 지난 200년 이상 미국의 성공을 가능
  케 한 모델이라고 주장한, 토머스 프리드먼(뉴욕타임스 칼럼니스트), "자본주의 2012버전," 동
  아일보, 2012.3.20. 참조.
64) Stoker & Taylor-Gooby(2013), 240, 246-247 참조.
65) 셉테드(Crime Prevention Through Environmental Design)는 환경 개선에 따라 범죄의 발생 빈도
  가 내려간다는 개념에서 출발하여, 다양한 아이디어와 안전시설 등을 이용해 주거지역의 안전
  성과 쾌적성을 높이는 것을 목표로 범죄를 예방할 수 있는 환경의 도시나 건축물 등을 조성하
  는 기법과 제도를 말한다. 1970년대부터 미국에서 시행된 제도로 우리는 2012년 도입했는데,
  노출 가스배관의 매립이나 배관 커버설치 권장, 조명 개선, 비상벨·반사경·안내판 설치, 창문
  그림 등이 그 실례이다(매일경제, 2014.7.2.).

단식·본교 교육 대 복식·상치·통폐교 교육, 교역가능 상품 대 비교역 주권 등의
논리를 개발할 수 있다.

> 교육정책의 기본철학은 대체로 두 가지 줄기를 바탕으로 하고 있다. 그 하나가
> 수월성이고 다른 하나가 형평성이다.…문제의 핵심은 양자택일이 아니라, 양자 간
> 의 균형과 조화라는 것…거시적 교육정책 틀의 전체적 균형과 조화를 위해 형평성
> 의 제고가 필요하다고 평가하고, 이를 위해 '교육복지'라는 '블루오션'을 찾아 나섰
> 다.…"소외된 자와 특별한 배려가 필요한 자"를 대상으로 우리나라 최초의 '교육복
> 지종합대책(1997-2000)'을 수립했다.…교육소외집단인 학교중도탈락자, 학습부진
> 아, 특수교육과 유아교육 대상자, 그리고 귀국자녀 등에 대한 다양한 정책이 포함되
> 어 있었다.[66]

이상과 같은 다양한 예를 따라 새롭거나 모방·응용한 정책기조논리를 개발
해 해당 분야에 적용할 수 있다. 다음 지적과 같이 이명박 전 서울시장도 시장
시절 런던 대중교통 정책기조를 모방한 업적으로 대통령까지 진출할 수 있었다는
평가도 가능한 만큼 그런 벤치마킹은 매우 중요하다.

> …런던시장을 지낸 케네스 리빙스턴이…1980년대 대처의 신보수주의 시대부터
> '미치광이 좌파'(Loony Left) 소리를 들어가며 대중을 도시의 주인으로 만드는 작업
> 을 해온 덕분이다. 그는 시의회 의장 또는 런던시장으로 일하면서 2003년에는 '버스-
> 지하철 환승체제'를 갖춰 버스요금을 대폭 내리고, 도심 진입 승용차에는 1만 5,000
> 원가량의 혼잡통행료를 물렸다. 그 결과 단기적으로 대중교통 이용률은 39%나
> 증가하고 도심교통량은 20%나 줄었다.…런던시민 다수는 그를 지지해 재선에 성공
> 했다. 이명박 대통령의 서울시장 시절 큰 업적도 '청계천 사업'이 아니라 런던을
> 벤치마킹한 '버스중앙차로제'와 '환승제도'라고 본다.…[67]

정책기조논리 쪽에서 보면 잠재적 정책기조 후보(candidate for policy paradigm)
가 되는 기조논리들은 현실에서 어엿한 정책기조 또는 대안적 정책기조로 채택되

---

66) 안병영·하연섭(2015), 150-151, 271.
67) 이봉수(세명대 저널리즘스쿨대학원장), "[시민편집인의눈] 도시는 '사회주의'를 필요로 한다,"
   한겨레, 2010.2.25.

기 위한 과정, 즉 대표적으로 먼저 그에 합당한 권력 또는 권위를 확보하는 자(집
단)에게 붙잡혀 사용되는 과정을 거쳐야 한다. 이 '사용 가능한 지식'(usable
knowledge)은 권력이라는 복도를 통과해 어떤 권력자(관료집단)에게 '정치적으로
다룰 만한'(politically tractable) 지식으로 채택되어야 하는 것이다.68) 결국 정책기조
논리는 그 지식·아이디어·논리 자체의 힘(puzzling)만으로 자동적으로 정책기조
로 채택되지는 않고, 거기에는 권력작용(powering)이 개입하는데 그 지식과 권력
작용과 관련된 역동적인 관계나 상황은 경우마다 다를 수밖에 없다고 하겠다.

---

68) 기후변화정책을 분석한 하스는 '과학이 곧바로 정책으로 변환되는 경우는 거의 없다' '진실이
    권력으로 나아가는 길은 기껏해야 우회로에 불과하다'고 하면서 본문과 유사한 표현을 사용한
    다. Haas(2004), 571-574; White(2011), 215 재인용.

제 3 장

정책기조의 채택과 구현

새로운 정책기조는 저절로 부각되지 않고, 거기에는 전달자(carrier)나 혁신자(entrepreneur)의 선도가 있어야 한다.[1] 곧 개인이나 집단이든, 자신(들)과 같이 생각하고 행동하는 방식을 고려해 보도록 다른 사람들을 설득할 수 있는 사람이 필요하다. 그리고 정책기조는 아이디어 하나만 던져지고 채택되면 저절로 구현되는 '플러그 앤드 플레이'(plug and play)[2] 수준의 개념이 아니다. 패러다임의 정책 아이디어가 행동으로 옮겨지는 과정에서 말과 행동 간 분리(disconnects)가 일어날 가능성이 높다. 즉 원래 표명된 것으로서의 정책프로그램 안에 내재된 아이디어와 그 프로그램 이름으로 취해진 행동 사이의 분리이다. 그 행동의 결과가 기대되지 않은 것이고 의도되지 않은 것은 말할 것도 없고, 그 행동 자체가 의도된 것과는 전혀 딴판일 수 있는 것이다.[3] 그렇기 때문에 정책기조를 채택하고 그것을 구현해가는 과정을 잘 운용하지 않으면 소기의 목적을 달성하기 어려워지거나 실패한다. 정책기조를 책임 있게 채택하고 소기의 목적을 이룰 수 있도록 구현하기 위해서는 여러 가지 문제를 고려하고 대처해야 한다.[4] 그래서 정책기조의 기

---

1) 원문 '아이디어'를 '정책기조'로 바꿨다. Berman(2013), 228.
2) '플러그 앤드 플레이'(plug and play)는 플러그를 꽂아서(plug) 바로 사용(play)한다는 뜻의 컴퓨터 관련 용어이다. 윈도우즈95 운영체제가 발표되면서 부각된 컴퓨터의 중요한 기능으로서 컴퓨터에 사운드 카드, 통신카드, 모뎀 등과 같은 주변장치가 추가되더라도 별도의 물리적인 설정을 하지 않아도 설치만 하면 기기들의 인터럽트 입출력 주소 등을 자동적으로 조절하여 사용할 수 있게 해 주는 기능을 의미한다. 이 기능을 발휘하기 위해서는 운영체제, 주변기기, 바이오스 프로그램 등에서 모두 지원할 수 있어야 한다. 부팅 시에 화면에 "Plug & Play"라고 표시된다. 이상 [네이버 지식백과] 플러그 앤드 플레이 [plug and play] (두산백과)에서 일부 인용.
3) Schmidt(2002), 225-230; Schmidt(2011), 40.
4) 이 '새로운 패러다임(또는 패러다임 변동)의 발전과 제도화 과정에서의 조치'(steps in an extended process of development and institutionalization of the new paradigm)에는 구체적인 여건과 패러다임에 맞게 새 법규의 제정 시행 등과 조직, 인사, 예산, 전문성, 절차 등 정책결정의 역량과 절차의 재정의(to redefine policymaking competencies and procedures)를 포함한다. 거기에 가장 큰 제약조건은 제도화 나갈 시간이 비교적 짧다는 점과 새 패러다임을 구현하는 데 필요한 지지와 그 동원이 계속 유지된다는 보장이 없다는 점이라고 한다. Carson, Burns & Calvo(2009), 359, 371. 이와 관련, 패러다임 차원의 '집행'을 표현하기 위하여 '집행'(implementation) 외에 '구

조지능과 기조감수성 및 기조구현 역량을 함양하고 발휘하는 것을 비롯해, 정책
기조 채택의 공론장과 갈등을 관리하는 문제, 그리고 체계 정립성, 정합성, 실행성
등을 확보하는 문제가 중요하다고 보고, 이들에 대하여 논의해 보기로 하겠다(여
기에는 정책기조의 전환에 따른 전환 관리, 즉 정책기조 전환의 기획관리에 관한 활동 사항
이 포함된다).

제 1 절   기조지능과 기조감수성 및 기조구현 역량의 확보

앞에서 '정책기조의 지능'(기조지능)은 '정책기조를 정책기조로서 이해하고
대응하는 지적 능력'이라고 하였다. 또 '정책기조의 감수성'(기조감수성)은 '정책
기조를 정책기조로서 받아들이고 느끼는 성질', 곧 '정책기조가 갖는 역할·기능·효
과 등 그 중요성을 인식하고 수용해 활용하는 인식 태도'라고 하였다.[5] 정책기조
의 지능과 감수성은 밀접하게 연계된 개념들인데, 지능의 한 갈래가 감수성이다.
그렇지만 그 감수성을 특별히 강조하고자 언급한다. 우선 정책기조의 결정자(집
단)는 어떤 사안이 정책기조 차원의 사안인지, 탁월한 지능과 예민한 감수성의
안테나에 의해 잘 분별할 수 있어야 한다.[6] 그리고 앞에서 논의한 좋은 정책기조

현'(embodiment, articulation) 또는 '제도화'란 용어가 많이 사용되는데, 저자는 다소 구별하는
의도에서 '구현'을 선호한다.

5) '감수성'은 외부 세계의 자극을 받아들이고 느끼는 성질인데, 긍정적이거나 부정적인 측면을
갖는 사람의 감성이다. 이 책에서는 긍정적인 의미로 사용한다. 어느 나라나 긍정적인 감수성
과 아울러 부정적 감수성을 가지고 있다. 유명한 예로, 자기 행동을 다른 사람이 어떻게 생각
하는가에 놀랄 만큼 민감한 일본인의 감수성 교육과 문화는 예의 바른 긍정적인 측면도 있지
만, 집단에 맞서기를 꺼려하게 함으로써 침략전쟁과 같은 집단 광기를 쉽게 허용하는 부정적
측면도 있다고 한다. 이는 미국의 문화인류학자 루스 베네딕트(Ruth F. Benedict, 1887-1948)가
제2차 세계대전이 막바지에 접어든 1944년 6월 미 국무부의 위촉으로 문화인류학적 방법론을
통해 '국화와 칼'로 상징되는, 즉 아름다움을 사랑하고 예술가를 존경하며 '국화'를 가꾸는 데
신비한 기술을 가진 국민이 동시에 '칼'을 숭배하며 무사에게 최고의 영예를 돌리는 일본문화
의 이중적 원형을 탐구한 연구서 'The Chrysanthemum and the Sword'로 세계적인 명성을 얻었
다. 루스 베네딕트, 김윤식·오인석(역), 국화와 칼, 을유문화사, 2008 참조.

6) 예컨대 유력 정치인이 북한이 실전 사용 가능한 핵무기를 갖고 있다면서 "북한을 '핵보유국'으
로 봐야 한다"라고 주장해 큰 논란이 일었다. 이는 국제정치에서 핵보유국은 '핵확산금지조약
(NPT)체제 내에서 합법적으로 핵무기를 가진 나라'라고 인정되기 때문이다. 경향신문,

의 조건을 갖춘 '좋은 정책기조' 자체를 예민하게 느끼고, 탐색·분별해 채택(유지하거나 변경)해야 한다.[7]

주식시장 참가자들은 어쩌면 그렇게 예민하게 반응할 수 있을까, 감탄할 정도의 동물적 감각으로 어떤 크고 작은 사건에 반응하여 다음 예와 같이 주식시장의 해당 종목 주가를 출렁이게 한다. 그들 투자자들은 본래부터 그런 지능과 감수성을 타고났을 수도 있다. 그렇지만 대부분은 주식 투자와 관련된 학습과 경험, 그리고 실제 투자 후 항상 거기에 모든 관심과 노력을 기울인 결과, 몸에 밴 것을 표출한 것으로 보인다.

중국 정부가 35년간 고수해온 '한 자녀 정책'을 전면 폐지하고 두 자녀를 갖도록 허용한다고 발표하자…중국은 물론 한국·미국·유럽·일본의 분유·기저귀·유제품 업체 주가가 큰 폭으로 뛰었다. 출산율 상승으로 육아·교육 시장이 살아나…중국 영유아 산업 규모…기대감이 커지면서 30일 홍콩 증시에서 분유업체 바이오스타임 주가가 5.1% 급등했다. 미국 뉴욕 증시에서는 분유업체 미드 존슨 주가가 3.8% 올랐고, 일본의 유아용품 회사 피존은 10% 넘게 폭등했다.…한국의 유아용품·식품 업계도 한 자녀 정책 폐지에 따른 수혜를 얻을 것으로 기대하고 있다. 중국에 유아복 매장 250여개를 운영 중인 제로투세븐의 주가는 30일 10.55% 상승 마감했고, 매일유업도 1.3% 올랐다. 보령메디앙스(6.44%)와 아가방컴퍼니(1.95%) 등에도 투자자들이 몰렸다.[8]

이처럼 정책담당자들의 정책기조의 지능과 감수성도 그렇게 키우고 발휘해야 할 필수적인 중요한 자질이다. 정책당국자는 자신이 속한 기관의 정책기조들에 정통해야 할 뿐만 아니라, 다른 관련 기관들, 관련 분야들, 관련 국가들, 그리고 참고해야 할 기관들과 관련 인사들(정책책임자들)의 정책기조와 그 성향 및 그 변

2015.3.26., "국제정치 용어 '핵보유국'…의미를 몰랐던 ○ ○ ○."

7) 예컨대 이명박 정부의 '공정한 사회'나 박근혜 정부의 '비정상의 정상화'의 이상적인 국정기조는 오히려 국정운영의 실책이나 오류에 대한 가장 좋은 비판의 표적이 되면서 슬그머니 사라졌다. 이와 관련, 송호근(서울대 교수, 사회학), "권력을 옭아맨 동아줄," 중앙일보, 2014.6. 24.; 중앙일보, 2014.6.27., "흔들리는 대통령…국정의 위기" 사설; 이진녕(논설위원), "'양날의 칼' 공정한 사회," 동아일보, 2010.9.2.; 한겨레, 2010.9.4., "불공정한 MB정부, '공정한 사회' 딜레마" 참조.

8) 조선일보, 2015.10.31., "중국 '두 자녀' 울음소리에… 세계 베이비 산업 웃고 있다."

동 추이도 파악하고 예민하게 그 변동과 적용에 반응해야 한다. 예컨대 우리 외교 통일군사 정책기조에 큰 영향을 미치는 미국의 대외정책기조와 현직 대통령의 성향, 그리고 차기 대통령 후보로 거론되는 주요 인사들의 대외정책기조논리와 그 성향 등을 파악하고, 그 대비책도 마련해 예의 주시해야 하는 것이다. 하나의 정책 사안이라도 그것이 함축하는 그 상위의 인식의 기본 틀과 방향인 정책기조의 차원의 중대한 문제인가를 예민하게 진단·분석하고 그 대책이 필요한가 여부를 예민하게 가늠해봐야 하는 것이 정책기조의 지능과 감수성이라는 중요한 정책당국자들의 자질이다.

정책기조의 탁월한 지능과 예민한 감수성은 최고 지도자에게만 요구되는 자질과 덕목이 아니다. 그것은 어떤 기관이나 조직의 정책책임자라도 그 수준·차원에 맞게 갖춰야 할 자질이고 덕목이다. 다음과 같이 상급자와 상급 부서는 물론이지만, 일선 군 지휘관급들에게도 필요한 것이 자신의 소관과 관련 있는 타국의 관련 정책기조까지도 파악하고 적절하게 대처해야 할 지능과 감수성이다.

유엔군 일원으로 남수단에 파견된 한빛부대가 23일 유엔을 통해 일본 자위대로부터 받은 실탄 1만 발은 한화로 약 330만 원어치이다. 부피로는 라면 상자 6개쯤 된다. 이 실탄 1만 발이 한·일 군사 및 외교 관계를 흔들고 있다. 한국 정부는 일본 반응에 대해 격한 불만을 보였다. 일본 정부가 자위대의 군사적 역할 확대를 위해 이번 일을 활용하고 있다는 것이다.…한빛부대에 소총탄을 제공한 국가는 일본 외에 미국도 있다. 국방부 관계자는 "미군은 실탄 제공 사실이 반군을 자극할 수 있어 공개하지 않았다"며 "일본은 이를 전혀 고려하지 않고 언론에 도배를 했다"고 했다.…일본 정부 내에선 "전후 질서가 유지되어 온 일본에서 실탄 제공 문제가 얼마나 중대한 일인지에 대해 한국 측의 이해가 전혀 없다"는 말도 나오고 있다.…9)
…우리 군은 순수한 군사적 판단에서도 중대한 실책을 저질렀지만 정무적 판단 역시 무능함을 노출했다. 일본이 '적극적 평화주의'를 내세워 집단적 자위권을 추구하고 있는 상황에서 다른 군수물자도 아닌 실탄을 공급받는 것은 실로 중대한 문제인데도 전혀 대수롭지 않게 여겼다.…이런 민감한 문제는 대령급의 현지 부대장 판단에 의존할 일도 아니고 국방부 차원에서 결정할 사안도 아니다. 그런데도 우리 정부 관계자들은 모두 손을 놓고 있었다. 일본이 총리 주재로 국가안전보장회의

---

9) 조선일보, 2013.12.26., 부글부글 한국 정부 "日本이 지나치게 호들갑."

(NSC)를 열어 한국군에 대한 실탄 지원 문제를 논의하고 뒤에 관방장관 명의의 담화문까지 낸 것과는 대조적이다. 이번 사안은 우리 정부 외교·안보 라인 책임자들의 안이함과 불감증이 얼마나 심각한지를 단적으로 보여준다. 물론 일본이…적극적 평화주의를 정당화하는 명분으로 사용하는 것은 사리에 맞지 않는다.…[10]

이처럼 정책책임자뿐만 아니라 정책기조의 구현에 참여하는 일선 실무자들에게도 요구되는 것이 정책기조의 지능과 감수성이다. 사람마다 지능과 감수성이 다르듯이 정책참여자마다 기조지능과 기조감수성이 다르다. 특별히 정책기조를 채택해 구현할 책임을 지는 모든 사람은 높은 기조지능과 기조감수성을 가질수록 좋다. 그리고 기관당국의 최일선 담당자까지도 정책기조의 내용을 공유하고 숙지하며 발휘해 직무에 적용해야 한다. 일반적으로 정책운용의 더 큰 권한과 책임을 지니는 자가 그 지위와 직책으로나 경력 측면에서나 더 높은 기조지능을 가지고 기조감수성을 발휘한다. 그렇지만 지위·직책과 기조지능·기조감수성의 수준이 꼭 그렇게 상호 일치한 것은 아니다. 타고난 것도 있지만, 그 외에 후천적 요인이 중요하다. 평소 기조지능과 기조감수성의 중요성에 대하여 더 많이 이해하고, 그 자질을 함양해 높이는 데 관심과 노력하는 기울이는 사람일수록 기조지능과 기조감수성은 더 커지면서 더 탁월하게, 더 예민하게 발휘하게 된다.

정책결정자는 상부 기관·상급자가 있는 경우, 그 상급 정책기조와 맞춰 소관 정책기조를 선택하고 구현해야 한다. 그리고 아울러 하급 기관·하급자의 정책기조가 있는 경우, 그 하급 정책기조의 일치성 여부에도 관심을 갖고 점검해야 한다. 또 오늘날 민관 협치(協治, 거버넌스)의 관점에서 시민사회단체의 정책기조에 대해서도 소홀히 여겨서는 안 된다. 이것은 수직적·수평적인 측면에서 상호 상하·좌우의 소통으로 '정책공조'의 틀을 굳건하게 갖추고, 정책성공을 위해 각급 각 기관이 상호 협력해야 하기 때문에 중요하다. 그런데 정책기조의 갈등이 있는 경우, 예컨대 상급의 정책기조와 맞지 않는 경우, 협의를 통해 설득해 성공하면 괜찮지만 성공하지 못하면, 자기 소관의 정책기조논리를 바꾸든지, 아니면 상부의 뜻대로 동조해 따라가든지, 그도 아니면 상호 양해하에 상호 미세조정하는

---

10) 한겨레, 2013.12.26., "정부의 총체적 무능 드러낸 '일본군 실탄 차입'" 사설.

정책공학적 선택을 해야 한다.11) 그래서 다음과 같이 정책기조에 적합한 인사(人事)가 중요한 이유이다. 그리고 당연히 정권교체, 기관이나 인물의 교체 시점에서 새로운 인사가 취임하는 경우, 그 해당 취임 인사 자신이나 취임을 맞이하는 구성원은 가장 예민하게 정책기조의 지능과 감수성을 발휘하며 행동하게 된다.

> …대통령의 지시를 공개적으로 거부했으니 '장관의 항명 사태'라고 해도 틀린 말이 아니다. 기초연금 지급 방식 변경을 두고…대통령과 정책을 둘러싼 이견(異見)을 이유로 내세우며 사퇴한 케이스는 보기 드물다.…12)

정책당국자는 자신(자기 소관)과 타인, 안과 밖, 관(官)과 민(民) 등의 '현재'의 정책기조만이 아니라 '과거'로부터의 변천, 그리고 예측되는 '미래'의 정책기조에 대해서도 기조지능을 높이고 예민한 기조감수성을 가져야 한다. 임진왜란이 끝나고 불과 40여 년만에 참혹한 병자호란(1636-1637)을 겪은 것은 존명사대·향명배청의 사대주의 외교정책기조를 고수한 반정세력 때문이었다. 광해군을 쿠데타로 몰아내고 권력을 장악한 인조반정세력은 '정책기조의 지능과 감수성'이 너무나 약했다. 한반도 주변 정세의 급변을 오히려 역이용해 힘을 키울 수 있었는데도, 쇄락해가는 늙은 제국 명(과거)에 집착하다 비극을 자초하였다.13) 그런 의미에서 제2차 세계대전 이후 지금까지 미국은 동북아 과거사 문제와 관련해, 한국·중국의 주장에 별로 관심을 보여주지 않았으며, 외교안보 사안과 관련해 항상 한국보다 일본을 우선시해 왔음을 명심해야 한다.14) 그래서 미래의 통일외교안보 정책기조의 선택과 구현 등 그 운용에 필요충분하게 반영함으로써, 나중에 '내 그럴 줄 알았어!'라고 '사후확증 편향'(hindsight bias)의 말로 책임 회피하고, 운명론으로 돌리는 어리석음을 범하지 말아야 한다.15)

---

11) 중앙일보, 2007.8.7., "○법무, 노 대통령과 미묘한 11개월, 소신과 코드 사이."
12) 조선일보, 2013.10.1., "○장관 누굴 위해 사퇴하는 건가" 사설.
13) 한명기, 병자호란 1·2, 푸른역사, 2013 참조.
14) 미국의 대표적인 동북아 전문가 브루스 커밍스(Bruce Cumings) 시카고대 역사학 교수의 이런 견해는, 한겨레, 2015.5.13., "미, 70년간 한국보다 일본 선호" 인터뷰 참조.
15) '사후확증 편향'은 어떤 일이 벌어진 이후에, 사실은 그 일이 일어날지를 전혀 알지 못하고 있었음에도 마치 그 이전부터 알고 있는 척하는 말이나 행동을 일컫는 심리학 용어이다. 이는 다른 중요한 설명요인의 기억들을 버리고 자기 말을 정당화시켜주는 기억들만 남기는 기억의

또 앞에서 정책기조 변동의 국제적 영향요인을 설명했듯이, 현대 '초국가주의'(transnationalism) 시대에는 다른 국가, 다른 국가의 기관이나 국제기구의 정책기조와 이른바 세계표준(global standard)이나 지역표준(예: EU standard)[16] 등 정책기조의 변동 추이에 민감해야 한다. 다음 예를 보자.

> …2013년 9월 위원장으로 취임한 토마스 바흐는 소치올림픽 폐막 직후인 지난해 3월 14일에 지속가능성(sustainability), 신뢰(credibility), 젊음(youth) 등 세 가지 키워드로 올림픽 개혁안인 '어젠다 2020'을 함께 만들어가자고 제안했다.…한 달간…각국 위원들의 의견을 모으고 논의해…2014년 12월 9일 아이오시 총회에서 만장일치로 채택됐다.…어젠다 2020의 내용은 파격적이었다. 그동안 아이오시가 각국 올림픽조직위에 강조한 것은 '성공적인 대회 운영'이었지, 재정 낭비를 막는 효율적인 운영이 아니었다. 한국이 올림픽 유치와 대회 준비 과정에서 여러 실수를 하게 된 이유도 그런 아이오시의 기호를 맞춰주기 위해서였다. 그런 아이오시가 오히려 1국가 1도시 원칙을 파기했고, 최대한 기존 시설이나 철거 가능한 시설을 이용해 비용을 줄이길 권고했다.…예외적인 경우 국가 밖에서 일부 종목을 치르는 다국가 다도시 개최의 가능성마저 열어뒀다. 아이오시가 먼저 2020 하계올림픽이 열리는 일본 도쿄와 2018 동계올림픽이 열리는 평창이 일부 종목을 주고받도록 제안을 한 배경도 그…때문이었다. 아이오시의 정책 전환은 이제 올림픽과 같은 대형 스포츠 행사를 개최 자체에 의미를 두기보다는 '어떻게' 치르느냐가 관건인 시대로의 전환을 의미한다.…[17]

정책책임자는 자신이 전문가(specialist)로서 행동할 경우도 있지만, 때때로 자신에게 전문적인 식견이 없다고 여겨지는 분야에서도 일반관리자(generalist)로서

왜곡과 재구성으로, 모든 것이 그렇게 되도록 만들어져 피할 수 없거나 사전 예측되었던 일로 왜곡해 자신과 조직으로 하여금 운명론에 빠지게 하고, 선제적인 능동적·적극적 행동의 여지를 부정해 버리는 폐해를 낳는다.

16) EU가 환경보호를 위해 전자제품에 적용하는 기술 규제인 '에코디자인'을 개정하였다. TV 화면이 클수록 평균소비전력 허용치도 똑같이 늘어나는 '정비례 방식'에서, 화면이 커져도 허용치 상승폭은 줄어드는 '수렴 방식'으로 TV 소비전력 허용치를 정하는 방식을 바꾼 것이 그 예이다. 화면이 큰 제품일수록 적용되는 규제의 강도가 상대적으로 높아 고화질 대형 제품으로 선전하고 있는 국내 제조사들을 정면으로 겨냥하는 셈이다. 동아일보, 2015.5.13., "EU 규제에 막힌 UHD TV."

17) 한겨레, 2015.3.14., "뉴스분석, 왜? '삼수 평창'의 세 가지 실수"; 한겨레, 2015.3.26., "평창조직위, IOC 분산개최 작년 초 알고도 무시."

전문가의 다양한 의견을 듣고, 높은 기조지능을 바탕으로 예민한 감수성을 발휘하여 현재의 정책기조로 갈지, 아니면 새로운 정책기조가 필요한지, 혹은 현행 정책기조의 구현에 어떤 노력이 필요한지 등에 관한 적절한 결정을 해야 한다. 그때 그는 그런 결정을 위하여 환경 변화를 예민하게 감지할 수 있는 환경변화 감수성과 함께 그런 판단을 도와줄 사람의 전문적인 식견 여부를 비롯하여, 그의 소속(내부 또는 외부 등 객관성 정도), 연령(젊은층 또는 노련한 관록층), 관여·경험 정도(주도적 관여 또는 단순 참여) 등 '익숙함의 함정'과 '새로움에 과도한 기대의 함정'에 빠질 수 있는 가능성을 포함한 여러 가지 요소를 균형 있게 고려한 가운데, 주변 인사들을 접촉하고 활용할 수 있는 '요인(要人) 감수성'도 발휘할 필요가 있다.

기조감수성을 예민하게 발휘하는 '기조지능이 높은 자'는 마치 이탈리아 과학자 갈릴레오(1564-1642)가 망원경이 발명된 소식을 듣고 하늘에 돌릴 생각을 한 최초의 사람인 것처럼 사고하고 행동한다.[18] 좋은 정책기조논리를 제공해 주는 정보·자료·사건 등을 접하면, 곧 바로 그것을 계기로 자신의 관할 아래 있는 분야의 기존 정책기조의 문제점·한계를 파악하거나, 새로운 정책기조를 창안하는 것으로 연결시키는 것이다. 탁월한 기조지능과 예민한 기조감수성이 중요한 것은 대부분의 사람들은 패러다임에 문제가 있다는 것이 어느 정도 분명하게 드러날 때에야 비로소 그 패러다임이 잘못됐다는 느낌, 곧 '잘못된 감'(틀림감, sense of wrongness)을 지각하기 때문이다.[19]

정책기조에 관한 '기조지능과 기조감수성'과 함께 정책기조를 구체적 정책

---

18) 17세기 초 네덜란드의 한 렌즈 제조업자에 의해 망원경이 최초로 발명된 직후 사람들은 그것을 항해나 전쟁 용도, 혹은 신기한 장난감으로 여겼다. 그러나 갈릴레오는 망원경의 소식을 접하고 그것을 개량하여 천체를 관측하는 데 이용했다. 1610년 달의 표면이 울퉁불퉁하고 하늘에 훨씬 많은 별들이 있다는 관측 결과를 <별의 전령>(Sidereus Nuncius)이라는 책으로 출판하였다. 그리고 새로 발견한 별들에 당시 투스카니 지방의 지배자 메디치 가문을 따서 '메디치의 별'이란 이름을 붙이고 책을 헌정했다. 이에 베네치아 파두아 대학 수학교수에서 그 지배자의 수학자 겸 자연철학자로 임명되고, 파격적인 연봉을 받게 되었다. 그 후 아리스토텔레스-프톨레마이오스 우주체계 대신 코페르니쿠스 우주체계를 지지하게 된다. 이상 박민아, "과학은 비즈니스?: 갈릴레오와 후원(patronage)," 과학기술의 철학적 이해, 348-349.

19) '잘못된 감'은 미국 하버드대 브루너와 포스트먼이란 인지심리학자들의 용어이다. Jerome Bruner and Leo Postman, "On the Perception of Incongruity: A Paradigm," Journal of Personality, Vol.18, 1949, 206-223.

들로 구현해 내는 '기조구현 역량'이 중요하다. 이는 정책기조를 구현하기 위한 각종 정치적·행정적 기획관리의 역량을 말한다. 이는 정책기조와 관련해 정치적 소통, 설득과 협상 능력을 비롯하여 행정적 조직·인사·재정동원 능력 등을 다 포함한다. 그들이 모두 중요하지만 특별히 검토하고자 하는 것들이 정책기조 채택의 공론장과 갈등의 관리를 비롯하여 정책기조 체계 정립성의 확보, 정책기조 정합성의 확보, 정책기조 실행성의 확보 등이다. 이에 대해 이하에서 차례로 논의한다.

제 2 절   정책기조 채택의 공론장과 갈등의 관리

현실에서 정책기조와 관련된 대립 갈등을 일상적으로 경험할 수 있다. 그것은 사람들이 좋은 삶과 좋은 공동체를 지향하면서 제시하는, 정책기조논리 자체에 내재된 가치판단의 차이 때문에 발생한다. 그런 경우 독재사회나 전체주의 사회와 같은 닫힌사회에서는 그런 대립 갈등을 강압적인 방법으로 억압하고, 독재적·폐쇄적·수직적인 방식으로 정책기조를 채택(변경)하고 구현한다(이는 폐쇄적인 조직의 경우에도 동일하게 적용된다). 그러나 민주적 열린사회에서는 그런 정책기조를 둘러싼 대립 갈등을 민주적·개방적인 공론장에서 쌍방향 소통적으로 관리하며, 대립·갈등을 가능한 한 변증법적인 종합을 지향하는 과정에서 정책기조를 채택(변경)하고 구현한다. 여기서는 제6장 '개방적 합의성과 신뢰성' 논의와 중복되지 않게, 민주적인 열린사회(민주적인 조직의 경우에도 동일하게 적용된다)에서의 그 확보 측면에서만 간단히 논의하기로 하겠다.

1. 정책기조와 관련된 대립과 갈등

우리 삶에서 '좋은 것'(the good)에 관한 규범원칙과 그 판단은 주관적이기 때문에 언제나 의견의 대립·갈등이 있기 마련이라고 하였다. 그런데 '인식의 기본 틀과 방향'의 문제인 좋은 정책기조의 채택·구현과 관련된 대립·갈등은 더 심하고, 어떤 합의에 이르거나 협조를 얻기에 그 만큼 더 어려울 수밖에 없다. 그래서 정책기조의 개발과 구현은 '갈등 성향적 활동'(conflict-prone exercise)[20]이란 지적도 모자라, 아예 '갈등 유발적 활동'이라고 함이 더 적절할 정도이다. 그만큼 정책기조 수준의 대립·갈등은 본질적으로 '체제유지'(system-maintenance)나 '체제개선'(개량, system-improvement or amelioration) 쪽보다는 '체제개혁'(system-reformation)이나 '체제변혁(전환)'(system-transformation)'[21]을 두고 벌이는 대립·갈등 쪽에 가깝다. 그래서 자칫하면 그것은 구체제(舊體制, 앙시앙레짐, ancien régime)의 타파와 고수의 세력 간 투쟁으로 극화(極化)돼 이해되는 지점에 맞닿아 있다. 예컨대 초당적으로 일관성을 유지해 성공한 정책의 표본처럼 알려진 동방정책의 경우에도 사실은 그 이면에 큰 대립·갈등이 존재했던 것 역시 예외가 아니었다.

> 당시 독일에서는 동방정책을 둘러싸고 실로 엄청난 논쟁이 벌어졌습니다. 조국을 위해 무언가를 하려는 사람을 가리켜 반역자라고 비난하는 것은 정말로 마음을 상하게 만드는 일입니다. 그때도 브란트의 용기가 커다란 힘이 되어 주었습니다. 우리가 하는 일이 옳다고 믿는다면 그것을 해내야 한다는 것이 브란트의 생각이었습니다. 정치인은 근거 없는 칭찬이나 비난에 마음을 쓰기보다는 역사를 생각하며 앞으로 나아가야 한다는 것이 우리의 소신이었습니다. 그래서 우리는 막강한 언론 권력에 무릎을 꿇기보다 투쟁의 깃발을 들고 나아가기로 결정했습니다. 용기를 가지고 일관성 있게 일을 추진하면 결국 국민들도 그 뜻을 알아줍니다. 이것이 1972년 선거에서 우리가 압승할 수 있었던 이유입니다.…반대에 부딪힐 때마다…의견이 옳은지 그른지에 대해 밤새 골똘히 생각해 보았습니다.…열 번 백 번 생각해 보아도 내가 생각하는 것이 옳다면 그것을 반드시 해내야 한다고 생각했습니다.[22]

---

20) Grace Skogstad, "Constructing a Transnational Policy Paradigm in the European Union: The Case of GMO Risk Regulation," G. Skogstad(ed., 2011), 92.

21) 원래 다음 문헌에서는 체제유지, 체제개선이나 개혁, 체제전환의 3분류인데, 저자가 4분류한 것이다. Richard A. Falk, "Beyond Internationalism," Foreign Affairs, 23, 1976; Ian Miles, "Worldviews and Scenarios," in Christopher Freeman and Marie Jaoda, World Futures: The Great Debate, Oxford: Martin Robertson, 1978, Chapter 8; Antony J. Dolman(ed.), Resources, Regimes, World Order, NY: Pergamon Press, 1981, 52.

22) 김누리 외(2006), 53-55. 배기정 교수의 "동방정책을 추진하는 과정에서 대내적으로도 많은 어려움을 겪은 것으로 알고 있습니다. 특히 독일 최대의 언론 재벌로서 극히 보수적인 반공주의자였던 악셀 슈프링어가 노골적으로 적대감을 보였던 것은 잘 알려진 사실입니다. 어떻게 보

정책기조와 관련된 대립·갈등의 양상은 너무나 많다. 민주적인 사회에서 가장 전형적인 예는 공동체의 지도자의 선출이나 교체의 경우이다. 공동체의 지도자의 선출이나 교체가 되는 대부분의 경우, 그 공동체의 정책기조를 채택(변경)·구현하는 문제가 수반되고, 그 채택(변경)에 따른 대립·갈등이 발생한다. 선출직 지도자의 선거의 경우, 공약을 중심으로 한 '정책(기조)경쟁'을 둘러싼 대립·갈등은 그 대표적인 예이다. 선거 공약의 본질에 대한 다음 설명을 보자.

> 정책문제는 유권자, 후보, 정당, 언론, 정부 그리고 다양한 단체와 기관들이 각각 그들의 상호관계, 즉 사회적 관계에 대한 나름대로의 인식에 입각하여 조성한 '실체의 해석'(account of reality) 또는 '사회적으로 만들어진 구성현상'(social construct)으로 존재한다. 그러므로 정책문제는…항상 해석의 대상이 된다. 중요한 것은 문제의 '의미'(meaning)이다.…하나의 정책문제가 복수의 서로 다른, 때로는 서로 마찰하는 '사회적 구성현상', '사회적으로 조성된 의미의 주장'(argument), 또는 간단히 표현해서 '문제주장'으로 나타난다. 이것이 정책문제 그리고 선거공약의 본질이다(Rochefort & Cobb, 1994: 5-7).…유권자의 경쟁과 정당의 전략에서 중요한 요소는 '문제인식의 틀'(issue frame)과 '문제의 주도권'(problem ownership)이다.…그러므로 선거과정에서 가장 중요한 전략은 '문제인식 틀'의 확장과 합치, 그리고 '문제주도권'의 선점과 행사를 중심으로 전개되기 마련이다.23)

또 지역·계층·직역(職域)·산업·빈부(소득수준)·학력·생산자와 소비자 간 갈등 등 수많은 대립·갈등이 있다.24) 그리고 하다못해 조직 내 한 단위부서의

수 언론들의 집중포화를 견뎌내고 동방정책을 실현할 수 있었습니까?" 등의 질문에 대한 에곤 바르의 답변. 악셀 슈프링어(Axel Springer)는 공산체제에 대한 성급한 양보, 정통성 인정 및 과도한 자금 지원의 위험성을 반복해서 경고한 보수 성향 신문 <디 벨트>(Die Welt)의 발행인이었다. Bark and Gress(서지원 역, 2004), 240.

23) 허범, "대통령선거공약토론의 유권자 참여 지향적 조직과 운영," 한국정책학회보, 11(4), 2002, 489-490. '문제의 주도권'은 문제를 정의하고 해석하는 주도적인 관점이다. 그것을 선점하면 그 문제 해석에 대한 우선권을 인정받고, 해석된 문제의 의미도 정당한 것으로 쉽게 인식되면서 일반적으로 문제 주도권에 대한 도전은 매우 어려워진다고 본다. 이는 David A. Rochefort & Roger W. Cobb, The Politics of Problem Definition: Shaping the Policy Agenda, Lawrence, Kansas: Univ. Press of Kansas, 1994, 14-15 참조.

24) 이명박 정부가 2008년 수도권 규제 완화로 노무현 정부의 지역균형발전 정책기조를 대거 변경하자, 충청남도의 기업유치가 2007년 378개에서 2014년 그 10분의 1인 32개로 줄어들었다는 지역 간 갈등 예는, 한겨레, 2016.5.25., "지역균형발전 '역주행 8년', 충남 기업유치 1/10로 줄었다" 참조.

책임자가 바뀌어 신임 책임자가 전임 책임자의 정책기조를 변경해 새 정책기조를 제시하며 따라오라고 하는 경우의 갈등도 있다. 또 리더(정책책임자)와 구성원 간 갈등을 비롯하여 리더와 잠재적인 리더와의 갈등, 리더와 -노동조합이나 교수협의회와 같이- 조직 내 공식·비공식 집단과 같은 이해관계인(집단) 간 갈등, 혹은 리더와 -언론사나 경쟁집단과 같은- 외부인(집단)과의 갈등 등 여러 가지 형태의 대립·갈등이 발생할 수 있다. 그런 '정책(기조)갈등'은 정책기조의 변동과 구현 과정에 수반되는 숙명이기도 하므로 부정적으로 볼 것이 아니다. 좋은 공동체와 그 공동체 속에서의 삶을 위하여 꼭 필요한 하나의 과정이란 인식과 대응이 필요 하다. 다음 예를 보자.

> 역설적이지만, 초등영어의 성공적 시행에 ○○○ 의원도 한 몫을 했다. 그는 국회 본회의 및 교육위를 통해서, 그리고 잦은 방송출연, 신문기고 등을 통해 초등영 어교육에 대해 줄기차게, 또 조직적으로 반대를 했다.…초등영어에 대한 그의 신랄 한 비판, 특히 준비부족에 대한 그의 집요한 지적은 교육부를 계속 긴장시켰고, 스스로를 엄격히 챙기는 데 크게 작용했다. 그래서 초등영어가 성공적으로 시행되 자, 교육부 내에서 그에게 공로상을 주어야겠다는 얘기가 나왔던 것도 사실이다.[25]

2. 공론장의 개방과 활성화

정책기조가 공동체구성원의 삶과 공동체의 유지 발전에 결정적으로 중요하 기 때문에 현행 정책기조나 새 정책기조가 좋은 것인가 아닌가의 철저한 개방적 인 검증은 너무나 중요한 일이다. 따라서 민주사회(또는 조직)의 공동체구성원이 자신의 삶을 좌우하는 정책기조에 대한 검증을 위한 공개적인 논의의 장, 즉 공론 의 장(공론장, 公論場)에 어떤 형식으로든 참여하여 시비곡직을 따지며 의견을 제 기하는 것은 구성원으로서의 권리이자 의무와 책임이기도 하다. 다음의 예를 보자.

> 통일 전 서독에서 벌어졌던 역사 교과서 갈등 끝에 도출된 '보이텔스바흐 합 의'…1950~60년대 냉전의 대결 분위기 속에서 서독의 우파는 좌파를 "지나치게

---

25) 안병영·하연섭(2015), 199-200.

좌파적 내용을 교육에 집어넣었다"고 비판했고, 좌파는 우파를 "반공과 민족주의를
너무 강조해 민주주의 규범이 충분히 반영되지 않았다"고 비난했다. 이념 전쟁
속에 정치적 갈등과 상호 비방이 심화됐다. 이런 상황에서 1976년 독일의 소도시
보이텔스바흐(Beutelsbach-저자 주)에서 정치가, 연구자, 교육자들이 일주일간의 토
론 끝에 민주시민교육·정치교육에 관한 3가지 원칙에 합의했다. 이것이 바로 보이
텔스바흐 합의다.

먼저 이 합의는 '학생들에게 강력한 영향력 행사를 금지한다'는 내용을 담았다.
바람직한 의견을 전한다는 이유로 학생들에게 특정 의견을 주입하거나 학생들이
스스로 판단하는 능력을 저해하는 것은 허용하지 않는다는 것. 민주주의 사회에서
특정 의견을 주입하는 교육은 교사의 역할이 아니고, 학생들이 독립적인 판단을
할 수 있도록 돕는 것이 시민교육의 목표로 합당하다는 원칙이다. 두 번째는 '논쟁
적인 주제는 논쟁적으로 남겨둔다'는 것이다. 학문이나 정치적 문제에서 논쟁적인
사안에 대해서는 이를 가르치는 수업에서도 논쟁적으로 다뤄야 한다는 내용이다.
서로 다른 입장 중 일부를 숨겨두고 논의하지 않으면 결국 특정 의견을 주입하는
것과 다르지 않다는 것. 교사의 역할에 대한 합의도 이뤄졌다. 교사가 개인적 입장,
이론적 관점, 정치적 견해를 표현한다면 그 반대 의견도 그만큼 중요하게 다뤄야
한다는 것이다. 세 번째는 '학생 개개인의 관심을 중시한다'는 원칙이다. 학생들이
정치적 상황과 자신의 이해관계를 제대로 이해하고, 이런 이해를 바탕으로 정치적
인 행위 능력을 기르도록 해야 한다는 것이다.[26]

공론장에서 합리적으로 결정된 정책기조에 대해서는 그 구현에 최대한 협조
하는 것 또한 구성원으로서의 권리이자 의무와 책임이다(그렇지만 쇄국정책에서 보
듯이 정책기조에 대하여 의문을 제기하는 싹과 힘을 제거해서는 안 된다. 오히려 그 반대로
반드시 허용돼야 건강한 공동체이다). 이는 '민주주의의 자기지배의 원리'인 것이다.
그렇기 때문에 정책담당자는 좋은 정책기조를 설정하고 구현해 나가기 위하여
공동체구성원이 참여하여 의견을 개진하고 합의를 도출해 가는 공론장을 열어
'공론의 형성'을 활성화시키는 것이 매우 중요하다.[27] 정책기조의 채택(변경)·구현

---

26) 동아일보, 2015.11.7., "'쟁점은 그냥 남겨두자' 서독 대타협의 교훈. ① 학생들에게 특정 의견
주입 금지 ② 수업시간에 논쟁적으로 토론 ③ 학생 개개인의 관심사항 중시." 이는 ① '제압
(강압) 금지의 원칙', ② '논쟁성 재현의 원칙', ③ '자기 이해관계의 공적 연관성 설정의 원칙'
으로 불리기도 한다.

27) 심지어 요즘은 기업들도 R&D투자 규모가 갈수록 커지지만 성공확률이 점점 떨어지자, 외부
기술과 지식을 활용해 연구·개발·상업화 과정의 효율성을 높이기 위하여 '개방형 혁신'(open
innovation)을 택하고 있다. 매주 한 번씩과 같이 대학이나 타 기업·연구소 등과 정기적인 공개

에 있어서 지시와 명령으로 공론화 과정을 생략하고 자기 '인식의 감옥'을 벗어나지 못하는 '닫힌사회'는 구성원의 내부 불신과 갈등을 극복하지 못하고 낙오하거나 도태된다. 반면에 공론장에서 활발한 논의와 합의를 존중하는 '열린사회'는 구성원의 갈등을 극복하고 도약하고 부흥한 것이 역사의 교훈이다.

그런데 아무리 '열린사회'라고 하더라도 집권세력이나 이익집단 등이 특정 기조논리를 포획(정책기조의 논리 포획, logic capture of policy paradigm)하면 그것은 '정책기조 포획'(policy paradigm capture)으로서 사실상 '닫힌사회'의 일면을 표출한 것이 된다. 미국의 총기협회(NRA)와 그들의 강력한 로비와 정치자금을 받는 의회가 상호 결탁하여 '총기 규제 정책기조'를 포획해 세계 최악의 빈번한 참사에도 불구하고 총기 규제에 무력한 예가 대표적이다. 그 외에도 국내외에서 은밀히 이뤄지는 그런 유사한 정책기조 포획의 예는 수없이 많다고 볼 수 있다. 이라크 침공에 의한 이라크 문제의 해결이란 정책기조가 이라크전쟁 정책의 결정과정을 어떻게 지배하며 포획했는가를 보아도 이를 알 수 있다.

> 2001년 1월 출범한 부시 공화당 행정부는 2001년 9·11테러 후 더욱 더 정확한 정보와 엄정한 분석에 의하기보다는 신보수주의 네오콘의 신념에 맞춰 이라크 침공을 공식적인 미국 정책기조로 결정했다. 이 정책기조에 맞추려다 보니 미국 정부 내부의 정책결정과정은 심각한 문제를 야기하는 방식으로 이루어졌다. 침공에 반대한 국무성이나 총괄 조정 기능을 담당하는 국가안전보장회의 등 다른 모든 정부 부처는 전혀 관여하지 못한 채, 국방성의 럼즈펠드 장관과 네오콘이 모든 문제를 독점적으로 처리했다. 그래서 핵무기 등 대량살상무기, 이라크 패권주의의 팽창, 핵무기의 테러리스트 지원 등의 비관론과 짝을 이룬 전후 상황의 조속한 안정, 해방자 미군에 대한 이라크인의 환영, 이라크 민주주의의 확립 가능성 등의 망상에 가까운 낙관론이 이라크 침공에 대한 신중론이나 반대론을 무시하고 봉쇄해 버렸다. 이제 침공론을 위한 왜곡된 문제정의, 의제설정 및 정책분석만이 존재했다.
> 부시 대통령에 의해 전투와 전후 처리 문제까지 국방성 관할로 일원화된 후로, 침공 후 상황은 조속히 안정될 것이므로 전후 처리의 의제는 재건 및 인도적 사안에 국한되었고, 점령 행정에 대한 의제설정도 없었으며, 그 권한은 부여되지 않았다. 전쟁비용은 이라크 석유 수출 대금으로 충당한다는 등 전쟁비용에 관한 엄밀한

토론회(공론장)를 마련해 공개 협업을 추구한다. 이와 관련, 매일경제, 2015.11.12., "'수첩 속 비밀' 모두에게 공개했더니…'혁신'이 시작됐다" 참조.

계획과 전략적 판단의 의제도 없었다. 그러니 전투 종료 후 당장 바그다드 약탈이 시작됐는데, 사태를 대비해 준비하거나 명령을 받지 못한 미군은 방관했다. 행정시설과 기반시설이 파괴되었고, 국가 통치에 필요한 기본 데이터가 소실되었으며, 계속 많은 사람들이 죽어나갔다. 부시 행정부가 이해하지 못하는 사이에 그렇게 진정한 의미의 이라크전쟁은 시작되었다.[28]

3. 정책기조논리의 갈등 관리

우리 삶과 공동체의 유지 발전에 중대한 영향을 미치는 정책기조와 관련된 대립·갈등은 우리 삶과 공동체를 바람직한 방향으로 나아가게 하는 진통이므로 그 목적과 방향에 합당하게 그것을 잘 관리하는 것이 중요하다. 정책기조의 갈등 관리는 어떤 좋은 방법이 정해진 것이라기보다는 상황에 맞게 적절하게 창안해 적용해야 할 '상상력 발휘의 종합 예술 영역'이다. 그렇지만 언제나 그 기본은 먼저 열린사회답게 서로 대립·갈등을 빚는 정책기조와 그 대안들이 ―처음부터 편파적이고 균형을 잃은 비민주적인 것이 아니라― '민주적인 공론장'에서 투명하게 개방적으로 충분하게 토론돼, 상호 설득이란 기본적인 민주적인 소통 과정과 절차가 경시되거나 생략돼서는 안 된다는 것이다. 즉 갈등 관리는 '개방적 공론장의 관리'에서부터 포함돼 시작되어야 한다.[29]

---

28) 이근욱(2011), 9, 87-97, 99-100, 115를 토대로 요약함.

29) 공론장의 활성화에는 정책이 확정되기 전 사회의 다양한 집단들이 의견을 교환할 수 있는 '조정적 담론'(coordinative discourse)의 활성화와 정책의 내용과 방향을 시민들에게 제대로 알리고 이해를 구하는 '소통적 담론'(communicative discourse)의 활성화가 있다. Vivien A. Schmidt and Claudio M. Radaelli, "Policy Change and Discourse in Europe," West European Politics, 27(2), 2004; 안병영·하연섭(2015), 399에서 재인용. 한편 욕구표출→대표선출→국정반영→행정집행→선거평가 등의 절차에 따라 국민의 의사가 대표자들에 의해 행정에 반영된다는 기존 '환류적 대의민주주의 모형'(loop model of democracy)의 정통이론은 현실적으로 작동하지 않는다고, 포스트모던의 관점에서 비판한다. 그 관점에서 폭스와 밀러는 관료제도 대신 정책과정에 민주적으로 참여하는 사람들의 정책망·기관간 정책연합·타협적 규제위원회 등 사회적 구성체가 공론장에서 생산적 담론을 통하여 자유로운 토론이 가능하게 하는 것이 행정의 핵심이 돼야 한다는 '담론이론'(discourse theory)을 주장하였다. 조만형, "Charles J. Fox와 Huge T. Miller의 담론이론," 오석홍(편), 행정학의 주요이론, 제3판, 법문사, 2005, 613-622; Charles J. Fox & Huge T. Miller, Postmodern Public Administration: Toward Discourse, CA: Sage, 1995. 하버마스(Habermas)의 담론이론은 문태현, "담론이론과 공공정책의 정당성," 한국정책학회보, 12(4), 2003, 125-145 참조. '담론'은 '특정 주장·제안·설명에 관한 체계적인 심사숙고의 논의'이다. 정책아이디어와 담론 연구자인 슈미트는 '정책엘리트들이 정책을 만들거나 자신들이 선택한

이와 같이 민주적이고 합리적인 공론장의 관리는 거기에서 도출된 '이견(異見)에 대한 변증법적 합의'를 도모하게 해 주는 '상호 설득과 협의에 의한 조정기제(mechanism)의 활용'을 포함하고(간단히 '조정기제' coordination mechanism), 그런 조정기제에 의하여 합의로 연결되어야 한다. 이견이 드러나 각각 지지집단 간 대립을 사후 조정하기보다는 사전에 정책기조논리의 구상 때부터 이견이 예상되는 집단과 의견교환과 협의를 제도화하는 협치도 바람직하다. 이견을 가진 전문가들로 균형 있게 구성된 위원회를 만들어 심도 있게, 그리고 허심탄회하게 대화하며 이견을 조정해 협치를 지원하는 방식도 필요하다.

정책기조를 둘러싼 이견들을 최종적으로 조정하는 방식은 크게 '일반 구성원 중심'(직접민주주의 방식)과 '대표자 중심'(간접민주주의 방식)의 조정 기제에 의하여 해결되는 과정을 밟는다. '일반 구성원 중심의 해결 방법'은 국가나 조직의 경우 일반 시민이나 구성원의 '선거'나, 기타 정책기조의 대안들에 대한 '찬반투표'나, '전체 회의'가 많이 사용된다. 그리고 '대표자 중심'의 방법으로는 흔히 이견의 주체들의 의견을 대표할 ―가급적 균형 있게 대표된― 합의제 형태의 기구(대표적으로 정당, 의회, 시민회의, 평의원회 등의 대표자회의체), 위원회(민관 공동위원회, 노사정위원회 등), 전문가 기관(대법원, 헌법재판소, 행정부 관료기구 등)과 같은 조정기구에 의하여 해결을 도모한다. 민주적 공동체에서 합의를 위한 조정기제는 앞의 방법들이 성격상 중복되고 혼합된 절충적 방법이 사용되기도 한다(혼합 민주주의 방식의 협치주의 정책관). 예컨대 (에너지와 같은) 어떤 공공문제에 관한 정책기조논리 간 갈등을 시민들의 합의기구인 '시민회의' 방식으로 합의해 의회나 정부가 채택하는 사례이다.

정책기조와 관련된 대립과 갈등은 '생각의 기본 틀과 방향'이란 상당히 본질적인 주관적 가치판단의 차이라고는 하지만, 결국 그 시대 그 공동체사회에 속한 가치체계 내에서 발생하는 대립과 갈등인 것도 사실이다. 그래서 그 대립과 갈등도 장기·거시적인 역사적 큰 틀에서 보면 대부분 영원히 메울 수 없는 간극이라

정책을 정당화하는 과정에서 다른 정책엘리트들과 일반 국민들에게 전달하고자 하는 내용과 말들의 집합'이라고 한다. Vivien A. Schmidt, "Discourse and the Legitimation of Economic and Social Policy Change in Europe," in Steven Weber(ed.), Globalization and the European Political Economy, NY: Columbia Univ. Press, 2001, 229-272; 하연섭(2011), 235-236에서 재인용.

기보다는 현실적으로 어느 한 공동체사회의 일정 시점에서의 가치체계 내에서 상당히 유사성을 띠고 안정돼 있는 편에 속한다. 즉 정책기조의 변동과 관련된 규범 원칙과 가치판단에 있어서 대립과 갈등을 겪는 이견도 동시대 동일 문화권에서 대다수 사람들이 합의할 수 있는 가치와 규범에 근거하여 제기된다. 그래서 절충과 타협 등 대체적인 가치합의(value consensus)가 가능한 규범 원칙과 가치체계를 공유하고 있는 이른바 '상호주관적'(intersubjective)인 성격을 보인다. 따라서 정책기조에 관한 대립·갈등도 능히 다양한 방식의 설득과 협의를 통한 조정기제에 의하여 합의에 이를 수 있다. 다음의 예를 보자.

> 보다 좋은 삶을 만들어가자는 데 반대할 이는 없다.…좌파와 우파, 여당과 야당의 구분이 원론적 차원에선 있을 수 없다. 문제는 돈이다.…연중 기획 '보수-진보, 상생과 소통을 말하다'의 9월 토론회는 복지 분야에 포커스를 맞췄다. '복지 확대'라는 목표에선 보수-진보 양측 모두 공감했다. 경제협력개발기구(OECD) 국가 가운데 한국의 사회복지 수준이 최하위권이란 점, 중산층 붕괴와 빈곤층 증가는 사회통합에 심각한 걸림돌이 될 수 있다는 점에 동의했다. 차이는 속도와 정도 문제였다.… 복지정책이 일자리를 늘리는 일과 연계돼야 한다는 점에서도 공감대가 형성됐다.…
> 국민 다수를 겨냥한 복지제도를 진보 쪽이 선호한 반면, 보수 쪽은 좀 더 선별적이고 구체적인 대안을 요구했다.…사회복지 관련 보수-진보의 합의 사항 ① 중산층 붕괴, 빈곤층 확대를 막기 위해 사회보험 사각지대 해소와 사회복지 서비스 확충이 시급하다. ② 근로 기회·능력 제고를 위해 복지정책을 고용·인적자원 개발정책과 연계시키자. ③ 복지재정 확충을 위한 중장기적 계획을 수립하고 국민적 합의 수준을 높이자. ④ 복지국가의 모형은 이념대립 차원에서 접근해서는 안 된다. 한국 사회의 발전에 맞는 합리적 기준을 세우자. 국민생활 불안정과 양극화 해소, 경제성장과의 선순환, 복지재정 조달가능성 등이 기준이 돼야 한다. ⑤ 국민 다수를 대상으로 하는 보편적 제도와 빈곤층을 대상으로 하는 선별적 제도를 적절히 혼합하자.30)

정책기조의 채택(변경)과 구현에 있어서 구성원과 이해당사자들의 합의는 정책기조의 성격, 이해당사자들의 이해 관련성, 조정기제의 제도와 운영의 경험,

---

30) 중앙일보·사회통합위원회 공동 기획, 보수와 진보, 상생과 소통을 말하다 ⑧보수도 진보도 "사회복지 정책은 일자리 늘리기와 함께 가야," 중앙일보, 2010.10.18.

공동체의 합의 문화 등 여러 요인들에 의하여 좌우된다.[31] 그 외에도 합의를 이끌어내는 정책기조리더십의 역할이 중요하다. 그리고 그 리더십의 핵심에는 리더십에 대한 신뢰가 자리 잡고 있다. 그래서 정책기조리더십은 그 갈등관리의 임무수행과 관련하여 동전의 양면과 같은 '합의와 신뢰'의 중요성에 대하여 충분히인식할 필요가 있다. 다음의 예를 보자.

> 서방측과의 관계도 마찬가지였습니다. 당시 서방에서 나의 가장 중요한 대화상대자는 미국 국무장관 키신저였습니다.…나는 소련과 대화를 시작하기 전에 키신저에게 우리의 계획에 대해 솔직히 털어놓고 이해를 구했습니다. 그는 우리의 계획에 대해 깊은 의구심과 우려를 표명하며, 이 문제를 충분히 숙고했는지 물었습니다.…당시 그는 우리의 계획에 동의하지 않았지만, 1970년 가을 모스크바에서 돌아온 후 결국 나는 그를 설득하는 데 성공했습니다. 그는 어떤 정부도 자신들의 계획을먼저 이야기해 준 적은 없었다면서 신뢰를 표명했습니다. 이렇게 해서 워싱턴과도밀접한 협력 관계를 유지할 수 있었지요.[32]

정책기조논리 간 대립 갈등에 있어서 최종 정책결정자가 그 공식적이고 합법적인 권한을 행사하는 방법으로 대립과 갈등을 해결하는 경우도 물론 있다. 그러나 이것도 민주적인 공동체에서는 개방적인 공론장에서 충분히 토론되고, 또 이견의 조정기제가 작동되어 모든 노력이 있은 다음에 사용되는 방법일 때 그 정당성이 배가된다. 그렇지 않고 다음 예와 같이 전제적·독재적이거나 그와 유사하다고 평가되는 권한 행사일 경우, 그 오류 가능성과 후유증을 우려하지 않을 수 없음은 물론이다.

> 부시 행정부가 이라크 침공을 결정할 때, 전투 이후의 상황 안정화와 관련된어려움 때문에 반대 의견도 많았다. 전투 및 전쟁이 국방성 관할이라는 것은 명백하지만, 전쟁 이후 상황 안정화와 복구가 국방성의 관할 사항인지에 대해서는 논란이많았다. 그러나 부시 대통령은 2002년 12월 18일과 2003년 1월 20일에 전후 상황

---

31) 스웨덴에는 각 진영의 사람들이 모여 정책을 논의하는 '정치바람회'가 있다고 한다. 한겨레, 2015.6.25., "진영논리 깨고 변화·개혁 모색하려 진보·보수 모였다."
32) 김누리 외(2006), 53. 배기정 교수의 "우방인 서방측의 신뢰를 얻어내는 것도 소련의 신뢰를얻는 것 이상으로 중요했을 텐데요"의 질문에 대한 에곤 바르의 답변임.

안정화 또한 국방성의 관할이라고 선언하고 이를 문서화했다. 결국 전쟁과 관련된 모든 문제는 국방성이 다루게 되었으며, 전쟁에 회의적인 견해를 묵살할 수 있는 행정적 여건도 조성되었다.

무엇보다도 미국 정부 내부의 정책결정은 심각한 문제를 야기하는 방식으로 이루어졌다. 예를 들어, 국방성이 모든 문제를 독점적으로 처리하면서 럼즈펠드 자신과 네오콘의 견해만이 수용되었으며, 다른 모든 정부 부처는 전혀 관여하지 못했다. 국무성은 침공에 반대했기 때문에 당연히 배제되었고, 백악관 산하의 모든 안보정책을 총괄하게 되어 있는 국가안전보장회의 또한 정책 총괄 및 조정 기능을 적절하게 수행하지 못했다. 이런 상황에서 국방성은 침공이라는 자신의 정책을 추진하기 위해 미국 정부 전체의 결정을 왜곡하고 정책결정과정의 파편화를 가져왔다. 그리고 이러한 행동은 국방성에만 국한된 것이 아니라, 이라크 침공 이후에는 미국 정부 전체의 의사결정방식으로 굳어진 것이 사실이다.[33]

제 3 절 정책기조 체계 정립성의 확보

한 공동체의 내부적·외부적으로 연결된 전체 정책체제 내에는 다양한 내용의 수많은 정책기조가 일련의 상하위의 계층별로는 수직적이고, 좌우 사방의 각 정책분야에 따라서는 수평적으로 상호 연결 구조를 이루면서 존재한다. 또 다양한 내용의 측면에서 협조적으로나 경합적(견제적)으로 서로 영향을 주고받으면서 구체적인 정책들을 지배하는 인식의 기본 틀과 방향으로서의 중요한 기능을 수행하는 형태로 존재한다. 그래서 정책기조는 수평적인 다양한 정책분야에 걸쳐서 최상위로부터 그 하위 단계(수준, 차원)로 구조화되면서 '계통 체계적으로 정립'(설정)되어야 하는데, 이를 '정책기조 체계 정립성'이라고 부른다. 이러한 '정책기조 체계 정립성'은 '패러다임 정책관'을 올바로 파악하고 실천하는 자에게 필요한 구체적인 내용의 하나이다.

이 체계 정립성은 몇 개의 국정기조(국가 최고 정책기조) 아래 각 분야별 정책기조가 총론부터 각론에 이르는 계통에 따라 수직적·수평적인 구조의 체계로 정

---

33) 이근욱(2011), 86-87.

립되는 '국가 전체 정책기조 체계'의 예를 통하여 누구나 이해할 수 있다. 그런데 중간 수준 정도에서 다른 분야와도 수평적으로 긴밀한 체계를 조화롭게 정립하고 구현하는 데 대해서는 상대적으로 사람들의 이해가 떨어진다. 어떻든 대통령의 경우를 예로 든다면, 선거운동 과정에서 공약으로 제시된 '이상형으로서의 청사진 패러다임'(blueprint paradigm)은 당선과 함께 인수위 활동을 통하여 실제 '운용 패러다임'(operative paradigm)으로서의 국정기조와 정책기조로 정립되어야 한다. 그러면 그 인수위가 발표한 '청사진 패러다임'으로서의 국정기조와 정책기조는 다시 각 부처 등 하위 정책당국으로 넘어와서 각 협력 부처들과 협의하여 '운용 패러다임'으로서의 정책기조로 정립되어야 한다. 이런 '번역'(해석, 구체화, translation) 과정은 하위 차원으로 내려가면서 계속된다. 이와 같이 수직적이고 수평적인 체계로 실제 운용 패러다임으로서의 정책기조 정립 과정을 '체계 정립성'이라고 할 수 있다.[34]

이 체계 정립성은 어떤 중요 기관장의 취임 상황이나 어떤 중요 난제(難題)의 해결을 두고 표류하고 있는 상황을 예상하면 좀 더 쉽고 명확하게 이해된다.[35] 여기서는 편의상 중요 기관장의 취임과 관련해서만 부연 설명하기로 하겠다. 그는 취임 즉시 업무보고를 받으면서 시급한 사안의 경우 필요한 업무의 지시와 중요 업무의 결정(결재)을 시작한다. 그 과정에서 그가 만약 그 기관의 관련 전문가라면, 정책기조에 관한 탁월한 지능과 예민한 감수성에 바탕을 둔 미래 지향적 틀과 방향을 가지고, 처음부터 정책리더십을 발휘할 수 있을 것이다. 평소 자신의 전문성과 소신을 중심으로 정책기조의 타당성 여부와 구현의 적정성 여부 등 정책게놈(policy genome) 분석을 통하여 문제점과 방향(신·구 정책기조 여부 등)을 지

---

34) 이와 같이 아이디어 차원의 정책기조와 실천 차원의 정책기조의 구별이 필요하다고 본 것은 Carson, Burns & Calvo(2009), 380-381 참조.

35) 중요 난제의 해결이 표류하는 상황에서 '정책기조 체계 정립성'의 예다. 세계 조선해운산업의 침체에 따라 부실화한 우리의 대표적인 대형 조선소·해운사의 구조조정을 두고 −수년전 시작됐어야 하지만 늦게라도− 2015년부터 정치권, 감독당국, 산업계, 시민사회, 노동계가 갑론을박의 상황에서 구조조정 원칙, 예컨대 컨트롤타워 수립과 집행, 부실화에 대한 대주주·감독당국·금융기관 등의 법·행정·경영적 공정·공평한 문책, 이해관계자 비용 부담 원칙 및 예외적인 재정금융의 최소 부담, 산업 및 국가발전전략의 종합 고려 등의 원칙 확립의 주장이 정책기조체계 정립성의 선행 주장과 유사하다. 이와 관련, 한겨레, 2016.5.31., "진보-보수 학자들 '구조조정 해법' 공동선언" 참조.

적하면서 말이다.

그런데 그가 만약 그 분야 전문가 수준에 미치지 않는 자라면, 정책기조의 탁월한 지능과 예민한 감수성을 가지고 취임 전부터 시작하여 취임 후 최대한 이른 시일 내에 내·외부 다양한 전문가와 관련자들을 만나서 의견을 수렴해야 한다. 그리고 필수적인 전문서적도 훑어보면서 해당 분야의 주된 담론(discourse)과 그 계보 등 '정책 이력'을 파악하고, 기존 정책기조의 한계나 새로운 정책기조의 가능성을 점검하는 등 정책게놈의 분석과 평가를 끝내고, 결정할 사항을 준비해 결정하며 지시해야 한다. 즉 비전문가인 그는 특히 -사실은 전문가라도, 그 기관 전체 업무의 전문가일 수는 없고, 또 전문 분야라도 그렇게 구체적인 정책리더십을 정립하지 않았다면- 혹시라도 그 기관의 구성원들에게 '포섭'(captured)돼, 타성적인 사고회로(思考回路, thinking circuit) 곧 '경로의존성'(path dependence)이란 기존 정책기조의 틀 안에 갇히지 않기 위해서도 그래야 한다. '기관 전체의 수직적, 수평적, 내·외부적인 정책기조'의 계보(genealogy)와 체계(system)의 정책게놈을 검토·숙지하고, 자신의 정책리더십을 발휘할 '정책기조의 계통 체계'를 조정·정립하는 것이 시급하게 요구되는 것이다. 그런 과업은 대통령부터 최일선 현장 지도자에 이르기까지 모두에게 필요하다.

정책기조의 체계 정립성을 확보하는 데 있어서 주요 핵심 업무와 관련해서는 그 상하위, 관련 분야의 여러 가지 (다차원 복수의) 정책기조들을 과거(과거로부터의 그 계보까지 파악해야 함을 포함함), 현재와 미래(다른 국가의 유사한 기능을 수행하는 기관의 정책기조들까지 포함함)의 측면에서 신속하게 숙지해야 한다. 그리고 앞으로 계속해서 환류(feedback)를 통해 수정하고, 필요하다면 '운용 패러다임'(operative paradigm)으로 번역되거나, 적응 변화된 새 정책기조를 정립해야 한다.36) 사실 이는 어떤 '새로 시작하는 모든 중요한 일', 예컨대 대통령 등 크고 작은 기관의

---

36) 이상형으로서의 청사진 패러다임(blueprint paradigm)이 집행의 적응(adaptation) 과정에서 ① 물질적 제약과 자원의 희소성 등 실제적인 집행의 문제 ② 권력의 상황 조건이나 기타 행위자적이거나 구조적인 제약 요소 ③ 정책부문 작동에 대한 이해 부족 때문에 변화되거나 조정될 수 있다. 즉 청사진 패러다임은 실제 운용 패러다임(operative paradigm)으로 번역된다. 여기서 아이디어 차원의 정책기조와 실천 차원의 정책기조의 구별이 필요하다고 한다. Carson, Burns & Calvo(2009), 380-381.

기관장 취임, 정당의 시작(창당), 총선 후 연립내각의 출범 등에 모두 다 그대로 적용된다.

만약 정책기조 정립을 하지 못하거나 늦어지면 그만큼 대내적으로는 내부 구성원들에게 명확한 비전과 지침을 제시하는 정책리더십을 발휘할 수 없다. 또 대외적으로는 하부기관이나 산하 유관 단체의 사소한 축사(祝辭) 하나라도 소신 있게 할 수 없다(정부기관장 같으면 부하직원이 써준 것을 읽고 다니게 된다). 그런 상태에서 자칫 잘못 발언하면 해당 기관의 정체성 논란을 비롯하여 정책혼선의 비판을 받고,[37] 발언에 대한 오해·진의 왜곡·실언(失言)이라며 해명·사과·취소하느라 진땀을 흘려야 한다. 그래서 선거 공약이 있고, 당선인을 중심으로 대통령직인수위원회와 같은 정권 인수의 과도적 기관이 필요하고, 집권을 대비한 그림자내각(shadow cabinet)도 운영하는 것이다.[38]

'하나'의 복합성 정책기조를 제외한 대부분의 둘 이상 '복수'의 여러 단일성 정책기조들은 가능한 한 사전에 수직적·수평적으로 잘 조합돼(정책조합) '동시에' 서로 협력적으로나 견제적(견제와 균형)으로 전체 목표를 달성하는 체계를 정립한 후, 그것을 유기적으로 협력(정책협력)해 구현해야 한다. 거기에 여러 정책기조의 조합과 협력(공조)이란 과제, 즉 '정책조합'(policy mix)과 '정책협력'(정책공조,

---

37) 2015년 12월 한일 간 위안부 문제의 불가역적 해결 합의로 위안부 피해자들과 많은 국민의 반발과 함께 일본 정부가 출연할 10억 엔에 대해 한국정부는 법적 배상금, 일본정부는 법적 배상금이 아니라는 중대한 입장 차이의 상황에도 불구하고, 정부는 2016년 5월 말 위안부 피해자 지원을 위한 재단 설립준비위원회를 강행했다. 그런데 준비위 첫 회의 후 위원장은 기자회견에서 "10억 엔은 치유금이지 배상금이 아니다"라고 정부 입장과 정면 배치된 발언을 했다. 그것이 문제되자 외교부 당국자와 상의 후 곧바로 "배상금이 아니라는 부분에 대해 여러 의견이 있을 수도 있다는 여지는 남기겠다"라고 발언을 정정했다. 경향신문, 2016.6.1., ○○○ 위안부재단 준비위원장 "10억 엔, 배상금 아닌 치유금" 기사.

38) 이는 서울대 공과대학측의 한국 공학교육의 자아비판 보고서로서 '개념설계 역량의 결여'를 참고할 수 있다. '개념설계'(概念設計, conceptual design)란 어떤 시스템을 개발하는 데 있어서 구체적인 개발에 착수하기 위한 설계들, 즉 예비 설계→기본 설계→실시 설계(working design) 등의 상세 설계(detail design)와 실제 제작공정에 들어가기 전, 제일 먼저 목적·임무, 전체 시스템의 특성, 환경 및 제조 조건, 시스템 구성 부분 등의 분석 정보를 토대로 전체 후속 설계의 계획을 결정하는 설계 과정 첫 단계의 작업을 말한다. 그런데 위 보고서는 빠른 추격자(fast follower)보다는 선도자(first mover)가 되기 위해 문제의 속성 자체를 새롭게 정의하고, 창의적으로 해법을 제시하는 개념설계 역량이 중시되는데, 그것이 결여돼 있다는 자아비판이다. 휴대전화를 '컴퓨터 기능이 있는 전화'로 고수한 노키아의 몰락과 '통화 기능이 있는 컴퓨터'로 재정의해 스마트폰을 내놓은 애플의 성공 예를 든다. 서울대 공대, 축적의 시간, 지식노마드, 2015 참조.

policy cooperation)의 과제가 대두한다. 다음은 2000~2011년간 영국 에너지정책기조의 변동을 실증 분석한 결과의 예이다.

> 영국은 에너지도 정상적으로 거래할 수 있는 상품이므로 '친 시장적 에너지 정책기조'(pro-market energy policy paradigm)라는 하나의 일관된(one coherent) 정책기조를 채택하고, 그렇게 정책을 운용하고 있었다. 그러나 2004-2007년간 에너지 공급 위기를 겪으면서 지정학적 에너지 안보, 공급 가능성 및 기후변화의 정책기조논리가 분출해 논쟁이 일어났다. 그 결과 '지정학적 에너지 안보-기후변화 재생 중시(security-climate) 에너지 정책기조'라는 '골라서 섞은 다양한 관점'(picked and mixed, multiple perspectives)으로 전환하는 정책기조를 채택하게 되었다. 이에 '하나의 일관된' 정책기조가 아니라 복합적 정책기조라서 그 구현에 있어 담당 기관 간 대립과 갈등이 잦고, 거기에 과거 친 시장적 기조논리도 여전히 강하게 작용하는 현상을 겪고 있다. 그래서 전체적으로 정책기조의 전환은 맞는데, 아직(분석 기간 중에 관한 한) 전체 에너지체계 측면에서는 상대적으로 거의 변한 것이 없다는 평가를 받고 있다고 비판을 받는다.[39]

이처럼 정책조합 중에서도 가장 중요한 것이 '정책기조의 조합'(mix of policy paradigms)인 것은 당연하다.[40] 물론 '지속가능한 개발'과 같은 '복합성 정책기조'도 실질적으로 그 구현에 있어서는 복수(환경과 개발)의 정책기조들 간 조합과 동일한 과제를 안겨준다.[41] 정책(기조 포함) 조합은 그것을 주문하고 요구하기는 쉬운데 정작 정책당국의 담당자들에게는 그 실천이 매우 어려운 과제에 속한다. 그 이유는 둘 이상의 정책기조 간 그 '최적의 조화로운 조합'을 찾기가 쉽지 않기

39) Kern, Kuzemko, & Mitchel(2015), 269-291.
40) 흔히 법률, 규제, 보조금, 조직, 민영화, 정보제공 등 정책수단을 실현하기 위해 동원되는 수단과 장치들인 '정책도구들'(policy tools, policy instruments)의 '조합'으로 논의돼 온 정책 관련 '조합'(mix)은 그런 정책도구들의 조합만 있는 것이 아니다. 그 이외 '정책들의 조합', 더 나아가 본문과 같이 '정책기조들의 조합'이란 매우 중요한 조합이 있다. 정책도구의 조합과 관련은, Anne Schneider & Hellen Ingram, "Behavioral Assumptions of Policy Tools," Journal of Politics, 52(2), 1990; Michael Howllet, "Beyond Good and Evil in Policy Implementation, Instruments Mixes, Implementation Styles, and Second Generation Theories of Plocy Instrument Choice," Policy and Society, 23(2), 2004; 정정길 외(2012), 65-70; 전영한, "정책도구의 다양성," 정부학연구, 2007, 259-295 참조.
41) 그래서 주요 개발 사업을 시행할 때에는 반드시 사전에 환경영향평가를 거치고 주민 의견을 수렴하게 돼 있다.

때문이다. 상호 보완적인 성격의 정책기조들 간 조합에 있어서도 쉽지 않다. 그런데 상호 경합적인 갈등관계의 정책기조들을 조화롭게 조합하는 것은 실로 어려운 과제에 속한다. 현실에서는 정책기조 간 갈등관계를 잘 조합·운용하지 못한 '정책부조화, 정책혼선, 정책표류'로 정책실패를 초래하는 경우도 많이 발생한다. 갈등관계의 경합적 정책기조의 조합은 '정'(正, thesis)과 '반'(反, antithesis)의 상호작용에 의하여 새로운 '합'(合, synthesis)을 창조하는 성격의 전체 최적화(total optimization)를 추구하는 일종의 '변증법적 종합조합'(dialectically synthetic mix)이어야 한다. 그 다차(多次) 방정식에 대한 '행복한 절충의 조합'과 같은 해법 도출로서의 정책운용은 가히 '예술'(art), 그것도 '종합예술'의 영역에 속한다.

오랜 전통으로 독일을 발전시켜 온 제도로서 '연립정부 구성'에 따른 '정책기조 조합'과 '정책기조 협력(공조)'의 예가 있다. 다양한 정당은 유권자의 지지를 확보하기 위하여 자기 당의 공약으로 '정책기조(안) 체계'를 정립해 유권자에게 제시한다. 국회의원 총선이 끝난 후, 세계적 관례는 선거에서 승리한 다수당이 (전체 과반수가 안 되더라도) 곧 바로 집권해 의회에서 야당과 정쟁을 하며 정책기조를 관철해 간다. 그런데 독일식 정치게임은 그와 크게 다르다. 게임판 자체를 과반수가 되게 만들어 타협 조율된 (다분히 혼혈) 정책기조체계를 바탕으로 4년간 안정적·효율적으로 정책을 운용하는 독특한 정책게임 방식이다. 독일은 어느 정당도 과반수 의석을 얻지 못하여 최다수 정당이 다른 당(들)과 연립을 구성해 왔다. 그런 연정 협상의 경우, 서로 다른 –심지어는 좌우파로 나뉠 정도로 차이가 많이 나는– 정책기조(안) 체계를 통합해 정립하고자 일련의 정책조합의 협상이 벌어진다. 몇 달 간의 협상 끝에 마침내 연정 파트너 간 변증법적으로 합의된 '정책기조 체계'가 발표된다. 그리고 그에 따라 연정 기간 동안 계속해서 숙의하며 합의하에 구체적인 정책들이 구현돼 나간다. 다음은 그 실례이다.

독일의 중도좌파 사민당이 앙겔라 메르켈 총리가 이끄는 중도우파 기민당·기사당과의 대연정 합의안을 2013년 12월(저자 주) 최종 승인했다.···하원(분데스타크) 총리 투표를 거쳐 좌우 대연정 정부를 출범시킬 예정이다.···메르켈 정부는 2주 전 발표한 185쪽의 대연정 합의문을 본격 실행에 옮긴다. 연정 협상에서 부자 증세

등 세금 인상을 제외하면 (야당이었던-저자 주) 사민당 요구를 대부분 수용했다.…
유럽 경제위기 해법을 주도하던 볼프강 쇼이블레(기민당) 재무장관이 유임될 것으
로 보여 경제정책기조를 유지할 전망이다.…기민당·기사당은 지난 9월 22일 총선
에서 41.5% 득표율로 과반 의석에 5석이 부족한 승리를 거뒀지만…26% 지지율을
얻은 사민당과의 대연정을 추진해 왔다.[42]

　(2017년 9월-저자 주) 총선 이후…정당 간에 연정 참여 의향을 탐지해 보는 '간
보기 대화(Sondierungsgesprach)'가 이어지고 있다. 간 보기 대화가 끝나면 본격적
인 연정 협상(Koalitionsverhandlungen)이 시작된다. 여기서는 철저히 정책 협상이
주를 이룬다. 인위적 정치공학에 따른 권력 나눠 먹기는 끼어들 틈이 없다. 물론
정책 합의와 함께 각료 배분도 이루어지지만 이는 어디까지나 효율적 연립정부를
구성하기 위한 최적의 인적 조합을 만들기 위한 목적이 크다. 기민·기사당연합은
중도 우파, 자민당은 친기업적 리버럴, 녹색당은 환경을 중시하는 진보 정당이어서
타협은 쉽지 않은 것으로 보인다.…난민, 유로존의 미래와 개혁, 기후변화에 따른
에너지 변환, 경제 등 많은 분야에서 치열한 정책 교환이 필요한 상황이다.…협상에
참가하는 정당들의 주와 연방 조직 각 분야 실무자부터 최고 지도부까지 총동원돼
새벽부터 밤늦게까지 꼼꼼한 협상을 벌이는 것은 독일에서 상식화돼 있다. 이런
철저한 협상을 거친 끝에 합의된 정책 내용들을 집대성한 두툼한 연정협약이 만들
어진다. 이는 새로 구성되는 연정의 정책교과서이다. 정책 집행 또한 이 협약에
맞춰져 일사불란하게 행해진다.[43]

　앙겔라 메르켈 총리가 지난해 9월 총선 이후 (자메이카 연정 구성에 실패하고)
5개월 만에 연립정부 구성 협상에 성공했다. 상대는 이전 정부에서 연정 파트너였던
중도좌파 사회민주당(SPD)이다. 이로써 메르켈 총리는 2021년까지 네 번째 임기…
16년간 재임하는 장수 총리 기록도 세울 전망이다. 2차 대전 이후 독일 정치에서
가장 오랫동안 연정을 꾸리지 못했던 정치 불안도 해소하게 됐다.…177쪽에 달하는
협상안에 합의했다.…(각 당원 승인 투표 후-저자 주)다음 달 '메르켈 4기 내각'이
출범할 예정이다.…메르켈 총리와 기민·기사 연합은 명목상 정권을 잡았지만, 실권
을 라이벌 정당 사민당에 내준 형국이다.…메르켈로선 주요 정책 방향에서 사민당
의 요구를 대폭 수용해야 했던 것도 뼈아픈 대목이다.[44]

---

42) 중앙일보, 2013.12.16., "대연정 마지막 도장…메르켈 세 번째 집권."
43) 중앙일보, 2017.10.23., "'獨 연정협약' 수준의 정책 연합 통한 정당 통합 돼야" 사설.
44) 중앙일보, 2018.2.9., "메르켈의 종언?..'메르켈 4기 연정은 사실상 사민당 정부'." 중앙일보,
　　2018.3.5., "독 사민당 66%로 대연정 찬성…메르켈 4번째 총리직 확보." '자메이카 연정'이란
　　총선 민의에 따라 보통 총선에서 제1당을 차지하는 기민·기사당 연합(2017년 총선의 경우,
　　32.9%)과 제4당인 자민당(10.7%), 제6당인 녹색당(8.9%)의 연정을 말한다. 그 파트너 정당들의
　　상징색이 흑·황·녹색으로서, 자메이카 국기 구성 색깔과 같아서 붙여진 이름이다.

'변증법적 종합조합'을 포함한 정책기조의 조합은 당연히 어떤 '산술적 중간
균형' '일률적인 균등' 또는 '평균적 균형'을 추구하는 것이 아니다. 당해 문제와
정책상황에 따라 그 목표 달성의 비중에 합당한 비례감(a sense of proportion)을
가지고, 즉 주·종, 대·소, 일차적·부차적, 우선적·차선적, 혹은 선·후 등의 비중
을 분별하여, 그 비중에 맞는 균형과 조화를 이루는 적절한 조합의 '행복한 절
충'(happy compromise)을 추구하는 조합이다. 장점과 단점, 순기능과 역기능, 이상
적 목표와 현실적 제약 등이 뒤섞여 부분적이고 불완전하며 제한적인 해결책을
담고 있는 여러 복수의 정책들을 적절히 통합해 공동으로 전체 체제적 목적을
달성하고자 융합시켜 운용·구현해야 하는 조합인 것이다. 그것은 관련 기관·부
서 등의 칸막이로 갇힌 단순 분업체제에 의해[45] 많은 정책으로 지리멸렬하게 평
면적으로 대처해 '정책 함정(늪)'에 빠지기보다는 대소강약과 선택과 집중 등 최
적 조합의 균형을 찾아 변증법적 종합의 효과를 내도록 좋은 정책기조의 지능과
감수성을 가지고 좋은 정책기조를 개발해 구현하는 종합예술이다.[46] 이것이 전체
체제적 유기성을 갖는 정책기조 조합을 올바로 이해하고 대처하는, 현대 사회의
정책행위자들에게 요구되는 '맥락지성'(contextual intelligence)이다.

정책기조 체계는 다양한 차원과 측면에서 정립되어야 한다. 예컨대 시기적으
로도 장·단기적인 체계의 정립도 아주 중요하다. 흔히 그런 전형적인 예가 단기
적인 경기부양과 장기적인 구조조정이라는 체계의 조정과 그 구현이다. 다음은
그 지적이다.

> …경제학자들이…대부분이 동의하는 거시경제 운용의 두 가지 원칙이 있다. 첫
> 째는 총생산이 잠재 수준에 미달할 때는 저금리·확대재정으로 경기를 부양해야
> 하지만, 반대의 경우에는 고금리·긴축재정으로 경기 하강을 유도해야 한다는 것이

---

45) 전체적으로 이해하고 협력하지 못하고, 다른 곳과 고립된 채 칸막이 식으로 운영됨으로써 시
   스템 리스크를 야기하는 집단, 과정, 부서 등의 활동을 '사일로 효과'(silo effect) 라고 한다.
   Gillian Tett, The Silo Effect: The Peril of Expertise and the Promise of Breaking Down Barriers,
   2015; 질리언 테트, 사일로 이펙트, 신예경(역), 어크로스, 2016 참조.
46) 행정학자 디목(M. Dimock)은 공공활동가는 수많은 변수들을 적절한 비율로 융합(a skillful
   fusion of numerous variables in just the right proportions)시킬 수 있는 '균형'(balance)을 알아야
   한다고 말한다. Marshall E. Dimock, A Philosophy of Administration, N.Y.: Harper & Row, 1958.
   3, 41, 55, 145 참조.

다.···둘째는 장기적 문제는 경기부양이 아니라 구조적 개혁으로 대응해야 한다는 것이다.···약간의 경제성장률 하락에도 국민이 신음하는 것은 구조적 요인이 경제를 짓누르고 있기 때문이다. 장기적 청사진이 없는 상태에서 실시하는 단기 경기부양은 구조적 문제를 악화시킬 위험이 있다.···대기업 계열사 간 내부거래 단속을 강화하고, 장기적 복지 확대의 방향과 일치하고 고용 효과가 높은 곳에 정부 지출 증가와 세제 지원을 집중하는 정책은 경기부양책인 동시에 구조적 문제를 완화하는 정책이 될 수 있다.···47)

중국이 '중속성장'으로 성장 패러다임을 전환하면서 대중(對中) 수출 의존도가 컸던 한국 경제도 방향전환이 불가피해졌다.···정부는 중국의 변화에 단기부양과 구조조정이란 '투트랙'으로 대응한다는 방침이다. 우선 추가 부양책으로 경기회복의 불씨를 살리는 데 주력할 계획이다. 궁극적으로는 구조조정을 통해 기업의 경쟁력을 끌어올려 수출환경 변화에 맞서겠다는 전략이다.···48)

제4절 정책기조 정합성의 확보

이제부터는 거시적인 정책기조가 미시적인 개별 구체적인 정책들로 구현되는 단계에 관한 집중적인 논의가 되겠다. 먼저 개별 구체적인 정책들은 그 형성, 집행, 평가 등의 과정에서 그들을 지배하는 인식의 기본 틀과 방향인 정책기조에 맞게 적용돼 실행되어야 한다. 이와 같이 정책기조가 그 지배하는 하위 정책에 구체적으로 반영돼 부합되는 성질을 '정책기조의 정합성'(congruence and coherence of policy paradigm)49) 또는 '정렬성'(alignment)50)이라고 한다. 그리고 정책기조의

---

47) 송의영(서강대 경제학부 교수), "경기부양책의 함정," 매일경제, 2013.5.2.
48) 동아일보, 2016.3.7., "고속성장서 방향 튼 중국···수출절벽에 선 한국엔 칼바람."
49) 표준국어대사전에 '정합'(整合)은 가지런히 꼭 맞음, 이론의 내부에 모순이 없음, (물리학)어떤 계(系)에서 다른 계로 에너지를 전달할 때, 최대의 효율로 보내지도록 양자 간의 조건을 조정하는 일로 풀이돼 있다(반대말은 부정합). 이에서 알 수 있듯이 정합은 두 개체를 전제하고 그들 사이에 잘 맞음을 의미하므로 정책기조의 정합성은 '정책기조와 그 정책기조를 구현하려는 정책들 사이의 잘 들어맞음'을 말한다. 토마스 쿤의 정합성(공약 불가능)이 패러다임과 패러다임 사이의 관계를 말하는 것과는 다르다. 정책기조와 관련한 그 용어는 보통 'congruence'를 사용한다. Linda White(2011), 212; Skogstad, "Conclusion," Skogstad(ed., 2011), 238.
50) 정렬(整列)은 '가지런하게 줄지어 늘어섬'이라는 '서로 맞춰진 상태'를 뜻하는데, 비교연구에서 존재론과 방법론의 '긴밀한 정렬'(close alignment)을 주장한 홀을 따라 사용되는 용어이다.

구현은 이 정합성·정렬성(이하 정합성으로 통일)을 어느 정도 확보하느냐라는 중요한 문제가 대두한다. 다음 예를 보자.

> 아일랜드 정부는 국내산업 보호(protectionism)의 정책기조를 유지해 왔는데, 경제 위축, 실업, 해외이주에 따른 인구 감소로 고심하다가, 1950년대부터 고용 창출을 최우선시해 인센티브를 제공하면서까지 해외직접투자(FDI, foreign direct investment)의 유치로 산업정책기조를 일대 전환하였다. 그런데 1차 오일쇼크를 빼고는 비교적 잘 나가던 경제가 1980년대 들어 다시 난관에 부딪치게 되었다. 위기에 직면해 그동안 취약하고 홀대 받던 토착기업의 진흥을 중심으로 한 전체 산업의 국제경쟁력을 강화하고자 고용창출에서 국부창출로, 제조업에서 서비스산업으로, 그리고 수출 잠재역량 우수 기업 선별 지원과 토착기업의 지원 등으로 전환하는 정책개혁을 단행하였다. 그러나 그 구현 정책들은 정책변동 역군(agent)으로서의 정치적 혁신가(political entrepreneur)와 정책 혁신가(policy entrepreneur)의 결여, 대안적 아이디어의 결집·강화(consolidation)와 합의의 부족, 해외직접투자 유치의 과거 성공에서 비롯된 학습효과로 과거 정책들과 결별하지 않으려는 집합적 마음자세(collective mindset)로 인하여 -Streeck & Thelen(2005)이 말하는- '정책 덧붙이기'(정책 층화, policy layering)에 불과한 개혁은 결국 토착산업 진흥의 근본적 산업정책기조를 '전환'(transformed)이 아니라 '조정'(adjusted)에 불과하게 만들었다. 1950년대 이래로 1980년대에도 대외 지향적(outward-oriented) 경제정책은 변하지 않고 그대로였다. 그 후 30여 년이 지난 현재는 주로 해외 다국적기업에 의존해 서비스산업과 첨단산업에 집중하는 현대적 지식 기반 경제로 가고 있는데, 밑바탕의 패러다임의 전환 없이 광범위한 규제 완화와 민영화가 진행되고 있고, 해외직접투자 유치가 여전히 중요한 채 그대로이다.[51]

이에서 알 수 있는 것처럼 정책기조는 그 구현 과정에서 적절한 정합성(整合性)이 확보돼야 소기의 구현 효과를 거둘 수 있다. 정책기조가 여러 갈래로 세분화돼 다양한 하위 정책들로 적절하게 구체화돼 나가면, 정책기조는 그 하위 정책들을 통하여 그만큼 명료화되고 그 정체성도 그만큼 분명해지면서 그 효과도 나타나야 하는 것이다. 다음에서 이에 관한 사항을 논의하기로 하겠다.

Hall(2003), 373-404; Daigneault(2015), 49.

51) John Hogan and Brendan K. O'Rouke, "The Critical Role of Ideas: Understanding Industrial Policy Changes in Ireland in the 1980s," Hogan and Howlett(eds., 2015), 167-188 참조.

1. 정책기조의 정합성의 원칙

정책기조의 구현이 구체적인 정책들로 정합성 있게 잘 이루어질 수도 있다. 그러나 여러 가지 이유로 기대한 만큼 적절하게 실행되지 않을 수도 있다. 혹은 정책기조의 세분화로 각 정책들로 확장·구체화돼 나가면서, 동일한 정책기조를 공유한다고 하면서도 정책담당자들이 그것을 이해하고 적용하는 데 각각 다를 수 있다. 그런 확장으로 인하여 그 원형(prototype) 정책기조로부터 너무 지나치게 벗어나서 오히려 그 정체성이 모호해지고 문제를 야기할 수도 있는 것이다. 그래서 다음과 같은 형식이 중요해진다.

> 지난 15일 미국 워싱턴 DC의 내셔널 프레스 빌딩에선 외신기자 50여 명이 국무부 마리 하프 부대변인을 상대로 질문을 쏟아냈다. 새해…전 세계의 온갖 이슈가 1시간 남짓한 브리핑에서 소화됐다. 이날은 대만 기자들이 미국의 여러 조치에 불만스러운 듯 날이 선 질문을 많이 했다.…이처럼 국무부 브리핑은 늘 당겨진 활이다. 각국 기자들이 미국 관리에게서 한마디라도 자국(自國)에 유리한 말이 나오길 기대하며 이렇게도 묻고, 저렇게도 묻는 모양새가 외교 대리전 같다. 하지만 국무부 관계자가 기대에 걸맞은 답변을 하는 경우는 거의 없다. 두꺼운 노트 한 권에 각종 현안에 대한 '모범 답안'이 적혀 있고, 대변인 등은 그걸 토씨 하나 안 틀리게 똑같이 읽는다. 그러다 보니 현안에 대해 누가 나서서 답을 하든 똑같다. 브리핑 전에 관계자들이 모여 '정답'을 만들고, 이를 국무부 내에 전파하기 때문이다. 과거사 문제, 특히 일본의 위안부 강제 동원에 대해 보편타당한 인권의 문제라고 인정하면서도 각론에 들어가면 "매우 복잡한 일"이라며 한국이 좀 알아서 해줬으면 하는 태도이다.…결국 기준은 미국의 국익이다.…[52)]

이상과 같이, 정책기조의 정합성 확보는 중요하기 때문에, 다음과 같은 그에 관한 일반론적인 원칙을 중심으로, 그 문제를 검토하며 구체적으로 결정해, 정책기조 정합성을 확보해야 한다.[53)]

---

52) 윤정호(워싱턴 특파원), "[특파원 리포트] 外交에 공짜 점심은 없다," 조선일보, 2015.1.20.
53) 박정택, 일상적 공공철학하기 3, 한국학술정보(주), 2007, 153-170을 참고로 변용.

첫째, 정책기조의 정합성은 그 정책기조의 '본질 타당성'에 합치되는 것을 말한다. 여기서 '본질'(essence, substance)이란 '한 개체를 구성하는 일차적이고 필연적인 속성'으로서 그 속성을 부정하면 그 개체가 유명무실하고 무의미해짐을 의미한다. 이를 감안할 때 '정책기조의 본질'은 바로 어떤 정책기조가 구현하고자 하는 일차적인 목적·목표·취지·정신을 말한다고 볼 수 있다. 그리하여 정책기조의 '본질 타당성'이란 어떤 정책기조의 일차적 목적·목표·취지·정신이 윤리적·당위적·규범적·과학적으로 정당함(정당성)을 의미하게 된다. 이에 따라 정책기조의 정합성은 '윤리적·당위적·규범적·과학적으로 정당한 어떤 정책기조의 목적·목표·취지·정신에 잘 부합하게 맞춰 구현되는 것'을 말한다고 하겠다.

둘째, 정책기조의 정합성은 그 정책기조의 '포괄 적정성'에 합치되는 것을 말한다. 여기서 '포괄 적정성'은 본질이 포괄하는 '적정한 범위'를 말한다. 즉 정책기조가 구현하고자 하는 일차적 목적·목표·취지·정신이 어느 범위에 미치는가에 관한 문제이다. 그리하여 정책기조의 정합성은 '어떤 정책기조의 목적·목표·취지·정신이 적정한 범위에 미치도록 잘 맞춰 구현되는 것'을 말한다. 그런데 포괄 적정성의 문제는 본질 타당성의 문제와 밀접한 관련이 있는데, 본질 타당성은 본질의 '내포적(內包的) 의미'(intentional meaning)의 정당성을 말한다면, 포괄 적정성은 본질의 '외연적(外延的) 의미'(extensional meaning)의 적정한 적용 범위를 말하기 때문이다.54) 그러므로 정책기조의 정합성은 '정책기조의 목적·목표·취지·정신이 적정한 범위에서 정당하게 잘 맞춰 구현되는 것'을 말한다고 하겠다.

셋째, 정책기조의 정합성은 그 정책기조의 '비례적 타당성'에 합치되는 것을 말한다. 여기서 '비례'는 정책기조와 그 정책기조가 영향을 미치는 구체적 정책들 사이가 직접적이거나 간접적인 관계의 '관계 비례성'을 말한다. 그리하여 정책기조의 '비례적 타당성'이란 어떤 정책기조와의 직접적(직계)이거나 간접적인(방계)

---

54) 논리학에서 '내포'(connotation, intention)는 한 개념이 그 속에 가지고 있는 성질의 전체를 말한다. 그리하여 내포적 의미란 그 개념으로 불리는 대상들에 공통된 특질(성질, 속성)들의 집합이다. 예를 들면 '사람'의 내포적 의미는 '동물적임', '이성적임' 등이 될 것이다. 이에 비하여 '외연'(denotation, extension)은 한 개념이 지시하는 사물의 적용 범위를 말한다. 그리하여 외연적 의미란 그 개념의 내포적 의미가 적용되는 대상들의 총합을 말한다. 그래서 '사람'의 외연적 의미는 '동물적임', '이성적임' 등의 성질을 가진 대상들, 즉 사람들 모두가 된다. 김광수, 논리와 비판적 사고, 철학과 현실사, 1990, 358 참조.

관계가 비례적으로 정당함을 의미하게 된다. 이에 따라 정책기조의 정합성은 '어떤 정책기조와의 비례적 관계에 맞춰 그 목적·목표·취지·정신이 융통성 있게 구현되는 것'을 말한다.

개별적인 정책상황(맥락)에서 구체적인 개별 정책에 적용하는 정책기조의 구현은 언제나 동일한 정합성을 확보하는 것으로 이루어지는 것이 아니다. 그 두 관계 사이의 구체적·개별적인 상황에 따라 다를 수밖에 없다. 그런 의미에서 구체적인 개별 정책에 정책기조를 잘 맞춰 적용하는 정합성 확보는 '상황적응적'(contingent) 또는 '맥락상대적'(context-relative)이다. 그래서 정책담당자가 정책기조를 그 본질 타당성과 포괄 적정성에 알맞게 맞춰 구현하려고 할 때에는 그 추상적·일반적으로 정제(精製)된 정책기조의 목적·목표·취지·정신을, 개별적인 상황(맥락)의 구체적인 정책에 알맞게 풀어내지 않으면 안 된다. 말하자면 '정책기조'라는 보편개념(개념, concept)을 현실의 다양한 정책상황과 문제의 특성에 비례적으로 적절하게 잘 맞출 수 있을 만큼 '개별 구체적인 정책'이라는 현개념(conception)으로 유동적으로 구체화·현실화·세부화 해야 한다.[55]

---

55) 보편개념으로서의 '개념'(concept)에 대하여 '현개념'(現槪念, conception)은 경험적이고 역사적인 사회상황을 표현하기 위하여 개념을 더 구체화·현실화한 것이다. 보편개념은 다양한 현개념으로 구체화·현실화할 수 있다. 현개념이 경험적이고 역사적인 사회상황을 표현하는 반면, 보편개념은 이러한 개별적인 상황으로부터 추상된 것이다. 따라서 당연히 현개념은 개념보다 더욱 더 세부적이고 개별적이다. 현개념과 후술할 삼중 고려명제, 세 방향 조절과정 등의 개념은 개념과 현개념이 동시에 고려되고 조절돼야 한다는 '이중 고려명제'나 '쌍방향 조절과정'의 개념을 설명하는 다음 문헌에서 원용하였다. T. K. Seung, Intuition and Construction: The Foundation of Normative Theory, New Haven: Yale University Press, 1993; 직관과 구성, 김주성 외(역), 나남출판, 1999, 152-159. 여기에는 정치철학자 롤스(John Rawls)가 그의 공정(justice) 개념과 관련하여, 그리고 법철학자 로널드 드워킨이 그의 법해석이론(Ronald Dworkin, Law's Empire, Cambridge, Mass., 1986, 70-76 참조)에서 보편개념과 현개념을 구분하고 있는 것이 소개되고 있다. 정책기조라는 개념을 개별 구체적 정책이라는 현개념으로 구현하는 데 세 개의 압력과 요구를 받는다. 즉 한편으로는 실제 현실세계의 구체적인 맥락(상황)·문제에 민감해야 한다는 '사실(맥락·상황·현실·시간·공간)에 대한 민감성'(사실 판단)의 요구를 받는다. 다른 한 편으로는 현실세계의 상황에 매몰되지 않고 그 추상적인 본질 타당성과 포괄 적정성에 충실해야 한다는 '본질(이상·규범·이념)에의 충실성'(규범 판단)의 요구를 받는다. 그리하여 그 두 요구를 고려하여 실제로 대상 문제에 맞게 정책을 설계해 집행해야 한다는 '적용에 대한 합리성'(관리 판단)의 요구를 받는다. 따라서 이 세 요구(판단)를 정책기조의 구현에 적용할 때 가해지는 삼중압력이고 삼중으로 고려해야 할 명제라는 의미에서 간단히 '삼중 고려명제'(thesis of triple consideration)라고 할 수 있다. 정책담당자는 정책기조의 본질에 충실할 뿐만 아니라 실제 상황에도 적합하게 정책을 형성·집행하기 위해서는 균형감각을 갖고 삼중 고려 요소에 대한 세 방향 조절과정(three-way procedure)을 거칠 수밖에 없다. 이상 박정택(2007b), 108-112 및 박정택(2007d), 164-166 참조.

2. 정책기조 정합성과 경로의존성 및 폐기학습

대부분의 사람들은 자신의 환경에서 '항상성'(恒常性, constancy)의 심리상태에 의존하는 성향을 보인다.[56] 정책담당자의 경우에도 그런 항상성의 심리적 경향이 존재한다. 그래서 정책상황이 변하고 정책기조가 변했는데도, 여전히 기존 정책기조를 그대로 따르려는 타성(관성, inertia), 곧 '현상유지 편향'(status quo bias)이나 마음의 닻이 내려지면 거기서 좀처럼 벗어나지 못하는 '닻내림'(거점, anchoring) 효과를 보이기 쉽다.[57] 반복과 습관의 동물인 사람이 기본적으로 변화를 회피하고 미루려는 성향이나 현재 시점이나 윗선의 의도에 매몰되기 쉬운 성향을 지니고 있음을 나타내는 개념들이다.

그래서 홀(Peter Hall)과 같은 역사적 제도론자들로부터 시작해 신제도론자들은 과거의 정책을 추적하여 그 후속 경로에 미치는 제약, 곧 '경로의존성'(경로종속성, path-dependence, path-dependency)[58]을 분석하였다. 즉 제도 및 구조가 정치행위자들로 하여금 '이미 확립된 정책 경로'를 따르도록 제약하기 때문에 비점증적인 대규모 변화가 일어날 가능성이 희박하고, 그렇지만 급격한 제도 변화의 짧은

---

56) Bruner and Postman(1949), 208.

57) 익숙하고 편안한 지금 있는 곳에서 벗어나는 것을 싫어하는 성향은 사람들에게 어느 정도 공통적이다. 그렇지만 그것이 지나쳐서 정책기조에 있어서도 새들의 '각인(刻印, imprinting) 효과'처럼 고착되면 큰 문제이다. 인공부화 된 새끼오리들이 태어나는 순간에 처음 본 움직이는 대상, 즉 사람인 자신을 마치 어미오리처럼 졸졸 따라다니는 것을 발견해, 1973년 노벨상을 탄 오스트리아 학자 로렌츠(Konrad Lorenz)가 제기한 '각인'이란, 동물의 출생 후 아주 이른 시기에 물체가 눈에 익어서 일생동안 그것과 유사한 것에 애착을 갖게 되는 특수한 형태의 학습을 말한다. 자연조건하에서 가족 유지 등 생존에 필요한 것으로 여겨진다. 출생 후 몇 시간에서 며칠 등 감수기(sensitive period) 또는 임계기(결정적 시기, critical period)에서만 일어나는 각인 효과의 학습은 보통 일생동안 잊는 일이 없다는 점에서 일반적인 학습과는 다르다고 한다. 한국생물과학협회(2004), 709 참조.

58) 경로의존성은 '일단 일정한 경로를 따르기 시작하면 다른 경로가 더 효율적이라는 사실을 알고서도 여전히 처음 의존한 경로를 벗어나지 아니하려는, 그래서 종속되는 성향'을 말한다. 타자기 QWERTY 배열을 컴퓨터 자판에서도 답습하는 예와 같이, 이는 고착(lock-in)효과, 매너리즘(mannerism), 관성의 법칙(law of inertia)과 관련이 있다고 본다. 아써와 데이빗 교수 등은 이를 수확체증의 법칙으로 설명·주장하였는데, 역사적 제도론자들은 이를 제도의 급진적 변동이 어려운 '제도 매너리즘'으로 활용한다. 경로의존성은 그 자체의 모습을 끈끈하게 그대로 유지하려는 의미에서 '점착성'(stickiness)의 속성을 포함한다고 말한다. 하연섭(2011), 181-212(제7장) 참조. W. Brian Arthur, Increasing Returns and Path Dependence in the Economy, Ann Arber: Univ. of Michigan Press, 1994; Paul Pierson, "Increasing Returns, Path Dependence, and the Study of Politics," APSR, 94(2), 2000, 251-267.

중단 시기가 나타나더라도 그 이후 다시 상당기간 제도의 안정성이 유지된다고, 역사적·통시적 인과관계의 중요성을 주장하였다.[59) 여기서 '이미 확립된 정책 경로'는 전형적으로 '기존 정책기조'를 의미하는데 경로의존성은 새로운 정책기 조의 변경과 그에 따른 정합성의 확보가 그만큼 쉽지 않다는 것을 함축하고 있다.

특별히 사람의 '현상유지 편향'이라는 기본 성향이 문제가 되는 것은 그동안 의 틀·관행에 새로운 변화가 필요할 때조차도 기존 틀·관행을 지속시키려 한다 는 점이다. 이에 유효성이 현저하게 떨어진 과거의 정책기조에만 순응하며 집착 하는 폐쇄적인 '조직 관성'(organizational inertia)의 고리를 끊어야 하는 문제가 대 두한다. 새로운 정책기조로 전환하는 창조적 파괴(creative destruction)의 정책혁신 의 개혁을 도모하고, 그 새 정책기조의 정합성을 확보할 필요가 생긴다. 이를 위 해서는 '폐기학습'(탈학습, unlearning)이란 학습이론의 개념을 참고할 수 있다.

1960년대 인지심리학의 개인학습과 조직학습 차원에서 포스트먼(L. Postman) 이 과거의 낡은 지식과 틀에 대하여 의도적으로 변화시켜 새로운 지식의 창출을 위한 방안과 지식정보화 사회의 정보체계와 학습이론의 하나로서 '폐기학습'을 연구하기 시작하였다. 그것은 뒤늦게 1980년대 들어와 효율적인 조직관리를 위해 기존의 잘못된 조직관리 방식이나 암묵지(暗默知, tacit knowledge)에 대하여 1990년 대에는 조직 내 잘못된 구조나 사고의 틀(scheme)과 활동적 타성(active inertia)에 대하여, 그리고 2000년대에 들어와서는 조직의 구조·환경·관행·신념체계 등 여러 학문 분야에서 그런 '폐기학습'(탈학습)에 대한 관심을 불러일으키게 되었다.

폐기학습의 개념 정의는 다양하다. 오래되고 오해의 소지가 있으며 비효과적 이고 정체되어 있는 쓸모없는 지식이나 아이디어의 폐기와 관행의 차단, 조직기 억에서 위선적이고 부당한 연결고리의 단절, 기존 신념과 방법에 더 이상 의존하 지 않는 것 등의 소극적인 측면의 정의가 있다. 그런가 하면 암묵지를 명시지(明示 知, explicit knowledge)로 바꾸려는 노력의 추구, 조직기억의 일부의 중단과 재작성, 조직의 행태에 대한 근본적인 인식 집합의 변경, 새로운 지식과 기회를 추구하는 역동적인 과정 등 적극적인 측면의 정의도 있다. 결국 폐기학습은 폐기 그 자체가

---

59) 남궁근(1998), 223-224.

목적이 아니라 창조적 파괴이다. 새로운 것을 창출하는 것이 목적이므로 소극적 정의에 따른 목적을 통하여 적극적 정의의 목적을 이루려는 지적 노력이라고 할 수 있겠다.

이러한 폐기학습은 의도적·의식적으로 노력하지 않으면 안 된다. 그것을 저해하는 요인, 특히 심리적 요인의 난관이 있기 때문이다. 즉 일시적인 무능력, 그 무능함에 대한 처벌, 개인의 정체성 상실, 집단구성원의 자격 상실 등에 대한 심리적 두려움과 불안이 그 대표적인 예이다. 그래서 방어적 대응형태로서 부정 (부인), 책임 회피와 전가, 협상과 책략 등이 나타난다고 본다. 무엇보다도 과거의 방식에 의한 성공 경험이란 '조직 관성'의 경직성, 기존 관행이나 고정관념에 따른 학습형태의 집착은 변화의 가장 큰 장벽으로 작용하는데, 새로운 기회를 포착해 창조적인 실험정신을 발휘하도록 조직화·제도화하는 데 결정적인 장애요소가 된다고 한다. 이런 장애요소를 극복하기 위해서는 폐기학습에 의한 성공사례를 학습시켜 인식의 변화를 시도해 보거나, 폐기학습이 일상적 업무에 연계되게 함으로써 자발적으로 폐기가 이루어지도록 하는 전략적 활동과 체계 구축의 노력과 사고 전환의 새로운 문화를 형성하도록 해야 한다고 한다.[60] 역설적으로 새로운 학습을 위하여 폐기학습이 필요하듯이 개혁을 시작하고 그 혁신에 '순응'하도록 유도·추동하기 위하여 '불순응의 문화'를 장려하고 제도화하며 문화화해야 하는 형식이 필요한 것이다.

이상 '경로의존성'이나 '폐기학습'은 모두 새로운 정책기조를 채택하고 그 구현을 위해서, 즉 과거 정책기조에서 탈피해 새로운 정책기조로 전환해 구체적인 정책운용과정에서 그 정합성을 확보하기 위하여 정책행위자들이 참고해 원용할 수 있는 중요한 개념이라고 하겠다.

---

60) 이상 폐기학습은 김태윤, "폐기학습," 한국행정학회(편), 행정학용어사전 참조. 기타 L. Postman, G. Keppel and K. Stark, Unlearning as a Function of the Relationship between Successive Response Classes, Journal of Experimental Psychology, 69, 1965, 111-118; A. Akgun, G. Lynn, J. Byrne and K. Halit, Organizational Unlearning as Changes in Beliefs and Routines in Organizations, Journal of Organizational Change Management, 20(6), 2007, 794-812.

3. 정책기조의 정합성과 인사(人事)

　　정책기조의 정합성은 정책기조와 그 구체적 정책들 간의 정합성이라고 했다. 이는 필연적으로 정책기조 책임자와 정책을 운용하는 담당자 간의 정합성 문제로 연결된다. 그 때문에 정책기조의 정합성은 정책담당자(들)의 임용·배치·전환 등 인사 문제의 중요성을 부각시켜 준다. 이는 이미 앞에서 어느 정도 그와 결부된 문제로 논의돼 왔는데, 중요한 세 가지 문제를 중심으로 간단히 논의해 보기로 하겠다.

　　첫째, 정책기조는 앞에서 본 정책기조논리와 같은 신념체제나 철학의 차원·영역의 문제이다. 따라서 정책기조를 결정하는 사람과 그런 정책기조에 따라 구체적인 정책들을 형성·집행해야 하는 사람들 간의 그런 신념체제나 철학이 어느 정도 일치해야 한다는 문제가 대두한다. 이는 마치 정책형성자와 정책집행자 간에 있어서 집행자의 순응(compliance)과 불응(불순응, noncompliance)이란 문제를 제기하는 것과 유사하다.

　　그런데 정책기조의 구현이 100% 그대로 이루어지는 것만을 순응이라고 규정할 수는 없다. 정책기조의 구현을 위한 정합성의 순응은 절대적이지 않고, 어느 정도 융통성을 지닌 상대적 개념이다. 특히 직접적으로 관련된(직계) 정책기조와 그 하위 정책들 간에는 더 긴밀한 순응적 구현에 의한 정합성이 중요하지만, 간접적으로 관련된(방계) 정책기조와 그 하위 정책들 간에는 훨씬 덜 긴밀한 순응적 구현에 의한 정합성이 필요하기도 하다. 또 새로운 정책기조에 대한 순응은 곧 기존 정책기조에 대한 불순응이 있어야 가능하기에, 정책기조의 정합성 확보는 항상 그 표리관계의 두 측면을 함께 고려하고 논의해야 한다.

　　둘째, 어느 조직(기관)에서나 정책기조의 집행이 그것을 구현할 사람의 신념체제나 철학의 전환도 맞물리는 수준의 직책(대표적으로 정무직이라는 개념이 존재한 직급)과 연관돼 있다. 그 경우 정책기조의 집행과 직접적으로 맞물리는 직책의 담당자에 대한 임면(任免) 등의 인사도 원칙적으로 불가피한데, 그것은 정책기조 결정자가 그런 정책을 구현할 사람으로서 자기가 선호하는 사람을 쓰고 싶어 하기 때문이다.[61] 그렇지 않은 일반적인 직책(대표적으로 직업공무원제의 적용 대상의

직급)의 담당자들에 대하여는 정책기조의 집행과 관련돼 특별한 임면이나 전환배
치 등의 인사 조치는 필요하지 않다. 곧 선거로 집권한 정부의 소수 정무직은
정책기조의 전환에 따른 인사 수요가 발생하는 것은 당연하다. 그렇지만 일반
대다수 공무원은 시민의 선택에 따라서 집행하게 돼 있는 공식적인 정책기조의
구현을 위해 순응하며 노력해야 하는 것도 민주행정의 원리상 당연하다. 특별히
불법·비리·반민주적 당파성 등의 사유가 없는 한, 그런 일반직 공무원을 ‘영혼
없는 사람’으로 비판하고, 또 그렇게 스스로 자신을 비하(卑下)하는 것은 옳지 않
다. 정부는 그런 측면에서 이제 일반직 직업공무원과 공공기관·공기업의 직원의
직업윤리를 새롭게 확립할 필요가 있다.

그동안 민주적인 여야 정권교체와 동일 정당의 정부교체를 경험한 우리 공직
자들이나 공공기관 직원들은 그런 교체시기에 전임·후임 정부의 사람으로 친소
(親疏)관계가 규정돼 인사상 유불리를 겪고 정치화되면서 ‘눈치 보기’를 하지 않을
수 없는 혼란·비리·부패의 후진적 분위기를 조성하고 있다. 그것은 구성원 간
반목, 시민의 불신, 소극적 직무수행(복지부동) 등에 따른 전체 정책운용능력의 저
하로 이어져 국가와 사회의 발전을 저해하는 요소로 작용하고 있다.

셋째, 이상의 원칙에 비춰 볼 때 정책기조의 정합성을 확보하기 위해서는
정책기조 결정자(집단)의 설득과 합의적 채택, 신뢰와 소통 등의 정책기조리더십
이 매우 중요하다는 인식이 필요하다. 그에 관해서는 제3부에서 더 논의할 것이
다. 그런 리더십과 함께 정책기조의 정합성을 확보하는 정책기조의 구현은 그렇
게 정합성 있게 구현하게 해 주는 조직의 문화가 형성돼 있는가의 문제도 매우
중요하다. 앞의 폐기학습이 조직문화로 받아들여지는 것과 같이 조직구성원 간에
‘정책기조의 구현에 친화적인 문화’의 존재 여부는 정책기조 정합성의 확보에 중
요한 요소인 것이다.

---

61) 미국에서는 실적제적 인사제도와 민간 싱크탱크들과의 긴밀한 협조관계 때문에, 집권 후 정권
    과 정책기조를 공유하는 민간연구기관과의 인적 교류와 정책 지원이 활발한 편이다.

제 5 절 **정책기조 실행성의 확보**

정책기조가 개별 구체적인 정책들에 의하여 실제 정책행동으로 실천되는 것을 '정책기조 실행성의 확보'라고 한다. 정책기조는 개별 구체적 정책들로 만들어져 집행되지 않으면 아무 소용이 없다. '말'뿐이 아니라 '실천'이 중요하다는 뜻이다. '실행할 의지가 없는 공약으로서의 정책기조' '추상적인 말의 성찬'에 머무르지 않고 '구체적인 실천' 단계로 나아가야 비로소 의미가 있으므로 이 실행성은 중요하고 그 평가가 혹독하다.

좋은 의료보장을 위해 비싼 민영보험에 가입해야 하고 공공의료보험이 없어 저소득층 등 국민 4,800만여 명은 아예 의료보험이 없는 기존 의료보험제도를 바꿔 미국 국민에게 2014년까지 건강보험 가입을 의무화(벌금 부과)하고자, 오바마 미국 대통령이 정치적 운명을 걸고 추진했던 '건강보험개혁법'(Affordable Care Act, 일명 오바마케어)은 2010년 3월 의회를 통과했다. 그런데 가장 큰 쟁점 하나인 재원 마련 예산을 놓고 야당(공화당)의 거센 반발로 그해 10월 연방정부 폐쇄(셧다운)를 겪고, 26개 주 정부가 제기한 개인 자유침해(의무가입 조항)의 위헌소송에 대해 2012년 6월 '최근 100년간에 걸쳐 가장 중요한 결정 중 하나'인 연방대법원의 '합헌' 판결 끝에, 결국 오바마케어는 역사적인 승리를 거두고 출발하게 되었다. 그러나 그런 국정기조도 실행상의 실수와 준비 부족으로 큰 위기에 봉착했던 적이 있다.

"지금 나보다 속 타는 사람은 없을 거다." 버락 오바마 미국 대통령이…백악관 로즈가든 연설에서 답답한 속내를 드러냈다.…지난 1일부터 각 보험사의 건강보험 상품을 비교한 뒤 가입할 수 있는 인터넷 사이트를 열었다. 그런데 가입자 폭주로 인터넷 사이트가 먹통이 되거나 너무 느려져 소비자 불만이 곳곳에서 터져나왔다.…나이 들고 몸 약한 사람은 정부가 시키지 않아도 보험 가입에 혈안이 돼 있다.…인터넷을 통한 보험 가입에 총력을 기울인 것도 젊은 세대를 끌어들이기 위한 고육책이었다. 한데 인터넷 사이트가 먹통이 되면서 젊은 세대가 건강보험을 외면

하지 않을까 전전긍긍하고 있다. 오바마는 이날 연설에서 "변명하지 않겠다"며 "다만 모든 기술 인력을 총동원해 이른 시일 안에 이 문제를 해결하겠다"고 진화에 나섰다.…완패한 뒤 사분오열했던 공화당은 반격에 나섰다.…웹사이트 접속 장애가 이른 시일 내 풀리지 않으면 오바마의 입지는 더 어려워질 전망이다.62)

　　이와 같이 정책기조의 실행성은 정책기조의 운명을 좌우하는 문제이다. 좋은 정책기조의 채택에 성공하고 그 실행에는 실패할 수 있다.63) 머리는 좋은데 노력이 없어 실패할 수 있는 것처럼, 기조지능과 기조감수성이 좋은데 기조 구현 역량이 부족해 실패할 수 있는 것이다. 이는 기업에서 혁신 제품을 창조(발명)하고도 상업화(시장화)에 실패하여 도산하는 상황과 유사하다. 이를 '창조성 패러독스'(creativity paradox)라고 하는 표현을 원용하여64) '정책기조 패러독스'(policy-paradigm paradox)라고도 할 수 있다. 즉 이는 좋은 정책기조로 창안돼 구현하게 된 정책기조가 그 실행에 실패해 많은 정책혼란(policy chaos)과 정책표류(policy drift)를 낳음으로써 오히려 창안·채택되지 아니하느니만 못한 '비의도적 결과'(unintended consequences)를 초래한 것을 일컫는다. 이는 대국(大局)·중대사(대세)·거대 담론 등 '거시수준'(macrolevel)도 소국(小局)·세부사항(디테일)·미세 소통 등 '미시수준'(microlevel)에 의해서 결판날 수 있음을 경고하는 말이다. 그런 세부 사항의 실행성은 행정학·경영학의 조직·인사·재무·정책·통제 등에 관한 각종 이론과 기법이 적용되는 부분이다.65) 그중 특히 중요한 몇 가지 사항만 논의

---

62) 중앙일보, 2013.10.23., "말 많았던 오바마케어 출발부터 말썽." 이 법은 위기를 넘겼지만, 2017년 취임한 트럼프 대통령에 의해 폐기 가능성에 휩싸이기도 했다.

63) 1960년대 미국의 '위대한 사회'라는 좋은 정책기조가 실패한 것은 정책집행의 실패 때문이었다는 연구 결과로(J. Pressman and A. Wildavsky, Implementation, 1973), 정책학에서 '정책집행론'에 대한 관심이 높아졌음은 주지의 사실이다.

64) 수많은 특허와 혁신 제품의 창조에 성공하고도 시장 기회 창출에는 실패함으로써 오히려 시장 없는 창조가 비용과 독이 된다는 '창조성 패러독스'는 노키아, 코닥, 모토롤라, 소니 등 수많은 대기업들을 도산하게 만들었다. 스마트폰을 처음 개발하고도 피처폰과 스마트폰 간 자기시장 잠식효과 때문에 스마트폰을 포기한 노키아, 디지털카메라 기술을 처음 개발하고도 필름 시장에 빠져 디지털카메라 기술을 포기한 코닥이 그 예이다. 그러나 포스트잇과 스카치테이프로 유명한 3M은 창조로 끝나지 않고 신제품으로 만들어 기업 매출을 창출하는 '신제품 매출액 30%의 법칙' 즉 최근 4년간 개발된 신제품 매출 비율이 30% 이상이 되도록 해야 한다는 룰로써, 창조성을 기업경쟁력으로 만들어 지속 성장하고 있다. 김기찬(가톨릭대 교수·전 세계중기학회장), "창조경제의 패러독스 극복하라," 매일경제, 2015.3.3. 참조.

65) 정책기조와 관련해 아직도 많은 부분에 대한 연구가 필요하다. 예컨대 패러다임의 형성과 채

해보기로 하겠다.

1. 정책기조의 공유와 구체적 기반 구축 및 정책운용

먼저 구체적 정책운용의 과정에서 참여자의 나침반의 역할을 하며 정합성을 확보할 '일련의 정책기조 체계'의 '정립과 공유의 작업'이 사전 정지(整地)작업의 성격으로 시작돼 계속돼야 한다. 이는 정책기조 구현을 위한 참여자들의 가치합의와 적극적인 직무수행의 동기부여를 도모하는 것이다. 그리고 구체적인 정책의 내용과 과정·절차의 설계와 집행, 그리고 평가와 환류 등의 정책운용이 있게 된다. 이런 구체적인 정책의 운용과정은 정책기조의 구현이란 '목표'를 위한 '수단'에 해당한다. 거기에는 최고관리자의 관심과 점검하에 중간관리자 및 하부 업무층으로 내려가면서 점점 더 현장의 구체적 상황에 맞춘 맞춤형(맥락의존적) 자율성과 융통성을 허용하는 방식이 원칙이다. 그래서 최고위 책임자부터 최하위 담당자에 이르기까지 정책기조의 본질 타당성을 구현하는 목표를 공유하고, 함께 협력하여 달성하는 참여감·사명감·자긍심을 극대화할 수 있어야 한다. 이를 '정신적·인식적 인프라'의 구축과 운용이라고 할 수 있다. 그렇지 못하면 아무리 좋은 이상도 실행과정에서는 다음과 같이 한낱 꿈에 지나지 않게 변질되거나 실패한다.

소액 신용 대출로 빈곤층이 재봉틀이나 염소 같은 생산적인 자산을 마련하며 자립하게 도와주는 방글라데시 그라민은행의 설립자 무함마드 유누스(M. Yunus, 1940-)가 창안한 소액금융(micro-credit)제도는, 그후 세계은행과 미국 등으로까지 수출되었다. 그러면서 전 세계에 '빈곤층 자립 지원 정책기조'로 확실히 인정받았다 (유누스는 2006년 서울평화상, 노벨평화상을 받았다). 그리하여 증권 거래소에 성

택에 비하여 실행 단계의 '미시수준'과 실행 과정에서의 '비의도적 결과' 등에 관한 연구가 적어 더 연구가 필요하다는 주장이 그것이다. 그런 연구 중 하나가 있다. 전통적 관료행정모델로부터 1980년대 공공서비스의 향상을 기치로 '신공공관리'(NPM, New Public Management) 방식의 더 효율적인 행정개혁'이라는 '새로운 행정개혁 패러다임'이 각국에서 대대적으로 채택·실행되었다. 그런데 스웨덴 지방정부의 민방위계획의 패러다임 전환 사례에 관한 연구에서 양적 개혁으로 흐르기 쉬운 비의도적 결과로서 감시비용, 터널비전, 경직화, 기능부전, 특정 목표에 대한 예산과 관심의 과잉동조, 부분최적화 등이 지적된 것은, Daniel Nohrstedt, "Paradigms and Unintended Consequences: New Public Management Reform and Emergency Planning in Swedish Local Government," Hogan and Howlett(eds., 2015), 141-163 참조.

공적으로 상장하는 소액 금융기관이 속속 생겨나고, 대형 은행들이 참여하여 빈곤 종식에 희망을 안겨주었다. 그러나 소액금융계에 10년 동안 직접 몸담으며 세계 곳곳 개도국의 현장에서 목격한 싱클레어는 그 실상을 내부고발자 형식으로 폭로하였다. 그 정책기조의 실행과정에서 점차 변질되어, 특히 대형 은행들이 개입하면서 큰 수익에만 초점을 맞추게 됨으로써 소액 금융 기관으로부터 대출을 받는 가난한 사람들이 실제로 가장 높은 이자로 빚의 악순환으로 내몰리게 되었다. 공격적인 대금 회수 관행으로 강제 매춘과 아동 노동, 자살까지 이르는, 그래서 가난한 이들을 약탈하는 대부 사업에 불과하게 변질되었다고 증언한다.[66]

그러므로 '정신적·인식적 인프라'와 더불어 정책기조는 그 '인적·물적·정보적·관리적 인프라'가 최일선 현장까지 구축돼 그것을 통하여 정책대상자(집단)에게 변질되지 않고 성공적으로 수용될 수 있도록 실행돼야 한다.[67] 정책대상자가 이와 같이 정책에 동의하고 협조해 정책이 기대하는 구체적 행위를 실천하고 수용함으로써 정책효과가 나타나는 일련의 과정을 '정책수용'(policy acceptance)이라고 할 수 있다. 이 '정책대상자의 정책수용'은 정책의 집행체계 내에 있는 일련의 집행자들이 정책설계 시 기대한 바에 부응하여 집행행동을 하는 '정책집행자의 정책순응'(policy compliance)과 구별된다. 즉 정책은 정책집행체계 내 정책순응을 통하여 그 다음(최종) 단계인 정책대상자의 정책수용을 확보하게 된다.[68]

구체적인 정책들을 형성하고 집행·평가하는 데 관계되는 인사, 조직, 예산,

---

66) Hugh Sinclair, Confessions of a Microfinance Heretic, 빈곤을 착취하다, 이수경·이지연(공역), 민음사, 2015.

67) 여기서 '변질'은 합당한 정합성이 요구되는 만큼을 벗어난 의미이다. 구체적 개별 정책들로 각각 융통성 있게 구체화된, 합당하게 구현되는 것도 불허하는 것을 의미한 것은 물론 아니다.

68) '순응'을 확보하더라도 '수용'은 확보하지 못할 수 있다. 이에 저자는 허범 교수의 '정책의 수용성'(policy acceptability) 및 '관청성과와 민본효과'를 구분하는 '정책효과의 차원' 개념을 따라, '관청의 정책목표 달성도'라는 '관청성과' 차원을 넘어서서 정책대상자인 '시민의 삶의 질과 행복감'에 미친 영향 차원을 의미하는 '민본효과'(민주효과)와 직결된 '정책수용'을 전통적 의미의 '정책순응'에서 분리해 구분한다. 이는 던컨이 단순히 외면적 행동과 내면적 행동의 반응으로 각각 구분한 순응 개념과도 다르다. 이는 결국 당국의 일방적 판단에 의한 구성원의 '객관적 이익'을 실현하는 것과 시민의 참여에 의하든 어떠하든 궁극적으로 구성원의 '주관적 이익'을 실현하는 것의 개념적 차이를 중시함을 의미한다. 허범, "정책의 수용성과 행정의 민주화," 현대사회, 1982(가을호), 현대사회연구소; 허범, "새로운 공공행정의 모색," 한국행정학회 제1차 국제학술대회 발표논문, 1988, 104, 115-116; Jack W. Duncan, Organizational Behavior, 2nd ed., Boston: Houghton Mifflin Company, 1981; 박근후, 정책집행에서의 순응과 수용, 사회과학논총 16, 가톨릭관동대 사회과학연구소, 2015, 107-134; 강근복 외(2016), 282-286; 정정길 외(2012), 550; 박정택(2007b), 제2부 제2장 주관적 이익과 객관적 이익 부분(311-422) 참조.

법제, 도구와 장비 등 구체적 정책운용의 기반(인프라)이 점검되고 구축돼 실제 기대하고 준비한 대로 작동되어야 한다. 그래서 해당 정책기조의 구현에 필요한 조직, 예컨대 평상 조직이 아니라면 전담 팀이나 부서 등 조직을 정비하고, 그에 알맞은 적임자를 각 팀이나 부서 등에 보임해야 한다. 그리고 필요한 예산을 배정하고, 법령 규칙 등을 제·개정하며, 필요한 장비나 도구를 배치해 원활하게 작동되도록 모든 측면에서 세부적으로 준비해 조치해야 한다.69) 그런 실행의 과정의 요체는 다음 지적과 같이 추상적인 규범판단의 '정책기조'를 과학적인 사실판단을 토대로 당해 정책상황에 최적화한 '구체적인 정책(들)'이란 실천적 관리판단의 영역으로 전환하여 좋은 정책대안들을 마련해 성공적으로 실행하는 데 있다.70)

> …개혁의 청사진은 대체로 이상주의적, 근본주의적 경향이 두드러지고 현실적 타당성이 약하기 쉽다. 그런데 막상 이것을 프로그램화하고 집행해야 할 관료제는 보수적이며 기존의 제도와 관행에 집착하는 성향이 강하다. 따라서 장관은 강력한 개혁적 리더십을 통하여 관료들을 독려하고, 그들에게 '개혁성'과 '창의성', 그리고 어느 정도의 '모험성'을 주입시켜 보다 적극적(proactive) 인간형으로 전환시키며, 아울러 그들 특유의 절차적 합리성과 현실적 감수성 및 정밀성을 최대한 활용하여 개혁 청사진이 가진 빈틈을 메울 필요가 있다. 당시…교육부의 직제를 개편하는데 힘썼다.…아울러 전례 없는 대대적인 인사개혁을 통하여 교육개혁을 앞장서서 추진해야 할 과장급을 개혁지향적인 신진 관료엘리트로 대폭 충원했다.…개혁은 거시적 수준에서는 게임규칙의 급격한 전환인데 반해, 미시적 차원에서는 지속적 적응 내지 개선의 과정이다.…이들의 창조적 잠재 능력을 최대한으로 동원하기 위해서는 적절한 유인체계와 징벌체계가 필요하다.…관료에 대한 새로운 유인체계나 징벌체계는 실제로 거의 제시되지 않았다. 이 점은 크게 반성할 대목이다.71)

---

69) 일반적으로 기존 산업이나 업무에 정보기술을 접목할 때는 '업무과정 재설계'(BPR, Business Process Reengineering)부터 철저하게 해야 한다고 한다. 이는 일하는 절차와 산업의 작동 구조 등을 세밀히 파악해 정보기술을 접목한 상황에 맞춰 변화시키고, 구성원들로 하여금 바뀐 절차를 이해하고 완벽하게 적응하게 해야 하는 것을 말한다고 한다. 이 BPR은 정책기조의 실행성 확보에도 적용할 만하다. 이는 한겨레, 2014.5.8., "왜 호들갑인가요? 뒷감당 어쩌려고" 김재섭 기자의 뒤집어보기 참조.

70) 이 규범판단, 사실판단, 관리판단 등 판단의 3요소에 의한 정책운용의 '삼중 고려명제'(thesis of triple consideration)나 '세 방향 조절과정'(three-way procedure)은 원래 비커스의 규범판단, 사실판단, 전략판단의 통합에 관한 설명에서 원용해 저자의 다음 문헌에서 자세히 설명하였다. Sir Geoffrey Vickers, The Art of Judgement, NY: Basic Books, 25-112; 박정택(2007b), 108-112.

71) 안병영·하연섭(2015), 149-150, 155-158.

2. 정책기조 구현의 체계별 분담과 협업(정책협력)체제의 구축

정책기조를 구현하는 일은 종합적인 협력체제의 분담 실행체제에 의해 이루어지는 일이다. 정립된 일련의 정책기조 체계에 맞춰 각 체계별로 분담하게 돼 있는 다종다양한 기관·부서·민관·인사·정책 등이 유기적으로 연합하여 이루어내는 것이다. 그렇게 정책기조의 구현은 기관과 기관, 부서와 부서, 기관과 부서, 민과 관, 사람과 사람, 구체적인 정책과 정책 등 서로 직접적·간접적으로 연결된 부분(파트)들이 전체적으로 협력해 통합하여 결과를 산출하는 통합적인 실행의 협력시스템의 산물이다. 그것을 대표하는 개념이 '정책협력'(정책공조, policy cooperation)이다. 다음은 그 예이다.

> 지역균형발전이라는 부푼 꿈을 안고 출발한 혁신도시가 공공기관 직원들을 괴롭히고 있다. 부산·대구·광주전남·울산·강원·충북·전북·경남·제주 10개의 지방혁신도시로 옮겨 간 67개 공공기관 직원 2만여 명의 가족 동반 이주율은 전국 평균 23.1%에 불과해 1만 5,000여 명이 가족과 떨어져 홀로 살고 있다…가족 동반 이주율을 높이려고 애쓰는 지방자치단체들의 몸부림도 눈물겹다. "'신의 직장' 지방이전 공공기관 직원에 현금 퍼주는 '가난한 지자체'"라는 제목의 신문기사가 잘 말해주듯이, 지자체들은 사실상 지역민에 대한 역차별도 불사해 가면서…파격적인 지원책을 내놓고 있다. 그렇지만 시간이 더 흐른다 해도 크게 달라질 것 같진 않다.…왜 그런가? 무엇보다도 자녀교육 문제가 걸려 있기 때문이다.…서울 소재 대학에 대한 집착이 병적인 수준으로 대중화된 세상에서 공부하는 자녀를 지방으로 데리고 내려오는 건 결코 쉬운 일이 아니다. 그런데 교육부는 '인서울' 강화 정책을 씀으로써 오히려 혁신도시 사업의 취지에 역행하고 있다. 교육부가 추진한 전국 4년제 대학 204곳의 2015학년도 정원 감축분 8,207명 중 7,844명(96%)이 지방에 몰려 있다.…재정지원 분배도 철저히 서울 중심이다.…이런 관점에서 보자면 혁신도시 사업의 주체는 국토교통부와 더불어 교육부가 되어야 한다.[72]

정책기조의 구현은 관련 기관의 구체적 정책들이 서로 유기적으로 협력해 전체적인 공통 목표를 달성하는 데 상승효과(synergy)를 내도록 공동 협조(공조,

---

72) 강준만(전북대 신문방송학과 교수), "혁신도시의 비극," 한겨레, 2015.4.6.

共助)하는 작업이다. 그 협력(공조)의 핵심에는 '정책공조'가 놓여 있다. 즉 정책공조는 구체적인 '정책'을 중심으로 그 정책과 관련된 '정책조합'(policy mix)의 다른 정책들뿐만 아니라, 조직·인사·예산·법령·장비·설득과 홍보·합의 등이 모두 연관돼 있다는 것을 뜻한다. 서로 손발을 맞추지 못하는 정책협력은 정책혼선을 부르고, 신뢰를 훼손하며, 정책기조의 구현을 저해한다.

　　정책공조는 국내 각 유관 기관 간이나 기관 내 부서 간의 협력이 일반적이다.73) 그런데 때로는 정부기관과 민간의 기업이나 시민단체 간의 협력도 포함한다. 그리고 '통화스와프'(currency swaps)74), 중앙은행 금리정책 합의, 범죄인 인도나 형사사건 자료의 사법공조, 인터폴 공조 수사 등과 같은 국가 간의 정책공조(국제공조)를 통하여 정책기조를 구현하기도 한다. 그래서 그런 정책공조를 위해 기존 조직 외에 별도의 협의기구, 즉 전담 위원회나 기구가 만들어져 인력이 배치되고, 예산이 지원되며, 필요한 법령의 뒷받침을 받고, 일련의 업무를 수행하는 경우들을 공동체의 곳곳에서 많이 목격하게 된다.

3. 종합조정체제의 구축과 지속적 실행 및 실질적 제도화

　　정책기조의 구현을 위해서는 그 실행이 일련의 구체적 '정책협력'에 의해 이루어지는 만큼 협력체제에서 반드시 필요한 종합조정체제(예, 컨트롤타워)가 구축되고 원활하게 실행되어야 한다. 각 분담 업무 수행의 고유한 특성과 자율성을 지닌 채 각 정책협력 부서의 분담에 의하여 전체적인 정책기조의 목적을 달성하는 분담 협력체제에서는 반드시 그 분담에 따른 ─꼭 기구 신설이 아니라도 기능상─ '통합 조정'이 필수불가결한 것이다. 예컨대 각 분담별 업무 수행의 과제(정책)

---

73) 경제혁신 3개년 계획을 두고 기관 내 부서(경제정책국과 부처 내 다른 부서들) 간의 정책공조의 실패의 예로, 매일경제, 2014.3.3.

74) 통화스와프는 서로 약정된 환율에 따라 일정한 시점에서 자국 통화를 맡겨놓고 상대국 통화를 빌려와 상호 교환하는 외환거래이다. 이는 주로 어느 한 나라에 외환위기가 발생하면 상대국이 외화를 즉각 융통해줌으로써 외화 유동성 위기를 넘기고 환시세의 안정을 도모할 목적으로 체결한다. 우리나라는 2008년 10월 국제금융위기의 여파로 금융시장이 불안해지자 미국과 300억 달러 규모의 통화스와프 협정을 처음 체결, 2010년 2월까지 유지했고, 기타 중국, 호주, 말레이시아, 인도네시아 등과도 체결했다. 동아일보, 2016.3.1., "한미 통화스와프 소문내며 할 일인가" 사설 참조.

부여, 우선순위, 선택과 집중, 연속성과 일관성, 인사, 내외부 의사소통 등에 관한 총체적인 통합 지휘체제의 통솔과 관리는 성공적인 정책기조 구현의 매우 중요한 요소이다.

정책기조는 대체로 장기간에 걸쳐서 여러 다양한 구체적 정책들을 통하여 일관성 있게 구현되었을 때, 그 효과를 거둘 수 있는 차원의 메타정책이다. 그렇기 때문에 정책기조는 처음부터 공동체 구성원의 합의를 추구해 채택되는 것이 중요하고, 일단 채택되면 꾸준히 일관되게 지속하여 실행되는 것이 성공의 중요한 요소이다. 다음은 정책기조 구현의 제도화가 이루어져 지속적으로 구현되었을 때 효과를 거두는 예이다.

> 중남미의 대표적 생태도시인 브라질 쿠리치바는 정책의 지속가능성 측면에서도 주목할 만하다. 쿠리치바는 재활용이 가능한 쓰레기를 수거트럭으로 가져오면 감자·고구마·바나나 등 식품과 교환해주는 제도를 22년째 이어오고 있다. 쿠리치바는 한 사람의 힘으로 지속가능발전의 대표적인 도시가 된 것이 결코 아니다. 40년간 시장이 바뀌어도 생태도시로 가꾼다는 정책기조만큼은 흔들지 않은 결과이다. 그런데 우리의 지속가능발전 정책은 새 정부가 들어설 때마다 바뀌고 있다. 지속가능발전 정책 자체가 지속가능하지 못한 셈이다. 지속가능발전은 2003년 출범한 참여정부에서 국정철학으로 잡혔다.…이는 2002년 지속가능발전 정상회담에서 합의된 각국 정부의 지속가능발전 추진 의무와 방법에 발맞춰 이뤄진 것이다.[75]

그러면 정책기조 구현의 제도화는 더 구체적으로 어떤 모습으로 나타나야 할까? 그것은 결국 정책대상자의 의식, 사고와 관행에 이른 지점까지에서 정책기조의 목적·목표가 구현되는 모습을 말한다. 즉 정책대상자의 의식, 사고와 행동이 정책기조의 목적·목표를 수용(acceptance)하여 그에 합당하게 반응·표출하는 정도로 정책기조의 취지가 실질적으로 정착되는 제도화인 것이다. 이는 정책기조 구현이 자칫 하향적인(top-down) 형식적 제도화로 나아가다가 거기서 그칠 수 있음을 경계해야 한다는 것을 강조하는 말이다. 정책기조의 구현 과정에서는 반드시 정책대상자의 의식, 사고와 관행에 '심층(심대한) 영향'(deep impact)을 미치는

---

75) 이현숙(한겨레경제연구소장), "지속가능발전 정책의 지속가능성," 한겨레, 2013.6.17.

데 필요한 '정책대상자의 자발적 호응과 참여'를 이끌어내 '실효성 있는 제도화'를 정착시킬 수 있어야 한다는 것이다. 다음의 성찰을 참고할 수 있겠다.

> 5·31 교육개혁은 정부주도의 하향적 개혁사업이었고, 거기서 오는 적지 않은 장애요소와 실효성 차원에서의 한계가 있었던 것이 사실이다. 하향식 개혁은 개혁의 주체가 되어야 할 교사들과 학부모 등 주요 이해당사자들의 소극적 참여와 부정적 반응을 유발했고, 이는 개혁 성과에도 큰 영향을 미쳤다. 교육개혁사업 중 많은 것이 단순한 법령개정이나 기구창설, 제도변화 등 공식적 조치로 이루어지는 것이 아니라, 개혁 내용이 학습자를 비롯한 이해당사자들의 의식 속으로 스며들어 그들의 사고와 관행을 바꾸어야 진정한 성과가 나타나게 된다. 그러나 관제적 하향식 개혁은 자칫 개혁의 형식화·표피화로 귀결되고 그 실질적 성과가 교육현장에까지 이르지 못한다. '실천 위주의 인성교육', '자기주도적 학습', '수준별 학습'이 소기의 목표에 크게 미흡한 것이나, 학교생활기록부, 학교운영위원회 등이 초기에 큰 어려움을 겪거나 제도가 착근하는 데 시간이 크게 걸린 것도 바로 그러한 이유 때문이다.…관주도 하향식 개혁은 불가피한 측면이 컸던 것은 인정하나, 그러한 추진방식이 갖는 태생적 한계가 있었음은 함께 인정하지 않을 수 없다.…민주화, 자율화, 분권화를 지향하였으나, 이를 전달하는 그릇과 틀, 그리고 방식이 여전히 권위주의적, 고식적, 지시적이었음을 부정할 수 없다.[76]

---

76) 안병영·하연섭(2015), 304-305, 316.

제 3 부

정책기조리더십

지금까지 '사람이 사람답게 좋은 삶'을 살 수 있도록 '좋은 공동체'를 건설할 수 있는 '좋은 정책'으로서 '좋은 정책기조'에 대하여 논의해 왔다. 이와 같이 '좋은 정책기조'를 논의하는 목적은 '사람과 그 사람이 속한 공동체를 바람직한 틀과 방향으로 나아가게 하는 좋은 정책의 운용'에 두고 있다. 그것을 더 압축해 보면, 결국 '사람의 좋은 삶의 영위'로 모아진다. 그렇게 '사람의 좋은 삶'에 관한 '좋은 정책기조'의 문제도 결국 '사람'이 다루고 결정하고 처리한다. 그렇다면 '좋은 정책기조'를 논의하는 결론 부분에서는 '정책기조'를 형성하고 구현하는 등 정책기조를 운용하는 주체인 '사람'(정책기조운용자)의 문제가 갖는 중요성에 대하여 정리하지 않을 수 없다. 이에 이 제3부에서는 바로 '정책기조운용자의 리더십'에 관한 논의로 이 책을 마무리하고자 한다.

제 1 장

정책기조의 운용과 리더십

정책 현장에는 항상 '아이디어의 경쟁이나 전투'(a competition or battle of ideas)가 있다. 특히 핵심 아이디어인 패러다임(정책기조)이 정책활동의 가장 중요한 원인적 추동자(causal driver)로서 그 역할을 수행하고 있는 상황을 우리는 일상적으로 목격하고 있다. 그런데 그런 상황이 실제로는 그 패러다임을 주창(창도, advocating)하는 리더(들)의 리더십 발휘의 상황이기도 하다. 그렇게 좋은 정책을 위해서는 '정책리더십'이 중요하고, 그중에서도 '정책기조'를 올바로 이해하고 운용하는 것이 매우 중요하다.[1] 그래서 최근 신제도주의나 정책 연구에서 '패러다임'이란 '아이디어의 담지자'(bearers of ideas)[2]나 '창도자'(주창자, advocate)나 '실행자'(agents)로서, 개인이나 집단의 역할, 곧 리더십이 재인식되고 있다. 리더십을 발휘하는 지도자가 국가관(공동체관)·시국관(상황판단)·정책관 등에 있어서 바람직한 가치관·이념·철학을 가지고 높은 윤리도덕성을 바탕으로 좋은 정책기조를 형성하고, 정책기조를 책임 있게 잘 운용해 구현해야 하는 것이 아주 중요하다는 인식인 것이다.[3] 그런 정책기조의 이해와 운용을 위한 정책리더십이 바로 '정책기조리더십'이다.

제 1 절　정책기조리더십의 정의와 의의

좋은 정책을 형성하고 집행하는 문제는 정책대상자에게 기대한 좋은 결과를

---

1) 그런 정책기조의 이해와 활용 능력을 '정책기조 문해능력'(literacy of policy paradigm)이라고도 할 수 있다.
2) Cairney and Weible(2015), 94.
3) 앞의 '정책기조의 이론 부분'인 제1부와 제2부가 주로 '구조'를 대표한다면, 이 제3부는 구조결정론으로 치우치지 않도록 균형추 역할을 하는 '개인(사람, 행위자) 의지·의도·자율성·행위 부분'을 대표한다고도 말할 수 있다. 실제 정책세계에서 그 긴장(길항)이나, 쌍방향이나, 변증법적 관계, 그리고 상호보완 관계의 양상은 구체적인 정책상황마다 다를 것이다.

안겨주는 정책운용자의 역할, 곧 정책운용에 있어서 발휘되는 정책운용자의 리더
십이 핵심적인 문제의 하나가 된다. 그리고 특별히 그런 정책운용자의 리더십을
'정책리더십'(policy leadership)이라고 한다. 리더십은 그것을 연구하는 학자만큼이
나 많은 정의가 있다. 그렇지만 "집단의 공동목표를 달성하기 위해 리더가 구성원
에게 영향력을 행사해 변화를 유도하는 과정"[4]이라고 정의하는 데 대하여 대체
로 동의할 수 있다. 그렇다면 '정책리더십'은 그런 일반적인 조직관리상의 리더십
을 정책과정의 운용에 적용하는 정책운용상의 특화된 리더십이라고 할 수 있다.

　　정치지도자와 관련된 정책리더십을 연구한 이해영 교수는 정책리더십을 "정
책환경과 가치를 고려하여 목표와 문제를 창조적이고 실천적으로 설정하며, 이해
관계자와 담당자의 참여를 보장하여 정치적으로 원만하게 합의하여 정책수단을
개발하고, 나아가 정책수단의 우수성과 우선순위를 주창(主唱)하고 선도하며(창
도), 정책실현에 필요한 자원을 동원하여 정책대상자의 지지와 동원을 유도하고
형성할 수 있는 능력과 자질"이라고 정의한다.[5] 간단히 말하면, '정책운용자가
정책의 운용과정에서 구성원이나 관련자들에게 영향력을 행사해 정책운용을 의
도한 방향으로 이끄는 활동'이다.[6]

　　이런 '정책리더십'의 개념을 들고 나온 데 대하여 비판적인 견해도 있다. 로
스트(J. Rost)는 리더십이론에 '정책'이라는 수식어를 덧붙여, 또 하나의 리더십이
론을 분파적으로 설명하려는 의도를 못마땅하게 여긴다.[7] 그러나 "정책리더십이
론은 구체적이고 현장 중심적이며(the here and now) 문제해결 중심(problem-
oriented)의 정책 영역에서 리더십의 실체를 현실적으로 이해하기 위한 리더십 연

---

4) 안성호·김일석, 현대 리더십의 이해, 신광문화사, 2010, 17.
5) 이해영, 정책학신론, 전정3판, 학현사, 2010, 312; 이해영, 정치지도자의 정책리더십, 집문당, 2003, 64.
6) 정책리더십(또는 리더)이 처음부터 정책기조(논리)를 제시해 시종일관 하향적으로 이끄는 경
   우만이 아니라, 조직(기관) 내부나 외부에 의해 상향적·외부적으로 제기되고 공식화(합법화·
   정당화) 과정을 거쳐 비로소 정책리더십이 하향적으로 정책기조를 추진·구현하는 등 다양한
   경우가 있을 수 있다. 그렇지만 여기 정책기조리더십은 어떤 경로와 과정으로 시작되고 구현
   되든지, 결국 정책기조가 추진되고 구현되도록 일련의 정책과정을 이끌어가는 정책리더십을
   말하는 것으로 단순화해 이해한다.
7) Joseph C. Rost, Leadership for The Twenty-First Century, Connecticut: Praeger Publishers, 1991, 1;
   이해영(2003), 12 재인용.

구의 한 분야"라는 지적처럼[8] 리더십이론을 더 풍성하게 보완해 준다. 그뿐만
아니라, 정책학이론을 위해서도 실질적으로 필수적인 연구 분야이고, 실천적으로
도 정책운용자들의 실무에나 기타 구성원들의 인식에 꼭 필요한 실천적 문제이기
도 하다.

사람이 사람답게 '좋은 삶'을 살 수 있고, 공동체가 공동체다운 '좋은 공동
체'를 건설하는 의미의 바람직한 결과를 창출하는, 곧 '좋은 가치를 행동으로 실
천'하는 역할로서의 정책리더십은 특별히 '정책기조'의 영역에서 가장 중요하게
부각된다. 즉 정책의 운용자는 공동체와 기관(조직)의 구성원과 함께 좋은 정책기
조를 공유하고, 좋은 삶과 좋은 공동체를 위한 여러 가지 구체적인 정책들을 형성
하고 집행해 좋은 결과를 창출할 수 있도록 그들과 더불어 그 '정책기조를 통하
여' 그들의 활동을 더 효율적으로 이끌어 갈 수 있다. 그래서 '정책기조리더십'
(policy paradigm leadership)은 '정책기조 운용자가 정책기조의 운용과정에서 구성
원이나 관련인들에게 영향력을 행사해 정책운용을 의도한 방향으로 이끄는 활동'
이라고 정의할 수 있다. 여기서 정책기조 운용자는 일차적으로 정책기조의 결정
자가 가장 중요한 정책주체이지만, 이차적으로는 정책기조의 운용에 참여하는 하
위 책임자와 담당자 등의 정책주체를 포함할 수 있다. 그리하여 이 정책기조 운용
자 집단은 '정책지배구조'(정책거버넌스구조, policy governance structure)를 구성하는
집단이 된다.[9] 결국 정책기조의 결정자를 정점으로 하는 정책지배구조의 구성,
성격, 유형 등은 정책기조리더십을 비롯한 전체 정책리더십의 방향과 질, 그리하
여 한 공동체의 방향과 구성원의 삶의 질을 결정하는 가장 중요한 요소의 하나가
된다.

임진왜란 때(1592-1598) 충무공 이순신(李舜臣, 1545-1598) 장군이 제해권(制海
權)을 장악하고, 국가와 민족을 존망(存亡)의 위기에서 구한 그의 리더십에는 '철

8) 이해영(2003), 12-13.
9) '지배구조'는 '집단활동을 조정하고 규율하며 관리하는 방식'이라고 정의할 수 있다. 그렇다면
'정책지배구조'는 지배구조를 정책 분야에 특화한 것으로서 '정책의 형성과 집행 등 정책운용
이란 집단활동을 규율하는 방식'을 의미한다(일련의 정책결정활동에 초점을 맞춘 것이 '정책
결정시스템'이라고 할 수 있겠다). 이와 관련, 유민봉, 한국 행정학, 박영사, 2005, 161-168; 김
석준 외, 뉴거버넌스 연구, 대영문화사, 2000 참조.

저한 준비태세와 전략적·전술적 분석에 의해 최소한 대등한 교전의 원칙'이 들어 있었다. 이 충무공에게 전투는 정책이었는데, 거기에 '선 준비, 후 대등 상황의 전투'가 그의 정책기조였다는 것이다. 다음을 보자.

이순신과 관련한 7권의 책과 수십 편 논문을 발표한 국내 최고의 이순신 권위자 중 하나인 제장명(순천향대 이순신연구소장, 전 해군사관학교 충무공연구부 교수) 교수는 "해전은 23전 23승이 정설처럼 돼 있으나, 실제로는 50전 이상이라는 것이 최근의 연구결과이(다)···위인의 면모를 강조하다 보니, 당시 조선 수군은 항상 확연한 열세로 일본군과 싸워 이긴 것으로 잘못 알려져 있다. 이순신은 미리 치밀하게 준비함으로써, 왜군에 비해 오히려 월등하거나 최소한 대등한 상황을 만들어 전투를 시작했다"라고,[10] 그의 정책기조리더십을 설명했다. 다음 임진왜란이 일어나기 직전 상황을 포함한 난중일기 중에서 이를 조금이라도 확인할 수 있다.

갑오년 9월 초3일(양력 10월 16일)···새벽에 임금의 비밀분부가 들어왔는데, "수군과 육군의 여러 장병들이 팔짱만 끼고 서로 바라보면서 한 가지라도 계책을 세워 적을 치는 일이 없다"고 하였다. 세 해 동안이나 바다에 나와 있는데 그럴 리가 만무하다. 여러 장수들과 맹세하여 죽음으로써 원수를 갚을 뜻을 결심하고 나날을 보내지마는, 적이 험고한 곳에 웅거하여 있으니 경솔히 나아가 칠 수도 없다. 하물며 나를 알고 적을 알아야만 백 번 싸워도 위태하지 않다고 하지 않았던가!···초저녁 촛불을 밝히고 홀로 앉아 스스로 생각하니 나라 일은 어지럽건만 안으로 건질 길이 없으니, 이를 어찌하랴!···

정유년 1월 21일(양력 1597년 3월 9일)···도원수 권율이 와서 "일본에서 가등청정이 다시 온다고 하니 수군은 꼭 요시라의 말대로 왜군을 바다에서 맞아 무찔러라. 그래서 기회를 잃지 말라"고 명령하였다. 그러나 일본군의 속임수라고 판단하고 출격하지 않았다. 권율은 나더러 명령에 따르지 않아서 일본군에게 뜻대로 상륙시켰다는 죄를 주어 조정에 보고하였다.[11]

어떻든 전문용어로 "정책적 언명은 '사회 재구성'을 위한 제안"이라고 하는 바와 같이[12] 정책은 '사회의 재구성'을 위한 활동이다.[13] 그렇게 볼 때, 정책운용

---

10) 동아일보, 2018.1.5., "북핵 위기 한반도···이순신의 리더십 절실."
11) 이상 최두환(편역), 충무공 이순신 전집 제1권, 완역 초서체 진중일기, 우석, 1999, 21-23. 본문 중 요시라(要時羅)는 고니시 유키나가(小西行長)의 막하 간첩이었다.
12) 강신택, 행정학의 논리, 박영사, 2002, 140.
13) 정책기조의 형성과 구현에 필요한 지식으로서의 사회과학은 마치 자연과 물질을 의도한 대로

자는 정책기조리더십을 통하여 사회 재구성의 행위를 더 잘 수행할 수 있는 셈이다. 정책이 사회 재구성을 위한 활동이라고 한다면, '정책기조'야말로 정확하게 사회 재구성의 효과를 목적으로 한 '창도'(advocacy) 정책이고, 그래서 바로 그런 '정책기조를 운용하는 리더십', 곧 정책기조리더십를 제외하고 그보다 더 중요한 다른 어떤 '창도'(advocacy) 리더십을 의미할 수는 없기 때문이다. 작은 정책 리더는 현재와 당면할 눈앞 미래의 구체적인 정책만을 걱정하지만, 큰 정책 리더는 눈에 안 보이는 먼 미래 세대까지를 위한 정책기조를 걱정하는 것도 그 이유에서다. 이는 정책기조에 대한 그 자신의 이해와 운용과 더불어 그 구성원들에게도 정책기조에 대한 이해(기조적 이해, paradigmatic understandings)[14]에 바탕을 둔 정책 운용을 지도하는 것을 포함한다. 이런 이유로 아이디어학자들과 정책기조 연구자들은 리더십과 직결되는 '권위'(권력), '정치' 또는 '사회적인 것'의 중요성을 다음과 같이 강조한다.

> 2008년 금융위기 사태를 복기해 요약해 보면, 패러다임 유지와 변동의 양쪽 모두에게 중요한 것은 결국 경제가 아니라 정치이고, 사실(facts)이 아니라 권위(authority)라는 점이다. (홀이 말하는-저자 주) 3차적 변동의 정책기조 전환은 1차 및 2차적 변동이 쌓여서 이루어질 성질이 아니다. 그 자체 자율적으로 일어나는 영역이다. 무엇보다도 중요한 것은 패러다임을 두고 벌이는 경쟁(struggle over

---

변경하기 위하여 그에 대하여 설계하고 시공하는 공학(工學, physical engineering)에 비유할 수 있으므로 일종의 사회공학(社會工學, social engineering)이다. 따라서 그렇게 좋은 삶과 좋은 사회를 지향하며 형성하고 구현하는 정책기조 운용자는 사회디자이너(social designer)이고 사회공학도(社會工學徒, social engineer)이다. 그렇지만 '사회의 재구성 활동'은 보통 민주적·평화적·합의적·합리적인 방법에 의한 사회의 재구성 활동으로서의 사회공학으로 이해되고 있다. 전체주의적인 통제에 의해 유토피아 사회를 건설하고자 한 전제적·교조적·전체주의적인 마르크스류의 사회주의 국가건설의 사회공학은 바람직하지 않기 때문이다. '사회공학'에 관련, 철학자 칼 포퍼(1902-1994)는 마르크스의 유토피아적(utopian)·전체론적(전일론적, holistic)·(역사적 운명을 결정론적으로 정해 놓고 신봉하는)역사주의적 사회공학을 철저히 배격하고, 자신이 '점진적·단편적 사회공학'(piecemeal social engineering)이라고 명명한 사회공학을 제시했다. 자유주의 경제학자 하이에크는 모든 지식을 한 사람의 머리에 집중하고 설계하는 자연과학에서의 공학과 같이, 그렇게 지식의 집중화에 의해 사회문제를 해결할 수는 없다는 의미에서 점진적인 것을 포함하여 모든 '사회공학'의 발상 자체를 반대했다. Karl R. Popper, The Poverty of Historicism, 2nd. ed. London: Routledge & Kegan Paul, 1960(1957), 64-70; F. Hayek(ed.), Collectivist Economic Planning, London: Routledge & Kegan Paul, 1956(초판 1935), 1-12, 210; 박정택(2007b), 98-99 참조.

14) Baumgartner(2013), 255.

paradigms)이 공약불가능한 성격이라는 점이다.…정책기조와 관련된 교훈 하나만을 들라면 그것은 사실(facts)과 상관없이 정확히 '소재 권위'(locus authority)가 전환되지 않아 결국 패러다임 전환이 일어나지 않았기 때문에, 정책기조 변동에는 사회학적인 것(the sociological)이 과학적인 것(the scientific)을 이길 수 있다는 점이다. 때때로 단순히 사실만 가지고 좋은 이데올로기의 명분을 이겨낼 수는 없다. 실패한 것 같이 보인 것(being seen to fail)이 실제 실패(actual failure)를 이길 수 있다. 그런 세계에서 위기와 위기를 일으킨 아이디어에 관한 '진실'(the truth) 여부는 참으로 어떤 집단(또는 사회)의 가장 힘 있는 구성원들이 믿고 동의하는 것인가, 그렇지 않은가에 달려 있다. 그러므로 3차적 변동에 관한 경쟁은 결국 이변(정책실패)의 존재 자체가 아니라, 그 이변의 의미(the meaning of anomalies)를 두고 벌이는 경쟁이다. 또 패러다임 전환에는 반대하거나 지지할 만한 충분한 유인(plenty of incentives)이 있다는 사실도 증명해 준다. 그런 경우들을 통틀어 보면 아마도 무엇보다도 중요한 것은 권위(authority)가 중요하다는 점이다.[15)

제 2 절 정책기조리더십의 예술적 속성과 과학적 속성

정책기조리더십은 원래 일반적인 리더십이 그렇듯이, 다분히 예술(art)의 영역에 속한다. 실제 현장의 리더십이 예술인 것은 어떤 객관적이고 과학적인 기준으로 정형화시켜서 어떤 것이 가장 좋은 리더십이라고 말하기 어려운, 매우 주관적이고 상황 조건적인 영역이 다분하기 때문이다. 그렇게 리더십은 이론적으로 접근하기 매우 어려운 예술의 영역이라고 할 수 있는데, 그것은 매우 다양한 변수가 개입되어 변화무쌍하게 변용돼 실천되는 특성을 지닌 리더십의 실체 때문이다. 리더 또는 소수 핵심 집단의 아이디어(개인적·비공식적 아이디어)가 공식적인 정책당국, 더 나아가서 전체 공동체 구성원 다수가 공감하고 동의하는 아이디어(공식적 아이디어)로 내재화되고 제도화되는 과정에서 리더십의 역할은 대단히 중

---

15) Berman(2013), 210-211. 그런 의미에서 2013년 홀은 '이론'에서가 아니라, '정치'에서 '새 패러다임'(the next paradigm) 찾기를 기대해야 할지 모른다고 술회하였다. Peter Hall, "Brother, Can You Paradigm?" Governance, 26(2), 2013, 189-192. 또 paradigm을 '동사'로 사용한 용례를 보여주고 있다.

요하다. 그래서 다음 지적이 나온다.

> 아이디어로서의 정책기조의 특성 때문에 ① 행위자들이 개인적으로 지닌 아이디어(ideas carried by actors)와 ② 공식적으로 확립된 제도적 장치, 곧 정책당국에 의해 내재화되고 강화된 아이디어(ideas which have been 'embedded and fortified by established institutional arrangements'), 즉 정책기조는 상호 구별하는 것이 중요하다.16)

그런 의미에서 리더십은 종합예술이라고도 할 수 있을 정도이다. 누구의 어떤 리더십이 배울 만하다고 하는 순간, 그것은 다른 성격의 어떤 사람에게는 전혀 적합하지 않을 수 있다. 어느 때, 어느 현장의 어떤 상황에서, 어떤 유형의 리더십이 가장 좋다고 규정할 수 있었다고 해서, 그것이 다른 때, 다른 현장의 다른 상황에서도 꼭 그러리라고 보장할 수 없는 것이 리더십이다. 그래서 가장 많은 연구자들이 매달리는 연구 분야임에도 불구하고, 그 리더십의 실체에 관한 이해는 항상 부족하고 또 미흡하다고 여겨진다.17)

그렇지만 우리는 그동안 리더십의 연구에 의하여 리더십의 실체를 조금이라도 더 많이 알 수 있게 된 것도 사실이다. 리더십도 인문사회적 다른 현상과 마찬가지로, 상당 부분이 체계적으로 기술돼 객관적으로 설명되고 예측될 수 있는 '과학'(science)의 속성도 아울러 포함하고 있는 것이다. 그래서 많은 연구자들이

16) G. Menahem, "The Transformation of Higher Education in Israel since the 1990s: The Role of Ideas and Policy Paradigms," Governance, 21(4), 2008, 501; Kern, Kuzemko, & Mitchel(2015), 271 재인용.
17) 대표적으로 리더십이론에 대하여 행정학·경영학의 대가 체스터 바나드는 "독선적으로 언급된 말도 안 되는 이야기만 특별할 정도로 쌓아놓은 주제"(the subject of an extraordinary amount of dogmatically stated nonsense), 리더십 분야의 최고 권위자 번스도 "지구상에서 가장 많이 목격하고서도 가장 이해하지 못한 분야의 하나"(one of the most observed and least understood phenomena on earth), 역시 최고 권위자 베니스도 "사회과학 중 가장 많이 연구되고 있지만 가장 이해가 부족한 주제"(both the most studied and least understood topic in all of social sciences), 그 외 소처와 브란트는 "어려운 문자나 기호를 해독하는 것과 같다"거나, 로워리가 네 가지 딜레마로 "합의된 정의 부재, 실체의 복잡성, 평가의 곤란, 측정의 곤란"을 피력하였다. Chester I. Barnard, The Functions of the Executive, Cambridge: Harvard University Press, 1938, 80; James MacGregor Burns, Leadership, Harper Torchbooks, 1978, 2; Warren G. Bennis, On Becoming A Leader, Cambridge: Perseus Books, 1989, 2; Melvin Sorcher and James Brant, "Are You Picking the Right Leaders?" Harvard Business Review, Vol. 80, No. 2, 2002, 82; Philip E. Lowery, "The Assessment Center Process: Assessing Leadership in Public Sector," Public Personnel Management, Vol. 24, No. 4, 1995, 443-444; 이해영(2003), 25-26에서 수정 인용.

실제 다양한 리더십 현상을 체계적으로 분석하고 좋은 리더십을 실천할 수 있는 다양한 리더십이론들을 제시하고 교육훈련을 실시함으로써, 많은 사람들이 현장에서 리더십을 실천하는 데 매우 유용한 지식과 정보를 제공해 주고 있다. 그만큼 리더십에 포함된 과학의 속성도 어느 정도 인정할 수 있다. 그래서 앞으로도 많은 연구가 계속될 것이다.

　이상의 논의는 곧 정책리더십에도 그대로 적용된다. 그래서 정책기조리더십을 어떤 정형화된 유형으로 나눠, 어떤 유형이 더 바람직하다고 함부로 주장하는 것은 정책리더십의 종합예술적 속성을 무시하는 것이다. 그렇지만 정책리더십의 실체에 더 가깝게 다가가려는 과학적인 노력 또한 필요하다는 사실도 인정할 수 있음은 물론이다. 그래서 '정책리더십'이라는 실체의 일부분에 불과하다는 사실을 염두에 두면서 중요하게 참고할 만한 시론(試論)의 의미에서 많은 측면이 있겠지만, 우선적으로 중요한 '정책기조와 구체적 정책 사이의 관계'의 측면을 중심으로 유형화하여 다음에서 정책리더십, 그중에서도 특별히 정책기조리더십에 대하여 설명하고자 한다.

제 2 장

정책기조리더십의 유형

정책운용자에게 가장 중요한 측면으로서 가장 쉽게 이해할 수 있는 정책기조와 관련된 리더십은 '정책기조'와 그 정책기조를 구현하는 '구체적 정책' 사이의 관계를 중심으로 한 리더십의 실천 유형이다. 이는 리더가 자신이 속한 조직의 계층에 따라 자신의 리더십(시간, 열정, 지휘 등을 총칭해 '관심')을 '정책기조'와 '구체적 정책' 사이에 적절하게 분배하는 데 초점을 맞춘 것이다. 그래서 그 '정책기조와 구체적 정책 사이의 관계'의 측면에서 실제 현실에서 실천되는 리더십을 관찰해 보면 크게 다음과 같이 세 가지 유형으로 그것을 유형화해 도출할 수 있다. 즉 정책기조와 구체적 정책을 놓고 어느 쪽에 정책운용자가 더 많은 관심을 기울이며 노력하고 있는 정책지배구조의 계층·수준인가에 따라, ① 정책기조를 중심에 놓고 거기에 더 많은 관심을 기울이는 리더십, 곧 '정책기조 중심의 리더십'이 있는가 하면, ② 구체적 정책을 중심에 놓고 거기에 더 많은 관심을 기울이며 노력하는 리더십, 곧 '구체적 정책 중심의 리더십'이 있다. 그리고 ③ 그 두 리더십의 중간에 위치하는 의미의 리더십, 곧 '정책기조와 구체적 정책의 중간(中間) 리더십'이 있다.

제 1 절   정책기조 중심의 리더십

이 정책기조리더십의 유형을 이해하기 위해서는 리더십을 발휘할 대상의 공동체나 기관(조직)의 정책 리더인 '정책운용자가 점유하고 있는 계층적(위계적) 위치'라는 핵심적인 변수와 관련된 부분을 이해하는 것이 필요하다. 이에 정책운용자가 속한 정책지배구조 내 계층적(위계적) 위치를 편의상 세 가지 수준, 곧 공동체나 기관(조직)의 최상층(최고 관리층)인가, 중간 관리층인가, 최일선 관리층인가라는 위치로 나눠 논의해 보기로 하겠다.

　　공동체나 기관의 최상층의 정책운용자는 기관의 최정점에서 기관의 가장 중요한 과제에 대하여 파악하고 판단하며 결정할 위치에 있다. 그런 만큼 그 기관의 가장 중요한 정책, 곧 정책기조를 탐색하고 결정하며, 그 구현을 지휘하고 감독할 권한과 책임을 지니고 있다. 따라서 최상층 정책운용자는 당연히 정책기조와 관련된 사항에 대하여 집중적으로 관심을 기울이고, 좋은 정책기조의 성공적인 구현에 모든 노력을 기울여야 한다. 그러면서 정책기조를 구현하는 세부적이고 구체적인 개개 정책들의 결정과 집행은 중요한 사항이 아닐수록 그의 하위 정책운용자에게 위임해 수행하게 해야 한다. 물론 그런 구체적인 정책들의 결정과 집행 사항 중 중요한 것은 최상층 정책운용자에게 보고되고, 관련된 필요한 결정을 내려주며, 지도 점검 등으로 그 순응과 정책대상자의 수용 등에 문제가 없는가를 점검하고 평가하며 환류시키는 점검(모니터링) 지도 등에 관여하는 것은 여전히 중요하고 필요하다. 그렇지만 정책기조와 구체적 정책 중에서 최상층 정책운용자가 가장 중요한 비중의 관심을 쏟고 업무를 수행해야 할 부분은 말할 것도 없이 '정책기조'에 관한 사항이다. 그래서 그런 그의 리더십은 '정책기조 중심의 리더십'이라고 한다. 미국 오바마 대통령이 '북극성 같은 지침'을 중심으로 리더십을 발휘하는 예에서도 그 중요성을 일깨워준다.

　　현재 임기 7년차인 오바마 대통령은 이례적으로 레임덕(임기 말 권력누수현상)을 무색하게 하는 지지율 상승세에 즐거운 비명을 질러야 할 판이다. 30일 CNN 조사에 따르면 오바마 대통령의 국정 지지율은 50%로 2013년 이후 2년 만에 처음 50% 선을 넘어섰다. 비결은 뭘까.…오바마 대통령은…회견에서 "현재 많은 국정의 제들이 있지만 결국 보통 미국인들의 삶을 어떻게 개선할지가 국정의 '북극성' 같은 지침"이라며 "내 보좌진과 참모들은 모두 여기에 맞춰서 일사불란하게 움직이고 있다"고 밝혔다.[1]

1) 동아일보, 2015.7.3., "美 오바마, 지지율 50% 돌파… 임기 말에 술술 풀리는 비결은?" 이와 관련, "미국 공화당이 2009년 1월 버락 오바마 대통령(사진) 취임 이후 국정의 발목을 잡으려 했지만 대통령의 힘만 키워주면서…되레 오바마를 역대 미국 대통령 중 가장 강력한 대통령의 반열에 오르도록 키워줬다는 것이다." 동아일보, 2016.4.19., "공화당의 '자살골'" 참조.

그래서 원칙적으로 최고 관리층의 최고 지도자는 다음 지적과 같이, 오히려 구체적 정책에 너무 관심을 두지 말아야 정책실패를 미연에 방지할 수 있다는 진단도 나온다.

> 서울대 행정대학원 한국정책지식센터가 정부와 지방자치단체의 정책 실패 사례를 꼼꼼하게 분석해 '실패한 정책들—정책학습의 관점에서'라는 보고서를 내놨다. 언론이 실패라고 평가한 정책 41건을 놓고 2011년 1,000명을 대상으로 설문조사를 해서 선정한 11건에는 외환은행 매각, 중소기업 고유업종제, 용인 경전철 사업, 태백 오투리조트 사업, 사교육비 경감정책 등이 포함됐다. 이후 행정학 전문가들은 이들 정책이 왜 실패했는지를 4년에 걸쳐 사후 검증하듯 파헤쳤다. 실패한 정책들의 공통적 원인으로 분석된 것은 정치권과 지자체장의 인기영합주의(포퓰리즘), 무능한 관료, 부패한 사업구조였다. '상호신용금고'라는 이름의 서민금융회사를 김대중 정부가 '상호저축은행'으로 격상시켜주는 포퓰리즘 정책을 펴고, 이후 3개 정권에 걸쳐 감독은 소홀히 하면서 경영진과 유착해 부실을 키운 저축은행 사태가 대표적이다. 보고서는 특히 대통령이 정책 의제를 잘못 선정하고 과도한 관심을 표명할 경우 심각한 문제가 생길 수 있다고 지적했다. 관료들은 그 뜻을 받드는 것에만 신경 쓸 뿐 문제점을 직언하기 어렵기 때문이다.····2)

날마다 마치 'CNN 효과'처럼 단기적 판단과 임기응변에 빠지기 쉬운 정책운용 현장에서도 멀리 길게 내다보고 심사숙고 고뇌하며, 기본 틀과 방향의 시대정신(Zeitgeist), 시대경향을 탐색하고 결정하며 구현하는 리더십이 정책기조 중심의 리더십인 것이다. 그 최고 관리층의 최고 지도자에게는 그런 정책기조를 대내외적으로 천명·전파해, 공감과 공명(共鳴)을 확보하고, 앞장서서 이끌며, 뒤에서 밀면서 구성원들을 독려할 수 있는 리더십이 필요하다. 그런 의미에서 세종대왕도 다음과 같이, 모든 관료들이 국정기조에 해당하는 '임금의 마음으로서의 대체(大體)'를 보고 직무를 수행할 것을 주문하였다.

> 무릇 신하된 자가 임금의 덕을 보좌하려면 마땅히 임금의 마음으로 자신의 마음을 삼아야 할 것인데, 우리나라의 관리들은 대체(大體)를 보지 못하고 백성에게서

---

2) 동아일보, 2015.10.13., "[사설]무리한 '대통령 관심사업'이 정책 실패 부른다."

함부로 거두어 은밀히 서로 주고받음이 거의 상습으로 되었다.[3]

구체적 정책 중심의 리더십

그에 비하여 공동체나 기관의 최일선 관리층에 있는 정책운용자들은 기관의 최일선에서 기관의 정책과제들을 세부적으로 차질 없이, 세밀(디테일)한 부분에까지 관심을 갖고 세부 결정하고 집행해야 할 권한과 책임을 지니고 있다. 따라서 최일선 관리층의 정책운용자들은 당연히 그들이 구현해야 할 정책기조를 염두에 두고, 그 정책기조의 본질 타당성, 즉 정책기조의 취지와 정신 등에 대한 합당한 수준의 기조지능과 기조감수성을 발휘하면서도, 그 구현을 위해 그들에게 위임된 세부적이고 구체적인 개개 정책들의 결정과 집행에 대하여 집중적으로 관심을 기울이고(즉 숲 전체를 보는 것도 빠뜨리지 않으면서, 나무 하나하나를 잘 살펴보며 가꾸는 데) 모든 노력을 기울여야 한다. 이렇게 보면, 정책기조와 구체적 정책 중에서 최일선 관리층의 정책운용자들이 가장 중요한 비중의 관심을 쏟고 업무를 수행해야 할 부분은 '구체적 정책'에 관한 사항이다. 그래서 그런 그의 리더십은 '구체적 정책 중심의 리더십'이라고 한다.

중앙 집권의 정도가 심했던 왕조시대 지방 수령은 요즘의 최일선 관리층이나 다름없다. 그에게는 고담준론(高談峻論)보다도 백성의 일상 삶의 애환에 더 관심을 갖고 살피고 돌봐야 했다. 그래서 그런지 다산(茶山) 정약용도 <목민심서> '율기 6조 중 제1조 칙궁' 편에서, 당시(순조) 지방 수령인 목민관이 흔히 '정책기조(大體) 중심의 리더십'을 발휘하고 있지만, 원칙적으로 '구체적 정책 중심의 정책리더십'을 발휘해야 한다면서, 그에 대하여 논하기에 앞서 다음과 같이 말하였다.

관례를 따라 일을 줄이고 대체(大體)를 잡도록 하는 것도 한 가지 방법이기는 하지만, 오직 시대의 풍속이 맑고 순후하며 자기의 지위가 높고 명망이 두터운

자라야만 그럴 수 있는 것이다(循例省事 務持大體 亦或一道 唯時淸俗順 位高名重者
乃可爲也).[4]

제 3 절   정책기조와 구체적 정책의 중간(中間) 리더십

··

그렇다면 최고 관리층과 최일선 관리층의 사이에 있는 중간 관리층의 정책운
용자는 어떤 리더십을 발휘하는 유형인가의 문제는 자명해진다. 중간 관리층의
정책운용자는 최고 관리층의 정책기조 중심의 리더십과 최일선 관리층의 구체적
정책 중심의 리더십의 중간형 리더십, 곧 정책기조에 관한 사항과 그 구체적인
정책들에 관한 사항에 대하여 비슷한 비중으로 관심을 갖고 노력을 기울여야 하
는 '정책기조와 구체적 정책의 중간 리더십'이 된다.

이상과 같은 정책기조리더십의 유형은 '리더 계층별 정책기조-구체적 정책
중심 리더십의 연속체'라고, 다음 그림과 같이 나타낼 수 있다.[5] 이는 정책운용자
인 리더가 속한 기관의 정책지배구조 내 계층별로, 정책기조 중심과 구체적 정책
중심의 리더십이 연속체(continuum)로서 연결돼 있다는 의미를 비교적 잘 나타내
준다.

---

4) 정약용, 역주 목민심서 I, 창작과비평사, 1988(개역판), 109. '율기'(律己)는 자기 자신을 엄정히
   단속함의 뜻이고, '칙궁'(飭躬)은 자기의 몸가짐을 가다듬는 일을 말한다.
5) 리더십 연속체의 그림은 탄네바움과 슈미트가 조직상황을 고려해 리더가 선택할 수 있는 다양
   한 리더십 행동 유형을 구성원들의 참여 수준에 따라 7가지로 구분한 '보스-부하 중심 리더십
   연속체'에서 아이디어를 차용한 것으로 내용은 완전히 다르다. 특히 영역을 구분한 중간의 대
   각선이 맞닿은 부분이 사각의 모서리가 아니라는 점에 유의할 필요가 있다. 최고 관리층도 '구
   체적 정책'에 대하여, 그리고 최일선 관리층도 '정책기조'에 대하여 각각 일정한 정도의 관심
   을 기울여야 할 영역이 반드시 있다는 의미에서이다. Robert Tannenbaum & Warren Schmidt,
   How to Choose a Leadership Pattern, Harvard Business Review, 36, 1973, 95-101; 안성호·김일석
   (2010), 45 참조.

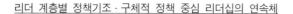

리더 계층별 정책기조 · 구체적 정책 중심 리더십의 연속체

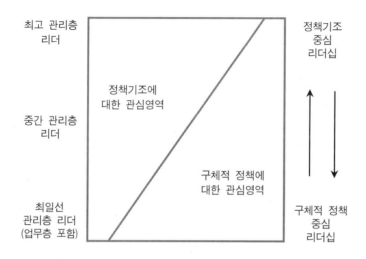

　　이 그림에서 알 수 있는 바와 같이 공동체나 기관(조직)의 최상층(최고 관리층) 쪽으로 올라가는 정책운용자일수록 거시적인 '정책기조 중심'으로 리더십을 행사한다. 그리고 일선 관리층으로 내려가는 정책운용자일수록 미시적인 '구체적인 정책들 중심'으로 리더십을 행사한다. 이것이 핵심적인 정책기조리더십의 내용이 된다. 그런데 최고 관리층은 반드시 '구체적 정책'의 운용에 대하여 관심을 갖고 공유하며, 필요한 최소한의 지도 점검을 빠뜨리지 않아야 한다는 사실을 기억해야 한다. 그것은 최일선 관리층도 '정책기조'를 기준으로 삼고 '구체적 정책'을 운용해야 하므로, 반드시 '정책기조'에 관심을 기울이는 영역을 공유해야 하는 것과 동일한 이치이다(그런 의미로, 위 그림에서 정책기조와 구체적 정책에 대한 관심 영역을 가르는 대각선이 맞닿은 지점이 사각의 모서리가 아님을 유의해야 한다).6)

---

6) 이는 흔히 숲과 나무의 관계로 비유된다. 더 구체적으로, 리더는 몰입자 같은 관여자아 (engaged I)로서 당면 현상(대상)에 밀착할 수 있는 '거리좁히기'로, 정밀 분석·판단하는 '현미경적 사고'가 필요하다. 그러면서도 훈수꾼 같은 관찰자아(observational I)로서 당면 현상(대상) 으로부터 떨어져 어느 정도 객관성을 유지할 수 있는 '거리두기'로, 대상의 영향력과 자력(磁 力)에서 벗어나 객관적으로 조망·판단하는 '망원경적 사고'가 필요하기도 하다. 본문 내용대 로 자신의 속한 관리의 계층과 필요에 따라 관심의 비중을 달리해 적절하게 조절하며 잘 할 수 있는 사람이어야 한다.

　이와 같이 기본적으로 정책리더십은 공·사 영역의 모든 기관이나 조직의 현장에서 '정책운용자가 점유하고 있는 계층적(위계적) 위치'에 합당하게 발휘되어야 한다. 그리하여 전체적으로 각자 역할 분담에 의해 팀워크의 시너지 효과를 극대화한 협업체제가 구축될 수 있다. 다만 그런 일반적 원칙 속에 구체적인 상황에 따라 리더십 실천이 다소 신축적으로 적용돼야 하는 예외가 있을 수 있다. 예컨대 구성원 안팎의 큰 관심과 함께 논란이 증폭되고 있는 당면 현안에 대처해야 할 특별한 예외 상황에서는 현안 관련의 정책기조와 함께 구체적 정책에 관한 세부 사항의 관심과 숙지는 거의 동일한 비중으로 요구된다고 하겠다. 이상이 큰 틀에서 일반적으로 적용할 ① 정책기조 중심의 리더십 ② 구체적 정책 중심의 리더십 ③ 정책기조와 구체적 정책의 중간 리더십이다.

제 4 절　다른 요인들과 결합된 정책기조리더십

　앞의 정책기조리더십은 다분히 종합예술의 성격을 띠고 있는 만큼, 실제 현장에서는 리더의 개인 성격·정책상황·정책기조의 성격 등에 따라 여러 가지로 다르게 변용돼 나타날 수 있다. 그런 정책기조리더십의 실제 변용을 좀 더 입체적으로 이해하기 위해서는 그에 대한 연구가 더 필요하다. 예컨대 정책운용자인 리더의 개인 성격은 그의 정책기조리더십의 실천에 중요한 영향을 미치는 요인이다.[7] 사람들과 공동 협동(팀웍, teamwork)으로 일하는 실제 현장에서 '리더의 관여(engagement)의 성격'으로 나타나기 때문이다. 즉 협동으로 과업을 수행하는 데

[7) 위대한 업적을 이룬 리더에 대한 20세기 초 시작된 리더십 연구는 1940-50년대 심리학의 태도 및 심리 검사를 활용하면서 대체로 신체적 특성, 지능과 능력, 사회적 특성, 사회적 배경, 직무 관련 특성 등과 함께 '성격 특성'을 포함한 '특성'(자질, traits) 요인의 연구에 집중되었다. 그러나 개인적 특성과 리더의 성공 간에는 약한 상관관계가 있다거나, 그 특성이 다양해서 반드시 유전적인 것은 아니라는 회의적인 연구 결과들로 인하여 주춤하면서 논리실증주의의 영향하에 리더십행동(행태) 요인과, 더 나아가서 리더십 상황 요인에 대한 연구 방향으로 나아갔다. 그런데 개인적 특성에 대한 관심이 고조되고 강한 상관관계의 연구결과들이 발표되면서, 근래 다시 그 중요성이 재확인되고 있다. 안성호·김일석(2010), 39-40 참조.

있어서 어떤 사람은 자기가 주도하며 적극적으로 관여해야 직성이 풀린다(적극적인 자기 주도형). 또 어떤 사람은 자기 주도에 크게 신경 쓰지 않고 남의 주도를 인정하고 따르며 소극적으로 관여한다(소극적인 위임 관여형). 그런가 하면, 그중 간쯤으로 자기 주장도 하고 남의 주장도 수용하며 균형 있게 관여하는 사람도 있다(균형 관여형).

그렇다면 적극적인 자기 주도형의 성격을 지닌 자가 최고 관리층의 리더가 되는 경우는 어떤 정책기조리더십을 보여줄까? 만약 그가 자신의 위치와 그에 따른 임무(권한과 책임)에 대하여 철저하게 인식하고, 자신의 성격을 '정책기조 중심'으로 국한해 정책기조의 성공적인 운용에 집중한다고 가정해 보자. 그러면 하위 구체적인 정책들에 대하여는 하위 계층의 부하 리더들에게 위임해 권한 부여(empowerment)[8]를 할 줄 알면서, 바람직한 '정책기조 중심의 리더십'을 실행할 수 있다. 말하자면 큰 흐름을 보고 이끌기 위해 작은 흐름 자체에서 벗어나는 것이다.

다음은 그의 리더십 때문에 축구 감독직을 떠난 후, 하버드대 비즈니스 스쿨에서 MBA 학생들에게 강의를 하고 있는 알렉스 퍼거슨 감독의 예이다. 그는 1986년 부임할 당시 리그 11위의 하위권인 맨체스터 유나이티드(Manchester United)를 27년간 지휘하며, 2013년 떠날 때까지 프리미어리그 우승 13회, 챔피언스리그 우승 2회 등 38개의 우승컵을 거머쥔 영국의 최고 명문 축구클럽(FC, Football Club)으로 만든 명장으로 유명했다. 그의 리더십 비결은 여러 가지이나, 그중 퍼거슨이 '정책기조리더십'의 중요성을 깨우친 다음 술회에 주목할 필요가 있다.

---

8) 임파워먼트(권한 부여)는 조직 내 권력 공유(power-sharing), 즉 권력을 부하(팔로워)들에게 위임하는 것을 말한다. 당근-채찍적 유인을 통한 과잉 통제에서 벗어나, 부하들이 권력과 정보를 넘겨받아 일을 통하여 자유롭고 창의적으로 자기 역량을 발휘하게 함으로써, 자신이 조직의 사명과 성과에 얼마나 중요한 존재인지, 자기 효능 욕구(need for self-efficacy)의 충족과 같은 내재적 만족을 느끼도록 동기유발해 주는 것이다. 구성원들에게 조직성과에 대한 정보의 충분한 제공, 조직목표 달성에 필요한 지식과 기술 육성, 실질적인 의사결정권한 부여, 업무의 의미와 영향력에 대한 충분한 이해, 팀과 개인의 성과에 근거한 공정한 보상 등이 그 요건이라고 한다. Richard L. Daft, The Leadership Experience, Mason: OH, South-Western, 2008, 244-245. 안성호‧김일석(2010), 263-265 참조.

애버딘 감독 시절에 아치 녹스가 우리 팀 코치로 합류…한 지 얼마 지나지 않아 면담을 요청했고, 자신을 왜 채용했는지 따졌다. 당황스러운 질문이었다. 그는 내가 모든 것을 틀어쥐고 있어서 자신은 아무 할 일이 없다고 생각하고 있었다. 녹스의 주장은 집요했고, 애버딘에서 총무를 담당하고 있었던 테디 스콧까지 그의 입장을 지지했다. 녹스는 내가 직접 훈련을 진행해서는 안 되며, 한 걸음 물러서서 관찰하고 지휘하는 역할을 맡아야 한다고 말했다. 그러면 훈련 시간에 대한 통제권을 완전히 잃어버리게 될 것 같아서, 고려해 보겠노라고 얼버무리고 지나가려 했다.…하지만 녹스는 완강했고, 결국 나도 백기를 들고 말았다. 시간이 좀 걸리긴 했지만, 나는 치열한 상황에서 한 발 물러나 있어야 더 많은 것을 볼 수 있다는 사실을 깨닫게 되었다. 그리고 그 결정은 감독 생활과 팀을 위해 최고의 결정이었다.…호루라기를 입에 물고 훈련에 직접 참여하면, 축구공만 따라다니게 된다. 하지만 운동장에서 물러나 바깥에서 들여다 보니 더 넓게 바라보고 전체 훈련·과정을 이해할 수 있어서 선수들 기분과 에너지, 습관까지 파악할 수 있었다. 그 경험은 내(저자 첨가) 경력을 통틀어 가장 소중한 교훈이었고, 이를 30여 년 전에 깨달을 수 있어서 다행이라고 생각한다.9)

그에 비하여 자기 위치와 임무를 올바로 인식하지 못한 경우, 이 적극적 자기 주도형 성격의 최고 관리자는 정책기조의 운용은 물론, 구체적인 정책들에 대해서도 세부적으로 지시하고 지도감독을 하는 방향으로 '구체적 정책 중심의 리더십'을 발휘할 가능성이 높다. 다음은 그와 유사한 위험성을 지적한 글이다.

박근혜 대통령의 만기친람(萬機親覽)식 국정 운영이 청와대 일방주의로 흘러 부처 장관의 목소리가 왜소화하고, 운신의 폭을 좁히고 있다는 지적이 제기되고 있다.…최근 끝난 부처 신년 업무보고에서도…국정 전반을 샅샅이 살피는 면모는 변하지 않았다. 이로 인해 자연스럽게 국정 전반의 컨트롤타워 기능이 청와대로

---

9) Alex Ferguson and Michael Moritz, Leading, 퍼거슨·모리츠, 리딩, 박세연·조철웅(역), 알에이치 코리아(RHK), 2016, 25-26. 이와 관련, 난해한 현안 문제에 대해 '시간적·공간적으로 떨어져 봄'을 심리학자들은 '배양기'(잠복기, incubation period), 곧 문제를 새롭게 창의적이고 혁신적인 해법이 번쩍 떠오르게 통찰력을 제공해 주는 시간이라고도 한다. 그래서 심리적으로 멀리 떨어져 있을 때 문제를 더 단순하게 봐, 더 창의적인 해결책을 생각해 낼 수 있다는 심리학의 '해석수준 이론'(construal level theory)이 있다. 금관의 부피를 측정하는 방법을 욕조에서 발견해 '유레카'(Eureka, 알았다는 감탄사)라 외친 아르키메데스가 그렇고, 또 다산 정약용의 유배 중 목민심서의 저술이 그 예라고 한다.

급격하게 쏠리는 모양새도 뚜렷하다. 25일 발표된 '경제혁신 3개년 계획' 내용이나 준비과정만 봐도 박 대통령이 경제나 외교 사안을 직접 챙기겠다는 의도가 강하게 배어 있다. 기획재정부가 마련한 계획안을 박 대통령이 대폭 손질하거나, 40여 분간의 긴 연설에서 세부 내용을 백화점 식으로 일일이 거론한 점…등이 그런 의지를 반영한 것으로 볼 수 있다.…하지만 이 과정에서 정책집행을 뒷받침해야 하는 부처가 뒷전으로 밀려 대통령만 쳐다보기에 급급한 부작용을 초래할 수 있다는 우려도 높다. 특히 박 대통령의 '깨알 리더십'이 권위주의적인 성향을 띠고 있어 이 같은 현상을 부채질한다는 지적이다.…10)

　요즈음 서울 주재 외교관이나 언론인들로부터 오는 전화가 흥미롭다. 용건이 대체로 비슷하다. 한마디로 "도대체 누구에게 전화하면 좋겠느냐"는 내용이다.…원래 "누구에게 전화해야 좋을까"라는 표현은 1970년대 중반 키신저가 사용하면서 유행한 것으로 알려져 있다. 키신저는 유럽의 혼선을 보고 "누구를 상대해야 할지, 또 비록 새로운 상대를 찾았다 하더라도 그가 실제 어느 정도 영향력을 행사하고 있는지 도무지 알 수 없었기 때문에" 이런 표현을 썼다고 한다.…이전 정부에서는 '전화해야 할 누가' 정부가 아닌 비선 조직에 있어 국정의 이중 구조가 문제되곤 했다.…대통령 혼자서 자신의 생각대로 국정 운영 시스템을 틀어쥐고 나가는 모습이다. 자연 모든 국가의 의사결정 시스템은 대통령의 눈이나 입에 따라 움직이고 있다.…이렇게 되면 국정의 모습이 어떠해질까?…제왕적 대통령하에 관료공화국이 꿈틀거리는 모습이다.…이러다 보니 국정책임자들은 물론이고 정당과 의회, 시민단체가 모두 발기부전 상태에 빠져들고 있는 상황이다.…11)

　한편 적극적인 자기 주도형의 성격을 지닌 자가 거꾸로 최일선 관리층의 리더라면, 그는 '구체적 정책 중심의 리더십'을 발휘하며 주어진 업무를 잘 수행할 수 있을 정도로 딱 맞는 성격의 리더십을 보일 수 있다. 물론 자기 직위에 대한 올바른 인식을 전제하는 한에서이다.

　다음으로 소극적인 위임 관여형의 성격을 지닌 자가 최고 관리자가 되면 어떻게 될까? 일반적으로는 별로 좋은 평가를 받지 못하는 리더일 가능성이 높다. 그렇지만 그가 정책기조에 대하여 올바로 이해하고 그 형성과 구현에 대한 권한과 책임을 철저하게 인식하는 경우, 그런 평가는 완전히 달라질 수 있다. 그 경우, 그는 그야말로 '정책기조 중심의 리더십' 유형에 딱 맞는 성격을 입증해 줄 수도

---

10) 한국일보, 2014.2.27., "대통령 '깨알 리더십'에 장관은 '열중쉬어'."
11) 장달중(서울대 교수·정치외교학), "누구에게 전화해야 하나," 중앙일보, 2013.5.23.

있다. 그와 관련해 정책기조리더십의 주요 활동사항인 '전략적 기획관리'(strategic planning and management)를 생각해 볼 수 있다. 정책기조의 운용자가 전략적 차원에서 일련의 전반적인 정책기조 관련 사항을 기획하고 관리하는 활동을 말한다. 소극적 위임 관여형의 최고 관리자가 정책기조와 전략적 기획관리에 대하여 잘 숙지하고, 특히 필요한 경우 전담 위원회나 대책반(TFT)을 구성해 위원장이나 작업반장 등 역량 있는 책임자를 잘 선정해 맡기는 경우, 다음 예와 같이 성공할 가능성도 높아진다.12)

> 김석동 전 금융위원장은 '대책반장' '해결사'란 별명을 갖고 있다. 1993년 금융실명제 전격 발표 직후의 충격을 수습하는 실무 책임을 맡은 것을 비롯해, 1995년 부동산실명제, 1999년 대우채(債)사태, 2003년 카드대란(大亂) 수습, 2006년 8·31부동산대책 같은 굵직굵직한 정책 결정 때마다 자리에 관계없이 차출돼 위기 수습책을 마련했다.…"위기 국면에 대응할 때 윗사람들은 믿고 맡겨줬고 부하들은 따라줬다. 위기 때 내가 일하는 방식은 평시와 다르다. 부서를 불문하고 같이 일할 최고의 인력을 먼저 차출해 팀을 짠다. 그 다음에는 외부 전문가를 활용해 사태의 본질을 최단시간에 파악한다. 그리고 대책을 마련하는데 핵심은 두 가지이다. 하나는 그동안 해오지 않은 새로운 방식으로 접근한다. 기존의 통상적인 방법으로 안 되니까, 대책이 필요하기 때문이다. 둘째는 신속하게 조치하되 환부를 철저히 들어내는 대안을 택한다. 그래야 시장 충격의 파장을 최소화하고 나중에 재발하지 않는다."13)

그런데 소극적 위임 관여형 리더가 최일선 관리층의 지위와 직책과 만나면, 그 리더십은 큰 문제를 일으킬 가능성이 높아진다. 그는 소극적 성격으로 인하여 구체적 정책 중심도 아니고, 정책기조 중심도 아닌, 그야말로 무기력하고 무책임하게 리더의 직무를 수행함으로써 여러 가지 일선 업무의 빈틈을 드러낼 가능성이 높아진다. 결국 정책기조리더십의 요체는 정책운용자 개인의 성격 등도 중요

---

12) 대통령직 인수의 경우 인수위원회가 선거공약의 재점검·조정과 그 이행을 위한 우선순위의 결정, 전략과 절차, 재원 조달 방안 등을 심도 있게 검토하고, 국정운영의 이념과 지표를 비롯해 각 분야의 정책기조와 주요 정책과제들에 관한 파악·검토와 설계·조정을 포함해 인수작업을 수행한다.
13) [논설위원이 만난 사람/권순활], "국내서 싸우지 말고 세계를 승부처 삼아 미래 개척하라," 동아일보, 2015.12.21.

하지만, 정책기조 전반에 대한 올바른 인식과 정책기조의 운용에 관한 계층별 바람직한 리더십의 유형을 얼마나 잘 인식하고, 실제 현장에서 얼마나 적절하게 실행하는가 여부도 중요하다고 할 것이다.

제 3 장

정책기조리더십의 실제

정책기조리더십의 실천과 관련된 중요 사항과 관련해 여기서는 그 중요한 몇 가지만을 간단히 논의하기로 하겠다.

정책기조리더십과 인사(人事)

정책기조리더십과 관련해 가장 중요한 문제의 하나는 '인사'이다. 이 인사와 관련된 주요 쟁점은 크게 ① 능력만의 중시 대(對) 리더 생각(정책적 견해, 정견)과의 동질성(同質性)도 중시 여부 ② 연속성의 중시 여부에 관한 문제이다.

첫째, 능력만의 중시 대(對) 리더 생각(정견)과의 동질성도 중시 여부에 대한 검토이다. 진정한 리더는 자신과 생각이 다른 사람이라도, 그를 설득하고 자신의 생각을 이해시켜서 그의 협조를 이끌어낼 수 있는 사람이다. 그러므로 리더는 '능력' 기준으로 인선하는 것이 원칙이다. 특히 리더의 정견을 강조할 필요가 없는 계층이나 분야의 인사는 '능력' 기준이 원칙중의 원칙이다. 과도하게 리더의 정견과의 동질성 여부를 그 기준으로 삼을 경우, 그 공동체나 조직은 매번 리더의 교체 시기뿐만 아니라, 평상시에도 교체를 예상한 구성원의 불안감과 불확실성 때문에 안정성, 직무몰입도, 인화협동성 등을 크게 해치게 된다.

그런데 리더는 자신과 생각이 다른 사람을 설득하고 자신의 생각을 이해시켜서 그의 협조를 이끌어내는 데 쏟는 노력과 에너지를 더 생산적으로 활용하고 싶어 하기도 한다. 그렇게 '자신과 함께 일할 준비가 돼 있는 사람' 혹은 이른바 '코드가 맞는 자기 사람'을 인선(人選)해 함께 일하고 싶어 하는 것도 인지상정이다. 또 업무 수행에 더 높은 효율성을 보장해 주는 측면도 있다. 그래서 리더가 조직의 구성원 중 리더의 지근(至近) 거리에서 보좌할 자들에 대하여, 그렇게 '리

더의 정견과의 동질성'의 기준에 따라 인선하도록 보장하고 있는 예외적인 제도
도 갖춰져 있다. 그것이 정부 같으면 장차관 등 '정무직'이라는 직책이다. 결국
리더는 자신과 함께 일할 구성원의 인사 기준으로서, 원칙적으로 '능력'을 기준으
로 인선하되, 예외적으로 '자신의 정견과의 동질성'의 기준에 따라 인선하는 방향
으로 운용하는 것이 바람직하다고 하겠다.

　　그렇다면 이상의 일반적인 인사 기준은 정책기조리더십에 어떻게 적용될까?
특별히 정책기조는 -구체적인 정책들보다 더- 그 논리 속에 그것을 주장하는 사
람의 가치와 철학이 강하게 투영돼 있는 것이 특징이다. 따라서 '정책기조 중심의
리더십'을 실천해야 할 계층으로 올라갈수록 그 정책운용자는 그의 가치와 철학
을 동질적으로 공유하고자 하는 당연한 성향을 보이게 된다. 그리고 그것은 어느
정도 이해되고 용인될 수 있는 것도 사실이다. 따라서 '정책기조 중심의 리더십'
을 실천해야 하는 정책운용자일수록 그의 지근거리의 보좌진은 자신의 정책기조
논리와의 동질성을 중시해야 하고(보좌할 사람도 자신의 동의를 표명할 수 있는 경우
라면 그것을 고려하여 수락해야 한다),[1] '구체적 정책 중심의 리더십'을 실천하는 정
책운용자일수록 '직무 능력'의 기준을 중시해야 한다고 일반화할 수 있겠다.[2] 그
렇지만 이것은 일반화일 뿐이고, 리더와 참모 또는 팔로워(follower)의 성향, 그
양측의 관계, 정책상황 등에 따라 인사를 달리해야 하는 예술적 속성을 지닌 것이
리더십이라고 했다. 다음과 같은 세종의 리더십을 보자.[3]

---

[1] 다음 경향신문 사설(2014.3.6., "규제개혁위원장이 도중 하차한 이유")의 경우를 참조. ○○○
　규제개혁위원장이 임기 3개월을 앞두고 사의를 표명했다.···○○○위원장은 능력 부족을 얘기
　했지만 "법률상 규개위는 규제를 강화 혹은 완화하는 것으로 돼 있지만 실제로는 완화 여부를
　심사하는 것으로만 운영하고 있다"는 발언에 비춰보면, 규제 완화 일변도에 대한 부담이 컸던
　것으로 보인다. 규제 완화는 박근혜 정부의 최대 관심사이다.···

[2] 대통령직 인수위원이나 장관을 선별할 때 최우선적인 고려사항의 하나가 정책기조논리의 일
　치성 또는 친화성 여부이다. 실제로 과거 경력·저술과 논문·발언·정책 참여·행태·지인(知
　人) 평가 등 관련 정보를 최대한 수집·분석하고 검증하기 위한 제도가 마련돼 있고, 관행적으
　로 최대한 노력한다. 미국의 대통령당선인이 각료와 기관장을 임명하는 기준 8가지 중 첫째가
　'대통령과 대통령이 옹호하는 정책에 대한 충성도(그에 반하는 저서나 기타 저작물이 없을
　것)'이다(나머지 7가지는 해당 분야 전문성, 새 정부에 대한 정치적 편익, 다양성, 대규모 조직
　관리 능력, 워싱턴 정부과정의 친밀성, 상원 인준 가능성, 사회보장·재무·납세기록과 개인 행
　동성향과 이력 등이다). 레이건 대통령의 성공은 그의 프로그램과 철학에 철저히 충성한 인사
　들을 요직에 인선한 결과였음은 널리 알려진 사실이다. 박정택(2007a), 16-17 인용.

[3] [김준태의 보스와 참모의 관계학(20) 세종과 충성스러운 반대자들] '예스맨'보다 '충성스런 반
　대자' 곁에 둬라, 중앙일보, 2017, 6, 11.

세종대왕이 자신을 반대한 신하들을 중용하고 그들의 의견을 항상 경청했다는 것은 익히 알려져 있는 사실이다.…세종 시대를 대표하는 재상들인 맹사성, 허조, 신개, 최윤덕 중에서 고분고분 임금의 말을 들었던 사람은 한 명도 없다. 더욱이 세종대왕에게서 눈여겨봐야 할 것은 그 정책 혹은 그 사안을 강하게 반대한 신하에게 바로 그 일을 맡겼다는 점이다.

예를 들어 공법(貢法)은 세종대왕이 전 백성을 대상으로 찬반 여론조사를 실시했을 정도로 역점을 두었던 사업이다. 이 공법의 가장 큰 반대자는 황희였는데…"황희의 의논대로 하라"(세종12.8.10.)며 최대한 그의 의견을 수용했고, 그로 하여금 공법개혁 작업을 총괄하게 했다. 그 결과 양 제도의 장점을 최대한 살린 '연분 9등, 전분 6등법'이 도출되게 된다. 허조(許稠, 1369-1439)의 경우도 마찬가지이다. 세종 때 이조판서, 우의정, 좌의정 등을 역임한 허조는 임금의 결정에 반대하고 소수의견을 내는 것이 일상이었던 인물이다.…허조를 무려 6년간이나 이조판서로 썼다(품계가 1품으로 승진해도 2품인 이조판서의 직무를 계속 수행했다).…"허조는 고집불통이다"라고 불평하면서도 그의 반대의견을 반영했던 것이고, 허조 역시 개인적으로는 끝내 찬성할 수 없는 사안이라 할지라도 그것이 차질 없이 준비되고 시행될 수 있도록 최선을 다했다(세종15.10.24.).

둘째로, 연속성의 중시 여부에 대한 검토이다. 무릇 무슨 일이든 연속성을 중시해야 할 일은 정확하게 그 연속성을 중시해야 할 만큼의 인사 기준을 적용해야 한다. 빈번한 교체로 불연속적 단절성을 적용하거나, 연속성만을 고집하는 인사는 조직관리에 있어서 부정적인 결과를 초래하기 쉽다. 그런데 일반적으로 중요한 일은 연속성을 갖고 추진돼야 하므로, 그런 일에 있어서 중도에 자주 교체되는 인사의 폐해는 말할 나위도 없다.

정책기조의 형성과 그 구현은 특별히 연속성을 매우 중시해야 할 일에 속한다. 따라서 정책기조를 운용할 리더십과 그 리더십과 함께 일할 구성원들에게도 연속성의 인사 기준은 매우 중요하다. 피터 홀도 당연하게 "정책기조는 장기 재직하는 전문가나 행정가가 감독·관리하는 제도적 여건에서 가장 큰 영향력을 끼칠 가능성이 높아진다"고 말한다.[4] 그렇다면 '정책기조 중심의 리더십'으로 올라갈수록 그 리더십과 그의 구성원의 인사는 연속성이 그 만큼 더 중요해지고, '구체

---

4) Hall(1993), 291.

적 정책 중심의 리더십'으로 내려갈수록 상대적으로 연속성의 인사 기준은 더 느슨해진다고 하겠다. 다음을 참고할 수 있다.

> …에곤 바(82)가 2013년에 출간한 <독일 통일의 주역, 빌리 브란트를 기억하다> (북로그컴퍼니 펴냄)…사회학자 박경서(75) 박사와 독일근대사 전문인 오영옥(69) 전 교수 부부가… 번역해 냈다.…1993년…박 박사는 당시 강원룡 목사의 크리스찬 아카데미가 주최한 '독일 분단 극복의 교훈' 주제의 학술회의에서 에곤 바를 만나 많은 얘기를 나눴다. "브란트가 퇴진한 뒤 나(에곤 바)는 총리가 된 헬무트 슈미트에 게 크렘린(크레믈)과 채널을 갖고 있다는 것과 그 성격에 대한 정보를 알렸다. 슈미 트는 내게 자신을 위해 임무를 맡아주고 베를린에서도 특사 노릇을 계속해 달라고 부탁했다. 그 뒤 나는 슈미트나 브란트에게 묻지 않고 후임자 헬무트 콜에게도 채널의 존재를 알렸다. 하룻밤을 생각한 뒤 콜은 내게 전화로 계속 일을 하라고 허가했다." 사민당의 브란트가 74년 집권 5년 만에 물러났을 때 그의 뒤를 이은 같은 당의 슈미트는 물론 통독 당시 기민당의 콜 총리도 사민당 동방정책 핵심인물 인 에곤 바를 계속 통독 관련 요직에 기용했다.…5)

특별히 리더가 전임자의 기존 정책기조를 거의 그대로 계승하는 부분도 있을 수 있다. 그렇지만 기존 정책기조와는 전혀 다른 새로운 정책기조를 내세우는 경우도 있다. 그런 경우, 새로운 정책기조일수록 그것을 형성하고 구현하는 데 있어서 가장 중요한 고려요소인 특별한 재정수요의 발생, 재원배분의 우선순위의 조정, 신규 재원조달의 방안, 다양한 이해관계 집단의 갈등·저항의 극복 방안까 지 철저하게 검토하고 대비하는 중요한 과업, 즉 '정책기조의 정착을 위한 전략적 기획관리'가 준비되고 실행돼야 한다. 리더가 취임해 그의 정당한 권위로 새로운 정책기조를 형성·제시하면, 그것이 곧 바로 새로운 정책기조의 제도화와 안정화 를 보장하는 길로 연결되는 것은 아니기 때문이다. 기득권자(집단)는 기존 정책기 조논리를 옹호하면서 새 정책기조에 저항하고 도전할 것임을 능히 예상할 수 있 는 상황에서 새 정책기조논리의 정당화와 구현 전략은 필수적일 수밖에 없는 것 이다.6)

---

5) 에곤 바르의 <독일 통일의 주역, 빌리 브란트를 기억하다>를 번역한 박경서·오영옥(북로그컴 퍼니, 2014) 인터뷰. 한겨레, 2014.11.21., "통독 이끈 동서독 지도자들 '교감과 신뢰' 배웠으면."

특히 동일한 가치관과 신념을 공유하는 강한 관성 또는 타성(inertia)의 인식 공동체(epistemic community)에서 정책의 전반적 변동을 초래하는 심층구조의 변화는 매우 어렵다.[7] 그래서 정통성을 인정받고 있는 기존 정책기조의 자리에 정책이단(policy heterodoxy)의 취급을 받는 대안적(또는 경합하는) 기조논리가 새롭게 정통성을 인정받는 지위에 이르는 과정의 어려움을 정책학자 드로어(Dror)는 "우상타파 과정"(iconoclastic process)에 비유한다.[8] 이런 이유로 기존과는 근본적으로 서로 다른 관념의 '비정합성'의 속성을 나타내는 새로운 정책기조가 도입돼 정착되는 정책혁명은 매우 어려운 과업에 해당된다. 정책혁명으로서의 정책기조의 변경이 지배적 정통성(reigning orthodoxy)을 확보하여 '평상정책'(normal policy)의 시기로 정착될 정도로 정책기조의 제도화·안정화에 이르게 되는 일이 결코 쉬운 일이 아닌 것이다. 그래서 변경된 새로운 정책기조에 근거한 구체적인 개별 정책들이 혁신 과정을 통하여 새 패러다임으로 수용·정착되는 데에는 강한 권력적 뒷받침, 권위적 정당성, 그리고 치밀한 전략을 마련하는 필수적인 노력이 요구된다.[9]

제 2 절   기조지능과 기조감수성 및 기조구현 역량의 발휘

정책기조리더십은 우선 '정책기조'에 대하여 올바로 이해하고, 전체 직무수행 과정을 통하여 항상 '정책기조의 관점·차원'에서 말하고 생각하며, 적용하고 행동하는 데서부터 출발한다. 그것은 곧 '정책기조와 관련된 지능과 감수성'의

---

6) 예컨대 미국에서도 대통령직 인수 시 그런 전략적 계획(strategic plan)의 수립이 강조되고 있다. Kumar, Edwards Ⅲ, Pfiffner & Sullivan(2000), 767-768.

7) Sabatier(1988), 131.

8) Dror(1986), 144-147.

9) 피터 홀(P. Hall)은 그의 정책기조 변동의 설명 중 마지막 단계에서 새로운 기조논리를 주장하는 측이 권위의 지위를 확보(권위의 소재 전환)하고, 기존의 정책기조에 따른 일련의 기구, 인적 구성, 정책결정 방식 및 정책을 개편하고 변경하는 정책혁신(policy innovation)을 도모함으로써 새로운 정책기조가 제도화되고, 관련 정책공동체의 구성원들이 그 주도권(hegemony)을 수용하게 된다고 본다. Hall(1990), 53-78; Hall(1993), 275-296. 이상 전략적 기획관리에 관한 본문은 박정택(2007a), 9-11을 수정 인용함.

함양과 발휘의 다른 표현이다. 공동체에 합당한 기조지능과 기조감수성, 그리고 그 기조를 구현할 역량을 갖추지 못한 리더와 정책지배구조를 갖는 공동체 구성원은 불행해지기 때문에, 기조지능과 기조감수성은 공동체의 운명에 아주 중요한 요소의 하나이다.

본래 우리는 자칫하면 스스로 '인식의 감옥'에 갇힐 수 있는 인간적 약점을 가진 존재이다. 그래서 인간주의 사회학을 주창했던 미국의 유명 사회학자 버거(부부)도 '친숙성은 경멸보다는 오히려 맹목을 키운다'고 하였다. 그래서 사람들에게 그저 드러나지 않은 문화적 틀의 한 부분에 머물고 말, 감춰지고 당연시 된 일상생활의 특징들을 조명해 친숙성에서 탈피할 목적으로 긍정적 의미에서 스스로 인위적인 생소감(artificial sense of strangeness), 문화적 물러섬(cultural withdrawal), 그리고 소외(alienation)를 경험해 보도록 권면하였다.[10] 그렇게 내·외부자의 자유로운 시각·관점으로 들고남을 통하여 친숙한 '정책문화'(policy culture) 안에 갇히기 쉬운 '생각의 시멘트'를 걷어내고, 자신에게 친숙하거나 생소하거나, 공동체 안이나 밖에서, '충분한 정책적 거리감'(sufficient sense of policy distance)을 지니고, '정책문외한'(policy stranger)의 입장에서, 여러 가지 다양한 정책을 바라보는 훈련을 하고 습관을 들이는 것이 필요하다. 그렇게 기조지능과 기조감수성을 훈련하다보면 그에 관한 '제도화된 직관'이 생기게 된다. 그렇지 않으면 눈·코·귀를 가지고도, 보고 느끼고 듣지 못한다. 다음의 예를 보자.

군(軍)이 해외 컨설팅업체 맥킨지사(社)에 의뢰해 만든 개선안을 토대로 대대적인 군수 개선에 착수했다. 국방부는 27일 군수혁신 종합추진계획을 발표하고 조달, 수리 부속 운영, 물류 관련 총 41개의 혁신 과제를 발표했다. 이 중 14개가 맥킨지에서 제안한 방안을 그대로 따랐다. 맥킨지는 미국, 영국, 이스라엘, 호주, 일본, NATO군을 컨설팅한 경험이 있다고 한다. 맥킨지 직원 10여 명이 작년 6-10월 생산공장에서 군부대까지 군수품 이동 경로를 추적하며 군수 체계를 점검했다. 군은 이들에게 핵심 무기 체계를 제외하고 2급 비밀까지 볼 수 있는 기밀인가를 내줬고, 국방부 지하 3층 벙커에 사무실도 차려줬다. 영국군 군수 개혁 업무를 담당했던 예비역

---

10) Peter Berger & B. Berger, Sociology: A Biographical Approach, Penguin, 1976, 94; O'Sullivan (1993), 249 재인용. 본문 중 '정책문화', '충분한 정책적 거리감' 및 '정책문외한'의 표현도 그의 문화, 문화적 거리감, 문화적 이방인에서 원용함.

장성 출신의 한 컨설팅 전문가는 한국군의 수리 부속품 조달 체계를 보고 "한국군이 이런 상태로 어떻게 전쟁을 치르려고 하느냐"고 지적한 것으로 전해졌다. 또 군 계약의 58%에 달하는 수의계약 관행도 꼬집었다고 한다. 맥킨지는 해외수리부속 조달 방안, 규격 개선, 군 물류 표준화 등 개선책을 냈다.⋯11)

특별히 정책기조의 형성과 구현에 있어서 현대와 같이 국제적 교류가 밀접한 지구촌 시대에는 '초국가주의'(transnationalism)의 국제적 영향을 간과해서는 안 된다. 그래서 지도자는 국제적인 정책기조의 현황과 변동 등에 관한 기조지능을 탁월하게, 그리고 기조감수성을 예민하게 발휘해 좋은 정책기조를 취사선택하기 위한 조사와 참여를 독려하고 지휘해야 한다. 예컨대 국제기구와 국제적 NGO의 주장은 그 중립성·공정성·미래지향성 등 때문에 향후 발전방향을 예견케 하는 중요한 규범적 담론을 내놓는다.12) 따라서 지도자는 마땅히 예의주시하며 향후 추이에 누구보다도 관심을 기울여야 한다. 좋은 정책운용능력을 보여주는 정책기조리더십은 다음과 같이 국내적이거나 국제적인 기조지능과 기조감수성을 갖추고 미리 대비하고, 기조 구현 역량을 갖고 대처하는 자세부터가 남다르다. 이는 개인적으로나 집단적(부서적)으로나 국가적으로 그렇지 못한 것과 전혀 다른 결과를 낳게 한다.

2003년 2월 중국과 홍콩에서 폐렴과 비슷한 괴질이 돈다는 소문이 퍼졌다. 세계 보건기구(WHO)는 그해 3월 이 괴질에 사스(SARS·중증급성호흡기증후군)라는 이름을 붙였다. 고건 국무총리는 사스 환자를 치료하던 홍콩 의사가 숨겼다는 보도

---

11) 조선일보, 2014.3.28., 英장성 출신 맥킨지 직원 "이 상태로 어떻게 전쟁하려 했나." 그러나 컨설팅, 그것도 세계적인 컨설팅사라고 해서 무조건 과신해서는 안 되는 다음 사례에도 유의할 필요가 있다. "글로벌 컨설팅기업 맥킨지가 3년 전 대우조선에 해양플랜트에 주력하라는 결론을 전달한 것으로 알려지면서 논란이 일고 있다. 최근 국내 조선업 구조조정 방안에 대한 연구용역에서 내린 결과와 상반되는 내용이기 때문이다.⋯이를 두고 업계에서는 맥킨지가 2-3년 뒤 상황도 제대로 예상하지 못했다며 조선업에 대한 전문성이 떨어진다는 지적이 나오고 있다.⋯" 매일경제, 2016.10.19., 오락가락 맥킨지, 3년 전 대우조선에 "해양 주력해야."

12) 기타 다른 국제적 창도연합도 그 영향력 때문에 예의주시할 대상이다. 그래서 국제적 창도연합과 국내 인식공동체의 구분이나, 그 특성에 관한 다음 연구들이 나온다. M. Keck and K. Sikkink, Activists beyond Borders, Ithaca, NY: cornell Univ. Press, 1998; D. Stone, "Transfer Agents and Global Networks in the 'Transnationalization' of Policy," Journal of European Public Policy, 11(3), 2004, 545-566.

를 보고 이 사안을 직접 챙기기로 마음먹었다.···4월 23일 관계기관 차관회의···보건
복지부가 국립보건원을 중심으로 방역대책본부를 가동하겠다고 보고···전담 인력
은 4, 5명에 불과했다. 그는 이틀 뒤 인천국제공항···입국장과 채혈 조사 현장을
살펴···더욱 심각하다는 생각이 들어 국방부를 통해 군 의료진까지 동원했다. 사흘
뒤 고 총리는 사스 관계 장관회의를 열고 의심환자를 10일간 강제 격리할 수 있도록
조치하겠다는 대국민 담화까지 발표했다. 의심환자는 나왔지만 확진환자는 단 한
명도 없었다. 그해 WHO는 우리나라를 '사스 예방 모범국'으로 평가했다. '우문현
답(우리의 문제는 현장에 답이 있다)'을 중시하는 고 총리의 행정 스타일과 예민한
촉각이 사스 방역 성공의 결정적 요인이었다. 사스 진압 후인 2004년 1월 출범한
질병관리본부가 메르스(MERS·중동호흡기증후군)···초기 대응 실패로 2차 감염을
막을 '골든타임'을 놓친 것이다.[13]

정책지도자는 '인간 존엄성'에 관한 기조지능과 기조감수성을 특별히 유의
해야 한다. 그것은 모든 좋은 정책의 토대공리(axiom of foundation)이기 때문이다.
그래서 오히려 어느 한 부처나 부서가 독점할 정책기조인 것처럼 명시하지 않는
다. 그 엄중한 사실을 모르고 인간 존엄성을 부정하거나 훼손하는 사안을 잘못
처리하면, 정말 엄중한 책임을 져야 할 결과를 초래한다. 따라서 그런 정책기조리
더십의 중대한 실패를 겪지 않기 위해서는 리더는 그 자신뿐만 아니라, 조직의
전 구성원이 그런 토대공리를 완전히 숙지하고 감수성을 발휘하며 직무를 수행하도
록 임하고 지도해야 한다. 세월호 사건이 그 좋은 예이다. 그리고 2011년부터 피해
사례가 잇따라 보고된 가습기 살균제 사건도 그렇다. 가습기 사건은 가습기 살균제
에 독성 물질이 들어있는 줄 모르고 사용한 많은 소비자들에게 폐 손상을 일으켜
사망하거나 장애의 고통을 겪게 한 참담한 사건이다. 관련 가습기 살균제 판매업체
책임자들의 처벌과 별도로, 관련 정부당국의 책임도 막중할 수밖에 없다.[14]

---

13) 최영훈(논설위원), "메르스 확산 막을 '우문현답'," 동아일보, 2015.6.6.
14) 2016년 공정거래위원회는 '유해 성분을 제대로 표시하지 않아 소비자들이 모르고 구입하게 했
다'는 신고를 접수했으나 무혐의 처리했다. 그 처리에 문제가 있다는 여론에 따라, 조사위원회
가 구성돼 조사한 결과, 공정거래위원장은 잘못 처리했다는 내용을 발표하였다. 환경보건시민
센터는···"현재 환경부에 신고된 피해자가 5천 명이 넘는데, 그마저도 빙산의 일각이며, 이 사
건은 이제 시작"이라고 말했다. 한겨레, 2017.12.20., 공정위 "가습기살균제 사건처리 일부 잘
못" 기사. 결국, 공정위는 "○○ 등이 유해물질인 메틸클로로이소티아졸리논·메틸이소티아졸
리논(CMIT/MIT) 성분이 포함된 가습기살균제를 제조·판매하면서 인체 안전 관련 정보를 은
폐·누락하고 안전과 품질을 확인받은 것처럼 허위로 표시·광고한 행위를 제재하고, 검찰에

정책기조의 소통과 신뢰 확보의 리더십

추상적인 정책기조를 개별적인 정책들로 구체화하는 일련의 정책기조 운용 과정에서 그 과정에 참여하는 자는 각자 자신의 인식체계에 바탕을 두고 정책기조를 이해하고 적용하며 구현하게 된다. 따라서 정책기조의 운용과정은 '소통의 과정'이기도 하다. 정책기조의 운용체계에서 소통이 잘 작동되면, 최고위층의 추상적인 정책기조가 최일선 업무층에서 구체적인 정책행동(policy action)으로 잘 전환돼, 정책기조가 성공적으로 구현되는 중요한 조건의 하나를 갖춘 것이 된다. 그렇지만 거기에 '소통의 결손'(communication deficit)이 있다면, 정책기조의 성공적 구현도 그 결손만큼 어려워진다. 이에 정책기조리더십의 필수적인 관심사항의 하나는 다음 지적처럼 '소통의 확보'이다.

에곤 바(Bahr·92) 서독 전(前) 특임부 장관은…2001년 방한(訪韓)했을 때…"나는 동방정책을 실시할 때 언제나 야당의 동의와 협조를 구했…다."15)

정책상황이 변하고 정책기조가 변했는데도, 여전히 기존 정책기조를 그대로 따르려는 타성, 혹은 정책기조는 내 일이 아니고 목전의 당면 구체적 정책들에만 사로잡힌 정책의 참여자들과 공동체구성원들이 매우 많이 있다. 정책기조리더십은 그 변화를 회피하고 미루거나 현재 시점에 매몰된 인식·태도·타성·성향·정체된 분위기 등을 타파해야 한다. 리더십이 제시하는 정책기조 중심으로 사고하고 행동하도록 그들을 설득하고 동기부여하며 유도해, 정책기조 중심의 정책운용에 적극적으로 동참하도록 해야 한다. 타성에 젖은 익숙한 기존 경로에서 구성원을 벗어나게 해, 새로운 정책기조 중심으로 모든 활동을 정착시키는 '제도화의 초기 경로설정'이란 리세팅(resetting) 혹은 궤도수정에는 상당히 큰 에너지가 필요

고발했다." 한겨레, 2018.2.13., "공정위 뒤늦게 ○○ 가습기살균제 위해성 인정" 기사 참조.
15) 조선일보, 2014.4.7., "南北 통일, 한 방의 큰 성과보다 작은 성과들이 모여야 가능."

하다. 그 에너지의 원천 중 하나가 정책기조리더십의 소통 능력이다.16)

　그래서 그런 정책기조리더십에 필요한 소통은 정보 처리자(information processor)로서 조직을 지휘해 과업을 달성하게 하는 전통적인 관리적 의사소통(management communication)을 뛰어넘는다. 그것은 조직과 공동체의 현실 진단과 미래 비전으로서의 정책기조를 전파해, 조직과 공동체의 구성원이 공유하고, 공통의 목표의식과 정체성을 설득·고취하며, 소명의식·열정·헌신성을 이끌어내는 전략적 의사소통(strategic communication)이어야 한다. 이를 위하여 리더십은 진정성 있는 자세로 언어적·비언어적인 소통의 도구와 기술을 활용해야 한다. 적극적인 경청과 쌍방향적인 대화로 정서적 교감을 이루고, 연설, 좌담회, 연찬회, 회의, 집회, 회식 등 다양한 공식적·비공식적 소통의 장을 적극적으로 활용하고, 개방적 소통 분위기를 조성해야 한다.17) 특히 취임 시 새로운 정책기조를 선보이면, 그에 관한 전략적 소통은 리더십의 최우선 과제가 될 수밖에 없다. 다음은 미국 케네디 대통령과 항공우주국(NASA)의 리더들이 소통의 리더십을 발휘한 예이다. 케네디 대통령은 항공우주국의 최일선 업무 담당자들에게까지 자신들의 단순 업무 수행에서조차 자아실현(self-actualization)의 자긍심을 이끌어낼 정도로 '달 착륙'의 정책기조를 잘 전파·공유하고 적극적으로 동참하게 함으로써, 마침내 인류 최초의 달 착륙을 성사시킬 수 있었다는 내용이다.

　　대부분의 직원은 단순한 업무를 지루하게 반복해야 한다. 리더가 아무리 거대한

---

16) 아지리스와 쇤(C. Argyris & D. Schön)의 조직학습을 지구 둘레를 도는 인공위성이나 로켓을 비유해서 말할 수 있겠다. 단일순환학습(single loop learning)에서 부적합한 결과(산출, output)에 대한 환류(feedback)는 처음 투입 행동(action)을 바꾸는 '패러다임 내'(within paradigm)의 궤도수정이므로 제1우주속도라는 초속 7.9km(시속 28,440km)의 원궤도속도(circular orbit velocity) 안에서 수정이라고 할 수 있다. 그에 비하여, 이중순환학습(double loop learning)에서 부적합한 결과(산출)에 대한 환류는 처음 투입 행동을 좌우하는 전제가치(지배가치, governing values), 곧 패러다임을 바꾸는 '패러다임 전환'(paradigm shift)의 궤도수정에 해당하므로, 이는 제2우주속도라는 초속 11.2km(시속 40,320km, 원궤도속도의 1.41배)의 탈출속도(escape velocity)를 얻어야 비로소 탈출 가능하다고 말할 수 있다.

17) 리더는 잘 정제된 정보만을 원해서는 안 되고, 때로는 아직 정제되지 않은 정보도 균형 있게 적극적으로 경청하고 판단한 후 결정해야 한다. 해리 트루먼 전 미국 대통령이 재임 시 "한편으로는, 다른 한편으로는"(on one hand, on the other hand)이라는 경제학자들의 모호한 조언에 짜증을 내며, 팔이 하나뿐인 경제학자는 없느냐고 했다는데, 그것이 중대한 정책기조의 논쟁에 필연적인 속성이며 그 정보들을 판단해 결정해야 하는 것이 리더의 운명이다.

비전과 포부를 갖고 독려한다 해도, 직원은 기업의 이상과 자신의 현실 사이에 괴리감을 느낄 수 있다. 이 격차를 어떻게 줄여야 할까? 미국 펜실베이니아대 와튼 경영대학원의 앤드루 카튼 교수는 최근 학술지에 발표한 논문에서 존 F 케네디 전 대통령의 리더십에 주목했다.

1960년대 케네디 대통령은 소련의 과학기술을 능가하기 위해 '인류의 달 착륙'이 라는 목표를 세우고 미국항공우주국(NASA)을 통해 이를 실현하고자 했다. 그는 NASA의 리더들과의 긴밀한 협의를 통해 달 착륙 로드맵을 구체화했다. 그리고 직원 개개인의 크고 작은 일상이 조직의 목표 달성에 어떤 디딤돌이 되고 있는지를 은유적인 연설을 통해 지속적으로 설득하고 독려했다. 결국 NASA에선 바닥을 닦 는 청소원과 나사를 조이는 기술자도 "나는 지금 인류를 달에 보내는 일을 하고 있다"고 당당히 말할 만큼 자부심을 갖게 됐다.…케네디 대통령과 NASA의 리더들 은 모든 직원의 일상이 어떻게 조직의 목표와 연결돼 있고 어떤 기여를 하게 되는지 를 감동적인 메시지로 끊임없이 전달하고 이해시켰다. 큰 포부와 작은 현실 사이에 서 직원이 방황하지 않게 하고 결속시키는 것이 진정한 리더의 덕목이다.18)

한편 소통에도 필수적인 요소의 하나이면서 정책기조리더십의 중요한 요소는 '신뢰의 확보'이다. 결국 정책기조리더십은 정책기조리더의 신뢰에 기초해서 쌓아 올려지고, 그 효과가 발휘된다. 정책기조리더십이 신뢰를 얻는 가장 중요한 요소들 로는 여러 가지가 있겠다. 그렇지만 우선적으로 리더의 도덕성, 전문성, 통찰력, 공 명정대, 공공의식(공공정신, 공공마인드, 공공심公共心), 책임감, 균형감각 등이라고 하 겠다. 여기서는 도덕성, 공공의식과 전문성을 중심으로 약술하기로 하겠다.

사람들은 흔히 리더십이 집단의 목표달성인 데에만 초점을 맞추다 보니, '효 과적인 리더십'(effective leadership)만이 좋은 리더십(good leadership)이라고 생각하 기 쉽다. 그런데 장기적이고 거시적·대국적으로 볼 때, 그런 효과적인 리더십에 도 필수적으로 수반되어야 하고, 또 진정으로 좋은 리더십이 되기 위해서도 그 효과적인 리더십에 덧붙여져야 하는 리더십이 바로 '도덕적인 리더십'(moral leadership)이다.

---

18) 류주한(한양대 국제학부 교수), [DBR 경영의 지혜]조직목표와 개인을 결속시킨 '케네디 리더 십', 동아일보, 2017.11.22. 관련 논문은 와튼스쿨 홈페이지에 Andrew Carton(2017), "I'm not mopping the floors - I'm putting a man on the moon": How NASA leaders enhanced the meaningfulness of work by changing the meaning of work, Forthcoming in Administrative Science Quarterly로 나옴.

국제정치학자로서 강대국의 바람직한 리더십을 논한 나이(J. Nye)는 '좋은 리더십'과 '나쁜 리더십'(bad leadership)을 구분하였다. 그리고 좋은 리더십은 효과적이면서도 도덕적인 리더십을 의미한다고 하였다. 즉 효과적인 리더십이 ① 목표로서, 현실주의와 위험이 내포된 비전 간 균형적인 목표를 추구하고, ② 수단으로서, 목적 달성을 위해 활용하는 수단의 효율성을 추구하며, ③ 결과로서, 조직의 목표달성을 말한다고 본다. 그런데 '좋은 리더십'이 되기 위해서는 그 효과적인 리더십에 덧붙여 도덕적 리더십이 필요하다고 주장하였다. 곧 도덕적 리더십은 ① 목표로서, 선한 의도성과 도덕성이 내포된 목표를 추구하고, ② 수단으로서, 활용될 수단의 정당성을 추구하며, ③ 결과로서, 조직과 조직 밖의 사람들에게 모두 유익한 결과를 초래하는 목표달성을 말한다고 보는 것이다.[19)]

리더의 공공의식(공공마인드)은 공공영역의 공공문제에 대하여 지니는 공동체적 관심·인식·의식(문제의식)·마음·태도 등을 통틀어 말한다.[20)] 정책기조리더십과 관련해서 이는 공공봉사에서 자신의 삶의 가치를 찾는 의식과 마음이다. 그에 대비되는 개념이 사사의식 또는 사심(私心)임을 상기하면 그 의미가 선명해진다. 이런 공공의식에서 리더십의 설득력, 공명정대함, 정당성이 확보되고 결국 신뢰가 확보된다. 다음과 같이, 세금을 올리자는 정책기조리더십의 주장에 대하여 한두 번도 아니고 꾸준히 호응하고 지지하는 것은 그 리더십의 공공의식에 대한 신뢰가 뒷받침해 주지 않고는 가능하지 않다고 할 것이다.

타게 엘란데르 스웨덴 총리는 성공한 정치인으로 국민의 뇌리에 남아 있는 사람 중 하나이다. 23년간 총리직을 수행했지만 4년마다 선거에서 항상 국민의 냉정한 심판을 받아야 했다. 집권기간 동안 복지를 통해 경쟁력 있는 경제를 만들기 위해서는 세금인상이 필요하다는 논리를 폈다. 4주 휴가제, 실질임금 증가, 출산휴가 및 출산보조금 도입, 임금 연계 노령연금 개혁, 무상교육, 그리고 의료개혁을 통한 국민건강의 형평성을 이루기 위해 세금을 올려야 한다고 역설했다. 야당들은 소련식 계획경제가 된다고 공격했지만, 시장경제와 대기업 중심의 성장을 이끌어 고용과 복지를 동시에 이룰 수 있다고 설득했다. 그가 추구하는 목표는 '강한 사회'

19) Joseph S. Nye, The Powers to Lead, Oxford: Oxford Univ. Press, 2008, 112; 안성호·김일석(2010), 149 참조.
20) 박정택(2007a), 122.

구축에 있었다. 모든 국민이 행복하고, 완전고용을 통해 경제와 복지에 기여하는 소외된 사람이 없는 사회, 사회적 갈등이 적어 효율적이고 경쟁력이 높은 사회가 강한 사회라고 역설하면서 한 표를 달라고 호소했다. 국민들은 엘란데르의 증세정책에 손을 들어주었다. 성장과 고용, 분배가 꾸준히 이루어지면서 50~60년대의 경제발전과 함께 소외된 국민 없이 대다수의 국민의 생활수준 향상과 낮은 의료비, 행복을 통한 사회적 통합을 가져다주었기 때문이었다. 1946년 집권 당시 유럽에서 세금부담률이 가장 낮은 나라에 속했지만 엘란데르가 정계를 떠나는 1969년에는 세계에서 가장 높은 세금을 내는 나라가 되었다. 그가 하야하고 나서 노부부는 임대주택으로 돌아가려고 했다. 하지만 한 국가의 총리로 23년간 봉사한 노정객을 임대주택으로 돌려보낼 수는 없었다. 결국 사민당이 자신들이 모시고 있었던 선배정치인에게 사택을 지어주기로 했다. 단 한푼의 국세도 축내지 않았다. 신뢰와 감동은 엘란데르 총리를 성공한 정치인으로 국민의 뇌리에 오래 남게 하는 요소가 되었다.[21]

리더의 전문성은 정책기조리더십의 신뢰를 확보하게 해 주는 또 하나의 주요 요소이다. 그 가장 좋은 예가 다음과 같이, 전대미문의 비전통적인 통화정책을 펼치고 퇴임한 전 미 연준 의장 벤 버냉키(Ben Bernanke)의 전문성이다.

벤 버냉키 미 연준 의장이 지난주 퇴임했다. 2008년 금융위기 이후 그는 전대미문의 통화정책을 펼쳐 미국과 세계경제를 대공황의 위험으로부터 구해냈다고 평가받고 있다.…버냉키 의장이 신용정책과 대공황 전문가로서 쌓아놓았던 탄탄한 학문적 평판과 이에 대한 대중의 신뢰가 없었더라면 그가 펼친 비전통적 통화정책은 더 많은 비판과 반대에 직면해 그만한 성과를 내기 어려웠을 것이다. 그가 닦은 연구와 학문을 바탕으로 직접 조타실의 키를 잡고 미국과 세계경제를 폭풍우 속에

---

21) 최연혁(스웨덴 쇠데르퇴른대학, 정치학 교수), "국민의 뇌리에 남을 정치인의 조건," 한겨레, 2012.10.8. 스웨덴 복지국가모델의 기초를 잡은 타게 엘란데르(1901-1985) 총리는 매주 목요일 만찬을 열어 재계와 노조 인사들을 초대하는 '목요클럽'을 운영했다. 매년 여름 휴가철엔 여름 별장인 하르프순드에서 정계·재계·노동계 인사들을 초청해 국정 전반에 대해 대화를 나누는 '하르프순드 민주주의'를 구현했다. 주요 현안이 있을 때마다 스톡홀름의 하가성(城)으로 정당의 대표들을 오게 해 정치적 동의를 구하는 '하가의 협상'(Haga deal)을 펼쳤다. 덴마크의 사회민주당 등 진보세력 역시 1901년 이래 115년 동안 단 한 번도 과반 의석을 차지한 적이 없으면서도 공감과 타협을 통해 복지국가를 만들어냈다. <북유럽 사회민주주의 모델>의 저자 니크 브란달은 "다수의 지지를 얻으려면 폭넓은 이들에게 호소력을 가질 수 있는 정책을 찾아내야 할 뿐만 아니라, 이들이 뭉칠 수 있는 단단한 동맹을 형성해야 하며, 이는 거부할 수 없는 지상과제이다. 북유럽에서는 이러한 접근법을 흔히 '작은 보폭의 정치'라고 표현한다." 이상 한겨레, 2016.8.10., 이철희 더민주 의원 '북유럽 탐방기' "복지국가는 '작은 보폭의 정치'로 만들었다"에서 인용.

서 격랑이 잦아든 바다로 안전 운항을 해냄으로써 세상에 기여했으니 보람을 느끼며 그 자리를 떠났을 것이다.…위기 극복을 위해 펼쳤던 비상한 통화정책은 이제 정상화의 길을 찾아가야 하며, 이 길이 끝날 때쯤 아마 그의 정책에 대한 진정한 평가도 가능해질 것이다.…22)

만일 리더에게 전문성이 없다면, 그 리더는 어떻게 해야 할까? 그렇다면 그는 우선 구체적 정책의 운용을 믿고 맡길 만한 -내부에 적임자가 없으면 외부의- 전문가를 찾아내야 한다. 그리고 그의 정책기조논리를 듣고 공감할 수 있다면, 그와 정책기조를 공유하고 자기 책임하에 구체적 정책운용의 도움을 받으면 된다. 그 전문가를 지지하고 지원하며 구체적 정책들을 운용하도록 접목시키는 것이다. 다음은 그 예이다.

2009년 1월 미국 앨라배마 주의 터스컬루사시 시장 월터 매덕스는 시 공무원 66명과 함께 무려 일주일간 메릴랜드에 위치한 연방재난관리청 소속 위기트레이닝센터에 들어가 시뮬레이션 중심의 교육을 받았다. 일부 공무원들은 투덜거렸지만, 시장이 함께하는 바람에 어쩔 수 없었다. 이 교육은 시 소방대장 앨런 마틴의 치밀한 설득으로 성사된 것이다. 30년 넘는 소방관 경력을 가진 마틴 대장은 이 도시가 재난관리에 취약점이 있다는 생각을 했고…훈련은 최악의 상황을 가정하여 강도 높게 진행되었다. 이후 마틴 대장이 통합 재난관리 계획을 만들 때…시장은…뒷심이 되어주었다. 시 당국은 재난관리체계를 계속 개선해 나갔고…위기대응 매뉴얼을 '몸으로 기억하지 않으면' 소용이 없다는 것을 강조했다. 또한 위기상황에서 시민들이 원하는 것은 정보라는 것을 깨닫고, 기자회견에서부터 정확한 정보 확산 방법까지 세밀하게 연습했다. 2011년 4월 터스컬루사 시는 12일 간격으로 토네이도가 두 차례 들이닥치는 영화에서도 보지 못할 최악의 자연재난을 당하게 된다. 53명이 목숨을 잃었지만, 시장과 공무원들은 훈련받은 대로 시민의 목숨과 재산을 지키기 위한 최선의 조처를 했고, 토네이도가 지나간 지 일주일이 되지 않아 도시 시스템의 '정상상태' 전환을 선언할 수 있었다. 후일 매덕스 시장은 자신이 마틴 대장의 제안을 받아들이지 않았다면 이런 대응은 가능하지 않았을 것이라고 밝혔다.23)

22) 조윤제(서강대 교수·경제학), "버냉키 이후의 과제," 중앙일보, 2014.2.8.
23) 김호(더랩에이치 대표), "터스컬루사 시와 운전 배우기," 한겨레, 2014.4.29. '김호의 궁지' 칼럼에서, 그는 "4월 초 주로 미국의 재난관리 분야에 종사하는 공무원들과 함께 위기관리 교육을 받았다. 엿새 동안 서른 시간에 가까운 집중교육을 받는 마지막 날인 4월 11일 터스컬루사 시의 사례를 배웠다"고 밝혔다.

제 4 장

겸허함의 정책기조리더십

이제 지금까지의 논의를 정리하는 의미에서, 정책기조의 엄중함과 그에 따른 정책기조리더십의 겸허함을 논의해 볼 차례이다.

제 1 절 정책기조의 엄중함

어떤 정책 하나라도 그것이 사람들의 삶에 어떤 영향을 끼칠 때, 우리가 그런 정책 하나라도 매우 중요하게 여기는 것은 너무나 당연하다. 그렇다면 그런 개별적·구체적인 자녀정책들을 여러 가지로 만들어내 시행하는 데 있어서, 그 인식의 기본 틀과 방향을 제공하는 정책기조로서의 어버이정책이라면, 우리는 그런 정책기조의 중요성을 어떻게 표현해야 가장 적절할까? (정책을 사람으로 의인화해 본다면) '갈림길에 서 있는 정책'[1])에게 '그 선택할 길(진로)'을 정해 주는 '정책기조'의 중요성이다. 아마도 그 중요성은 '이루 말로 다할 수 없다'는 표현일지 모르겠다. 그렇지만 그것을 어떻게든 다른 적절한 말로 표현해야만 한다면, '엄중함'을 선택할 만하다고 하겠다. 다음 지적들을 보자.

> 극심한 불확실성 상황하에서 대안 선택에 따른 이해관계(stakes)가 매우 큰 의사결정문제를 거대정책결정, 운명결정적 선택(critical choice), 운명결정적 의사결정(critical decision), 또는 숙명적 의사결정(fateful decision)이라고 부른다.…가장 중요한 특징은 역사과정에서 이루어지는 불확실한 도박, 즉 퍼지갬블(fuzzy gambles)적인 성격의 의사결정이라는 것이다.…고도의 불확실성하에서 국가가 운명결정적 의사결정을 내리는 경우는 바로 역사와의 도박(gambling with history)을 한다는

---

1) 이 표현은 Taylor-Gooby, "Introduction: Public Policy at a Crossroads," Peter Taylor-Gooby(ed., 2013), 1.

성격이 강한 선택상황이라 할 수 있다. 조선 말 대원군에 의한 쇄국정책의 채택은
바로 이러한 역사와의 도박적 성격을 말해 주고 있다.[2]

  민간 기업에서도 경영정책기조의 엄중함은 기업의 흥망성쇄(興亡盛衰)로 연
결되듯이, 정부도 그러함은 조선 말기의 역사가 말해 준다. 서양 제국주의 세력이
동아시아로 밀려들고 내부적으로는 수많은 민란 등 백성의 원성이 자자한 때,
'청국 일방 의존의 쇄국'과 '기득권 왕조 유지'의 정책기조를 버리고, 백성의 요구
를 수용해 '내부 개혁'과 '개방적 근대화'의 정책기조로 정책혁명을 선택하지 못
한 대가는 망국이었다. 그렇다고 아직 적기(適期)가 아닌데도 성급하게 너무 많이,
일시적으로 개방하려 1997년말 외환위기를 겪게 한 다음 '세계화' 정책기조의
채택에 따른 대가도 너무나 혹독했다. 기업 부도, 실직, 노숙, 가정파탄, 자살 등이
속출했었다.

  …김영삼 정부의 '세계화'는 다시 돌아봐도 헛웃음이 나온다. 세계화는 1994년
  해외 출장 중이던 김 전 대통령이 "다음 날 기자회견에서 터뜨릴 것이 없느냐"고
  요구해 비행기 안에서 급조됐다. 기존의 '국제화'와 뭐가 다르냐는 기자들의 질문에
  공무원들은 온갖 화려한 수식어를 갖다 붙였다. 의미가 다르다며 영문 표기도 따로
  'Segyehwa'라고 썼다.…졸속으로 만들어진 국정과제는 준비 안 된 경제협력개발기
  구(OECD) 가입, 규제 장치 없는 외환자유화와 자본시장 개방으로 결국 외환위기를
  부르는 데 일조했다.…[3]
  김영삼 정부의 '세계화 비전'은 21세기를 겨냥한 장밋빛 청사진이었다. 거기에는
  미래에 대한 지나친 낙관주의가 깔려 있었다. 새로운 역사적 흐름에 적극적으로
  대응하려는 결연한 의지와 사명감은 돋보였으나, '성급하고 준비 안 된' 그리고
  '본질 추구보다는 수단적' 성격이 두드러졌다.[4]

---

2) 노화준, 정책학원론(제2전정판), 박영사, 2007, 320-321. '퍼지갬블'의 출처는 Dror(1986),
   168-169임. 노 교수는 조선말 대원군의 쇄국정책, 1990년대 외환위기 시 구제금융정책, 2000
   년대 햇볕정책이나, 미국의 1960년대 쿠바 미사일 위기와 2000년대 이라크전쟁에 관한 정책들
   을 '거대정책'이라고 부른다(312, 320-321쪽). '거대정책분석'의 항목 설명에서 제시한 문헌
   Yehezkel Dror, Grand Policy Analysis(paper presented for APPAM 1990 Annual Research
   Conference, October 18-20, 1990, San Francisco, Cal.), 1-12도 참조 바람.
 3) 신연수(논설위원), "창조경제 사용설명서," 동아일보, 2013.4.6.
 4) Chung-In Moon and Jongryn Mo, "The Kim Young-Sam Government: Its Legacies and Prospects
   for Governance in South Korea," in Moon and Mo,(eds.), Democratization and Globalization in

그래서 맹자(孟子, BC. 371경-289경)도 양혜왕(梁惠王)을 만나 지금의 정치인이나 공직자가 들어도 동일하게 엄중히 받아들여야 하는 경구들을 설파했다. 중국 춘추전국시대 천하를 주유(周遊)하며 정치 컨설턴트로 나선 맹자를, 양혜왕이 초빙했다. "천리를 멀다하지 않으시고 이렇게 오셨으니, 또한 장차 내 나라에 어떤 이로움이 있겠나이까?"로 반기며 묻자, 맹자가 "왕께서는 하필이면 이(利)를 말씀하십니까? 단지 인의(仁義)가 있을 뿐이오니이다"라고 담대하게 대답했다. 패도(覇道, 인의를 버리고 무력·권모술수로 잇속만을 취하는 통치)가 아니라, 왕도(王道, 인의 등 마땅한 도리의 좋은 통치) 정치를 주문하며 시작한 문답이 이어졌다. 왕이 맹자에게 "과인은 좀 편안하게 그대의 가르침을 듣고 싶소"라고 하는데도, 맹자는 이렇게 물었다.

"사람을 몽둥이로 때려죽이는 것과 칼로 쳐 죽이는 것이 차이가 있습니까?" 그러자 왕이 "별 차이가 없소"라고 대답하였다. 이에 맹자가 다음과 같이 말했다. "그렇다면 칼로 사람을 죽이는 것과 정치로 사람을 죽이는 것이 뭔 차이가 있습니까?" 왕이 "차이가 없소"라고 대답하자, 맹자는 이어 말하였다. "그렇다면 말씀드리지요. 당신의 푸줏간에는 살찐 고기가 있고 당신의 마구간에는 살찐 말이 있는 데 반하여, 이 나라의 백성들의 얼굴에는 굶은 기색이 완연하며, 들판에는 아사자(餓死者)의 시체가 뒹굴고 있나이다. 이것은 짐승을 거느리고 나아가 사람을 먹게 하는 것과 하등의 차이가 없습니다. 짐승이 서로를 잡아먹는 것만 보아도 사람은 그것을 끔찍하게 생각합니다. 백성의 존경받는 부모로서 정치를 행한다고 하면서, 짐승을 거느리고 나아가 사람을 먹게 하는 패정을 면치 못한다고 한다면, 어찌 그 임금을 백성의 부모된 자격이 있다고 말할 수 있겠나이까?"[5]

위 문답에서 본질은 크게 다르지 않으므로 '정치'를 '정책'으로 바꿀 수 있다. '칼'로 사람을 죽이는 것과 '정책'으로 사람을 죽이는 것에 하등 차이가 없는 것이다. 이는 정책기조의 엄중함을 철저하게 인식하고 고뇌하며, 신중하면서도 결단력을 갖고 정책기조를 결정하고, 그 구현을 위한 준비와 실행에 혼신의 노력을 기울여야 한다는 교훈을 가르쳐준다. 정책기조는 그 엄중함 때문에 '샤워실의

Korea: Assessments and Prospects, Yonsei Univ. Press, 1999; 안병영·하연섭(2015), 30 재인용.
5) 문답 번역은 김용옥, 맹자 사람의 길 上, 통나무, 2012, 65-117(양혜왕 상편)에서 인용.

바보'(a fool in the shower room)[6]와 같은 식으로 설익은 채 함부로 실험할 대상이
되어서는 안 된다. 여기에 '통찰력·혜안'으로 독일 통일을 이루어낸 동방정책은
즉흥적으로 내세운 것이 아니라, 2년 반의 심혈을 기울인 끝에 내놓은 정책이었
다는, 그 정책의 설계자인 에곤 바르의 증언은 그래서 모두가 본받아야 할 귀감
이다.

　　1966년 내가 정부의 정책기획팀을 맡았을 때, 독일은 통일 문제에 관한 한 백지
상태에 있었습니다. 그 이유는 무엇보다도 독일의 분단과 통일에 대한 결정권이
전적으로 미국·영국·프랑스·소련의 4대 강국의 손에 달려있었기 때문입니다. 독
일로서는 현실적으로 할 수 있는 일이 아무것도 없었지요. 나는 우리 팀의 직원들에
게 독일을 위해 이 허허벌판 위에 무엇을 만들어 낼 수 있을지 고민해 보자고 말했습
니다. 우리 구상의 핵심은 유럽의 한가운데라는 독일의 지정학적 위치를 이용하여
동서의 가교 역할을 함으로써 냉전 체제하의 종속적 상황에서 벗어나자는 데 있었
습니다. 그 후 2년 반 동안 정책 입안에 심혈을 기울였고, 여기서 후에 말하는 동방
정책이 생겨났습니다. 동방정책의 모토인 '접근을 통한 변화'가 뜻하는 것은 한마디
로 우리 스스로 변화를 일구어내자는 것이라고 할 수 있습니다.
　　가장 중요한 일은 현실을 다각도로 분석하고 검토하여 철저하게 준비된 상황에
서 대화하는 것입니다. 우선 동방정책을 추진하기 전 2년 반 동안 우리는 일어날
수 있는 모든 문제들을 검토하여 답안을 만들었습니다.…4대 강국과 동독은 물론
폴란드, 덴마크, 네덜란드, 체코 등 주변국들의 이해관계에 대해 면밀히 검토했지요.
가능한 모든 질문을 제기하고 여기에 답하는 방식으로 문제를 검토했는데, 이것을
정리한 문건만도 2,000쪽에 달했습니다. 이것을 요약하여 27쪽으로 만들고, 이것을
다시 한 쪽 반으로 축약한 문서를 회담에 제출했습니다. 당시 소련 외상이던 그로미
코는 우리에게 많은 질문을 했습니다. 그 모든 질문을 사전에 철저하게 검토했기
때문에 나는 거침없이 대답할 수 있었지요. 이러한 과정을 통해 1970년 모스크바

---

6) 20세기 후반 가장 영향력 있는 경제학자 밀턴 프리드먼(Milton Friedman, 1912-2006, 1976년 노
벨상 수상)은 시장만능주의자였다. 정부의 시장 개입을 반대하기 위해 이런 우화를 만들어냈
다고 할 수 있다. 그러나 그의 입장을 떠나 섣부른 정책실험의 위험성을 경고하는 의미는 받아
들일 만하다. 바보의 우화는 경기의 고점과 저점을 판단하기는 쉽지 않고, 설령 경기판단이 정
확하다 해도 정부의 정책결정과정은 시일을 요해 적절한 타이밍을 놓치기 쉽다고 주장하면서,
정부의 섣부른 경제정책이 경기변동폭을 오히려 크게 만들 수 있다고 주장하며 그가 든 예이
다. 샤워실에서 물을 틀면 처음에는 너무 찬 물(경기침체와 실업)이 나오는데 조금 더 참지 못
하고 갑자기 더운 물쪽으로 수도꼭지를 돌려버렸다가 뜨거운 물(인플레이션)이 나오면 다시
놀라서 찬물로 돌려버리는 바보는, 결국 물만 낭비하고 정작 샤워는 하지 못 한다는 것이다.
안근모, 샤워실의 바보들, 어바웃어북, 2014 참조.

조약이 체결된 것입니다. 여기에서 두 건의 문서가 작성되었는데, 하나는 동방정책에 관한 것이고, 또 하나는 군비축소에 관한 것이었습니다. 이것이 1975년 헬싱키 조약을 체결시키고, 1989년 동구권 변혁을 일구어 내는 밑거름이 되었습니다.[7]

영국 식민지로부터 1776년 독립할 당시, 미국의 개척자들은 영국을 비롯한 유럽의 국가들이 채택하고 있던 국가운영의 틀·제도를 보완해 도입하는 쪽, 즉 점진적 개량주의를 채택하지 않았다. 그 대신, 상당히 혁신적인 새로운 국가 운영의 틀·제도를 설계하고 발전시키는 쪽, 즉 패러다임 전환의 혁명주의를 선택하였고, 상당히 성공적으로 정착시켜가고 있었다. 그때(1831년) 프랑스의 젊은(26세) 법률가인 토크빌(Alexis de Tocqueville, 1805-1859)은 사법제도를 시찰하기 위해 미국을 9개월간 여행하였다. 그의 더 궁극적인 여행 목적은 다른 데 있었다. 자유와 평등을 쟁취하기 위하여 출발한 1789년 프랑스혁명은 희망과 공포와 저주와 살육의 반복적인 연속과정에서 결국 나폴레옹 제국의 등장으로 실패했는데, 왜 독립한지 50여 년이 지난 미국의 민주주의 혁명은 대중적 민주주의의 뿌리를 내리며 성공적으로 진행되고 있는가를 규명하는 데 있었다. 그 여행에서 돌아와 2년여 집필 끝에 1835년, 그는 이제 고전이 된 <미국 민주주의>(Democracy in America)라는 여행기 비슷한 연구서를 출판했다. 거기서 그는 여러 환경적·종교적·사회적 여건도 좋았지만, 중앙과 지방 간 권력 균형을 추구한 연방제도, 일종의 마을회의인 타운십(township) 제도의 보편화, 시민적 결사(civil association)의 활성화, 법 전문직·법 행정가·배심원 제도 등의 민주적 사법제도 등이라는 중요한 미국 민주주의의 성공요인을 발견해 제시하였다. 토크빌은 자유, 평등, 인권, 인민주권 등을 내세운 동일한 민주정치 혁명을 일으켰는데도, 프랑스 혁명은 실패하고 미국혁명은 성공한 한 요인을 다음 요약과 같이 피력하였다.

프랑스혁명이 살육과 폭력 등의 유혈의 역사로 줄달음치게 된 것은 바로 추상적

7) 김누리 외(2006), 47-49. 공저자의 한 사람인 배기정 교수가 2005년 1월 19일 에곤 바르(당시 사민당 고문) 사무실에서, "브란트가 수상이 되어 본으로 옮겨간 후에 당신은 연방 정부 차원에서 동방정책을 추진할 수 있었습니다. 당시 상황은 어떠했고, 당신이 대(對)동독 정책의 출발점으로 삼았던 것은 어떤 것이었나요?…추진하는 과정에서 많은 어려움이 있었을 것입니다.…당시 독일을 둘러싼 국제정치의 문제를 어떻게 풀어 나가셨나요?"의 질문에 대한 답변이다.

이고 관념적인 이론을 등에 업고 출발하였기 때문이다. 이들은 나쁜 제도나 법들을 하나하나씩 서서히 고칠 생각을 하지 않고 일시에 전체를 공격하고 박멸하려고 하였다. 이러한 상황이 미국과 대조적이다. 미국인들은 현실의 필요 속에서 실천을 통해 민주주의를 배웠다. 이들은 모여서 의논하면서 하나하나씩 따지고 점검하면서 민주주의를 익히고 배웠다. 프랑스인들은 민주주의는 실천을 먹고 자라지, 이론을 먹고 자라지 않는다는 것을 인식하지 못하였다.[8]

이러한 예를 보더라도 정책혁명과 같이 꼭 필요할 때, 꼭 필요한 곳·부문·분야에서 어떤 형태의 패러다임 전환이든 그런 혁신을 선택하고 구현해야만 하는 결단의 시간은 있기 마련이다. 때로는 1993년 김영삼 정부가 출범해 당시의 시대적 과제인 '국정의 문민화'(그래서 이름도 '문민정부')를 위하여 군사정권의 유산인 '하나회' 같은 비공식 실세집단의 핵심 군인들을 전격적으로 일괄 퇴역시키거나, 채무 면탈이나 조세포탈, 각종 법령상의 규제회피, 시세차익을 노린 투기 등에 악용되고 있는 명의신탁을 금지하고, 매매 당사자의 실제 이름으로 부동산 거래를 하도록 의무화한 1995년의 '부동산실명제' 사례처럼, 예외적으로 정책혁명을 전격 추진할 때가 있을 수 있다. 그렇지만 그때도 비밀리에 치밀하게 사전 준비를 한 후 결행하였다. 결국, 일반적으로 정책혁명을 아이디어와 열정만 갖고 충동적으로 섣부르게 덤비며 급하게 추진하는 것은 감당하기 어려운 큰 후유증과 부작용을 낳는다. 거기에는 반드시 사전에 치밀한 준비와, 현실에 맞는 신중하고도 구체적인 실행(구현)이 꼭 필요하다는 일반론을 도출할 수 있다.[9] 그래서 공자(孔子,

8) 이상 백완기, "알렉시스 드 토크빌(Alexis de Tocqueville)의 생애와 사상," 행정논총, 53(4), 서울대 한국행정연구소, 2015, 35. 백교수는 프랑스 혁명의 실패원인을 그 외에 정치적·행정적 중앙집권화로 모든 권력이 군주 1인에 집중된 점, 자유보다 평등을 앞세우면서 민주주의 혁명을 추진한 점, 돌발적·격정적·모순적인 국민성, 그리고 민중과 거리를 둔 귀족주의 전통 등으로 보았다고, 토크빌의 주장을 요약한다.

9) 앞 본문의 토크빌이 20대 청년 시절 그런 걸작을 쓸 수 있었던 것은 토크빌이 귀족 출신의 신동으로 어린 시절부터 지적 호기심이 남달랐고, 최고 지성의 가정교사까지 두고 여러 학문과 사상을 섭렵해 지적이고 사상적인 토양이 이미 축적돼 있었다고 한다. 특히 <미국 민주주의>도 단순히 짧은 여행 관찰로만 쓰여진 책이 아니라, 미국 민주주의를 파악하고 분석하기 위해서 미국에 가기 전 이 방면에 엄청난 시간과 노력을 투자해서 고전을 섭렵하면서 -그러면서도 기존 틀과 이론에 얽매이지 않고- 지적 준비를 했다고 한다. 또 집필 도중에 영국을 제대로 이해하지 않고는 책의 완성이 어렵다는 것을 깨닫고 영국에도 직접 가서 자료를 수집했을 정도라고 한다. 이런 사실들은 짧은 여행과 관찰로만 그런 걸작을 탄생시킨 것은 아니라는 사실을 증언해 준다고 한다. 이는 정책혁신과 같은 중대한 변화를 위한 일에는 치밀한 준비와

BC. 551-479)도 논어 술이편에서 다음과 같이 '일에 임하여 잘못할까 두려워하는' 임사이구(臨事而懼)를 말하였다.

> (공자의 제자로서 용기를 자부하는-저자 주) 자로가 말했다. 선생님께서 삼군(三軍)을 통솔하시게 되면 누구와 함께하시겠습니까? 공자께서 말씀하시기를, 호랑이를 때려잡고 맨몸으로 강을 건너며 죽어도 후회하지 않는 부류의 사람은 내가 함께하지 않으리니, 나는 반드시 일에 임하여 잘못할까 두려워하고, 계획을 세워 공 이루기를 좋아하는 사람과 함께할 것이다.10)

그런 의미에서 이 책의 마지막에서는 '정책의 엄중함'과 '정책기조의 더 엄중함'을 강조하고자 한다. 그것은 곧 정책이 개인의 삶과 공동체의 진운에 너무나 중대한 영향을 미치고 있다는 엄중하기 짝이 없는 사실을 말한다.

우리가 흔히 어떤 사상이나 이념이나, 혹은 철학이나 이론의 회오리바람에 개인의 삶이 송두리 채 바뀌어버린 사실을 지적하면서, 사상·이념·철학·이론 등의 무서움을 환기시키기도 한다. 그렇지만 엄밀히 말하면, 그 사상·이념·철학·이론 등이 무서운 것이 아니라, 그에 근거해서 어떤 정책들로 만들어져 시행될 때 그것이 개인이나 공동체에 엄청난 영향을 미치게 되는 것을 말한다. 더구나 그런 사상이나 이념 등은 '단순한 정책'이 아니라, 그런 정책들을 낳는 어버이정책으로서의 '정책기조논리'라는 사실에 주목해야 마땅하다. 모든 정책과 정책기조는 질적으로 함부로 따질 수 없기 때문에 모두 다 엄중하다. 그렇지만 하위 정책들을 유발하고 지배하기 때문에 '패러다임'으로서의 '정책기조'가 더 엄중하다고 말할 수밖에 없다.11) 그래서 정책기조의 오류는 그 지배받는 정책들의 다른 여러 가지 오류의 원초적 오류가 될 수밖에 없다는 의미에서, 정책과 관련되는 한 '원오류'(original error)라고 명명한 바 있다.

노력이 필수라는 사실을 대변해 준다. 이는 백완기(2015), 3-4, 11-12 참조.

10) 홍승직(1994), 94-95.

11) 그래도 그 비중을 따져 꼭 말해야 한다면, 정책을 유발하는 정도가 높은 정책기조일수록, 즉 '정책유발계수'(政策誘發係數)가 높은 정책기조일수록 더 엄중하다고 말할 수밖에 없다(정책유발계수는 제1부 제2장 정책기조의 개념적 특성에서 설명하였음). 따라서 일반적으로 직책이 높은 자의 책임성과 윤리성은 더 엄중해진다.

　　자본주의 체제가 가져다 준 경제성장의 결과물을 역사적으로 고찰하면서, '창조적 파괴' '혁신' '기업가 정신' 등의 개념을 통해 경제구조 안에서 일어나는 끊임없는 혁신, 파괴, 창조라는 그 근본적인 요소·핵심을 도출해 '창조적 파괴 이론'을 정립한 이는 오스트리아 출신 경제학자 조지프 슘페터(Joseph Schumpeter, 1883-1950)이다. 그는 말년인 1948년 미국경제학회 연례회의에서 경제학의 패러다임을 창출한 대표적 학자인 애덤 스미스, 마르크스, 케인스의 사례를 들어, 경제학자의 지나친 주관적 편견으로 경제학을 바로 보지 못하고 있다며, '이데올로기의 위험성'을 날카롭게 비판하였다. 그러면서도 다른 한편으로 '이데올로기 없이 우리는 전진할 수 없을 것'이라며, '이데올로기의 불가피성'을 학문을 위한 동기로 활용해야 한다고도 균형 있게 지적하였다.12) 이는 이념이나 이론 같은 정책기조논리를 무조건 맹신하거나 거부하지 말고, 분별력을 가지고 균형 있게 바라보고 판단해, 채택해야 할 필요성을 잘 말해 주고 있다.

　　우리 '인구정책'의 실패로 어떤 후유증을 겪고 있는가를 보더라도 정책기조의 엄중함을 알 수 있을 것이다. 그 반대로, 노태우 정부의 '북방정책'과 같은 좋은 정책기조의 성공으로 외교안보적·경제적으로 얼마나 큰 혜택을 누리는가도 알 수 있다.13) 이와 같이 정책기조의 엄중함은 정책기조를 탐색하고 개발하거나, 변경하고 채택하며 운용하는 바로 그 책임자, 곧 리더의 엄중한 리더십과 분리할 수 없는 사안이다. 정책기조리더십 여하에 따라 개인 삶의 흥망과 공동체의 진퇴나 운명이 좌우되기 때문에, 정책기조리더십도 강조해야 마땅하다. 곧 정책기조리더십의 엄중함이다.

---

12) Thomas K. McCraw, Prophet of Innovation: Joseph Schumpeter and Creative Destruction(2007); 토머스 매크로, 혁신의 예언자-우리가 경제학자 슘페터에게 오해하고 있었던 모든 것, 김형근·전석헌(역), 글항아리, 2012 참조.

13) 1980년대 말-90년대 초 노태우 정부(1988.2.-1993.2.)의 북방정책은 소련 등 공산권이 붕괴하는 세계사적 격랑의 시기에 탈냉전의 기류를 활용해 1988년 헝가리를 시작으로 폴란드, 유고 등 동구권 국가들과 잇따라 수교하고, 그 여세를 몰아 1990년에는 소련과, 1992년에는 중국과 공식 외교관계를 맺음으로써 한국 외교와 경제적·문화적 진출이 전 세계로 도약할 수 있는 토대를 마련하였다.

정책기조리더십의 겸허함

　　우리 개인의 삶과 공동체에 정책기조가 얼마나 엄중한 영향을 미치는가라는
사실, 그런 만큼 정책기조에 관한 리더십이 얼마나 엄중한가라는 사실을 알면
알수록, 그런 정책기조의 운용에 책임 있는 사람은 그 누구라도, 정책기조 앞에
겸허한 자세를 취하지 않을 수 없을 것이다. 오직 정책기조리더십의 겸허함을
마음에 새기고, 엄중한 공공의식과 역사적 책임감을 느끼지 않을 수 없다는 것이
다. 다음은 그런 사실을 증언해 주는 예이다.

　　　오바마 대통령은 수감자를 줄이겠다는 정치적 소신에 따라 사법개혁을 추진해
　　왔고, 이를 위해 의회 방문, 특별사면, 연설, 인터뷰에 이어 이날 교도소까지 찾으며
　　소통의 정점을 찍었다.···오바마 대통령의 사법개혁 방안에 대해···야당인 공화당도
　　초당적인 협력을 약속했다. 오바마 대통령은 마약사범들에게 무조건 일정 기간
　　이상 형량을 선고하도록 한 '최소 의무형량제'를 폐지하고 비폭력 마약사범들에
　　대한 양형 기준을 완화할 것을 의회에 요청한 상태이다.···2시간 25분간 교도소
　　방문을 마친 오바마 대통령은 "전 세계 인구의 5%가 미국인인데 전 세계 재소자의
　　25%가 미국인···재소자들에게 연간 국민 세금의 800억 달러가 소요된다. 이 돈이면
　　모든 공립대학 등록금을 없앨 수 있다"고도 했다. 오바마 대통령의 전방위적인
　　소통 노력에 빌 클린턴 전 미국 대통령은 "내가 서명한 법안으로 인해 수감자가
　　늘어난 것을 반성한다"며···자신이 도입한 마약사범 '삼진 아웃제' 부작용을 인정했
　　다. 삼진 아웃제는 1994년 마약범죄로 유죄를 세 번 받으면 무기징역 판결을 의무화
　　한 제도로 시행 이후 수감자가 급증했다.[14]

　　정책은 고뇌를 먹고 산다. 그리고 정책기조는 더 큰 고뇌를 먹고 산다. 정책
기조리더십은 마치 그 피해를 예상할 수 없는 거대 태풍이 북상하며 다가오고
있는 상황에 맞서 그에 대처하려는 리더십과 같다. 3백여 척의 왜적이 몰려오는데
12척밖에 남은 것이 없는 이순신 장군의 고뇌 정도는 아니더라도, 자신의 리더십

---

14) 매일경제, 2015.7.18., "수감자까지 직접 챙기는 오바마의 포용 리더십."

여하에 따라 공동체구성원의 행·불행(행불행)이 엇갈리는 데 따른 고뇌의 대비가
필연적이고 필수적인 것이다.

그런데도 정책기조를 결정·구현할 책임을 진 정도의 리더가 자기 확신과
오만함에 빠져 자칫 고뇌의 대비를 소홀히 할 수 있다. 그런 함정은 리더인 자기
자신 안에 만들어지고 있을 수 있다. 그는 많은 경험을 쌓은 전문가이며, 자기
직책에 오를 만큼 인정을 받은 성공한 사람에 속하기 때문에 그럴 수 있다. 그는
미국 예일대 스턴버그(R. Sternberg) 교수가 '어리석음'의 첫 번째 조건으로 꼽은
'자기 중심성'(자기중심적 편향, egocentric bias)에 갇히기 쉬운 함정을 피하지 못할
수 있는 것이다. 즉 리더인 자신은 있는 그대로의 세상을 보고 있기 때문에, 자신
의 주관적 경험과 객관적 현실 사이에는 어떤 왜곡도 없다고 믿는 경향, 곧 '소박
한 실재론'(naive realism)을 견지한다. 그러면서 자신이 하는 일이 항상 정확하고
객관적이라고 믿고, 자신의 일을 반대하거나 이해하지 못하는 사람들을 오히려
무능력하거나 무감각하다고 생각하기 쉽다. 그런 자기 중심성 때문에, 그는 다른
사람들도 자기 생각과 비슷할 것이라고 착각하고, 자신의 의견이나 선호·신념
·행동이 실제보다 더 보편적이라고 생각하기 쉽다.[15] 그는 또 현재의 지속성은
과대평가하는 반면에, 미래의 변화는 과소평가하면서 낙관적 전망만 믿고, 현실
안주로 자만하며, 반대·반론을 포용하지 못할 수 있다. 그에게 보고되는 제안은
'아이디어의 무덤'이 될 정도로 완고해지며, 스스로 문화지체(culture lag)와 시대지
체(time lag)에 빠져 편협해지고 편향된 줄도 모르기 쉽다. 특히 그가 임명한 보좌
진이나 부하들과의 '집단사고'에 빠질 수 있다.[16]

---

15) 자기 중심적 편향 때문에 다른 사람들의 생각도 자기 생각과 비슷할 것이라고 생각한 나머지
그것을 '사실'로 착각하는 심리 현상을 심리학 용어로 '허위 합의 효과'(false consensus effect)
라고 한다. 이를 포함한 본문은 김인철(2007), 77-82 참조함.
16) 쿠바(Cuba)에 1959년 1월 카스트로(F. Castro) 공산혁명정권이 들어서고, 1961년 1월 외교관계
가 단절되며 악화된 가운데, 1961년 새로 집권한 케네디 대통령에게 중앙정보국(CIA)은 쿠바
정권을 전복하고자 한 침공계획을 보고했다. 케네디는 신중한 결정을 위하여 특별자문위원회
를 구성하여 수 차례 심의하고 결정했다. 즉 미국에 온 1,400여 명의 쿠바 난민들을 훈련·무장
시켜 4월 17일 쿠바의 서남부 픽스만(灣; The Bay of Pigs)에 침투시키는 침공사건을 일으켰다.
그런데 작전 한번 제대로 못 펴보고, 사살되고 포로로 붙잡힘으로써 사흘만에 참담한 실패로
끝났다. 당시 참신하고 이상적인 이미지의 케네디 정부는 비윤리적인 무모한 결정의 실패로,
대(對)국민 사과성명까지 발표하며, 망신과 지도력의 상처를 입어야 했다. 이 실패를 철저히
분석한 미국의 학자 재니스(I. Janis)는 당시 정책결정참여자의 유사한 출신배경과 성향, 명석

이와 같이 정책기조리더십은 자칫 오만함과 완고함에 빠지기 쉬운 마음을 다잡고, 오직 리더의 전 인격적인 겸손함·겸허함으로 깊은 성찰의 고뇌와 윤리의식·책임의식으로 문제와 정책기조에 다가서야 한다. 거기에 결코 자신만이 옳고 실패할 리가 없으며, 혼자서도 충분하다는 독선과 오만이 들어설 수 없다. 또 정책 보좌진의 조언과 정책연구자들의 연구결과를 수렴하는 데 있어서, 리더로서 마땅히 발휘해야 할 기조지능과 기조감수성, 기조 구현의 역량도 없이, 환심을 사려고 기술관료들의 일방적 옹호만 있는 조언이나 '훈련된 무능'(trained incapacity)으로 오도하는 연구결과를 분별·감식해 내지 못하는 일이 있어서도 안 된다.17) 그 대신, 겸허함의 리더십은 광대한 우주와 신비한 자연 안에 인간사 문제는 항상 복잡다단하게 얽히고설켜 있는데, 그에 대처한 인간의 지식·지혜·기술과 정책기조는 더듬거리듯 언제나 한계가 있다는 사실을 마음에 새기는 리더십이다. 그래서 문제를 서로 집단지성을 동원해 협력해서 대처하고, 그나마 부분적으로밖에 해결할 수 없는 가능성을 염두에 두며, 조금이라도 더 나은 대처를 고뇌하는 리더십이다. 다음 교훈을 참고할 만하다.

연방준비제도의 전 의장(1987-2006년 1월) 앨런 그린스펀이 2008년 10월 23일 의회에서 행한 증언을 살펴보자.···통화정책의 관리로 '마에스트로'라고 불렸으며, 이것은 그의 장기 재직 기간 중 미국이 경험한 낮은 인플레이션, 장기적 경제성장,

---

한 두뇌, 풍부한 경험, 유능함 등 일체감과 응집성이 강한 의사결정집단에서 활발한 의견교환이 없고 반론에 대한 심도 있는 검토가 없었던 '집단사고'(集團思考, groupthink)가 그런 어리석고 무모한 결정을 내린 '희생자'를 낳았다고 결론을 내렸다. 동질적 성향을 가진 응집력이 강한 집단 내부(내집단, ingroup)에서는 비슷한 방향의 공통된 의견만이 개진되고 토의되는 분위기 때문에, 이에 맞지 않는 비판과 반론 등의 이견(異見)이나 대안(代案)은 무시된다. 그러면서도 다수의 토론에 의하여 의견을 수렴하고 지혜를 모은 듯한 착각과 자만 속에 빠진다. 결국, 집단사고에 의한 잘못된 의사결정의 방지 방안으로는 외부와의 지속적 교류 및 일치에 대한 집단압력의 감소의 방안 확보, '악마의 변호인'(devil's advocate)과 같은 비판적 평가자의 배치, 리더의 불편부당성 확보, 리더의 선호나 기대 비노출, 독립적 집단의 설치 등이 필요하다고 제시했다. Irving L. Janis, Victims of Groupthink, Boston: Houghton-Mifflin, 1972 및 Donelson Forsyth, An Introduction to Group Dynamics; 서울대 사회심리학연구실(편역), 집단심리학, 학지사, 1996, 336-352; 이상 박정택(2007c), 19-23 참조.

17) 이와 관련, 정책분석가의 역할을 젠킨스스미스의 분류에 기초해 객관적 기술자, 정책결정자 옹호, 잇슈옹호의 세 모형으로 나눠, 그 역할과 윤리 등을 논의하는 송근원, "정책분석가의 역할, 윤리 및 지식," 한국행정학보, 23(2), 1989, 601-611 및 Hank C. Jenkins-Smith, "Professional Roles for Policy Analysts," Journal of Policy Analysis and Management, 2(1), 1982, 88-100 참조.

그리고 짧고 얕은 경기침체로 나타났다. 그는 주택 버블이 절정으로 치닫던 시기 경제정책을 세운 주요 정책입안자 중 한 명이기도 하다. 자유주의자이자 반정부 사상가 애인 랜드의 추종자인 그는 통제되지 않은 시장의 대제사장 같은 인물이었다. 그는 금융자산의 가격을 적절히 매기고 자원을 효율적으로 분배하는 시장의 능력에 대한 믿음을 당당하게 표현하곤 했다. 그러나 그가 10월 23일 하원의 정부감독위원회 앞에 끌려갔을 때 자신의 잘못을 인정함으로써 세상을 놀라게 했다. 위원회 의장직을 맡았던 캘리포니아의 민주당 소속 헨리 왁스맨은 "당신은 세상에 대한 당신의 관점과 이념이 옳지 않았고, 제대로 작동하지 않았다는 사실을 발견하지 않았습니까?"라고 몰아붙였다. 그러자 놀랍게도 그린스펀은 "그렇습니다. 정확합니다."라고 대답했다.[18]

이와 같이 아무리 최고의 인재라도 사람인 이상 판단의 실수를 범할 수 있다. 그렇다고 그런 실수를 병가(兵家)의 상사(常事) 쯤으로 치부하고, 정책에 함부로 덤비는 것을 용인할 수 없는 일이다.[19] 정책이 그러할진대, 하물며 정책기조는 어떠하겠는가?

정책기조는 더 엄중한 결과를 초래하므로 그 정책기조리더십의 실천은 더 '겸허함의 정책철학하기'가 필요하다. 새로 취임한 리더는 흔히 전임자(前任者)와의 차별을 부각시키기 위하여, 또 뭔가 새로운 것을 요구하는 주변의 기대에 부응하고자, 기존 경로로부터 독립(경로독립성, path independence)을 추구하는 강한 유혹을 받는다. 자신이 선호하는 사상·이념·철학·이론·원리 등을 반영한 새로운 경로를 설계해 내놓고(경로개척성, path-breaking), 자신의 '새로운 경로의존성'(new

18) Eduardo Porter, The Price of Everything, 에두아르도 포터, 모든 것의 가격, 손민중·김홍래(역), 김영사, 2011, 361-362.

19) David Halberstam, The Best and the Brightest, 최고의 인재들, 데이비드 헬버스탬(저), 송정은·황지현(역), 글항아리, 2014 참조. 뉴욕타임스 기자로 있던 1964년 베트남전에 대한 르포 기사로 퓰리처상을 받은 언론인 헬버스탬(1934-2007)은 케네디와 존슨 행정부 시절 역사와 문화에 무지한 당시 미국 정계·행정부·군부의 최고 엘리트들이 베트남 전쟁의 시작과 전쟁 수행 과정에서 오만과 오판을 거듭하며 전쟁의 진실을 보지 못해 패배한 것을, 1969년부터 1972년까지 3년간 베트남전 관련 인물들을 500여 회에 걸쳐 인터뷰해 1972년 고발했다. 대표적 인물이 케네디 행정부의 안보 담당 특별보좌관을 지낸 맥조지 번디(McGeorge Bundy, 1919-1996)였다. 34세에 하버드대 최연소 학장이 되고, 40대 초반에 총장 물망에 오를 정도로 천재인 그는 베트남전에 뛰어들게 만든 핵심 인물로 평가된다. 앞의 수레가 뒤집히는 것을 보고 뒷수레가 경계한다는 '복거지계'(覆車之戒)의 교훈이 무시되면서, 부시 행정부 최고 수뇌부의 오만과 오판으로 미국은 '이라크전쟁'의 개시와 수행과정에서 또다시 패배하고 철수해야 했다.

path dependence)을 만들어내려고 하는 경향을 보이는 것이다. 그러나 밀턴 프리드
먼과 같이 대가급(大家級) 학자도 자신의 오류를 인정하는 다음 사례에서 보듯이,
어떤 리더십도 그 권위를 맹신하고 섣부른 정책기조논리를 함부로 채택하게 해서
는 안 된다.

 소련은 계획경제체제를 활성화시키기 위해 공산당 서기장 고르바초프에 의해
1980년대 개혁·개방을 시행하였으나 정치적 혼란 끝에, 결국 1991년 12월 25일
러시아와 15개 독립국가연합으로 해체되었다. 러시아와 서구의 정치가들과 경제학
자들은 러시아와 동유럽의 공산주의 잔해 위에 서구식 시장경제체제를 구축하기
위한 최선의 방법을 고민하기 시작했다. 하나는 시장경제체제로의 이행이란 개혁
내용의 정책기조논리와, 다른 하나는 그 개혁의 속도(방법과 절차)에 관한 정책기조
논리였다. 그 두 정책기조논리는 ① 시장가격에 대한 정부 통제의 완전 철폐와
대대적인 민영화 등 철저한 시장경제체제로 최대한 신속하게 개혁해야 한다는 '충
격요법주의자'로서, 로런스 서머스, 재프리 삭스, 밀턴 프리드먼, 스탠리 피셔, IMF
등과, ② 중앙계획경제에서 벗어날 때까지 시장경제와 사유재산권의 도입을 완만하
게 점진적으로 해서 민간 부문이 국영 부문보다 더 빨리 성장하도록 지원하는 '투
트랙(이원화, dual-track) 점진주의자'로서 조지프 스티글리츠와 그의 동료들이 대
표하였다.
 결국 정치적 격변 속에 러시아 옐친은 충격요법을 따랐고, 벨라루스는 점진주의
를 따랐다. 폴란드나 체코는 충격요법을 따라 시작했으나 국내 저항으로 점진적으
로 추진하게 되었다. 이 두 그룹 간 자연적 실험(이 부분 유의-저자 주)에서 아직도
논란이 있지만, 그 차이는 공산주의에서 자본주의로의 이행 과정에서 각 국가들이
택했던 정책기조에 달려 있었다. 개혁의 내용과 속도를 얼마나 적절하게 선택했는
가가 매우 중요했다. 급진적인 민영화 프로그램을 도입하면서 시장경제로의 이행을
매우 신속하게 추진했던 국가들은 사회복지의 축소와 함께 경제적으로 커다란 혼란
과 고통을 경험했다. 개혁을 완만하게 추진하면서 사회보장 프로그램을 유지하고
국민들의 건강을 증진시켰던 점진주의자와는 다르게, 과격한 민영화주의자는 국민
들의 건강에 큰 피해를 주었다. 밀턴 프리드먼은 나중에 자신의 잘못을 인정하면서
이렇게 말했다. "소련 붕괴 이후 즉각적으로 나타났던 후유증 속에서 많은 사람들이
나에게 지금 러시아인들이 무엇을 해야 하는가를 물었다. 그때마다 나는 '첫째도
민영화, 둘째도 민영화, 셋째도 민영화'라고 대답했다. 내가 틀렸고, 조지프 스티글
리츠가 옳았다."[20]

---

20) David Stuckler and Sanjay Basu, The Body Economic, 긴축은 죽음의 처방전인가, 안세민(역) 까

이 사례에서 보듯이 정책기조의 실수·오류·독선에 대한 엄중한 책임은 정치인이나 정책담당자들에게만 물을 수는 없다. 수많은 사람들의 삶과 공동체의 역사를 바꾸는 것이므로 그런 섣부른 이론·철학·신념 등 정책기조논리를 제공하는 지식인들에게도 물어야 마땅하다. 그렇게 전 인격적이고 역사적인 공공의식과 책임의식을 가지고 어떤 정책기조논리를 주장하고 조언해야 하는 것이 지식인의 윤리이다.

요컨대 정책리더십은 그 엄중한 자리에 이르기 전에 그야말로 정책기조에 관한 겸허한 품성, 지능과 감수성, 문제와 정책에 관한 지식과 기술, 인간·사회·시대·세계를 꿰뚫어보는 혜안, 현실 진단력과 미래 통찰력, 규범적 이상과 현실적 처방, 설득 능력과 기술, 고결한 인격 등을 가능한 한 폭넓게 갖춰야 한다. 그렇지만 그것이 그렇게 쉬운 일은 아니다. 더구나 리더의 권력은 마약보다 더 강해서 그 권력이 그를 점차 인격과 인성까지도 타락시키게 되는 사실조차도 알아채지 못한다. 그래서 영국 역사학자 액튼(Acton, 1834-1902) 경의 경구인 "권력은 부패하는 경향이 있고, 절대권력은 절대적으로 부패한다"가 유명하다.21) 역사상

치글방, 2013, 66-79 요약 인용(프리드만의 인용은 79쪽인데, 그 참고문헌은 Elizabeth Brainerd, "Market Reform and Mortality in Transition Economies," World Development, V.26(11), 1998, 2,013-2,027이라고 밝힘). 프리드먼에 대한 다음 평가도 참조 바람. "프리드먼은 20세기 후반에 열렬한 자유시장 옹호자들에게 지적 배경을 공급해준 선지자이자 1980년 이후 경제정책에 극적인 변화를 준 배후인물로 기억될 것이다. 시장에 대한 회의가 걷잡을 수 없이 만연했을 때, 프리드먼은 분명하고 이해하기 쉬운 언어로 사기업이 경제성장의 기반이라고 설명했다. 그는 기업가정신을 저해하고 시장을 제한하는 정부 규제에 격분했다. 프리드먼의 역사적인 텔레비전 시리즈 <선택의 자유>(Free to Choose)는 세계경제가 변화의 고통에 시달리던 1980년에 방영됐다. 프리드먼의 생각에 영감을 받은 로널드 레이건, 마거릿 대처와 많은 정부 관계자들은 그전 수십 년 동안 확립돼온 정부 규제를 철폐하기 시작했다. 중국은 중앙집권형 계획경제에서 자유시장을 허용하는 쪽으로 정책을 바꿨다. 중남미는 급격하게 무역장벽을 낮추고 공기업을 민영화했다. 하지만 프리드먼은 그다지 좋지 않은 유산도 남겼다. 시장의 힘을 자랑하고 싶은 열망에 휩싸여 그는 시장과 국가의 차이점을 너무 강조했다. 사실상 그는 정부를 시장의 적으로 간주했다. 그리고 사람들로 하여금 모든 성공적인 경제는 사실 그 둘이 혼합된 것이라는 사실을 간과하게 만들었다. 불행하게도 세계경제는 자본시장이 너무 자유로워져 발생한 금융위기 이후에도 프리드먼의 맹목적 주장과 씨름하고 있다. 프리드먼의 관점은 정부가 재산권만 지켜준다면 시장은 알아서 마법을 부린다는 식이다. 그러나 현대경제가 필요로 하는 시장은 자동적으로 생겨나지 않는다. 정부가 물류와 통신망에 대한 투자를 하고, 비대칭적인 정보와 외적 영향, 불평등한 협상 등에도 대응해야 한다." 대니 로드릭(하버드대 케네디스쿨 교수·경제학), "[세계의 창] 밀턴 프리드먼의 마술적 사고," 한겨레, 2012.10.15.

21) John Emerich Edward Dalberg-Acton은 남작의 작위를 받은 후 액튼 경(Lord Acton)으로 통용된다. 그의 사상은 사후 출판된 Acton, Lectures on Modern History, ed. with an Introduction by J.

소수의 예외를 제외하고 대부분의 혁명가들이 혁명에 성공하고 난 후 사람이 달라져가다 마침내 비극으로 끝난 것도 그 이유에서이다.

　그렇다면 정책리더십은 다음과 같은 마음자세 하나는 최소한 아주 굳건하게 뿌리박게 내면화하고 체화하여 실행해야 한다. 그것이 다름 아닌 '겸허한 품성'을 소유하고 '겸허함의 정책철학하기'이다. 그것은 '역사와 먼 미래 앞에 고결함'으로 나아가는 겸허한 자세이다. 마치 프랑스 작가 장 지오노(Jean Giono, 1895-1970)의 '나무를 심은 사람'(L'homme Qui Plantait Des Arbres, The Man Who Planted Trees)처럼[22] 정책시차(time lag of policy) 때문에 당대에 바로 '정책효능감'(policy efficacy)을 만끽하지 못하더라도 마땅히 다음 세대를 넘어 먼 미래를 위하여 초석을 놓을 정책기조를 고뇌하는 자세이다.[23] 오히려 퇴임 후 크게 존경받는 카터 미국 대통령도 그랬듯이 미래의 과실을 기다릴 줄 알아야 한다.

Figgis and R. Laurence, London: Macmillan & Co Ltd., 1906 참조.

22) 장 지오노의 <나무를 심은 사람>은 세계적인 애니메이션 화가 프레데릭 백(Frederic Back) 감독이 작품화해, 1987년 앙시 국제 애니메이션 영화제 그랑프리를 수상해 더 유명해졌다. 줄거리는 이렇다. 1913년 스무 살 한 청년이 프랑스 프로방스 알프스 고지대의 황무지로 변해버린 땅을 하이킹 삼아 여행 중 물을 찾다가 서른 마리가량 양치는 사람을 만나 작은 돌집에서 음식과 잠자리를 제공받는다. 그날 밤 그가 신중하게 100개의 도토리를 골라낸 것을 보고 호기심에 다음날 그를 따라간다. 그는 아들과 아내를 잃고 물러나 외롭게 살기로 하고, 나무 부족으로 땅이 죽어가고 있는 이곳에 양을 치며, 도토리 파종을 시작한 지 3년, 10만 개 심어 2만 개가 뿌리를 내렸고, 바다의 물 한방울에 지나지 않겠지만 그래도 1만 개는 살 것이라고, 쇠막대기로 구멍을 파며 말했다. 이 양치기는 55세, 이름은 엘지아 부피에(Elzéard Bouffier)였다. 그는 너도밤나무뿐만 아니라 떡갈나무도 수천 그루를 심고 가꾸었다. 제1차 세계대전으로 5년여 복무 후 순수한 공기를 마실 강한 충동을 느껴, 10여 년만인 1920년 다시 그 땅으로 찾아갔을 때, 전쟁도 모르고 묵묵히 나무만 심고 가꾼 그 덕분에 넓은 곳은 11km나 10년생의 큰 나무가 서 있는 넓은 숲으로 바뀌어 있었다. 그 후 매년 방문하며 수십km로 조성된 울창한 숲을 목격한 그는 1945년 마지막으로 본 노인은 87살이었고, 1947년에 바농에 있는 요양원에서 평화롭게 세상을 떠났다. 순수한 마음의 혼자 힘으로 황무지를 마을과 농장이 조성돼 풍요롭게 번성한 딴 세상으로 바꾸게 된다는 내용이다(실화로 알려졌으나, 지오노 자신이 1957년 부인하였음).

23) '정책효능감'은 '개인이 한 사회 내 정책과정에서 발휘할 수 있는 자신의 영향력 및 권위있는 정책활동에 대한 주관적인 신념'이다. 이는 첫째 개인이 정책과정에서 그의 정책적 행동이 영향력을 발휘하여 사회 내 무엇인가를 움직이며 바꿀 수 있다는 적극적인 신념의 '내적 효능감'(internal efficacy)과, 둘째 시민들의 요구에 반응할 것으로 기대하는 권위있는 정치기구 및 정부관료 등 정책주체들의 행태에 대한 개인의 주관적인 신념의 '외적 효능감'(external efficacy)의 두 차원으로 나눌 수 있다. 정책효능감은 A. Campbell, B. Gurin & W. Miller, The Voter Decides, Evanston: Illinois, Row Peterson & Company; 이건 "정치효능감," 한국행정학회 행정학용어사전(2014.7.23. 등재)을 참조함. 아울러 행정 전반의 시차에 관해서는 정정길 외(공저), 행정의 시차적 접근, 박영사, 2005 참조 바람.

미국의 39대 대통령 지미 카터의 업적에 대한 학계 평가는 그리 후하지 않다.…
(그러나) '역대 가장 저평가된 대통령' 부문에서도 카터는 7위에 올라 있다. 학자들
이 꼽은 카터의 가장 큰 업적은 '인권 외교'이다. 카터는 상대국의 인권을 대외정책
과 연계시킨 첫 대통령이었다. 1970년대 초 미국 대외정책을 총괄했던 헨리 키신저
국무장관은 "다른 나라의 국내문제를 미국 외교정책의 직접적인 목표로 설정하는
건 매우 위험하다"고 밝혔다. 카터 이전엔 이것이 미국 대외정책의 기본이었다.
카터는 1976년 대선 과정에서 '인권에 기반한 대외정책'을 강조해 유권자의 마음을
사로잡았다. 미국에 이익이 되면 동맹국의 독재권력을 눈감아주던 관행에 제동이
걸렸다.…이제는 '인권과 외교를 분리해야 한다'고 말하는 정치인은 세계 어디에도
없다.…24)

이에 모든 정책기조리더십은 겸허함의 리더십이요, 겸허한 정책철학하기는
정책리더십의 필수적 덕목이자 의무이며, 직업윤리이고 책임이라고 할 것이다.
세종대왕도 그렇게 겸허한 리더였다.

…'세종을 만든 열 가지 책'의 하나인 '대학연의'는 세종의 세미나식 어전회의인
경연(經筵)에서도 3번이나 교재로 채택되었다. 사극에도 나오는 "임금은 사람을
알아보는 것으로써 밝아진다(君以知人爲明)"라는 '대학연의'의 한 대목은 세종의
인재 경영을 떠올리게 한다. 즉위 제일성(第一聲)으로 "내가 인물들을 알지 못하니
(未知人物) 함께 의논해서 정하고자 한다"고 했듯이, 세종은 지인(知人)의 요체를
'내가 모른다'는 낮은 자세와 '다른 사람 말을 경청하는 것'에서 찾았다.…25)

기업도 창조적 파괴를 시도하다 성공하기도 하지만 실패하기도 한다. 정책창
업가(정책기업가, 정책혁신가, 정책선도자, policy entrepreneur)26)가 정책의 패러다임
전환을 시도할 때도 마찬가지이다. 그러므로 정책리더십은 진실로 엄중한 정책기
조와 정책기조논리에 관하여 그에 합당한 엄중한 균형감각을 갖고, 현실의 모든
정책기조와 구체적인 정책들의 운용에 역사적 책임을 진다는 마음으로 엄중하게

---

24) 박찬수(논설위원), "[유레카] '인권 외교'의 시초," 한겨레, 2015.8.25.
25) 박현모(한국학중앙연구원 책임연구원), "세종대왕도 읽은 필독서," 조선일보, 2014.3.10. '대학
    연의'는 창업(創業)의 군주보다는 수성(守成)의 치세를 이루려는 군주에게 더 적합하다.
26) John Kingdon, Agendas, Alternatives, and Public Policies, 2nd ed., NY: Addison Wesley Longman,
    1995, 179-182.

임해야 마땅할 것이다.

사실 동서고금의 정책사(政策史)는 정책이 정책 운용 리더의 '품성·자질'과 각각 따로 가는 것이 아니라, 함께 간다는 수많은 사례와 교훈을 보여준다. '품성·자질'을 간단히 '인격'이라고 한다면 정책행위자의 '인격'(character)이 그대로 정책에 투영된다는 것이다. 그렇게 좋은 정책기조는 좋은 인격의 소유자들에게서 나온다. 그리하여 탁월한 인격을 갖춘 정책기조리더에게서 탁월한 정책기조를 기대할 수 있고, 저열·저급한 인격의 소유자들에게서는 저열·저급한 정책기조를 기대할 수밖에 없게 돼 있다. 한 예로 링컨 미국 대통령의 유명한 연설이 이를 말해 준다. 링컨 대통령은 남북전쟁이 막바지로 치닫던 1863년 11월 19일, 격전지였던 미국 펜실베이니아주 게티즈버그에서 단 2분여에 불과한 연설이었지만 민주주의 역사에서 가장 위대한 연설로 꼽히는 '국민의, 국민에 의한, 국민을 위한' 위대한 이상을 실현하는 데에는 숭고한 희생이 뒤따른다는 연설을 했다. 당대의 유명한 웅변가(에드워드 에버렛)가 2시간이나 열변을 토한 뒤 행한 연설이었다. 그런 연설은 단순히 그의 문장력이나 웅변 실력에서가 아니라 총체적인 그의 인격에서 나온 그의 비전이었다. 그에 대해 대표작 링컨 전기를 쓴 영국 작가·정치가·박애주의자인 찬우드 경(Lord Charnwood, 1864-1945)을 비롯해, 후세 링컨 연구자들의 의견은 거의 일치한다.[27]

일찍이 막스 베버(Max Weber, 1864-1920)는 1917년 독일 대학생들을 상대로 한 강연에서 다음과 같이 '직업으로서의 학문'에 대한 소명의식과 열정을 강조했다.

> 어느 고대 필사본의 한 구절을 옳게 판독해 내는 것에 자기 영혼의 운명이 달려있다는 생각에 침잠할 능력이 없는 사람은 아예 학문을 단념하십시오. 이런 능력이 없는 사람은 우리가 학문의 '체험'이라고 부를 수 있는 것을 결코 자기 내면에서 경험하지 못할 것입니다. 학문에 문외한인 모든 사람들로부터는 조롱을 당하는

---

27) Lord Charnwood, Abraham Lincoln, New York: Pocket Book Inc., 1917; 찬우드, 링컨 전기, 내츄럴, 2014. 찬우드는 원래 Godfrey Rathbone Benson인데, 미국 루스벨트 대통령의 전기도 썼고, 만년에 남작 작위를 받았다. 해리 마이하퍼, 링컨, 염정민(역), 이매진, 2005; 데일 카네기, 링컨: 당신을 존경합니다, 임정재(역), 함께읽는책, 2003 등.

저 기이한 도취, 저 열정…없는 사람은 학문에 대한 소명이 없는 것이니, 다른 어떤 일을 하십시오. 왜냐하면 열정을 가지고 할 수 있는 것만이 진정으로 가치 있는 일이기 때문입니다.[28]

우리는 정책기조와 관련해서도 그렇게 말할 수 있다. 정책, 특히 정책기조 하나를 옳게 운용해 내는 일에 자기 영혼과 공동체의 운명이 달려있다는 생각에 깊이 침잠할 능력이 없는 지도자, 그리고 정책의 역사적 결과를 살펴야 할 무한책임감을 마음 깊이 느끼지 못하는 지도자는, 정책을 단념하고 정책에서 손을 떼는 것이 좋겠다. 그만큼 정책은 인격과 책임감 없이는 존재하지 않는 엄중함이 있고, 그 정책운용의 지도자는 정책 앞에 '책임 있는 정책가'[29]로서 구도자적 겸허함이 있어야 하기 때문이다.

대의(大義)와 백성보다 사리사욕(私利私慾)에 더 관심을 쏟은 고종, 민비, 민영준, 만년의 대원군 등과 같은 지도자에게서는 결코 좋은 정책기조와 그에 따른 좋은 구체적 정책들이 나올 수 없었다.[30] 그와 반면에 사리사욕을 물리치고 대의와 백성을 위해 헌신한 세종대왕이나 이순신 장군에게서는 그 인격에서 나오는 윤리성, 책임성, 그리고 신념과 비전에서 이미 좋은 정책기조와 그에 따른 좋은 구체적 정책들이 나올 수밖에 없었다. 이처럼 정책기조리더십을 논하면서 마지막에 인격과 책임감에 대해 말하는 이유는 그것이 '정책윤리'와 떼놓을 수 없기 때문이다. 정책운용을 책임지는 사람은 말로 다할 수 없는 그 엄중함을 명심해, 정책기조의 그런 윤리성과 책임감이 따르는 철저한 '공공의식'(public consciousness), 공공정신(public spirit), 공공심(公共心) 또는 공공마인드(public mind)를 소유한 인성·인격을 함양해야 한다. 엄정한 자기 규율하에 가장 겸허한 '정책철학하기'의 자세로 '정책윤리'(정책의 윤리성)를 숙고하며,[31] 자신의 직책에 합당한 정책운용

---

28) 막스 베버, 직업으로서의 학문, 전성우(역), 나남출판, 2006, 33-34.
29) 테리 쿠퍼의 '책임 있는 행정인'(the responsible administrator)을 원용한 용어이다. Terry L. Cooper, The Responsible Administrator, John Wiley, 2012; 행정사상과 방법론연구회(역), 공직윤리: 책임있는 행정인, 조명문화사, 2013.
30) 이들에 대하여는 저자의 <정책철학의 새로운 접근> 책에서 우리 역사상 대표적 실패 정책의 사례인 '청군차병 정책사례'의 주요 등장인물들로 자세히 설명돼 있으므로 그 책을 참조하기 바란다.
31) 정책에 대하여 좋거나 옳다는 가치판단을 할 수 있는 일련의 기준 또는 원칙을 '정책윤리'라

에 임해야 한다. 정책은 근본적으로 정책을 책임지는 사람의 인격을 넘어설 수 없는 것이다. 정책은 딱 그 사람 됨됨이만큼의 것으로 나오게 돼 있기 때문이다.

그래서 이미 공자도 「논어」 <자로>(子路) 편에서는 스스로 바르게 하면 정책을 운용하는 데 어려움이 없다고 하였다. 이는 지금 현대에 와서도 -현대적으로 재해석돼야 하겠지만- 적용돼야 할 가르침이라고 할 것이다. 다산(茶山) 정약용(丁若鏞) 또한 「목민심서」 <이전 육조>(吏典 六條) 편의 <속리>(束吏)의 장에서 그런 취지로 지적하였다.

진실로 자신을 바르게 하면 정치를 하는 데 무슨 어려움이 있겠는가? 자신을 바르게 하지 못한다면 다른 사람은 어떻게 바르게 하겠는가?[32]

아전을 단속하는 근본은 자기 자신을 규율함에 있다. 자기의 몸가짐이 바르면 명령하지 아니하여도 일이 행하여질 것이요, 자기의 몸가짐이 바르지 못하면 비록 명령을 하더라도 행하여지지 아니할 것이다.…자기에게 허물이 없고서야 비로소 다른 사람을 나무랄 수가 있는 것이 천하의 일반 이치이니, 수령의 소행이 족히 다른 사람을 신복(信服)시키지 못하면…위엄이 떨치지 않을 것이며 법이 서지도 않을 것이다.[33]

끝으로 민주주의 사회에서 정부를 비롯한 공공부문의 정책을 책임지는 사람들에게서 좋은 정책이 나오도록 할 궁극적인 권한과 책임은 깨어있는 시민에게도 있다. 적극적인 참여의식과 건강한 비판능력을 갖고, 해당 공동체의 공공사항과 공공문제에 대하여 관심을 갖고 발언·비판하며 참여하는 시민이다. 그 시민에게 정책책임자들을 격려 지원하기도 하고, 감시 감독하기도 할 궁극적인 권한과 책

하고, 정책윤리에의 적합성을 '정책의 윤리성'이라고 한다. 자세한 것은 허범, "정책윤리분석의 구조와 기준," 중앙공무원교육원 연구논집, 12, 1992, 165-187; 박정택, "정책의 윤리성에 관한 연구," 한국행정학보, 24(2), 1990, 853-872; 강근복 외(2016), 제12장 정책의 윤리성 참조.

32) 본문 인용문(子曰 苟正其身矣 於從政乎 何有 不能正其身 如正人何)에서 정치는 정책이라고 바꿀 수 있다. 홍승직(1994), 225.

33) 정약용, 목민심서, 다산연구회(역주), 역주 목민심서 Ⅱ, 창작과 비평사, 1979, 68-69. '속리'는 지방관청의 수령 밑에 있는 공무원인 아전을 단속하는 방법을 말한다. '수령'(守令)은 조선까지 지방의 각급 관청의 장(長)인 부사(府使), 부윤(府尹), 목사(牧使), 군수(郡守), 현감(縣監), 현령(縣令) 등 관리의 총칭으로 원(員: 공대어로 '원님')이라고도 하였다. 그리고 '신복'(信服)은 '믿고 복종함'을 뜻한다. 박정택(2007b), 27 인용.

임이 지워져 있는 것이다. 이는 민간부문에서도 일정 부분 해당된다. 결국 궁극적
으로 좋은 정책, 좋은 정책기조는 정책당국과 시민, 지도자와 구성원이 공동으로
책임을 느끼고 공동으로 힘을 합쳐 함께 공동으로 이루어내야 할 '공동주체성'의
정신·자세·실천에서 나온다는 관점이 바람직하다는 결론에 이른다.[34] 그래서
"어떤 정부도 그 정부가 대표(봉사)하는 바로 그 시민들보다 더 나은 수준일 리는
없다"[35]거나, 시민의 권리와 책임이라는 이중 지위를 말할 때 아주 축약해서 "우
리가 정부이다"(We are the government)[36]라고 말할 때, 그것이 너무 지나치다고
말할 수 없다. 그렇게 정책은 정책결정자의 수준보다 더 나은 수준일 리 없고,
정책결정자는 또 그런 정책결정자를 선출해 맡기는 시민이나 구성원의 수준보다
더 나을 리 없다. 결과적으로 정책은 그런 정책이 나오게 만든 시민이나 구성원의
수준보다 더 나을 리가 없다. 결국 좋은 정책, 좋은 정책기조는 정책당국과 시민,
지도자와 구성원이 공동으로 책임을 지고 공동으로 힘을 합쳐 함께 공동으로 이
루어내야 할 과제인 셈이다.

---

34) 이에 관한 더 자세한 논의는 허범, "새로운 공공행정의 모색: 민본행정의 이념과 과제," 한국행
    정학회 제1차 국제학술대회 발표논문, 1988, 109-130; 박정택(2007b), 311-422; Harmon(1981);
    Charles T. Goodsell, "The Public Encounter and Its Study," in Charles T. Goodsell(ed.), The Public
    Encounter: Where State and Citizen Meet, Bloomington: Indiana Univ. Press, 1981, 3-20; Emmette
    S. Redford, Democracy in the Administrative State, 188-204 참조.
35) 대표적으로 미국 행정학자 프레드릭슨은 "A government can be no better than the people it
    represents"라고 말한다. H. George Frederickson, "Toward a Theory of the Public for Public
    Administration," Administration & Society, 22(4), 1991, 409.
36) 이는 교통법규를 상습 위반할 가능성이 있는 곳에서 잠복 단속하는 경찰에 대하여, 그런 "비열
    한" 단속을 하지 말 것을 주장하는 어떤 TV방송국 기자의 고발 리포트에 대하여, 다시 그 논
    리를 비판하는 Se-hyon Cho, "We are the government", The Korea Herald, 1995.5.2. 기사 제목의
    인용(이 글의 필자 조세현씨는 오랫동안 외국 통신사의 기자를 역임한 언론인임).

참 고 문 헌

1. 국내 문헌

강근복, 정책분석론, 전정 제3판, 대영문화사, 2016.

강근복·김재관·박근후·박정택, 정책학, 대영문화사, 2016.

강신택, 사회과학연구의 논리, 박영사, 1989.

＿＿＿＿＿, 행정사상과 연구의 논리: 한국 행정의 역사적 맥락에서, 조명문화사, 2013.

＿＿＿＿＿, 행정학의 논리, 박영사, 2002.

강은숙·김종석, 엘리너 오스트롬, 공유의 비극을 넘어, 커뮤니케이션북스, 2016.

고순주, 환경정책변동의 맥락과 특성에 관한 연구: 정책기조, 목표 및 수단을 중심으로, 충
    남대 박사학위논문, 1997.

구현우, "역사적 제도주의와 비교정책연구," 한국정책학회보, 18(2), 2009, 37-72.

권기헌, 정책학, 박영사, 2008.

권영성, 헌법학원론, 신정판, 법문사, 1989.

권혁주, "Post 2015: 개발목표의 설정과정과 정책방향," 행정포커스, 114호, 한국행정연구
    원, 2015, 16-21.

김광수, 논리와 비판적 사고, 철학과 현실사, 1990.

김기봉, "우리시대 역사주의란 무엇인가," 한국사학사학회(편), 역사주의: 역사와 철학의
    대화, 경인문화사, 2014, 369-380.

김누리 외, 변화를 통한 접근, 한울, 2006.

김동원, "과학자의 리더십: 유럽의 경우," 한양대 과학철학교육위원회(편), 과학기술의 철
    학적 이해, 2004, 401-422.

김미경, "대외경제정책과 한국사회의 갈등: 선호, 정책패러다임, 그리고 국내정치연합의 형
    성," 한국정치학회보, 45(5), 2011, 147-173.

김석준 외, 뉴거버넌스 연구, 대영문화사, 2000.

김영한·임지현(편), 서양의 지적 운동, 지식산업사, 1994.

김용덕, 아시아 외환위기와 신 국제금융체제, 박영사, 2007.

김용옥, 중고생을 위한 김용옥 선생의 철학강의, 통나무, 1986.

＿＿＿＿＿, 맹자 사람의 길 上, 통나무, 2012.

김인철, 프레임, 21세기북스, 2007.

김종범, 치안정책기조 변동의 맥락과 양상, 충남대 대학원 박사학위논문, 2017.

김종우, 구조주의와 그 이후, 살림출판사, 2007.

김철수, 비교헌법론(상), 박영사, 1973.

_____, 독일통일의 정치와 헌법, 박영사, 2004.

김청택, "불확실한 상황에서의 판단: 휴리스틱과 편향들," 김세균(편), 사회과학 명저 재발
견 1, 서울대 출판문화원, 2009, 37-54.

김태윤, "폐기학습," 한국행정학회(편), 행정학용어사전.

김태일, 한국경제, "경로를 재탐색합니다," 코난북스, 2017.

김학주(역주), 대학·중용, 서울대 출판부, 2000.

김현구(편), 한국 행정학의 한국화론: 보편성과 특수성의 조화, 법문사, 2013.

김형렬, "효과적인 정책분석을 위한 총합적 패러다임의 탐색적 연구," 한국정책논집, 2,
2002, 1-15.

김홍우, 현상학과 정치철학, 문학과 지성사, 1999.

남궁근, 비교정책연구, 법문사, 1998.

_____, 정책학, 법문사, 2008.

노시평 외, 정책학, 개정판, 학현사, 2006.

노화준, 정책학원론(제2전정판), 박영사, 2007.

막스 베버, 직업으로서의 학문, 전성우(역), 나남출판, 2006.

목진휴·강근복·오철호·최영훈·홍형득·김희경·박영원, "한국의 정책연구 지향에 관한
실증분석-Lasswell의 정책 패러다임을 중심으로," 한국정책학회보, 14(3), 2005,
131-155.

문소영, 못난 조선, 나남, 2013.

문태현, "담론이론과 공공정책의 정당성," 한국정책학회보, 12(4), 2003, 125-145.

박근후, "정책집행에서의 순응과 수용," 사회과학논총 16, 가톨릭관동대 사회과학연구소,
2015, 107-134.

박민아, "과학은 비즈니스?: 갈릴레오와 후원(patronage)," 과학기술의 철학적 이해,
345-360.

박성조, 독일통일의 과정과 교훈, 통일총서 20, 통일연수원, 1992.

박재영, 국제정치패러다임: 현실주의, 자유주의, 구조주의, 전정판, 법문사, 2002.

박정택, "정책의 윤리성에 관한 연구," 한국행정학보, 24(2), 1990, 853-872.

_____, "정책기조의 정책학적 의의와 개념적 구조," 대전대 사회과학논문집, 14(2), 1995, 71-86.

_____, "정책기조의 개념적 특성과 주요 구성인자," 대전대 사회과학논문집 15(1), 1996, 39-51.

_____, "국제정책의 유형과 국제정책기조," 대전대 사회과학논문집 16(2), 1997, 91-121.

_____, "정책망(policy network) 접근방법의 비판적 고찰," 대전대 사회과학논문집, 18(2), 1999, 215-239.

_____, "생명행정론 시론," 대전대 사회과학논문집, 19(2), 2000, 43-65.

_____, "정책기조에 관한 탐색적 연구," 행정논총, 38(2), 서울대 행정대학원, 2000, 1-33.

_____, "정책기조의 변동과정에 관한 모델과 그 평가," 대전대 사회과학논문집 20(1), 2001, 1-18.

_____, "정책기조의 이론과 정책기조 형성의 기획관리," 한국정책학회 동계학술발표논문집, 2004, 223-262.

_____, 인생은 게임으로 통한다, 앨피, 2006.

_____, "대통령직 인수와 정책기조의 형성: 문민정부 이후 대통령직 인수 사례의 분석을 중심으로," 한국정책학회보 16(4), 2007(a), 1-28.

_____, 일상적 공공철학하기 1, 한국학술정보(주), 2007(b).

_____, 일상적 공공철학하기 2, 한국학술정보(주), 2007(c).

_____, 일상적 공공철학하기 3, 한국학술정보(주), 2007(d).

박종현, 케인스&하이에크, 시장경제를 위한 진실게임, 김영사, 2008.

박홍규, 복지국가의 탄생, 아카넷, 2018.

박희정·김현정·최승혁·허태균, "'누구'의 생각이니까: 거점효과에서 제공자 신빙성의 역할," 한국심리학회지, 25(3), 2011, 47-60.

백완기, "알렉시스 드 토크빌(Alexis de Tocqueville)의 생애와 사상," 행정논총, 53(4), 서울대 한국행정연구소, 2015, 1-45.

서울대 공대, 축적의 시간, 지식노마드, 2015.

서현섭, 일본은 있다, 고려원, 1994.

손학규, 저녁이 있는 삶, 폴리테이아, 2012.

송근원, "정책분석가의 역할, 윤리 및 지식," 한국행정학보, 23(2), 1989, 601-611.

송상용, "논리, 역사, 사회: 과학철학의 변모," 강신익 외, 과학철학: 흐름과 쟁점 그리고 확장, 창비, 2011, 479-495.

스베틀라나 알렉시예비치, 세컨드 핸드 타임, 김하은(역), 이야기가있는집, 2016.

신복룡, 이방인이 본 조선 다시 읽기, 풀빛, 2002.

안근모, 샤워실의 바보들, 어바웃어북, 2014.

안병영·하연섭, 5·31 교육개혁 그리고 20년, 다산출판사, 2015.

안성호·김일석, 현대 리더십의 이해, 신광문화사, 2010.

양재진, "박정희 시해, 새로운 기회의 창, 그리고 경제정책의 대전환: 정치리더십 변동과 정책패러다임의 변화," 현대사회와 행정, 24(1), 국정관리학회, 2014, 169-188.

오철호, "정책연구와 통섭 논의," 한국정책학회보, 17(4), 2008, 37-62.

유금록, 한국과 일본의 중앙정부 세출예산에 있어서 단절균형분석, 정책분석평가학회보, 17(3), 2007, 221-249.

유민봉, 한국 행정학, 박영사, 2005.

유용태, "세계시장의 확대와 지역질서의 변화," 유용태·박진우·박태균, 함께 읽는 동아시아 근현대사1, 창비, 2010, 105-168.

이 건, "정치효능감," 한국행정학회(편), 행정학용어사전.

이근욱, 이라크 전쟁, 한울, 2011.

이기상, 철학노트, 까치글방, 2002.

이남인, 통섭을 넘어서, 서울대 출판문화원, 2015.

이상욱, "모기와 말라리아," 과학기술의 철학적 이해, 2004, 205-228.

이성우, "정책분석의 패러다임과 연구방법에 대한 메타적 접근," 한국정책분석평가학회보, 14(3), 2004, 1-22.

이영미, "박근혜 정부의 국정운영기조의 형성과 변화," 한국정책과학학회보, 18(1), 2014, 1-28.

이영범, 부동산 정책기조 변화의 영향분석, 박사학위논문, 광운대 대학원, 2011.

이영철, "패러다임에서 실재로: 구성주의 과학관에서 실재론적 과학관으로," 155-179.

이유현·권기헌, "국제사회의 재난정책패러다임에 관한 연구," 한국정책학회보, 26(4), 2017, 255-290.

이은미·김동욱·고기동, "정책아이디어의 경쟁과 변화에 관한 미시적 고찰," 한국정책학회보, 25(4), 2016, 221-239.

이 이, 栗谷全書, 卷7, 疏箚(소차 5, 代白參贊疏). 한국정신문화연구원(편), 국역 율곡전서 (Ⅱ), 1984.

이인희, "생산적 복지정책의 이념적 영역과 패러다임에 관한 연구," 한국사회와 행정연구,

11(2), 서울행정학회, 2000, 53-69.

이제민, 외환위기와 그 후의 한국 경제, 한울아카데미, 2017.

이종수, 행정학사전, 대영문화사, 2009.

이종열, "산림행정 패러다임의 역사적 변천과정에 대한 평가," 한국정책연구, 13(3), 경인
　　행정학회, 2013, 261-279.

이한구, 역사학의 철학, 민음사, 2007.

＿＿＿＿, "역사주의와 반역사주의," 한국사학사학회(편), 역사주의: 역사와 철학의 대화, 경
　　인문화사, 2014, 341-366.

이해영, 정치지도자의 정책리더십, 집문당, 2003.

임동원, 피스메이커, 창비, 2015.

장대익, "진화론과 인문학의 만남," 과학기술의 철학적 이해, 2004(개정판), 229-248.

장하석, 장하석의 과학, 철학을 만나다, 이비에스미디어, 2014.

장하준, 사다리 걷어차기(Kicking Away the Ladder), 형성백(역), 부키, 2004.

전영한, "정책도구의 다양성," 정부학연구, 2007, 259-295.

정동윤·유병현·김경욱, 민사소송법, 제5판, 법문사, 2016.

정약용, 역주 목민심서 I, 창작과비평사, 1988(개역판).

＿＿＿＿, 목민심서, 다산연구회(역주), 역주 목민심서 II, 창작과 비평사, 1979.

정정길, "바람직한 대통령의 정책관리: 경제정책을 중심으로," 한국행정학보 27(1), 1993,
　　1-15.

＿＿＿＿, 정책학원론, 개정판, 대명출판사, 1997.

정정길 외(공저), 행정의 시차적 접근, 박영사, 2005.

정정길·최종원·이시원·정준금·정광호, 정책학원론, 개정증보5판, 대명출판사, 2012.

조만형, "Charles J. Fox와 Huge T. Miller의 담론이론," 오석홍(편), 행정학의 주요이론,
　　제3판, 법문사, 2005, 613-622.

조맹기, 커뮤니케이션 사상사, 커뮤니케이션북스, 2001.

진덕규, 현대 정치학, 제2개정판, 학문과 사상사, 2003.

차하순, 서양사총론 2, 탐구당, 2000.

최두환(편역), 충무공 이순신 전집 제1권, 완역 초서체 진중일기, 우석, 1999.

최일성, "'통합정책'에서 '편입정책'으로," 정치사상연구, 19(1), 한국정치사상학회, 2013,
　　31-55.

최창현, "복잡성이론의 조직관리적 적용가능성 탐색," 한국행정학보, 33(4), 1999, 19-38.

_____, "복잡사회체제의 모형화 및 시뮬레이션," 한국행정학보, 34(3), 2000, 169-188.

하연섭, 제도분석: 이론과 쟁점, 제2판, 다산출판사, 2011.

한국사학사학회(편), 역사주의: 역사와 철학의 대화, 경인문화사, 2014.

한국생물과학협회(편), 생물학사전, 아카데미서적, 2004.

한명기, 병자호란 1·2, 푸른역사, 2013.

한승준, "프랑스 문화재정책의 기조변화와 함의," 한국정책연구, 10(2), 경인행정학회, 2010, 457-477.

허 범, "기본정책의 형성과 운용," 고급관리자과정교재, 중앙공무원교육원, 1981a.

_____, "기본정책의 관점에서 본 한국행정의 감축관리," 김운태·강신택·백완기(공저), 한국정치행정의 체계, 박영사, 1981b.

_____, "정책의 수용성과 행정의 민주화," 현대사회, 1982(가을호), 현대사회연구소.

_____, "정책학의 정책문제지향성," 성균관대 사회과학연구소(편), 사회과학, 22, 1984.

_____, "공공정책의 형성과 집행," 행정학개론, 허범 외(공저), 대영문화사, 1988a, 74-101.

_____, "새로운 공공행정의 모색: 민본행정의 이념과 과제," 한국행정학회 제1차 국제학술대회 발표논문, 1988b, 100-135.

_____, "한국정책학회 초대 회장 수락 연설문: 한국정책학회의 정체성과 가능성," 한국정책학회보, 창간호(1992), 7-14.

_____, "정책윤리분석의 구조와 기준," 중앙공무원교육원 연구논집, 12, 1992, 165-187.

_____, "정책형성의 기획과 조정," 고위정책관리자교재, 중앙공무원교육원, 1993a.

_____, "국가목표의 체계화와 운용," 고위정책관리자교재, 중앙공무원교육원, 1993b.

_____, "문민정부의 개혁기조와 정책방향," 한국정책학회보, 통권 제2호, 1993c, 9-26.

_____, "대통령선거 정책공약의 설계를 위한 개념의 틀과 지도지침," 한국정책학보, 1997, 11-41.

_____, "정책학의 이상과 도전," 한국정책학회보, 11(1), 2002a, 293-311.

_____, "대통령선거공약토론의 유권자 참여 지향적 조직과 운영," 한국정책학회보, 11(4), 2002b, 485-504.

현성용 외(공저), 현대 심리학 이해, 학지사, 2008.

홍성욱, 네트워크 혁명, 그 열림과 닫힘, 들녘, 2002.

_____, 과학은 얼마나, 서울대출판부, 2004.

_____, "과학사회학의 최근 경향," 과학기술의 철학적 이해, 2004(개정판).

_____, "과학전쟁: 그 배경과 논쟁점," 과학기술의 철학적 이해, 423-442.

_____, "맹목적 과학 숭배가 낳은 재앙: 우생학," 이상욱 외, 과학으로 생각한다, 동아시아, 2007, 274-283.

황순원, 카인의 후예, 문학과지성사, 2006.

홍승직(역해), 논어, 고려원, 1994, 1996(2판).

황창호, "정부의 정책기조와 정책지식 생산에 대한 연구," 정부학연구, 20(1), 2014.

2. 외국 문헌

Acton, Lectures on Modern History, ed. with an Introduction by J. Figgis and R. Laurence, London: Macmillan & Co Ltd., 1906.

Alinsky, Saul, Rules for Radicals: A Practical Primer for Realistic Radicals(1989), 솔 앨린스키, 급진주의자를 위한 규칙, 박순성(역), 아르케, 2008.

Andersen, Svein S., "The Emergence of an EU Energy Policy Paradigm," Carson, Burns & Calvo(eds., 2009), 261-284.

Anderson, Charles, "The Logic of Public Problems: Evaluation in Comparative Policy Research," Douglas Ashford(ed.), Comparing Public Policies, Beverly Hills: Sage, 1978.

Arthur, W. Brian, Increasing Returns and Path Dependence in the Economy, Ann Arber: Univ. of Michigan Press, 1994.

Ascher, W., "The Evolution of Policy Sciences: Understanding the Rise and Avoiding the Fall," Journal of Policy Analysis and Management, 5, 1986, 365-373.

Axelrod, R., "An Evolutionary Approach to Norms," American Political Science Review, 80(4), 1986, 1,095-1,111.

Bark, Dennis and David Gress, A History of West Germany Ⅲ, 2nd ed., 1993; 서지원(역), 도이치 현대사 3, 비봉출판사, 2004.

Barnard, Chester I., The Functions of the Executive, Cambridge: Harvard University Press, 1938.

Baumgartner, Frank and B. Jones, Agendas and Instability in American Politics, Chicago, IL: Chicago Univ. Press, 1993.

Baumgartner, Frank, "Ideas and Policy Change," Governance, 26(2), 2013, 239-258.

_____, "Ideas, Paradigms, and Confusion," Journal of European Public Policy, 21(3),

2014, 475-480.

Beck, Ulrich, Ecological Politics in an Age of Risk, Cambridge: Polity Press, 1995.

_____, Risk Society: Towards a New Modernity, London: Sage, 1992; 홍성태(역), 위험 사회, 새물결, 1997.

Béland, Daniel, "Ideas and Institutional Change in Social Security: Conversion, Layering, and Policy Drift," Social Science Quarterly, 28(1), 2007, 20-38.

_____, "Ideas, Institutions, and Policy Change," Journal of European Public Policy, 16(5), 2009, 701-718.

Béland, Daniel and R. Cox, "Introduction to Special Issue: The Politics of Policy Paradigms," Governance, 26(2), 2013, 193-195.

Benedict, Ruth F., The Chrysanthemum and the Sword; 루스 베네딕트, 김윤식·오인석 (역), 국화와 칼, 을유문화사, 2008.

Bennis, Warren G., On Becoming A Leader, Cambridge: Perseus Books, 1989.

Benton, Ted and Ian Craib, Philosophy of Social Science, Palgrave Macmillan, 2010(second ed.), 이기홍(역), 사회과학의 철학, 한울, 2014.

Berger, Peter & B. Berger, Sociology: A Biographical Approach, Penguin, 1976.

Berger, Peter L. and Thomas Luckmann, The Social Construction of Reality, Anchor Books edition, 1967.

Berman, Sheri, "Ideational Theorizing in the Social Sciences since 'Policy Paradigms, Social Learning, and the State'," Governance, 26(2), 2013, 217-237.

Bhaskar, Roy, A Realist Theory of Science, 2nd ed. Leeds: Leeds Books, 1997.

Bird, A., "The Structure of Scientific Revolutions and Its Significance: An Essay Review of the Fifties Anniversary Edition," The British Journal for the Philosophy of Science, 63(4), 2012, 859-883.

Bleich, Erik, "Integrating Ideas into Policy-Making Analysis: Frames and Race Policies in Britain and France," Comparative Political Studies, 35, 2002, 1,054-1,076.

Bleicher, Josef, Contemporary Hermeneutics: Hermeneutics as Method, Philosophy and Critique, London: Routledge & Kegan Paul, 1980, 권순홍(역), 현대 해석학, 한마당, 1983.

Blyth, Mark M., "Any More Bright Ideas? The Ideational Turn of Comparative Political Economy," Comparative Politics, 29(2), 1997, 229-250.

_____, "Ideas, Uncertainty, and Evolution," D. Béland and R. Cox(eds.), Ideas and Politics in Social Science Research, Oxford Univ. Press, 2010, 83-101.

_____, "Paradigms and Paradox: The Politics of Economic Ideas in Two Moments of Crisis," Governance, 26(2), 2013, 197-215.

Bruner, Jerome and Leo Postman, "On the Perception of Incongruity: A Paradigm," Journal of Personality, Vol.18, 1949, 206-223.

Brunner, R. D., "The Policy Movement as Policy Problem," Policy Sciences 24, 1991, 65-98.

Burns, James MacGregor, Leadership, Harper Torchbooks, 1978.

Cairney, Paul and Christopher M. Weible, "Comparing and Contrasting Peter Hall's Paradigms and Ideas with the Advocacy Coalition Framework," John Hogan and Michael Howlett(eds.), Policy Paradigm in Theory and Practice, Palgrave Macmillan, 2015, 83-99.

Campbell, John L., "Institutional Analysis and the Role of Ideas in Political Economy," Theory and Society, 1998, 27(3), 377-409.

_____, "Ideas, Politics, and Public Policy," Annual Review of Sociology, 28(1), 2002, 21-38.

_____, "Where Do We Stand? Common Mechanisms in Organizations and Social Movements Research," Gerald Davis, Doug McAdam, W. Richard Scott, and Mayer N. Zald(eds.), Social Movements and Organization Theory, NY: Cambridge Univ. Press, 2005, 41-68.

Capano, G., "Administrative Traditions and Policy Change: When Policy Paradigms Matter, The Case of Italian Administrative Reform during the 1990s," Public Administration, 81(4), 2003, 781-801.

Carson, Marcus, "Mad Cows, Polluted Poultry, and the Transformation of EU Food Policy," Carson, Burns & Calvo(eds., 2009), 171-199.

_____, "From Freely Traded to Product-non-grata: Banning Asbestos in the European Union," Carson, Burns & Calvo(eds., 2009), 201-224.

Carson, M., Burns & Calvo, "Theoretical Framework and Models for Conducting the EU Research on Paradigms and Paradigm Transformations," Carson, Burns & Calvo(eds., 2009), 141-170.

Carson, Marcus, Tom R. Burns and Dolores Calvo, "Introduction," Carson, Burns & Calvo(eds.), Paradigms in Public Policy, Frankfurt am Main: Peter Lang, 2009, 11-28.

Carstensen, Martin B., "Bringing Ideational Power into the Paradigm Approach," Hogan and Howlett(eds., 2015), 295-318.

_____, "Paradigm Man vs. the Bricoleur: Bricolage as an Alternative Vision of Agency in Ideational Change," European Political Science Review, 3(1), 2011, 147-167.

Chang, Hasok, Inventing Temperature: Measurement and Scientific Progress, New York: Oxford University Press, 2004; 오철우(역), 온도계의 철학, 동아시아, 2013.

Churchman, C. West, Challenge to Reason, NY: McGraw-Hill, 1968.

Cohen, Stephen S. & James Bradford DeLong, Concrete Economics: The Hamilton Approach to Economic Growth and Policy(2016), 스티븐 코언 · 브래드퍼드 들롱, 현실의 경제학, 정시몬(역), 부키, 2017.

Coleman, W., "From Protected Development to Market Liberalism: Paradigm Change in Agriculture," Journal of European Public Policy, 5(4), 1998. 632-651.

Coleman, William D., G. Skogstad & Michael Atkinson, "Paradigm Shifts and Policy Networks: Cumulative Change in Agriculture," Journal of Public Policy, 16(3), 1996, 273-302.

Cooper, Terry L., The Responsible Administrator, John Wiley, 2012; 행정사상과 방법론 연구회(역), 공직윤리: 책임있는 행정인, 조명문화사, 2013.

Cox, Robert H. & Daniel Béland, "Valence, Policy Ideas, and the Rise of Sustainability," Governance, 26(2), 2013, 307-328.

Daft, Richard L., The Leadership Experience, Mason: OH, South-Western, 2008.

Dahl, Robert, Who Governs: Democracy and Power in an American City, New Haven: Yale Univ. Press, 1961.

_____, Polyarchy: Participation and Opposition, New Haven: Yale Univ. Press, 1971.

Daigneault, Pierre-Marc, "Reassessing the Concept of Policy Paradigm: Aligning Ontology and Methodology in Policy Studies," Journal of European Public Policy, 21(3), 2014, 453-469.

_____, "Can You Recognize a Paradigm When You See One? Defining and Measuring

Paradigm Shift," Hogan and Howlett(eds., 2015), 43-60.

David, Wilfred L., The IMF Policy Paradigm: The Macroeconomics of Stabilization, Structural Adjustment, and Economic Development, New York: Praeger, 1985.

deLeon, Peter, S. Gallaher, J. Pierce, & C.M. Weible, Editors' Analysis: A Status Report of the Policy Studies Journal, 2004-2009, Policy Studies Journal, 38(1), 2010, 165-173.

Dery, David, Problem Definition in Policy Analysis, Lawrence, Kansas: The University of Kansas, 1984; 강근복(역), 정책분석과 문제정의, 대광문화사, 1990.

Dimock, Marshall E., A Philosophy of Administration, N.Y.: Harper & Row, 1958.

Dror, Yehezkel, Policymaking under Adversity, New Brunswick: Transaction Books, 1986.

Duncan, Jack W., Organizational Behavior, 2nd ed., Boston: Houghton Mifflin Company, 1981.

Edelman. M. J., Constructing the Political Spectacle, Chicago, IL.: University of Chicago Press, 1988.

Farmer, David J., The Language of Public Administration: Bureaucracy, Modernity, and Postmodernity, Tuscaloosa: Alabama, The University of Alabama Press, 1995.

Fay, B., Critical Social Science, Oxford: Blackwell, 1987.

Ferguson, Alex and Michael Moritz, Leading, 퍼거슨·모리츠, 리딩, 박세연·조철웅(역), 알에이치코리아(RHK), 2016.

Fischer, Frank, Politics, Values, and Public Policy: The Problem of Methodology, Boulder, CO: Westview, 1980.

_____, Reframing Public Policy, Oxford Univ. Press, 2003.

Forsyth, Donelson, An Introduction to Group Dynamics; 서울대 사회심리학연구실(편역), 집단심리학, 학지사, 1996.

Fox, Charles J. & Huge T. Miller, Postmodern Public Administration: Toward Discourse, CA: Sage, 1995.

Frederickson, H. George, "Toward a Theory of the Public for Public Administration," Administration & Society, 22(4), 1991.

Furniss, Norman and Neil Mitchell, "Social Welfare Provisions in Western Europe: Current Status and Future Possibilities," Public Policy and Social Institutions,

Harrell R. Rodgers, Jr.(ed.), Greenwich, Connecticut: JAI Press Inc., 1984, 15-54.

Gamble, Andrew, "Economic Futures," Peter Taylor-Gooby(ed., 2013), 13-38.

Genieys, William and Marc Smyrl, Elites, Ideas, and the Evolution of Public Policy, NY: Palgrave Macmillan, 2008.

Giddens, Anthony, The Constitution of Society, Cambridge: Polity Press, 1984.

_____, Social Theory Today, Stanford Univ. Press, 1987.

_____, The Politics of Climate Change, 기후변화의 정치학, 홍욱희(역), 에코리브르, 2009.

Haas, Peter, "When Does Power Listen to Truth? A Constructivist Approach to the Policy Process," Journal of European Public Policy, 11, 2004, 569-592.

Hacking, Ian, "An Introductory Essay by Ian Hacking," in Thomas Kuhn, The Structure of Scientific Revolutions, 50th Anniversary Edition(4th ed.), The University of Chicago Press, 2012; 김명자·홍성욱(역), 과학혁명의 구조, 출간 50주년 기념 제4판, 까치글방, 2013.

Halberstam, David, The Best and the Brightest, 최고의 인재들, 데이비드 핼버스탬(저), 송정은·황지현(역), 글항아리, 2014.

Hall, Peter A., "Policy Paradigms, Social Learning and the State", Paper presented to the International Political Science Association, Washington DC., 1988.

_____, "Policy Paradigms, Experts, and the State: The Case of Macroeconomic Policy-making in Britain", in S. Brooks & A. G. Gagnon(eds.). Social Scientists, Policy, and the State. New York: Praeger, 1990, 53-78.

_____, "Policy Paradigms, Social Learning and the State: The Case of Economic Policy-making in Britain," Comparative Politics, 25(3), 1993, 275-296.

_____, "Aligning Ontology with Methodology in Comparative Research," J. Mahoney and D. Rueschemeyer(eds.), Comparative Historical Analysis in the Social Sciences, NY; Cambridge Univ. Press, 2003, 373-404.

_____, "Brother, Can You Paradigm?" Governance, 26(2), 2013, 189-192.

Harmon, Michael M., Action Theory for Public Administration, N. Y.: Longman, Inc, 1981.

Hayek, F.(ed.), Collectivist Economic Planning, London: Routledge & Kegan Paul, 1956(초판 1935).

Heclo, Hugh, Modern Social Politics in Britain and Sweden. New Haven: Yale University Press, 1974.

Hempel, Carl G., Aspects of Scientific Explanation and Other Essays in the Philosophy of Science, N.Y.: Free Press, 1965.

Hilgartner, S. & C. L. Bosk, The Rise and Fall of Social Problems: A Public Arenas Model, American Journal of Sociology, 94(1), 1988.

Hirsch, Fred, Social Limits to Growth, London: Routledge and Kegan Paul, 1976.

Hodgkinson, Christopher, Towards a Philosophy of Administration, New York: St. Martin's Press, 1978.

Hofstadter, Douglas R. & Emmanuel Sander, Surfaces and Essences: Analogy as the Fuel and Fire of Thinking(2013), 더글러스 호프스태더, 에마뉘엘 상데, 김태훈(역), 사고의 본질, 아르테, 2017.

Hogan, John and Brendan K. O'Rouke, "The Critical Role of Ideas: Understanding Industrial Policy Changes in Ireland in the 1980s," Hogan and Howlett(eds., 2015), 167-188.

Hogan, John and Michael Howlett, "Reflections on Our Understanding of Policy Paradigms and Policy Change," Hogan and Howlett(eds., 2015), 3-18.

Howlett, Michael, "Policy Paradigms and Policy Change: Lessons from the Old and New Canadian Policies Towards Aboriginal Peoples," Policy Studies Journal. 22(4), 1994, 631-649.

_____, "Beyond Good and Evil in Policy Implementation, Instruments Mixes, Implementation Styles, and Second Generation Theories of Plocy Instrument Choice," Policy and Society, 23(2), 2004.

Husserl, E., Ideas Pertaining to a Pure Phenomenology and to a Phenomenological Philosophy: Second Book, tr. by Richard Rojcewicz and André Schuwer, Dordrecht/Boston/London: Kluwer Academic Publishers, 1989.

Iida, Akira, Paradigm Theory & Policy Making: Reconfiguring the Future, Tokyo: Tuttle Publishing, 2004.

Ikenberry, John G., "Conclusion: An Institutional Approach to American Foreign Economic Policy," International Organization, 42(1), 1988, 219-243.

Irvine, J.A. Sandy, "Canadian Refugee Policy," G. Skogstad(ed., 2011), 171-201.

Janis, Irving L., Victims of Groupthink, Boston: Houghton-Mifflin, 1972.

Jantsch, Erich, "From Forecasting and Planning to Policy Sciences," Policy Sciences, 1(1), 1970, 31-47.

Jenkins-Smith, Hank C., "Professional Roles for Policy Analysts," Journal of Policy Analysis and Management, 2(1), 1982, 88-100.

Kahneman, Daniel, Thinking, fast and slow, Farrar, Straus and Giroux, 2011; 대니얼 카너먼, 생각에 관한 생각, 이진원(역), 김영사, 2012.

Kay, Adrian, "Tense Layering and Synthetic Policy Paradigms: The Politics of Health Insurance in Australia," Australian Journal of Political Science, 42(4), 2007, 579-591.

_____, "Understanding Policy Change as a Hermeneutic Problem," Journal of Comparative Policy Analysis: Research and Practice, 11(1), 2009, 47-63.

_____, "UK Monetary Policy Change during the Financial Crisis: Paradigms, Spillovers, and Goal Co-ordination," Journal of Public Policy, 31(2), 2011, 143-161.

Keck, M. and K. Sikkink, Activists beyond Borders, Ithaca, NY: cornell Univ. Press, 1998.

Kern, Florian, Caroline Kuzemko, & Catherine Mitchell, "Measuring and Explaining Policy Paradigm Change: The Case of UK Energy Policy," Policy & Politics, 42(2), 2014, 1-18.

_____, Caroline Kuzemko, & Catherine Mitchell, "How and Why do Policy Paradigms Change; and Does It Matter?" Hogan and Howlett(eds., 2015), 269-291.

Keynes, John M., The General Theory of Employment, Interest, and Money, N.Y.: Harcourt, Brace & World, 1964.

Kingdon, John, Agendas, Alternatives, and Public Policies, 2nd ed., NY: Addison Wesley Longman, 1995.

Krasner, Stephen D., "Approaches to the State: Alternative Conceptions and Historical Dynamics," Comparative Politics, 16(2), 1984, 223-246.

Krugman, Paul, End This Depression Now!(2012), 지금 당장 이 불황을 끝내라!, 폴 크루그먼, 박세연(역), 엘도라도, 2013.

Kuhn, Thomas S., The Structure of Scientific Revolutions, Chicago, IL: University of

Chicago Press, 1962.

_____, The Structure of Scientific Revolutions, Chicago, IL: University of Chicago Press, 1970(2nd ed.).

_____, "Commensurability, Compatibility, Communicability," The Road since Structure, James Conant and John Haugeland(eds.), University of Chicago Press, 2000, 33-57.

_____, The Structure of Scientific Revolutions, 50th Anniversary Edition(4th ed.), The University of Chicago Press, 2012; 김명자·홍성욱(역), 과학혁명의 구조, 출간 50주년 기념 제4판, 까치글방, 2013.

Lakoff, George, Don't Think of an Elephant, Chelsea Green Publishing, 2004; 조지 레이코프, 코끼리는 생각하지 마-진보와 보수, 문제는 프레임이다, 유나영(역) 와이즈베리, 2015.

Lasswell, Harold, "The Policy Orientation," in Daniel Lerner and H. Lasswell(ed.), The Policy Sciences, Stanford Univ. Press, 1951, 3-15.

_____, A Pre-View of Policy Sciences, New York: Elsevier, 1971.

Legro, J.W, "The Transformation of Policy Ideas," American Journal of Political Science, 44(3), 2000, 419-432.

Lejano, R. & C. Leong, "A Hermeneutic Approach to Explaining and Understanding Public Controversies," Journal of Public Administration Research and Theory, 22(4), 2012, 793-814.

Lemke, Thomas, Biopolitics: An Advanced Introduction(Biopolitik zur Einführung). New York Univ. Press, 2011; 토마스 렘케, 생명정치란 무엇인가, 심성보(역), 그린비 출판사, 2015.

Lieberman, Robert C., "Ideas, Institutions, and Political Order: Explaining Political Change," American Political Science Review, 96(4), 2002, 697-712.

Lindblom, Charles E., "The Science of 'Muddling Through'," Public Administration Review, 19(2), 1959, 79-88.

_____, "Contexts for Change and Strategy," Public Administration Review, 24(3), 1964, 157-158.

_____, The Policy-Making Process, Englewood Cliffs. N.J.: Prentice-Hall, 1968.

Lord Charnwood, Abraham Lincoln, New York: Pocket Book Inc., 1917; 찬우드, 링컨

전기, 내츄럴, 2014.

Lowery, Philip E., "The Assessment Center Process: Assessing Leadership in Public Sector," Public Personnel Management, Vol. 24, No. 4, 1995, 443-450.

March, J. G. and J. P. Olsen, The New Institutionalism: Organizational Factors in Political Life, American Political Science Review, 78(3), 1984, 734-749.

McCraw, Thomas K., Prophet of Innovation: Joseph Schumpeter and Creative Destruction(2007); 토머스 매크로, 혁신의 예언자-우리가 경제학자 슘페터에게 오해하고 있었던 모든 것, 김형근·전석헌(역), 글항아리, 2012.

Menahem, G., "The Transformation of Higher Education in Israel since the 1990s: The Role of Ideas and Policy Paradigms," Governance, 21(4), 2008, 499-526.

Mill, John Stuart, On Liberty, 1859; 김형철(역), 자유론, 서광사, 1992.

Miller, Clark A., "Democratization, International Knowledge Institutions, and Global Governance," Governance, 20(2), 2007, 325-357.

Modood, Tariq, "Citizenship in a Diverse and Multicultural Society," Taylor-Gooby(ed., 2013), 103-137.

Myers, David G., 심리학개론, 신현정·김비아(역), 시그마프레스, 2008, 259-271; 민윤기 외(공역), 마이어스의 심리학탐구, 시그마프레스, 2011.

Nohrstedt, Daniel, "Paradigms and Unintended Consequences: New Public Management Reform and Emergency Planning in Swedish Local Government," Hogan and Howlett(eds.), 2015, 141-163.

Norberg-Hodge, Helena, Ancient Futures: Learning from Ladakh(1991), 헬레나 노르베리 호지, 오래된 미래, 양희승(역), 중앙북스, 2007.

Nye, Joseph S., The Powers to Lead, Oxford: Oxford Univ. Press, 2008.

O'Sullivan, Denis, "The Concept of Policy Paradigm: Elaboration and Illumination," The Journal of Educational Thought, 27(3), 1993, 251, 246-272.

Oliver, M. J. & H. Pemberton, "Learning and Change in 20th-Century British Economic Policy," Governance, 17(3), 2004, 415-441.

Ostrom, Elinor, Governing the Commons, 공유의 비극을 넘어: 공유자원관리를 위한 제도의 진화, 윤홍근·안도경(역), 랜덤하우스코리아, 2010.

Ozbekhan, Hasan, "Toward a General Theory of Planning," Erich Jantsch(ed.), Perspectives of Planning, Paris: OECD, 1969, 45-155.

(The) Oxford Dictionary of Quotations, 3rd ed., Oxford University Press, 1979(1941).

Paris, David C. and James F. Reynolds, The Logic of Policy Inquiry, NY: Longman, 1983.

Parsons, C., How to Map Arguments in Political Science, Oxford and New York, Oxford Univ. Press, 2007.

Pierson, Paul, "Increasing Returns, Path Dependence, and the Study of Politics," APSR, 94(2), 2000, 251-267.

Polanyi, Michael, Personal Knowledge, corrected ed., Univ. of Chicago Press, 1962(초판 1958).

Popper, Karl R., The Poverty of Historicism, 2nd. ed. London: Routledge & Kegan Paul, 1960(1957).

_____, The Logic of Scientific Discovery, London: Hutchinson, 1959.

Porter, Eduardo, The Price of Everything, 에두아르도 포터, 모든 것의 가격, 손민중·김홍래(역), 김영사, 2011.

Porter, Tony, "Transnational Policy Paradigm Change and Conflict in the Harmonization of Vehicle Safety and Accounting Standards," G. Skogstad(ed., 2011), 64-90.

Postman, L., G. Keppel and K. Stark, Unlearning as a Function of the Relationship between Successive Response Classes, Journal of Experimental Psychology, 69, 1965, 111-118.

Power, Anne, "The 'Big Society' and Concentrated Neighbourhood Problems," Peter Taylor-Gooby(ed., 2013), 167-204.

Premfors, Rune, "Reshaping the Democratic State: Swedish Experiences in a Comparative Perspective," Public Administration, 76(1), 1998, 141-159.

Princen, S. & P. 't Hart, Putting Policy Paradigms in Their Place, Journal of European Public Policy, 21(3), 2014, 470-474.

Rawls, John, A Theory of Justice, Cambridge, Mass: Harvard University Press, 1971.

Rayner, Jeremy, "Is There a Fourth Institutionalism? Ideas, Institutions and the Explanation of Policy Change," Hogan and Howlett(eds., 2015), 61-80.

Rochefort, David A. & Roger W. Cobb, The Politics of Problem Definition: Shaping the Policy Agenda, Lawrence, Kansas: Univ. Press of Kansas, 1994.

Rose, Richard, "What is Lesson-Drawing," Journal of Public Policy, vol.11, no.1, 1991.

_____, Lesson-Drawing in Public Policy, NJ: Chatham House Publishers, 1993.

Rost, Joseph C., Leadership for The Twenty-First Century, Connecticut: Praeger Publishers, 1991.

Sabatier, Paul A., "An Advacacy Coalition Framework of Policy Change and the Role of Policy-oriented Learning Therein," Policy Sciences 21(2/3), 1988, 129-168.

Sabatier, Paul A. and H. Jenkins-Smith, "Policy Change over A Decade or More," in P. A. Sabatier and H. Jenkins-Smith(eds.), Policy Change and Learning: An Advocacy Coalition Approach, Boulder, CO: Westview, 1993, 13-39.

Sachs, Jeffery, The Age of Sustainable Development. Columbia University Press, 2015, 제프리 삭스, 지속 가능한 발전의 시대, 홍성완(역), 21세기북스, 2015.

Sandel, Michael, Justice(2009), 김명철(역), 정의란 무엇인가, 와이즈베리, 2014.

Saussure, Ferdinand de, Cours de linguistique générale(Course in General Linguistics), C. Bally and A. Sechehaye(eds.), 최승언(역), 일반언어학 강의, 민음사, 1990.

Schaff, Adam, History and Truth, Oxford: Pergamon Press, 1976; 김택현(역), 역사와 진실, 청사, 1983.

Schmidt, Vivien A., "Discourse and the Legitimation of Economic and Social Policy Change in Europe," in Steven Weber(ed.), Globalization and the European Political Economy, NY: Columbia Univ. Press, 2001, 229-272.

_____, "Discursive Institutionalism: The Explanatory Power of Ideas and Discourse," Annual Review of Political Science, 11(1), 2008, 303-326.

_____, "Ideas and Discourse in Transformational Political Economic Change in Europe," G. Skogstad(ed.), Policy Paradigms, Transnationalism, and Domestic Politics, Univ. of Toronto Press, 2011, 36-63.

Schmidt, Vivien A. and Claudio M. Radaelli, "Policy Change and Discourse in Europe," West European Politics, 27(2), 2004.

Schneider, Anne & Hellen Ingram, "Behavioral Assumptions of Policy Tools," Journal of Politics, 52(2), 1990.

Schneider, J. W., "Social Problems Theory: The Constructionist View," Annual Review of Sociology. 11, 1985.

Schön, Donald A. & Martin Rein, Frame Reflection: Toward the Resolution of Intractable Policy Controversies, NY: Basic Books, 1994.

Sen, Amartya, Development as Freedom(1999), 박우희(역), 자유로서의 발전, 세종연구원, 2001.

Sinclair, Hugh, Confessions of a Microfinance Heretic, 빈곤을 착취하다, 이수경·이지연(공역), 민음사, 2015.

Skogstad, G.(ed., 2011), Policy Paradigms, Transnationalism, and Domestic Politics, Univ. of Toronto Press, 2011.

_____, "Conclusion," G. Skogstad(ed.), Policy Paradigms, Transnationalism, and Domestic Politics, Univ. of Toronto Press, 2011, 237-253.

Skogstad, Grace & Vivien A. Schmidt, "Introduction," G. Skogstad(ed.), Policy Paradigms, Transnationalism, and Domestic Politics, Univ. of Toronto Press, 2011, 3-35.

Sorcher, Melvin and James Brant, "Are You Picking the Right Leaders?" Harvard Business Review, Vol. 80, No. 2, 2002.

Souder, William, On a Farther Shore: The Life and Legacy of Rachel Carson(2012), 김홍옥(역), 레이첼 카슨-환경운동의 역사이자 현재, 에코리브르, 2014.

Stacey, Ralph D., 카오스 경영, 최창현(역). 한국언론자료간행회, 1996.

Stoker, Gerry, "Building a New Politics?" Taylor-Gooby(ed., 2013), 215, 205-238.

Stoker, Gerry & Peter Taylor-Gooby, "How Social Science Can Contribute to Public Policy: The Case for a 'Design Arm'," Taylor-Gooby(ed.), 2013, 239-248.

Stone, D., "Transfer Agents and Global Networks in the 'Transnationalization' of Policy," Journal of European Public Policy, 11(3), 2004, 545-566.

Stuckler, David and Sanjay Basu, The Body Economic, 긴축은 죽음의 처방전인가, 안세민(역), 까치글방, 2013.

Surel, Yves, "The Role of Cognitive and Normative Frames in Policy-Making," Journal of European Public Policy, 7(4), 2000, 499, 495-512.

Tannenbaum, Robert & Warren Schmidt, How to Choose a Leadership Pattern, Harvard Business Review, 36, 1973, 95-101.

Tatalovich, Raymond and Byron W. Daynes, eds., Social Regulatory Policy: Moral Controversies in American Politics, Boulder, CO, Westview Press, 1988.

Taylor-Gooby, Peter(ed.), New Paradigms in Public Policy, Oxford Univ. Press, 2013.

_____, "Introduction: Public Policy at a Crossroads," Peter Taylor-Gooby(ed.), New

Paradigms in Public Policy, Oxford Univ. Press, 2013, 1-12.

Tett, Gillian, The Silo Effect: The Peril of Expertise and the Promise of Breaking Down Barriers, 2015; 질리언 테트, 사일로 이펙트, 신예경(역), 어크로스, 2016.

Thaler, Richard H. and Cass R. Sunstein, Nudge: Improving Decisions about Health, Wealth, and Happiness. Yale Univ. Press, 2008; 최정규·선스타인·탈러(세일러), 넛지, 안진환·서정민(역), 리더스북, 2009.

Thelen, Kathleen & Sven Steinmo, "Historical Institutionalism in Comparative Politics," Sven Steinmo, Kathleen Thelen & Frank Longstreth(eds.), Structuring Politics: Historical Institutionalism in Comparative Analysis, NY: Cambridge Univ. Press, 1992, 1-32.

Torgerson, D., "Priest and Jester in Policy Sciences: Developing the Focus of Inquiry," Policy Sciences, 25, 1992, 225-235.

Toulmin, Stephen, Human Understanding, Princeton, NJ: Princeton Univ. Press, 1972.

Triadafilopoulos, Triadafilos, "Normative Contexts, Domestic Institutions, and the Transformation of Immigration Policy Paradigms in Canada and the United States," G. Skogstad(ed., 2011), 147-170.

Tribe, Laurence H., "Policy Science: Analysis or Ideology," Philosophy and Public Affair 2(Fall), 1972.

Tversky, Amos and Daniel Kahneman, Judgment under Uncertainty: Heuristics and Biases, Science, 185(4157), 1974, 1124-1131.

_____, "Prospect Theory: An Analysis of Decisions under Risk," Econometrica(47: 2), 1979, 263-291.

_____, The Framing of Decision and Psychology of Choice. Science(211: 4481), 1981, 453-458.

Vickers, Sir Geoffrey, The Art of Judgement, NY: Basic Books, 25-112.

Wapshott, Nicholas. Keynes Hayek: The Clash That Defined Modern Economics]. W. W. Norton & Company, 2011; 니컬러스 웝숏, 김홍식(역), 케인스 하이에크, 부키, 2014.

White, Linda A., "Institutional "Stickiness" and Ideational Resistance to Paradigm Change: Canada and Early Childhood Education and Care(ECEC) Policy," G. Skogstad(ed., 2011), 202-236.

Wildavsky, Aaron, Speaking Truth to Power, Transaction Publishers, 1979(paperback, 1993).

_____, The Arts and Crafts of Policy Analysis, London: The Macmillan, 1980.

Wilder, Matt, "What is a Policy Paradigm? Overcoming Epistemological Hurdles in Cross-Disciplinary Conceptual Adaptation," Hogan and Howlett(eds., 2015), 19-42.

Wilder, Matt and Michael Howlett, "The Politics of Policy Anomalies: Bricolage and the Hermeneutics of Paradigms," Critical Policy Studies, 8(2), 2014, 183-202.

_____, "Paradigm Construction and the Politics of Policy Anomalies," Hogan and Howlett(eds., 2015), 101-115.

Wyszomirski, M., "Federal Cultural Support: Toward a New Paradigm?" Journal of Arts Management, Law and Society, 25(1), 1995, 69-83.

Zinn, Howard, Voices of a People's History of the United States, Anthony Arnove(ed.), 2004; 하워드 진, 역사를 기억하라, 앤서니 아노브(편), 윤태준(역), 오월의봄, 2013.

Zittoun, Philippe, "From Policy Paradigm to Policy Statement: A New Way to Grasp the Role of Knowledge in the Policymaking Process," Hogan and Howlett(eds., 2015), 117-140.

防衛研修所, 米國 對外政策の基調, 1962.

易中天, 百家爭鳴; 이중톈, 백가쟁명, 심규호(역), 에버리치홀딩스, 2010.

찾아보기

저자 박정택(朴正澤) 약력

학력

　　성균관대 행정학과 졸업

　　서울대학교 행정대학원 졸업

　　영국 The University of Leeds, Nuffield Center 졸업(diploma)

　　성균관대 대학원 졸업(행정학 박사)

경력

　　제15회 행정고등고시 합격

　　보건사회부 행정사무관

　　보건사회부 서기관, 외무부 서기관

　　대전대학교 행정학과 교수 역임

　　(대전대학교 교학부총장 역임)

저술

　　공익의 정치행정론(대영문화사, 1990)

　　국제행정학(대영문화사, 1996)

　　행정학개론(공저, 고려출판사, 1998)

　　시민사회와 행정(공저, 형설출판사, 2002)

　　인생은 게임으로 통한다(앨피, 2006)

　　일상적 공공철학하기 1, 2, 3(한국학술정보, 2007)

　　(2011년 한국행정학회 학술상, 저술부문 수상)

　　정책철학의 새로운 접근(박영사, 2018)

정책철학과 정책기조론(행정학/정책학) 시리즈2

정책기조의 탐구 –정책아이디어로서의 정책패러다임

초판발행	2018년 9월 1일
중판발행	2019년 11월 30일

지은이	박정택
펴낸이	안종만

편 집	김명희·강민정
기획/마케팅	정연환
표지디자인	김연서
제 작	우인도·고철민

펴낸곳	(주) **박영사**
	서울특별시 종로구 새문안로3길 36, 1601
	등록 1959. 3. 11. 제300-1959-1호(倫)
전 화	02)733-6771
f a x	02)736-4818
e-mail	pys@pybook.co.kr
homepage	www.pybook.co.kr
ISBN	979-11-303-0622-3 93350

정 가	28,000원